北米における総合商社の活動

1896〜1941年の三井物産

上山和雄

日本経済評論社

目次

凡　例

1　本書で使用した資料の大部分は、アメリカ合衆国国立公文書館所蔵のレコードグループ一三一 Records of The Office of Alien Property、すなわち敵性外国人財産管理人事務所に関わる文書、いわゆる押収文書である。

2　本書で使用したRG一三一の資料は三井物産と三菱商事、横浜正金銀行の三社であり、それらは支店ごとに分類されている。資料の出典を記す際、使用した資料の大部分が三井物産のものであるため、それを注記せず、支店名を表す略称（SF、ST）と箱番号を記した。会社名が必要な場合は、三井物産をMBK、三菱商事をMSK、横浜正金銀行をYSBと略記した。

3　米国の地名・店名は、ニューヨークを紐育・NY、サンフランシスコを桑港・SF、シアトルを沙都・ST、ロサンゼルスを羅府・LAと略記している。

4　引用資料の旧字体は適宜新字体に変え、読点を付した。

5　引用資料中の筆者注は〔　〕で示した。

6　本文・表などには「年度」は使わず、「年」表記で統一した。三井物産は一九三五年までは前年一一月から当年一〇月を「年度」とし、一一～四月を上半期、五～一〇月を下半期としていたが、三六年から一〇～九月を一年度に変更した。

7　表中の空欄は原表に数値がないか、掲出するに足る数値ではないことを示す。単位未満は切捨て、%表示は四捨五入した。

序章　総合商社史研究の動向と本書の課題

三井物産をはじめとする総合商社は、日本資本主義の発展を担い、戦後復興と高度成長の牽引車の役割を果たしてきた。第一次世界大戦期の日本経済の急激な成長と踵を接して日本商社の拡大が始まり、多くの商社が物産を追って総合商社化を目指した。一九三〇年代の軍需景気の時代にも商社は顕著な拡大を遂げ、戦後復興も有力商社に総合商社化の機会を与えた。

しかし総合商社という業態は、いくどかの「危機」にも逢着した。一九二〇年の戦後恐慌時には、三井物産の跡を追った多くの商社が破綻し[1]、第二次世界大戦後の一九六〇年代以降には、相次いで「商社斜陽論」、「商社性悪説」、「商社冬の時代」などが唱えられた。

こうした危機を総合商社は、吸収合併や新分野への経営資源の投入によって乗り越えてきた。危機を経るたびに生き残った総合商社は、規模の経済性＝取引コストの節約と、範囲の経済性＝取引機会の拡大による多様化の利益を享受することができたのである。

従来の危機は、それを乗り越えた総合商社に、その業容の一層の強化・拡大をもたらすような「危機」であった。ところが総合商社が近年直面している「危機」は、そのようなものとは異なっていると認識されている。総合商社自らが、歴史的役割を終えたのではないかという懸念を抱き、将来的には「脱商社化」が進み、商社業界というカテゴリーで括ることが難しくなるのではないかと危惧しているのである[2]。

今回の危機も従来の「危機」と同様な結果となるのか、あるいは総合商社という業態の大きな転換に結果するのかの見通しには、なお年月が必要である。

本書は、日清戦争後から太平洋戦争開戦直前までの三井物産が、米国を中心とする南北アメリカにおいて、どのような活動を展開したのかを明らかにしようとするものである。本論に入る前に、総合商社とはそもそも何であるのか、どのように捉えられてきたのかという点について明らかにしておかねばなるまい。膨大な蓄積のある三井物産史研究、総合商社史研究の中で、この課題がどのような意義を有しているかを示しておこう。

一 総合商社の研究史

三井物産をはじめとする、戦前の総合商社に関する歴史的研究は一九六五年以降から本格的に開始され、八〇年以降、幾人かの研究者によって研究史整理が行なわれてきた(3)。ここではいくつかの論点に絞って振りかえることにする。

総合商社が日本独特の商業資本であり、マルクス経済学や経営史学のテキストからも説明不可能であったため、多くの論者はその位置付けをめぐって種々の議論を展開してきた。大メーカーによる流通過程の掌握が進展する独占段階においては、独立した卸売商業独占の存立余地は極めて限定され、金融資本の中の流通資本としてのみ機能し、価格・供給先・市場にわたる支配力は弱いものにならざるをえない(4)。また経営史学を生み出した米国においては、一八七〇年代から二〇世紀初頭にかけてのビッグ・ビジネスの成立が、生産部門から前方の卸売・流通などのマーケティング、後方の原材料の統制・支配という縦断的管理を生み出し、やはり独立した大卸売商業資本存続の余地は消滅していった(5)。

独占論のなかに総合商社を歴史的に位置付けようとしたのが柴垣和夫氏である。氏はヒルファーディングの『金融資本論』を批判しつつ、日本の流通機構の特質として、第一に日本資本主義の高い貿易依存度により、対外市場進出のために貿易商社の役割が重要となり、第二に中小・零細企業の比重の高さ、過小農の広範な存在が、独占体による流通過程からの超過利潤獲得の舞台を提供することとなり、第三に財閥金融資本を主にした独占体制の特質により、財閥系商社が総合商社化する体質を維持、再生産していったとする。柴垣氏は日本資本主義の展開過程の特質をもとに、「独占体による商業機能の包摂」「独自の商業資本範疇の止揚」を否定し、財閥が多角的縦断的なかたちを取ったがゆえに財閥系総合商社が発展したとする。(6)

三井文庫資料を駆使し、三井物産を含む三井財閥の研究レベルを飛躍的に高めた松元宏氏は、後述する経営史からの総合商社の特質規定を「商社活動の現象形態」に過ぎず、「特質を明らかにしたものではない」と一蹴し、総合商社を後進資本主義の構築過程と財閥の確立過程の相互関連で形成された「流通独占」と規定し、「財閥の信用力・金融力を基礎とした流通独占こそが『総合』商社の活動を多角的多面的に拡げたことの本質である」と、財閥形成と後進資本主義成立の相互関連のなかに、総合商社の成立をみる。(7)

三井物産の満洲・大陸進出に関する研究を発表してきた坂本雅子氏も、「『総合商社化』ということを非歴史的な、経済発展段階を超越した概念として議論することは生産的ではないと考える。ある経営戦略の結果、総合商社化したという考えも現実的ではない」とし、「日本の産業、貿易の構造や発展段階とかかわらせて考察する必要がある」と、商業資本が総合商社になぜなりえたかを、歴史具体的に分析する必要を強調した。(8)

以上の三者は、戦前の総合商社＝財閥系商社を商業独占、あるいは独占体である財閥金融資本の有力構成要素と位置付け、日本資本主義の形成・発展の特質のなかで総合商社化していったとする。

他方ほぼ同時期から、経営史学の立場からの研究が精力的に進められるようになった。中川敬一郎氏は、総合商社をあらゆる種類の商品を地球上のいかなる地域とでも取引する商社と定義し、そのようなものとして貿易業が成立した根拠は、「外国貿易に成功することなくして工業化は一歩も進まないという状況」があり、「世界の市場は、すでに強力な国際商業組織を確立した先進諸国の商人たちによって支配」されていたため、海運・保険・外国為替取引などの補助業務を内部化せざるをえず、またその多様な機能を維持するために大きな取引量を必要とし、ジェネラル・マーチャントにならねばならなかったとする。総合商社はこうした意味で「日本の工業化の国際的後進性の論理的帰結」とされた(9)。

森川英正氏は中川氏の議論を高く評価しつつ、貿易商社が補助業務を取りこみ、その業務を維持するために総合商社化したとは言えないと批判した。そして、貿易商社の取扱量の増大、取扱商品・取引地域の多様化が補助業務の兼営を必要ならしめ、それが貿易商社の総合商社としての発展を促進したとする。「取引商品・地域の多様化をめざさねばならなかった理由」こそが「総合化の論理」であるとし、その理由を企業者資源と企業内人的資源の不足という後進国的状況と、その人的資源の「フル稼働」に求める。一八七七年までの三井物産は「政府御用の米取扱業者」であり、以後の工業化活動の盛況というチャンスに乗じて総合化過程が進行するという(10)。

高度成長の牽引車的役割を果たしていた総合商社に対する関心の高まりのなかで、独占論や経営史からの財閥・総合商社に関する研究が始まり、さらに一九六六年から三井文庫資料が公開され始めたことにより、三井物産に関する研究をはじめ、総合商社・財閥に関する研究が盛んになった。こうした動向を踏まえて、一九七三年の経営史学会において「総合商社化の源流」という統一論題が設定され、三井物産と比較しつつ、三菱商事・鈴木商店・岩井商店の分析や総合商社論に関する報告がなされた(11)。七四年には物産に関する先駆的研究といえる栂井義雄氏の研究が公刊され(12)、七六年には経営史学会に拠る論者が執筆する論文集において、三島康雄氏が三菱商事を、桂芳男氏が鈴木商店を、作道洋太郎氏が岩井・安宅の総合商社化の過程を明らかにした(13)。そしてその後は物産だけでなく、鈴木・岩井・三菱などに関する実証的な研究が次々に発表された。

経済史学、あるいはマルクス経済学と経営史学の双方からの接近がほぼ同時期に行なわれ、前者からは前述したように、経営史学による特徴付けは単なる現象形態である、非歴史的といった批判がなされ、後者からは「〝利潤極大化現象〟等々ですべてをわり切ってしまいがちな従来の経済学的なアプローチでは、有効な結論を引き出すことに困難[14]」、「従来知られていたことを三井側の資料を駆使して精緻化したにすぎない」、「既成の常識的なレベルの理論と関係させて論述しているだけ[15]」といった批判の応酬もなされた。

このような総合商社の定義付けや総合化の論理などをめぐる議論の一方、三井物産を対象に組織・制度に関する注目すべき実証的研究も行なわれた。

「人材フル稼働」に総合化を促す論理を求めた森川氏は、それが支店の「自律化」(autonomy)傾向をもたらし、一八九三年の三井組・物産の組織改編以後から大正初期にかけて、商品単位の共通計算制度と部制度による統合的・集権的コントロールが目指されていくことを明らかにした[16]。また鈴木邦夫氏は、日清戦争前と戦後の物産の商品取引のあり方を決定的に区別するものは、見込み商売の採用・発展であり、それこそが取扱商品量・取扱い品目を増加させ、安定化させることを明らかにした[17]。

山崎広明氏は一九二〇年代の物産に関する自らの研究と鈴木氏などの研究を踏まえ、総合商社化の必要性のみでなく現実性、存続を保証する条件の解明を主張する。総合商社を、世界各地への店舗配置、多様な商品の取扱いという多くの論者の指摘する指標に加え、外国貿易における重要な地位、実質的には企業規模の大規模性、の三つをもって定義する。そして、最も早期に、典型的に、大規模に総合商社化した物産の場合、益田孝の企業者としての能力、政府御用商売という二つの初期条件に支えられ、企業勃興に伴う貿易の拡大の中で取引量を拡大し、さらに部・主店による商務の統括と見込み商売のリスク管理組織を整備し、三井財閥諸事業との緊密な関連によって主要商品の多角的取扱いの安定性（二つの基本的条件）を確保したとする[18]。

こうした物産を対象にした総合商社の成立・展開に関する議論を踏まえ、後発総合商社三菱商事の実証的研究を行ない、総合商社の成立・定着に関する議論を展開したのは長沢康昭氏である。長沢氏は総合商社に不可欠とする、商権、店舗配置とネットワークの普遍性、大規模な活動を円滑に遂行するための経営組織、の三点の形成を中心に分析し、総合商社化を必要ならしめた条件、成立を可能にした条件を三菱商事に即しつつ明らかにした[19]。

以上が総合商社論に関して積極的な議論を展開した業績といえよう。加えて、豊富な資料を残す三井物産を中心に、商品や付帯業務について多くの研究がなされてきた。

松元氏は一八九〇年代から一九〇〇年代の物産の取扱商品、支店網の形成、投融資による一手販売権の獲得、三井財閥傘下の諸事業との関係を明らかにする先駆的な研究を行なった。春日豊氏は、一九二〇年代後半から三〇年代にかけて、日本の産業・貿易構造の変貌に、物産がどのような対応を遂げるかを主要商品に即して克明に明らかにした。山口和雄氏の明治期から大正期にかけての主要商品を取り上げた研究、鈴木邦夫氏の戦時期における物産の蓄積構造の特質に関する研究、マッチ工業・輸出についての山下直登氏、石炭に関する春日・松元氏の研究など、物産の個別商品の取扱いを述べた論文なども興味深い。

また山村睦夫氏は物産の日清戦後における中国市場進出、「支那化」を通じて総合商社化の基盤が形成されるとし、さらに第一次大戦から一九二〇年代における重化学工業化に対応して物産が蓄積基盤をどのように再構築していくかも論じている。山村氏と坂本雅子氏は、物産を日本の経済的対外進出の中軸と位置付け、中国・満洲への綿製品その他の輸出、大豆などの買い付けによって、アジアの小生産者をも蓄積基盤に組み込んでいくという論を展開している。[20]

これらの論稿は、総合商社論の理論化、モデル化といった意識は強くないが、物産という個別企業の特定の時代、商品、あるいは地域を対象とした密度の濃い実証分析を行なったことにより、経営史研究の発展にも大きな貢献を果たした。さらに、日本経済の展開に応じて物産がどのような変貌を遂げていくか、あるいは物産が日本経済の展開をどのように主導していったかといった点、すなわち経済史あるいは産業史の性格を色濃く持ち、戦前日本経済史の内容を豊かにするものであった。

この間、三井物産以外にも総合商社の研究が精力的に進められた。前述した長沢氏の三菱商事の研究以外に、鈴木商店などを対象にした桂芳男氏、[21]関西の綿関係商社を対象にした辻節夫氏、[22]戦後の丸紅を扱った黄孝春氏、[23]古河商事の投機の失敗を扱った武田晴人氏[24]の研究などが次々に発表された。しかしこれらの商社は、断片的な資料や刊行物によらざるをえないという資料的な制約のため、部分的な研究や、概観を得るにとどまらざるをえなかった。

総合商社の定義に関する議論、物産に関する多様な研究、他の総合商社や総合化を目指した商社に関する研究、さらには総合商社の現状に関する研究などがあいまって、一九九〇年代には総合商社に関するイメージがほぼ形成されたと思われる。

二　近年の動向

1　発生論について

戦間期から現状までの日本経済史、日本経済論に関して幅広い研究を行なった橋本寿朗氏は、一九九八年から九九年にかけて、総合商社「発生論」に関する三編の論稿を相次いで発表した(25)。これらは、二〇世紀末に至って、従来の世界システムが大きな変貌を遂げつつあることが明らかになるなかで、その世界的枠組を「二〇世紀システム」と捉え、再検討を進める中で生み出されたものなのであろう。

橋本氏は、本稿でも紹介した総合商社論に関する従来の業績を、縦横無尽に批判し、「なぜそういえるのか」を頻発して従来の総合商社研究が見過ごしてきた課題を鋭く指摘している。従来の議論と橋本氏の議論のどこがどのように異なるのかを整理しておこう。

三編のうち「再検討」が中心をしめ、他の二編はそれを敷衍・補強する内容となっている。「再検討」において、中川・ヤマムラ・森川・米川・山崎各氏の所説の評価すべき所と克服されるべき所を示し、「発生論」に関する所説を展開している。ヤマムラ氏の総合商社論、すなわち需要増減や外為の変動といったリスクの軽減、過大な流通費用削減のための規模の経済追求に総合化の原因を求める所説については、すでに森川氏などが批判しており、新たな論点ではない。また、「人材フル稼働説」の展開が不充分だと批判し、「スラック」（未利用資源）と言い換えて論を展開しているが、筆者には両者に大きな差異があるとは思えない。米川氏の所説を部分的には批判しているが、基本的にはその延長上に自らを位置付けていると思われる。

こう見てくると、研究史に対する橋本氏の主要な批判は二つに整理できよう。第一は中川・森川氏に対して向けられた「総合商社必然論」、「ねばならない論」、第二は山崎氏のリスクを管理する統括組織の形成を重要視する所説を批判した、「発生」と「洗練」を区別せよという論点である。

確かに総合商社論を先導した中川・森川氏の論稿には「ねばならない」、「せざるをえない」という言葉がしばしば使われているが、それをもって「必然論」に陥っているというのはいかがなものだろうか。氏は総合商社の「発生論」を次のように構築している。一九世紀後半にすでに形成されていたレジームに参入しようとした日本にとって、国際交通システムは使い勝手が悪く、高コストであった。そこにその使用料を節約しつつ「一般貿易・卸売業務」を「核」、「必要条件」とする組織、すなわち総合商社の必要性が生じ、その必要性を現実化させたのが明治政府の支援であり、益田孝の企業家活動であり、高コストの使用料を「安くして自ら高収益を上げうる新事業」を創造したとする。

当時の国際交通・通信システムの限界、後発国にとっての使い勝手の悪さを明確に指摘し、「発生論」に組みこんだのはメリットであるが、いくつかの問題が残る。その一つは「一般貿易・卸売業務」の内容である。B論文においてその内容を「貿易を中心にした取引対象としての商品・サービス、地域を限定しない卸売商業」（八九頁）と敷衍しているが、従来の総合商社の定義以上にあいまいなものになっている。二つは「国際交通システムの使用料を節約」、「安くして」（A、一六三頁）と記しているが、B論文で関説されているのは損失を官品取扱いの利益で処分した（九四頁）、といったくらいの記述しか見られない。むしろ研究史の示す所は、商権回復・国益などのスローガンによって個別的な経済合理性を犠牲にしてでも世界レジームへの参入を図った姿ではないだろうか。三つは後発国にとってのシステムの使い勝手の悪さ、高コストは一九世紀後半の日本にとっての問題だけでなく、ごく最近まで日本を含む欧米以外の国・地域にとって大きな問題であったことである。韓国・タイ・台湾など、NIESと言われる国・地域において、一九六〇年代から七〇年代にかけて、総合商社育成策がとられ、韓国の三井物産とも言われる三星物産や大宇実業が貿易部門において大きな地位を占めていることはよく知られている。[26] 若干の限定をつければ、氏が批判する「いつでもどこでも総合商社」が成り立つのではないだろうか。

橋本氏は確かに「ねばならない」、「必然性」といった言葉は使用していないが、上記の紹介からも総合商社の発生は氏自身、歴史的合理性、経済的合理性に基づいて創造的企業者活動が展開された結果と見ているのであろう。そのように見れば、筆者には橋本氏が批判するほど中川・森川氏との差がうかがえない。

第二は山崎氏に対する批判である。山崎氏は総合商社の定義の一つに「外国貿易において重要な地位」という要件を加え、それに対応するのが、リスク管理・本支店活動の調整を行なう二つの統括組織であり、それを形成することによって「重要輸出商品を多角的に取扱う大商社へと発展」したとしている。橋本氏は山崎説に対し、①見込み商売を開始したのは物産がすでに総合商社とみなしうる業務内容を備えていた一八九〇年代半ば以降であること、②物産の業務の中心は委託商売であり、山崎氏（ひいては鈴木氏も）は見込み商売を過大評価しすぎている、の二点である。①の点は橋本氏が総合商社の発生「論」を展開しつつも、具体的に論じていないため、三井物産は成立当初から総合商社として「発生」したと考えているのか、さらにその後の「確立」、「定着」などの段階があると考えていたか不明だが、上述のように、日清戦争前にはすでに「総合商社と見なしうる業務内容」を備えていたとの記述から、発生・定着（確立……）・洗練などの段階を考えていたのだろう。橋本氏にとっては「発生」が最大の問題であり、はるか後の組織整備などを総合商社の要件にすることは考えられなかったのであろう。しかし、「発生」についても時期は明示されていない。一八八〇年代末頃までの物産は「政商」といわれたように、政府御用の米穀・石炭商と言うべき存在である。「発生論」に論点を絞るなら、政商からの脱皮をいかに進めたのかという点、それこそが物産の総合商社化にとっては大きな論点であろう。

②は橋本氏の売越買越・先売先買などに対する認識不足である。見込み取引というのは先売りの買い埋め、先買いの売り抜けという行為を不断に行なうことを意味し、限度額というのは一時的な先売り先買いの限度であり、繰り返されるのである。限度額が期間取扱い高の数%であるからといって「ごく低率」とは言えないのである。益田や本店幹部が見込み取引を抑制し、委託取引を中心に据えようとしたのは事実である。しかし、低い利益率であっても取扱高でカバーして利益金額を確保しなければならず、また反対商との激しい競争のなかで地位を保つには見込み取引が不可欠であった。支店長諮問会における支店長たちの見込み取引への強い要求は、こうした事態を反映しているのである。

三井物産の「発生」に関し、注目されるのは粕谷誠氏の業績である。(27)「いかに総合商社が発生したか」を正面から論じるものではないが、物産が政府の御用商人的性格からいかに脱皮していくか、ロンドン支店において付帯業務などを含め、どのように貿易業務に習熟していったのかを明らかにしている。物産が二度にわたって大幅な欠損を生み、多額の不良債権を抱えつつも、御用商売を脱した輸出入業務を順調に展開しはじめ、機械・石炭・綿花を収益の中心にしていく過程が、まさに具体的に描かれた。日清戦争前の物産に関しては松元氏の業績以外になかったが、それをはるかに越えるイメージを与えてくれる内容である。

「組織」の形成という点で、総合商社の発生について明らかにしたのは木山実氏と若林幸男氏である。木山氏は物産において不足した初期海外店舗要員の調達方法を明らかにし、(28)若林氏は日清戦争期までの江戸時代的入社形態・人材登用システムが日清戦後の社内人材養成システムを経て、日露戦後には学卒者採用・昇進システムに至る変化を明らかにしている。(29)両者の研究は人材に限定したものではあるが、「江戸」を継承しつつ近代的組織がどのように創出されていくかを論じたものである。

2　付帯業務と情報機能

近年の総合商社に関する研究で目に付くのは、商社の付帯業務と情報に関する分野である。前者は以前から取り上げられていたが、後者は「組織間関係論」という枠組みの中で取り上げられていることが特徴である。

付帯業務のなかで最も重要で、研究史も厚いのは海運部門である。斎藤尚久氏は物産創立直後から一九二〇年代頃までを対象とし、政府の手厚い保護を得て一八九七年に物産の海運部門がマーチャント・キャリヤーとして成立し、一九〇〇年頃から社外貨物を輸送するコモン・キャリヤー化を目指すが、なお実体を伴わず、第一次大戦を経過することによって実現するとした(30)。続いて中川敬一郎氏は、大量の古船を抱えた日本海運業が戦間期の危機を見事に乗り切ったのは、物産船舶部をはじめとする社外船主でもある大規模オペレーターが不定期船・定期船を組み合せて船隊の巧妙な運行を達成した所にあるとし、その根拠を「総合商社はその全世界に拡がる営業網を通じて、世界の海運市場における貨物と船腹の所在を知悉」していたところに求める(31)。後藤伸氏は第一次大戦後の物産船舶部の半定航、定航開設の動きは荷動き量減少、し烈な生き残り競争のなかでの選択であったとしつつ、物産船舶部は「内外各店への日々の船繰りを通して船腹需要の発生時期と規模に関する情報を日常業務的に得」ていたという強みを持っていたことが発展の根拠であったとする(32)。

物産船舶部をコマーシャル・キャリヤーのコモン・キャリヤー化という、海運業の中に位置付ける研究動向の中で、大島久幸氏はその視点を引き継ぎつつも、船舶部と支店の関係を仔細に検討し、「船舶部の活動の前提である情報すら支店から送られてこなかった」、「スペシャリストの養成という点で有効な機能を果していたとは言えない」と、明示的にではないが、中川・後藤氏が物産船舶部の競争力の源泉としていた総合商社の強みは、少なくとも大戦前には存在しなかったことを明らかにしている(33)。さらに船舶部への輸送業務の集中は国内支店のみであり、海外支店の場合は傭船・集荷など輸送業務の主体性を有し、船舶部の統括機関的性格は限定的であり、支店が独自に輸送業務を行なっていたことを明らかにした。緻密に読みこむことによって、中川・斎藤氏の言う、船舶部の統括機能を限定し、集権的な部を持つことによる他のオペレーターに対する優位を一見否定したかに見えたが、「支店毎の輸送業務の内容を示す資料がほとんどない」なかで、「物産船舶部の競争力の一端は、こうした世界各地に広がる支店の活躍によって支えられていた」と、氏自身の検証とは異なるような結論を引き出している。[34]

麻島昭一氏は、物産が自家保険を開始した理由を、損保会社の忌避・レートの高さなど、具体的に明らかにし、また社外保険を原則とした後も代理店業務に積極的な支店とそれに反対する本店との対立を指摘している。[35]「人材フル稼働」、「スラック解消」といっても、本店と支店ではかなりの相違が見られる。また麻島氏は米国国立公文書館所蔵の「機械部考課状」を主に使い、物産の機械部関係商品の売り込み先などを詳細に明らかにしている。[36]

経済史・経営史分野において、「情報」を意図的に組みこみ、電信や電話・通信などを活用することによって、企業者活動が革新される事例を明らかにしてきたのは藤井信幸氏であろう。氏は物産についても、その情報伝達システムを整理しつつ、他商社も優れた情報機能を備えていくことにより、物産の優位が消滅していくと述べている。[37]物産の情報機能強化、反対商への関心の強まりなどは理解されるが、他商社の情報機能がどのようなものであったかは明らかでない。また、藤田幸敏氏も物産の情報システムを整理し、一九〇〇年前後に情報を担当する組織が形成され、情報内容に応じて情報システムが制度化されることを明らかにしている。[38]

さらに近年、情報に対する関心の高まりと軌を一にして、「組織間関係論」を導入して商社研究が行なわれ始めた。[39]貿易が主導した日本の経済発展には、売り手・買い手という「組織」の間を調整する商社「組織」の役割が大きいという論理から、商社・経済団体・政府などの間に形成された組織間関係、情報機能に着目して研究を展開しつつある。そこでは、組織としての商社が「情報処理のメカニズム」、「組織間調整メカニズム」を備えているとして、商社の情報システムの検討が課題の一つとされている。萩本眞一郎氏は、三菱商事の諸メーカーとの一手販売・購買契約に見られる企業間関係、三菱合資直系・関係企業と商事との企業間関係を検討し、「一手」契約がある場合でも実際は柔軟かつオープンな取引であり、三菱系企業間の場合においても開放的かつ商業ベースであったことを強調し、「一手契約」などの関係の形成・維持は商社に「範囲の経済」をもたらすものであったとしている[40]。物産サンフランシスコ店を「対境担当者」と捉え、物産とニューヨーク・スタンダード社との揮発油一手販売契約締結の過程を描いた三輪宗弘氏の論文も興味深い[41]。

この「組織間関係論」の成果はなお未知数ではあるが、一つの顕著な成果は生んでいる。同一財閥の関連企業やそうでない企業を問わず、総合商社が仕入れ先・販売先と結ぶ関係を予断的に支配・従属といった関係で見るのではなく、純粋にコマーシャル・レベルで見ていこうとする点である。こうした姿勢が商社間の関係にも適用され、商権をめぐる商社間の競合を研究の対象にしつつある点も注目される。

三　課題と視角

本書は、総合商社の発生から定着・発展など、「総合商社論」を正面から論じようとするものではないし、また「そもそも総合商社とは」といった議論が、現在実りあるものとも思えない。しかし限定的な側面とはいえ、三井物産について論じようとするのであるから、以上のような研究史理解を踏まえ、筆者が総合商社をどのように捉えて論を進めていくかということは明らかにしておかねばならないだろう。

物産が総合商社化したといわれる日清戦後（一八九〇年代末）から日露戦争前後（一九〇〇年代後半）の時期以降、日本の貿易商社は大きく総合商社と専門商社に分かれるが、単一商品に特化した専門商社というのはありえず、あくまでも相対的なものである。世界貿易というシステムを創出した欧米先進国以外の後発国が、そこに参入しようとする場合、それを担う人材・機能の欠乏をはじめとする障壁は高く、高価なコストを支払わねばならない。総合であれ、専門であれ、貿易に参入するためには、その障壁・コストを低めるような装置、すなわち政府などによる種々の支援策を不可欠とする。

後発国の場合、世界貿易に参入するためには、政府の支援を得て、主要な取扱商品、取引地を形成しつつも、品目・地域を特定しない貿易商社の存在は不可欠であった。それが発展して定着・確立するためには、その後発国の経済発展が不可欠となる。それが日本において現実性を持ったのが、企業勃興から日清戦後の日本経済の発展、すなわち産業革命の進展である。工業化の進展により、その貿易を担う商社に、規模の経済性と範囲の経済性がもたらされるのである。

たとえば、日清戦前の物産は、石炭・米の輸出とイギリスからの機械輸入に特化した貿易商社であったが、日清戦後の対米生糸輸出と綿花輸入の増加に対応するため、一八九六年にニューヨーク支店を設置し、その海陸連絡輸送を円滑に処理する目的で九八年にサンフランシスコに出張員を派遣する。当時の物産は太平洋に自社船や傭船を投入していたわけではないが、鉄道輸送と太平洋横断輸送を円滑に行なうために出張員を開設し、出張員はその役割を果たすだけでなく、自らを「フル稼働」させ、「米びつ」、「喰扶持」を作り出していくことを求められるのである。

物産が三井財閥に所属していたことは、物産の総合商社化に大きな役割を果たしたことはいうまでもない。国内における仕入れ先・販売先、すなわち商権の獲得が容易だったという点において財閥商社は有利であった。さらに規模の経済、範囲の経済を追求しつづけていけば、大規模な見込み取引、際限なき自立化・分散化が避けられず、それらを規制する組織・規律も不可欠となる。このようなかたちで総合商社が確立するのである。

後発商社は、専門商社としてももちろん存続可能だったが、三井物産というモデルが形成されると、機会を捉えてモデルへのキャッチ・アップを図ることになる。その機会とは第一次世界大戦、一九三〇年代中期の軍需景気の時代、戦後復興、さらには高度成長の時期などであった。後発性、高成長という限定のもとで、「いつでもどこでも総合商社」になろうとする動きが出てくるのである。

総合商社とは、多様な商品を大量に、多様な機能を駆使して地域を限定せずに世界各地と取引し、それに伴う危険をカバーする組織を形成した商社と定義できよう。

述べてきたように、総合商社史研究は三井物産史研究として始まり、物産史研究を通じて総合商社の歴史的モデルが形成され、それを基準に商社史研究が展開されてきた。鈴木商店や三菱商事など、資料の少ない商社の研究が進展したのは、豊富な資料をもとにしたモデルとしての物産史研究があったからである。

三井物産研究は、個別企業に関する研究の中ではおそらく最多の論文・著書を数えるであろう。しかし、これらの研究を読んで、世界的な業務を展開した物産の全体像が形成されるかといえば、その答えは肯定的ではない。ある論者が、総合商社に関する数多くの蓄積があるにもかかわらず「ビジネス活動自体の特徴やその成長のメカニズムを直接の対象とした、総合商社に関する論文は意外に少ない」[42]と述べているように、まさに汗牛充棟の感のある物産・総合商社史研究をみても、筆者には物産の全体像が形成されてこないのである。

従来の物産史研究の全体的な問題点として、以下の二点が指摘できると考える。第一は、従来の物産研究が「予定調和的」研究ではなかったかという点である。総合化を目指した商社が次々に倒れる中で、物産が他を圧するシェアーを確保し、高い利益率を挙げて存続しえた根拠を明らかにする、あるいは戦前日本経済の中で、圧倒的な地位を占めた三井財閥の蓄積基盤をさぐるという視点からは、必然的に予定調和的な発展にならざるをえない。具体的な商品を対象にした分析においても、また中国・満洲進出を対象にした場合も同様である。個別商品の圧倒的なシェアーと高い利益率、それを背景とした市場支配が強調されるのである。一九二〇年代、三〇年代の「危機」が指摘される場合もあるが[43]、それも政治的に、あるいは経営方針の転換によって克服されるとするのである。

第二は、従来の物産研究は商品を中心に置き過ぎてきたのではないかという点である。たとえば、政府との結びつきや財閥を背景にして、国内で強力な集荷力を築いたとしても、海外市場に販売する場合には、強力な国外反対商の存在を前提にしなければならない。海外買付の場合も同様である。政府の保護を独り占めすることができず、国内外の反対商との厳しい競争の中で営業を展開しなければならない場合は言うまでもない。商品と購買・販売市場の関係は、どちらが先かというのではなく、商品があるから市場を探し、市場があるから商品を探すのである。物産は伝統的に他商社より支店の独立性が強いといわれるにもかかわらず、支店を中心にした市場の分析より、商品を中心に研究が行なわれてきた。商品を市場に結び付けて分析される場合も、ほとんど仕入れ市場との関連においてであった。政府米・石炭・生糸・大豆みなしかりである。綿花の場合は販売市場中心であり、機械とマッチだけはある程度、仕入れ・販売市場を視野に入れた研究がなされてきたといえよう。

筆者の従来の物産研究に対する二つの見解、①極めて順調な、予定調和的な発展として描かれてきた、②商品分析はあるが、市場のなかでの商権の確保が見えてこない、という問題はなぜ生じたのだろうか。おそらく物産研究の大部分が拠ってきた、三井文庫の所蔵する物産関係資料に起因するのだろう。世界・日本各地に散在する支店からは日常的な商務とともに、毎月・半期ごとに膨大な定期報告が東京本店に送付されていた。しかし文庫所蔵の資料はそうしたものではなく、それらをもとに作成された書類が中心のようである。こうした報告を本店が再整理するなかで、順調な発展を印象付ける結果となった可能性が高い。さらに物産の組織自体が支店単位で動いており、報告も支店単位で上がってくるため、本店からすれば支店の状況は容易に掌握できたが、個別商品の全社的動向は「部」制が部分的に機能していた時期においてさえ、支店の報告をもとに、本店・本部が整理し、それが残されたのである。このような資料に拠らざるをえないため、筆者が抱くような問題点が出てくるのであろう。

こうした問題を克服する途は、本店各課や支店など加工される以前の経営資料による分析と、既存の三井文庫資料の異なる視点からの読み込みであろう。これを行なったのが前述した粕谷氏などの業績である。使用されたのは加工される以前の帳簿などである。物産が巨大化する前、すなわち、日清戦争前、あるいは二〇世紀初頭頃までは、加工される前の資料が残されているようである。

それ以後に関しては、本店資料の新出は望み難く、国内支店の資料も期待できない。とすれば、現在知られているのは、米国国立公文書館に所蔵されている物産関係資料である。

米国の押収文書を使って先駆的な研究を行なったのは川辺信雄氏である。三菱商事のシアトル・サンフランシスコ店の活動、特にアソシエイティッド社との提携による石油輸入、カニ缶詰の対米売込みなどについては詳細な研究がなされた[44]。さらに近年、すでに紹介したように、三井物産の押収文書を使った研究も発表され始めている。

公文書館に収蔵されている三井物産・三菱商事の資料は、サンフランシスコ・シアトル・ロサンゼルス店の資料のみであり、ニューヨーク支店資料は欠如している。在米店のなかでニューヨーク店は取扱高・取扱商品において他を圧し、金融操作や営業においても中核的な役割を果たしていた。その資料が欠除していることは大きな限界であるが、同店からサンフランシスコ・シアトル・本店・他支店に出された書簡や報告書、本店や他店からニューヨーク店宛に出された書簡・報告書の写しも残されている[45]。

本書において主に使用するのは、米国に残された二〇〇〇函に及ぶ物産サンフランシスコ店、シアトル店の資料である。この資料により、三井物産、さらには物産の内外の反対商が太平洋をはさんでどのような活動を展開したのかを明らかにすることが、本書の第一の課題である。いうまでもなく物産が太平洋をはさんで行なった活動とは、日本と南北米との貿易、中国・インド・南洋特産物の世界市場への投入と米国産品のアジアへの輸入である。

そして、この活動を遂行した在米店、関係店の組織・仕組みがいかなるものであったのかを明らかにすることが第二の課題である。物産全体の中での各店の機能・役割を明らかにしつつ、在米店の組織や支店運営のあり方、さらに商品売買と海運業との関係も検討する。

一と二の課題をまとめて言えば次のようになろう。三井物産は太平洋をはさんだ日本・アジアと南北米において、どのような商品を、いかなる組織によって、どのようにして集貨・輸送・販売したのか、これを具体的に明らかにすることが本書の課題である。

この課題を果たすことにより、一つは日清戦後から一九四一年までの総合商社の具体的な姿と、二つは二〇世紀前半の太平洋をはさんだ両岸の開発と発展がどのように進んでいったのか、さらに第三には国際社会への日本の組み込まれ方、参入の仕方の一端も見えてくるであろう。

(1) 拙稿「破綻した横浜の『総合商社』」(横浜近代史研究会『横浜の近代——都市の形成と展開——』日本経済評論社、一九九七年)。
(2) 中谷巌編『商社の未来像』(東洋経済新報社、一九九八年)八七頁。本書は日本貿易会創立五〇周年記念事業として、総合商社九社の調査部長クラスから組織された「商社の未来像委員会」によって編集されたものである。近年進んでいる総合商社の変貌の要因は容易に推測される。第一に、総合商社の有力な存立基盤は、総合商社と銀行を核にした企業グループのワンセット主義にあったが、そのグループが大きく変わりつつあること。第二に総合商社の商権はメーカーや需要者・地域への一手販売権・納入権によるものだけでなく、長期継続取引という市場慣行の中で形成されてきたが、それが崩壊しつつあること。第三に情報革命の進展により、総合商社の最大の強みといわれた情報機能が価値を低下させていることである。
(3) 三島康雄「総合商社——戦後における研究史——」(安岡重明編『日本経営史講座五　日本の財閥』日本経済新聞社、一九七六年)、吉原英樹「総合商社研究の展望」(『国民経済雑誌』一三九巻一号、一九七九年)、斎藤憲「『総合商社』について——明治期の三井物産を中心にして——」(『社会経済史学』四六巻四号、一九八〇年)などを参照。
(4) 山中豊国『総合商社——その発展と理論——』(文眞堂、一九八九年)第七章。
(5) 同前、第四章補論。
(6) 柴垣和夫『日本金融資本分析』(東京大学出版会、一九六五年)後篇第三章。
(7) 松元宏『三井財閥の研究』(吉川弘文館、一九七九年)三頁。
(8) 坂本雅子「最初の商社・三井物産の総合商社への歴史的展開　上」(札幌学院大学『商経論集』四巻一号、一九八七年)五八頁。
(9) 中川敬一郎「日本の工業化過程における『組織化された企業者活動』」(『経営史学』二巻三号、一九六七年)。
(10) 森川英正「総合商社の成立と論理」(宮本又次他編『総合商社の経営史』東洋経済新報社、一九七六年)。
(11) 『経営史学』八巻一号、一九七三年。

(12)　栂井義雄『三井物産会社の経営史的研究』(東洋経済新報社、一九七四年)。
(13)　前掲、宮本又次他編『総合商社の経営史』。
(14)　森川英正「総合商社について」(法政大学経営学会『経営志林』八巻三号、一九七一年)五三頁。
(15)　安岡重明「書評　松元宏著『三井財閥の研究』」(『社会経済史学』四六巻一号、一九八〇年)一〇四頁。
(16)　森川英正「明治期三井物産の経営組織」(『経営志林』九巻一号、一九七二年)、同「大正期三井物産の経営組織」(同前、一〇巻一号、一九七三年)。
(17)　鈴木邦夫「見込商売についての覚書――一八九〇年代後半～一九一〇年代の三井物産――」(『三井文庫論叢』一五号、一九八一年)。
(18)　山崎広明「三井物産論――一九二〇年代における商品取引構造――」(日高普他編『マルクス経済学　理論と実証』東京大学出版会、一九七八年)、同「一九二〇年代の三井物産――経営戦略と経営動向――」(中村隆英『戦間期の日本経済分析』山川出版社、一九八一年)、同「日本商社史の論理」(『社会科学研究』三九巻四号、一九八七年)。
(19)　長沢康昭『三菱商事成立史の研究』(日本経済評論社、一九九〇年)。
(20)　これらの論文のほとんどは『三井文庫論叢』各号に掲載されているので省略し、同誌以外の論文を示しておこう。坂本雅子「三井物産と『満州』・中国市場」(藤原彰他編『日本ファシズムと東アジア』青木書店、一九七七年)、山村睦夫・坂本雅子「戦前における三井物産の海外進出」(藤井光男他編『日本多国籍企業の史的展開』大月書店、一九七九年)、山村睦夫「日清戦後における三井物産会社の中国市場認識と『支那化』――総合商社の形成と中国市場――」(『和光経済』二二巻三号、一九九〇年)。坂本氏は日本のアジアへの進出・侵略が財閥企業の活動とどのように関連していたかを解明することを課題とし、三井物産をはじめとする財閥系企業の対中国進出に関する著書『財閥と帝国主義――三井物産と中国――』(ミネルヴァ書房、二〇〇三年)を公刊された。サジェスチョンに富む内容ではあるが、直接本論とは関係しない。また長妻廣至遺稿集刊行会『農業をめぐる日本近代――千葉・三井物産・ラートゲン――』(日本経済評論社、二〇〇四年)は、米と肥料を中心にした、三井物産の台湾における活動を分析している。
(21)　桂芳男『関西系総合商社の原像――鈴木・日商岩井・伊藤忠商事・丸紅の経営史――』(啓文社、一九八七年)。
(22)　辻節夫『関西系総合商社――総合商社化過程の研究――』(晃洋書房、一九九二年)。
(23)　黄孝春『専門商社から総合商社へ――丸紅における事例研究――』(臨川書店、一九九二年)。

(24) 武田晴人「古河商事と『大連事件』」(『社会科学研究』三二巻二号、一九八〇年)。
(25) 橋本寿朗「総合商社発生論の再検討」(『社会科学研究』五〇巻一号、一九九八年、以下A論文とする)、「国際交通レジームの形成と創造された総合商社」(『ヒストリア』一五八号、一九九八年、以下、B論文とする)、「日本が制限した『強制された自由貿易』と革新的企業組織」(『社会科学研究』五一巻一号、一九九九年)。
(26) 榊原芳雄『韓国の財閥』(日本貿易振興会、一九八二年)、梅津和郎『発展途上国の財閥と商社』(晃洋書房、一九九二年)などを参照。
(27) 粕谷誠『豪商の明治――三井家の家業再編過程の分析――』(名古屋大学出版会、二〇〇二年)。なお春日豊氏『史学雑誌』一一二巻四号、鈴木邦夫氏『歴史と経済』第一八五号による書評も参照。
(28) 木山実「三井物産草創期の海外店舗展開とその要員」(『経営史学』三五巻三号、二〇〇〇年)。
(29) 若林幸男「三井物産における人事課の創設と新卒定期入社制度の定着過程」(『経営史学』三三巻四号、一九九九年)。
(30) 斎藤尚久「三井物産会社における海運業」(安岡重明編『財閥史研究』日本経済新聞社、一九七九年)。
(31) 中川敬一郎「両大戦間の日本海運――社外船主の躍進と組織化――」(中村隆英編『戦間期の日本経済分析』山川出版社、一九八一年)。
(32) 後藤伸「両大戦間期日本不定期船業経営の一特質――三井物産会社船舶部の定航問題――」(『経営史学』一八巻四号、一九八四年)。
(33) 大島久幸「三井物産会社船舶部の役割――コモン・キャリアー化の事情――」(『専修社会科学論集』一一号、一九九二年)。
(34) 大島久幸「三井物産の運輸部門――戦前の支店を中心として――」(同前、一二号、一九九三年)。
(35) 麻島昭一「戦間期三井物産の保険部門」(『専修経営学論集』五六号、一九九三年)。
(36) 麻島昭一『戦前期三井物産の機械取引』(日本経済評論社、二〇〇一年)。
(37) 藤井信幸『テレコムの経済史』(勁草書房、一九九八年)。
(38) 藤田幸敏「商社の総合化と情報システム――三井物産――」(佐々木聡・藤井信幸編『情報と経営革新』同文館、一九九七年)。
(39) 松本貴典編『戦前期日本の貿易と組織間関係――情報・調整・協調――』(新評論、一九九六年)。

(40) 萩本眞一郎「戦前期貿易商社の組織間関係」(同前所収)。
(41) 三輪宗弘「三井物産とソコニ――揮発油販売契約の交渉過程」(同前所収)。
(42) 同前、一一四頁。
(43) 前掲、山崎「一九二〇年代の三井物産」、山村睦夫「第一次世界大戦以後における三井物産会社の展開」(『三井文庫論叢』一五号、一九八一年)など。
(44) 川辺信雄『総合商社の研究――戦前三菱商事の在米活動――』(実教出版社、一九八二年)。筆者も米国押収文書の調査・収集に出かける際、川辺氏から懇切な助言をいただいた。川辺氏の研究は取り上げられているテーマに関しては詳細なのであるが、三菱商事の組織のあり方、残された資料からくる限界も明確に示されている。残されている資料は物産が数倍するという点だけでなく、支店レベルを見る際に両社の組織の違いが決定的となってくる。商事は物産と異なり、支店の独自性が弱く、本店・部の強い制約の下で活動しており、支店の活動を見ても利益を挙げるべき商社の一分肢として、どのようなパフォーマンスを達成したのかが見えてこない。
(45) 米国国立公文書館の押収文書の詳細は、『横浜市史II　資料編6――北米における総合商社――』(一九九七年)の解説を参照していただきたい。

第1章　第一次大戦前、三井物産の海外店舗網と在米店

一八七六年に設立された三井物産は、政府の御用商売を中心にしていた時代から、企業勃興期以後、ロンドン支店の機械輸入・米穀輸出、中国各店への石炭輸出によって次第に営業を拡大していった。そして日清戦争後、製糸業・紡績業の発展に伴う貿易の拡大に対応して支店網を拡大し、輸入中心から輸出の比重を高め、営業地域を広げていった。さらに日露戦争後には、満洲を含む中国・南洋・インド特産物の世界市場への販売と、それらの地域への欧米製品の輸出にも進出し、業容を拡大していった。

本章ではまず第一に、ニューヨーク支店が再開される日清戦争後から第一次世界大戦までの三井物産全体の動向を検討する。「商売別」といわれる、輸出・輸入・内国・外国売買の比率の動向、外地・外国店の地域別取扱シェアー、店舗ごとの営業内容を検討することにより、日清戦争前、日清戦後、日露戦後に物産の営業がどのように変化したのか、それに対応して海外各店の役割がどのように明確化していくのかを明らかにする。

第二には日清戦争後、ニューヨーク支店を皮切りに新設される在米店開設の経緯と、開設後の営業内容を明らかにする。在米店の営業は日米間の輸出入に限られていたが、日露戦争後から外国間貿易に進出し、太平洋を横断する大量のバルクカーゴ取扱いのために、海運事業に進出する経過も明らかにする。

一　海外店舗網の特色

三井物産は、一八七七年から八〇年にかけて、官営三池炭坑の石炭を販売する上海支店、官営富岡製糸所の生糸販売を担当するパリ支店、米穀輸出と毛布・絨の輸入に携わるロンドン支店、生糸・茶の輸出に伴う海外荷為替取扱業務を担当するニューヨーク支店を設置した。しかし横浜正金銀行の設立や御用商売の消滅・縮小により、初期の海外支店が相次いで閉鎖され、日清戦争前、物産の海外店舗網は四支店（上海・香港・シンガポール・ロンドン）、二出張所（天津・ボンベイ）、国内は六支店、七出張所・出張店という態勢であった。

日清戦争後、国内・海外とも店舗網を一挙に充実させる。国内店は一八九六年から九九年にかけて名古屋以下七店を設置し、中国（含満洲）には一九〇二年までに営口・漢口・広東その他、さらに台北・京城・ジャワ・マニラなどの地域、そしてアジア以外にもニューヨーク（九六年）、サンフランシスコ（九八年）、ハンブルク（九九年）、シドニー（〇一年）と開設していった[1]。

この支店網の拡張は、日清通商航海条約の締結による清国への一層の進出、戦後経営のなかで日本の対外貿易が著しく拡大したこと、さらにそのなかで日本郵船・東洋汽船が北米航路をはじめ、遠洋・近海航路を開設し、商機が拡大したことによるものである。

物産の営業に関する諸統計は一八九七年以降明らかになる。まず社外販売の商売別金額・割合を示した付表1（本書末）によってこの時期を概観しよう。九七年の年間約五〇〇〇万円というのが、日清戦争直前から直後にかけての平均的な販売高である。その構成は後の時代に比べて顕著な相違がある。外国売買が一%前後とネグリジブルであり、輸出・内国売買も二〇%以下、輸入が六〇%を占め、輸入商社といってもよい構成であった。九九年から日露戦争期にかけてまず輸出が急増し、輸入が比率を低め、次いで一九〇五年頃から外国売買が急増し、やはり輸入の割合が低下するという経過をたどる。かくして一九一〇年代、第一次大戦の直前に販売高は年間四億円に達し、輸出・輸入が各三五％前後、内国・外国が一五％前後という割合になる。

このような商売別内訳は、創立以来政府の援助・保護のもとに米穀や石炭の輸出、政府・軍の需要品輸入に携わり、それを通じて培った情報・ノウハウを根拠に、勃興してきた紡績業・製糸業などの原料・製品の輸出入、機械輸入に進出していったことに基づいている。

表1-1は外地・外国店の社外販売高、すなわち輸出と外国売買の社外販売高の割合を地域別・主要店別に示したものである。〇六年に満洲（関東州出張員）が出ているが、〇七年までは営口など、後に満洲としてまとめられる地域は中国店の中に含まれていると思われる。台湾・朝鮮は総じて安定しており、満洲店は〇九年まで小さかったが、一〇年以降比率を高める。中国店は五〇％以上から七〇％近い割合を占めていたのが、大戦直前には一〇％を切るまで減少する。シンガポールを中心とする南洋店は一〇％前後だったのが、大戦直前には二％台にまで低下する。一八九六年のニューヨーク店開設に始まる北米は当初から高い割合を占め、日露戦争前後に一時停滞するが、その後急速に割合を高め、大戦直前には五割に達する。ロンドンを中心とする欧州店は〇一年まで変動が激しく、以後〇七年まで一～二％と極めて低かったが、リヨン店設置をきっかけに〇八年以降急速に高めていく。

社外販売高によれば、この時期は三つの時期に分けることができる。第一は一九〇六年まで。上海・香港などの中国店とシンガポールを加え、中国・南洋が決定的な重要性を有している所に最大の特色があり、またニューヨーク店開設当初から北米は高い比率を示している点も注目される。第二の時期は〇七年から一一年までである。中国店は〇七年に二〇ポイント低下し、シンガポール店も顕著に低下するが、それをまず北米店が埋め、続いて〇八年ごろから欧州店も増加する。さらに第三の時期として一二年以降、中国店がもう一段低下し、それを埋めたのは米国店と満洲店であった[(2)]。

社外販売高による地域・支店のシェアーの推移を見たが、しかしこうした変化は各店・地域の重要性・位置の変化

外販売高（1897～1915 年）

（単位：千円）

上　海	香　港	漢　口	南　洋	シンガポール	イ　ン　ド	北　米	欧　州
33.2	25.0		7.5	7.5	0.1	11.7	12.3
36.7	23.1		7.4	7.4	0.5	16.9	3.1
27.3	18.4		4.1	4.1	1.2	17.5	16.3
26.3	23.0		9.1	9.1	0.4	25.1	3.1
22.8	23.3		10.4	10.4	1.3	24.1	6.5
28.5	20.0		9.5	9.5	0.6	23.2	2.2
36.6	15.2		11.0	7.4	0.8	20.4	1.0
37.8	15.8		8.6	6.0	0.5	19.0	2.1
49.5	10.1		5.2	3.6	0.3	19.4	0.8
46.4	9.0		2.8	2.2	0.3	19.6	1.1
16.7	7.1	4.4	4.9	3.2	1.3	33.9	2.6
19.4	5.5	5.9	5.8	4.5	4.1	27.8	6.1
16.1	4.7	6.0	4.1	2.8	2.0	30.1	17.9
14.7	5.1	4.0	3.7	2.4	1.7	25.1	21.2
13.7	6.0	3.3	4.3	2.7	2.6	27.5	15.0
4.2	0.8	2.3	3.4	2.0	1.5	35.6	20.9
3.2	0.7	3.8	2.2	1.9	1.4	47.6	17.2
3.8	0.7	3.2	2.3	2.1	1.5	52.4	17.3
7.9	3.5	1.3	5.8	4.2	12.8	33.1	13.1

取扱高（1897～1914 年）

（単位：千円）

香　港	天　津	漢　口	南　洋	シンガポール	イ　ン　ド	北　米	欧　州
11.5	0.8		2.3	2.3	10.4	15.3	41.1
17.6	2.3		3.9	3.9	10.1	21.9	27.4
14.3					10.9	20.8	22.8
13.2			10.1	10.1	4.7	30.5	17.8
12.9	2.9		12.4	12.4	12.5	20.3	21.3
10.8	2.3		11.5	11.5	15.9	22.3	12.9
16.7	2.1		9.6	7.8	11.1	18.0	18.2
15.3	5.8		13.2	10.9	0.8	16.7	14.3
4.6	1.2	4.4	6.6	3.2	3.3	31.6	9.1
4.6	2.1	3.8	2.7	1.8	8.8	22.1	17.1
5.9	1.6	3.4	5.2	4.2	12.9	24.1	14.6

外の店も含む。

表 1-1　地域別・店別社

	総　計	外地外国合計	台　湾	朝　鮮	満　洲	中　国	天　津
1897年	53,730	21.5	8.2			60.3	2.1
1898年	64,430	23.7	7.1			65.0	5.3
1899年	77,005	36.4	5.7			55.3	9.6
1900年	88,359	30.5	10.0			52.2	3.0
1901年	74,297	32.4	5.6			52.1	6.0
1902年	88,800	32.0	4.6	6.9		53.0	4.5
1903年	96,213	37.6	4.5	3.5	2.3	56.5	4.1
1904年	127,618	37.8	8.3	1.0		60.5	5.1
1905年	180,895	35.1	3.6	0.9		69.8	8.6
1906年	199,503	41.9	4.9	2.6		68.8	5.7
1907年	235,167	40.9	5.3	3.4	2.5	46.0	3.5
1908年	242,773	39.7	5.2	5.7	2.1	43.2	2.3
1909年	223,744	49.3	3.9	3.2	1.9	36.8	2.4
1910年	278,037	54.0	8.1	2.2	7.5	30.3	3.3
1911年	317,102	49.3	6.0	4.0	12.8	27.5	3.3
1912年	359,334	31.1	7.8	2.7	17.3	10.2	0.9
1913年	402,043	29.3	7.8	3.4	9.9	9.9	0.4
1914年	452,386	31.4	5.9	2.1	8.2	9.6	0.4
1915年	438,169	49.0	4.3	2.3	9.8	17.4	2.3

注：台湾以下の割合は外地外国合計に対する割合。
出典：『三井物産株式会社沿革史』第八編統計「社外店別取扱高」。

表 1-2　地域別・店別総

	総取扱高	外地外国合計	台　湾	朝　鮮	満　洲	中　国	上　海
1897年	89,330	42.7	2.5		1.8	26.6	14.3
1898年	111,032	43.7	2.2		1.7	33.8	13.9
1899年	125,851	41.3	3.3		5.8	31.3	16.9
1900年	142,490	42.5	5.2			30.2	17.0
1901年	120,995	44.1	2.5	1.8		29.4	13.6
1902年	145,009	42.0	2.2	3.4		31.8	18.6
1903年	165,829	46.4	3.4	1.4		42.5	23.7
1904年	182,358	37.1	4.8	1.8		48.1	25.5
1908年	400,208	47.0	5.0	3.5	8.0	31.3	19.1
1911年	549,824	54.0	6.4	2.3	16.8	23.6	12.3
1914年	729,682	57.7	4.2	2.3	14.9	21.7	8.6

注：空欄は支店未設置だけでなく「事業報告」作成時の「未達」による場合がある。外地・外国，中国は表記以
出典：各期「事業報告」。

をそのまま示すものではない。物産業務の変貌に伴って地域・支店の役割・位置付けが変化しているのである。

物産業務全体における各店の役割を明らかにしようとしたのが、社外販売高と社内決済高を合計した総取扱高を示した表1-2である。社内決済高（販売高）というのは、社内他店向けの決済額であり、外国店の場合は輸入・外国売買のために仕入れた金額である。表1-1と表1-2を比較すると、まず大きな相違は各地域・店の社外販売高の割合が大きな変化を示すの比し、総取扱高は安定しているという点である。特に社外販売高が大きく変化した中国と欧州の変化の程度が少ない。これは、中国店が一九〇〇年代中期までは輸出店の性格が強かったのに対し、一九〇〇年代後半以降仕入店の性格を強めたこと、欧州店は一九〇〇年代初頭まで輸入店の性格が強かったのが、以後輸出、あるいは外国売買の販売店の性格を強めたことを示している。インドは表1-1に比較して割合が高く、一貫して仕入店の性格が強いこと、北米店は一〇年代から販売店の性格が強まっていくことを示している。こうした各地域・店の割合の変化は、物産の業務の変貌に伴って、各地域・店の業務内容、すなわち物産内部における各店の位置付け・役割が、この間に著しく変化していることを示しているのである。

物産各店の役割を、輸出・輸入・国内・外国売買などの商売別に、社内・社外にわけた表1-3、1-4によって、より明らかにしよう。まず国内店も掲載した表1-3によって〇三年の店舗構成をみよう。国内店は社外比率の低い横浜・門司が輸出品（生糸・石炭）、若松が国内販売品（石炭）の仕入店の性格を持ち、社外比率・輸入比率の著しく高い機械鉄道首部・棉花首部は輸入品の社外販売に特化している。本店営業部（東京所在）・大阪・神戸の三店のうち、営業部・神戸は輸入品社外販売が七二～三%と高く、大阪が輸出品仕入店としての性格が強いなどの特色はあるが、多様な機能を持つ店舗と位置付けられる。以後、国内店も次々に開設され、特色の度合いは次第に弱まるが、基本的には輸出品仕入店、輸入品販売店、国内販売品仕入店、多様な機能を持つ支店の四種類に分けられる。

外国店の場合は次のように分類できる。関東省・天津・上海・香港・マニラなどの店舗は輸出品の社外販売が中心であるが、その中で上海・香港は輸入が二〇～三〇%を占め、輸入品仕入店の役割も有している。ボンベイ・ロンドン・ハンブルクは輸入品の仕入店の性格が顕著である。この時期の外国売買は、欧米店仕入品の社外販売を京城・上海店が行なっていることによっている。シンガポール・ニューヨーク・サンフランシスコの各店は、社外比率・輸出比率・輸入比率が四〇～五〇%台を示し、輸出品社外販売、輸入品仕入れの二側面を有している。外国店はこの時期、輸出品販売店、輸入品仕入店、双方の性格を有する店舗の三種に分けられるのである。

一九一一年になると、表1-4に示すように大きく変化する。総取扱高の順位は、〇三年が1上海、2ロンドン、3ニューヨーク、4ボンベイ、5香港であったのが、1ニューヨーク、2満洲、3上海、4ロンドン、5ボンベイとなり、上海・香港の低下が著しい。外国店全体としては、外国売買の大幅増加とそれに伴う社外比率の増加、輸入比率の大幅減少が指摘できる。各店の構成比を見ると、〇三年よりも多様な側面を持つ店が増加している。輸出比率六〇%以上のニューヨーク・リヨン・天津・広東・シンガポール・マニラ・シドニーは輸出店としての性格が強く、輸入比率約五〇%以上の桑港・ロンドン・ハンブルク・ボンベイは輸入仕入店の性格が強く、満洲・安東県・アモイ・福州などが外国売買の多い店と言える。

上海・香港は輸出店としての性格が強いが、〇三年に比べると社外比率・輸出比率を二〇～一〇ポイント低下させ、外国比率を大きく増加させ、外国売買仕入店としての性格も持ち始める。輸入仕入店としたロンドン・ハンブルクは〇三年に比較すると輸出・外国の社外販売が顕著に増加しており、欧州への輸出増加はリヨンの生糸販売だけではなかった。外国売買増加の最大の根拠は満洲の大豆三品の取扱いであることは言うまでもないが、満洲営業部の外国売買は社内と社外がほぼ拮抗しており、大豆のみによって外国売買が増加したわけではない。中国・満洲各店の外国売買の増加は、外国売買用特産物の仕入とともに、欧米・南洋などからの外国社外販売の増加にも拠っているのである。

海外店舗は物産の海外業務、すなわち輸出社外、輸入社内、外国売買社内・社外の四業務を営み、地域の特色に応じてそれぞれが主要な業務を有していた。その重点とする業務は、各店が置かれた地域の特色を前提に、日本や世界経済の動向、物産本社や支店の戦略に応じて、時期によって大きく変化していくのである。

別取扱高（1903年）

（単位：千円）

社外比率 b/a	輸出比率 c/a	輸入比率 d/a	内国比率 e/a	総取扱高構成比	社外構成比	輸出構成比	輸入構成比	内国構成比
85.5	12.7	72.4	14.9	21.3	27.0	10.4	28.8	15.6
10.0		99.8	0.2	2.5	3.7		4.6	
3.5	96.5	2.5	0.9	5.1	0.3	19.0	0.2	0.2
42.9	52.3	31.1	16.7	20.0	12.7	40.0	11.6	16.3
100.0		100.0		19.1	28.4		35.8	
96.9	8.6	73.6	17.8	8.1	11.6	2.7	11.1	7.0
28.1	60.1	2.2	37.7	9.6	4.0	22.2	0.4	17.8
25.0			100.0	3.8	1.4			18.5
62.3	0.8	42.6	56.5	2.9	2.6	0.1	2.3	7.9
67.5	26.1	53.5	20.4	100.0	100.0	100.0	100.0	100.0

社外比率 b/a	輸出比率 c/a	輸入比率 d/a	外国比率 e/a	総取扱高構成比	社外構成比	輸出構成比	輸入構成比	外国構成比
100.0	9.9		90.0	1.5	3.2	0.3		46.4
100.0	100.0			1.1	2.4	2.5		
94.8	93.4	5.2	1.3	2.1	4.3	4.5	0.2	0.9
72.4	67.8	27.6	4.5	24.6	38.3	38.1	12.7	38.5
65.2	63.7	34.8	1.6	11.3	15.9	16.5	7.4	6.2
93.8	93.8	6.1		1.9	3.8	4.0	0.2	
44.2	44.1	55.7	0.1	8.1	7.7	8.2	8.5	0.4
3.5	3.5	96.5		11.5	0.9	0.9	20.8	
2.9	2.9	99.5		16.8	1.1	1.1	31.4	
0.5	0.5	99.5		2.0			3.7	
55.0	55.0	43.7	1.2	16.0	19.0	20.2	13.1	6.9
42.8	42.5	56.9	0.6	2.6	2.4	2.5	2.8	0.6
43.7	53.4	2.9	100.0	100.0	100.0	100.0	100.0	100.0
58.6	34.2	47.6	—	—	—	—	—	—

表 1-3　店別商売

	総取扱高		輸　出		輸　入		内国売買	
	取扱高 a	社外 b	取扱高 c	社外	取扱高 d	社外	取扱高 e	社外
本店営業部	19,481	16,665	2,471		14,103	14,034	2,905	2,630
機械鉄道首部	2,264	2,264			2,259	2,259	5	5
横浜	4,694	162	4,531		118	118	44	44
大阪	18,243	7,834	9,532	49	5,665	5,021	3,043	2,761
棉花首部	17,484	17,484			17,484	17,484		
神戸	7,388	7,161	636	445	5,436	5,436	1,313	1,278
門司	8,807	2,479	5,294		195	195	3,316	2,284
若松	3,463	867					3,463	867
台北	2,610	1,625	20		1,113	1,113	1,475	512
内国店合計	91,414	61,663	23,839	496	48,899	47,955	18,672	13,212
	総取扱高		輸　出		輸　入		外国売買	
	取扱高 a	社外 b	取扱高 c	社外	取扱高 d	社外	取扱高 e	社外
京城	1,111	1,111	110	110			1,000	1,000
関東省	816	816	816	816				
天津	1,581	1,499	1,477	1,477	82		20	20
上海	18,270	13,222	12,396	12,396	5,042		830	825
香港	8,441	5,507	5,373	5,373	2,934		133	133
マニラ	1,387	1,301	1,301	1,301	84			
シンガポール	6,021	2,664	2,654	2,654	3,356		9	9
ボンベイ	8,569	302	302	302	8,265			
ロンドン	12,519	369	369	369	12,452			
ハンブルク	1,477	7	7	7	1,470			
ニューヨーク	11,927	6,564	6,559	6,559	5,218		148	5
サンフランシスコ	1,933	827	821	821	1,099		12	6
外国店合計	74,415	34,549	32,547	32,547	39,709	2,156	2,002	1,998
総　　計	165,829	96,214	56,155	33,044	78,153	47,955	—	—

注：内国店・外国店合計はその他も含む。千円未満切り捨て，以下同。
出典：「明治三十六年度事業報告」（三井文庫，物産 614/12）。

売別取扱高（1911年）

（単位：千円）

社外比率 b/a	輸出比率 c/a	輸入比率 d/a	外国比率 e/a	取扱高構成比	社外販売構成比	輸出構成比	輸入構成比	外国構成比
68.4	67.7	30.2	2.1	22.1	29.3	34.5	18.5	2.3
32.9	29.6	59.4	10.9	2.0	1.3	1.4	3.3	1.1
39.3	17.4	57.8	24.7	13.4	10.2	5.4	21.5	16.0
47.8	29.9	48.8	21.3	3.6	3.3	2.4	4.8	3.7
100.0	100.0			1.6	3.2	3.8		
38.5	39.1	21.8	39.0	18.3	13.7	16.6	11.1	34.7
52.5	16.2	41.9	41.9	0.5	0.6	0.2	0.6	1.1
58.7	45.7	25.9	28.4	13.4	15.2	14.1	9.6	18.5
69.4	54.6	21.6	23.8	5.0	6.7	6.3	3.0	5.7
46.2	39.5	30.6	29.8	4.2	3.7	3.8	3.5	6.0
83.4	80.0	15.5	4.4	2.3	3.6	4.2	1.0	0.5
55.8	18.2	44.0	37.7	0.6	0.6	0.2	0.7	1.1
93.6	68.7	3.9	28.5	0.2	0.4	0.4	0.0	0.3
69.6	5.0	22.6	71.9	0.2	0.3	0.0	0.1	0.7
15.7	6.2	78.6	15.2	9.6	2.9	1.4	0.9	7.1
80.8	67.9	18.5	13.6	1.9	3.0	3.0	1.0	1.3
90.1	89.4	9.9	0.7	1.0	1.8	2.1	0.3	0.0
91.3	91.3	8.7		0.1	0.2	0.3	0.0	
51.6	43.3	36.0	20.6	100.0	100.0	100.0	100.0	100.0
63.6	11.0	43.7	1.0					
57.7	27.0	39.9	10.7					

第一次大戦前の海外店の活動を整理すれば次のようにまとめることができよう。

日清戦争前の海外店は店舗数も限られ、活動形態は単純である。中国（含シンガポール）は石炭や海産物の社外販売と綿花や羊毛など輸入品の仕入・社内販売を中心とし、欧米唯一の店舗ロンドンは、機械・毛布・綿布などの輸入と米穀の輸出に携わるだけだった。

それが変わり始めるのは日清戦後である。米国、インドという新しい地域に支店が設置され、中国・南洋にも次々に支店・出張所が開設される。海外取引、特に輸出増進という本社の方針に基づき、新設・既存店において輸出拡大が図られた。中国・南洋には日清戦争直後から綿糸・綿布・マッチ、一九〇三年からは砂糖というように、新たに発展してきた工業製品の市場開

表 1-4　外国店商

	取扱高総計 a	社外販売高 b	輸出総計 c	輸入総計 d	外国総計 e	外国社内 f	外国社外 g
ニューヨーク	60,263	41,243	40,803	18,171	1,287	848	439
サンフランシスコ	5,423	1,784	1,606	3,220	593	417	176
ロンドン	36,458	14,343	6,354	21,089	9,013	1,024	7,989
ハンブルク	9,688	4,627	2,892	4,731	2,063	328	1,735
リヨン	4,471	4,471	4,471				
満洲営業部	49,992	19,264	19,557	10,912	19,519	10,160	9,359
安東県	1,481	777	240	620	620	83	537
上海	36,486	21,412	16,657	9,452	10,373	2,615	7,758
香港	13,525	9,392	7,389	2,915	3,220	954	2,266
漢口	11,324	5,229	4,477	3,468	3,379	2,627	752
天津	6,137	5,118	4,912	952	272	66	206
アモイ	1,566	874	285	689	591	3	588
広東	639	598	439	25	182	25	157
福州	523	364	26	118	376	40	336
ボンベイ	26,168	4,107	1,634	20,564	3,968	1,496	2,472
シンガポール	5,231	4,227	3,552	968	710	36	674
マニラ	2,764	2,489	2,470	275	18		18
シドニー	368	336	336	32			
外国店合計	272,507	140,655	118,100	98,201	56,184	20,722	35,462
内国店合計	277,317	176,446	30,586	121,221	2,641	2,625	16
総　　計	549,824	317,101	148,686	219,422	58,825	23,347	35,478

注：満洲営業部は大連も含む。
出典：明治44年度上・下半期「三井物産株式会社事業報告書」(三井文庫，物産615/2，3)。

拓が図られた[3]。また外商が掌握していた米国への生糸輸出にも進出した。このように店舗網の拡大、新たな工業製品の輸出などの変化が見られたが、しかし物産海外取引の構造的変化にはなお至らなかった。ハンブルクはロンドンと同様に輸入、中国・南洋に新設された店舗も既存店とほぼ同様な営業内容であった。ただ、サンフランシスコ店において見るように、新店舗開設によって新たな営業の開拓が始まり、後にそれらが変化をもたらすことになる[4]。

一九〇六年から〇八年にかけ、物産は中国・満洲・南洋・インドに日清戦後を上回る店舗を開設する。この店舗網と日清戦後から着手した現地における営業拡大の成果が、表1-4をもとに述べた一一年の各店の特色となって実を結ぶのである。日露戦前までの海外取引は、①日本からの鉱産物・海産物・工業製品の中国・南洋への輸出と中国・南洋からの原料・食料輸入、②欧米からの機械・工業製品の輸入と生糸・食料輸出という単純なかたちであったが、外国間貿易が加わり、また日本、中国・南洋、欧米の産業構造の変化に対応し、海外取引は極めて複雑になっていく。

二〇世紀になってからの重化学工業化の進展は、新しい工業原料の需要増大をもたらした。初代ニューヨーク支店長岩原謙三は一九〇六年の支店長諮問会議への出席の途次、シンガポールにおいてマレー産の錫、インド産の麻袋が大量に米国その他に輸出されていることを知り、「此ノ如キ商売ハ我社ニ適当ナル商売ニテ充分入込ミ得ヘキモノ」と判断し、シンガポール・カルカッタ・ニューヨーク三店での研究を開始したと述べている。(5) 塗料原料として重要性をましてきた中国産桐油(ウッドオイル)も、米国の問屋から漢口支店が代理店の依頼を受け、「反対商ニ譲ラサル丈ケノ事ヲ為シ得ル自信」を開陳している。(6) ゴムもこの時期に急速に需要が拡大する。蘭領インドのゴム輸出額は、一九〇〇年の四〇万ギルダーから一〇年には六九〇〇万へ、マラヤも同時期に一七〇万海峡ドルから二三〇〇万へと激増する。(7) ゴム需要の増大に対応して三井・古河・森村・藤田などの日本資本もゴム園への投資に乗りだし、物産はゴムの日本への輸入に加えてニューヨーク・シンガポールにおける取引の研究に着手する。(8) 中国・満洲・南洋における砂糖・小麦粉などの消費物資や、米松などの長大材・金物・機械などの需要も増加した。〇六年は満洲の小麦は豊作であったが、米国産小麦粉の売行きは好調だった。その理由は「従来高粱ヲ食シタル者カ之ヲ用フルニ至リ、又追々他ノ方面ヨリ入込ム人口増加シ、是等ノ者ハ満洲土人ヨリ贅沢ナル食物ヲ用ヒ居ル」というところにあった。(9)

海外取引の複雑化をもたらした大きな要因は、次の三点にまとめられよう。第一は欧米におけるゴム・植物性油脂原料・麻布・錫など、アジア特産品の需要急増とそれに対応するアジア諸地域の増産である。第二は中国・南洋・インドなどにおける機械・木材などの需要拡大、小麦粉・砂糖・雑貨などの消費増大が欧米から供給、あるいはアジア域内から供給されるなど、アジアの需要が増加してきたことによる。第三には、日本においても中国・南洋の特産品や米国の原材料・食料品の需要が増加してきたことである。

日露戦後、第一次大戦前に始まった世界経済の発展に対応して物産の海外取引は多様化し、大戦を契機にそれが一層深化していくのである。しかし、この時期の物産の事業報告がかなり欠けており、またその記述も不充分である。外国間貿易の展開を軸に始まった取引の多様化の整理は、戦間期を対象にして果たしたい。

二　在米店の開設と活動

1　ニューヨーク支店

海外御用荷為替取扱のために一八七九年に開設されたニューヨーク支店は、横浜正金銀行が荷為替業務を担当することになり、また物産による生糸・茶の輸出も思わしくなかったため、八二年に閉鎖された。物産が生糸輸出を本格的に再開したのは、富岡製糸所の払下げを受け、製糸業に乗り出していく九〇年代前半からであった。三井工業部直属の四製糸所の製品を米国で販売するため、物産は九六年六月八日、三井同族会宛のNY支店開設願を提出する。

従来工業部ノ製品ハ他人ノ手ヲ以テ販売相成候処当会社支店ヲ紐育ニ開設候場合ニハ一切其販売ヲ依託セラルヘキ協議モ有之、且ツ米産棉花モ漸ク其需要ヲ増加致シ来タリ該地ニ支店ノ設置無之為メ甚ダ不便ヲ感シ候ニ付、昨年十二月手代二等岩原謙三ヲ該地ニ派シ……当分ノ内ハ十分ノ利益ヲ挙ゲ候事如何ト存シ候ヘ共、将来有望ナル商業取引地ニ有之、殊ニ該地ニ於テ副業トシテ硫黄ノ販売機械等ノ買入ニ従事候ヘハ是亦経費ノ幾分ヲ補足(10)

初代支店長になる岩原がすでに九五年一二月、支店開設準備のために派遣されていたこと、工業部所属製糸所の生糸販売が大きな目的ではあったが、米綿・機械の輸入、硫黄の輸出なども目論んでいたことがうかがえよう。

NY支店営業の資金的裏付けは、三井銀行の保証による横浜正金銀行の信用によっていた。NY支店の生糸営業に

表 1-5　ニューヨーク支店商品別利益金（1897〜98 年）

（単位：ドル）

	1897 年上	1897 年下	1898 年上	1898 年下
機械・同雑品	1,078	3,307	1,110	5,478
鉄道用品	4,019	11,810	10,192	21,080
生糸	2,430	9,339	7,859	15,993
綿花		3,210	21,246	5,821
石炭				298
綿糸・綿布				5,681
雑品			542	3,064
合計	7,527	27,666	40,949	57,415

出典：各期「決算勘定書類」（三井文庫，物産 562〜565）。

ついて合計二五万ドルの枠が与えられ、内一〇万ドルが横浜からNY宛の丸為替・信用手形、残り一五万ドルを「紐育ニ於テ手形代金支払前ニ於ケル荷物引取ニ充当」という契約がなされていた[11]。

NY支店は九六年下半期から支店長岩原のほかに日本人社員一人、現地雇員二人の態勢で営業を開始する。同期の商品売買利益は四一四ドル、給与を中心にした経費が四一三八ドルとなり、差し引き三七二四ドルの損失を計上した。しかし九七年上期以降は景気好転にも支えられ、営業は一挙に拡大する。九七年九月には正金からのNY支店分クレジットを二五万ドルに増加し、さらに「横浜ノ買付ヲ先ニシ、漸次米国ニテ売却セシムルノ方針ヲ取ルコト……米国向流行品弐百個迄ヲ限リ随時買付[12]」と、積極的に生糸貿易に乗りだしていった。NY店の取扱高は輸出が九七年一三五万、九八年二五四万円となり、物産全体の一三%、一九%に達した。輸入も四四八万、七八二万円となり一三%、二〇%に達したのである。

表1-5は初期NY店の、経費を差し引いた後の品目ごとの利益である。九八年の利益約二〇万円（九万八〇〇〇ドル）は、物産全体の利益の一一%強にあたっており、取扱高だけでなく、利益においてもNY店の位置は大きかった。期による変動も大きいが、鉄道用品・生糸・綿花の三品が利益においても大きな割合を占めている。前掲の開設願にも、また表1-5にも見られる通り、当初より機械・鉄道用品・綿花の輸入を計画し、それが実現したことがうかがえよう。

鉄道用品は、英国から大部分輸入されていたが、NY店開設後は米国からの輸入が急増し、九八年には英国からの輸入とほぼ拮抗するに至った。

米国製ノ方廉価ナルヲ以テ我社ハレールハカーネギー社製、橋桁ハペンコインド社製、機関車ハスケネクタデー社ニ取引ヲ重ヌルコトヲ努メ今ヤ此等ノ製造所ハ殆ンド我社ノ常取引先トシテ大ナル便利ヲ得ルニ至レリ、今後米国注文ノ増加ト共ニ斯業ニ特別ノ技能アル者ヲ紐育支店ニ増置シ益拡張ヲ図ラント欲ス[13]

機械・鉄道関係品の日本への輸入は支店開設後に急増したが、一九〇〇年前後伸び悩みを見せた。その状況を打開するためにNY店が取ったのは、代理店としての地位の確保であった。鉄道局などはメーカーを指定して競争入札することが多く、その場合には外国商・邦商数社が競合し、口銭が一％に満たない場合があるのに対し、代理権を確保しておれば五％程度の口銭は容易に得られると言うのである[14]。これ以後、鉄道・電気など、米国の有力メーカーの代理権確保がNY店の大きな課題になり、GEの代理権を得た電気製品は「百戦百勝ノ勢[15]」となったが、機械関係全体としては必ずしも満足のいくものではなかった。一九一二年下期の機械・鉄道輸入高のうち、物産は紡績関係八割、電気・鉄道関係で四割前後を占めたが、全体としては二八％程度にとどまった。特にハンブルク支店が担当するドイツ市場は、イリス商会や大倉などの反対商が大きな力を持ち、同市場における強化が課題になっていた[16]。

綿花は九七年の物産取扱い総量一二万四〇〇〇俵の内、NY積出し量は八・八％に過ぎなかったが、同年下期より売約数量が増加し始め、九八年上期には米綿豊作による格安と、紡績会社が「混綿上意外ニ益ナルヲ悟」ったため一気に増加し、五二％にも達した[17]。

米綿の買付はNYで行なわれていたが、一九〇四年から南部の綿花地帯に社員を派遣し、NY店の管轄下に南部出張員が設置された。当初オクラホマに拠点を置き、後ダラスに移し、子会社としてサザンプロダクツカンパニーを設立した。この出張員（後棉花部ダラス支部となる）と子会社との関係は明瞭を欠くが、子会社の名前で一三年には米国内に支店を六か所設置して米綿の購入に当り、またロンドン・ハンブルクにも同社の支店を設けて米綿のヨーロッパ輸出に当っていた。一二年上期のNY店綿花取扱高の内訳は、欧州向け輸出四二％、地売り六％、残り五二％が日本向けとなっている[18]。

物産の生糸輸出については、国内・横浜市場における生糸集荷の研究はあるが、米国における販売については明らかでない。米国に輸入された生糸は、輸入業者からディーラーを介して、あるいは直接に撚糸加工・絹織物業者に渡っていく。明治前半の研究を参考にすれば、[19]物産NY店は輸入業者とディーラー双方の機能を持っていたと思われる。輸入業者にとどまるだけでなく、支店設置当初からセールスマンを雇い、生糸商・加工製織業者に販売した。それのみにとどまらず、中国生糸の輸入にも進出し、用途の異なる日本生糸・中国生糸を大量に擁して、実需市場だけでなく、定期市場においても有力なプレーヤーとして活動するに至った。

NY店の一九一一年通期の取扱高(社内・社外合計)六〇〇〇万円の内訳は、生糸輸出五九%、綿花取扱一六%、機械・鉄道輸入一二%、銅輸出四%、樟脳輸出三%、金物輸入二%、油脂類外国売買一%である。[20]上位三品目の合計が八七%と圧倒的な割合を示し、前述した海外取引の新たな傾向は油脂取扱のみであり、なおNY店の経営に変化を与えているとは言い難い。しかし、この時期に蒔かれた種子が大戦を契機に大きく実を結ぶのである。

2　西海岸店の活動

①店舗網の形成

北米西海岸の開発は、一八六九年の大陸横断鉄道開通以来、着実に進展した。日本と同地との関係は、九六年の日本郵船シアトル航路、九八年の東洋汽船タコマ航路開設により、急速に深まった。前述したようにNY店開設後、生糸輸出、綿花・機械輸入という物産の対米取引は急増したが、ネックは陸上輸送と海上輸送の連絡にあった。汽車便の渋滞、海陸連絡の不備により、予定より三か月もおくれることがあるため、貨物の三分の一以上を太西洋積みにしなければならなかった。物産は、海陸連絡、船腹手当を円滑に進めるとともに、開発の進みつつある西海岸市場への進出も意図して、九九年にサンフランシスコに出張員を設置する。[21]

サンフランシスコ店が本部管轄から営業部管轄になった〇三年以降、物産の事業報告書に同店の取扱高が記されるようになる。ＳＦ出張員は〇四年二月出張所になり、同年八月の支店長諮問会において出張所長は、「現今シアトルノ道路改築、建築ノ如キハ非常ニ盛ンナリ、我社ニテモ此地ニ出張員位ヲ一人置ク事モ必要……尚ホ一歩進メハ晩香坡ニモ置クノ必要モ起ラン」[22]と述べ、ＳＦ店の営業拡大、西海岸の発展を踏まえて長大な西海岸をカバーするために店舗網の拡大を求めるに至った。

最初に設置されたのは〇六年一二月のポートランド店であった。ポートランドはコロンビア河を利用する小麦・木材の集荷地だったことにより、日本・中国への輸出の拠点として考えられたのだろう。同出張員は社員二名、店限雇員二名の態勢で東洋への輸出品を主に取り扱い、〇八年上期から独自の考課状を作成するが、ＳＦ出張所の管轄下にあり、取扱高・損益ともＳＦ店に合算される。

バンクーバー出張員もＳＦ店管轄のもと、一九一四年に設置される。ブリティッシュ・コロンビア州では株式会社がいかなるかたちであれ、営業を行なうには登記が必要とされていた。ところが州法によって「日本並ニ支那ノ株式会社ハＢＣ州ニテ登記ヲ許サズ、従ッテ営業ヲ許サヾル没常識ノ排日規定」があったため、営業できなかった。物産本社の依頼を受けた外務省がカナダ政府と交渉して、翌年この排日規定が削除され、一五年上期から社員一名、雇員一名の体制で営業を開始する[23]（バンクーバー、一四年下）。

②主要取扱商品

物産は日清戦後から第一次大戦勃発までに、北米西海岸に上記のような店舗網を築き上げた。表1-6はＳＦ店管轄のポートランド・バンクーバーを合した総取扱額である。〇九、一〇年と小麦・小麦粉・米材取扱の減少によって取扱高が減少するが、二〇〇万円未満の取扱高から順調に増加し、大戦直前には一〇〇〇万円前後になる。同表の塩鰊までが米大陸から日本および中国への輸出、硫黄からカニ缶詰までが日本からの輸出、砕き米以下がアジアから北米向けの外国間貿易（日本からの輸出も部分的に入っていると思われる）である。〇三年には北米の小麦・小麦粉、

表 1-6　サンフランシスコ店商品別取扱高（1903〜15 年）

（単位：千円）

	1903 年	1904 年	1905 年	1906 年	1907 年	1908 年	1909 年	1910 年	1911 年	1912 年	1913 年	1914 年	1915 年
小麦	717	448	833	507	257	196	0	180	1,260	1,173	1,933	2,130	33
小麦粉	206	353	903	1,317	1,797	581	71	83	1,075	2,595	2,978	1,077	226
米材			34	14	45	392	47	134	49	75	169	476	414
硝酸曹達	5	107	213	37			246	183	1,106	538	1,013	833	308
機械	2	38	232	24	48	4	9	31	25	337	1,634	677	183
塩鯟								63	57	24	108	146	125
硫黄	430	358	265	444	757	422	287	249	228	11	625	700	1,096
石炭	386	193	58		719	461	133	427	400	847	392	375	132
日本材					70	180	201	112	189	242	181	454	481
日本米	3				4	70	91	256	378	472	437	445	463
カニ缶詰									51	148	225	201	
砕き米等									8	521	505	322	801
豆油								44	160	44	93	119	237
麻類										27	32	37	763
雑穀													309
飼料												48	279
其他共計	1,934	1,678	3,236	3,022	3,830	3,423	1,404	2,034	5,423	7,684	10,647	9,199	7,165

出典：サンフランシスコ店各期「考課状」。

〇四年からは若干の中断があるが南米からの硝酸曹達、さらに〇五年からは米材輸入が始まり、また石油掘削関係の機械も見られる。日本からの輸出は石炭・硫黄に加え、〇七年以降北海道材の輸出も増加する。カニ缶詰は一一年以降始まるが、大戦中に中断する。米は日本米と香港からのシャム米である。米は〇七年から急速に増加し、満洲・中国の豆油・飼料、インドの麻類の外国間貿易社外販売が大戦前に着手されていた。そうして、第一次大戦開戦直後、小麦・小麦粉のアジア向け輸出が激減する一方、アジアからの米・雑穀・飼料・麻類の輸入が激増する様子を示している。

以下主要商品について、その取引の展開・態様を示しておこう。

〔硫黄〕硫黄は西海岸の数少ない工業である製紙業や農薬・肥料の原料として不可欠であり、SF店設置当初から、最も有望な売り込み商品と考えられており、開設後も「当出張員取扱商品ノ主眼」（SF、〇三年上）という位置付けであった。米国東部の硫黄市場はルイジアナ産とイタリアシシリー産が掌握していたが、「内地鉄道業ノ賃率高キカ故ニルイジアナ硫黄ノ輸入ハ先ズ以テ無望ト見テ可ナルカ如キモ何時賃率ヲ低下セシムルヤモ図ラレズ、一方シシリー硫黄ニ至リテハ帆船其他ノ安運賃ヲ利用シテ十分輸入ノ余地アル」（SF、〇八年上）と述べているように、ルイジアナ産は輸送上のネックにより西海岸へ進出できず、帆船などの安運賃によってもたらされるシシリー産と競合しつつ市場に進出していく。

当初、日本産硫黄は物産が独占していたが、〇九年から American Trading Co. と Western Import Co. が物産に硫黄を供給していた押野鉱山、沼尻鉱山と提携して進出し、日本産硫黄についても激しい競争が展開される。日本国内における硫黄確保の競争に際し、一一年一二月、物産は三井鉱山に押野鉱山を買収させ、物産本社は「本邦硫黄坑主ノ大部分ヲ網羅」するプールを結成し、「〔三井〕鉱山会社ト協力シ一、二山元ノ主張スルガ如キ無謀ナル高値ヲ出サズ」西海岸市場の掌握を図った（SF、一四年上・下）。しかし、国内需要の増加、豪州・南洋・インドへの輸出増加などによって日本硫黄の価格が次第に騰貴していった。パナマ運河開通後も輸出されたが、一九一六年には米国産硫黄の西海岸渡価格がトン当り六〇円見当であるのに対し、日本産は一〇〇円以上となり、競争力を喪失する。

〔石炭〕硫黄と並ぶ初期の主要輸出品である石炭の売込みも、開設直後から努力していたが、成功したのは〇三年であった。北米西海岸において消費される石炭や、太平洋を横断する欧米海運会社の船舶用石炭は、カナダ・米国西海岸において開発されつつある炭坑、豪州・西海岸を往復する帆船によって供給されており、物産が入り込む余地はなかった。しかし、〇三年の寒波襲来と炭坑ストライキが重なり、西海岸の炭価高騰、石炭不足が表面化して輸入税が撤廃され、物産の進出余地が生じたのである。同年に売込みに成功したのはパシフィック・メイル（Pacific Mail S. S. Co.）など海運・鉄道会社三社であったが、その売込みに際しても「右三社ト直接ノ取引目下ノ形勢ニテハ絶対的望ム可カラサル」と、大手需要者との直接取引は不可能であり、「中立人ニ多少ノ利益ヲ与ヘ」て食い込みが可能になったのである（SF、〇三年上）。石炭販売額は表1-6に見えるように、〇九年まで増減が大きい。炭価が高騰し、安運賃が入手可能な場合は実際に石炭を輸入して海運・鉄道会社やストーブ用に売り込んだが、中心は海運会社の東洋諸港における焚料炭の供給であり、一〇年以降の安定はそれによってもたらされたのである。

〔米材〕土木・建築用長大材としての特色がある米材は、二〇世紀初頭、すでに中国・豪州に輸出されていた。SF店が初めて米材の日本への輸出を行なったのは、〇五年下期、呉海軍工廠の造艦材料入札であった。続いて〇七年下期には神戸築港・舞鶴軍港築港用米材納入、さらに中国・満洲への米材販売にも進出し、〇八年上期には「市価低落、船腹過剰ト相俟ッテ異常活況ヲ呈シ、今ヤ出張所取扱品中重要ナル部分ヲ占ムル」までになった。

ポートランド出張員開設後、米材取扱は同店に移管される。一〇年下期「安運賃ヲ手ニ入レ、運賃ノ競争上反対商ニ対シ有利ノ地位ニ立チ」、取扱高は前期の三倍六〇万立呎（フィート）一〇万円に達した。ところが中国への輸出は日本向けの一五倍以上一〇〇〇万呎にも達していたという。中国においても鉄道建設・土木工事によって米材需要が激増し、「清国市場益有望ナル事疑ヲ容ル可ラザル処」と言う状況だった。清国市場はダラー社（Robert Dallor Co.）とチャイナ・インポート社（China Import Co.）が各三割、バルフォアー社（Balfour Guthrie Co.）が二割というシェアーであった。「ダラー社ガ自船ヲ利用シテ競争上有利ノ地位ニ立ツ事勿論ナリト雖モ、他商ガ臨時ニ風帆船ヲ雇ッテダラー社ト優ニ対抗シ得ル」と、自社船を擁するダラー社が有利ではあったが、低運賃の船舶によって対抗可能であり、「必ズヤ清国商売ノ幾分ヲ占有シ得可キヲ信ズ」と、清国輸出への進出を計画する（ポートランド、一〇年下）。しかし一一年は不況のため注文も途絶え、一二年になると東洋からの引合は増加したが、「麦粉商内盛大ナリシ為東洋向船腹ハ悉皆麦粉輸出ニ流用セラレ、材木ノ如キ取扱不便ノ商品ハ船会社ノ拒絶スル所」（ポートランド、一二年上）となり、風帆船で米材輸送を引き受ける所があっても米材価格より高い運賃となってしまった。物産上海店は中国市場に供給する米材をダラー社から購入していたが、一三年下期から上海店への米材供給をポートランド店が行なうようになり、次第に増加していく。しかし大戦が勃発すると海上運賃の暴騰により、米材の東洋向け輸出は不可能になった。

〔北海道材〕SF店は、日本からの木材輸出を早くから計画していたが、実現したのは〇五年下期の枕木輸出が最初であった。鉄道の拡張などによって「〔米国の〕木材業ハ近年無比ノ盛況……価格ノ暴騰」を来たし、枕木輸出の初の成約を得たのである。枕木は〇七年上期まで、メキシコの鉄道やロサンゼルスの市電用などに輸出されるが、以後跡を絶つ。それに代ったのは北海道産の楢材である。家具類は東部から移入されており、住宅の戸・扉・窓枠、貨客車の材料として楢材の需要を見込み、物産札幌店がＳＦ店に「委託品」として相当量積送してきた。しかし積送品が米国規格と異なっていたこともあって売れず、結果的に「非常ノ損失ヲ忍ビテ」売り放たざるをえなかった（ＳＦ、〇七年上）。

このような失敗を経た後、〇八年下期には、日本の在荷堆積による価格低下と米国向け規格の実現、さらに「東洋行米松積帆船ノ帰航ヲ利用シ安運賃ヲ得タルガ為満船」積みを売約することに成功し、一〇年上期には「楢角ハ最早本沿岸ニ確実ナル地歩ヲ占メ、今後年々需要高増加スルニ至ルベク」と安定的な商品に育っていった。しかし物産が北海道砂川に製材工場を建設して米国向け規格、安運賃により西海岸市場を開拓していくと、競争者が登場する。物産の得意先の一つであったポートランド製材会社は、小樽木材会社から大量に仕入れるようになり、一二年度一年間の需要量一〇五〇万立方呎のうち、藤田組六〇〇万、ダラー社二〇〇万、キングアンドショルツ社一〇〇万、物産一五〇万と大幅にシェアーを低下させる[24]。

物産にとっての反対商は日米双方に出現する。「東京横浜ニ於テ増田屋其他ノ木材商ガ盛ンニ北海道産楢角刎品ヲ以テ当社ノ挽材製品品質ヲ模倣製造シ、捨値同様ノ値段ヲ以テ続々桑港へ輸入ヲ試ミ」のように、日本の材木業者・商社が安値で北米市場に進出するのである[25]。他はポートランドのエマーソン、ロサンゼルスのウェスタン・ハードフード・ランバーなど米国の木材業者である。かれらは「北海道ニ於テ藤田組及弗社〔ダラー社〕ヨリ直接間接益々多数ノ製材原料タル楢角ヲ買付ケ……各自所有ノ工場ニ於テ製材シ当社従来ノ得意先へ接近ヲ図リ」と、日本の製材業者から仕入れ、さらにそれを加工して販売したのである。他に広範な業務を営むアメリカン・トレーディング、在米日系商社の伴商会なども北海道材の輸入に進出する[26]。

北海道材の対米輸出は物産が開拓した新規商売であったが、軌道に乗ると日本の木材業者、米国の業者、さらに増田屋、アメリカン・トレーディング、ダラー社など貿易業者や海運業者が続々と進出して激しい競争となった。物産の強みは「米国ヨリ東洋ヘノ返リ荷問題生ズ、而シテ此返リ荷ニ就テハ我社ハポートランドニ出張員ヲ有シ、常ニ小麦、麦粉、米松等ノ取扱ヲナシ居ルヲ以テ小樽木材、藤田組、キング〔函館に本拠を持つ〕等ノ競争者ヨリモ遥カニ好地位ニアリ」のごとく、往航・復航に貨物を有していたため、割安運賃を確保出来ることにあった。しかし、北海道材の対米輸出には「殆ンド全部ダラー社汽船」を使っており、「仝社ハ木材取扱上我社ノ競争者」であったため、北海道材については一三年よりダラー社を用いず、「単独ニ船繰」を開始した。(27)

急速に拡大した商売ではあったが、予測された通り、一四年のパナマ運河開通によって、米国東部産の楢材が「格外ノ低廉ヲ以テ太平洋岸ニ引合フモノ続出」(28)し、さらに大戦勃発により、一六年に至ると北海道産地の価格が高騰し、米国への輸出は不可能になっていった。

〔小麦・小麦粉〕 小麦粉の日本国内における消費は日清戦争を契機に増加し、中国・満洲の北米小麦粉の消費も日清戦後、著しく増加する。さらに、一八九九年の小麦粉輸入関税従価一〇％の課税（〇六年には三〇％になる）をきっかけに機械製粉業が発展し、小麦輸入も激増する。小麦粉の輸入は横浜・神戸の引取商から発展した穀肥系商社が圧倒的な勢力を有していた。安部や増田・湯浅など日本の穀肥系商社は、北米の製粉会社と代理店契約を結び、低価格による先買い、自己の危険負担、出張所を持たないことによる間接経費の低さなどによって低価格を実現し、輸入小麦粉市場を掌握していた。(29)

物産もSF店設置後、小麦・小麦粉の取扱いに進出する。小麦粉は前年同期の五倍と大幅に増加した〇三年下期においても「反対商ノ取扱高ニ比スルトキハ実ニ微々タルモノニ過ギズ」と述べているように、進出は容易でなかった。しかし小麦輸入は小麦粉輸入課税が始まってから本格化したため、物産の進出は可能であった。〇三年上期には本店・長崎支店の注文に応じて前後三回にわたって三五〇〇トンを、同下期には神戸支店向けにドイツ船（五六〇〇トン）を用船して「東洋行小麦満載汽船ノ嚆矢」を積出した。

日露戦時の需要激増の中で、日本向け小麦粉輸出も積極化する。SF店は小麦粉をサンフランシスコのポートコスタ・ミリング社から仕入れていたが、同社製品は「品質不良不揃ヨリ生ズル苦情其他ニ対スル損害ノ要求ヲ受クルコト夥ク」といわれるように、日本の需要に適していなかったため、〇四年下期、北米沿岸最大のポートランド製粉会社の子会社ピュージェットサウンド製粉会社から、日本市場に適した小麦粉の供給を受ける特約を締結する。同社小麦粉に「恵比寿」、「宝船」などの商標を付し、「本邦各地ヲ始トシ香港、芝罘、大連ノ諸港ニ試売ヲ企テ其新商標ナリシカ為メニ当時ハ種々ノ困難ヲ感ズルコト」があったが、「薄利ニ甘ンジ品質ニ留意シテ鋭意販路ノ拡張ニ尽瘁」した結果、大量の販売に成功した。さらに〇五年下期にはシアトルの大手製粉会社二社と特約して「M. B. K. BEST」「日の出」の二商標を「本邦内地ヲ初メトシ東洋各港ニ引合」を開始し、表1-7に示したように中国・満洲への小麦粉積出しが始まった。〇六年下期に至ると、日本の製粉企業の新増設による小麦需要の増大に加え、北米小麦の豊作、銀価格の暴騰、運賃暴落などの要因が作用して東洋における小麦粉需要が激増する。日本への小麦粉輸出が減少する一方、中国・満洲向け輸出は五二万円にも達した。SF店はその事情を次のように記している。

主トシテ厦門及牛荘店ヘノ売約ニ係ルモノニシテ、厦門市場ニ於ケル麦粉ハ吾社鳳凰及子供印ノ独舞台ト云フモ不可ナカルベク、進デハ福州、汕頭其他ノ地方ニ普及セントシ又満洲ニ於ケル需要ハ無限ト称スルモ誇張ニ非ザルベク……日本社外船ノ米国北清航路及当沿岸汽船会社ノ定期航路ヲ北清及韓国ニ開カントスルニ於テオヤ、清国ニ於ケル本商売ハ前途益有望ト云フベシ（SF、〇六年下）

このように小麦・小麦粉の日本・中国への輸出は急速に増加した。こうした小

表 1-7　サンフランシスコ店小麦・小麦粉の積出し（1904～06年）

（単位：千円）

	日本向小麦	日本向小麦粉	外国間小麦粉
1904年上期	381	257	
同　下期	67	96	
1905年上期	30	171	
同　下期	803	593	138
1906年上期	507	525	122
同　下期		150	519

出典：サンフランシスコ店各期「考課状」。

麦・小麦粉、米材の日本・アジア向け輸出をより積極化するため、それらの集散地であったポートランドに出張員事務所を開設する。しかし、〇七年における小麦の不作による価格騰貴と恐慌による需要減退、日本の新設製粉会社の営業不振などによって、〇八年から一〇年まで東洋向け積出しは激減してしまった。ようやく一一年に至り、北米小麦の豊作による価格の低下と日本・中国における景気回復に基づく需要増加により、東洋向け積出しが活発化した。物産は湯浅や増田などの穀肥系商社と激しい競争を展開しながら、北米から東洋向け小麦積み出し高の三分の一を確保するという成績を挙げた。穀肥系商社と異なり、物産が産地に支店を有していることは、間接経費の増加というマイナスと、先行きを直接判断してより安い価格を提示する穀物商との取引を行えるという利点の双方があった。

ポートランド店は営業部長の指示により社内口銭を課さず、また「当方仕入レ値段ガ反対商ノソレニ比シ必ズ幾分カ下鞘ニアリシ」と、有利な仕入れ価格を実現したのである（ポートランド、一一年上）。こうして以後、物産は一三年上期まで、西海岸から東洋向けに積出される小麦の三割近くを占めたが、決して安泰ではなかった。同年下期には湯浅・増田などの有力反対商に加え、シアトルの東洋貿易会社、神戸の外商など、「新反対商現ハレ、安運賃ト小麦相場ノ先安ヲ見越シテ盛ンニ掛売」を行ない、物産のシェアーは以後二割を割り込んでいく。

小麦粉も北米品の価格低下、清国における凶作があいまって一一年上期から中国向けを中心に激増する。米国粉は満洲・香港・南清地方に強く、上海地方は地元の小麦粉が優勢であったが、この頃から上海にも米国粉が浸透する。ポートランド店も直ちに上海支店と取引を開始するが、「従来上海地方ヲ度外視セシ結果、適当ノ商牌ヲ有セズ何等ノ為ス無クシテ反対商ノ活動ヲ傍観スルノ止ムヲ得ザリシ」（ポートランド、一一年上）という状態であった。一二年下期には「当方商標ノ北清ニ売リ込ミタルモノ地盤漸ク堅クシテ此方面ヨリ神戸店ヲ通ジテ注文亦盛」と次第に安定し、物産はアジア向け小麦粉の七〜一〇％を確保する。

〔塩蔵魚〕 鮭や鰊などの西海岸漁業は日本人移民が開拓し、塩蔵して日本・東洋に輸出していた。物産も〇三年に東京の魚商の委託により、バンクーバーにおいて五〇〇トンの塩鮭を買い付けて送付したが、船舶の延引、暴風雨による荷痛みによって大きな損害を蒙ってしまった。物産が塩蔵魚に再進出したのは一〇年上期である。塩鰊は「清国、朝鮮等ノ需要地ニ於テハ其需要年々著シク増大……毎年多クノ日本人製造家ハ其製品ノ全部ヲ神戸問屋ニ送リ、委託販売スルノ例ニシテ、神戸ハ恰モ東洋各地需要地ノ中央市場タル観」を呈し、「鈴木商店ノ如キ有力者ヲ初メ神戸問屋連中何レモ製造家ニ多額ノ前貸ヲナシ彼等ヲ拘束」のように、東洋各地の塩鰊の集散地は神戸となり、問屋は北米の日本人製造家に仕込み資金を貸与して集荷していたのである。物産もかつて北海道漁業に仕込み資金を貸与して集荷していたが、すでに「我社慣用ノ方法ニテハ到底此等ノ連中ヲ手中ニ握ル事能ハズ」と、資金貸し付けによる集荷という方法は一般的には排除されていた。そこでポートランド店はバンクーバー所在日本人製造家の最有力者で唯一仕込み資金前貸しを必要としない是永商店を説得し、物産神戸店への委託品と約定品を組合せて出荷するという方法をとった。物産にとっては是永商店への「約定」は危険な方法に見えるが、ポートランド店によれば、約定前に上海・香港などの販売店が購入者と値決めして物産と製造業者の間でリスクを分担したため、「反対商ノ如ク危険ナル方法」ではないという（ポートランド、一一年上）。物産が本格的に進出した一一年が不漁で価格が高騰し、大きな利益を挙げたこともあり、日本人漁業者はアラスカ方面にも進出するなど、日本人による漁業、東洋向け塩蔵魚の生産が増大した。しかし本格化すると同時に、委託商内の煩雑さと危険が指摘され、ポートランド店は取扱いを消極化する。一三年以降も一〇万円以上の取扱高を示しているが、神戸・上海店等からの委託買付けが中心になったと思われる。

〔硝酸ソーダ〕硝酸ソーダ（チリ硝石）は、火薬・硫酸製造原料として少量輸入されていたが、明治後半から肥料原料として大量に輸入されるようになった。サンフランシスコは硝酸ソーダ売買の拠点の一つになっており、SF店は「仲介者」を通じて仕入れ、太平洋郵船・東西洋汽船会社・東洋汽船の船舶によって日本への輸入に携わった。表1-6に見えるように、一九一〇年頃までの取扱高は不安定であるが、その原因は船舶にあった。〇四年の増加は東洋汽船の亜米利加丸が南米航路を再開して「運賃特別割戻ヲ申出ヅルニ遭ヒタレバ機逸ス可カラズトシ専心事ニ当」った結果であり（SF、〇三年下）、〇九年の取扱再開も東洋汽船会社の南米航路再開とチリーにおける価格低下に原因があった。一一年からの増加は「近来硫酸安母尼亜其他ノ窒素肥料漸次騰貴シ来リタルヨリ漸ク日本ニ於テ本品ヲ肥料トシテ使用スルノ有利ナルヲ認メタル結果」とされ、日本への輸入は価格騰貴が激しくならない限り継続するだろうと予測された（SF、一一年上）。物産は日本への輸入高のほぼ五割を抑えていたが、需要増加が予測されると、アメリカン・トレーディングなどの反対商の活動も盛んになり、「競争益激甚」を加える。一三年下期には硝酸ソーダの状況と打開策について次のように述べている。

本品ノ如キ其買付ハ何人モ容易ニシテ運搬ハ現在殆ド東洋汽船ノ南米航路ノ定航船ニ限ラレ居ル際、特ニ我社ガ競争者ニ比シ優リタル利便ヲ有スルナク、従テ例ヘ取扱ハ増加スベシト雖、其取扱利益ノ増加ヲ計ルハ頗ル困難（SF、一三年下）

購買市場がオープンで、運賃も差別化が図られず、新規参入が容易だったため、物産の利益は取扱高に比して増加しなかったのである。こうした市場の中で「永ク優秀ノ地位ヲ確保」するには、桑港市場ではなく産地直接買付と「東洋汽船運賃率以下ニテ単独ニ船繰」など、「小競争者ノ企画シ能ハザル方法」を実現することであった（SF、一三年下）。

〔日本米・シャム米〕 一九〇八年に着手し、その後もSF店の主要商品の一つになったのは日本米の輸入である。西海岸に居住する日本人移民用日本米は、「相手方ノ何レモ薄資ナル為メ手控居レリ」と、取扱業者が零細だったため、物産は進出していなかったが、同年に北米貿易株式会社を引取先として営業を開始する（SF、〇八年下）。「一切ノ危険ハ買手ノ負担」とは言っているが、日本での購入は物産による「代理買付」、SFの倉庫へは「当店ノ名義ニテ倉入」という、実質的に大量の買持ちである（SF、〇九年上）。リスクの高い方法であるが、他業者が梅雨明け後の殺虫米を輸入したのに対し、物産と北米貿易は梅雨入り前に輸入して気候の安定した桑港の倉庫に貯蔵して品質を保持することに成功した。そうして西海岸の反対商は「悉ク北米貿易会社ト取引関係ヲ結ビ、仝社ノ精白米ニ各自ノ商標ヲ付シテ」（SF、〇九年下）販売するようになり、一一年下期には「北米貿易株式会社業務ノ発展及信用ノ増加ト共ニ本品取扱高逐年増加ノ傾向ヲ有シ、今ヤ日本優等玄米ノ輸入ハ殆ド当所ニ於テ独占」と豪語するまでになった。北米貿易の発展にとっても、物産との提携による日本米市場の掌握は大きな役割を果たした。日本米の取引は安定していたが、日本人移民排斥によって帰国者が増加するなど、市場は限定的であった。

一一年からは香港からの砕き米の輸入にも着手する。砕き米はビール原料としてかなりの需要があり、「本品取扱者間ニハ特殊関係ノ存スルアリテ容易ニ新来者ノ容喙ヲ許サズ、有力ナル外商等サヘモ商内開始ノ困難ナルヲ悟リテ遂ニ断念」（SF、一一年下）と、すでに流通ルートが出来あがっていた。そこに「香港店ノ熱心ナル助力」によって参入し、急速に取扱高を増加させ、一二年下期には「本季間当所ノ取扱タル数量ハ殆ンド太平洋沿岸ニ於ケル需要ノ全部ニ近ク」まで独占する。テキサス米の侵入に脅かされることもあったが、安定的な品目に育った。

シャム米は中南米に大きな需要を持っており、主に欧州商人によってヨーロッパ経由で輸送されていた。一方桑港経由でも再輸出され、また中国米は在米中国人向けに相当の需要があった。香港が有力な集散地市場であり、やはり同店の「熱心ナル助力」によって一二年下期に取扱を開始する。しかし、これは「競争激甚ナルノミナラズ確実ナル取扱商ニ乏シ」（SF、一三年下）と、前二者と異なり、大戦前には有力商品に成長しなかった。

〔大豆油〕 日露戦後に欧州で急速に需要を伸ばした大豆油・大豆粕の輸入にも、〇九年から着手する。米国は綿実油などの植物性油脂の国内生産が多かったため、同種製品には二割の輸入税を課していた。物産SF店はシアトルのカーステン社（Curstens Packing Co.）と協力してワシントン州選出上院議員に依頼し、〇九年の関税改革特別議会に輸入税撤廃法案を提出させ、無税化に成功する。大豆粕の輸入税は記されておらず、税関によって区々の税率であったが、やはりカーステン社と共同で輸入し、無税通関に成功する（SF、〇九年下）。大豆油は食用油として認知されておらず、石鹼原料としてもラードに価格的に対抗できず、塗料原料としてリンシード・オイルの対抗品として普及していく。しかし有力塗料メーカーは中部以東に所在し、ニューヨーク店との協定により、SF店の活動はロッキー山脈以西に制限され、市場の大幅な拡大は望めなかった（ＳＦ、一〇年下）。ただ、東部市場における大豆油は、鉄道用タンク貨車を利用しなければならず、需要の拡大は進まなかった。飼料用豆粕も需要の大幅な拡大は望めなかった。この大豆油・豆粕の市場は物産ＳＦ店が開発したが、その両品にもジョーンズ社・野沢商店などの反対商が直ちに進出し、競争のなかで市場を拡大していくのである。

〔カニ缶詰〕一九一一年下期にはカニ缶詰の輸入に着手する。日本産カニ缶詰はすでに米国市場に紹介され、急速に輸入量が増えていた。しかし、「他商品ト異ナリ種々ナル設備ト相当ノ販売機関トヲ有スルニ非ラザレバ着実安全ナル商内ヲ経営スル事難ク当方今日迄何等ナス処ナカリシ」と、需要者が一般消費者である缶詰のような商品は、独自の販売ルートを築くか、あるいは販売ルートをもつ卸商との密接な関係を持たねば不可能だったのである。一一年下期に至り、日本米の輸入で密接な関係を築いており、「既ニ充分ナ販売設備」を有している北米貿易を「機関」とすることにより、「多年ノ宿望ヲ達スル」ことに成功した（ＳＦ、一一年下）。一二年下期には東京本店が北米貿易に五万円のカニ缶詰購入資金を貸与し、一層の進展を図った。

〔その他の品目〕ＳＦ店が取り扱う日本への機械輸出は、西海岸の機械工業が未発達だったことにより、安定的ではないが、一九一一年頃までは農業機械を主にし、以後は日本の石油採掘業の発展により、石油掘削用機械・パイプを中心に少量ながら行なわれた。

一三年上期から下期にかけ、中国産錫とインド産麻布・麻袋の取扱を開始する。西海岸には年三〇〇万円程度の錫が海峡植民地・中国から輸入されており、「競争激甚ナルト反対商ノ地盤ノ鞏固ナル」（ＳＦ、一三年下）とにより扱っていなかったが、香港店の援助により進出する。穀物用の麻布・麻袋も西海岸に大量に輸入され、「取扱者多キノミナラズ何レモ投機的売買ニヨリテ激烈ナル競争ヲナシツ、アリ此ノ渦中ニ入リテ当社独リ着実ニ商内セン事ハ殆ンド不可能」という状況だった。しかし「幸ヒ多少ノ見越売買ヲ許可」（ＳＦ、一三年下）され、それを契機に麻取引に参入していった。

この時期SF店は、以上述べた品目以外にも、北海道産豆、満洲とうもろこし、天津地方の亜麻実、日本・中国の糠・麩など、米国への日本産・満洲産農産物の輸入に着手する。取扱品目の多角化、日本からの輸出、外国間貿易の拡大は一九〇〇年代初頭から全社的に採られた方針に基づき、意図的に採用された結果であろう。こうした新規商品に参入する際には相当量を手持し、売り込みに当っている。見本的な商品手持以外にも、北海道材・塩鰊・カニ缶詰・麻類・日本米などでは、取引先に対する融資や商品の大量手持など、手数料ベースではない手段によって取引を維持している。大戦前に取扱商品として定着したのは塩鰊・日本米・醸造用砕き米・カニ缶詰・大豆油・油粕などである。大戦勃発後、消滅する品目もあるが、大豆油・シャム米・北海道豆類・中国産亜麻実・麻類・錫はSF店とST店、さらにNY店において大々的に取り扱われるようになり、在米店の盛衰を左右するに至るのである。

三　環太平洋交易の展開と商社活動

NY店による米国東海岸との貿易は、日露戦後も綿花・機械関係の輸入、生糸・茶などの輸出と、日清戦後とあまり変わらなかった。バルクカーゴは綿花だけであり、綿花輸送はSF店の開設や日露戦後の大阪商船、ブルー・ファネルの進出による北米航路の大幅な充実にもかかわらず、その三分の一はなおスエズ回りであった。このNY支店が取り扱う米綿や機械の日本への輸入、生糸・茶の輸出はほぼ太平洋郵船・日本郵船などの定航船によっていた(30)。

西海岸の産物で太平洋を横断して日本・中国、さらには豪州・欧州に向かう商品は典型的なバルクカーゴであり、また日本・中国・豪州から西海岸に向かう商品も同様であった。西海岸と各国・地域を往き来する代表的な商品を列挙すると図1-1のようになる。もちろんこれらの商品は太平洋を横断するだけでなく、同じ船舶で西航した小麦粉や米材の一部は横浜・神戸で下ろされ、さらに大連・上海・香港まで太平洋西岸を下るのである。また、米・麻・錫・砂糖などの太平洋西岸の諸物産が地域内を往き来していたこともいうまでもない。太平洋を横断する取引がどの

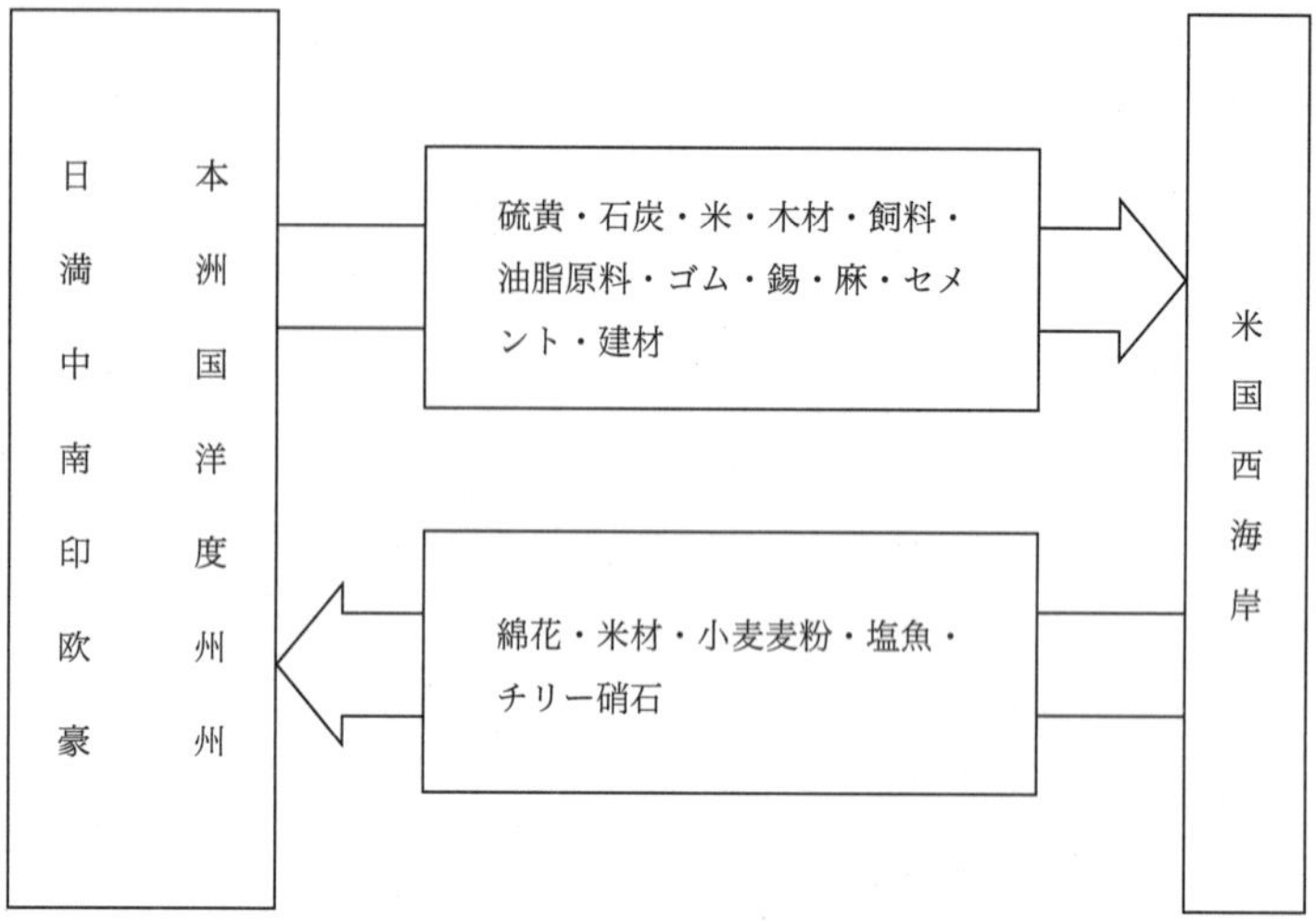

図 1-1　環太平洋の交易品

ように形成されたのかを二、三示しておこう。

一九〇三年は日本からの石炭輸出が本格化した最初の年であった。同年は西海岸の小麦作が未曾有の豊作となる一方、豪州が不作であったため、数十艘の帆船が豪州への小麦輸送に携わっていたところ、米国の石炭不足により石炭輸入税が撤廃されたため、小麦輸送に携わっていた帆船が復航荷として豪州炭を輸入する。また「此時恰モ北方ヨリ材木ヲ輸出スルモノ多ク割好ノ運賃ヲ支払ヒシカハ東洋航行ノ汽船ヲ吸収」し、その復航として「安運賃ヲ甘スル」に至り、物産はその安運賃によって初めて五隻三万トンという日本炭の本格的な市場開拓に成功する（SF、〇三年上）。日本からの石炭輸出は消長を見せながら、その後も持続するが、「日本炭ハ常ニ当邦ヨリ東洋各地へ向フ木材ノ運漕ニ従事セル船舶ノ帰航ヲ利用シテ輸入スルヲ例トセリ」（SF、〇四年下）と、米材のアジア向け輸出と対になって展開する。

〇三年下期には「支那商船会社」の第一船が桑港に到着する直前、桑港所在の海運会社三社が運賃引下げを決定し、そのため「小麦及麦粉ノ商売大ニ増加ノ勢ヲ示シ市況益強シ」という状況が生まれる。一方欧州向け小麦の輸送を待ち受けていた数十艘の帆船は欧州の需要が回復しなかったため、運賃が大幅に低落し、そのうち「数艘ノ帆船ハ遂ニバラストヲ積ミテ欧州ニ航行」（SF、〇三年下）するという事態も生んだ。

図1-1には記していないが、〇四年下期から小野田セメントの輸出も開始される。西海岸のセメント市場は、「小麦積取ノタメニ回航シ来レル欧州ノ帆船ハバラスト代リニ安運賃ニテ本品ヲ積ミ来タ」る欧州品と地元製品がシェア争いをしていたが、東洋から米国への安運賃が得られる場合や、西海岸の小麦作が不良の場合には小野田製品の侵入も可能になったのである（SF、〇六年上）。

米国東部市場とアジアを結ぶ商品と異なり、西海岸と東洋を結ぶ商品は運賃負担力の低いバルクカーゴが中心であった。横断鉄道が建設されたとはいえ、鉄道運賃は高く、東部から西海岸に石炭やセメント、硫黄、木材を輸送するよりも、アジアから海上輸送し、その復航荷として、西海岸の特産物として発展し、太平洋対岸において需要が増大している小麦・小麦粉・米材を組み合せれば有利な貿易になったのである。世界最大の小麦産地になりつつある西海岸から欧州への小麦輸送も、その復航荷として建材・セメント・硫黄をもたらし、西海岸の開発に重要な意味を持ってくる。定航船やトランパーも数千トンの汽船が主流になっていたが、第一次大戦前まで、太平洋にはこれらのバルクカーゴを輸送する帆船がなお活躍していた。

以上のように、太平洋両岸の交易は炭坑罷業や寒波襲来、あるいは豪州小麦の不作など偶然の事情も左右しているが、日本・中国における小麦・小麦粉・米材の需要増加など、アジアの構造的変化、西海岸の開発という歴史的必然の所産でもあった。このような荷動きはまさに「不定期」であったが、〇五年以降の取扱高の顕著な増加により、SF店はより積極的な営業の拡大を図ろうとする。

日露戦争を契機に日本の商船は三二万トンから九二万トンに増強され、「船主間ノ激烈ナル競争ヲ生シ、且沿岸及清国地方ノ航海ニアリテハ数千頓ノ貨物ヲ一時ニ纏ムル事困難ナルガ故ニ活路ヲ大洋航海ニ求」め、それが「商品ノ価格ヲ低減シ以テ小麦需要ノ増加ノ因ヲ作スヘキカ」と、船舶過剰が運賃の低下をもたらし、それが価格低下、需要増加をもたらすのである（SF、〇六年下）。西海岸に来航する日本船籍の貨物船は郵船と東洋汽船のみであったが、〇七年上期には両社以外に五、六隻来航し、物産も傭船二隻を運行して往航には石炭・材木・硫黄を満載し、復航には小麦・麦粉を満載して日本・中国に帰航した。この「日本船ノ往来ハ当太平洋岸ヨリ東洋ニ向テ小麦々粉ノ運送ヲ業トスル定航海業者ヲ戦慄セシメ、此等船主ハ一時同盟シテ其運賃ノ引下ヲ断行」（SF、〇七年上）したという。

こうした経験を踏まえ、SF店は「日本船主ノ当沿岸ニ対スル船繰如何ハ至大ノ影響ヲ当社取扱品ノ盛衰ニ与フ」と認識し、太平洋を安全に横断しうる大型船が日本には少ないことに鑑み、「当社社船ヲシテ優ニ此航路ニ堪フル大形船（少クモ積量五千頓）ヲ構造スルノ必要」（SF、〇七年上）、「重量貨物（Dead Weight）ヲ取扱フニハ如何ニシテモ往復周航ヲ策シ安運賃ヲ手ニ入レル事、今後当店取扱商品ノ拡張ヲ画スル上ニ着目スヘキ一大案件」（SF、〇七年下）と訴え、運行の自由が利き、運賃も安い大型社船の確保を強く求めていた。SF店の主張は物産各店の営業の前線に立っている幹部にも共有されていた。〇七年の支店長諮問会議席上、山本條太郎は、日本と北米沿岸との貿易について「船ヲ出スニセヨ荷物ノ出来テヨリ船ヲ動カス様ニテハ商売ヲ発達セシムル所以ニアラサルヘシ……是丈ノ船アリトセハ如何ニシテモ夫丈ノ荷物ヲ作ルコト、ナルヘシ」[31]と述べている。こうして物産は社船の充実に着手し、一九一〇年に八千トン級二隻、三千トン級二隻を発注し、一一年に社船が一挙に充実する。

一二年には社船を三航海北米と日本との周航に当て、一四年には社船二、傭船二の計四隻を北米航路に投じ、「往航ハ硫黄木材上海門司神戸等ニ於ル若干雑貨ノ積取ヲナシ、復航ハ上海行米松ヲ主トシ外ニ横浜神戸香港諸港へノ麦粉塩魚等ヲ積取タリ……各種商内上不尠利益ヲ得ル」（SF、一四年下）と、社船・傭船の投入により、北米・アジア間のバルクカーゴ掌握に有利な地位を築くと同時に、そのスペースを利用して雑貨などの新しい商品を開拓することが可能になったのである。

帆船や欧米定航会社によるバルクカーゴ積載から始まった環太平洋交易は、日本の定航船、物産などの不定期船を含む日露戦後の外航船の大量投入による運賃の低下が、貿易量・品目の一層の増加をもたらした。豊富な船舶の投入がバルクカーゴの増加だけでなく雑貨などの交易も引き出していったのである。

小　括

日清戦争前から戦後直後にかけての物産は、輸入商社的な性格が強かったが、戦後、米国への生糸輸出、中国・アジアへの綿糸・マッチなどの輸出増加により、輸出の割合を増加させた。日露戦争後にはその動きが一層進むとともに、外国売買が増加する。日露戦争後の物産の発展は、日本のアジア・欧米との貿易の増加と、欧米におけるアジア特産品の需要増加、中国・南洋などにおける木材や小麦粉などの食料・原材料を含む欧米商品の需要増加に基づくものであった。こうした営業の発展により、日露戦争前までの海外店は輸出と輸入に携わるだけであったが、日露戦争後に至って、外国売買品の仕入やその販売を主とする店舗が出現してくるのである。

ＮＹ支店は生糸輸出を第一の課題として設立されたが、当初から米綿・機械の輸入や硫黄などの輸出も目論まれていた。ＮＹ店は開設直後こそ欠損となったが、一八九七年上期から純益を生み、取扱高も順調に増加し、日本からの生糸輸出、米国からの機械・綿花の輸入という構造が早期にできあがった。

綿花は大西洋廻りで輸送される量が多かったが、機械など運賃負担力の高い物資は鉄道でＳＦやＳＴに輸送され、太平洋岸で船積みされる。その海陸運輸を円滑に行なうことを第一の目的にＳＦ出張員が開設される。しかし出張員の任務はそれのみではなく、急速に発展しつつある西海岸を有力な販売・購買市場と捉え、営業の開拓を求められるのである。

日本から北米西海岸向け商品として輸出されたのは硫黄・石炭・北海道材など、西海岸に不足している原材料とアジア系移民向けの米や缶詰に過ぎず、販売市場としての発展性は低かった。しかし小麦・小麦粉・米材・塩蔵魚など、北米西海岸産品の日本・アジア向け輸出は有望であり、アジア市場の拡大に伴って北米の開発も進展していった。さらに大豆油・麻類・砕き米・樟脳など、西海岸に加え、全米市場をも対象とするアジア産品の米国への輸出も開始されるのである。

こうした北米西海岸と日本・アジアとの交易は、華商・欧米商社・邦商との激しい競争のなかで発展していく。反対商との競合を有利に展開していくためには、その集散地・積出地に拠点を設置することが求められ、バンクーバーやポートランドにSF店管轄のもとで出張員が派出される。また商品の大部分は、運賃負担力の低い、すなわち運賃の高低によって商売の成否が左右される商品であったため、社船・傭船を北米航路に投じ、太平洋を横断するバルクカーゴの取引にあたったのである。

こうして三井物産は第一次大戦直前、NY、ダラス、SF、ポートランド、バンクーバーに拠点を持ち、日米間の貿易だけでなく、南北米とアジアとの貿易も行なう有力商社として存在していた。

(1) 支店などの開設年次は『稿本　三井物産株式会社一〇〇年史　上』(日本経営史研究所、一九七八年)による。出張所には単独で決算を行なう店舗と支店付属の店舗の双方があった。後者を除くと支店と出張所に差はなく、SF店の場合のように出張所から支店となり再び出張所になる場合もあり、煩雑さを除くため、「店」という呼称を多用する。

(2) 松元宏は第一次大戦前の物産を包括的に扱った著書の中で地域展開の特色も論じ、一八九七年から一九〇三年までの海外支店輸出入取扱高により、「この時期〔〇三年まで〕に一九〇〇年代の大筋の展開は確定したと考えてよい」としているが(『三井財閥の研究』吉川弘文館、一九七九年、四二二頁)、社外販売のみを見ても、また後述する社内販売を含めれば一層、大戦以前にも海外店舗の構造には大きな変動が見られる。

(3) マッチについては山下直登「形成期日本資本主義における燐寸工業と三井物産」(『三井文庫論叢』六号、一九七二年)、砂糖については杉山伸也「スワイヤ商会の販売とネットワーク」(杉山伸也他編『近代アジアの流通ネットワーク』創文社、一九九九年)などを参照。

(4) 山村睦夫は「〔中国の〕地方店設置を通じ、中国商と対抗しながら在来商品流通にリンクするとともに、それを国際貿易とも結合させようとしていたのである」と指摘している(「日清戦後における三井物産会社の中国市場認識と『支那化』」『和光経済』二二巻三号、一九九〇年、一二九頁)。

(5)「明治三十九年　支店長諮問会議議録」(三井文庫、物産一九七-五)一六四~五頁。
(6) 同前、一七二頁。
(7) B・R・ミッチェル『マクミラン世界歴史統計(II)日本・アジア・アフリカ編』(原書房、一九八四年)。以下、アジアの農鉱産物の動向については同書による。
(8)「第二回支店長会議議事録」(一九一三年、物産一九八-二)一二六~七頁。日本人によるゴム園経営については柴田善雅『南洋日系栽培会社の時代』(日本経済評論社、二〇〇五年)が刊行されたが、本書においては十分参考にできなかった。
(9)「第二回支店長会議議事録」、六六~七頁。
(10)「明治二十九年度上半期理事会議案」(三井文庫、物産一一七)。
(11)「明治二十九年度下半期理事会議案」(三井文庫、物産一一八)。
(12) 三井文庫『三井事業史　資料編四上』(一九七一年)八二頁。
(13)「明治三十年度下半期事業報告」(三井文庫、物産六一四-一)。
(14)「明治三十五年　支店長諮問会議録」(三井文庫、物産一九七-一)第四回一六~七丁。
(15)「明治三十七年　支店長諮問会議録」(三井文庫、物産一九七-三)二七一頁。
(16) 前掲「第二回支店長会議議事録」一九〇頁、二一七~二三頁。
(17)「明治三十一年度上半期事業報告」(三井文庫、物産六一四-二)。
(18) 前掲「第二回支店長会議議事録」一四九頁。
(19) 阪田安雄『明治日米貿易事始』(東京堂出版、一九九六年)。
(20) 三井物産株式会社、第三、四回「事業報告書」(三井文庫、物産六一五-二)。
(21) 前掲「解題」参照。
(22) 前掲「明治三十七年　支店長諮問会議録」二六八~九頁。シアトル店はポートランド・バンクーバー店が開設されたことにより遅れ、開設は一九一六年五月になった。
(23) 晩香坡出張員「大正三年下半期　考課状」(米国公文書館所蔵、RG一三一、MBK、SF)。以下考課状からの引用は本文中に、「バンクーバー、一四年下」、「SF、一四年下」のように略記する。

(24) 桑港出張所木材「明治四十五年上半期　考課状」。
(25) 同前「大正二年下半期　考課状」。
(26) 同前「大正三年上半期　考課状」。
(27) 同前「大正二年下半期　考課状」。
(28) 同前「大正三年下半期　考課状」。
(29) 拙稿「破綻した横浜の『総合商社』」（横浜近代史研究会『横浜の近代――都市の形成と展開――』日本経済評論社、一九九七年）。
(30) 大阪商船株式会社「北米航路史」（一九五六年）四四～五九頁、前掲「第二回支店長会議議事録」一五四～五頁。
(31) 前掲「明治三十七年　支店長諮問会議議録」二六七頁。

第2章　第一次大戦期の三井物産在米店

三井物産の業容は、日露戦争後に質量ともに一段の発展を遂げた。しかし、一九一三年七月に開催された第二回支店長会議の当時、その発展は頭打ちの様相を呈していた。取扱高は増加しつつも、日露戦後に日本経済が拡大するなかで、反対商の活動が活発化し、輸入シェアーは明らかに低下し、利益率の低下も進んだ。第二回支店長会議は、日清戦後から日露戦後にかけて、総合商社としての業態を整えてきた物産にとって一つの転換点であった。

転換を図ろうとしていたまさにそのときに第一次世界大戦が勃発する。「穏健」という前提がついているが、「積極主義」への転換である。この方針と大戦による世界的な物流の変化にも乗り、物産は急速な拡大を遂げる。しかし大戦景気を謳歌している中でも、いくつかの商品・地域において巨額の損失を生じた。こうした経験が、休戦に対応していち早く業務を縮小し、リスク管理に成功する一因となった。

本章では、大戦直前から直後にかけての物産の組織・方針・損益などを検討した後、戦争中に急拡大を遂げた在米店の取扱商品、特にアジア特産物の米国への輸入を検討することにより、大戦期の好景気の実態を明らかにする。さらに、在米店の資金繰り、損益や店舗組織などを解明し、在米店が抱えていた問題点も明らかにする。

一　第一次大戦期の三井物産

1　売越買越から先売先買へ

一九一三年七月に行なわれた第二回支店長会議において、社長三井八郎次郎は「営業方針其他ニ付注意ヲ煩ワスベキ要点」として一六項目を指摘した。その第四項において、物産は委託販売を中心とした当初の営業から、売越買越による差益取得を目的とする商務をも加えた営業へと転換してきたとし、「今ヤ時勢ノ変遷ト競争ノ激甚」とにより、さらに進んで「先売先買ヲ為スニ非サレハ其商売ノ成立ヲ計ル能ハサルモノアルニ至レリ」と述べ、先売先買を行なうべき商品と金額、方法についての意見を求めた(1)。

諮問第四項の議論において、支店長会会長岩原謙三常務取締役は、社長が述べた先売先買とは従来の売越買越と異なる、「一歩進メタル意味」であると敷衍した。この諮問に対し、小田柿小樽支店長は「今日種々ノ商売ニ付イテ常ニ競争者ノ為ニ敗ヲ取リツ、アルハ、要スルニ先売先買ヲ為シ能ハサルカ一ノ原因」と述べ、また営業部長・砂糖部長・ロンドン支店長も、こもごも先売先買の拡大と融通のきく制度を求めた。岩原会長は今後の検討を約して議論を引き取るが、全体の雰囲気は明らかに制度の拡大と融通性の確保にあった。安川雄之助大連支店長が「要スルニ今日ハ新旧方針ノ変リ目」と述べているように、日清戦後から日露戦後にかけて売越買越の採用によって拡大してきた営業を、先売先買によってさらに発展を図るべきであるという認識において共通していたのである（三二〇～三頁）。

物産の商品取扱には、一つは機械・石炭・砂糖のように一定のマージンを得るだけで取引に伴うリスクは相手方にあるもの、二つは「口銭ノ加算ヲ許サ、ル」、「顧客トシテ相手方ノ利益ヲ計ルコト能ハザル」、「自ラ相場ノ危険ヲ冒ス」ものである。前者を口銭商売、後者を右左商売とし、後者の右左商売にも、「右左ノ商売ヲ助長スル目的ヲ以テナス」売越買越と、「危険ヲ冒シテナス」先売先買の二つがあるとする。売越買越と先売先買は厳密に分けることができず、同一に見られることもあるが、両者の間には区別があったのである(2)。

物産の経営陣や営業の最前線に立っている支店長・部長たちを、積極的な先売先買の採用による拡大に駆り立てたものは「焦り」とも言うべき認識であった。第1章で見たように、一九〇二年頃から輸出・輸入取扱高の増加が顕著になり、〇四、〇五年頃から内国売買・外国売買も大幅な増加を示した。〇八年には日本全国の輸入に対する物産のシェアーは二二%を越え、輸出においても〇九年に二〇%に達する。ところが第二回支店長会議が開催された一九一三年においては、前述の小樽支店長の発言からも窺えるように、こうした発展が一つの限界に達しているという認識が共有されていた。

このような認識は、会議の初日から多くの支店長によって表明される。

何故輸入品ニ於テ比較的発展セサルヤト云ヘハ、邦人中流ノ商人カ進歩シ来リ直接引合ヲ為シテ我々ト競争ヲ始メタル結果ニ非サルカ、例エバ湯浅、鈴木ノ如キ種々雑多ノ者ガ輸入商売ニ付テハ大分発展（神戸支店、三九頁）

近来邦人商店ニシテ我々ト競争ノ位置ニ立ツ者漸次増加シ新ニ此地ニ店舗ヲ開キタルハ日本棉花会社、古河、大倉、湯浅等ニシテ、何レモ我々ト殆ント同様ノ商品ヲ取扱フヲ以テ漸次我々ノ商売ハ困難ヲ来セリ（香港支店、一〇五頁）

これに類した発言は他のいくつかの支店からもなされている。拙稿「挫折した横浜の総合商社」において見たように、物産の拡大と少々のタイムラグを示しながらも、他商社の活動も活発化していたのである。

商売別決済高（本書末付表1）によれば、輸出は〇八年、輸入と外国間貿易は〇九年に大きく取扱高を減少させた。物産の輸出シェアーは取扱高の減少・停滞の中でも一三年には二三%を維持しているが、輸入は対全国シェアーが一九一二、三年には一七%台へと低下したのである。また、利益率の点から見ても問題が生じていた（本書末付表2）。

商品社外販売高に対する総利益金の割合は一九〇一年までほぼ二%を越えていたが、〇二年に一%台、〇七年に〇%台へと落ち込み、一〇年に一%を回復する。一九一〇年から明らかになる社外決済高に対する商品販売利益率は、一二年までの二%台から一三年には一・〇九%に落ち込んでいる。

第二回支店長会議において、シェアーや利益率の低下が直接話題にされることはなかったが、経営陣は取扱高の増加が利益率の上昇・維持ではなく、その低下をもたらしているという認識は明確に持っていた。社長の訓示において、第一に「穏健ニシテ積極的ナル方針」を掲げ、「其性質上当社ノ取扱ニ適セサルモノハ之ヲ廃止スルノ方針」を示し、経営陣は諮問案第二において、取扱を廃止すべき商品を選定することを求めた。山本條太郎取締役は「三年五年ノ内ニハ競争者ニ苦メラレ漸次競争ニ堪エ難キ状態ニ陥ルハ各重要商品ニ対シテモ殆ト一致シ居ル有様」(三〇二頁)と述べ、取扱廃止対象として大連支店の大豆粕などに水を向けるが、安川は大豆粕取扱には投機が不可欠であり、利益率も低く、「到底当社ノ方針ニ適合セサル商売」と認めつつも、取扱を中止すれば満洲の店は立ちいかないという(二九一～二頁)。

諮問第三では、「商品取扱高ノ増ハ悦ブヘキカ如キモ金融ノ関係若クハ純益ノ割合等ニ鑑ミ縮小方針ヲ執ルヘキモノアルカ如シ」と、より直接的に利益率の低い商品取扱の再考を求めた。支店長会会長は「徒ニ数量ノ多キヲ望マズ」、「取扱フ商品中今少シ縮小主義ヲ採リテハ如何、或ハ取扱商品ヲ整理シタシト云フカ如キ意見」がないかと出席者に促した(三一五、三一八頁)。

取締役のこうした姿勢に対し、漢口支店長丹羽は次のように一蹴する。

日本ノ貿易業者トシテ進ミ行ク上ニ於イテ、取扱高ヲ減少スル方針ヲ採ルコトハ絶対的ニ目的ニ反スルコトニテ、無論積極的方針ヲ以テ進マサルヘカラス、而シテ取扱高ノ増加ニ従ヒ純益ノ割合多少減スルハ自然ノ道理ナレハ、仮令純益ノ割合少ナクトモ積極的方針ニ依リ商売ヲ進ムルコト適当(三一八頁)

経営陣は、「穏健ニシテ積極的ナル方針」を掲げ、取扱高の増加にもかかわらず低下する利益率を改善するために取扱商品の見直しを求める一方、激化する反対商との商戦に対抗してスペキュレーションを厭わないという方向を示した。しかし各市場において反対商の追撃を受けつつある支店長たちは、取扱高減少、シェアー低下につながる取扱商品の見直しに反対し、積極的経営こそが物産の取るべき道であるとし、第二回支店長会議はそうした意味での新旧経営方針の転換点と位置付けられることになったのである。

2　支店配置の特色

日露戦争後に形成された三井物産の支店配置とその特質は、大戦直前にも基本的な変化は認められない。総取扱高に対する外国店取扱高の比率は〇八年の四七％から一九一一年には五四％、一四年には五七％へと増加しているところから見られるように（表1-2）、物産全体の中で外国店の比重は顕著に増加している。地域ごとの特色を挙げれば、日露戦前から戦後にかけて進んだ中国各店のシェアーの低下に歯止めがかかっていないこと、満洲店の増加が止まったこと、欧州は全体として維持していることなどに加えて、日露戦後に低下した南洋各店、インド店のシェアーが高まっていることが注目される程度である。

中国店の中でシェアーを低めたのは上海・天津・漢口、高めたのは香港・広東である。一四年の各店の社内・社外販売高の割合を見た表2-1と一一年の数値を記した表1-4を比較すると、上海・天津・漢口の各店は社内販売比率が著しく低下する一方、香港・広東はその比率を大きく高めている。また、シンガポール・マニラ・シドニーの各店も社内販売比率を著しく高めている。この時期、中国・南洋の支店が営業の転換を迫られつつあったことをうかがわせる。

中国各店は、それぞれの特色を持ちつつ、共通して綿花・綿糸布・石炭・砂糖・木材・マッチ・小麦粉などを扱っていたが、この時期に中国綿花は米綿・印綿との競争力を喪失しつつあり、顕著に取扱高を低下させていた。中国市場・南洋市場開発の尖兵の役割を担った石炭やマッチも明らかに頭打ちになっていた。開欒炭や撫順炭が日本炭の市

表 2-1　外国店商売別取扱割合（1914 年）

（単位：千円）

	取扱高	社内販売高	社外販売高	取扱高%	社内販売%	社外販売%	社内比率%	社外比率%
ニューヨーク	92,192	20,003	72,188	23.4	11.7	32.6	21.7	78.3
サンフランシスコ	9,202	6,226	2,976	2.3	3.6	1.3	67.7	32.3
ロンドン	44,425	25,892	18,531	11.3	15.1	8.4	58.3	41.7
ハンブルク	6,575	3,168	3,407	1.7	1.8	1.5	48.2	51.8
リヨン	10,354		10,354	2.6	0.0	4.7	0.0	100.0
大連	62,557	37,219	24,337	15.9	21.7	11.0	59.5	38.9
上海	36,385	9,675	26,708	9.3	5.6	12.1	26.6	73.4
香港	24,923	9,651	15,272	6.3	5.6	6.9	38.7	61.3
漢口	14,507	4,558	9,949	3.7	2.7	4.5	31.4	68.6
天津	6,786	778	6,007	1.7	0.5	2.7	11.5	88.5
アモイ	2,850	601	2,248	0.7	0.4	1.0	21.1	78.9
広東	2,951	1,554	2,116	0.8	0.9	1.0	52.7	71.7
福州	927	159	767	0.2	0.1	0.3	17.2	82.7
シンガポール	17,479	9,090	8,388	4.4	5.3	3.8	52.0	48.0
マニラ	4,208	1,223	2,984	1.1	0.7	1.3	29.1	70.9
ボンベイ	54,103	40,248	13,854	13.8	23.5	6.3	74.4	25.6
シドニー	2,826	1,327	1,498	0.7	0.8	0.7	47.0	53.0
合　　計	393,250	171,372	221,584	100	100	100	43.6	56.3
総決済高	729,682	277,295	452,386					

注：ハンブルク店は上期のみ。
出典：各期『営業報告書』「商品社内及社外販売結了高部別店別表」。

場を侵食すると同時に、「古河、大倉等ノ競争ニ依リ妨害ヲ受ケタルコト少カラズ、近来神戸ノ鈴木商店モ亦石炭商売ヲ始メタレハ更ニ一ツノ競争者ヲ加ヘタル次第ナリ」と、反対商の競争も活発化していた（九三頁）。マッチについてシンガポール支店長は、以前は大きな利益を挙げていたが、反対商の競争を受けるようになるとともに、「品質ノ上ヨリ云フモ他ノ模倣シ能ハサル程ノモノニ非スシテ、何人カ製造スルモ同品質ノモノハ造リ得ル時代」と悲観的な見通しを述べている（一二四頁）。

綿糸布も反対商の活動が積極的になっていたが、上海支店は上海紡績・又新紡績など在華紡への投資によって新たな取引を開きつつあった。漢口は中国において上海に次ぐ貿易港であり、多くの外商が活動していた。物産漢口店は輸入においては日本製綿糸布・銅の取扱により第二位の地位にあったが、漢口からの輸出は欧商の後塵を拝して第六位に甘んじていた。その原因は、同地に集荷される茶・胡麻・桐油・豆類などの取扱いに弱かったためである。農産物の取扱高を増やすため、産地直買い、問屋への前貸しによる先物約定を積極的に進めつつあった。

この時期、有望なものとして注目されているのは、香港・シンガポールにおける錫の外国貿易、上海・広東の生糸、ゴム、ジャワ糖などである。取扱高のシェアーを高めている支店は、すでにこうした商品の輸入・外国貿易の仕入店の役割を果たしていた店舗であった。

リヨンを除く欧米店は、日露戦争後まで仕入店の役割が強かったが、大戦直前にはニューヨーク・ハンブルク両店の社内取扱高の割合が一〇ポイント低下しているように、その比重がかなり低下する。ニューヨーク店は綿花・機械の仕入店としての役割が低下したわけではなく、生糸・銅・樟脳などの輸出増加に基づくものである。ハンブルク店は船舶用石炭の契約、ドイツ製機械の仕入、パルプ・毛糸などの欧州各国雑貨の日本への輸入、胡麻・大豆などの中国物産の欧州への輸出を担っていた。ドイツの大手メーカーや有力商人が掌握している化学薬品・染料などの輸入は全く不可能で、機械も欧州系商社や先発邦商との競争で苦戦を強いられるが、取扱高は着実に増加し、中国物産の欧州への販売増によって社内取扱高の低下がもたらされている。

3　各店の損益

物産の商品ごとの利益は『沿革史』や『業務総誌』をもとにして明かにされているが、支店単位の損益は明らかでない。表2-2は全社的に支店単位の損益を知ることのできる数少ない史料である。一九一三年から本来的な意味での商品本部の体裁を整えているのは石炭部のみ、一四年下期から棉花部が部としての損益を出すようになるが、綿糸布は棉花部に含まれていない。また、砂糖部・木材部も部の損益を一五年から出しているが、各支店の当該商品の損益はそのまま支店にとどめられている。営業部・機械部は部の置かれていた東京が管轄する地域の損益である。支部員の人件費を本部が持ち、支店の経費も分担するという独立採算的な部制度を採っていたのは船舶部・石炭部・棉花部のみである。

第4章においてサンフランシスコ店の場合を見るように、支店は部に属する商品を含めて商品ごとの粗利益を出し、各商品に利息・償却を含む経費を割り当てて商品ごとの純損益と支店の純損益を算出していた。同表は各支店から本店に報告された決算をまとめたものである。

表 2-2　部別・店別損益（1913〜15 年）

（単位：千円）

	1913 年	1914 年	1915 年	1913 年	1914 年	1915 年
本店本部	1,084	1,566	2,150	13.8%	27.1%	15.5%
営業部	588	△ 92	789	7.5	△ 2	5.7
機械部	245	201	286	3.1	3.5	2.1
砂糖部			156			1.1
木材部		1	168			1.2
棉花部		△ 178	610		△ 3	4.4
船舶部	562	541	1,190	7.1	9.4	8.6
石炭部	1,371	1,754	1,187	17.4	30.4	8.6
内国店合計	670	956	1,831	8.5	16.5	13.2
小樽	262	148	46	3.3	2.6	0.3
横浜	74	13	196	0.9	0.2	1.4
名古屋	17	228	134	0.2	3.9	1.0
大阪	409	94	739	5.2	1.6	5.3
神戸	347	276	443	4.4	4.8	3.2
門司	139	131	162	1.8	2.3	1.2
台北・台南	168	92	159	2.1	1.6	1.1
京城	123	114	35	1.6	2.0	0.3
外国店合計	2,360	737	5,174	30.0	12.8	37.3
大連	226	260	603	2.9	4.54	4.3
牛荘			134			1.0
哈爾賓			203			1.5
浦塩			213			1.5
天津	56	32	89	0.7	0.6	0.6
上海	291	△ 215	557	3.7	△ 4	4.0
漢口	87	△ 120	310	1.1	△ 2	2.2
香港	159	136	18	2.0	2.4	0.1
広東他 2 店	66	36	81	0.8	0.6	0.6
マニラ	78	32	45	1.0	0.6	0.3
ジャワ・バンコン・ラングーン	36	14	42	0.5	0.2	0.3
豪州	6	16	29	0.1	0.3	0.2
シンガポール	78	119	93	1.0	2.1	0.7
ボンベイ	64	△ 656	269	0.8	△ 11	1.9
カルカッタ			302	0.0	0.0	2.2
ロンドン	574	531	772	7.3	9.2	5.6
ハンブルク	112	△ 3		1.4	△ 0	0.0
ニューヨーク	416	255	703	5.3	4.4	5.1
生糸勘定		250	555	0.0	4.3	4.0
サンフランシスコ	111	50	156	1.4	0.9	1.1
他共合計	7,868	5,779	13,875	100.0	100.0	100.0

注：左欄が金額，右欄は割合（%）。
出典：各期「損益店別及科目別表」（三井文庫，物産 400）。

大戦前から開戦直後という不安定な時期であるため、利益金の変動が激しく、各店・地域の割合をまとめるのは難しいが、大戦前、配当金・利息・雑収入などからなる本店利益金は約一五％、東京を拠点とする営業部・機械部を加えた内国店が一五〜二〇％、満洲・中国店が一〇％強、ロンドン・ニューヨークがそれぞれ数％、残り二〇数％が船舶部・石炭部、ということになろう。一貫して安定した利益を挙げている石炭取扱の利益金は、一九一三年にすでにすべて部に付けかえられ、支店の損益には一切出ていない。商品取扱高の地域別傾向と比較すると、内国店とNY店が取扱高に比して利益金の低さが目立っている。

一四年は大戦が勃発した影響により、特に下期において国際商品を中心に多額の損失を生じ、通期でも国外店を中心に損失になった支店が発生する。一五年上期になると好転し、純益も倍増した。

次の表2-3は、NY・SF両店の半期ごとの、経費などを割り当てる以前の商品別粗利益の内訳と支店経費である。綿花は一五年からNY店の損益から切り離され、また生糸は部として独立していないが、一四年下期から生糸勘定として項目を独立させ、支店経費の約半額を負担すると同時に、支店の損益としても部分的に生糸を残すという複雑な構成となっている。同店にとり、生糸の利益は五割から八割に達し、決定的な比重を占め、機械輸入や樟脳輸出からの利益も安定的である。取扱金額として多額を占める綿花の利益は多くなく、一三年から一五年の間二期にわたって多額の損失を計上した。

大戦勃発前の一四年上期に金物・麻布・麻袋、外国貿易雑品、輸出雑品に多額の損失を生じ、下期にも多額の損失を生じ、同期は生糸勘定を除くと決算は損失になった。また、麻布・麻袋・油類・外国雑品など、外国貿易商品の損失が目立っていることも特色として指摘できよう。

SF店の利益は、機械・木材・米・雑穀・硫黄・麦粉によって担われ、比較的安定した純益を上げている。しかしこの表には示していないが、肥料や麦粉において多額の損失が生じる場合もあった。

表2-4は一三年上・下期合計の海外主要店の主要商品別粗利益を示したものである。大連は大豆三品・綿糸布に

表 2-3　ニューヨーク支店・サンフランシスコ店商品別損益（1914～15年）

（単位：円）

	ニューヨーク店			サンフランシスコ店		
	14年上	15年上	15年下	14年上	15年上	15年下
機械	51,988	74,770	59,990	6,541	2,234	1,411
生糸	335,941	26,443	66,727			
金物	△ 1,059	93,573	79,564	300	△ 46	
木材				11,163	11,993	12,748
棉花	49,444					
綿布	1,738					
豆粕				119	181	2,090
豆油	13,213	31,537	10,390	355	1,565	1,171
米				6,718	12,403	16,716
雑穀				9,415	1,196	1,817
樟脳	28,349	10,5601	8,681			
茶		4,891	7,024			
硫黄				6,412	8,982	11,688
麻・麻袋	△ 30,272		2,249			34,949
小麦					△ 450	
麦粉				11,462	10,283	1,500
油類		△ 7,020	25,488			
海産物					3,786	
鉱物		△ 99				
薬品					2,537	4,936
軍需品			74,608			
外国売買雑品	△ 14,358	37,143	107,240	1,843	13,147	547
輸出雑品	△ 16,247	8,369	6,215	943	15,181	7,398
輸入雑品	2,051	19,489	35,431	7,755	2,515	933
船舶					623	57,291
利息	△ 13,330	43,316		△ 93	△ 1,082	△ 1,136
雑損益		7,741		1,960	△ 1,797	685
合計	407,458	350,713	493,607	64,893	83,251	154,744
経費	135,573	60,071	79,706	31,140	39,815	40,786
減価償却	2,365			989		65
純益	269,520	290,642	413,902	36,214	43,436	113,894
生糸勘定利益		345,895	397,781			
同経費		78,021	76,966			
同純益		267,874	288,734			
損失準備金			32,082			

注：△は損失，以下同。
出典：「物産会社資料綴」（三井文庫，物産 322）。

加え、満鉄向けの機械、麦粉・雑穀も多い。中国各店は綿関係品・砂糖が主要商品である点において共通しているとともに、店舗ごとの特質も現れている。天津は木材・タバコ、上海は木材・肥料・機械・生糸、漢口は金物・木材、香港は金物・米などが利益の中心を占めている。南洋各店は輸出品としてはマッチ・綿糸布、さらにシンガポールの

表 2-4　店別商品別損益（1913年）

（単位：千円）

	諸経費	純益	主要商品内訳
大連	310	226	砂糖 15，綿糸 52，綿布 49，機械 19，木材 23，大豆 99，大豆粕 84，麦粉 56，雑穀 33
天津	73	56	砂糖 6，綿花 4，綿糸 8，綿布 15，木材 44，タバコ 21
上海	192	291	砂糖 21，綿花△11，綿糸 68，綿布 14，生糸 7，機械 6，金属 9，木材 30，肥料 18，米 9，麦粉 5，タバコ 11
漢口	103	87	砂糖 8，綿花 38，綿糸△4，綿布 1，機械 3，金物 33，木材 8，大豆 3，麻 5
香港	36	159	砂糖 3，綿糸 37，綿布 1，金物 14，米 24，マッチ 5，麦粉 4
福州・アモイ・広東	30	66	綿糸 3，綿布 1，生糸 4，木材 1
マニラ	20	30	肥料 6，砂糖 2，綿糸 2，綿布 6，マッチ 6，麻 3
シンガポール	20	78	金物 15，大豆 5，マッチ 37，麦粉 2
ジャワ・バンコク・ラングーン	35	36	砂糖 18，綿花 2，綿布 4，米 19，マッチ 1
ボンベイ	112	64	砂糖 17，綿花 79，綿糸 29，綿布 4，金物 4，肥料 2，アヘン 12
ロンドン	211	574	砂糖 34，綿花 2，綿布 4，機械 230，金物 39，木材 69，肥料 44，大豆 8，米 13，樟脳 89，毛類 38
ハンブルク	59	112	機械 35，金物 38，雑穀 16，樟脳 13，肥料 32，紙原料 11

出典：前掲「損益店別及科目別表」。

金物、ジャワの砂糖など外国貿易品に特色がある。ボンベイは綿関係品とジャワからの砂糖輸入が中心である。ロンドン・ハンブルクは機械・金物・肥料・毛類・紙原料の日本への輸入、木材・樟脳の輸出、外国貿易品の砂糖・豆・雑穀の取扱いなどから利益を得ている。

総合商社は多様な商品を扱うことによって、個々の商品の相場変動から生じるリスクを回避したが、それは商社の支店経営にも通じることであった。たとえばNY店にとって綿花は十分な経験を積んだ商品だったが、粗損益の段階で一三年下、一四年下に多額の損失を生じている。機械はコミッション・ベースの安定した取引であるが、一三年上、一四年下には大幅な粗利益の減少が見られる。インド市場における物産の地歩の確立を前提に、インド店とニューヨーク店との間で一四年に麻布・袋の外国貿易に進出したが、手痛い失敗をこうむった。支店にとっても取扱商品を多様化し、個々の商品で損失が生じた場合にカヴァーしうる体制を築くことが求められるのである。

取扱商品の多様化によるリスク回避とともに、支店配置の最適化によるリスクの軽減も課題であった。一四年は外国店の多くが純益を大きく低下させる中で、大連・香港・豪州・

シンガポール・ロンドンの各店は増加ないし維持となった。各店の理由は明らかにならないが、一三年下期の上海と漢口を比較すると、上海は綿花で二万四〇〇〇円の損失を出す一方、綿糸布で三万一〇〇〇円の利益を出し、漢口は反対に綿花で一万四〇〇〇円の利益、綿糸布で二万円の損失を計上する。部制度の整備を進めようとする物産の経営陣は、同一商品に関する支店ごとのオペレーションの統一を強調するが、同じ中国綿花ではあっても産地による品質の違い、同じ綿糸布ではあっても地域の違いによって損益が逆転する場合もあるのである。上海生糸と広東生糸の場合にも同様なことが言える。

4 営業の積極化と部制度の整備

前章で述べたように、一九一一年に石炭、綿花、機械、木材、砂糖の各商品に部制度が採用されていたが、石炭部のみが「理想ニ近キ運用ヲ為シ得ルニ至リシ」[3]と評価されていた。他の部は支店担当者に対する指揮、商務の統括なども不充分であり、損益計算も関係店間の口銭の分配などの規定はあったが、支店経費の分配をめぐって紛争が生じるなど、部としての損益を出すまでには至っていなかった。

第二回支店長会議において、部制度について第一項として諮問され、各部長・店長から実態や問題点が指摘されたが、方向性は明確には示されず、また議論も集約されなかった。部制度の進展は大戦勃発まで待たねばならなかった。

すでに記したように、一四年七月に発生した第一次世界大戦は物産の業績にも大きな影響を与えた。同年下期の「事業報告書」[4]は、「当社取扱重要品ニシテ殆ト悪果ヲ受ケサルモノナク、最モ甚タシキハ生糸、棉花糸布、機械等ナリ」と述べ、一五年四月に開かれた機械部会議においても、機械部長は開戦直後の状況を振りかえって「如何ニモ背ニ汗ガ出ル様ナ訳デ、殊ニヨッタラ物産会社ハドンナ酷イ目ニ逢フカ分ラナイト密ニ危ンダ」[5]と、存続の危機さえ感じさせるほどの打撃だったと捉えている。しかし、一五年に入ると一挙に事情は好転する。

物産が開戦後どのあたりから積極策に転じ始めたのかは確言できないが、一五年四月に開催された機械部会議の頃には明確に積極策に転じていた。常務取締役出席のもとで、機械部長が会長になり、機械部主任や国内・中国各支店の主任クラス約二〇人が参加する第三回機械部会議が開催される。その主題は、第一次大戦による機械関係商売の激変にいかに対処するかという問題と、機械部の部としての態勢を確立することにあった。

部長は第一の課題について、おおよそ次のように述べている。

> 従来の機械商売は日々変化する相場を相手にする派手な商売と異なり、利益も少ない「取次ギ商売」「キワメテ堅実ナ商売デアルガ」が、それは今日までの話で「是カラノ機械部ハ……コミッションヲ貰ヒエヂェントシーフィーヲ取ル丈ケデハナイ、寧ロ之等ハ三井トシテハ避ケ度イノデアル、……国家的色彩ヲ帯ビタル仕事ニ向ツテ全力ヲ注イデ飛ビ込マナケレバナラナイ、金モ出シ、又技術上ノアドバイスヲスル事モアル」「二ツノ方針即チ内地工業ノ奨励ト海外市場ノ開拓ト云フ事ニ向ツテ全力ヲ注ギ、又有ラユル方針ヲ講ジナケレバナラナイ」（七〜九頁）

機械部商品は取扱商品の中でも最も堅実な部類であるが、国内工業発展のためには資金の固定を恐れず、また海外市場開拓のためにはリスクを取ることを求めたのである。従来の方針とは大きく異なる方向に踏み出したことは明らかである。

第二の課題の部制度について、部長は次のように述べている。

> 支店長会議ガ部制度ヲ決定スル時、木材、砂糖、棉花、機械ハ部制度ノ精神丈ケニ止メ損益計算迄モ本部ニ纏メルト云フ事ハ暫ク時期ヲ待ツト云フ事ニナリ、石炭丈試験的ニヤッテ見ル事ニナッテ居タ、石炭ハ当時部制度ヲ実行スルニ最モ都合ノ好イ状態ニアッタカラ之レハ断行シタノデ機械等ハ精神丈ハ部制度ニスルト云フ事ニナッテ居タガ実際ハ之ヲセナカッタ（一七七頁）

部長が述べている支店長会議とは一九一一年に開かれた第一回の会議を指しており、石炭部のみが本来的な部制度を採用したのである。一三年に開催された第二回支店長会議においても前述したように部制度を推進する意向であったが、一四年一一月に棉花部が綿花のみに関して損益を本部に統合しただけであまり進んではいなかった。機械部の本支部制に関しても、ある参加者は損益をすべて本部に纏めるということだから「各店ノ承諾ヲモ経ナケレバナラヌ事デスカラ茲デ直グ定メル訳ニハ行キマスマイ」と躊躇を示すが、「既ニ重役ニ於テ御決定ニナッテ居ル事ダカラ此際之レヲ実行スルト云フ事ニ各店デモ異議ノアル筈ハナイト思ヒマス」（一七七頁）と、四年間にわたって進展しなかった部制度の整備を進めようとする。

ただ、石炭部のようなかたちで支部・代務店（部員常置の支店）の損益をすべて本部に統合することは当初から困難と見ていた。部長は「機械商売ノ利益デ食ッテ居ル店モアルノデ之等ニ対シテハ気毒ナ事モアル、デ計算ハ今迄通リニシテ人間丈ヲ部デ総括スル…〔そうすれば〕我々ノ目的ハ達セラレル」（一七八頁）と述べ、支店の抵抗が予想される本部への損益の集中については妥協しても、本部による部員の指揮統括、それを通じた機械部営業方針の貫徹を重視する。

大戦の勃発によって各商品・支店とも従来の環境が激変し、それに機動的に対処していかねばならなかった。はかばかしい進展を見せていなかった本支部制は、この大戦中に整備されるが、石炭部のようなかたちでは進まなかった。利益の分配、支店人事の統括という具体的なところで支店と部との対立が解消しないのである。

戦場はヨーロッパに限定されてはいたが、主要国の総力戦となった大戦は、物資の需給関係を大きく変え、流通ルートも変えた。物産はこうした環境に支店組織と商品本部制という横と縦の組織を整えつつ積極的に対処していくのである。

二　在米店舗網の拡充とその活動

1　店舗網の拡充

開戦三か月後にあたる一四年一〇月、SF店長は「為換ノ杜絶ハ金融ノ逼迫トナリ、船舶ノ激減ハ積出及着荷ノ遅滞ヲ来シ、人気ノ不安ハ買控ヘ又ハ売リ控ヲ生ジ、市況ハ暴騰ニアラザレバ暴落ヲ演ジタルアリ」（SF、一四年下）と、米国経済界の混乱とSF店もそれに翻弄された様子を述べている。しかし、一五年四月は「棉花輸出ノ快復小麦有史以来ノ騰貴武器艦船弾薬ノ製造隆昌ニ加フルニ……次期小麦作柄……佳良ナル事周知セラレタレバ不景気ハ徐々ニ快復シツ、アル」（SF、一五年上）と、米国経済界の好転を報じた。

西海岸の開発と対アジア貿易の発展、さらには一四年八月のパナマ運河の開通により、アジア貿易の拠点たる西海岸諸港は次第に発展していたが、大戦の勃発により、それが加速されるのである。全米輸入額の内西海岸諸港は一三％を占めるに過ぎなかったが、一八年には三〇％に達し、輸出も九％から一二％に増加した。アジア貿易の拠点たるにとどまらず、「米国中部ノ開発ハ米国西海岸ヲシテ徐々工業地ニ化セントスル勢」が生まれており、また第一次産品の世界への供給地として、大戦中に発展してきた中南米への交通の拠点としても重要な地位を占めてきていた(6)。

物産においては、大戦の勃発前から西海岸各地との貿易量の増加に対応して店舗網の充実が図られていた。米国西海岸にはSF店と同店管轄のポートランド店の二店があったが、一四年五月、小麦・米材・塩魚の集散地として発展し始めていたバンクーバーにSF店管轄出張員が設置される。しかしバンクーバー店は州法などによって活動を厳しく制限されており(7)、また大戦勃発後の貿易の発展に対応して店舗の充実が不可欠になり、シアトルに新しい店舗が設置される。一六年四月、桑港支店管轄店として社員一名、店限り米人一名でシアトル店が発足し、同年六月石田禮助が首席出張員として赴任する。石田は一九年一〇月までの三年以上にわたってST店を指揮した。同店は二〇年五月に独立出張員となり、二二年七月、出張所に昇格する。バンクーバーもポートランドも大戦中は営業を拡大するが、バンクーバーは一九年六月に閉鎖され、ポートランドは桑港支店管轄シアトル出張員派出員となり、二七年以降は店限り雇員に任せられ、二九年に廃止される。(8)

米国東部から南部にかけてはニューヨーク支店とダラス棉花支部、さらにサザンプロダクツの出張員も東部一〇か所以上の各地に展開していた。しかし、後者はほぼすべて米国の綿花専門家であり、物産の営業には携わっていない。中南米貿易の拡大に伴い、一八年までにNY店はキューバのハバナに派出員を派遣し、一九年には後述する米国各店打合会議において積極的に南米への進出を計画するが、戦後不況の中で進出は本格化しない。また、皮革・羊毛商内のためにボストン、日本茶の販売のためにシカゴに出張員設置を計画するが、これらも州法の制限や不況のために派出員やセールスマンの派遣にとどまった。(9)

2　取扱商品の変化

在米各店がどのような商品の取扱いを増加させたのかを見ていこう。NY店の一五年の社内・社外販売決済高八千万円が翌一六年には二億三五〇〇万円と三倍増を達成し、SF店は六〇〇〇万円から一三〇〇〇万円と倍増し、翌一七年にはST店開業の効果もあって五〇〇〇万円へと激増する。一八年からシアトル、バンクーバー、ダラス支部が独立店に移行するので単純には比較できないが、在北米店合計は一七年の三億五〇〇〇万円から一八年には五億、一九年には六億五〇〇〇万へと激増し、総取扱高に対する在米店割合は一四年の一一%から一七年には二〇%になったのである。(10)

表2-5はNY店の戦前・戦中・戦後の年平均取扱高である。取扱高の激増は、生糸・金物・機械・茶・豆油など従来からの取扱商品の激増によるとともに、米・豆・種実・シェラック・麻布袋・ゴム・薬品染料など多くの新しい

表 2-5　第一次大戦前後、ニューヨーク支店の取扱商品と金額

（単位：千ドル）

	1912～14年 平均	1915～19年 平均	1921～25年 平均	1912～14年 %	1915～19年 %	1921～25年 %
生糸	23,806	50,025	80,469	62.4	52.2	68.6
金物	1,842	6,709	6,911	4.8	7.0	5.9
機械	2,763	9,652	13,635	7.2	10.1	11.6
砂糖			799			0.7
綿花	6,828	5,007		17.9	5.2	
米		2,134	4		2.2	0.0
豆類		726	11		0.8	0.0
種子類		111	3		0.1	0.0
豆油	624	2,242	711	1.6	2.3	0.6
其他植物油脂	160	359	669	0.4	0.4	0.6
桐油	269	105	815	0.7	0.1	0.7
シェラック		251	610		0.3	0.5
麻布・袋		7,580	4,033		7.9	3.4
ゴム原料		1,759	4,698		1.8	4.0
茶	297	1,384	862	0.8	1.4	0.7
麻真田	252	215	4	0.7	0.2	0.0
樟脳	984	1,500	851	2.6	1.6	0.7
松脂		32	171		0.0	0.1
醋酸石灰		11	105		0.0	0.1
化学肥料		43	281		0.0	0.2
工業薬品		8	169		0.0	0.1
缶詰類		23	233		0.0	0.2
獣毛・皮		774	252		0.8	0.2
薬品・染料		1,296	7		1.4	0.0
時局商売	60	1,886		0.2	2.0	
其他共合計	38,160	95,869	117,249	100	100	100

出典：「紐育支店関係書類」（三井文庫，川村 12-5）。

品目が出現し、その効果も著しいことがうかがえる。従来の取扱商品は豆油を除くと日本・米国間の輸出入品であり、新商品は薬品染料などを除くと主に日米貿易には無関係の外国貿易に基づく商品である。

言うまでもなく生糸・茶などは米国景気の好調による消費の増加を反映し、また機械・金物・薬品染料などはドイツ・イギリスからの輸入杜絶に伴って米国からの輸入が激増したものである。外国貿易品は中国・満洲・インド・南洋など、アジアの農産物・原材料からなっている。こうした傾向は他の在米店にもほぼ共

表 2-6　サンフランシスコ店の商売別商品取扱高（1915～19 年）

（単位：千円）

	1915 年上	1915 年下	1916 年上	1916 年下	1917 年上	1917 年下	1918 年上	1918 年下	1919 年上
輸出	1,187	1,194	1,277	1,982	300	562	1,348	669	477
硫黄	467	629	395	699					161
日本米	220	243	319	283			722	418	109
油脂	138	99	370	275					
カニ缶				257		249	43		
マッチ	4	59	33	155	50	100	57	101	
豆類							757	124	49
輸入	142	272	2,445	659	1,291	5,036	8,205	2,772	4,602
麦粉	19	17	163	12			914	422	1,869
米松	14	40	14	101					
硝酸ソーダ	99	209	368	44					
パルプ	10	3	165	219					
鉄類		127	1,641	127					
薬品					171	888	947		
レール・ロッド・鉄板	790	4,552			790	4,552	5,764	530	1,158
外国間	842	1,546	1,458	3,001	2,311	9,476	12,820	5,673	3,653
麦粉	145	44	195						
棉実油		29	70	221					
砕き米	164	585	507	214					
白米	31	21	169	53			2,889	2,361	157
米松	222	137	94	204					
麻布袋	39	724	391	2,238	296	2,046	942	1,366	557
ゴム原料					196	1,109	781	741	363
錫						339	214	217	
鉄製品							2,279	397	1,775
機械部	149	34	52	353	993	3784	1,399		
木材部	242	239	301	552	955	757	18		

出典：サンフランシスコ店各期「考課状」。

通するものである。

次の表2-6は大戦中のSF店の商品別取扱高である。ST、バンクーバー店などとの商務の分割、記載方法の変化があるが、一五年下期から取扱高が増え、一七年になるとその構成が大きく変化したことがうかがえる。一六年までは従来の延長線上での拡大といえるが、一七年に輸出が激減する一方、薬品・鉄製品の輸入が激増し、また、麻・ゴム・鉄製品・白米などの外国間貿易が激増する。SF店からの機械の輸入は表

1-6で見たように、一九一二年頃から油田・製油関係を中心に増加したが、一五年頃にはその需要も一巡していた。それに代わって水道・ガス用鉄管、鋼鉄製品、鉱山用機械などが激増する。従来、SFからも「大倉組其他ノ反対商」が少量輸出していたが、日本国内・満洲・中国における需要激増を見越して西海岸の数少ない製造家と提携して「今ヤ殆ド独占的ノ地位」を占めたのである。しかし、米国の輸出制限により、次期以降それほど増加しない。

SF店の重要な扱い品であった硫黄と北海道材もこの間に大きく変動する。西海岸の硫黄市場も競争は激しかったが、一四年上期には「年度約定ヲナスニ当リ我社ハ宜ク市場ノ将来ヲ慮リ鉱山会社ト協力シ一二山元ノ主張スルガ如キ無謀ナル高値ヲ出サズ且安運賃ヲ手ニ収メテ競争ニ当リ」（SF、一四年上）、需要家の大部分、SF輸入額七〇〇〇トンの内六五〇〇トンを掌握するに至っていた。開戦後、シシリー硫黄の輸入杜絶により日本からの輸出が増加するが、一六年上期には日本産硫黄の高騰、運賃の暴騰などにより、米国産硫黄との競争力を喪失していく。

北海道材も同様な経過をたどった。米国東部の楢材との競争、日本材取扱商社との激しい競争を展開しつつ、大戦直前には強力な地盤を築いていた。ところがヨーロッパ市場を失った東部楢材がパナマ運河を使って西部市場に進出してくる。SF店は効率的な配船による低運賃と小規模な貯木場を設置して「相当ノ在荷ヲ維持シテ小売注文直配達ノ需要ニ応ジ」（SF、一五年下）て対抗するが、一七年頃には両商品とも主要輸出品ではなくなっていった。

ポートランド店は小麦・麦粉・米松・麻袋を主に半期一〇〇万円から二〇〇万円の扱い高であった。それを継承したシアトル出張所は開設当初から積極的な方針に転じる。同店の取扱高を示した表2-7によれば、一六年下期の取扱高はポートランド店の時と変わらないが、売約高は五八〇万円に達し、一九年には半期八〇〇〇万円という巨額に達した。一九年上期のNY店の取扱高が一億三〇〇〇万円であることから、このST店の急増ぶりがうかがえる。豆類・植物油脂の日本からの輸出、木材・鋼鉄・化学製品などの輸入も著増するが、決定的なのは外国間貿易の増加である。その中でも油脂・油脂原料・米である。こうした商品にのめりこんでいった理由は次のように明確であった。

従来ノ如ク当店ノ経営ヲ主トシテ当地ヨリノ輸出品ノミニ依頼スル事ハ米松商売ヲ除クノ外農作ノ結果ニ依リテ

表 2-7　シアトル店の商売別・商品別取扱高（1916〜21 年）

（単位：千円）

	1916 年下	1917 年下	1918 年上	1918 年下	1919 年上	1919 年下	1920 年上	1920 年下	1921 年上	1921 年下
総取扱高	2,442	28,388	24,269	64,389	79,044	81,651	7,838	6,465	1,758	7,446
輸出	326	990	1,346	2,332	(3,297)	(4,072)	(304)	(348)	(61)	(281)
樟脳						152	204	22	8	18
豆類	3	554	522	907	1,361	932	10	11		
植物油脂	15	536	1,097	726	1,685	597				
木材	201							36	31	65
アンチモニー		97	18	181			255			
缶詰		68	6		69	141			22	151
輸入	505	4,773	3,660	7,516	(2,218)	(1,976)	(3,283)	(764)	(1,198)	(5,797)
小麦							98		99	3,193
麦粉	12						263	7	44	530
木材	103	718	1,027	2,447	634	1,617	2,383	653	839	2,071
鋼鉄	129	3,423	2,099	1,977		80	26	7	31	
化学製品		550	249	1,216	391	254	115			
松脂				304	14	25	398	21		
ブリキ缶		48	86	765	1,126					
外国間	1,610	22,532	18,555	54,793	(71,450)	(76,774)	(3,670)	(5,218)	(594)	(1,190)
米	70		41	3,330	3,669	172		2		
油脂原料	14	437	1,168	19,993	2,061	259				
植物油脂		14,022	15,670	18,462	61,931	69,655		95		
桐油		448	50	303	187	584				
麻袋	1,312	3,218	125	2,420	14	1,412	22	1,752		341
麻布				659	585	255	1	100		
ゴム						1,578	745	481	143	86
錫		2,056	770	7,740	1,925					
ブリキ缶		182	376	627	221				47	
木材	203	814			827	1,726	2,905	2,788	323	452

注：括弧内は筆者の計算による。
出典：沙都出張所各期「考課状」。

商内ノ成立ヲ支配セラル、事トナリ斯クテハ確実ナル経営ヲ期待スル事ヲ得ザル第一ナリ、傭船ノ操縦上其獲得ニ関シ終始一貫シテ他店ニ之ヲ依頼セザルベカラザルニ依リ時ニ多大ノ不便アルヲ免レズ、此理由ニ依リ自カラ当地ヘノ輸入品ニ染手シテ船腹充足ニ関シ他店ノナス所ヲ補足スルノ必要アル事第弐也（ST、一六年下）

　ST店の問題は、①主要商品である小麦・麦粉の取扱高が不安定にならざるをえないこと、②米国からの輸出が中心であるため他店集荷復荷に頼らざるをえないところにあった。そこで復荷として、日本を含むアジアから、開戦後大量に米国に向かって輸出され始めた油脂・油脂原料、さらには錫・ゴムに着目したのである。

支店の特色に規定されて開戦後の営業の拡大には若干の相違はあるが、共通するのは外国貿易の激増である。ここではその中でも油脂・油脂原料・米・麻などについて、その拡大がどのように行なわれたのかを見ておこう。

3　外国貿易の拡大

①桑港・沙都店の傭船活動

NY店の主要取扱品である生糸や綿花は、明治中期から北米定期航路を開設した日本郵船・東洋汽船・大阪商船などの社船と年間の積荷契約を結び、社船にとっては安定的な積荷の確保、物産にとっては運賃割戻しなどによる利便があった。すでに述べたように、こうした運賃負担能力の高い、安定的な貨物を持たないSF店は、営業を拡大するために、配船の自由が利き、競争者より安運賃を確保できる社有船か傭船による配船を強く求めた。

SF店の取扱高は一九一一年以降着実に増加し、品目も粕・豆油・豆類・麻・砕き米など、アジアの農産物を中心に拡大していた。一三年にはチリー産硝酸ソーダの扱い高が増加したが、日本における売込み競争が激しく、利幅が薄くなっていた。他の商社と同じく、東洋汽船の南米定期航路に頼らざるをえなかったからである。そこで「東洋汽船運賃率以下ニテ単独ニ船繰ヲナス等容易ニ小競争者ノ企画シ能ハザル方法ヲ講ジ以テ取扱高ノ増加ト且利益ノ増加ニ努ムル」と、独自の配船について研究を開始するのである（SF、一三年下）。

一四年上期に一航海の傭船、同下期にはSFとロンドンにおいて各一隻、船舶部から二隻計四隻の定期傭船を行なった。往航は北海道の木材・硫黄に加えて上海・門司・神戸の雑貨、復航は上海行き米松と横浜・神戸・香港向け麦粉・塩魚を積んだが、一隻の復航は自社荷物がなかったため割増付きでサブチャーターに出した。SF店による本格的な傭船は、「各種商内上、不尠利益ヲ得ルニ至リタルハ至幸トスル所ナリ、殊ニ支那行米松商内ノ如キ全ク運賃ノ如何ニ依テ決セラル、モノニシテ其従来当社ガ成効シ得ザリシハ全ク自ラ操船セザリシニ依ルモノナリ」と自ら高く評価し、開戦による世界的な船腹の減少と運賃騰貴の中で、「大発展ヲ得ベキ好機ナリ」と、積極的な傭船とそれに基づく営業の拡大に乗り出すのである（SF、一四年上）。

一五年までの同店傭船の主要な積荷は、木材・硫黄・小麦・麦粉・硝石などであり、一六年になると石油や鉄類、ロシア向け軍需品に加え、イロイロ港からの砂糖などの輸送も始まった。一八年になると同店の傭船は次第に減少して船舶部の船が多くなってくる。

ST店は当初から積極的な傭船による営業の拡大に走った。一八年下期には傭船一五隻、航海数五九、輸送貨物四一万トンに達している。この期が最高を記録し、一九年下期にはすべて船舶部の回船となっている。

SF・ST両店、さらには両店の活動を踏まえた船舶部の戦時期における積極的な傭船という経験を踏まえ、一九年一〇月の第一回船舶部打合会議において、バタビア・マニラ・大連・棉花部などからの強い要望に基き、月一回船舶部所有船・傭船で東洋各港とシアトルを結ぶ半定期航路が開設されるのである。

②植物油・油脂原料

ST店の取扱高増加に最も貢献したのは大豆・大豆油をはじめとする油脂・種実、さらには米・砂糖・麻などアジア産の農産物、原料であった。

大戦前の植物油脂・同種実の世界の需給を大雑把に示した表2-8によれば、油脂を大量に消費する欧州諸国はインド・南米・中国から種実を輸入して油と家畜飼料を生産・消費し、米国は表2-9から明らかなように、棉実油を主に大量の油脂を生産するとともに相当量の輸出も行なっていた。

植物油の主な用途は塗料・調理・人造バター・石鹼原料であり、豆油は塗料・石鹼原料として他の油に劣り、またマーガリン・調理用としても固有の臭気があり、欧米において歓迎されたわけではなかった。しかし、その差異は相対的なものであり、亜麻仁や棉実などが不作の場合には充分に代替可能であった。

戦争が始まり、アジアから欧州への種実・油脂の輸送が困難になると、まず米国の油脂が欧州に輸出され、その品薄を補うように米国はアジアからの供給を求めた。それを加速したのは一七年の棉作の悪化であった。ここに棉実油の代用として、大量に供給可能な豆油の需要が生じたのである。[11]

シアトル店長石田の積極策が米国における植物油の大量需要という好機に際会したのである。油脂の輸送は樽入れ・石油缶入れのほかに、バラストタンクやディープタンクを持つ船舶はタンク輸送を行ない、需要地から遠いシアトルは樽や缶、ディープタンクから鉄道のタンクカーに積み替えねばならなかった。ST店はスタンダードオイルの一万トン油漕船を傭船し、ディープタンクを持つ船舶の大部分を押さえたという。こうした新しい輸送方法に対処するため、大連に容積二五〇〇トンのタンク二基を設置し、北米の集散地になったシアトル港には専用埠頭が設置され、ST店は社有八基、リース一基のオイ

表 2-8　世界市場における植物油・油種実の需給（1913 年）

（単位：千トン）

	油種実				油脂		
	種類	輸出	輸入国	輸入 千トン	供給地	種類	輸出
アルゼルチン	亜麻仁	700	ドイツ	1,705	満洲	豆油	200
インド	亜麻仁	413	英国	1,478	中国	桐油	27
	棉実	284	フランス	884		ごま油	76
	落花生	277	オランダ	593		落花生油	50
	菜種	249	ベルギー	278		菜種油	91
	蓖麻	134	米国	159	米国	棉実油	79
満洲	大豆	500			インド	蓖麻油	56
中国	胡麻	121				菜種油	28
	落花生	67					
	菜種	36					
其他共合計		3,057		5,334			

出典：三井物産穀肥部「植物性油脂並油種子事情」(1920 年，SF，BOX 1449)。

表 2-9　米国植物油需給（1912〜19 年）

（単位：千トン）

年次	国内産額	輸出	内大豆油	輸入
1912 年	983	148		541
1913 年		122	6	
1914 年	1,169	153	8	401
1915 年		119	9	
1916 年	1,118	175	49	390
1917 年	1,079	219	81	292
1918 年		375	168	
1919 年		385		

出典：前表に同じ。

ルタンクと、リースの鉄道用タンクカーを最盛期には三〇〇車も有していた[12]。

ほとんど北米向けに積み出されるようになった大連積豆油のうち、一七年上期以降、物産のシェアーは五三%、七二%、六二%、七六%と圧倒的な割合を占める。一八年八月神戸で開催された第一回穀肥部打合会議において、「米国ニ於ケル当社ノ活躍ハ更ニ偉大ナルモノアリ、沙都出張所ハ本商内ニ就テハ最モ大ナル勢力ヲ要ス」と評価され、安川取締役からも「豆油ノ如ク設備ヲ完全ニシ如何ナル反対商ト雖トモ当社ト肩ヲ並フルコト能ハス、当社一人優越ナル地位ヲ獲得セルガ如ク他ノ商売ニ於テモ妙案ヲ案出セラレンコトヲ希望ス」と高く称揚されたのである[13]。

シアトル店は大豆油のみでなく、落花生油・棉実油・桐油などの植物油も大量に輸入した。ペイント原料として最も優れ、軍需品として需要を急速に拡大した桐油は漢口の特産品であり、開戦前はジレスビーなどの外商がオイルタンクや油漕船を所有し、欧米への輸出をほぼ独占していた。開戦後物産も、「紐育、シアトル両店ノ販売力及シアトルノ船腹供給ノ円滑」さに助けられて、ジレスビーに匹敵するほどの扱い高に達した。しかし、同社が漢口の問屋と同様に産地直買を行なっているのに対し、物産は漢口の問屋に頼らざるをえず、桐油の扱いは集荷力ではなく、在米店の販売力と輸送力に助けられたものであった[14]。

中国における菜種油・落花生油・棉実油・大豆油の集散地は上海・青島・漢口・大連などであった。中国・満洲からの種実の輸出は一九一二年、大豆を除くと二三万トンとされ、うち一二万トンが胡麻、残りが落花生・菜種・棉実である。その大部分がドイツ・オランダに輸出され、ドイツにおいて搾油されていた。大豆油を含む油脂輸出は一一年の九万トンから一七年には一七万トンに激増するが、大豆油以外の輸出先は戦前には香港が最も多く、香港から中国の沿岸各地に再輸出されていた[15]。

開戦前は大豆・大豆油を除くと、物産の種実・油脂の取扱高は多くなかったが、開戦に伴って独・英などの欧商が活動を低下させる中、物産をはじめとする日本商社の活動が一挙に高まるのである。物産上海支店は、開戦後同地の棉実油・落花生油輸出の三~四割を占めるほどの勢力を有するようになったが、その理由は大規模な油房の一つと密接な関係を築き、「シアトルノ配船ヲ利用シテ商内ノ成立」を図ったことによる。青島の落花生油は大連積み替えでSTに大量に輸送された。また同地方亜麻仁種子の産額年五万トンのうち、市場に出回るものは一万トン程度、物産は「外国人ノ勢力現ハレザル前ニ当初之レニ手ヲ染メタレバ全輸出額ノ約八割ハ当社ノ手ニ依リテ扱ハル」と述べている。[16]

しかし、STが植物油の取引を大々的に拡張し、安川取締役から称揚されたちょうどその頃、同店の油脂取引は大きな問題を抱えていた。大部分の米国食品業界関係者と同様に、休戦のいかんにかかわらず欧州の油脂市場は品不足となり、米国から大量の輸出が不可欠だろうとの予測のもと、「引続キ強気方針ニ出デ各油ノ買付ケ」を行なっていた。ところが中欧同盟・中立国に対する食糧禁輸が継続され、米国には大量の食糧が滞り、油脂価格は戦時の高値に比すると半値に低下した。産地相場も米国価格に先んじて低落し、完全な逆鞘になっていった。

ST店は「売約ノ一方ニ其手持ノ三分ノ一ヲ産地ノ安値ヲ利用シテ之ガ買埋ヲナシ、以テ一方ニ手持ヲ軽メ一方Capital Stock ノ平均値段ヲ逓下セシメ、以来来ル可キ相場ノ勃発大需要ノ殺到ニ備ヘン」との方針を決定し、その許可を本店と穀肥本部に求めたが、「豆油ニアリテハ其stock ノ余リニ大ナル故本店及本部ノ容ル、所トナラス」（ST、一九年上）と、売約・買い埋めによる手持商品の平均価格低下、すなわち乗り換えという提案は否定されるのである。こうした方法は損失を減少させるためにしばしばとられる手段ではあるが、間違えば損失をより膨らませることにもなる。本店と本部がそれを否定したのはSTの買い持ちがあまりにも巨額であったためであろう。一八年下期、穀肥部全体の豆油社外売約高一四四万函に対し、部の平均買い持ち高三七万箱、うちSTだけで三一万函、翌一九年上期も同じく一一八万函に対して平均買い持ち八一万、STは七一万という割合であった。[17]しかも一八年下期、ST店穀肥取扱高四四〇〇万円に対し、純益はその〇・一八%の七万九〇〇〇円に過ぎなかった。買い埋めの許可を得た落花生油は「相当ノ好結果」を生んだと述べ、「空シクDead Loss ヲ知リツツ売約ヲ続ケタリ」と、述べている（ST、一九年上）。一九年上期にはシアトル店の穀肥部は一七〇万円、穀肥部全体では五七〇万円という巨額の損失となった。[18]

③東洋米

中南米において大量に消費される米穀は、大戦前ドイツ商がラングーン米を輸入し、ドイツで精米の上中南米へ輸出していた。開戦後はイギリス・米国を経て中南米に輸送されたが、一六年下期になるとアジアから米国西海岸に直接もたらされるようになり、サンフランシスコは米国内消費と中南米に再輸出される東洋米の一大中心地になった。

SF店は、当初東洋米の輸入商として同地に集まってきた取扱商に売り込んだが、NY店がキューバ市場を開拓してハバナに派出員を設置し、直接売込みを開始すると、両店乗合で東洋米の中南米市場への進出を強めた。

最盛期には「桑港或ハ沙港ニ入港スル社船ト云ハズ社外船ト云ハズ、必ズ当店ノ米ヲ殆ド満船ニ近キ程度ニ於イテ積載シ来ラザル無キ」[19]というほどの取り扱いに達した。グレース商会など米国の有力商社が「産地ニオイテ常ニ見込ヲ以ッテ安値買付ヲ行」[20]うなど競争は激烈だったが、同店はその中にあって「更ニ遜色ナキノ感アルハ快心ノ至リ」と有力商社の一角を占め、二〇年には「当社ハ東洋米ノ商内ニオイテ最モ其名声ヲ博シ、当社ヨリ出ズル情報乃至其行動ハ市場ニ一種ノ権威ヲ有スルノ感アリ、之当社ハ東洋各産地ニ支店出張所ヲ有シ其連絡設備ハ完全ナル到底反対商ノ企テ及バザル所」だったのである。[21]

一七年下期から本格的に開始した東洋米の中南米への輸出は、一〇〇万円前後から三〇〇万円を越える額に達した。しかし米国内産米の保護政策や一八年度の東洋米不作による輸出制限などに振りまわされ、一八年上・下期に一万二〇〇〇円の利益を挙げただけで、二〇年上期には一二万円の損失を生じ、同年下期には「暴落ニ亜ク暴落ヲ以テシ、殆ド其停止スル所ヲ知ラズ……ハバナ港及全島各港非常ナル滞貨状態ヲ呈シ……遂ニ市場ヲシテ収拾スヘカラサル混乱状態」となってしまった。[22]

ハバナの滞貨処理のために派出員は二二年まで残されるが、二一年下期には「太平洋岸ノ東洋米市場ハ時勢ノ復旧ト共ニ其陰影ヲ没シ市場ハ漸次大西洋岸ニ移」り、東洋米の外国貿易から撤退した。仕入店である香港支店は、二〇年上期、「思惑ニテ突進スル反対商」を横目に、「右左商内」と「定期船積小口商売」に限定される中で米穀商売の扱い高六四二万ドルに達していたが、二一年下期には「外国売買ニ於ケル反対商ニハ変化ナク彼等ハ依然米国、玖馬、南米、中米、南亜、豪州方面ヘ盛ニ積出ヲ継続」と、扱い高は一〇九万ドルに激減する。[23]

④麻布・麻袋

麻布・麻袋はNY・SF・ST三店が取り扱い、最盛期にはそれぞれ年間三五〇〇万円、二六〇〇万円、三〇〇〇万円という多額に達し、重要商品の一つになった。SF店が一二年上期に着手したのが最初で、同店は一四年上期から少額の見込売買を許可されるが、「不堅実ナル急激ノ発達ヲ望ムヨリハ寧ロ可成確実ナル方法ニヨリ着々歩一歩ヲ進メン」と、着実に扱い高の増大を図り、一六年上期に至って「当市場ニオケル当社ノ地位ハ驀然衆ヲ凌ギ一大勢力トナル」と記し（SF、一六年上）、同下期「今期モ甲谷佗ヨリ当社取扱荷物満載ノ主航船ヲ差立タシメタル状況ニテ本品取扱発展ニ連レ毎年此種満載船一二艘ハ差立ノ必要ヲ見ルベシ」と記している（SF、一六年下）。ニューヨーク店は一九一五年に「英船ノ撤退ニヨル船腹ノ欠乏ニ乗ジ、船ヲ廻シ他商ノ企及スル能ハザル優秀ナル地歩ヲ占メ」と、開戦に伴う流通ルートの混乱に乗じて一挙に進出した。[24]

麻袋は小麦・馬鈴薯・たまねぎなどの農産物の出荷に用いられ、西部においても相当の需要があり、三店が取り扱うことも可能だった。またキューバの砂糖用麻袋や中南米諸国にもSFやNYから供給された。大戦後の西海岸の総需要量は麻袋六万俵、うち四万俵がカルカッタから袋で輸入され、残り二万俵が布として輸入されてから袋に加工された。

袋がカルカッタから積み出されるのは三～四月、受渡しは六～七月、受渡しが終わると同時に翌年の「桑港庫渡」「波止場渡」の条件で「転々売買ノ行ハル、」典型的な先物取引であった。同地の有力同業者として五店を挙げ、「何レモ甲谷他ニ支店出張員或ハ代理店ヲ設ケ甲谷他ヨリ直接買付ヲナセリ」と記している。[25] その筆頭にカルカッタのジュート・麻袋の輸出で首位、麻布では五位にあるラリー兄弟商会（Ralli Bros.）が挙げられているように、カルカッタの有力輸出商もSFに支店を設置していた。NYにおいては麻袋よりも麻布の需要が大きいという違いがあったが、「本商売ハ全部見込商売ニテ右左ノ商売ト称ス可キモノ殆無シ、加之相場ノ波瀾既述ノ如ク大ニシテ莫大ナル利益ヲ挙ゲ得ル代リ、一歩蹉ケバ莫大ナル損失ヲ醸ス虞多キ」[26]と記しているように、同様に相場商品であった。

SF店が麻袋をどのように扱っていたかを見ておこう。一九一七年三月、SF店長はST出張員に対し、次のような書簡を送っている。

本日当地引合先ノ要求ニ基キ会見致シ候処、其ノ要領ハ貴方ガ当市場ニシアトル又ハポートランド渡シ条件ニテ引合致来リ候ニ対シ頗ル神経ヲ悩マシ、是非其引合中止方ヲ懇情致サレ……当地ニ於ケル有力者 Ames Harris……ノ如キハ三井ヨリ買入レ相当ノ危険ヲ踏ミ手持チ等致シ居ルニ不係、彼等ノ約定先トスル小口取引先又ハ直接需要者ニ貴方ガ時ニ安値又ハ同等値段ヲ以テ売込マレ候テハ、彼等ハ其取扱高ノ減少ヲ意味スルノミナラズ生憎当方ヨリ旧契約ノ高値買入品ヲ以テ彼等ノ約定先ヲ失ハザラント努ムルニ多大ノ犠牲ヲ忍バザルベカラズ……今後ハ在ポートランドノブローカート仝人ノ connection ナル当地ミルスヲ通ジテ直接小口取引先ニ御売込ミ相成候事御見合被下候[27]

SF店は顧客の大口取引先に市価の高い時に売り渡しており、取引先はその在庫を抱え、小口需要者・直接需要者に売り込もうとしていた。そこにST店出入のブローカーが、市価の下がったところでSF地域の小口需要者に商談を持ちかけ、SF店大口取引先の顧客を奪っているという内容である。

この事件を機に両店の間で商圏を尊重するという取り決めがなされたが、一九年二月にも同様な問題が生じ、さらに二二年一月にはSF店がカルカッタ店に対し、太平洋岸における麻取引拡大を目的に新たな提案を行なった。SF店が一八年から専属ブローカーとしていたパルメス（Palmes）は、順調に取引先を拡大し、顧客・同業者間において評価が高かった。一方シアトル店はショー（Shaw）、ポートランドはダフロン（Duflon）を専属ブローカーに近いものとして使ってきたが、ST・ポートランド店とも麻袋取引に積極的でなく、ブローカーも十分な成績を挙げていないとして、SF店はパルメスに「ポートランドニ支店ヲ開設セシメ行ク〳〵ハシアトル店ノ専属ブローカータラシメン」ことを提案した。ST・ポートランドはこの提案に対し、「自己店ノ延長トモ称スベキ専属ノ米人ブローカーヲ当地ニ迄出張ラス」という非常識な提案であるとして強く反発する。カルカッタ店、本店業務課長らが仲裁に入り、相互の商圏に入る場合の事前の承諾などを取り決めた[28]。

仕入店と販売店との係争も生じる。一八年にカルカッタ店がNY店向けに麻袋八千俵を委託荷として送付し、NY店はカルカッタに一回の照会、通知をすることなく売却し、カルカッタ店に多額の損害を与えたとして同店は本店に訴えた。NY店は、カルカッタが大量の手持荷を抱えて売り急ぎの電信を発し、また「本店ヨリ手持品ハ相場如何ニ不拘処分セヨトノ厳命」があったために処分したと主張する。カルカッタは両店乗合傭船のDead fright埋め合わせのための委託荷であり、売り急ぎも市場に絶望したからではなく、「相当ノ処ニテ委託品ヲ処分シ、其代リ甲谷他ニテ出直しoperateスル機会ヲ捉ヘントシタルガ為」であったという。業務課の裁定は、「本商売ハ戦時中甲谷他両店協力ノ結果順調ニ進展シ、自然右委託荷モ両店乗合ノ船腹ヲ利用スル為メニ積出シ、偶々休戦条約ノ影響ニヨリ打撃ヲ受ケタルモ本来ノ精神ヨリ見レバ持チツ持タレツノ商売」であったとし、損失は両店で等分に負担せよというものであった[29]。

在米店は大戦開始後、アジア産品の外国貿易を中心に取扱高を伸ばしたが、物産にとっては新しい品目、新しい営業だっただけに、また商品も欧米市場に初めて進出したものも多かったため、多くの問題を引き起こした。「係争事件摘録」には、植物性油脂や種子粕の品質を巡る社内間のトラブルなどがいくつも記されている。

三　米国各店の経営と資金繰り

1　資金繰りと損益

一九一八年六月の部・支店ごとの本店貸越限度によれば、ＮＹは従来の五〇万円に臨時・戦時特別を加えて四〇〇万円になった。ＳＦの本店貸越限度は四〇万円だったが、ＳＴ・バンクーバー店の開業後、ＳＴ店傭船事業引当てとして六〇万円増額され、一〇〇万円となった。これ以外にＳＦ店の信用限度は、一八年初頭、横浜正金銀行ＳＴ支店から一〇〇万ドル、カリフォルニア銀行から七〇万ドルあり、さらに進出間もない住友銀行、アジア貿易に関係の深いロンドン・パリス・ナショナル銀行とも当座契約を結び、資金源の多様化を図った。

一八年三月、ＳＦ店の本店に対する借越残は八〇〇万円を越え、六月には一〇〇〇万円を越える。本店は同店の大幅な借越超過に対し四月一二日、社内日歩五割増という割増利子を課すことを通告する。この割増によれば毎月七万三〇〇〇円の利子負担になり、両店にとって到底負担できる金額ではなかった(30)。本社の資金需要が高まったときや支店・本部の活動を制限するために割増日歩を課すことは時になされるが、両店は「罰則的ナモノ」と捉えた。ＳＦ店は割増利子負担を回避するために、多額の資金固定に至った事情説明に努めるとともに、地元銀行からの資金調達の増加に努める。

為替ノ支払イト代金回収トハ符合セズシテ其ノ間約二ヶ月ナイシ三ヶ月ニ及フ……シアトル出張員ノ金融ハ油類取引ノ為ニ常ニ一千万＄内外ノ資金固定致ス事ト相成候、之実ニ借越限度超過額返済ニ種々努ムル所アリシモ其ノ効薄ク運賃ノ収入ハ皆之ガ資ニ供セラレ、雇船ニ関スル付替額ハ堆積シテ本店借越超過額遂ニ一千万円ヲ越スニ至リ(31)

ＳＴ店は油類の取引と傭船に伴う資金需要により、常時一〇〇〇万ドルを越える資金を必要としており、そのうち六五〇万ドルは当地所在の銀行から調達することが可能なので、残りの金額とＳＦ店の活動資金、合わせて一〇〇〇万円の借越限度を「枉ゲテ御認許被下度」と申請する。この申請は認められ、借越限度が一〇〇〇万円に引き上げられたが、その後も本店からの借越は減少せず、八月末には一六〇〇万円に達した。

一八年一〇月末の本支店・銀行間の貸借関係を表2-10に示そう。ＳＦ店は本店・現地銀行から六〇〇万ドルの資金を取り入れ、ほぼその全額をＳＴ店に回し、ＳＴ店はそれに加えて本店と現地銀行から九四〇万ドルを調達し、そこからＮＹ店へ「運賃立替金及一時融通金」六七五万ドルと綿花為替買入金三五〇万ドルを融通し、残り五〇〇万ドルは豆油の在庫となっている。

表 2-10　サンフランシスコ・シアトル両店の貸借（1918年10月）

（単位：万ドル）

	借入		貸付	
SF店	本店	175	ST店	595
	銀行	425	バンクーバー店	56
	合計	600		651
ST店	本店	685	NY店	675
	SF店	595	棉花為替	350
	銀行	255		
	合計	1,535		1,025

出典：「桑港支店金融状態ニ付テ」（1918年12月3日，SF. BOX 1182）。

表 2-11　サンフランシスコ店の借入金（1919年2月）

（単位：万ドル）

借入金		返済引当	
横浜正金SF店	190	加州米為替代金	20
アングロロンドン銀行	110	船舶部勘定運賃	50
カリフォルニア銀行	55	売掛	20
住友銀行SF店	25	ST店貸出	300
合　　計	380		390
本店借越(万円)	170	売約・手持荷(万円)	298

出典：「当地横浜正金銀行借入金ニ付テ」（1919年2月17日，SF. BOX 1182）。

ＳＦ店が大量の資金を要するＳＴ店を管轄していたためにさまざまな軋轢を引き起こし、一八年一一月からＳＴ店は独立会計店になった。一九年二月、本店から横浜正金が桑港において物産支店に貸しつけている資金を削減する計画があるのでその準備をしておくようにとの通知を受けたＳＦ店は、当時の資金繰りを表2-11のように報告している。なおＳＴ店への融通が三〇〇万ドルあり、ＳＦ店

バンクーバー各店の損益（1915～20 年）

（単位：ドル）

1917 年下	1918 年上	1918 年下	1919 年上	1919 年下	1920 年上
10,058,031	9,719,322	9,238,331	5,426,090	8,226,232	5,351,197
308,040	217,608	195,569	126,941	△ 173,043	77
39,693	44,813	55,025	71,376	79,186	89,185
268,346	172,795	140,543	55,564	△ 252,230	△ 89,108
17,295,435	21,026,390	52,589,170	55,113,903	43,112,163	4,380,882
85,390	100,812	138,621	△ 3,283,243	△ 2,111,539	105,749
25,261	44,884	83,482	117,417	123,652	72,309
60,129	55,925	55,138	△ 3,400,660	△ 2,235,192	31,440
313,319	339,681	2,587,042	1,740,180	234,315	
6,158	11,722	10,509	△ 74,232	△ 174,866	
3,884	4,393	6,444	7,228	3,690	
2,274	7,328	4,065	△ 81,461	△ 178,556	
27,666,785	31,085,393	64,414,543	62,280,173	51,572,710	9,732,079
399,588	330,142	344,699	△ 3,230,534	△ 2,459,448	105,826
68,838	94,090	144,951	196,021	206,528	161,494
330,749	236,048	199,746	△ 3,426,557	△ 2,665,978	△ 57,668

の営業を支えているのは銀行借入金八〇万ドルと本店借越高一七〇万円である。油脂を中心に大量の在荷を抱えていたST店は、当初正金銀行だけでも五〇〇万ドルの臨時信用限度に加え、カリフォルニア銀行、住友銀行シアトル支店などからも借り入れていたが、一八年四月になると荷捌きが進み、七月末には銀行借入金をほぼ皆済し、残るは本部借越七八〇万ドルのみになる予定であると報じている。[32]

ST店を中心に多額の資金が固定し、銀行から巨額の資金を借り入れねばならなかったが、一八年、一九年においても「在米日本各銀行ハ日米間片為替ニヨリ蓄積セラレタル巨額ノ資金ヲ擁シ其ノ運転ニ甚ダ苦心スル現状[33]」と記されているように、比較的調達は容易であった。しかし、横浜正金や本店などから一〇〇万ドル単位で返済を求められた場合の埋め合わせは大変であった。こうした経験を踏まえ、一九年九月の三店会議において、「米国各店ノ金融ハ之ヲ紐育店ニ於イテ集中スル方針ヲ採リ、各店間ノ連絡ヲ計リ資金ノ過剰不足ヲ互ニ融通スル……原則トシテ米国内ニテ商務遂行ニ必要ナル資金ノ調達ヲ計リ本店若クハ内地関係

表 2-12　サンフランシスコ・シアトル・

		1915年上	1915年下	1916年上	1916年下	1917年上
桑　港	総取扱高	1,035,063	1,461,874	2,955,535	3,025,786	5,439,80
	総 損 益	24,504	51,448	165,567	183,33	188,299
	経　費	13,277	13,785	19,127	24,433	28,771
	純 損 益	11,226	37,665	147,530	158,877	59,527
沙　都	総取扱高	484,505	589,790	599,253	1,843,809	2,843,110
	総 損 益	15,397	24,868	73,433	119,309	147,990
	経　費	5,023	4,928	6,142	14,499	16,547
	純 損 益	10,374	19,939	67,290	104,809	131,442
晩香坡	総取扱高	12,393	22,795	33,397	90,477	78,050
	総 損 益	2,051	1,177	3,224	2,122	3,127
	経　費	1,778	1,879	2,336	1,641	9,127
	純 損 益	273	△701	888	481	0
合　計	総取扱高	1,531,961	2,074,459	3,588,185	4,960,072	8,360,969
	総 損 益	41,952	77,493	242,224	304,762	239,416
	経　費	20,078	20,592	27,605	40,573	54,445
	純 損 益	21,873	56,903	215,708	264,167	190,969

出典：「欧州大戦五ケ年ノ桑港店取扱高総損益経費及純損益一覧表」（1920年「桑港支店業務一班」付表）。

店ノ援助ヲ仰クニ先チ米国各店有無相通」と、米国各店が連絡を密にして資金融通を図ることを決定する(34)。

物産は一五年下期から利益金の大幅な増加を実現し、一七年上期から一八年下期までの四期にわたって一九四〇年代まで記録することのなかった半期一七〇〇〜一九〇〇万円という利益金を挙げた。ところが一九年上期には一転して半減し、九六〇万円になった。部ごとの損益は明らかにしえないが、一九年上期には穀肥部が五七〇万円、金物部が一六〇万円の損失となった(35)。

表2-12には一五年から二〇年上期までの西海岸三店の損益を示した。ST店の取扱高は前出の円貨表示の表2-7と比較するとかなり異なっているが、その理由は明らかでない。SF店は一〇〇万ドルから一七年下期の一〇〇〇万ドルまで、ST店は四八万ドルから一八年下期の五二〇〇万ドルまで急激に取扱高を増加させる。SF店は一七年下期まで順調に純益を拡大させるが、ST店は一七年下期には純益が半減し、取扱高を激増させた一八年下期にも純益は増加しない。取扱高の増加が純益の増加に結びつかず、一九年上期

以降、ST・SF両店は多額の欠損となる。

もちろん決算の操作が行なわれたことは推測される。たとえば、一七年下期の決算に際し、ST店首席石田は、サンフランシスコに出張したとき、SF店長に「利益ヲ五万弗ニ止メ本季油ノ商売ノ景況ニヨリ本季利益ヲ按配シタシトノ御希望」を伝えた。それに対し支店長は「其取扱高ニ対シ利益金余リ少額ニテモ如何ノモノカ……当方希望トシテ十五万弗位検討ノ利益ヲ出シテハ如何(36)」と打診した。しかし石田の方針は変わらず、この表によれば六万ドルの利益となっている。五万と一五万というのは相当の差があるが、一期や二期であればこうした操作も可能であり、またSF支店長は当期の利益を全体として五〇万~六〇万円として本店に報告すると述べているところからも、管轄下の店舗の利益を按配したのであろう。しかしこうした操作を二期、三期と続けることは不可能だろう。

一九年上期にST店において多額の損失が発生する。純損三四〇万ドルの内訳は、穀肥部が四〇五万、金物部が二九万ドルの損失、部外商品が一〇六万ドルの利益を出している。SF店も穀肥部が七万ドルの損失となった。翌一九年下期はST店が部外商品で一八九万、SF店も部外で二一万ドルの損失を生んだ。

NY支店については開戦当初の損益を明らかにしえないが、一七年からの損益のおおよその状況は知ることができる。一九二三年夏頃から内国歳入庁の税務調査が在米三店に対して開始され、二六年末頃まで断続的に続けられた。第一次大戦前の物産は生糸や綿花など日米貿易の主要品では大きな比重を占めていたが、米国貿易全体では目立った存在ではなかった。ところが大戦中にアジア産品の輸入、金属・機械の輸出において大きな存在感を示すようになっていた。その急成長と所得税との乖離が大きかったのであろう。ST店長が「取扱高壱千万弗以上ニ対シ利益ワズカ二十万弗に過ギザリシカバ……当店ノ実際利益ヲ取調ル(37)」と述べているように、取扱高と利益との乖離に疑問を持ったからであろう。

表2-13に四年間の検査結果と物産の申告利益を示した。NY店は税務調査でも一七、一八年は大幅な損失になったが、SF、ST店とも大幅な利益と判断された。SF店の一七年は申告によれば一九万ドルの利益、一八年は九八

万ドルの損失であった。それが同表のように大幅に変えられようとしたのである。SF店に入った係官がいくつかの品目を調査し、日本との輸出入、社内からの仕入れ、外国間貿易などいくつかのパターンを作り、それぞれ一割から二割の純益があがっているとし、また傭船もその運賃収入の二割を利益とするなど、莫大な利益があると算定した。

NY支店はこの中間報告に対し、従来から依頼している税金問題担当の法律顧問では「到底其任ニ堪ヘ得ズ」とし、彼らに加え運賃問題については日本郵船などの税金問題を扱っている専門家、「積出店ノ問題並ニ一般問題」については「当地第一位ノ法律家」を依頼し、「協同セシメ対政府交渉ニ当リ、最善ヲ尽シテ税金問題ノ解決ヲ計リ度」と、真っ向から争う姿勢を示した[38]。その交渉の経過は詳らかでないが、両年とも「no tax」となった。一九、二〇年もNY店に検査が入るが、一九年は大幅に損失が増え、二〇年はST店が損失から利益に転換したが、全体としては大幅な欠損となり、問題とならなかった[39]。

表2-14は一七年の検査報告書からNY店の損益構成を示したものである。ST

表 2-13　在米3店の損益（1917～20年）（単位：千ドル）

	1917年	1918年	1919年		1920年	
	検査官査定	査　定	物産申告	査　定	申　告	査　定
NY店	△250	513	△490	△2,590	△681	△980
SF店	280	839	△98	△100	△22	△20
ST店	155		△5,104	△4,570	△963	80
合　計	185		△5,692	△7,260	△1,667	△920

出典：「税金問題ノ事」「本店経費割当ノ事」（1923年12月31日，1926年8月2日，ST. BOX 150，155）。

表 2-14　ニューヨーク支店の商品別損益（1917年）

（単位：千ドル）

商品など	損　益
豆類・米	33
豆油	△2,825
麻布	381
樟脳	103
羽二重	13
時局関係品	81
金物	△261
外国間石油	△1,900
ゴム	△111
日本生糸	1,236
中国生糸	215
外国間雑貨	57
茶	96
石炭	21
棉花	252
他店関係	86
利子	22
その他共合計	△2,511

出典：「1917年度検査報告書ノ事」（1924年1月7日，ST. BOX 150）。

店と提携して拡大していた豆油と石油・ゴム・金物の外国間貿易の損失が目立っている。

2 在米店スタッフの役割と生活

「人の物産、組織の商事」という言葉が巷間に伝わるのは、少なくとも商事が物産の最大の反対商として認知されてからであろう。しかしすでに一九二一年には、六人からなるNY支店在勤手当調査委員が支店長に提出した報告書の中で、「三井物産ハ人ガ唯一ノ宝ナリトハ貴役モ常ニ仰セラレ又世間一般ニ認ムル所ナリ[40]」と述べているように、物産には豊富な人材が蓄積され、それこそが物産の強さであることが社内外から認められていた。

物産が優れた人材のプールになった理由として、益田孝の考え方や早くから高学歴の人材を採用したこと、あるいは清国商業見習生制度の採用などが指摘されているが、人材育成のために取りたてた組織的手段が採用された形跡はうかがえない。

一九一九年にNYで開催された米国各店打合会議においても、「如何ニシテ日本人店員ヲ満足セシメ且ツ見事ニ養成シ得ルヤ」、「日本人店員ヲ有効ニ働カシムル方法」などが議論されるが、その答えは一般的な内容である。ただ「主任若シクハ主任代理ハ相当年限ノ後ハ相互ノ事情、疎通ノ為メ本邦若クハ東洋方面ニ仕向ケ社務ノ発展ト本人ノ向上ヲ図ル事[41]」という点が注目される程度である。主任は入社後七、八年を経た三〇歳前後の、「掛」の実質的な担い手である。彼らを同一支店勤務にとどめるのではなく、国内やアジア支店など多様な経験をさせることが重要であるとは考えられていた。

一九一〇年の物産の全社員一二〇〇名が一九年には三八〇〇名に増加し、NY店は二八名から一〇五名へ、SF店は四名から二〇名へと激増する。支店には支部と掛が置かれていた。一九年下期のNY店には、金物・穀肥・機械の三支部、生糸・茶・ゴム・石油・羽二重・皮革羊毛・輸出雑貨・輸入雑貨という商品ごとの掛、庶務・勘定・調査・石炭船舶の掛が置かれていた。二〇年三月のSF店には、穀肥支部、雑貨・機械・石炭船舶・勘定の四掛が置かれ、穀肥桑港支部の支部長は支店長が兼務、SF店には四人の支部員がいたが、穀肥専任は一人だけで他は雑貨掛と兼務していた。ほかにはダラス棉花支部一九人、シアトル店一九人、ポートランド店一人、合計一六四人の社員が米国に展開していた。

物産の米国における活動を支えていたのは上記の社員だけではない。各店には日本人社員以上の「店限使用人」が働いている。二〇年四月、その数はSF二四人、ST四八人、ポートランド二人、ハバナ三人、NY二三六人の計三一三人にも達する。物産は外国人の店限雇員を日本人社員とは明確に差別し、在米店では現地雇用外国人社員について以下の取り決めをしている。

A　機械的仕事ハ出来ル丈米人使用ノ事

B　特別ノ知識、技能ヲ要スル場合、日本人適任者ナキ時ハ米人ヲシテ之ニ当ラシムルモ監督ハ日本人ニテナス事

C　損益勘定又ハ店内全体ノ成績ヲ知リ得ベキ地位ニハ米人ヲ使用セザル事

D　商内ノ総括及Position等ハ日本人ニ於テナス事[42]

SF店の事務分掌によれば米国人女性はステノグラファー（速記タイピスト）、各種帳簿の作成、書類作成・発送といった補助的な業務に限られ、男性は石炭受渡掛の二人だけが社内貨物の輸出入・転送に関する事務、船舶代理事務に携わり、他はボーイや運転手である。ST店やポートランドの場合も同様である[43]。

しかし、NY店の場合は少し異なっていた。一九年の在米店打合会においては、「商売ノ引合ニハ出来得ル限リ日本人ヲ使用ス」という項目と、「商品販売ニハ日本人ノ売子ヲ使用スル望マシキモ、現在ノ当社ノ組織ニテハ売子トシテ当人ニ満足ヲ與ヘテ働カシムル事難キカ故ニ其方法研究ノ事[44]」と記されている。上述の引合と販売を厳密に区別することはできないが、「販売」には売子を使用するのが商い高を伸ばす上で不可欠であった。一九二〇年にNY店の「殊別技能アル米人」として表2-15の一〇人が記されている。最後のクレジットマンを除く九人が売子、セール

表 2-15　ニューヨーク支店の特殊技能雇人（1920年）

人　　名	雇入年月	掛名・仕事	給　与	年末賞与
ミウリン	1898年12月	生　糸	年 12,000	28,000
ウォーカー	1907年 6 月	生　糸	年 6,000	4,000
ポコニー	1910年 3 月	茶	月 250	350
トマスバーバー	1911年 8 月	油	月 250	950
ビーバリー	1914年10月	生　糸	月 400	3,000
コールブッシュ	1917年 3 月	羽二重	月 300	3,000
クライン	1917年 7 月	羽二重	月 185	1,000
小泉汎徳	1917年 7 月	羽二重	月 300	1,800
マホン	1918年 1 月	皮　革	年 5,000	750
マッケー	1917年12月	クレジットマン	月 300	2,000

注：給与・賞与の単位はドル。
出典：「当店雇外国人ニ付」（1920年4月9日）。

スマンである。主に生糸・羽二重・茶などの日本からの輸出品、それに油・皮革など中国との外国間貿易の売込みにセールスマンが用いられるのである。ゴムや麻類など米国に大量に輸入される外国間貿易品は当初、ディーラーへの販売、ブローカーを介しての販売が多く、セールスマンは用いられていない。

NYにおいて物産支店の取扱高が増加し、評価が高まってくると、「同業第三者ヨリ高級又ハ賞与ノ支払ヲ条件ニテ雇入レニ来ルモノアリ」と、セールスマンが売り込みにやってくるようになった。しかし彼らの給与は、「一定ノ月給ノ他ニ其ノ売上高及利益ヲ考慮シテ居ルモノニシテ、未ダ利益ノ歩合ヲ定メテ与ヘタル事ナシ」と、歩合制と定額制を合せたものであった。ただこれらセールスマンだけが生糸や羽二重の売込みに当っていたわけではない。完全な歩合給にすれば利益が多額に上った場合、全体としての物産の力によるところが大きいにもかかわらず、給与が多額に昇り「米人売子同様又ハ以上ノ手腕アル日本人社員ノ動揺ヲ来タ」すと述べているように、一般社員も「米人売子」と同様な営業に従事しているのである。

支店創業以来のセールスマンとも言うべきミウリンの年収は四万ドル、ウォーカーは一万ドルに達し、通常は年五〇〇〇ドル前後である。当時のニューヨーク支店長の日本円で支給される本俸を除く在勤手当て・家族手当・住宅手当を合した金額は約七〇〇〇ドル、それに本俸に比例する普通ボーナス・スペシャルボーナスを加えると八〇〇〇ドル程度となる。普通の店限り雇員は三年勤続で月給男一二〇ドル、女一一〇ドル、クリスマス賞与一〇〇ドルである。

日本人社員と現地雇員を比較すると日本人社員がはるかに高給であったため、NY支店は「今年ヨリ人手不足ノ場合中等教育以上ノ実業学校ニ申込、悪ズレシ居ラザル又教育アル者ヲ傭入レ子飼ヲシテ仕込ム考ニ御座候」と、在米店会議決定の範囲内で米国人を登用していく方針を示していた(45)。

次に当時の日本人社員の状況を見よう。

三井物産NY支店の社員自らが「西洋人間ニ三井ト云フ名ニ対シ一種特別ノ尊敬ヲ有シ居リ、他ノ日本商社ハ所謂日本人会社トシテ取扱フモ、三井ハ……内容ニ於将又使用人ノ人物ニ於テ世界的会社ノ世界的人物トシ……別種高等日本人タルガ如キ考エヲ有スルモノ少ナカラズ」と語っているように、物産もその社員も米国実業界において高い評価を得ていた。欧米店駐在員の数が少なかった大戦前は、NY店への赴任は「一種ノ名誉」、将来の出世を約束されたも同然と考えられ、「赴任ノ際ニ持参シタル私財」を投じて物産社員としての体面を整えてきたという(46)。

しかし、大戦中の事業拡大による駐在員の激増に伴ってエリート意識が低下し、激しいインフレ、深刻な住宅問題、加えて日本人に対する差別も激しく、駐在員たちの悩みも深くなった。世間の評価、自らのプライドに比較すると、本社の待遇は十分ではないと考えるのである。

一九年一一月、NY支店長は本店取締役に対し、在勤手当増額を求める書簡のなかでNY駐在員たちの心情を次のように記している。

> 往時ニアリテハ米国ニ在勤スル事ハ使用人ニトリテ一種ノ名誉ノ如ク考エラレ居タルモ、昨今ニ至テハ彼等モ事実ヨリ見テ何等名誉トスル所ナキハ勿論、内地、東洋各店ノ在勤者ノ如ク種々立身ノ好機会ヲ捕フルノ機会ニ遠サカルモノトシテ寧ロ是ヲ厭フノ傾キナキニアラズ、少ナクトモ多年ノ在勤ヲ望マス借金ノ出来ヌウチニ早ク米国ヨリ足ヲ洗ヒ度シト云フガ如キ傾向アルハ否ミ難キ事実(47)

大戦中の物価上昇に応じて、何回かの引上げが行なわれ、この申請を受けて同年一二月にも在勤手当ての大幅な引上げが行なわれた。しかしそれでも不充分であった。三〇歳前の内地給七五円以下独身者の在勤手当ては一か月二二四ドルであったが、二二年の調査では生活費に二五五ドルを要しており、三菱商事は二六二ドル、日棉は二六〇ドルと大手商社・銀行の中では最低クラスだという。

終身雇用の保証はなく、将来に対する不安も大きかった。

会社側又ハ本人ノ事情ニヨリ或ル数ノ社員ハ早晩退社スベキ運命……日本ノ事情ニ疎遠トナリ転職ハ云フニ不及、内地店ニ転勤スルサエ適当ノ位置ヲ得ラレズ会社又ハ本人ノ都合ニヨリ内地ニ帰レバ閑職ニ就キ、終ニハ辞職ノ止ムナキニ至ル惨例少ナカラズ(48)

この時期、特に西海岸では排日問題が深刻になっていた。ST出張員が本店に宛てた書簡はその状況を次のように述べている。

実際御想像以上ニテ日々ノ新聞ニハ此種ノ記事ヲ以テ充タサレ、日常生活ニ於テ料理店ニ於イテモ理髪店ニ於イテモ劇場公園其他公共ノ娯楽場ニ於テモ有形無形ノ圧迫ヲ受ケ居申候……一日永ケレバ永キ程排日問題ノ為メニイヤナ気分ガ増シテ其不愉快ナル事到底忍ブベカラザルモノ有之(49)

NYでは理髪や靴磨きを拒否されるような「下等ノ意味ナル」排日はなかったが、従来出入りしていたゴルフクラブやテニスクラブから排除されるなどの「排日気分」は横溢していた。営業上も日本商品の取引や日本への輸入の際には対日差別は生じないが、「外国間貿易ノ如キニ至リテハ……排日ノ気分ヲ認ムル」状態であった。

SF・STはNYに比べると物価が安かったが、両店とも「排日其他生活上ノ不愉快ヲ考慮」して、在勤手当はNYよりも一割増になっていた。こうした排日は日本の国家的な地位の上昇に対するねたみ、紐育日本人クラブの会員が一三年の一一三人から一九年には四五〇人に増加したことに見られるような在留日本人の増加にあるとし、「此マ、看過スレバ将来臍ヲ噬ムトモ及バザル悔アルベシ……少ナクトモ米国人ニ不快ノ念ヲ与エザル程度ニ言語ニ風俗ニ同化スル事」が必要であるとしている(50)。

在米店は、本社採用の日本人社員と、それを数的には上回る米国人店限り雇員から構成されていた。店限り雇員はタイプを打ち帳簿をつける米国人女性、また日本人がなかなか入り込めないといわれる船舶や陸送の受渡しを行なう米国人男性雇員、さらに主に日本からの輸出品と一部中国からの輸出品を需要者に売り込むセールスマンなどの米国人雇員からなっていた。大戦中に急速に拡大したため勤続二、三年の雇員が多いが、女性では五年以上勤続者が一〇人を数え、男性も五年以上が一四人に達している。日本人社員はこうした店限り雇員を指揮し、店務の重要なところをすべて掌握するとともに、日本への輸入品引合、外国間貿易品や日本からの輸出品の売込み、ディラーやブローカーを通じた営業にも携わった。彼等は通常三年ほどで転勤するのが望ましいとされたが、在米年限が一〇年以上の者が五人、五～一〇年が六人に及び、長期にわたって在米勤務を続けるものもまれではなかった。彼らは露骨な対日差別が行なわれる中で「日本紳士トシテノ品位ヲ保」ちつつ、業績を挙げることに努めるのである。

3　在米店の再編

第一次大戦の休戦と一九二〇年三月に発生した戦後恐慌に際し、大戦中に急成長した多くの商社が大きな打撃を受け、市場から姿を消していくのに対し、物産はいち早く業務を縮小して損失を最小限にとどめ、以後の発展を確実なものにしていった。

取締役が内外各店に対し、「此際多大ノ損失ヲ犠牲トスルモ手持品ヲ売抜スヘキ」と命じたのは一八年一一月一日であった。さらに一九年二月、三月と各店からの買越売越報告を提出させると、買越は限度額（一億円）超過九〇〇〇万円にも達し、本店が予測していた額の倍以上に達していたという。これに危機感を抱いた本店は買越売越限度の改定と、その基礎になっている本店貸越限度、銀行借入限度の削減を行ない、月二回の報告を義務付けた(51)。

物産が早期に営業縮小の方針に転換しえたのは、大戦中莫大な利益を挙げながらも他方で、莫大な損失を計上する支店・商品があったからであろう。ＮＹ店は一七年に大豆油だけで二八二万ドルの損失を計上し、同店大豆油取引の中継店の役割も有していたＳＴ店は膨大な本店借越・銀行借入金を抱え、一八年四月から罰則的な割増日歩の支払いを求められ、乗り換えによる手持品平均価格の低下を許されず、損失を出すことを求められた。一九年上期にはシアトルの油、紐育の麻布・麻袋、マルセーユのシェラックなども大きな損失となった。一八～一九年におけるこうした損失を経験していたから、休戦時・恐慌時の損失を最小限に押さえることが出来たのであろう。[52]

戦争後半に莫大な損失を計上した在米店は、一九年九月二日から六日まで、NY支店にSF、ST、ダラスの代表者を集めて「米国各店打合会」を開催し、二一年六月にも三店と東洋棉花NY派出員が集まり、同様な会議を持った。[53]打合会の直接的な目的は語られていないが、議事録からうかがえるのは、第一にSF、ST店の急速な拡大によって発生するさまざまな軋轢を調整すること、第二に米国において物産はどのような商品をどのように取り扱うべきかという、米国に適した商務を研究すること、第三には同一国内に存在する利点を生かして各店が有無相通じる態勢を作ること、にあった。

三店間の商圏で問題になったのは、油脂・米・麻・シェラック・ゴムなどの外国貿易品と金物・機械の日本への引合であった。油脂はNY・ST両店が引合を行なっていたが、需要者の大部分がシカゴ以東にあり、鉄道ではなく東洋諸港からディープタンクによる船舶輸送で直接東部諸港に荷揚げされる傾向が強まったため、油脂種実も含めてNY店を主店とし、麻布はNY、麻袋はSF・ST、ゴムはNYなどと米国における取扱主店を決め、他の店は引合の際には主店を経由することとした。また、金物や機械はミシシッピー川を境に、NY店とSF、ST店との取扱い範囲を分けた。

営業の拡大は必然的に取扱い品目の拡大をもたらしたが、効率的な店務のためには品目の見直しを迫られる。取り扱いを中止すべきものとして挙げられているのは「相手先不良、苦情ノツキ易キ商品、小商人ノ取扱居リ人手ヲ要シ小口ノモノ、金額小ニシテ専門家ヲ要スルモノ」、具体的には帽体原料・ボタン・靴紐・ブラシなどであった。物産が力を入れるべきなのは「品質ノ苦情割合ニ尠ク、取引先ノ確実ナルモノヲ有スル商品ニシテ金高ノ登リ bulky ナルモノ」、すなわち、木材、小麦などの農産物、砂糖やコーヒーなどであった。[54]

物産が注力すべきバルキーな商品、ゴム・麻・木材・小麦・油脂などはブローカーやディーラーの活躍する舞台でもあった。ブローカーは口銭を取って輸入業者と問屋・需要者を斡旋するものが多く、新商品・新市場に進出する場合や販路拡張を目指す場合には便利だったが、常に信頼を置けるものではなく、「根本トシテ使用セザル事」が方針とされ、一般的なブローカーよりも専属化、セールスマンの使用のほうがよいとされた。ディーラー取引が広範に行なわれていたのは油脂・ゴム・麻などであるが、「原則トシテ可成 Dealer 商内ヲナサヾル事[55]」と微妙な表現をしている。

こうした商品でも製造業者と直接取引する努力が払われたが、それはこの時期なお「理想」であった。「需要者タル製造家ハ各方面ヨリ自由ニ相場ヲ取付ケ得ルヲ以テ甚ダ傲慢不遜……然ルニ Dealer ノ場合売買ハ極メテ易々トシテ成立スルヲ以テ此ノ方ニ商売傾キ易キ理ナリ」と、ディーラーの存在を前提にして市場が成立しているのである。しかしディーラーとの取引は、「一朝相場下落スルヤ荷渡ニ困難トナリ、甚ダシキハ不渡トナル例今回ノ不況ニ於テ枚挙ニ遑アラズ[56]」と述べているように、最も危険であった。ディーラーの存在は新規参入を容易とし、取扱高の拡大を可能にするものではあったが、一般的に彼らの資産は少なく、不況の際には最も早く打撃を受け、契約不履行になった。この後、NY支店はゴム・麻・シェラックなどの取引に際し、ディーラー取引を行う一方、実需の開拓に力を注いでいく。

第三の課題は特に金融であった。日本よりも米国のほうが金利が低く、為替のリスクもないため、「米国各店ハ原則トシテ米国内ニテ商務遂行ニ必要ナル資金ノ調達ヲ計リ、本店若クハ内地関係店ノ援助ヲ仰グニ先立チ米国各店有無相通シ其余力利用ヲ試ムル事[57]」を合意した。一九年九月において、各店の米国銀行からの借入限度はSF店が二行から一五〇万ドル、STが三行から一七五万、NYがトレードアクセプタンスの割引以外に九行から四五五万ドルとなっており、三店で重複するのはSFとSTの一行のみである。三店の取引銀行が異なっていたので、一店が限度額に達したとしても他店を通じて米国銀行から借りることが可能であった。また、それぞれの地域の資金需要を反映して金利も異なる場合があった。すでに記したように、三店会議以前からSFとST、NYとSTは相互に融通をしていたが、改めて三店間において資金の融通を行なうことを決定したのである。

この取り決めは早くも翌二〇年三月の恐慌に際して効力を発揮した。三月中旬、日本の株式暴落に対する不安と米国における金融引締めにより、NY所在銀行が日本向け輸出手形の買入を制限し、日本商社・銀行の資金繰りが逼迫した。ところが太平洋岸諸市はNYと異なり「金融上幾分感覚鈍キヲ常トシタリシヲ以テ、当時当地諸銀行ハ依然買入ヲ継続」したので、ST店はNY店の手形二六万ドルを同店取引銀行に売却したという。[58]三月末になると日本商社・銀行に対する危惧は西海岸諸港にも及び、SF・ST店も輸出荷為替の割引に困難を感じるが、その頃には本店からの送金によって乗り切るめどがつきつつあった。

NY店はこの危機に際し、米国内他店、本店、三井銀行の援助により、増担保や貸付の返済を求める米国銀行に対して積極的に応じ、「当社ガ日本財界恐慌ノ為メ何等打撃ヲ受ケ居ラザル事ヲ立証スルニ努メ……他ノ二、三流ノ日本商社マタハ新設会社トハ全然其軌ヲ一ニセザル事ヲ画然ト示シ置度、且ツ当社ノ世界的地位ヲシテ益々向上発展セシメタク切望致居候」[59]と、危機の中でその地位を一層強化することができたのである。

小　括

日清戦後、日露戦後に画段階的に拡大を遂げた物産であったが、第一次大戦直前には一つの壁に直面していた。急速に成長してきた反対商により、特に輸入においてシェアーが低下し、利益率も減少した。物産全体の中で外国店の比重は増加していたが、日露戦争後までの物産を支えた中国・南洋への石炭・マッチ・綿糸などの輸出が頭打ちとなり、中国各店の取扱高は減少しつつあった。従来輸入品仕入店という性格が強かった欧米各店は、輸出・外国売買の販売店という性格を次第に強めていた。中国・南洋各店も輸出社外販売から、外国売買の仕入店・販売店という性格を強めていく。こうした中で一九一三年に開催された第二回支店長会議において、本店幹部は先売先買など積極策への転換を主張しつつも、利益を生まない商品の削減などを求めた。しかし支店長たちは激化する競争の中で取扱高低下に結びつく取扱商品見直しに反対し、一層の積極経営を主張した。

大戦勃発後、物産も一時的には打撃を受けるが、米国・アジアにおいて大きな商機が訪れた。大戦直前に積極的な先売先買も可としていたため、商機に対応することが出来たのである。北米ではバンクーバーに続いてST店が開設され、世界的な物資流通ルートの転換に積極的に対応していった。NYの取扱商品には多様なアジアからの外国貿易品が大量に現れ、SF店は従来の硫黄・北海道材などの輸出はだめになったが、機械・東洋米などの取扱いが激増した。ST店は油脂・油脂原料などを主に莫大な取扱高に達した。大戦前から傭船活動を行なっていたSF店は、戦争が始まるとその活動を一層活発化させ、食料品などのアジア産品を太平洋を越えて米国に輸送した。それをより大規模に展開したのがST店である。タンカー・タンクカーや大連港・シアトル港のオイルタンクを押さえ、満洲・中国の油脂を大量に取り扱ったのである。

開戦直前から直後にかけての物産の店舗ごと、各店の商品ごとの損益も検討した。不安定な時期のために変動が激しいが、総合商社と同様、支店も多様な商品を扱うことによりリスクを分散したのである。さらに適正な支店配置もリスク分散に役立った。

大戦期、在米店は取扱高に見合った利益は挙げていない。一六年上期から一八年下期まで西海岸店は一定の利益を上げたが、そう多くはないし、一九年の損失は過去三年間の利益の何倍かである。NY店も生糸等で利益を生むが、油脂や石油等によって利益をはるかに上回る損失を出しているのである。支店による利益操作が行なわれたことは疑いないが、米国財務当局の検査が入っていることを考えれば、決算はそう大きくは違わなかったのであろう。本店は一八年上期にSF・ST両店の多額の資金固定、油脂の見込み売買を問題視し、資金面・売買方法から強い制限をかけ始めた。これによって損失がその程度で終わったとも言える。

大戦中の在米店スタッフは業務の拡大により急増し、一九年の在米社員は一六四人、店限り雇員は三六三人を数えた。女性の店限り雇員は補助的業務に従事し、男性雇員は種々の店務に従事するとともに日本・中国からの輸出品のセールスマンとして営業の前線に立ち、またゴムや麻をディーラーに販売する専属的なブローカーも擁していた。物産の米国駐在社員は社外からの評価も高く、また自ら誇りを持っていたが、大戦期に駐在員が激増する中で、米国駐在が将来を約束するものではなくなり、排日のストレスも加わり、将来への不安を持つようになっていた。

大戦中に在米店の業務は質・量とも大幅に拡大した。しかしそれが、順調な利益を生むのでなく、営業範囲や方法について各店の確執もしばしば生じた。在米店は、戦争終了後と反動恐慌後の二度、在米店会議を開催し、商務の統一や協力関係、米国における営業をどのように発展させていくかなどについて話し合い、緊急事態への対処などについて確認した。

大戦期、物産をモデルとして急成長してきた多くの商社は戦後反動恐慌によって破綻、あるいは再起不能の傷を負った。物産在米店も二〇年恐慌に際し、米国銀行から与信削減などをこうむったが、三店間の連携、本店からの送金などにより、重大な事態とはならなかった。在米店はすでに一八、一九年に最悪期を経験しており、業務を大幅に縮小していたのである。

(1) 三井物産「第二回支店長会議議事録」(一九一三年、三井文庫、物産一九八-二)二一二頁、以下本議事録からの引用は本文中に頁数のみを記す。
(2) 三井物産穀肥部「第二回穀肥部打合会議議事録」(一九一九年一〇月、SF. BOX1455)四二、五四頁。
(3) 前掲「第二回支店長会議議事録」二四五頁。
(4) 三井物産「大正三年下半期　事業報告書」(三井文庫、物産六一五-八)。
(5) 三井物産機械部「第三回機械部会議議事録」(一九一五年四月、SF. BOX1486)一〇頁、以下本文中の同議事録からの引用は頁数のみを記す。

（6）桑港支店長「紐育支店トノ相関関係ヨリ見タル桑港支店取扱商品商内ニ就テ」（一九一九年八月一二日、SF. BOX1328）。
（7）晩香坡出張員「大正三年下半期　考課状」「大正五年上半期　考課状」。
（8）沙都出張所長「沿革誌編纂資料ノ事」（一九三六年一月一七日、ST. BOX299）。
（9）紐育支店「支店長会議ニ代ヘル報告書」（一九二〇年一一月、SF. BOX1440）。
（10）本店業務課「店別社内及社外販売決済高累年比較表」（三井文庫、物産三六一）。
（11）穀肥部「植物性油脂並油種子事情」（一九二〇年、SF. BOX1449）、満洲重要物産同業組合『北米市場に於ける我満洲特産』（一九二二年）。
（12）前掲「第六回支店長会議議事録」二〇六～二〇九頁（物産一九八-六）、沙都出張員「支店長会議ニ代ヘル当店報告書」（一九二〇年一二月、SF. FNO2810）。
（13）穀肥部「第一回穀肥部打合会議事録」（一九一八年八月、SF. BOX1455）二二、二七頁。
（14）前掲「第六回支店長会議議事録」二三三頁。
（15）前掲「植物性油脂並油種子事情」。
（16）穀肥部「第二回穀肥部打合会議事録」（一九一九年一〇月、SF. BOX1455）一四三～一四八頁。
（17）前掲「第二回支店長会議議事録」付表。
（18）「部別損益一覧表」（SF. BOX1328）。
（19）桑港支店穀肥「大正七年下半期　考課状」。
（20）桑港支店穀肥「大正七年上半期　考課状」。
（21）桑港支店「支店長会議報告代用資料」（一九二〇年一〇月、SF. BOX1476）。
（22）桑港支店穀肥「大正九年下半期　考課状」。
（23）香港穀肥支部「大正九年上半期　考課状」「大正一〇年下半期　考課状」。
（24）紐育支店長「麻類商売報告書」（一九二〇年一一月、SF. FNO2808）。
（25）桑港支店「桑港支店業務一班」（一九二〇年四月、SF. BOX1328）。
（26）前掲「麻類商売報告書」。

(27) 桑港支店長より沙都出張員宛「Gunny Bags 商内ノ事」(一九一七年三月一五日、SF. FNO2800)。
(28) 桑港支店長より甲谷他支店長・業務課長宛「麻布袋市況報告ノ事」(一九二二年一月九日、SF. FNO2800)。
(29) 本店業務課「係争事件摘録」(一九二一年六月、SF. BOX1445)。
(30) 桑港支店勘定掛より沙都出張員宛「本店貸越限度及割増利子之事」(一九一八年七月一二日、SF. BOX1180)。
(31) 桑港支店より本店会計課長宛「本店貸越限度及割増利子之事」(一九一八年七月二四日、SF. BOX1179)。
(32) 桑港支店勘定掛より本店会計課長宛「当地横浜正金銀行借入金ニ付イテ」(一九一九年二月一七日、SF. BOX1182)、沙都店勘定掛より本店会計課長宛「銀行借入金ノ事」(一九一九年七月八日、ST. BOX181)。
(33) 桑港支店長より沙都出張所首席宛「金融ノ件」(一九一八年一〇月八日、SF. BOX1180)。
(34) 紐育支店「大正八年九月　米国各店打合会議録」(一九一九年九月、SF. FNO2820)。
(35) 前掲「部別損益一覧表」。
(36) 桑港支店長より沙都出張員首席宛「前季利益金ノ事」(一九一七年一一月二〇日、SF. BOX. 1180)。
(37) 沙都出張所長より紐育支店長宛「所得税帳簿検査報告書ノ事」(一九二四年一月三日、ST. BOX150)。
(38) 紐育支店長より沙都出張所長宛「一九一七年度貴店帳簿検査ノ事」(一九二三年一〇月二二日、ST. BOX155)。
(39) 紐育支店長より東京中原又雄宛「本店経費割当ノ事」(一九二六年八月二日、ST. BOX155)。
(40) 紐育支店「在勤手当ニ関スル研究報告書」(一九二三年三月、SF. FNO2800)。
(41) 前掲「大正八年九月　米国各店打合会議録」三七〜九頁。
(42) 紐育支店「大正十年六月　米国各店代表者打合会議録」(SF. BOX1432) 二四頁。
(43) 桑港支店「大正九年四月　桑港支店業務一班」(SF. BOX1328)。
(44) 前掲「大正八年九月　米国各店打合会議録」四五〜六頁。
(45) 紐育支店長より本店取締役宛「当店雇外国人ニ付」(一九二〇年四月九日、SF. FNO2800)。
(46) 前掲「在勤手当ニ関スル研究報告書」三四、四一、七一頁。
(47) 紐育支店長より本店取締役宛「紐育支店在勤手当ノ事」(一九一九年一一月一〇日、SF. FNO2800)。
(48) 前掲「在勤手当ニ関スル研究報告書」八〜九頁。
(49) 沙都出張員より本店取締役宛「妻帯者手当ニ就テ」(一九二一年二月一八日、SF. FNO2800)。

(50) 前掲「在勤手当ニ関スル研究報告書」六五～七頁。

(51)「第七回支店長会議議事録」(一九一九年、三井文庫、物産一九八-七) 一二～三頁

(52) 初代所長石田禮助は、巨額の損失を生じた責任により一九一九年一〇月に実質的に解任・召喚されるが、損失を生んだ理由を、①NY店の先売損失をST店の買持ちで埋めたこと、②東棉ダラス店の船腹取り決めの損失をST店がかぶったことを挙げている。石田は解雇も覚悟していたが、児玉一造が帰国後事情説明し、常務取締役の理解を得たとしている。損失のすべてを上記二点に帰すことはできないだろうが、石田がその後ただちに復帰してボンベイ支店長に就任することを考えれば、ほぼ正しいのであろう(石田禮助『いいたい放題』日本経済新聞社、一九六九年、一二二～三頁)。

(53) 議事録が残されているのは二回だけであるが、その後も三店長会議は何回か持たれている。

(54) 前掲「大正八年九月　米国各店打合会議録」九～一一頁。

(55) 前掲「大正十年六月　米国各店代表者打合会議録」一二頁。

(56) 沙都出張員「大正十年六月　三店打合会議議案ノ回答」(ST. FNO2825)。

(57) 前掲「大正八年九月　米国各店打合会議録」一九頁。

(58) 前掲沙都出張員「大正十年六月　三店打合会議議案ノ回答」。

(59) 紐育支店長より本店取締役宛「横浜茂木整理ニ伴フ当地銀行ノ態度ニ就キ」(一九二〇年五月二九日、SF. BOX1185)。

第3章　戦間期の三井物産

三井物産の社外販売高（棉花部を除く）は一九二一年に前年の一五億円から八億円に減少し、利益金も二〇年以降大きく減った。二〇年代前半、日本・欧州においてなお不況が続く中、物産の営業を再建していったのは、安川雄之助常務取締役であった。

本章の第一の課題は、物産の経営方針の推移、すなわち「穏健ナル積極主義」から、安川常務取締役の下で展開された経営の具体的な内容、さらには恐慌という世界経済の大きな変動のなかで、取扱商品・地域をどのように変えていこうとしたのかといった、物産全体の経営方針を明らかにすることである[1]。第二に、その経営を推進するためにどのような組織改編が行なわれたのか、すなわち部・支部制度導入以来大きな問題になっていた部と支店の関係が部制度を大幅に縮小することによって、支店を主にした経営に移っていく経過を明らかにする。第三に地域別取扱高・海外主要店舗の商内別取扱高を検討することにより、支店の位置付け・役割の変化を明らかにする。

本章は、反動恐慌以降の二〇年代、三〇年代の物産の経営方針と基本的な特色を明らかにすると同時に、第4章以下で展開する物産在米店の具体的な分析の前提作業でもある。

一　積極政策への転換

戦後反動恐慌を乗り切った三井物産は、一九二一年六月、第八回支店長会議を開催する。藤瀬政次郎常務取締役は冒頭の挨拶において、反対商が気息奄々たる中、「進取的大方針」の必要性も主張するが、「本年度ハ依然現状維持ヲ進ムノ外ナキ状態」と、景気回復が望めない中で、「一大節約」を求め、堅実さを重視する経営方針を継続する旨を表明した。

大戦中に膨張した営業を収縮するために二六品目の取扱商品を整理し、さらに二四年上半期までに出張所・出張員の廃止一二件、支店・出張所の格下げ二一件を行なった。こうした縮小と同時に、第2章において米国内店舗について明らかにしたと同様な、地域的な業務の統合整理も行なった。店舗間の競合が見られる地域や商品については主店を設け、売越買越限度も各店に与えるのではなく主要店に一括認可し、「各店ノ連絡統一」を図ったのである。

さらにもう一つの重要な改革は部制度の改革、すなわち支部の廃止提案であった。業務課長によれば、創業時代には「各店分立独行主義」によって「各自利益ノ多寡を競」ったが、次第にその弊害が著しくなり、部・支部制度によって「無益ノ競争」を避ける必要が生じた。一〇年間の経験により、「部ノ精神」も徹底し、また「不知不識複雑ヲ増シ労力、時間、経費ノ繁多ヲ助長」するという弊害も明らかになってきた。そこで、部の名称は残しつつ支部は廃止し、部商品の取扱いに任じる支部員の人事を支店長に任し、支部単位の決算も行なわないというものである。(2)

支部制度の廃止提案は、前述の「各店ノ連絡統一」の強化を前提にした経費節約という側面と同時に、「進取」的方針をにらんだものでもあった。漢口支店長や穀肥部長を歴任した丹羽参事長は、支店長が支部長を兼務することにより、当該商品に関して部長への依頼心が強まり、支店長の「責任観念」が薄くなり、「其地ニ於ケル其商品ノ戦闘能力」が低下したと述べ、「今日ノ如キ悲況」の時代においては「個人ノ戦闘能力ヲ十分発揮セシムル」ことがもっとも必要であるという理由から、支部制度を見直し、支店長に全責任を持たせるべきだと主張する。[3] 支部の全面的な廃止は、石炭部が強く反対したため、同一歩調では進まなかったが、方向としては部・支部制度の弱体化、支店独立性強化の方向に明確に舵を切ったのである。

付表1に見られるように、物産の社外決済高は二〇年の一七億五〇〇〇万円（綿花を除く）から二一年に八億一〇〇〇万へと半減したあと、二三年まで同水準で停滞する。また全国輸出入に占めるシェアーも、二〇年までほぼ二〇％を占めていたのが二五年には輸出一二％、輸入九％台に低下する。二六年の支店長会議において本店業務課長が、新進同業者や従来の物産の取引業者らが進出したことによって「全国貿易高トノ比率ノ低下（殆ド半減）」と述べるほど低下した。[4] しかしこうした停滞にもかかわらず、販売高に対する商品販売益（粗利益率）は二二、二三年に三％を超えるという極めて高い率を達成する（付表2）。この高い利益率は物産の基盤が薄弱で利幅の薄い取扱商品を整理しつつ、生糸・石炭・機械・砂糖など物産が伝統的に強い商品のシェアーが上昇している点に見えるように、経営資源の選択的集中を行なったこと、他方で「本使用人」が二一年の三七四五人から二四年に二七九一人に約二五％減少を示しているところに見られるような、強力な経費削減が相まったものであろう。

こうした物産の経営方針が転換するには、景気の反転を待たねばならなかった。米国も反動恐慌を経験し、二一年上期は「市況鈍状ヲ極メ何等活躍ヲ見タルモノナシ」（NY、二一年上）という状況だったが、同年秋頃から回復し、二二年三月には「景気頓ニ良化シ、所謂春商内ハ相当見ルベキモノアリ、而シテコノ傾向ハ四月ニ入リ一段ノ進況ヲ見、更ニ先行好望ノ裡ニ本期ヲ終レリ」（NY、二二年上）と、二三年春から本格的な回復期に入る。第一次世界大戦によって深い傷を負った欧州諸国の回復はなお遅れ、二四年八月のドーズ案によるドイツ賠償問題の解決まで待たねばならなかった。

日本は震災の打撃を受け深刻な不況となったが、二四年夏以降金融緩和、海外景気の回復による輸出増加に支えられて「稍愁眉ヲ開キタル次第……稍暗雲ヲ一掃シタルガ如ク[5]」と、回復の緒についたのであった。景気回復の動向は付表1の物産取扱高からも読み取れよう。二四年の輸入増加は震災の影響があるが、輸出・内国売買・外国売買とも顕著な増加を示し、総取扱高も四年ぶりに一〇億円の大台に達した。

景気回復の中で二四年九月には「新事業ニ対シ当社地盤拡張ノ事」と題する支店長宛申達を出し、積極的な営業に舵を切っていく[6]。それを全面的に展開したのが二六年六月開催の第九回支店長会議であった。安川常務取締役はこの会議の冒頭、①新事業・新商品に対する不断の注意、②協同組合・独占的組織の利用、③工業分野・設備への積極的投資、④地方市場への進出、という四つの方針を掲げ、「徒ラニ万全ヲ期スルニ汲々トシテ退嬰保守ヲ事トスルハ断ジテ採ラザル所ナリ……同業者ノ機先ヲ制シ……何レノ商品タルヲ問ハズ同業者中常ニ第一位ヲ占ムルヲ以テ目標」にすると、営業拡大にまい進することを宣言するのである[7]。

支店長会議が終了した二週間後から、本店業務課は内外各店に対し、支店長会議で示された方針を具体化するための指示を矢継ぎ早に発していく。業務課は二六年七月から三一年六月までの間に各店に二六〇を越える指示を発し、さらにそれらを「商売方針開拓等ニ関シ各店ヘ対スル出状提要」[8]としてまとめ、各店に配布した。

これらの指示は次の三種類に大きく分類することができる。一つはよく知られている産業組合などとの連携による飼料や肥料等の売り込み、いわゆる地方進出に関するものである。内地各店に需要調査、工場や商人などの信用調査の報告を求め、二八年四月には「地方進出ノ準備時代ハ過ギ将ニ活動時代ニ入ラントス」と叱咤し、二九年になると数回にわたって各店の実績を送付する。第二は雑品商売の拡大である。二七年九月、「各店雑品取扱高一覧表ヲ作成シ雑品商売ハ手数煩雑ナレドモ一団トシテ見レバ忽ニスベカラザルモノ」として、内外各店の努力を求めた。「雑品」の範疇は明確でない。主に部商品以外を指すが、部商品であっても機械部の電球・ベルト・自転車などは「機械部雑品」と称されていた。二〇年代後半から日本の輸出品目中雑貨に分類される品目の割合が高まり、物産はその分野におけるシェアーの低いことが一つの弱点として認識されているのである。雑品の取扱いは輸出だけでなく、地方進出の一つの手段として内地各店にも求められる。第三は外国貿易・外国新市場の開拓である。大戦前・大戦中に顕著な発展を示した外国貿易は、大きな損失を負ったり、利幅が薄いこともあって戦後大幅に縮小していたが、世界経済の回復の中で再度力を注ぐことを求めたのである。中東・アフリカ・中南米などの地域は、三〇年代の恐慌からの回復期にいわゆる「新市場」として注目されるが、物産は早くも二八年一月「右方面トノ貿易ハ年々増加ノ傾向ニアルニ拘ラズ、コノ方面ニ対スル当社取扱高ハ現在極メテ貧弱ナリ」との出状を皮切りに、新市場への進出を本格化していく。

こうした市場や商品の開拓と並んで注目されるのは、商標や宣伝の重視である。商標に関しては二六年一二月の出状が最初である。井桁マークをそのまま使うことにはためらいを示しつつも、メーカーの商標をできる限り物産の専用商標に変更することを求めている。広告宣伝については二八年一月、特に食料品の販路拡張については必要であるが物産は不充分であったとし、各支店の従来の活動について報告と意見を求め、三〇年三月に各部店長が独自に広告について研究・実施することを求めている。商標や広告宣伝の重視は、地方進出に通じるものである。地方進出とは、国内外を問わず、より消費者・需要者に密着した営業を目指したものとすべきであろう。

二　恐慌下の積極政策

一九二九年七月に金解禁を掲げる浜口内閣が成立して不況が始まると、本店業務課は同年九月一三日から一六日にかけ、売越買越残の有利売り抜け、買い埋め、慎重なオペレーション、前貸し金の固定を避けるための委託荷早期処分を求める通達を発した。さらに世界恐慌の波及が明らかになった三〇年春には、三月から四月にかけて売買越・委託荷の慎重な取扱いを求めた。

しかしながら、恐慌のさなかにおいても前述した積極主義の方針は変わらなかった。三〇年四月一〇日の「不況対策ノ事」と題する出状においては、「不況深刻化スレバスル程一層堅実ニ一層克明ニ積極策ヲ講ゼラレ度シ……手広ク取扱商品ノ増加ヲ計ルト共ニ取扱高ノ増大ヲ期セラレ度」しと述べているのである。金解禁不況・世界恐慌の中で、輸出に関しては積極的に取り組むことを求めた。

三〇年八月一九日には常務取締役から内外店長に対し、「輸出商売振興ノ事」と題する出状がなされる。その書簡は、物産の輸出シェアーが低下していることを指摘し、生糸・石炭・砂糖・絹織物・麦粉・樟脳を除けば「其他ハ誠ニ微々タルモノニ有之……極メテ少数ノ商品ニ付キ優勢ナルノミニテ、各種輸出品ニ渡リ観察スレバ、殆ド取扱ノ無キモノ或ハ取扱比率ノ意外ニ貧弱ナルモノ多々看取サレ」と述べ、具体例として綿布・靴下・猿股など「当社ガ深ク関心ヲ有セザル間ニ同業者ノ何人カガ不断ノ努力ニヨリ」英本国にまで進出し、数千万円の輸出額を算するようになった。しかし「当社ハ殆ド之レニ関係致不居候」と物産の雑貨・雑品輸出の弱さを指摘し、「大ニシテハ国家ノ経済難打開ニ資シ、小ニシテハ当社業績向上ノ為メニ一層ノ御尽力ヲ希望」と輸出増加に内外各店が取り組むように求めたのであった[9]。

物産のシェアーが低い商品・市場の開拓、それを推進するための営業方法を定着させるため、三〇年九月、本店業務課・営業部・国内各店や一部外国店の、中堅クラスの雑貨・雑品取扱担当者を集め、さらに東洋棉花・東洋レーヨンからの出席も得て輸出雑品会議が開催される[10]。

議論の対象になった商品は綿布・綿製品・毛織物・麻織物・人絹織物・食料品・海産物・薬品・染料・油脂・石鹼・ゴム製品・陶磁器・ガラス製品・時計・真田・電球・電線・自転車など、極めて多岐にわたった。しかし雑品輸出の発展には乗り越えなければならない障害がいくつもあった。これら商品の市場は主に中国や東南アジア・インド・アフリカ・中東・中南米などであり、市場で力を持っていたのは横浜・神戸・大阪に拠点を置く華商やインド商人であった。

横浜のインド商人は綿製品を六〇日の掛で買い、六〇日の一覧払いで売り、「思惑モシテ余分ノ品モ買ヒ込ミ、値下リガアレバ無条件デ解約スルト云フ有様」（四五頁）、南洋向けの陶磁器も「阪神方面ノ外国商館ニ売込ム方法ハ解約勝手次第、積遅レモ勝手ト云フ遣リ方デ当社トシテハ不安ニ堪ヘマセン」（一九八頁）、日本を代表する貿易商としては到底採用できないような手段で輸出を伸ばしているという。また、綿製品・人絹製品では伊藤萬・田村駒・山口などの洋反物商が「捺染ヲスル小僧上ガリノソノ道ノモノトカ、画工ソノ他専門家ヲ使用シ自分ノRiskデヤッテオリマス」（七頁）というように、加工を兼営する日本の中小商人の進出も目覚ましいものがあった。

中小商人・外国商人が加工にまで進出し、見込み買付けによって営業を拡大したのは、単にリスクを恐れないというだけではなかった。「加工品ノ製造家ガ各地ニ出張員ヲ派出スル様ニナッタ」（六頁）、「商館ノ連中ハ常ニ需要地ヲ巡回シテオリマス」（一九八頁）のように、彼らは販売先の動向を掌握していたのである。また、時計・紙・自転車・電線・電球など有力メーカーが育ちつつある分野では、メーカーの直接進出という問題も生じていた。

このような中で物産業務課は次の三つの手段で雑品輸出拡大を図ろうとする。その一つは業務課長が除虫菊について「商売ヲアクセレートスル為メノ見込ミ買ヒハ一向差支アリマセンカラ遠慮ナク申出テ貰ヒ度イ」（一六〇頁）と述べ、また東棉からの参加者が「右左commission basisデハ商売ハ難シイト考エラレマス」（二一五頁）と述べているように、商品によっては見込み商売を積極的に展開する方向を示した。リスクを冒しても営業の拡大を図るという方向は、商品の質に関しても適用されていく。機械部員が「大会社トシテ粗悪品ヲ取扱フコトガ出来マセン」と述べるのに対し、業務課長は「安物デモ用ヲ弁ズル品ナラバ取扱ハネバナラヌト思ヒマス、日本ノ自転車ノ安物ヲ持ッテイッテ直グニ役ニ立タナイト云フ訳デモ無イデセウ」（二七〇頁）、あるいは蘭印・豪州・南阿等への陶磁器についても「田舎向ノ上等デ無イ品ヲプッシュシテ見タラ堂カト思ヒマス」（一九九頁）と述べているように、品質に目をつぶっても新市場に適合する商品を販売しようとするのである。

第二は独自の商標の推進に関して述べたと同じく、需要者・消費者に出来る限り接近していくという方向である。この会議においてもゴム靴や自転車などの独自商標の重要性が指摘されたが、それとともに問屋・ブローカーを重用しないという方針が示される。食料品担当取締役は「問屋式ノ商売デハ大シタ発展モ望メマセン」（一三六頁）、「販売店ノ遣リ方ガ全然下請店委セデ売上金安全第一主義デ取立ガ激シク、机ノ上ノ仕事計リデロ銭ヲ取リ発展方法等ハ一切下請店ニ委セキリデアル」（二五〇頁）と述べているように、商品によっては営業の最前線に立っているのは問屋・下請店であり、それを改め、支店＝販売店が前線に立つことを求めるのである。

第三に輸出雑品に関しても生産者を組織化して集荷力を高めることが求められた。南洋・豪州向け玉ねぎ、満洲向けみかんなどが具体的に進みつつあった。

こうした仕入販売政策を採用して雑品の輸出拡大を目指そうとするのである。しかしそれが輸出拡大に結びつくか否かは、海外販売店の姿勢に大きく左右される。向井常務取締役は「一般ニ米櫃ノ無イ店ハ雑品ヲ一生懸命ニヤリマスガ、石炭ノ様ナ楽ナ大キナ商売ヲ持ッテ居ル店ハ余リ雑貨ガ進マヌ」と述べているように、「米びつ」、「喰扶持」をもっている店は雑貨に不熱心であった。ガラスや陶磁器・めがね・魔法瓶などについて業務課長は「此ンナ商売ハ販売店ヲ突ッ付クヨリ仕方ハ無イデセウ、兎ニ角取扱ハルル店デ、輸出先ノ統計デモ調ベテ販売店ノ取扱振ニ迄干渉ヲスル外致方無イ」（二〇一頁）と、国外に所在する販売店を「プッシュ」「突っ付く」ことが強調された。さらにこうした叱咤激励のみでなく、本店は輸出奨励金を設定し、支店に対し輸出奨励のための出張費、宣伝・見本・商標登録の費用、損失が生じた場合の補塡などの支出を行なう態勢も整えた。

輸出雑品会議の狙いの一つが、二〇年に東洋棉花を分離独立させたあと、物産が取扱いに消極的になっていた綿布・綿製品の拡大にあったことは、会議終了後の三〇年一〇月一四日、業務課長が内外店長宛に出した「綿布取扱ニ関スル対東棉協定ノ事」[11]に示されている。

> 其取扱極メテ貧弱ナル状態ニ有之、又東棉ノ加工綿布取扱モ全輸出高ニ比シ是又僅少ノモノニテ、朝野ヲ挙ゲテ輸出増進ニ躍起ト相成居際三井計ノ此種品ノ輸出ガ如此不振ヲ極メツツアル事ハ、部内ニオイテハ勿論国家ニ対シテモ甚ダ相済マザル次第

会議の席上、東棉からの参加者は国内の仕入れ、中国・南洋・インド・アフリカ・中東・中南米などの市場ごとに、

日棉や江商などの従来からの反対商に加え、丸紅・大同貿易その他新興の反対商、華商・インド商人など外商の動向も詳しく報告した。それを踏まえて綿布・綿製品の品目ごとに物産が取り扱うかどうかを検討していった。大阪支店の出席者が「ソウ云フ御話デアリマスレバ今後ハ片手間トセズ大ニヤル積リデアリマス」（四四頁）と述べているように、物産側は積極的に扱い品の拡大を求めるのに対し、東棉側は「兎ニ角東棉デ取扱ツテ居ル商品デ筋ノ通ッテイル品、相当数量ヲ取扱ッテイル品ヲ物産デ取扱ハル、事ハ困ル」（三一頁）と防戦に努めた。

会議後の調整を踏まえ、物産の扱い品目が通知される。晒綿布と若干の加工綿布を除き、すべての綿製品の取扱いが可能になった。物産からすれば、「両々相俟ッテ三井系取扱高ノ増大ヲ期セントスルモノ」ではあっても、東棉が進出している地域では「或程度の衝突は免れ不申」と、不協和音覚悟で綿関係品の拡大に乗り出したのである。

この会議から三年後の三三年八月、「東棉物産綿布打合会議」が、物産からは安川常務・国内主要支店支店長クラス、東棉からも取締役などの出席をえて開催された。安川が「当社ヤ東棉ガ扱ッテイナイ商品ガ非常ニ増シテキテ居ル」と述べているように、三一年以降の綿布・綿製品の輸出増加に対応できなかったのである。神戸・大阪支店は「従来ノヨウナ窮屈ナ協定ニ拘束サレルノデハコノ上発展ハ出来ナイ……当社モ加工綿布ノ取扱ヲ許シテ頂キ度イ」と強硬に主張した。東棉も「従来ノヤリ方ノ悪イ事ヲ認メテ新陣容ヲ立テ」と防戦に努めるが、インド・中東・欧州・アフリカ・中南米に関して新しい分担を取り決め、取扱商品に関して問題が生じた場合は個々に協議することとした(12)。

一九二〇年代、物産は安川雄之助常務理事のもとで新たな展開を遂げ、さらに恐慌が深化する中で物産取扱高の拡大とともに、社内的にも国策的にも輸出増進が喫緊の課題になってくる。三一年七月、二〇年代の成果を確認してそれを一層発展させるとともに、新たな事態への対応を探るために第一〇回支店長会議が開催される。従来行なわれていた部店長の報告は省略され、直ちに業務課長が用意した議題に入っていく。営業拡大に直接関係する項目は、①新商品・新販路の開拓、②地方販売網の拡張、③統制・組合組織の進展への対応、④商標の確立、⑤国産奨励政策への対応、⑥直輸出入業者増加への対応、⑦外交掛の設置についての七つであった。[13] ⑦を除き、二四年以降いくつかの会議や申達・出状によって、常務・業務課が部・支店を「プッシュ」し、「突っつい」てきた内容である。

会議が開催されたのは三一年下半季、物産の社外販売高が最も落ち込んだ期であるが、危機感はうかがえない。①については業務課長が「昨秋ノ輸出雑品会議以来色々ノ物ガ発展シ、海外店ヨリハ余リ沢山一時ニ引合ワレテモ手不足ニテ迷惑ナリト言イ来リタル程」（八頁）と述べ、穀肥・機械・食料・繊維などで顕著な成果をあげたと報告し、②についても地方得意先の大幅増加、価格の低下・一般取引高の減少の中でも微増していることを指摘し、「穀肥商品ニセヨ雑貨ニセヨ地方進出ヲ企テタル結果、今日物産会社が維持シ居ルラル、モノト云フベシ」（一九頁）と評価しているように、営業の積極化が成果をあげていると認識しているのである。

⑦の外交掛の設置のみが新しい提案であった。安川によれば、支店にいて顧客を待つのではなく、「平常不絶得意先ヲ訪問シ、又ハ新規ノ対手ニ接触シ其他商売ノ開拓ニ資ス……所謂新商売ヲ手繰リ出ス」（四頁）、得意先掛とも言うべきものである。しかしこの提案は向井営業部長が、商品の知識を十分に持っていないものが顧客を頻繁に訪問しても意味がないといった論理で反対し、実現には至らなかった。また地方進出についても一般論としては賛成しているが、穀物や肥料取引に大きな力を持っている深川の問屋を無視することは出来ないと述べ、穀肥部長も地方商人の信用調査は困難であり、「急激ニ進出スル事ハ市場ノ大キナ問屋ノ感情ヲ害」（三一頁）するとして慎重な態度を求めてもいる。安川が主導する営業拡大策は恐慌の中でも成果をあげていたが、社内においてもその行き過ぎを懸念する声がすでに挙がっていたのである。

三二年一月に金輸出が再禁止されると円の対外相場は急速に下落し、輸出入採算に大きな変動が生じた。物産業務課は一〇〇円＝二二、二三ドルにほほ安定した同年九月五日、「積極的商内進展、海外市場奪取販売地基礎確立ノ意味ヨリスルモ此機ニ本邦輸出商内ノ研究、pushing ガ是非必要ナルト同時ニ又絶好ノ機会」との書簡を出し、「店長ノ更迭ガ該店商内ノ実績ノ一変トナリシ例屢々アリ」と、不成績支店の店長交代をも示唆しつつ、支店の全力を挙げて輸出増加に邁進するよう求めた(14)。

恐慌の中で、また円相場の下落という好機を捕えて物産は業務の拡大に全力を注いだ。しかし、周知のように物産の地方進出・新商品への進出は、ドル買い問題などとあいまって財閥批判の一因になり、三三年八月に三井合名筆頭理事に就任した池田成彬らが三井防衛の観点から、同年一二月に安川の退陣を固めた。ただ物産の内部ではすでに三三年四月には明確に方向転換が始まっていた。

四月八日には常務取締役から「取扱商品ノ選択」という出状が各店長宛になされた。名古屋支店はその書簡に答えるかたちで、過去二年間に自発的に中止、あるいは自然消滅した四八品目を報告しているが、その大部分は「小売程度ノ商内ヨリ出来ヌタメ中止ス」（ぶどう酒）、「問屋連中ノ直接取引ト競争困難ニテ途絶ス」（鰯）などと記される、極めて些々たる商品であった(15)。続いて一四日には向井業務課長名の書簡が各店長に出される。そこでは「近来世間ガ三井物産ヲ目ノ敵ニ致シ何ニヨラズ当社ノ遣ル事ニ非難ヲ加エ又曲解ヲナス様ノ事枚挙ニ遑アラズ」とし、こうした非難の生じる「根源ヲナシ」ているのは「何ンデモ手ヲ出シ人ノ仕事ヲ横取リシ、雑多ノ商品ニ三井物産ノ名ヲ付シテ売リ出スコト」にあると述べ、「少シ位利益ハ減ジテモ会社ヤ三井家ヲ万全ノ立場ニ持ッテ行ク方ニ努力スル事肝要」とし、この視点から商品の選択を行なうように指示したのであった(16)。

物産本社は激しい財閥批判の中で、地方進出や問屋排除をトーンダウンさせ、また取扱商品の見直しを進めるなど大きな方向転換を遂げていった。しかし、三二年以降の為替低落を絶好の機会として、国内外支店に対し、輸出拡大に拍車をかけることも求めていた。

第一次大戦後の堅実経営から二〇年代半ば以降の積極主義への転換、さらには三〇年代初頭からの方向転換と輸出拡大が、物産の海外支店の取扱高にどのような影響を与えていたかを検討しておこう。

販売高（1914～35年）

（単位：千円）

シンガポール	スラバヤ	インド	オセアニア	北　米	ニューヨーク	サンフランシスコ	シアトル	欧　州
2.1		1.5	0.8	52.4	50.9	1.5		17.3
4.2	0.7	12.8	0.6	33.1	30.8	2.2		13.1
2.1	0.4	13.0	0.4	39.4	37.4	2.0		10.1
2.0	0.5	12.5	1.2	41.2	36.0	5.2		11.5
2.3	0.8	14.6	1.1	34.1	23.0	1.4	9.6	9.8
2.3	2.6	11.7	1.3	34.1	19.4	0.8	13.7	9.1
2.5	6.3	11.0	0.7	26.6	25.1	1.2	0.4	15.4
1.7	8.8	8.7	1.3	34.0	32.5	1.3	0.2	15.0
1.0	2.3	11.0	0.8	45.3	44.3	0.8	0.1	13.2
1.4	5.8	8.2	0.8	44.7	43.9	0.7	0.1	10.2
1.7	6.8	10.3	0.6	41.9	41.4	0.3	0.1	8.5
2.9	2.6	13.1	0.7	45.7	45.2	0.5	0.0	7.0
3.7	2.5	8.0	0.8	46.4	45.5	0.7	0.1	7.2
2.0	4.2	6.2	1.0	41.4	41.0	0.3	0.0	9.8
2.0	3.4	5.5	1.1	42.1	41.6	0.4	0.0	8.2
1.2	0.6	5.1	1.0	44.0	43.5	0.5	0.0	8.5
1.4	1.0	4.6	1.3	39.1	38.6	0.5	0.0	12.3
1.0	0.7	3.7	1.8	39.8	39.2	0.6	0.0	10.2
1.2	0.6	5.1	3.3	39.8	39.3	0.5	0.0	12.7
1.8	0.6	6.1	3.1	32.3	31.5	0.7	0.0	15.2
3.4	0.8	5.9	2.3	36.5	35.7	0.8	0.0	12.4
3.7	0.7	5.2	1.7	33.3	32.3	0.9	0.1	13.6

三　海外店の特色

表3-1は外地外国店の社外販売高、表3-2は総取扱高（社内・社外販売決済高合計）の地域別割合である。三〇、三一年の大幅な落ち込みによって構造的変化がもたらされるが、変化は二〇年代から始まっていた。地域別にその動きをまとめると以下のようになろう。

朝鮮・台湾は合計すると、社外販売高、社内・社外取扱高合計とも、二〇年代前半の六％前後から二〇年代後半には一〇％を越え、三〇年代にもそのシェアーを維持し、物産在外店の中で一貫して地位を高めている。満洲は社内・社外取扱高のシェアーが社外販売高を大きく上回るという特色を持ち、二〇年代前半に販売店としての比重をさらに低めた後、同後半から次第に販売高のシェアーを高め、

表 3-1　地域別社外

	総　計	外地外国合計	台湾	朝鮮	満洲	中国	天津	上海	香港	南洋
1914 年	452,386	141,903	5.9	2.1	8.2	9.6	0.4	3.8	0.7	2.3
1915 年	438,169	214,615	4.3	2.3	9.8	17.4	2.3	7.9	3.5	5.8
1916 年	721,783	443,621	2.6	1.8	6.9	20.7	2.6	8.6	4.1	3.6
1917 年	1,095,038	670,146	2.6	1.9	4.4	19.7	2.8	6.8	4.2	4.0
1918 年	1,602,727	799,397	2.6	2.5	6.8	22.4	2.3	8.2	5.1	5.7
1919 年	2,130,271	1,130,276	2.5	3.6	6.1	19.8	1.6	7.2	4.6	8.5
1920 年	1,921,012	1,133,991	2.6	2.2	6.6	13.0	1.5	4.3	3.7	12.3
1921 年	813,969	466,691	4.7	2.2	5.2	14.5	1.8	4.3	4.8	14.0
1922 年	865,161	453,783	3.6	1.9	3.8	14.6	1.3	6.0	3.8	5.9
1923 年	882,930	482,047	4.6	2.4	2.8	13.8	0.5	7.0	3.6	9.8
1924 年	1,035,514	553,077	3.7	2.5	3.8	16.5	1.2	8.0	3.2	12.0
1925 年	1,141,727	619,303	3.7	2.5	4.6	13.2	0.9	5.6	2.7	9.5
1926 年	1,181,818	641,862	3.8	2.9	5.2	14.8	0.6	7.6	2.5	10.8
1927 年	1,167,520	611,846	4.4	3.5	5.2	16.7	1.0	8.1	3.7	11.8
1928 年	1,265,046	610,556	5.2	4.9	7.5	15.6	1.7	6.9	3.1	9.9
1929 年	1,323,979	637,036	5.5	5.8	10.1	14.3	1.1	7.2	2.5	5.7
1930 年	1,080,543	524,948	6.0	6.1	8.1	15.4	1.0	8.0	2.6	6.1
1931 年	841,735	423,723	5.4	6.3	6.2	20.3	1.6	11.8	2.9	6.3
1932 年	948,205	484,055	5.0	6.3	6.6	13.2	1.6	6.8	1.7	7.9
1933 年	1,233,564	561,342	5.3	7.3	10.2	11.3	1.9	4.8	1.7	8.7
1934 年	1,499,529	705,037	4.8	7.1	11.7	9.1	1.2	3.4	1.8	9.8
1935 年	1,773,553	831,717	4.3	8.1	13.4	11.0	1.4	4.1	2.1	8.7

注：割合は外地外国店に対して。
出典：『三井物産株式会社沿革誌』第八編。

恐慌後には一〇%を越える。取扱高は二〇年代前半の一〇%未満から同後半には一五〜一九%に達し、日中戦争開始後は二〇%を越えるまで上昇する。この両地域は植民地と勢力圏という相違はあるが、二〇年代以降相似した動きを示し、物産にとっては安定した地域であった。

　中国店は販売高の割合が高く、二〇年代を通じてほぼ一五%前後の水準を保ち、満洲事変以降低下する。取扱高は二〇年代後半を通じて低下傾向を示し、三二年以降その傾向が一層激しくなり、占領地が拡大する三九年から一挙に高まる。

　南洋は取扱高の比重が高いところに特色があり、また二〇年代にシェアーを高めた社外販売高が二九年に大幅に減少するなど、販売高・取扱高双方とも変動幅が大きい。ゴム・錫・砂糖・米など国際的な市況商品に大きく左右される構造がこのような変動をもたらしているのであ

表 3-2　地域別総取扱高（1914～40 年）

（単位：千円）

	総　計	国外店合計	朝鮮・台湾	満　洲	中　国	南　洋	インド	オセアニア	欧　州	北　米
1914 年	729,683	226,068	9.0	16.0	14.3	3.2	2.7	1.1	17.8	35.8
1915 年	700,309	353,937	5.6	14.2	19.2	7.4	15.1	1.4	12.6	24.4
1916 年	1,159,643	748,880	4.4	9.6	20.0	5.2	16.1	1.3	10.2	33.2
1917 年	1,716,647	1,052,558	4.5	9.8	20.2	5.4	16.4	1.4	9.2	33.2
1918 年	2,586,577	1,326,654	5.0	11.9	12.6	8.6	15.5	1.6	6.9	38.1
1919 年	3,438,064	2,002,439	5.1	8.5	22.2	9.7	13.0	2.3	6.1	33.1
1920 年	2,395,308	1,419,845	5.0	8.1	11.3	18.6	9.2	3.3	17.3	27.2
1921 年	1,336,141	732,441	7.1	7.3	14.4	13.8	7.5	3.1	16.1	30.7
1922 年	1,499,218	780,941	5.5	6.4	14.4	8.4	8.1	4.4	16.3	36.5
1923 年	1,513,480	814,224	6.7	8.5	13.9	10.7	7.1	4.1	14.7	34.3
1924 年	1,783,711	993,190	5.9	7.9	14.0	14.2	8.2	4.8	11.3	33.6
1925 年	1,988,016	1,106,566	6.2	9.7	11.9	15.2	11.4	4.5	9.1	32.0
1926 年	2,052,863	1,144,422	6.2	13.4	11.1	13.7	7.5	3.8	9.7	34.6
1927 年	1,987,173	1,073,980	7.9	14.6	12.7	13.4	6.4	4.2	9.5	31.3
1928 年	2,111,556	1,055,205	9.9	15.6	11.6	10.9	6.1	4.4	8.3	33.2
1929 年	2,221,465	1,106,361	10.4	17.6	11.3	7.5	5.4	4.3	8.9	34.6
1930 年	1,748,226	901,448	10.6	19.3	12.0	9.5	4.9	3.0	10.8	29.9
1931 年	1,372,567	713,850	10.8	17.3	15.3	10.0	3.9	6.5	8.1	28.1
1932 年	1,732,771	802,731	11.0	15.4	10.4	11.1	5.1	7.8	10.0	29.0
1933 年	2,015,319	965,914	11.4	19.1	8.4	12.8	6.0	7.5	11.1	23.7
1934 年	2,419,471	1,199,571	11.2	17.1	7.6	14.2	5.1	6.3	9.4	29.0
1935 年	2,885,207	1,414,925	11.2	16.6	9.0	14.4	4.3	6.1	10.5	27.7
1936 年	2,881,526	1,297,041	12.3	15.3	9.1	11.2	4.2	5.6	11.2	30.7
1937 年	3,805,425	1,891,691	9.5	15.6	7.4	18.8	3.7	3.0	9.1	32.5
1938 年	3,672,477	1,634,112	14.2	25.2	5.7	10.7	3.6	2.5	9.9	27.9
1939 年	4,567,472	2,215,653	13.8	23.5	13.0	8.2	2.8	1.5	7.5	29.4
1940 年	5,518,573	3,073,704	10.6	16.1	27.6	10.2	2.0	2.1	3.5	27.4

注：割合は国外店合計に対して。
出典：1925 年までは「第九回支店長会議本店業務課提出資料」（物産 361），以後は各期「事業報告書」。

る。

インドは棉花部を切り離した後、販売高と取扱高がほぼ拮抗し、二〇年代中期に取扱高・販売高を高めた後、後期には急速に比重を低める。南洋が三〇年代になると急速にシェアーを回復するのに対し、インドはかつてのシェアーを回復しない。

オセアニアは一九一〇年代末から取扱高の比重が大きくなり、販売高に比して常に取扱高の比重が高い。三〇年に取扱高が減少するが、翌年には回復し三〇年代前半はより高いシェアーを示す。販売高も三一年以降上昇するが、三七年以降減少する。こうした動向は言うまでもなく、羊毛の輸入と日本からの輸出増加、日豪貿易紛争を直接的に反映している。

表 3-3　店別・商内別取扱高（1925年）

(単位：千円)

	総計		Ⅰ				Ⅱ			
	金額	比率	輸出社外	輸入社内	外国社内	外国社外	輸出社外	輸入社内	外国社内	外国社外
ニューヨーク	325,504	16.4	70.1	14.5	3.5	25.8	61.5	11.6	2.4	24.4
大連	89,483	4.5	1.9	8.3	20.6	5.6	6.1	24.2	51.1	19.3
ロンドン	92,585	4.7	1.7	13.1	7	12.2	5.2	37.1	16.8	40.7
カルカッタ	87,650	4.4	0.6	2.2	15.6	14.7	2.0	6.4	39.5	51.5
上海	57,670	2.9	6.1	1.1	7.6	5.5	30.3	5.1	29.3	29.5
スラバヤ	70,870	3.6	0.4	10.8	11.8	4.9	1.4	40.1	37.0	21.5
シドニー	35,311	1.8	1	12.5	0	0.1	7.7	92.7	0.3	0.4
香港	27,018	1.4	3.9	1.3	2.1	1.9	41.4	12.3	16.9	21.6
シンガポール	49,199	2.5	1.7	3.2	10.2	4.3	9.9	16.9	45.9	26.6
ボンベイ	32,460	1.6	1.6	1.1	0.9	7.5	14.3	8.5	5.8	71.5
シアトル	15,586	0.8	0	4	2.2	0.1	0.5	67.8	30.6	1.1
サンフランシスコ	12,827	0.6	0.2	3.4	0.1	0.8	4.0	75.2	1.0	19.8
国内外総計	1,988,016	100	100	100	100	100				

注：Ⅰは物産各商内別取扱高に対する各店取扱高の比率，Ⅱは各店取扱高に対する商内別取扱高の比率。
出典：各期「事業報告書」。

北米は二一年から二九年まで取扱高は三〇〜三六%、販売高は四一〜四六%を占める、最大にして最も安定した市場であった。三〇年以降両者とも数ポイント低下する。物産にとっては、その低下を食い止めることと、北米店の減少をカバーする地域が必要になるのである。

欧州は二三年までリヨン店、二五年までハンブルク店の数値が入っているが、フランス・ドイツにそれぞれ子会社を設立したため、二六年以降はロンドン店のみとなる。販売高・取扱高とも二〇年代初頭から中期にかけて減少し、二〇年代後半にかけて回復するという他の地域と異なる動きを示している。三一年の支店長会議において、ロンドン支店長が「三店ノ業務ハ漸次減退ノ恐アルガ為メ、新ラシキ方面ニ進マントシテ色々工夫ヲ試ミタ」（三七頁）と述べているように、二〇年代中期にかけての現象は日本の工業発展を反映し、以後の若干の増加は加工食料品やプロデュース類、さらには繊維製品の販売努力の成果を反映している。

次の表3-3、表3-4は一九二五年と三五年の海外主要店の商内別取扱高である。両表ともⅠは物産商内別取扱高に占める各店商内別取扱高の比率、Ⅱは各店取扱高に対する商内別取扱高の構成比率である。

二〇年代中期は生糸輸出が最盛期を迎えていたことにより、二

表 3-4　店別・商内別取扱高（1935年）

(単位：千円)

	総計		I				II			
	金額	比率	輸出社外	輸入社内	外国社内	外国社外	輸出社外	輸入社内	外国社内	外国社外
ニューヨーク	347,483	12.0	28.4	22.1	1.6	42.3	30.8	21.5	1.1	46.4
大連	169,919	5.9	9.4	10.2	22.9	10.7	20.7	20.3	31.5	24.1
ロンドン	148,260	5.1	14.5	9.4	1.4	14.3	36.7	21.3	2.1	36.9
カルカッタ	39,240	1.4	2.1	1.5	6.7	2.6	20.6	13.1	40.1	25.5
上海	46,550	1.6	4.3	1.4	1.5	4.3	34.9	10.2	7.7	35.3
スラバヤ	23,646	0.8	1.1	3.8	2.0	0.4	17.5	54.9	20.0	6.9
シドニー	43,519	1.5	1.7	8.4	3.3	0.1	14.7	65.3	17.6	0.7
香港	25,609	0.9	2.3	1.4	1.5	1.7	34.1	18.8	13.6	24.9
シンガポール	115,698	4.0	2.1	6.3	26.6	5.9	6.9	18.3	53.6	19.5
ボンベイ	15,506	0.5	3.3	0.1	0.0	0.7	79.4	2.8	0.4	16.7
シアトル	10,675	0.4	0.2	2.1	1.3	0.0	5.9	66.2	27.4	0.1
サンフランシスコ	34,270	1.2	1.1	4.6	4.8	0.8	12.5	45.1	33.0	9.0
国内外総計	2,885,207	100	100	100	100	100				

注：I・IIとも前表に同じ。
出典：各期「事業報告書」。

ユーヨークが国内外総取扱高の一六%、輸出は七〇%に及ぶという圧倒的な比重を示している。二五年の主要外国店のうち、一つの商内が五〇%を越える（II欄）、すなわち特定の商内に特化する度合いの強いところは、ニューヨークの輸出、シドニー・シアトル・サンフランシスコの輸入、大連の外国社内、カルカッタ・ボンベイの外国社外の七店である。五〇%には及ばないが、輸出店としての性格が強いのは上海・香港、輸入店としての性格が強いのはロンドン・スラバヤ、外国貿易の仕入店としての性格が強いのはカルカッタ・スラバヤ・シンガポールといえる。

表3-3のI欄から注目されるのは、ニューヨークと中国二店（上海・香港）を除くと輸出の割合が極めて低く、物産の輸出はこの三店でちょうど八〇%を占めていることである。輸出に比べて輸入は各地に広がっている。言うまでもなく、ロンドン以外は各地特産の農林産物や工業原料の輸入である。外国売買の仕入店・販売店としての特色が強い店が多いことも注目されよう。社内・社外を合わせた外国売買の割合が五〇%に満たないのは、北米三店とシドニー・香港だけである。物産の主要海外店がいかに外国売買に依存していたかを示している。

三五年になると（表3-4）、大きな変化として、II欄の輸出が一〇%未満なのはシンガポールとシアトルだけになったこと、一貫して輸出店だったニューヨークが外国売買の販売店としての性格を強めたことが注目される。また、スラバヤ・シドニー・シアトル・サンフランシスコの輸入、カルカッタ・シンガポールの外国社内の高さが目に付くが、これは以前からの各店の特色に基づくものであり、二五年に比べると、各店の商内別取扱割合がバランスのとれたものになっている点が注目される。

こうした支店の特色が形成され、さらにそれが変化していくのは、日本や世界各地域の経済・産業の動向に全社的に対応した結果であり、また支店独立採算のなかで、各支店が「米びつ」、「喰扶持」を模索した結果でもある。

小　括

戦後恐慌がほぼ収束した後の二一年に開催された支店長会議において、本店幹部は節約や業務の整理縮小を示すと同時に、支部を縮小・廃止して支店長の権限を強化する方針も示した。この支部廃止は経費節減の意味もあったが、「個人ノ戦闘能力」を存分に発揮させるという意味合いも持っていた。恐慌後、物産の取扱高・シェアーは減少したが、整理縮小により、利益率は高いレベルにあった。

物産の営業方針が積極化するのは二六年の第九回支店長会議前後からである。地方進出、雑品売買の強化、外国売買・新市場の開拓などが掲げられ、需要者・消費者に密着した営業が重視された。恐慌の渦中においても、輸出雑品会議、第一〇回支店長会議、綿布打合会議などが開催され、新商品・新市場の開拓・進出のために販売店を「つっつく」、「プッシュ」することが行なわれた。しかしこの方策は、物産社内を含め、各方面の反対・反発を引き起こし、三三年には見直された。

世界恐慌をはさんで、二〇年代と三〇年代の物産海外店の特色は大きく変動する。二五年、輸出はNY店が圧倒的に多く、次いで上海・香港店も輸出の割合が高かった。シドニー・スラバヤ・SF・ST店は輸入品仕入店の色彩が強く、他の多くの店は外国売買の仕入・販売に頼っていた。三五年になると大きく変化する。NY店の輸出が大幅に減少したことにより、他店の輸出のシェアー・輸出社外販売の比重が高まり、全体としてバランスの取れた店舗が多くなっている。恐慌を画期とするNY店の取扱商品の変化が他店にも大きな影響を及ぼしているのである。こうした変動は、世界経済・日本経済の転換への物産の全社的な対応によるものであり、また各店がその転換に対応して営業の再構築を図っていった結果でもある。

在米三店は、二〇年代、取扱高においては在外店の三〇%以上、社外決済高においては四〇%以上を占めた。恐慌後は低下を余儀なくされるが、なお前者は二〇%台の後半、後者も三〇%を占め、輸出入・外国貿易において決定的な位置を占めつづけた。

SF・ST店は大戦中営業を著しく拡大し、一九年には両店を併せて国外店取扱高の二〇%に達し、NY店を凌駕するに至る。しかし二〇年以降激減し、両店を併せても外国店取扱高の一%に満たない時代が三五年まで続く。

在米三店といっても規模に決定的な違いがあり、また商内の種類においてもNY店は輸出から外国貿易の販売店へ、SF店は輸入から外国貿易の仕入店としての性格を強め、またST店は輸入・外国貿易の仕入店としての性格を一貫して持っていた。以下ではこうした三店がどのような支店経営を行なっていたのかを検討する。

(1) この点に関しては前掲『稿本三井物産株式会社一〇〇年史　上』第五章第二節参照。
(2) 「第八回支店長会議議事録」(一九二一年、三井文庫、物産一九八-八) 四四二-五頁。
(3) 同前、四六四~五頁。
(4) 「第九回支店長会議議事録」(一九二六年、三井文庫、物産一九八-九) 二〇頁。
(5) 同前、一二頁。
(6) 前掲『稿本三井物産一〇〇年史　上』四三〇頁。
(7) 前掲「第九回支店長会議議事録」四~五頁。

（8）業務課「商売方針開拓等ニ関シ各店ヘ対スル出状提要」（一九三一年、SF. BOX1443）。
（9）常務取締役より各部店長宛「輸出商売振興ノ事」（一九三〇年八月一九日、SF. FNO2827）。
（10）業務課「輸出雑品会議議事録」（一九三〇年九月、SF. FNO2827）、以下本文中に記した引用頁は本史料からの引用である。
（11）業務課長より各店長宛「綿布取扱ニ関スル対東棉協定ノ事」（一九三〇年一〇月一四日、SF. BOX1452）。
（12）業務課雑品掛「東棉物産綿布打合会議議事録」（一九三三年八月、SF. BOX316）。
（13）「第十回支店長会議議事録」（一九三一年、三井文庫、物産一九八－一〇）、以下本文中に記した引用頁は本史料からの引用である。
（14）業務課次長より各部・店長宛「（円為替低落ヲ利用シテ輸出進展ノ事）」（一九三二年九月五日、ST. BOX309）。
（15）名古屋支店長より常務取締役宛「取扱商品ノ選択ノ事」（一九三三年四月一二日、ST. BOX309）。
（16）業務課長より各店長宛「取扱商品ノ選択」（一九三三年四月一四日、ST. BOX297）。

第4章　サンフランシスコ出張所の経営

サンフランシスコ店はシアトル店と並び、第一次大戦中に急激な拡大を遂げた。そして、シアトル・ニューヨーク店ほどではなかったが、やはり大きな損失を生じた。一九一九年、二一年の米国各店打合会議の課題は、多くの分野で競合するようになった米国内三店間の営業範囲を調節することと、大戦終結に伴う国際商品流通の激変に対応することにあった。

この会議によってSF店、ST店は、取扱商品・地域にわたってその活動を大きく制限される。SF店は店舗の存続それ自体が問題になる事態を迎え、「黄金の一九二〇年代」、「永遠の繁栄」を謳歌していた米国にあって、取り残されていたとも言える状況であった。しかしそうだったがゆえに、恐慌の打撃は比較的軽微であり、快復も早かった。しかも満洲事変以後の、日本の軍需物資の需要は米国に集中し、カリフォルニアにはそれに応えることのできる石油産業・飛行機工業などが発展していたのである。こうしてSF店は急速に取扱高を増加させていく。

序章で述べたように、米国国立公文書館の三井物産資料はSF店の資料が多くを占め、特に一九二八年以降の各期「決算書類」は独立採算制をとった物産各店がどのように支店運営を行なっていたかを示す好個の資料である。さらに取扱商品や取引先に関する情報なども豊富に残されている。

本章ではこうした資料に基づき、一九二〇年から四一年までの、SF店の営業動向、損益構造、在米店の金融のあり方を明らかにすることを課題にする。海運や外国貿易、石油・缶詰・油脂などは、SF店の主要な業務・取扱商品であるが、他店とも密接な関係を持っているので、章を別にして論じることとする。

一　営業の推移

1　概　観

表4-1は一九二〇年から四一年までの、年間の部別商品取扱高を示したものである。二〇年上期は一一一五万円、下期一三六一万円、合計二四七六万円の取扱高であった。それが翌二一年には合計六八八万円に激減する。その後二四年にかけて着実に回復し、一四〇〇万円に達した。しかし、それ以後低迷を続けたまま恐慌を迎え、三一年に大きく落ち込むが、三二年になると回復の兆しを見せ、三四年に顕著に増加し、さらに三七年以降取扱高は激増し、四〇年に一億円に達する(1)。

二一年に取扱高が激減した理由は、「機械」の減少もあるが、部外商品の減少が大きい。大戦中・戦後直後に着手・拡大した多くの部門、すなわち砂糖やコーヒーの外国貿易、薬品・染料の輸出入などの取引が壊滅状態に陥るのである。それ以降も金物・機械・穀肥・木材・その他すべてにわたって低迷が続く中で、SF店の業績を快復させたのは石炭部、すなわち石油類であった。

第一次大戦中にエネルギー源としての石油の重要性が高まり、大戦後SF店は石油類取扱いを本格化させようとするが、本店の許可を得られず、機械油の輸入程度にとどまっていた。一九二一年にゼネラル石油との提携がなり、重油輸入に乗り出して石油取引を本格化させ、二四年には八五〇万円、総取扱高の六割に達した。主要商品を持たないSF店にとって、石油が「喰扶持」になるかと期待されたが、翌二五年から減少する。金物・その他は増加するが、石油の減少のために、SF店は長い停滞期に入る。さらに世界恐慌が打撃を与え、三一年には半期四〇〇万円前後に

表 4-1　サンフランシスコ店部別商品取扱高（1920～41年）

（単位：千円）

	取扱高	金物部	機械部	穀肥部	砂糖部	木材部	石炭部	部外商品
1920年	24,768	712	8,179	3,773	2,919	436	486	8,539
1921年	6,888	688	2,794	2,964		540	781	1,844
1922年	9,038	487	574	1,617		431	2,765	3,159
1923年	9,610	469	466	420		22	3,864	4,365
1924年	14,460	320	863	866		971	8,554	2,883
1925年	12,827	48	1,270	163		815	7,220	3,307
1926年	12,712	1,338	460	268		911	6,155	3,526
1927年	11,271	1,670	466	1,225		309	5,508	2,089
1928年	10,708	2,419	674	823		1,239	3,342	2,211
1929年	12,447	2,114	852	175			4,783	4,523
1930年	11,215	1,148	1,092	185			4,663	4,127
1931年	8,115	393	440	1,412		149	4,020	1,850
1932年	11,869	798	776	1,344		85	6,560	2,391
1933年	13,405	1,114	784	2,782		77	6,809	1,916
1934年	25,235	4,566	1,069	3,692		52	12,828	3,080
1935年	34,271	4,698	1,289	4,987		31	19,983	3,314
1936年	30,026	1,877	501	6,356		103	14,468	6,824
1937年	42,794	7,022	2,875	5,755		191	18,143	8,999
1938年	49,811	10,180	1,032	1,378		39	31,149	6,072
1939年	70,311	17,202	905	3,654			42,415	6,135
1940年	103,014	22,265	524				63,280	16,945
1941年上期	80,238	3,837	4,325				62,052	10,024
合　　計	605,033	85,365	32,210	43,839			329,828	108,123

注：部外の28年以降は合計から金物・機械・穀肥・石炭を差し引いた数値。木材部31～38年の取扱高は部外商品に含まれている。20，21年の各項目の合計と取扱高が一致しないのはハバナ店の取扱いによると思われる。
出典：桑港店各期「考課状」。

低迷する。

三二、三三年以降の回復・増加は、石油類の増加以外に、金物・穀肥・部外商品の各分野の着実な増加も大きな役割を果たしている。石炭部の割合が三一年以降、ほぼ五割を占めているところにうかがえるように、SF店にとっては石油類の日本への輸出が決定的に大きな比重を持っていた。また、年によって大きく変動するが、二六年以降金物部、すなわち屑鉄の輸出も大きな割合を占める。

桑港店の第一の特色は、石油と鉄という日本の重工業、軍需工業を担う基礎物資の輸入というところにあった。しかしそれのみにとどまらず、三〇年代初頭からの穀肥・その他の取扱高

表 4-2　サンフランシスコ店の損益（1919～41 年）

（単位：千円）

	取扱高	総損益	経費	純損益	年度末別途積立在高	総損益/取扱高	純損益/取扱高
1919 年上	8,681	236	133	103		2.72	1.19
下	15,628	△ 344	157		△ 501	△ 2.20	△ 3.21
1920 年上	11,019		185	△ 185			△ 1.68
下	14,027	220	191	29		1.57	0.21
1921 年上	6,835	△ 356	168	△ 524	10	△ 5.21	△ 7.67
下	2,781	138	120	17	3	4.96	0.61
1922 年上	1,685	112	125	△ 13	2	6.65	△ 0.77
下	7,354	77	121	△ 43	1	1.05	△ 0.58
1923 年上	2,472	29	119	△ 89	0	1.17	△ 3.60
下	7,138	108	97	10	5	1.51	0.14
1924 年上	7,667	75	107	△ 31	9	0.98	△ 0.40
下	6,793	145	134	11	16	2.13	0.16
1925 年上	5,058	141	124	17	27	2.79	0.34
下	7,769	130	110	20	64	1.67	0.26
1926 年上	5,101	128	103	25	83	2.51	0.49
下	7,613	75	84	△ 9	93	0.99	△ 0.12
1927 年上	6,030	93	90	2	33	1.54	0.03
下	5,811	25	85	△ 60	21	0.43	△ 1.03
1928 年上	5,235	100	89	11	28	1.91	0.21
下	5,472	96	92	4	28	1.75	0.07
1929 年上	6,747	116	111	5	55	1.72	0.07
下	5,700	116	95	20	63	2.04	0.35
1930 年上	5,828	131	101	30	51	2.25	0.51
下	5,385	106	92	13	103	1.97	0.24
1931 年上	3,932	92	80	11	108	2.34	0.28
下	4,182	87	79	7	20	2.08	0.17
1932 年上	5,282	146	124	22	104	2.76	0.42
下	6,585	196	186	10	147	2.98	0.15
1933 年上	7,697	190	164	25	240	2.47	0.32
下	5,707	153	132	20	207	2.68	0.35
1934 年上	11,856	218	146	71	258	1.84	0.60
下	13,379	217	135	82	350	1.62	0.61
1935 年上	19,358	256	170	86	444	1.32	0.44
下	14,912	245	168	76	480	1.64	0.51
1936 年上	13,169	201	143	57	498	1.53	0.43
下	16,857	259	188	71	502	1.54	0.42
1937 年上	16,613	288	215	73	521	1.73	0.44
下	26,180	299	248	50	654	1.14	0.19
1938 年上	23,700	343	242	100	794	1.45	0.42
下	26,111	403	238	164	1,058	1.54	0.63
1939 年上	34,364	447	268	179	1,426	1.30	0.52
下	35,859	517	313	204	1,809	1.44	0.57
1940 年上	60,857	592	349	243	2,079	0.97	0.40
下	42,157	515	352	162	2,154	1.22	0.38
1941 年上	80,238	574	373	200	2,745	0.72	0.25
下	29,276	273	273	0	2,847	0.93	0.00
合　計	637,791	8,316	7,129	1,173		1.30	0.18

出典：1938 年までは「桑港出張所成績消長調」（SF，BOX 1452），以後は同店各期「決算書類」。

の増加に見られるように、外国貿易への積極的な進出、市場規模を拡大させつつある西海岸・メキシコへの日本からの輸出も、次第に重要な位置を占めるようになるのである。

表4-2は一九一九年から四一年までの、半期別損益を示したものである。総損益は、商品取扱損益だけでなく為替・利子などの金融、船舶・貨物取扱なども含んだ数値であり、二八年まではそれらの内訳が不明である。二一年から三一年まで、総損益は半期数万円から一〇万円台前半に低迷している。経費は二〇年の半期二〇万円近

い金額から急速に切り詰め、二六年下期以降ほぼ一〇万円以下へと半減させた。こうして二四年上期まで恒常的な損失構造だったのが、同年下期以降少額ながら利益を生む構造に改善されたのである。

総損益、純損益が拡大を開始するのは三二年、三四年からである。ただ、総利益の金額は別口積立金を考慮しなければならない。二一年からその存在を確認でき、三一年まで期末在高は数万から一〇万円に過ぎなかったが、以後数万円単位、多いときには数十万円増加し、最終的には二八四万円（六七万ドル）の別口積立金を有するに至る。

商品取扱高に対する総損益の割合は、二五年まで激しく変動したが、以後一％前後、二九年下季からは二％台となり、三四年から再び一％台へと低下する。しかし毎期の別口積立金を加えると、ポイントは若干上昇する。それを考慮すると、三五年上期から三八年上期までは二％を切っているが、三〇年以降ほぼ二％を越えている。

経費を引いた純損益によれば、二七年下期までは頻繁に赤字となり、それ以降もコンマ以下の純益率である。商品取扱損益だけで見れば、損益率はもっと低下する。

2　縮小から拡大へ

表4-3は一九二〇年から二八年までの商品ごとの取扱高である。部商品では、金物・木材・石炭の減少幅が小さいか増加するのに対し、機械・穀肥の減少は大きく、砂糖は二一年以降消滅する。SFを中心とした地域の大戦期中の好況に伴い、支店・出張所を開設した鈴木・久原・浅野・大倉・湯浅・内田などの邦人商社もほとんどが撤退し、「休戦後ハ市場崩壊需要激減、各商品共纏マリタル商内ヲミス」[2]とされる事態に至ったのである。

大戦末期から戦後直後にかけての機械取扱高は、大きく変動しつつも半期数百万円と相当量に達していた。取扱品は油井用パイプ・石油蒸留装置、農業用・軍用トラクター、製缶機械など、西海岸に発展した工業分野であった。SF店は二〇年上期、「大ニ此ノ種商品ノ需要ヲ喚起シ、其ノ供給ヲ米国ニ仰ガントシ新規注文踵ヲ接シテ来ルノ盛況」（SF、二〇年上）と期待した。しかし恐慌が発生すると、同年下期以降二六万、二二万、八万円と激減していった。

表 4-3　サンフランシスコ店商品別取扱高（1920～28 年）

（単位：千円）

	1920 年	1921 年	1922 年	1923 年	1924 年	1925 年	1926 年	1927 年	1928 年
取扱高総計	24,768	6,888	9,038	9,610	14,460	12,827	12,712	11,271	10,708
金物部	712	668	487	469	320	48	1,388	1,670	2,419
機械部	8,179	2,794	574	466	863	1,270	460	466	674
穀肥部	3,773	2,964	1,617	420	866	163	268	1,225	823
砂糖部	2,919								
木材部	436	540	431	22					
石炭部	486	781	2,765	3,864	8,554	7,220	6,155	5,508	3,342
部外商品	8,539	1,844	3,159	4,365	3,854	4,122	4,437	2,398	3,450
部外商品内訳									
輸出	1,412	294	134	303	189	490	1,075	402	485
カニ缶	61	123	47	92	15	91	675	343	207
キャンバス	6176	30	35						
マッチ	90	1			寒天	103			
樟脳	218	11	13	11		3	14	10	3
ソーダ類	926								
日本材				64	154	287	368	36	150
輸入	1,813	287	382	1,238	1,565	1,115	887	586	1,307
インディゴ	662			9					
モルト	352		211	24	23	89			
化学薬品	311	203	23	147	539	276		88	
米材				965	817	528	543	273	1,089
外国貿易	5,309	1,263	2,642	2,822	2,099	2,516	2,471	1,403	1,593
麻	3,377	1,099	2,401	2,683	1,735	2,305	2,014	1,089	1,162
ゴム	572	38	17						
コーヒー	823								
シェラック	145		8						
石油樽	171								
古新聞	45		85	80	248	82	111	113	99
缶詰類	12	20					60	55	193

出典：桑港店各期「考課状」。

その後若干回復するが、例外的な年を除き、年間百万円未満にとどまった。

金物取引は鋼材の日本・中国への輸出、真鍮屑・銅屑の日本への輸出を中心に半期数百万円に達した期もあったが、二〇年以降、年間数十万円の規模にとどまり、さらに関税引上げにより銅屑の対日輸出が減少した二五年には四万八〇〇〇円にまで減少する。この減少は第一に日本の恐慌による需要減退、第二に三店協定によってSF・ST店の活動が制限されたこと、第三に欧州諸国が市場に復帰し、割高な米国製品が敬遠されたことによっている。恐慌が一段落すると、日本を含むアジアからの需要は米国に向かうが、西海岸のメーカーは東部に太刀打ちできなかった。

金物取引の不振を打開したのは、下関支店を通じ、二六年から始まった八幡製鉄所向け屑鉄の供給である。恐慌期の減少を除き、二〇年代末期から急増し、SF店の有力商品になっていく。

SF店は木材部商品である北海道材の輸出と、部外商品の米材の輸入にあたっていたが、ST店設置以降、米材取扱からほぼ撤退していた。SF店の取扱高が激減する中で、同店は輸入が激増している米材取扱いに二三年から再進出する。しかしそれはST店との競合をもたらし、二四年一月、米国視察に訪れた、常務取締役武村・本店調査課長などの出席のもとでST店において「木材打合会議」を開催する。米材取扱いを執拗に求めるSF店に対し、武村は「元ト桑港店ニハ木材及ビ麻袋ノ取扱ハ希望セザルナリ、夫レヲ押シテ遣ル場合或ハ店ヲ閉メザル外無キ結果トナルヤモ知レヌ」とまで述べ、ST店の監督下で「支部」としてなら可能であろうとする。[3] しかしSF店の強い要請により、SF店単独計算で加州クーズベイ以南の米檜（レッドウッド）に限定して取り扱うことを認められた。[4] 表4-3および後述の表4-12に見られるように、SF店経営が最も苦しかった時代、年間数十万～百万円に達する取扱高となり、利益率も高い商品となった。

穀肥部の主要商品は、東洋米の米国・中南米向け、日本・中国産油脂の米国向輸出であった。この両品目が休戦後激減する経過については、第8章において述べる。砂糖は二〇年のキューバ糖、米国内甜菜糖の不作に戦後の需要増加の思惑が加わって「米国市場ハ奔放自在ノ勢ヲ以テ上騰更ニ暴騰」と言われる事態になり、桑港店はその機会を捕えてジャワ糖・台湾糖の米国への輸入を大々的に行なったのである。[5] 砂糖の取引は以後行なわれない。

部外商品は日本との輸出と輸入、外国貿易の三種に分けて記されている。二〇年は例外的に苛性ソーダ・硝酸ソーダが約九二万円輸出されたが、以後安定的に日本から輸出されるのは、帆に使われる麻製キャンバス、カニ缶詰、樟脳のみとなった。キャンバスも二四年にはなくなり、樟脳も取るに足らない金額になる。カニ缶詰については第9章で詳しく見るが、この頃から取扱いを本格化させる。その取扱方法は「敏腕ノBrokerヲ操縦シテ広ク一般華主ノ注文吸収ニカムル外、更ニ最モ有力ナルWholesale Grocerニハ精々接近ニ務メテ直接売込ニ成功セント欲ス」と記されている。[6] 取扱方法は、一般小売店において販売される最終消費品であったがゆえに、SF店が従来取り扱ってきた商品とは大きく異なっていた。このカニ缶詰売込みの経験が、その後の日本からの輸出に役立ってくる。

日本への輸出は南米産インディゴがなくなると、モルトや化学薬品が少量輸出されるだけとなった。

部外商品の取扱は外国貿易が最大であった。部外外国貿易品の中心は、第2章二に記したように、戦前から着手した麻類である。二〇年には大戦中から継続しているゴム・コーヒー・シェラック・石油樽がかなりの金額を占めていたが、翌年にはほぼ壊滅し、二二年からジャワ向け古新聞、二六年から南洋向け缶詰などが再開される。タイヤ製造工場などが西海岸にも設立され始めたが、その本社をはじめ、ゴム需要家のほとんどが東部にあったこと、また在米店会議においてゴム取扱主店がNYとされ、SF店のゴム取扱いは大きな制約を受ける。

コーヒーは二〇年に八二万円に達するが、砂糖と同様な事情があつた。一九年、ブラジル産コーヒーの収穫が半減する不作になり、終戦による欧州の需要回復期待もあって「空前ノ高値」を現出する。SF店はジャワ産コーヒーの輸入を企て、スラバヤ・バタビア両店との乗合や単独勘定で大量のコーヒーを確保した。ところが予測されたように は消費が伸びず、暴騰した価格は急速に低落し、しかも「電信遅延」などによって産地からの買入れ通知が遅れ、買入れ報告を得た頃には米国市場は悪化し、「無口銭若シクハ損失ノ状態」となったのである。損失を軽減しようと、「到着セル荷物ハ順次当時ノ市価ニテ売却シツツ他方先物ヲ買ヒ繋ギテ乗リ換ヘ反動高ヲ待チ損失ヲ償ハン」と、いわゆる「乗リ換エ」によって損失をカバーしようとしたが、「市価漸落如何トモスル能ハズ損失益々増加」となってしまったのである。(7) SF店・スラバヤ店は、本店に五〇〇〇俵、二五万〜三〇万円の売買越し限度の許可を求めるが、「時期尚早ニ付キ当分ノ間右左商売ニノミ止メ」と、相場反転を待つことは認められなかった。(8)

大戦中とはいえ、半期一〇〇〇万円を優に越えた取扱高が数百万円に激減し、二二年上期には百万円台に激減する。SF店のスタッフは、一九二〇年、二一年、二二年と毎年のように「業務一班」「事務一班」を作成して自店の特徴を洗い出し、進むべき道を模索する。

SF店には核になるべき商品が存在しないというのが最大の問題であった。

当店取扱品ハ毎期変遷スルヲ免レズ、之レ此ノ地方特有商品トシテ東洋方面ニ輸出セラル、モノ少ナク、又東洋ヨリ輸入セラル、モノ多ク、米国東部ニ其ノ市場ヲ有スル関係ニ基ク為メナリ(9)

簡潔に「喰扶持」という言葉で表現されるが、SF店にはそれがないというのである。「紐育ニ於ケル生糸、機械、又ハシャトルニ於ケル木材、小麦ニ匹敵スヘキ喰扶持トナルヘキ重要商品ナキ事」が一番の問題であった。(10) ニューヨーク店は二一年の成約高のうち六九%が生糸・羽二重、一七%が機械、七%が金物で、この四品目で九三%を占め、シアトル店は小麦・小麦粉六四%、木材が三三%を占め、まさにこれらが両店の「喰扶持」であった。

二〇年に数十万円以上を扱った商品はかなりあったが、それらのほぼすべては壊滅する。SF周辺に「根底」を持つ商品ではなかったのである。物産が代理店になっている油田用鉄管や農業機械、化学薬品などの対日輸出、北海道材やカニ缶詰の輸入などがあったが、著しく少額であった。ただ、麻布・麻袋が「聊カ纏マリタル売買ヲ見ルノミ、夫スラ決シテ根底アル商内ト謂フヘカラス」(11)と、相当の金額には達したが、後述するように極めて不安定で、「喰扶持」になるような商品ではなかった。

取扱高の激減と一九年下期、二〇年上期の大きな欠損に対応し、SF店は人件費や事務所経費など固定経費の削減を本格化する。一九年上期の社員二四人、店限り雇員二六人の態勢を二一年上期には社員一一人（一人当り平均給与・手当月額四二七ドル)、店限り一四人(同一一三ドル)にまで削減し、事務所面積も見本室を返却するなどして最盛期の三分の一程度にした。ただ、東洋汽船など桑港に定期寄航する貨客船があり、日本からの船が入港するたびに一〇人から二〇人の来客があり、その応対にも一定の事務所が必要とされた。二二年三月末、二二年度上期五か月分(二一年一一月~二二年三月)の仮決算を行なったところ、月平均一万一八〇〇ドルの経費を要し、半期の予想利益は四万三〇〇〇ドルであり、差引き二万三〇〇〇ドルの不足になると予測し、経費を月一万ドル以内に抑えることを課題に、一層の節減を行なうのである[12]。

ＳＦ店はこうした苦境に至った原因を、①ＮＹやＳＴのような「喰扶持」を持たないこと、②三店打合せにより、取扱商品・地域を限定されたこと、③ＳＴなどの出張員を分離したこと、などを挙げている。北米西海岸にＳＦ店が初めて設置され、その後ポートランド、ＳＴに出張員が置かれたが、それらはＳＦ店の管轄下にあり、決算はまとめて行なわれていた。ＳＴ店が分離したことにより、西海岸の主要産物である小麦・麦粉、米材の主たる取扱がＳＴ店になり、ＳＦ店には有力な商品は残されておらず、また、西海岸が次第に発展しつつあったとはいえ、有力工場は東部にある本社の支配下にあり、物産ＳＦ店が参入できるような市場は形成されていなかったのである。

ＳＦ店はこうした状況を「早晩店ノ存否ニ付問題トナル場合ナキヲ保セサル」と危機感を持って捉えていた。本店に対し、損益だけの観点からではなく、太平洋貿易は今後一層発展することは間違いなく、ＳＦはその拠点として重要性を今後ますます強めていくだろうとし、一つは北米貿易の拠点に支店を構えておくことの必要性、二つは「外部ニ対スル会社ノ体面及信用ヲ保持」、三つはＳＦに支店を維持することの「国家的利益」を訴え、月一万ドル程度の経費を負担してでも支店を維持すべきだという。

しかし、支店独立採算制のもとでは、経費を賄うための努力を払わねばならなかった。人員・経費の削減、各人の能力の発揮・向上を行なうとしつつ、力を注ぐべき分野として、①食料品の輸入、②石油輸出、③欧州向け輸出、④爪哇・中国・南洋との輸出入、などを挙げるのである[13]。

こうした方向に沿って努力するが、表4-3に見たように、二〇年代後半まで石油・米材の対日輸出、カニ缶詰の輸入、カルカッタからの麻布・麻袋輸入などを除き、成果を挙げたとはいえない。取扱高・粗利益とも低迷するのである。しかし経費もそれに応じて抑えたことにより、二四年下期以降比較的安定した成績を挙げるに至った。

全体としては低迷を続けたが、この間新たに着手し、また拡大のために力を入れた事業もいくつかあった。SF店売買掛として木材・雑貨・食料品などを担当し、二五年一〇月に大連支店穀肥支部に転勤する池淵祥次郎が残した引継ぎには、注力すべき商品として、米国へ年間五万トン輸入されているとされる青島産落花生、年間一万トン輸入されている北海道産豆類、中国・日本からの飼料用粕類、日本米と同種で大量に日本向けに輸出されている加州産米の輸出、硫安など肥料の輸出入などが列挙されている。

太平洋をはさんだアジアと北米西海岸の間には、小麦・砂糖・木材・ゴムなどのバルキーな商品以外に、数多くの食料品・農産物が交易されるようになっていた。SF店はそれらに進出しようとするが、大きなネックがあった。落花生については「右左主義墨守ノ為メ同業者ニ比シ有利引合困難」、加州米については「Great Handicap ハ売買越限度ナキ事ナリ、相場常ニ up and down ヲ免レサルモノハ右左主義即チ日本側ノ Enquiry ヲ待チテ引合スル様ニテハ到底有利買付スル事出来サルナリ」、飼料についても「相場常ニ小波的ニ up & down セリ、従テ其間売越又ハ買越限度ヲ利用、商内ニ当ラバ相当取扱増加」と記している[14]。

池淵は結論として、「特別商品ノ見込商売ヲ促進スル為メ特別売買越限度（特ニ買越限度）又ハ fund（損失準備金）ヲ設クル事」を強く求めるのである。大戦期の経験を踏まえ、売買越商売に対する厳しい制約が課せられていた。そのため、雑貨・食料品の貿易が盛んになっているにもかかわらず、SF店は進出できなかったのである。

こうした制約はあったが、二四年下期に開始した青島からの落花生輸入をはじめ、亜麻仁粕などの飼料、鰮缶詰、冷凍えび、ゴム取引の再開など二〇年代後半、不安定ながら、新たな取引を開始していった。

表4-4は二九年以降の、半期ごとの主要商品取扱高と割合である。半期五〇〇万~七〇〇万円で安定していたS

表 4-4　サンフランシスコ店商品別取扱高（1929〜41年）

（単位：千円）

	総取扱高	石炭部	%	機械部	金物部	%	木材類	穀肥	生糸部	食料品	薬品類	麻布・袋	糸布類	ゴム原料	その他	部外商品
1929年上	6,747	2,807	41.6	359	1,163	17.2										
1929年下	5,700	1,976	34.7	493	951	16.7	263	175		340	395	609		152	346	
1930年上	5,829	2,724	46.7	576	433	7.4	505	160		496	341	253		124	217	
1930年下	5,386	1,939	36.0	516	715	13.3	88	25		1,209	245	476		34	139	
1931年上	3,932	2,009	51.1	68	191	4.9	81	777		40	225	332		79	131	
1931年下	4,183	2,011	48.1	372	202	4.8	68	635		448	239				207	
1932年上	5,283	3,218	60.9	293	542	10.3	48	337		256	157	*29*			432	
1932年下	6,586	3,342	50.7	483	256	3.9	37	1,007		844	65	*257*			550	
1933年上	7,697	4,036	52.4	504	478	6.2	53	2,057		284	38	*38*			247	
1933年下	5,708	2,773	48.6	280	636	11.1	24	725		256	9	*239*			1,005	
1934年上	11,856	5,568	47.0	426	1,936	16.3	29	2,756				*13*				1,141
1934年下	13,379	7,260	54.3	643	2,630	19.7	23	936			*275*					1,888
1935年上	19,358	10,937	56.5	1,075	2,814	14.5	5	3,143	1							1,384
1935年下	14,913	9,046	60.7	214	1,884	12.6	26	1,844	4			*193*				1,896
1936年上	13,169	6,452	49.0	213	428	3.3	39	3,194	33	*1,250*	*55*	*104*				2,809
1936年下	16,857	8,016	47.6	288	1,449	8.6	64	3,162	94	*919*	*323*	*552*	*1,348*			3,783
1937年上	16,613	8,084	48.7	1,822	738	4.4	42	2,150	19	*1,333*	*181*	96	*1,809*			3,757
1937年下	26,181	10,059	38.4	1,053	6,284	24.0	149	3,605	28	*1,147*	*499*	*624*	*2,465*			5,003
1938年上	23,700	14,911	62.9	955	3,829	16.2	28	701	22	*721*	*148*	*581*	*1,640*			3,240
1938年下	26,111	16,238	62.2	77	6,351	24.3	11	677	32	*1,065*	*339*	*448*	*659*			2,726
1939年上	34,452	20,313	59.0	90	9,619	27.9		1,580	1,274	531	350		1,274		694	
1939年下	35,859	22,102	61.6	815	7,583	21.1		2,074	1,240	752	375		1,239		1,291	
1940年上	60,857	39,217	64.4	229	11,847	19.5	75	4,176	197	2,507	242	35	1,620		9,293	
1940年下	42,157	24,063	57.1	295	10,418	24.7	50	1,216	114	394	3,211	118	1,584		4,007	
1941年上	80,238	62,052	77.3	4,325	3,887	4.8	116	301	239	376	4,914	1,195	1,460		4,750	
総　計	492,751	291,153	59.1	16,464	76,101	15.4										

注：31年下期以降の「その他」には麻類，ゴムを含む。34年上期から石炭・機械・金物・木材・穀肥以外は部外商品となり，イタリック項目は部外商品のなかに含まれる。36年上期から食料品が一括で記載，36年下期から部外が食料品，薬品・染料，麻，糸布類その他部外に分けられる。37年上期に綿ボロは糸布に入り，39年上期から食料品，薬品類，麻類，糸布類中の各品目の金額は記されなくなった。
出典：桑港店各期「考課状」。

F店にも世界恐慌は影響を与え，三一年上期に四〇〇万円を切った。三〇年から三一年にかけて特に減少の著しいのは，機械・金物・木材などである。三〇年下期の同店考課状は，売約高激減の理由として，①数量よりも価格低下の影響，②日本政府の国産奨励による機械輸出の激減，③日本の需要不振による屑鉄輸出の激減，を挙げている。

しかし金物の回復は遅れるが，落ち込まなかった石油が三二年以降着実に増加を始め，機械も回復し，穀肥・その他・部外商品も顕著に増加し，全体として取扱高を増加させていった。

三二年下期の穀肥の増加は，日本産硫安・重過燐酸のハワイ・桑港地方への大量売込みに成功したことによっている。化学肥料は価格・製造量に応じて、米国・欧州・日本の間で貿易され、当初日本から米国西海岸・ハワイへの輸出が盛んだったが、三七年に日本が燐鉱石輸入を制限して製品輸出を禁止した後は、日本への輸入が中心になる。

穀肥のその後の顕著な増加は、主に中国・満洲・日本からの植物性油脂・同原料の輸入によっている。三一年上期の漢口からの胡麻の輸入に始まり、カポック・麻種・亜麻仁などの種実、菜種油・荏油・棉実油などの油脂輸入が三三年以降増加する。

三三年からはメキシコ向け人造絹糸の輸出が増加する。イタリア・フランス製品が支配していた中南米の人絹糸市場に、物産は東洋レーヨンの製品を持って進出するが、メキシコ市場への進出はその試金石であった。人絹糸の輸出から始まったメキシコへの進出は、SF店からメキシコ出張員が派遣され、SF店管轄のもとで三七年以降輸出入とも急速に取扱高を拡大する。メキシコとの関係は第12章において述べる。

三三年上期から機械・車両清掃用として大量の需要があったコットンラッグの輸入が始まり、ルーフィングラッグとあわせて半期数十万円の規模に達する。さらに三六年上期、「当方面ニハ適当ノ問屋的下請者ナク売込困難ナル事情アリシモ幸適当ノ売子ヲ捕ヘ得タルト新設ノ鐘紡ロサンゼルス駐在員ノ協力」（SF、三六下）によって織物類の輸入に進出した。人絹・ラッグ・織物類をあわせた糸布類が三六年下期から登場し、四一年上期まで一〇〇万円を越える金額を維持した。綿製品を中心にした織物輸出は、最終消費品のマーケティングという意味からも、また三〇年代の日米経済摩擦の主要商品だったという意味からも興味深いので改めて取り上げよう。

総取扱高は三四年に半期一〇〇〇万円を越え、三七年下期に二〇〇〇万円に達するが、その増加は主に金物と石油であった。また三八年上期から三九年上期までの著しい穀肥の減少は、中国を供給地とする油脂・同原料の取扱いが不可能になったこと、肥料の対米輸出が不可能になったことによっている。さらに直接消費者を対象とする食料品、糸布類も大きく減少した。日中戦争に際して日本製品不買運動が始まり、缶詰や綿製品などの輸出品に「大打撃」を与えたのである（SF、三八年上）。

3　所長引継書に見るスタッフと取扱商品

一九三〇年代中期以降のSF店の状況を出張所長の引継書から見よう。三五年六月にSF店出張所長として赴任し、三九年一月NY支店次長として転勤した宮崎清は離任に際し、店内の人事構成、社員・店限り雇員各人の特色、取扱商品の全体としての特色、さらにはサンフランシスコ日系人社会の中での物産の役割といった点に関して長文の引継書を残している。それをもとに、SF店の特色を見ておこう。(15)

在任中、SF店の経営が順調に推移した理由を次のように述べている。

全ク米国ノ景気ガ比較的良好ナリシト、当店重要商品タル石油、屑鉄商内ガ日支事変ヲ背景トシテ順調ニ運ビシガ為メニシテ新ニ手ヲツケタル商品モ多数アルモ其結果ハ記スニ足ラズ（四〇頁）

まさに石油と屑鉄が桑港店の「喰扶持」に成長しているのである。それに対し、日本からの輸出品が中心を占める食料品については、次のように述べる。

労多クシテ報ハレヌガ本品輸出商内ノ重要性、並ニ他店関係モ考慮シテ努力ヲ続ケ居ル次第ナリ、当店トシテハ一時本商内ニ余リ力ヲ入レテ居ラナカッタ……現在デハ凡テノLineニ頭ヲ出スコトガ出来ル様ナリタリ……是ヲ将来Paying Basisニ引上グル為メニハ猶余程ノ努力ヲ要スベシ（七五頁）

SF店の利益だけを考えると、缶詰や農産物・雑品などの輸入は非効率的だった。しかし、生糸輸出激減後の対外支払手段確保のために、まさに雑品的なものでも輸出増進を求められていたのである。国家的、さらに物産全体としての見地から、利益を生まなくとも取り扱わねばならず、他の店舗のために取り扱っているといったニュアンスさえ見られる。

①桑港店のスタッフ

当時のSF店は、所長を含めて一五人の社員（本店使用人）と二二人の店限使用人、二人の臨時雇からなっていた。三三年一二月にロサンゼルス（LA）駐在員、三六年五月にはメキシコ（墨国）駐在員を設置している。出張所の組織は、庶務掛、勘定掛、売買掛と船舶部派出員（二七年設置）が兼務する受渡掛の四掛であったが、三八年一〇月、売買掛を石油、機械金物、雑貨の三掛に分割する。SF店の掛分割申請に対し、本店業務課長が「雑貨掛ハ前二期トモ純損、商内高モ漸減独立掛トシテ遣ッテ行ケルカ」との懸念を示したのに対し、SF店長は現状では赤字であるが、「一般経費割当テニ手心ヲ加」えれば人件費をまかなうことは可能であるとし、「独立ヲ断行シテ掛員ノ奮起ヲ促シ」、「店内ニ於テモ新鮮ノ気分ヲ醸成、特ニ雑貨掛担当予定ノ者共ハ石ニ噛リツイテモトノ意気込ミニ燃エ居候」と述べ、士気昂揚の意味をも込めて雑貨掛を独立させるのである[16]。

表 4-5　サンフランシスコ店店限雇員（1938 年）

氏　名	国　籍	生　年	入社年	部　署	月　給
Mr. Clark	米国	1885	1918	船舶代理受渡	275
Mr. Senasac	米国	1900	1924	機械金物	200
Mr. Kamiya	日本	1893	1925	自動車・庶務	160
Mr. Iino	日本	1902	1935	羅府駐在	170
Mr. Fujimoto	日系市民	1910	1930	機械金物	107
Mr. Sasaki	日系市民	1914	1937	羅府駐在	82
Mr. Abe	日系市民	1913	1937	庶務	70
Mr. Ida	日本	1913	1938	庶務	85
Miss. Pillon	米国	1891	1918	勘定	166
Miss. Guaes	米国	1901	1918	船舶	159
Miss. Anker	米国	1904	1924	機械金物	150
Miss. Murply	米国	1906	1924	雑貨	150
Miss. Kriete	米国	1902	1924	船舶	150
Miss. Troya	米国	1908	1935	雑貨	120
Miss. Tatton	米国	1904	1926	庶務(電話)	115
Miss. Kostertity	メキシコ	1912	1934	羅府駐在	98
Miss. Loupy	米国	1917	1936	雑貨	80
Miss. Shiphard	米国	1915	1936	勘定	80
Miss. Iijima	日系市民	1919	1936	庶務	75
Miss. Mazza	米国	1914	1937	雑貨	88
Miss. Espedal	米国	1916	1937	機械金物	78
Miss. Sato	日系市民	1916	1938	勘定	70

注：月給の単位はドル。
出典：「(桑港出張所長引継書)」。

表4-5に店限雇員二二人を示した。男八人、女一四人で男は日本人・日系人が多く、女は米国人が多い。女性も雑貨・機械などの各掛に属しているが、営

業を担当するのではなく、すべてがブックキーパー、ステノグラファーと言われる書記役である。支店にとっては、店限雇員の中に「男子米人ノ相当シッカリシタ人物一／二名ヲ有スル事ハ是非必要」であり、クラークがその役割を果たしてきたが、セヌサックは「唯九時ヨリ五時迄律儀ニ働クト云フ丈」の人物であり、頼りにならなかった（三八頁）。日系人は自動車運転手を除き、三〇年以降の採用である。「第二世ノ就職問題ハ加州ニ於テハ相当重大ナル問題ノ一ツ」となり、物産も順次採用して五人を数えるに至ったという。その成績は良好であり、女子も採用して半数くらいは日系人とするのが望ましいとしている（三九頁）。機械金物掛やLA駐在の男子雇員は、「男子ニ対シテハ仕事ノ性質及ビソノ実績ニ応ジ最高月給一ケ月分ニ二割乃至三割増ノ賞与ヲ支給ス」（一二七頁）と記されているところから、単純な事務ではなく、社員とそう変わらない仕事をしていたのだろう。店限雇員の給与はこれ以外にクリスマスには一か月強程度の賞与があった。女子雇員の給与はこの時期最高一五〇ドルとしていたが、「女子事務員トシテハ＄一五〇ハ相当好キ給料ナレバ文句ハ聞カズ」（三九頁）と記している。社員で最高給の内田の本給は二七六円である。

表4-6によれば、この頃には通常の社員のキャリア・アップの階梯はほぼ決まっていたようにうかがえる。船舶部は専門性が強いために当初から船舶部配属となり、他の社員の多くは最初支店の勘定掛に配属され、そのまま勘定掛を続けるものと、商品部に配属されるものとに分かれる。SF店のような小店舗では一人が扱う商品も多様で、しかも変化したため必ずしも強い専門性は持っていなかったが、同一商品部の継続性は強くなっている。

入社後まず支店や部の勘定掛に配属されて観察され、「商売」に向かないものが勘定掛として残るのだろう。同表の岸確一は所長の見るところ、「商売掛トシテモ相当ニ遣テ行ケル」、「本人ハ商売掛ニ出テ働イテ見ヤウト云フ元気ハ十分持ッテイル」人物であった（二九頁）。所長も一旦その方向で人事を考えたが、そろそろ結婚し、主任に昇進させねばならないとすると、商売掛にいくのではなく、このまま勘定掛で主任にすべきだという。

以下、表4-6の順に社員を見ていこう。所長代理兼機械金物掛主任の内田は、同志社卒業後何らかの事情で来桑

表 4-6　サンフランシスコ店の社員（1938年）

氏　　名	生年	学　　歴	入社	入社後経歴	特別手当
宮崎清	1894	1916 東京高商	1916	NY麻ゴム掛主任，大阪レーヨン掛主任	
内田尭	1885	1897 同志社英文科	1917	桑港売買，機械部，桑港売買，所長代理兼機械金物	4,800
宇敷則一	1893	1917 慶応	1917	機械部勘定，桑港機械，石炭部重油，桑港石油	(770)
星野禮治	1895	1915 横浜商業	1915	会計課，桑港勘定，会計課，倫敦勘定，営業部，桑港勘定	2,400
北出永福	1897	1919 早稲田実業	1919	芝罘石炭雑貨，名古屋雑貨，36桑港売買・雑貨	1,360
岸確一	1904	1927 慶応経済	1927	砂糖部勘定，高雄勘定，33桑港勘定	705
三浦慎一郎	1904	1926 山口高商	1926	大阪勘定・金物地金，37桑港機械金物	1,070
関喬一郎	1895	1927 スタンフォード	1932	桑港庶務・秘書・用度，(1921年慶応卒業)	590
長谷川又次郎	1910	1932 京大経済	1932	神戸勘定・穀肥，36桑港売買，羅府駐在	450
奥村貞太郎	1909	1933 大阪商大	1933	大阪勘定・レーヨン，38桑港雑貨	445
瀧本賢太郎	1908	1927 和歌山商業	1927	大阪勘定，37桑港勘定	415
鈴木勝	1910	1928 沼津商業	1928	営業部勘定・肥料，35桑港売買，36墨国駐在	870
伊藤富郎	1912	1933 東京商大	1933	横浜勘定，生糸部，紐育羽二重，37桑港売買・雑貨	265
水野利重	1908	1929 東京商大	1929	神戸船舶部，36桑港船舶部派出員	810

出典：前表と同じ，宮崎は前掲『三井の誇り　人間宮崎清追想録』。

し、店限雇員に採用され、一七年に社員になった。二三年から二五年までの二年余だけ東京の機械部鉄道掛に転勤し、再びSFに戻り、三〇年には所長代理となり、一貫してSF店に勤務した。間もなく停年退社となるが、そうなると機械畑出身者がいなくなるという。LA地方の発展を考えれば機械畑の社員が必要であるとし、機械部長から「後任物色」の確約を得ていた。

宇敷は大正末期、SFに機械掛として勤務中に石油に関係し、帰国後石炭部重油掛となり、物産の重油関係の第一人者となる。ゼネラル石油の首脳部とも親密な関係を築いていた。この時期に再度宇敷がSF勤務になった理由は、原油・ガソリン輸入増加の要請に対応するものだったのだろう。

星野は日本からの為替許可が遅れた際にも外銀から金融の道をつけるなど、勘定掛主任として申し分なしとされている。

北出は食料品商内開拓のために営業部とSF店が人件費などを折半する約束で赴任したが、SFのみで負担することになった。雑貨掛の主任で、「英語ハ上手ナラズ、而シbrokenデ押シテ行ク処ニ特徴ガアル訳ニテ雑貨商内ニハ適任ナリ」（二九頁）と記されている。

三浦は屑鉄を担当し、ここ数期間で最も顕著な成績を挙げた「当店中第一ト見倣スベキ人物」であり、「一層有用ノ材ニ仕上ゲ」（三

○頁）るために適当の時期にＮＹに転勤させるべきだとする。

関は特殊の事情から入社し給料も低く苦労しているが、庶務・秘書を担当して米国の法律を研究し、そうした点でなくてはならぬ人物ではあるが、「商売ニ向カナイ」（三二頁）。

長谷川には「苦労ヲサセル事ガ第一番ト考ヘ」、桑港と同様に多くの来客があるＬＡ駐在員に命令的に任命した（三二頁）。奥村は「ロ八丁手八丁式ノ人物」、「役ニ立チ有望ノ人間」であり、「雑貨掛トシテ各種商品ヲ担当」しているのは適任である（三三頁）。鈴木は自ら志願してメキシコに赴任した「奇特者」であるが、「可愛サウデアル」から、四年くらい辛抱させたあと呼び返してやりたい（三四頁）。瀧本は「口数少ナク孜々トシテ働キ相当ノ speed モアル」（三四頁）、伊藤は年も若いので「ドシ〳〵hard work サセテ叩キ上ゲテヤリ度イ」（三五頁）と記している。

船舶部派出員の水野は人物もよく仕事もできるが、「努力心ガ欠ケテ居ル」としている（三五頁）。

ＳＦ店の仕事は、第一には商売であるが、それを支える勘定業務、数十人のスタッフを支える後方支援とも云うべき庶務、さらには数多くの来客の接待や桑港の中での物産の役割もあった。所長は、社員の特徴を把握して、店の機能に応じた役割を与えることを心がけるのである。能力を伸ばすべきだと見た若手に対しては、ＮＹへの転勤、あるいはＬＡ勤務など、やりがいのある地域への転勤を考慮する。営業の第一線に向かない社員や経歴上遅れている社員に対しても配慮を怠っていない。

店限雇員個々に対して、所長はコメントしていないが、雇員の待遇については配慮を払っていた。給与に関して不満が聞かれないとしながらも、「二十年一日ノ如ク精勤シ、働キ盛リヲ当社ニ奉公シ尽クシタル者モ単ニ一時金ノ支給ヲ受クルニ過ギズ」と、社員に比較しても、また「当地第一流諸会社ノ雇人ニ対スル行届キタル施設ニ比スレバ猶遥カニ遜色アリ」とし、「外国商社ノ雄タル当社ガ率先」して待遇の改善を図らねばならないとする（一二八頁）。しかし、現況以上の待遇改善を図った様子はうかがえない。

所長の重要な仕事の一つは渉外的な事項である。「出船入船毎ニ種々雑多ナル来客」があったが、各地支店の紹介状を携えてやってくる客は「何レモ大切ナル関係先」であり、おろそかには出来なかった（一〇五頁）。

またSF在住日本人との交際も重要であった。正金・住友・郵船・三菱各社と並んで桑港日本人商工会議所の評議員兼理事、「昔ハ相当煩シキ団体」だった桑港日本人会の仕事、日中戦争開始後排日気運の増大に対抗して日米親善を増進するために「某方面ヨリモ資金ヲ仰ギ」設立された時局委員会、有力企業・人物からなる日本倶楽部、五社店長・総領事・領事で組織する金曜会など、公的な多くの集まりがあった。

本業との関係で最も注意しなければならなかったのは、日本人商人である。この時期まで存続している日本人経営の商店は、大きくはないが、「長年月試練ニ堪ヘ来リ居ルモノ故余リ乱暴ナル商売ヲスル者ナシ」と評され、基礎のしっかりしたものであった。

桑港、羅府共直輸入、卸、小売ニ至ルマデ日本人中小会社商店多数ナル故、彼等ノ利害ニ反スル行動ヲナス時ハ誠ニウルサイ問題トナル……当店ハ小キ雑貨商内ハナシ居ラズ、食料品商内ノ如キモ可成彼等ト協調ノ態度ヲトリ居ル故問題ナキモ、今後雑品ノ取扱モヤラネバナラヌ情勢トナル時ハ余程考ヘテ実行スル必要アルベシ（一八〇頁）

物産は日本人中小商人の商権を侵さないよう、雑貨や食料品の取扱いには注意しなければならないする。

②主要取扱商品

宮崎はこの時期の主要商品についても簡潔に記している。後述する所と重ならないように、三〇年代末期のSF店の状況を記しておこう。

重油は石油類の中でも物産が最も得意とする製品であった。三七年七月、ゼネラル石油副社長が渡日し、同社との間に一〇年契約が締結され、取扱高の増加が期待されたが、日中戦争勃発に伴う輸入制限・消費減少に遭遇した。船舶用燃料も、郵船・商船・日本タンカーの一部、物産船舶部・板谷・飯野商事・関東タンカーなどは全量、物産が供給権を確保し、物産の得意分野であった。物産は焚料油のすべてを、ゼネラル石油の親会社であるスタンダード社から得ており、「Standard社トシテモ本契約ハ最重要契約ノ一ツニシテ容易ニ是ヲ他ニ譲ルガ如キコトヲ為サズ、同社ト関係ヲ持続スルコトハ当社トシテモソレ丈ノ安心アリ」（四九頁）といわれるような重要性を持っていた。

原油輸出はスタンダード社が原則的に行なわなかったため、物産の弱い分野であったが、ゼネラル社幹部の「一存計ラヒ」によって供給の見通しがつきつつあった。さらに「現在時局継続スル限リ、飛行機用ガソリン製造用原油ガ主タル引合品」（五三頁）と見なされる飛行機用ガソリン製造用原油は、高オクタン価を求められ、従来の原油は向かなかったため、東部を調査し、ゼネラル社以外の供給先を調査中であった。航空用ガソリンも「数量金額大ニテ頗ル重要ナル商内」（五四頁）であった。物産は陸海軍の入札に対し、石炭部が直接横浜のスタンダード社と引き合う方法と、SF店が取引先石油会社と引き合うという二つの方法によって応札していた。

金物の中心である屑鉄については、在米三店の取り決めにより、SFの取り扱う範囲はSF・LA出廻り品に限られ、さらに引合自体がNY店に一本化され、SF店は成約高の二〇％を割り当てられるだけになった。取扱いは限定されたが、「打合成立ノ結果、従来ノ社内間ノ種々ノ係争ハ一掃セラレ、取引頗ル円滑」（五八頁）になったという。

機械関係では、SF店が代理権を持つメーカーは二社、引合価格で特別の便宜を得ているメーカーは三社、さらにダグラス社との取引による利益の一〇％を得ることが主な業務であったが、LA地方の工業が発展しているので、今後機械関係の充実が必要としている。

化学肥料は、日中戦争による原料輸入難のため日本からの輸出が不可能になったが、太平洋岸・ハワイへの売込みは今後も期待される分野であった。

油脂用種実の輸入は、SF・LA近辺に大規模の工場が所在し、大口の成約も行なわれてきた。種実取引の一番の問題は仕入れ店の能力であった。すなわちカポックはマニラ店、リンシードは南米貿易社、ペリラシード（蘇子）は大連店、セサミシードは漢口店というように、各種種実の仕入れ店はほぼ決まっていたが、たとえば「馬尼剌支店が全地ニアル売手ヨリofferヲトリ当方ガ夫レヲ取次グ丈デハ全ク問題ニナラズ、馬尼刺支店ガ自ラ既成ノ売手ト対等ノ地位ニナルニ非レバ、或ハ相当腰ノ這入ッタ思惑ヲナスニ非レバ商内見込ナシ」（六四頁）としているように、需要はあったが、それに応じることは出来なかった。

植物性油脂は関税引上げにより取引量は減少したが、桑港にとって「依然重要item……商内相当ニ出来勉強甲斐」（六七頁）ある商品であった。

食料品は「労多ク報ワレヌ」商品ではあったが、国家的・全社的な見地から取扱いに力を入れているさなかであった。

綿布・綿製品は「開始当時ハロ銭意外ニ多ク甘味アル商内」だったが、「日本原価ガ国際水準ヲ上回ハリタルト事変ニヨル排日貨ノ為メ痛手ヲ蒙リタリ」（七八～九頁）とされている。麻布・麻袋もかつては桑港にとって重要な商品だったが、現在は不振であり、市場を見ていると「遣ル気ガシナイ」（八〇頁）という。

化学薬品類は主にメキシコ向けで、米国・ドイツ品に対抗して売込みに努めていた。メキシコ向け人絹糸は同国にストックを置いて委託・先物商内を行なっており、それに関して本店・生糸部はメキシコの政情や経済事情もあって「非常ニ心配」しているが、SF店は「少々云ヒスギル位マデニシテ商内ノ継続ニ努力」しており、「当社ノ占ムル％ハ五〇％以上ニシテ是以下ニハ絶対ニ他社ヲ進出セシメヌ考ヘニテ遣リ居ル」（七八頁）と、メキシコ向け人絹糸輸出において、圧倒的なシェアーを維持することに大きな努力を払っていた。

SF店は、一九三二年以降、日本や米国の景気回復の過程で取扱高を顕著に増加させてきた。取扱品目も大幅に増やし、LAやメキシコなど営業区域も拡大したが、最も顕著だったのは日本の軍需に応える石油類と屑鉄の対日輸出の増加であった。日中戦争開始後の排日貨運動により、日本からの輸出は次第に困難になる一方、米国からの戦略物資の輸入はますます増加した。

しかし三九年七月の日米通商航海条約の廃棄通告、九月の英仏と独との開戦によって大きく変わり、四〇年八月一日から実施された輸出許可制度により戦略物資の大量輸入は次第に困難になっていった。高級航空用ガソリン・高級航空潤滑油の輸出禁止、米国籍タンカーによる対日石油輸送の禁止、一級品屑鉄の対日輸出禁止によって、四〇年下期には大幅に取扱高が減少する。翌四一年上期には石油類が六二〇〇万円に達して総取扱高も八〇〇〇万円という記録を作る。それは「不要許可品目ニ対スル需要旺盛」（SF、四一年上）と記しているように、許可を必要としない航空用ガソリンを含む軍需品が大部分であった。四〇年下期の米国石油類輸出のうち対日輸出は一六・一％、対日石油輸出のうち物産は一八・五％を占め、四一年上期には対日輸出は二五％に及び、物産はガソリン・潤滑油で五四％、全体を平均すると三一％のシェアーであった。四一年上期に激増する機械部取扱高のほとんどはオイルタンクの輸入であった。

二 サンフランシスコ店の損益

1 損益の構成と傾向

前節表4-2で一九一九年以降のSF店損益の推移を見たが、その内訳は明らかでなかった。二八年以降、損益の構成とそれがどこから生じたかを明らかにできる。

SF店の損益は、商品勘定・代理業・雑勘定の三つから構成される。商品勘定は商品別・商内別・部別に細かく分かれ、代理業は船舶取扱、雑勘定は為替・利息・雑によって構成される。かなりの金額を占める貨物取扱と石油荷渡損益は代理業勘定と雑勘定に入れられる場合とがあり、定まっていない。しかし、為替・利子・雑損益には経費が割り当てられないのに対し、通常、貨物取扱・石油荷渡には経費が割り当てられ、船舶部派出員がSF荷渡掛を兼務し

表 4-7　サンフランシスコ店の損益内訳（1928～41年）

（単位：ドル）

	商品勘定総計	同損益	船舶等取扱	利息等損益	総損益	経　費	純損益	別口勘定積立	純益率	為替換算
1928年上	2,460,878	41,014	4,612	1,598	47,226	42,054	5,172	4,000	0.21	47.00
1928年下	2,544,574	41,862	6,156	6,647	44,851	42,803	2,048	1,500	0.08	46.50
1929年上	3,036,358	41,534	5,720	5,147	52,403	50,020	2,382	12,000	0.08	45.00
1929年下	2,736,013	44,923	7,843	3,047	55,817	45,875	9,942	12,600	0.36	48.00
1930年上	2,885,235	51,374	9,660	4,117	65,155	50,091	15,063	2,000	0.52	49.55
1930年下	2,676,626	41,654	8,082	3,150	52,685	45,909	6,736	24,142	0.25	49.70
1931年上	1,942,262	35,570	7,128	2,943	45,644	39,760	5,884	34,328	0.30	49.35
1931年下	2,049,457	33,280	7,907	1,558	42,747	38,889	3,859	7,500	0.19	32.65
1932年上	1,724,795	36,702	7,843	3,305	47,853	40,668	7,184	17,468	0.42	32.65
1932年下	1,391,196	29,903	5,423	6,228	41,557	39,305	2,251	5,105	0.16	21.50
1933年上	1,856,915	39,436	5,307	1,148	45,894	39,660	6,234	29,669	0.34	24.10
1933年下	1,769,415	40,911	5,658	876	47,446	41,206	6,240	8,137	0.35	31.00
1934年上	3,604,325	56,471	6,555	3,295	66,323	44,531	21,792	16,500	0.60	30.40
1934年下	3,879,959	57,875	3,473	1,866	63,217	39,339	23,877	25,625	0.62	29.00
1935年上	5,517,137	66,893	4,470	1,763	73,128	48,576	24,552	27,415	0.45	28.50
1935年下	4,287,397	63,012		1,307	70,441	48,330	22,111	11,650	0.52	28.75
1936年上	3,805,888	50,125	6,687	1,476	58,290	41,550	16,739	6,000	0.44	28.90
1936年下	4,863,324	62,729	10,444	1,637	74,812	54,270	20,542	1,000	0.42	28.85
1937年上	4,741,429	71,591	10,138	729	82,460	61,582	20,878	3,840	0.44	28.54
1937年下	7,566,282	75,421	11,456	△ 436	86,443	71,395	14,507	40,141	0.19	28.90
1938年上	6,861,197	90,178	8,841	447	99,466	70,293	29,172	56,086	0.43	28.95
1938年下	7,376,495	102,348	10,543	1,074	113,967	67,473	46,494	81,138	0.63	28.25
1939年上	9,408,822	111,491	11,356	△ 556	122,292	73,364	48,928	112,698	0.52	27.38
1939年下	8,469,864	108,559	13,728	△ 188	122,195	74,044	48,150	47,639	0.57	23.62
1940年上	14,283,223	136,503	11,303	△ 7,709	138,949	81,821	57,128	74,970	0.40	23.47
1940年下	9,894,329	117,351	11,601	△ 8,189	120,763	82,635	38,128	30,487	0.39	23.47
1941年上	18,831,928	124,865	5,767	4,036	134,670	87,655	47,014	149,149	0.25	23.47
1941年下	6,900,386	94,110	5,010	△ 34,764	64,357	64,357	0	34,335	0.00	23.57
	147,365,709	1,867,685	218,831	5,552	2,081,051	1,527,455	553,007	877,122	0.38	

注：船舶等取扱損益は船舶取扱・貨物取扱・油荷渡損益，利息等損益は為替・利息・雑収入の合計。
出典：各期「決算書類」。

ているので「船舶等取扱」として一括した。

表4-7は、それらの損益と経費および純損益を示したものである。ドル表示の総損益（粗利益）は三〇年上期から三二年下期まで、四割近く減少する。三三年上期から回復するが、表4-2で見た円貨表示ほど顕著な増加は見せない。言うまでもなく、三二年下期の円貨の大幅な下落、三三年下期のドル貨の切下げ、三九年以降の円貨のさらなる下落が影響を与えているのである。しかし、ドル貨表示でも順調に増加し、三八年下期に一一万ドルを越える。商品勘定損益は総損益

の九～八割を占め、ほぼ同じような変化をたどる。船舶等取扱損益は、三四年下、三五年上など例外的な期を除けば、一割前後を占め、二九年下から三二年上期までは一・五割程度にまで達する。三六年上期まで船舶・貨物・石油荷渡の中では船舶取扱が三〇〇〇～五〇〇〇ドルと過半以上を占めていたが、三六年下期以降石油荷渡損益が急増し、過半を占めるようになる。利息等損益は期による変動が大きい。三二年下期まで多額の利益を計上したが、以後大幅に減少し、三七年下期以降雑損失が多くなり、さらに四〇年上期から多額の「税金見積損」を計上する。

経費は四万～五万ドルであったが、三〇年下期から低下し、三三年上期まで四万ドルを下回る。総損益から経費を差し引いた純損益は、三〇年上の増加、三一年下、三二年下の大幅減などの期もあるが、傾向的に安定している。別口勘定が純損益の安定を図るという意味合いも持っていたからである。期ごとの別口積立金の変動は著しい。

経費を負担するのは商品勘定と代理業勘定である。商品勘定は二八年から三〇年下まで、商内別商品別に取扱高・総損益・経費割当高が記され、商品ごとの詳細な純損益を算出していた。三一年上期から損益は同様に商品ごとに算出されるが、経費割当は輸出食料品や輸出化学肥料といったグループごとになる。さらに三四年上期からは、経費割当が商内別と部・主要商品ごとの二種類作製される。部・主要商品というのは、石炭部・機械部・金物部・穀肥・木材・麻布袋・食料品・その他という分類である。部として機能していた石炭・機械・金物以外に、主要商品をグループとして純損益を出しているのである。

経費割当方法が次第に大きなグループ単位となっているといえる。二八～三〇年のように、商内別個別商品ごとに経費を賦課するのは現実的ではなかったのだろう。このような理由から商品ごとの純益を傾向的に明らかにすることは出来ないが、粗利益は明らかになる。その検討は次項にまわし、ここではもう少し決算の仕組みについて踏み込んでおこう。

経費には多くの項目があるが、大きく分けて人件費・諸税公費・その他に分けられる。人件費は社員給料・同臨時手当・同在勤手当・同諸手当・店限傭人給料並手当に分けられ、在勤手当は給料の四～五倍である。税金はＮＹ支店が一括して支払っており、SFの負担は数百ドルにとどまっている。その他は、旅費・借地借家料・電信・電話・車馬・交際費などである。二八年上期を例に取れば、それらが九九一五ドルの「経費」と一一二〇八ドルの「間接諸掛」に分けられているが、両者の区分基準は明らかでない。合計して多い順に挙げれば、電信費九〇九三ドル、借地借家料二八五〇ドル、交際費一五一二ドルである。

この経費を、商品勘定、船舶勘定（貨物取扱・石油取扱を含む）に割り振るのである。経費を各勘定に割り当てる基準は明らかでない。商品勘定は、輸出（米国への輸入）、輸入、外国の商内別、個別商品ごとに取扱高（決済高）、粗損益、経費割当高が記されている。担当制が明確であるので、経費の一定部分は商内別・商品別に割り振ることができたであろうが、区分不能の経費が多かったと思われる。試算しても一定のきまりを見つけることはできない。

ところが、三四年上期から商品勘定が石炭部とそれ以外に分けられ、商内別には純損益が出されるが、商品単位には出されなくなる。もちろん商品ごとの粗損益は出されており、それに商内別の賦課経費を一定率で分割すれば、容易に個別商品ごとの「純損益」を出すことはできる。部、あるいは商品ごとの純損益を出そうと思えば本部としても問題はなかったのであろう。

SF店総損益の一～一・五割を占めた船舶取扱を見ておこう。船舶等取扱損益は船舶取扱・輸出入貨物取扱・石油類荷渡の三種から構成されている。船舶取扱収入はSF・LAに寄航する定航・不定期の社船に関わる事務に対する船舶部からの受取りである。二三年には、「蒐荷・積荷取扱」が運賃の五％、「揚荷・荷捌取扱」が運賃の一％、さらに入出港取扱口銭として一船に付き一〇〇ドルと決められ、この代理店口銭が半期三〇〇〇ドルに達しない場合は船舶部が不足額を「塡補」するという約束であった。

輸出入貨物取扱は、SF店がNY・ST店貨物の輸出入事務を取り扱った場合に、両店から手数料を得るという取り決めである。二三年頃の主な取扱品はNY店のLA積み出しボーラックス・ポタージュ、中国・日本からの植物油の輸入などであった。これらの手数料はインボイス価格の〇・一五から〇・二五％である。[17]石油類荷渡収入は、S

表 4-8　船舶取扱等損益（1928～29 年）

(単位：ドル)

	1928 年上	1928 年下	1929 年上	1929 年下
船舶取扱益	2,068	3,326	4,344	4,435
同経費割当	5,467	5,564	5,502	4,587
純損益	△ 3,398	△ 2,237	△ 1,158	△ 151
貨物取扱益	1,778	894	985	1,683
同経費割当	2,102	1,712	1,500	1,835
純損益	△ 324	△ 818	△ 515	△ 151
油荷渡益	766	1,936	391	1,725
同経費割当	593	1,909	341	1,255
純損益	173	20	50	469
合計益	4,612	6,156	5,720	7,843
同経費割当	8,162	9,185	7,343	7,677
同純損益	△ 3,549	△ 3,035	△ 1,623	167

出典：前表に同じ。

F・LA渡しのバンカーオイルであるが、取り決め内容は不明である。ゼネラル石油などからの輸出は、関係店との間で利益配分率が決められ、石炭部の損益として記される。

二七年に船舶部派出員がSFに赴任する際に新たな取り決めがなされたと思われるが、明らかでない。三四年末から実施された取り決めによれば、船舶部は、①派出員の給料・在勤手当を支払う、②手数料としては、太平洋岸揚げ雑貨は運賃の一％、同積み雑貨三％、蒐荷手数料五％、生糸積替え一俵当り五セント、さらに一船一港一〇〇ドルの代理店手数料、となっている。二〇年代と異なるのは、生糸積替え手数量は社内・社外荷とも共通であるが、雑貨の荷捌き・蒐荷手数料が社外荷に限定されたことである。③これら以外に「半期五千$ヲ限度トシテ当分ノ間経費ヲ船舶部ニテ保証シテ貰フ」という内容であった。三四年に改定されたのは、「引継書」の書き方からして③の金額だけであったと推測される。三四年下期から実施したが、「過去数期成績向上シ実際ハ右ノ経費援助ヲ受ケ居ラズ」と記されている。(18)

SF店と船舶部との取り決めは以上のごとくであるが、帳簿上の処理、あるいは実際の決済がどのように行なわれたのかはまた別問題である。表4-8は、二八、二九年の決算書類から三項目の利益・経費・純損益を挙げたものである。当時、船舶取扱はSF店総収入の約一割強を占め、経費の一割五分~二割を割り当てられていた。二九年上期まではかなりの純損とされているが、同下期になるとほぼ見合っている。

三五年下期、船舶部の負担金額の確定は次のように行なわれた。表4-9は、決算書類から代理業関係のみを記したものである。この期の石油荷渡には経費が賦課されず、経費割当は全体の一割弱である。純益は船舶・貨物のみであれば八〇ドル、三者をあわせれば一八五三ドルとなる。決算書類上はこのようになるが、SF店長と船舶部長の間で、表4-10のようにして決済される。a保証額五〇〇〇ドルから、b口銭・手数料手取額を差し引き、c間接諸掛負担分をプラスし、d桑港店負担分（切り捨て金額）を差し引いた金額二〇〇〇ドルをSFから船舶部へお願いするというものである。a−b+c−d=2000、ということになる。SF店長は電信であらましの金額を船舶部長宛通知した後、書簡によって詳細な金額を示し、「右貳千$也ハ、依例『店限使用人給料並手当a／c』トシテ紐育店へ貴部a／cトシテDb．付替申上置候間御承引願上候[19]」と書き送っている。三六年上期も同様な手順を踏み、一六〇〇ドルの付け替えを行なっている。

損益明細表とSFから船舶部宛要求の数字が一致しないが、bの手取額は、明細表の損益から派出員にかかわる直接的経費を差し引いた金額と考えられる。明細表の割当経費はこうしたものが一括されているために、一致しないのだろう。

船舶部がSF店に支払うのは損益明細表に記された船舶代理手数料と貨物取扱・石油荷渡手数料の合計であり、それから直接・間接の経費を差し引き、船舶部保証金額との差額をNY店のSF店アカウントを通じて決済するというかたちになっているのであろう。割当経費、SF店負担額などにおいて、さまざまな操作が行なわれたことは言うまでもなかろう。

複雑な処理を行なっているため、数値で確言はできな

表 4-9　船舶取扱等損益（1935年下期）

（単位：ドル）

	損　益	経費割当	純損益
船舶取扱	3,631.62	3,504.34	127.28
貨物取扱手数料	714.13	762.93	△48.80
石油荷渡	1,775.50	0.00	1,775.50
合　計	6,121.25	4,267.27	1,853.98

出典：前表に同じ。

表 4-10　船舶部負担金額（1935年下期）

（単位：ドル）

a 船舶部保証金額	5,000
b 代理口銭・手数料手取額	2,551.58
c 間接諸掛	225.29
d 桑港店負担分	673.71
e 船舶部負担	2,000
a−b+c−d=e	

出典：前表に同じ。

いが、総損益の二割近くから一割前後を船舶代理・荷渡業務が生み出しており、さらに多額の経費を代理業務に割り当て、船舶部から保証金を得ることにより純益レベルの底上げが行なわれていたといえる。SF店にとっての船舶事務・荷渡業務は、総損益において、また純益において大きな意義を有していたのである。

2 商品取扱損益の特質

表4-11は、商内別に、取扱高・粗損益の構成および利益率を見たものである。SF店は三〇年代初頭まで輸入（日本への輸出）が六～七割を占める仕入店としての性格が強く、また外国売買も二割前後を占め、輸出（日本からの輸入）は一割未満であった。しかし三四年頃から輸入の割合が減少し、外国・輸出が増加する。外国が三割から四割を占め、輸出も二割を超え、なお仕入れ店としての性格は強いが、商内別に見るとバランスの取れた店舗になっていった。

しかし三八年以降、再び輸出が減少し、輸入・外国を中心にした店舗になる。輸入では石油と屑鉄、外国では太平洋岸各港において各船会社に供給するバンカーオイルが巨額になり、それらがSF店の特質を決定づけるのである。

商内別損益割合は、総損益の構成を見たものである。商内別取扱高と比較すると、第一に傾向的に輸出と輸入の割合が高く、外国が低くなっていること、第二に取扱高の構成割合が比較的安定しているのに対し、損益は変動の著しい点が注目される。

次の商内別利益率は、商内別取扱高に対する商内別損益の割合を見たものである。商品勘定全体の利益率は、一％台後半から三二年に二％台に上昇し、三四年下期から低下し、一％台の前半となる。全期間を通じた利益率は一・二七％である。商内別利益率は、輸入が四〇、四一年を除き安定的に一％代後半から二％台を維持している。輸出は四％、五％台に達する期がある一方、一％未満、損失になることもあり、著しく不安定である。外国売買は二％台に達する期もあるが一％未満も多く、全期間を通じて〇・九一％と最も利益率が低い。

表 4-11　サンフランシスコ店商内別取扱高・損益構成および利益率（1928～41年）

（単位：%）

	商内別取扱高構成			商内別損益構成			商内別利益率			
	輸　出	輸　入	外国間	輸　出	輸　入	外国間	商　品	輸　出	輸　入	外国間
1928年上	7	75	18	11	77	13	1.67	2.62	1.70	1.17
1928年下	6	69	25	13	77	10	1.65	3.66	1.84	0.64
1929年上	8	74	18	12	76	12	1.37	2.01	1.41	0.91
1929年下	6	69	25	8	79	13	1.64	2.25	1.88	0.84
1930年上	7	78	15	5	79	16	1.78	1.21	1.80	1.93
1930年下	18	62	20	13	82	5	1.56	1.10	2.05	0.43
1931年上	17	62	21	17	72	11	1.83	1.79	2.13	0.98
1931年下	9	64	27	5	74	21	1.62	0.92	1.87	1.28
1932年上	9	71	20	25	61	14	2.13	5.73	1.84	1.48
1932年下	17	64	20	20	62	18	2.15	2.60	2.11	1.91
1933年上	20	56	23	39	35	26	2.12	4.07	1.31	2.38
1933年下	22	56	22	24	58	18	2.31	2.53	2.38	1.90
1934年上	20	43	35	11	74	15	1.57	0.81	2.69	0.65
1934年下	11	48	41	17	60	23	1.49	2.34	1.84	0.86
1935年上	9	39	51	10	49	41	1.21	1.26	1.52	0.96
1935年下	17	53	30	17	54	27	1.47	1.52	1.49	1.35
1936年上	27	44	29	22	54	24	1.32	1.08	1.62	1.09
1936年下	28	36	36	32	36	31	1.29	1.49	1.28	1.14
1937年上	20	47	33	32	51	16	1.51	2.47	1.63	0.74
1937年下	21	53	26	5	63	31	1.00	0.24	1.19	1.21
1938年上	11	43	46	△9	84	24	1.31	△1.06	2.55	0.70
1938年下	7	48	44	△23	102	21	1.39	△4.76	2.95	0.64
1939年上	8	44	47	4	47	49	1.18	1.08	2.00	2.39
1939年下	10	43	47	9	66	26	1.28	1.13	1.97	0.70
1940年上	5	37	58	16	37	47	0.96	3.04	0.96	0.78
1940年下	6	44	50	18	39	43	1.19	3.62	1.06	1.02
1941年上	3	20	77	19	37	44	0.66	3.76	1.26	0.38
1941年下	11	79	10	35	49	16	1.36	4.24	0.84	2.28
総 合 計	11	47	42	13	61	30	1.27	1.57	1.65	0.91

出典：前表に同じ。

輸入商品別損益（1928〜41年）

（単位：ドル）

械		米材			曹達灰(32年より加州塩)			冷凍エビ		
損益	利益率	取扱高	損益	利益率	取扱高	損益	利益率	取扱高	損益	利益率
4,583	5.54	307,472	7,235	2.35						
7,040	3.07	202,424	6,402	3.16	6,355	13	1.17			
4,261	2.64	185,767	3,078	1.66	53,699	626	1.17	5,984	679	11.35
11,450	4.84	87,735	1,555	1.77	138,063	1,905	1.38			
8,087	2.84	190,550	5,643	2.96	128,645	543	0.42			
14,197	5.53	26,381	1,154	4.37	58,400	2,263	3.88	121,671	3,361	2.76
8,791	29.75	21,079	642	3.05	110,900	3,001	2.71			
8,557	9.09	23,563	788	3.34	82,135	2,866	3.49	76,931	2,662	3.46
7,261	7.58	13,948	390	2.80	7,279	895	12.30		△1,088	
1,966	1.93	4,582	273	5.96	19,145	191	1.00	139,951	2,532	1.81
1,826	1.50	5,679	120	2.11	28,595	31	0.11	25,443	36	0.14
1,973	2.32	3,742	55	1.47	27,693	14	0.05	8,883	735	8.27
928	0.72	5,787	22	0.38	33,865	141	0.42	28,928	934	3.23
1,386	0.46	168			15,853	301	1.90	20,015	1,809	9.04
4,983	1.64				17,808	22	0.12	32,943	893	2.71
4,444	15.80							54,277	1,843	3.40
5,599	10.06				35,756	1,174	3.28	139,959	111	0.08
1,666	2.15							21,540	2	0.01
12,731	2.53							92,627	940	1.01
18,034	6.17							66,221	2,786	4.21
10,584	3.88									
4,663	25.05	屑ゴム								
8,033	35.31	32,740	1,020	3.12						
5,282	2.84				20,388	665	3.26			
3,877	8.35	24,886	739	2.97	445,607	11,261	2.53	水銀		
3,160	5.53	36,862	229	0.62	530,795	13,884	2.62	96,423		
6,509	0.65	54,661	1,141	2.09	199,757	7,131	3.57	861,246	1,593	0.18
3,223	61.98	1,038	△1,662		163,414	7,301	4.47	642,920	2,848	0.44

「決算書類」に記された内容を年次順に見ることにより、輸入における安定的な利益率の実現、外国売買の低位の利益率、輸出の利益率の不安定性などの特色がどのようにして出てくるのかを見ていこう。

表4‐12〜14は商内別に主要商品の取扱高と粗損益、利益率を示したものである。まず輸入（表4‐12）を見ておこう。石油類の利益率は三九年上期を除けばほぼ一％前後で著しく安定している。第11章で詳しく見るように、輸入石油の大部分を占めたのはゼネラル石油からの委託荷であり、物産は価格・為替変動のリスクを負わず、取扱高の五％の手数料収入を得、ＳＦ店

表 4-12　サンフランシスコ店

年次	輸入品総計			石油類			金物			機
	取扱高	損益	利益率	取扱高	損益	利益率	取扱高	損益	利益率	取扱高
1928上	1,851,867	31,482	1.70	875,392	8,912	1.02	507,513	7,980	1.57	82,714
1928下	1,765,096	32,394	1.84	632,815	5,834	0.92	431,299	10,493	2.43	229,368
1929上	2,246,156	31,594	1.41	1,172,447	10,936	0.93	520,943	8,660	1.66	161,603
1929下	1,900,649	35,701	1.88	893,212	9,364	1.05	453,130	7,158	1.58	236,807
1930上	2,238,855	40,409	1.80	1,286,197	12,704	0.99	214,531	8,224	3.83	284,973
1930下	1,659,750	34,040	2.05	921,847	8,038	0.87	138,130	1,259	0.91	256,499
1931上	1,207,243	25,665	2.13	892,629	7,626	0.85	85,988	2,714	3.16	29,553
1931下	1,320,057	24,633	1.87	790,239	6,026	0.76	91,107	1,988	2.18	94,088
1932上	1,224,702	22,545	1.84	786,398	5,021	0.64	171,753	2,655	1.55	95,801
1932下	883,914	18,614	2.11	514,813	5,288	1.03	54,118	4,240	7.83	102,049
1933上	1,045,704	13,710	1.31	713,462	6,078	0.85	112,511	4,614	4.10	121,329
1933下	991,502	23,631	2.38	615,797	6,763	1.10	186,962	12,146	6.50	85,063
1934上	1,553,197	41,806	2.69	751,474	14,627	1.95	580,895	24,849	4.28	128,671
1934下	1,828,076	34,559	1.89	826,078	7,255	0.88	755,309	23,184	3.07	298,243
1935上	2,172,466	33,096	1.52	959,191	8,688	0.91	782,405	16,564	2.12	303,559
1935下	2,263,021	33,754	1.49	1,548,484	17,810	1.15	541,352	8,552	1.58	28,120
1936上	1,656,705	26,854	1.62	1,286,622	13,425	1.04	122,828	5,877	4.78	55,653
1936下	1,772,583	22,742	1.28	1,219,794	13,566	1.11	398,046	6,036	1.52	77,530
1937上	2,224,945	36,199	1.63	1,382,026	14,004	1.01	202,001	5,231	2.59	502,734
1937下	4,033,876	47,825	1.19	1,841,960	19,294	1.05	1,800,729	6,459	0.36	292,183
1938上	2,952,722	75,338	2.55	1,628,659	15,472	0.95	1,050,091	48,881	4.65	272,858
1938下	3,542,971	104,663	2.95	1,696,431	14,296	0.84	1,747,601	84,311	4.82	18,616
1939上	4,145,912	82,937	2.00	1,490,989	4,677	0.31	2,542,154	68,103	2.68	22,751
1939下	3,618,531	71,132	1.97	1,610,160	15,067	0.94	1,725,107	50,401	2.92	185,956
1940上	5,323,947	51,082	0.96	1,336,046	12,503	0.94	2,729,029	22,830	0.84	46,454
1940下	4,333,532	45,847	1.06	1,116,172	9,739	0.87	2,429,829	19,517	0.80	57,165
1941上	3,695,282	46,381	1.26	746,354	7,096	0.95	503,791	6,361	1.26	1,007,216
1941下	5,455,733	45,962	0.84	4,533,160	31,731	0.70	20,962	562	2.68	5,200

出典：前表に同じ。

はそこから一%を得る取り決めであった。利益率は高くないが、きわめて安定しており、SF店にとっては重要な収入源であった。それゆえ、三一年にSF店は石炭部に配分率の引上げを強く迫ったのである。また、三七年下期に店長は石炭部長宛、経費負担の増額を求めて、以下の内容の書簡を出している。

　桑港店の経費が前期に比し約一万ドル増加し、通常なら石炭部に前期比一七%から二〇%増の二万ドルほどの経費負担を願うところであるが、経費増加は「時局ノタメ直接間接ニ要シタル」ものであり、「雑貨商内ハ打撃ヲ蒙リテ激減シタル際故、是ガ負担ハ時局ニ最モ関係深ク且ツ時局ノ為メニ商内増加セル貴部商品ニ大部分ヲ割当」、約二五〇〇〇ドルの経費割当てとしたい。

この期、穀肥部商品は経費割当以前に二万二〇〇〇ドルの損失を出しており、前期通りの経費を賦課すれば純損が著しく拡大するので、「時局」の恩恵を最も受けている石炭部商品に多くの経費を負担させているのである。[20]

金物輸入は、真鍮屑・銅屑、鉄鋼製品などもあったが、中心は屑鉄であった。屑鉄輸入は銑鉄輸入関税、欧州・米国の屑鉄需要の動向などによって大きく変動するが、三一、三二年を除けば、取扱高は数十万ドル、利益率も五％前後に達する場合もある商品であった。三七年下期から屑鉄輸入が激増する。同期は十分な利益をあげられず〇・三六％と低かったが、三八年上期には四・六五％という高い利益率を挙げた。その理由は、「内地在荷薄ノタメ市場昂騰、加フルニ当地同業者間ノ協定宜シキヲ得テ市場ヲ押ヘ割安買付出来タル為メ」ということであった。[21] 後述するように、屑鉄輸入は八幡製鉄所納入が多く、金物部・下関支店・紐育支店などとの乗合や、社内からの指値オッファーに対する売約、単独の先買先売など多様な方法も行なわれた。

機械取扱高は多くないが、三一年までは数％という高い利益率を挙げている。SF店はいくつかのメーカーの代理店となり、あるいは「好関係先」と称するメーカーを持っていた。機械部商品は共通計算によって関係店の間で損益を分配する。分配率は、機械部商品すべてをカバーする「機械部共通計算損益分配表」という取り決めがあった。三九年の取り決めによれば、仕入価格と販売価格の差、「売買差金」を仕入店、販売店、あるいは中継店を加えた三店以上の店で分配することが機械部共通計算の原則（Gross Profit Basis）であり、その「本則」には四つのパターンがあり、さらに特別協定として一八のパターンが示されている。

SF店に当てはまるのは、「外国品二店関係」、「外国品三店関係」である。前者の場合は仕入店分賦率四〇％、後者の場合は三五％である。[22] ところがSF店の実際の分配方法は異なっていた。機械部との取り決めにより、すべて「Net Profit」ベースで分配し、二店関係の場合には五〇％、東京の機械部が入る場合には四〇％の分配率となっている。[23] ダグラス社製飛行機・同部品についてはネット利益の一〇%の配分を得ており、三〇年代後半の機械取扱高の著しい増減はダグラス社の取扱高によるものである。

冷凍えび輸入は、漁業者への仕込み資金・冷凍施設への投資など、SF店としては相当力をいれて行なった事業である。開始当初は季節的商品のために毎期取扱いがあったわけではない。三二年下期の損失は経費の一部を損失として処理したためであり、実際の取引に伴うものではなく、三五年頃まで、かなり利益率の高い取引であった。しかし三四年から日本の水産会社や商社、米国商社が、米国・メキシコからの日本向けえび輸出に参入して利益率が低下し、さらに三八年以降は輸入不能になり、米国内への販売に転換した。

輸入商内でほかに大きいのは、米材、曹達灰、加州塩、水銀などである。米材は三〇年上季まで半期一〇万ドルを超え、利益率も二～三%に達する有力商品であったが、恐慌の中で急減する。曹達灰は二九年から三一年の間一〇万ドル前後輸入されたが、利益率は一%前後、短期間で消滅する。加州塩は三〇年代初頭から少量輸入されており、欧州・アフリカからの塩輸入が不可能になった四〇年から急増する。利益率も二～四%と高い。四一年に大量にメキシコから輸入された水銀は、軍需物資確保のためであるが、利益率は極めて低い。

表4-13に輸出のうち七品目を挙げたが、中心になるものはない。SF店は仕入のみでなく販売店機能を強化しようとして、カニ缶詰・植物油・化学肥料・綿製品などに力を入れ、一時的にはかなりの販売高に達する商品もあったが、それらのほとんどはさまざまな理由によって衰退する。

金額も多く安定していたのは三三年以降のメキシコ向け人絹糸である。三八年下から三九年上期を除き、二〇万ドルから三〇万ドル輸出し、利益率もほぼ二%以上を挙げている。三八年上期、三一万ドル輸出しながら利益を計上していないのは次のような事情である。メキシコ向け人絹糸商内に関して八二九五ドルの利益を生んだが、SF店は人絹糸を管轄する生糸部に対し、「メキシコ現状ニ鑑ミ、コノ際貴我分配額ヲ利益トシテ決算ニ計上セズ」と提案する。電信のやりとりの末、八割を利益として計上するが、その金額六六三六ドルをすべてリザーブとしてSFの損益明細

輸出商品別損益（1928～41年）

（単位：ドル）

化学肥料			ラッグ			綿其の他			人絹糸		
取扱高	損益	利益率	取扱高	損益	利益率	取扱高	損益	利益率	取扱高	損益	利益率
10,750	377	3.51									
2,895	284	9.81									
270,863	5,119	1.89									
45,349	941	2.08	1,355	7	0.52	5,337	232	4.35			
34,443	7,067	20.52	2,159	255	11.81	9,705	854	8.80			
182,536	1,980	1.08				7,209	463	6.42			
326,432	13,122	4.02	3,626	38	1.05	3,255	409	12.57			
140,138	5,695	4.06	72,396	887	1.23	2,207	213	9.65	34,987	1,101	3.15
469,573	4,629	0.99	61,007	25	0.04	1,500	252	16.80	64,322	1,846	2.87
55,830	4,589	8.22	103,885	1,269	1.22	4,560	456	10.00	183,381	3,954	2.16
33,525	590	1.76	88,282	1,681	1.90	2,004	282	14.07	174,531	2,685	1.54
19,331	1,089	5.63	109,211	2,431	2.23	3,415	388	11.36	172,722	3,255	1.88
67,108	410	0.61	132,039	3,884	2.94	10,917	117	1.07	166,350	4,306	2.59
24,956	345	1.38	120,957	3,445	2.85	61,085	2,702	4.42	288,593	3,808	1.32
73,564	△ 113	△ 0.15	105,934	3,872	3.66	176,348	7,310	4.15	124,593	5,954	4.78
40,286	2,813	6.98	152,861	6,688	4.38	203,423	11,865	5.83	288,817	18,553	6.42
14,265	63	0.44	74,252	△ 76	△ 0.10	84,958	△ 12,171	△ 14.3	317,458	0	0.00
			42,249	△ 3,994	△ 9.45	36,536	△ 55,300	△ 151	97,170	△ 9,736	△ 10.0
			115,087	2,338	2.03	78,682	△ 1,102	△ 1.40	105,126	328	0.31
			55,436	123	0.22	80,266	5,075	6.32	146,779	3,197	2.18
			27,168	3,785	13.93	100,592	3,448	3.43	247,029	13,769	5.57
			15,573	871	5.59	35,085	2,186	6.23	325,339	15,961	4.91
			17,848	1,315	7.37	75,348	5,333	7.08	237,433	7,748	3.26
						53,167	7,211	13.56	401,645	29,165	7.26

では〝〇〟とすることになった。(24)三八年下期の損失は、実際の損失と手持人絹糸の価格切下げ分を合わせたものである。この時期、物産のメキシコにおける人絹糸売込みが大きな問題を抱えていたのである。しかし間もなく危機を乗り切り、再び大きな利益を挙げる。

恐慌前の缶詰輸出はほぼすべてカニであり、三六年以降はカニと並んで鮪・鮭・パイナップルなど多様な種類からなる。努力を重ねてカニ缶詰取扱を開始するが、二八年上期粗利益八四七ドルに対し、経費一六三四ドルを割り当てると七八七ドルの損失となる水準である。二九年上期にはカニ缶詰だけで一四万ドルを売り、二二五六ドルの粗

表 4-13　サンフランシスコ店

	輸出品総計			缶詰			植物油			冷凍魚介		
年次	取扱高	損益	利益率	取扱高	損益	利益率	取扱高	損益	利益率	取扱高	損益	利益率
1928年上	166,136	4,347	2.62	71,411	847	1.19	24,178	486	2.01			
1928年下	144,402	5,437	3.77	67,225	1,678	2.50	18,816	223	1.19			
1929年上	250,353	5,034	2.01	147,503	2,446	1.66	24,078	137	0.57			
1929年下	155,214	3,497	2.25	105,500	2,509	2.38	5,294	356	6.72			
1930年上	212,322	2,568	1.21	108,510	2,715	2.50	14,766	377	2.55			
1930年下	485,627	5,327	1.10	305,609	3,837	1.26	2,685	86	3.20	133,800	358	0.27
1931年上	331,015	5,933	1.79	3,908	53	1.36	9,075	160	1.76			
1931年下	185,272	1,704	0.92	5,137	52	1.01	6,034	217	3.60	102,429	497	0.49
1932年上	159,232	9,121	5.73	11,197	757	6.76	8,914	69	0.77	21,576	551	2.55
1932年下	232,226	6,036	2.60	3,397	609	17.93	8,806	209	2.37	20,302	1,228	6.05
1933年上	379,136	15,433	4.07	3,181	107	3.36	10,747	46	0.43	10,739	85	0.79
1933年下	392,132	9,940	2.53				55,438	291	0.52	52,785	719	1.36
1934年上	735,205	5,983	0.81	2,254	0		82,101	651	0.79	38,698	56	0.14
1934年下	418,684	9,791	2.34				45,020	456	1.01			
1935年上	514,669	6,493	1.26	927	△220	△23.7	203,953	1,326	0.65	1,149	5	0.44
1935年下	714,776	10,895	1.52	38,594	88	0.23	280,114	2,800	1.00	60,547	88	0.15
1936年上	1,040,681	11,263	1.08	101,085	194	0.19	281,261	△635	△0.23	128,257	1,362	1.06
1936年下	1,356,567	20,247	1.49	212,006	1,403	0.66	459,557	5,074	1.10	19,057	156	0.82
1937年上	941,489	23,214	2.47	239,645	3,429	1.43	64,517	△942	△1.46	15,934	297	1.86
1937年下	1,576,814	3,806	0.24	195,267	2,707	1.39	431,064	△33,707	△7.82	7,387	768	10.40
1938年上	763,445	△8,096	△1.06	132,222	△274	△0.21	23,925	96	0.40	23,310	148	0.63
1938年下	499,692	△23,784	△4.76	67,786	578	0.85	38,146	△300	△0.79	63,796	651	1.02
1939年上	778,926	8,381	1.08	52,763	1,456	2.76	88,297	331	0.37	31,085	778	2.50
1939年下	830,458	9,371	1.13	120,921	350	0.29	148,519	740	0.50	18,453	105	0.57
1940年上	703,656	21,423	3.04	92,879	4,493	4.84	36,742	1,279	3.48	9,693	444	4.58
1940年下	567,146	20,547	3.62	57,994	505	0.87	6,819	169	2.48	14,975	212	1.42
1941年上	629,970	23,665	3.76	46,752	732	1.57				4,519	172	3.81
1941年下	776,374	32,920	4.24	26,244	218	0.83		1,980				

出典：前表に同じ。

利益、経費割当後七九ドルの純益を生んだ。しかし三〇年に入ると手持荷物の価格が崩落し、大幅な損失が予測される。三〇年上期決算の時点で、売約済みも含め、大量の営業部とのジョイント在荷を抱え、三〇年下期にはカニだけで六六三九ドルの損失が出ると予測されている。しかし「営業部蟹缶詰共通勘定当店分配利益」八三六一ドルによって清算出来る予定であった。どのような操作を行なったかはわからないが、三〇年下期、カニ缶詰取扱高約二九万ドルに対して二八〇〇ドルの利益を計上し、経費割当後三〇九ドルの純利益としている。この期以後、カニ缶詰の取扱いからはしばらく撤退する。三五年下期から再

国売買商品別損益（1928〜41年）

（単位：ドル）

落花生			古新聞紙			飼料粕			植物油		
取扱高	損　益	利益率	取扱高	損　益	利益率	取扱高	損　益	利益率	取扱高	損　益	利益率
196,237	3,615	1.84	24,600	712	2.89				8,314	124	1.49
73,183	2,526	3.45	21,969	316	1.44				36,010	372	1.03
94,250	1,032	1.09	11,774	237	2.01	22,319	490	2.20	140,000	1,584	1.13
48,478	80	0.17	17,043	535	3.14	1,125	9	0.80			
2,116	121	5.72	42,578	1,451	3.41	27,103	1,124	4.15			
油脂原料			5,490	15	0.27						
71,049	996	1.40	8,610	409	4.75	4,322	80	1.85			
239,338	1,816	0.76	2,261	159	7.03	239,338	1,816	0.76			
			4,349	80	1.84						
			2,738	42	1.53						
95,868	1,279	1.33									
			8,098	213	2.63				2,814	6	0.21
78,806	1,104	1.40	4,718	△ 152	△ 3.22				10,620	0	0.00
35,336	0	0.00	5,909	338	5.72				78,209	322	0.41
460,276	5,382	1.17				16,475	71	0.43	26,510	211	0.80
98,427	1,882	1.91				2,975	105	3.53	10,332	22	0.21
457,413	3,179	0.69				2,855	23	0.81			
234,137	2,291	0.98				19,275	162	0.84	106,734	3,154	2.96
			2,810	△ 153	△ 5.44	40,420	△ 2,524	△ 6.24	419,804	3,646	0.87
16,688	35	0.21	6,702	369	5.51	17,083	355	2.08	506,562	9,346	1.84
			1,214	△ 91	△ 7.50				146,269	1,929	1.32
			1,170	44	3.76				114,213	416	0.36
172,304	941	0.55				19,323	215	1.11			
93,802	666	0.71				3,100	3	0.10	121,484	485	0.40
77,234	1,228	1.59	71,421	2,047	2.87	21,091	580	2.75	30,240	167	0.55
62,017	734	1.18	54,417	1,877	3.45	8,600	396	4.60	182,166	1,518	0.83
7,181	181	2.52	115,637	3,914	3.38	18,246	332	1.82	81,128	1,262	1.56
39,262	1,774	4.52	20,742	358	1.73				0	2,768	

開するが、その他の缶詰を含めて例外的な期を除き、利益率は一%未満となっており、経費を割り当てれば大幅な純損になる水準である。

植物油や冷凍魚介は期によって相当の金額に達するが、総じて利益率は低い。とりわけ植物油は三六年以降しばしば損失を生じる。三六年上期、輸出菜種油で二三六一ドルの損失となった理由は、「買持トナリタル分、期近物ナリシ為市況好転ヲ待ツ余裕無ク処分致シ」と記されている[25]。三七年下期にも輸出棉実油で三万四七三〇ドルの損失を生じたのは「買持品値下損」であった。植物油・同種実など、種々の要因によって相場が変動する商品の取扱には売買越が不

表 4-14　サンフランシスコ店外

	外国間総計			石油類			麻布・袋		
年次	取扱高	損益	利益率	取扱高	損益	利益率	取扱高	損益	利益率
1928年上	442,874	5,184	1.17				145,472	△399	△0.27
1928年下	630,674	4,029	0.64	44,649	461	1.03	393,727	627	0.16
1929年上	539,848	4,905	0.91	90,807	896	0.99	153,196	622	0.41
1929年下	680,149	5,724	0.84	55,339	494	0.89	292,188	1,585	0.54
1930年上	434,057	8,396	1.93	62,115	615	0.99	125,286	1,070	0.85
1930年下	531,247	2,286	0.43	41,814	388	0.93	236,562	1,653	0.70
1931年上	404,003	3,970	0.98	99,416	1,668	1.68	163,821	337	0.21
1931年下	544,126	6,943	1.28	195,164	652	0.33	42,319	248	0.59
1932年上	340,859	5,036	1.48	264,422	3,638	1.38	16,710	706	4.23
1932年下	275,055	5,252	1.91	191,284	3,503	1.83	56,376	1,308	2.32
1933年上	432,075	10,292	2.38	251,626	7,006	2.78	9,268	109	1.18
1933年下	385,779	7,338	1.90	243,866	3,775	1.55	82,164	2,148	2.61
1934年上	1,472,683	8,301	0.56	941,110	7,004	0.74			
1934年下	1,581,658	13,524	0.86	1,279,355	9,895	0.77	84,798	1,772	2.09
1935年上	2,829,999	27,302	0.96	2,157,769	20,174	0.93	22,365	811	3.63
1935年下	1,280,334	17,264	1.35	1,052,099	10,615	1.01	65,331	1,403	2.15
1936年上	1,077,277	12,040	1.12	578,061	7,565	1.31	30,487	679	2.23
1936年下	1,733,995	19,734	1.14	1,092,873	11,309	1.03	159,573	2,016	1.26
1937年上	1,562,982	11,599	0.74	925,178	11,352	1.23	27,680	△599	△2.16
1937年下	1,945,790	23,587	1.21	1,065,074	11,230	1.05	180,690	1,790	0.99
1938年上	3,134,470	22,025	0.70	2,688,152	16,667	0.62	168,306	3,146	1.87
1938年下	3,267,437	20,986	0.64	2,890,880	17,813	0.62	126,784	1,529	1.21
1939年上	7,917,833	106,813	1.35	4,056,559	16,872	0.42	16,626	△470	△2.83
1939年下	4,019,870	28,055	0.70	3,610,448	22,399	0.62	26,336	433	1.64
1940年上	8,252,820	63,998	0.78	7,868,171	58,583	0.74	4,935	240	4.86
1940年下	4,993,651	50,995	1.02	4,531,404	44,195	0.98	26,815	1,311	4.89
1941年上	14,499,172	54,818	0.38	13,817,312	43,412	0.31	10,020	557	5.56
1941年下	668,279	15,226	2.28	503,580	5,416	1.08			

出典：前表に同じ。

可欠であり、多額ではないがSF店にも認められていた（油買越一二万、売越六万、種実買六万、売三万円）。その買越品の値下がり損である。第一次大戦期のような金額ではないが、投機とまではいかない、手持品の値下がり損である。

ラッグは金額は多くないが、利益率は二％程度を挙げ、安定している。綿布・綿製品も利益率の高い商品である。ただ三八年上から三九年上期にかけて綿製品・ラッグ・植物油において相当の損失を生じ、輸出全体でも損失となっている。SF店では三七年下期から、綿製品の「買持品価格切下損」、「手持荷値下損」を計上する。特に三八年上期はコットンタオル四二七三ドルをはじめ、綿製品七種類にわたって合計一万四六八一ドルの「値下損」を計上する。排日貨運動が盛んになる中で、最終消費品に近い商品をさばこうとすれば、価格の切下げ以外になかったことを示している。

表4‐14は外国売買である。外国売買は最も利益率が低い。三四年からの増加は焚料油の販売であり、外国売買の粗利益の過半を占めるほど大きい。外国売買は三つの商内の中で商品の交代が最も激しいが、その中で常に取引があるのが麻布・麻袋である。三一年下期までかなりの取引高を示すが、利益率は著しく低い。数百ドルから二〇〇〇ドル程度の粗利益では割当経費を負担できず、毎期のように三〇〇〇ドルから一〇〇〇ドル台の純損を出し、恐慌の過程でSF地方の麻布・袋業者が破綻し、三二年以降、取扱高を急減させる。三〇年代中期から次第に回復し、利益率も向上する。しかし、店長が記していたように、「右左商内」ではこの程度が限界だった。

植物油・同種実の取扱高は種々の事情によって大きく変動するとともに、利益率も変動する。飼料用粕・ゴムの米国への輸入、鑑缶詰・古新聞の南洋向け輸出など多くの外国売買を手がけている。

SF店は恐慌前に日本とアジアから多様な商品の対米売込みを図っている。それらは新規開拓のために損失覚悟で着手され、たとえば二八年下季に約一万五〇〇〇ドルの飼料用亜麻仁粕を売り込み、二五六ドルの純損を計上するが、「新規喰入リノ為値鞘トレズ、電信料損、但シ将来引合ニ緒ヲ得タリ」[26]と記し、二九年下季には落花生粕・大豆粕などの外国売買で約五三〇ドルの純損を出し、「右ハ何レモ新商内開拓ノ意味ニテ二三季前ヨリ取扱ニカヽルモ未ダ纏リタル数量ニ達セズ、経費割当ノ結果右ノ損失ニナルモノナリ」[27]と記している。

損益分岐点は一概には言えない。石油や屑鉄のように利益率が低くてもロットが大きければ、割当経費を分担して純益を出しうる。また利益率は高かったとしても、粗利益金額がある程度に達しなければ割当経費を賄えない場合も多い。さらに言うまでもなく、新商品、新市場を開拓するためには損失を恐れていては出来なかった。

3　別口積立金

第一次大戦期の在米店の損益を見た際、支店経理が操作され、帳簿外の資金が存在していることを指摘した。支店独立採算のもとでは、支店独自の資金が不可欠であり、かなり早くから「レザーブ」といわれる支店の秘密積立金が行なわれていた[28]。全社的にどのように処理されていたのか、明らかでないが、おそらく当時から秘密にされていたのであろう。

一九二八年上期の決算書類によれば、積立口のうち最も古いのは二五年下期である。店長から会計課長宛報告のかたちをとり、「極秘」とされている。当初の名称は「損失補充資金積立報告」、三一年上期から「別口報告」となるが、書類の中で使われている名称は「損失引当準備金」、「損失引当別口積立金」、「準備金」、「積立金」など種々である。

表4-15は、新規積立、支出、繰越をまとめたものである。三〇年下期、三一年上期の積立が多いのは、手持荷価格引下げ引当などのためであり、三三年上期、三五年下期、三七年下期以降の増加は、純益の急激な増加を平均化する意味ももっていた。

次の表4-16は、二八年上期以前からの繰越分と三〇年下期までの新規積立分をまとめ

表 4-15　サンフランシスコ店別口積立金の推移（1928～41 年）

（単位：ドル）

	積立高	支出高	繰越高
1928 年上	4,000	600	13,400
1928 年下	1,500	1,600	13,300
1929 年上	12,000	230	25,070
1929 年下	12,600	7,160	30,510
1930 年上	2,000	7,000	25,510
1930 年下	24,142	350	51,302
1931 年上	34,328	31,847	53,783
1931 年下	7,500	45,000	16,750
1932 年上	17,468	0	34,218
1932 年下	5,105	8,132	31,191
1933 年上	29,669	2,806	58,054
1933 年下	8,137	1,995	64,196
1934 年上	16,500	2,214	78,481
1934 年下	25,625	2,550	101,556
1935 年上	27,415	2,300	126,671
1935 年下	11,650	120	138,201
1936 年上	6,000	150	144,051
1936 年下	1,000	0	145,051
1937 年上	3,840	0	148,891
1937 年下	40,141	0	189,032
1938 年上	58,086	15,040	230,079
1938 年下	81,138	12,254	298,963
1939 年上	112,698	21,328	390,334
1939 年下	47,639	10,706	427,266
1940 年上	74,970	14,210	488,026
1940 年下	30,487	13,019	505,494
1941 年上	149,149	10,368	644,276
1941 年下	34,335	7,524	671,087

出典：各期「損失補充資金積立」，「別口報告」。

表 4-16　サンフランシスコ店別口積立金の内訳（1925〜30 年）

（単位：ドル）

積立期	資金出所	積立理由	積立金	備　考
1925 年下	重油	油田調査費	5,000	1931 年上支出
	雑損益	店限雇員退職積立金	2,500	1929 年上以後支出
1926 年下	輸出雑品・日本材	麻会社売掛引当	1,500	600 支出
	為替差益	為替損失引当	1,000	1931 年上支出
1928 年上	輸入雑品・米材	品質苦情引当	1,000	同
	輸入金物	弁護士費用	2,000	
	為替差益	為替損失引当	1,000	1931 年上支出
1928 年下	輸出雑品・日本材	損失引当	1,000	同
	輸入雑品・米材	同	500	同
1929 年上	輸入金物	弁護士費用	5,000	
	輸入金物	小野貿易貸金引当	7,000	1930 年上支出
1929 下	雑損益	雇員退職準備金	1,600	
	利息	同	1,000	
	輸入機械	欧向果物缶詰開拓	3,000	1931 年上支出
	輸入金物	冷凍魚開拓	4,000	以下 3 項計 7000 のうち
	同	東洋向鰯缶詰開拓	2,000	31 年上 5500 出
	同	ゴム原料開拓	1,000	
1930 年上	利息	雇員退職準備金	1,000	
	同	賜暇帰朝引当	1,000	1931 年上支出
1930 年下	輸出食料品	麻布売約残値下引当	5,872	
	輸入金物	同	4,200	
	麻布・袋	同	2,000	
	輸入雑品	ゴム売約残値下引当	2,000	1931年上支出
	輸入食料品	同	1,000	同
	輸入金物	同	1,000	同
	輸入機械	同	3,000	同
	利息	同	1,247	同
	同	メキシコ商内開拓	1,000	同
	同	賜暇帰朝引当	1,000	同
	落花生外国売買	豆売約・手持値下	3,300	同
	利息	雇員退職準備金	523	

出典：前表に同じ。

たもの、表4-17は三六年下期の別口積立金を分野・目的別に合計したものである。これらを見ることにより、別口積立の実際が明らかになる。

表4-16の「積立ヲ必要トスル理由」を見ると、いくつかに分けることが出来る。第一は「油田調査費」、「開拓資金」など営業拡大のために積み立てる資金である。この時期は十分な利益を挙げていなかったために少ないが、三〇年代中期になると「商内資金」、「商内開拓資金」という名目が多くなる。第二は店限雇員退職積立、賜暇帰朝引当などの人件費関係と社宅・家具・自動車引当などの減価償却的な積立である。店限雇員の退職金は、三〇年下期一五人の在職者に、紐育店規定最高限度を支給した場合の所要金額が五八八三ドルになり、その全額をすでに積み立てている。三三年上期以降出てくる、社宅修繕・自動車買い替え・家具等の引当も同様なものである。第三は品質苦情、弁護士費用、小野貿易貸金、売約残値下、手持荷値下など、ほぼ支出が確実視される費目への引当である。ほとんどの場合、次期あるいは二、三期の間に支出されている。三二年以降になるとダンピング・デューティ引当なども出てくる。第四は第一の商内開拓資金と結果的に同様な役割を持つことになるが、必ずしも目的が明確でない積立である。資金出所が為替・利子・雑益などの場合、為替損失引当、金利損失引当とされ、また輸入金物の利益を屑金物商内損失引当とするように、第三のような確定的ではない一般的な損失引当とすることも多用されるようになる。この引当は多額の利益が出た場合に表に出さず、損失あるいは利益が少ない期に取り崩して損益を平準化すること、さらには所得税の節税という役割も持っていたのであろう。

資金の出所と引当対象は一致するよう図られたが、退職金積立は利息や為替利益から、諸税引当金は多様な分野から、

表 4-17　別口積立繰越金（1936年下期）

（単位：ドル）

積立理由	金額	備考
食料品関係	14,050	未発生，必要なし
肥料関係	20,245	未発生，不要の見込み
金物関係	34,550	未発生
焚料油関係	16,349	未発生
メキシコ鉄管商内	1,000	不要
コットンラッグ商内	1,600	未発生
店限雇員退職資金	12,000	確定，支払未済
諸税引当	19,775	9500確定，残差当り不要
為替損失引当	11,781	未発生
金利損失引当	1,700	未発生
年末賞与引当	2,000	未発生，必要なし
家具自動車引当	3,950	差当り必要なし
賜暇帰朝費引当	2,000	差当り必要なし
合計	141,000	

出典：「昭和十一年下期別口報告」。

また金額のかさむ損失の場合にはいくつかの出所から調達された。

三六年下期の表4-17は、表4-15の繰越金と一致しないが、積立口を分野別に示したものである。この期には積立の理由だけでなく、その支出の見込みも積立口ごとに記されている。退職資金の支出は「確定」、諸税引当金は確定と「差当リ必要ナシ」に分けられ、それ以外のすべてが「未発生」、「必要ナシ」、「不要ノ見込」となっている。「未発生」とされているのが「商内資金」、「開拓資金」であり、「必要ナシ」、「不要ノ見込」とされるのが特定の損失引当金である。何期かにわたって繰越される別口積立金は、退職金と諸税引当金を除けば、桑港店の内部留保というべきものになっているのである。

これらの積立金は「極秘」とされている。退職金積立や税関当局との係争中の諸税引当、あるいは自動車買い替えや社宅修繕の積立をなぜ「極秘」にしなければならなかったかは不明である。NY店がSF・ST店の分も一括して納税していたことが関係しているのかもしれない。しかし三六年下期の積立金一四万ドルから三万五〇〇〇ドルほど引いた約一〇万ドル強は、税務当局に説明できない資金であることは間違いないだろう。

別口積立金は桑港出張所の貸借対照表には「社外支払未済」の項目の中に入れられ、次のような操作が行なわれていた。

> 当店八／上決算書類中、社外支払未済ニ計上致居候諸損失引当金ハ、持越明細書面ニテ略「レザーブ」ナル事察知デキ得ルヨウナ記載アルヲモッテ之ヲ書キ換ヘテ、現実ニ起コリ得ル未払勘定ト認メラレ得ル摘要ニ之ヲ変更シ、且ツ今后「レザーブ」ハ別口報告以外ノ他書類ニハ一切判ラヌ様ニ記載セヨトノ御来旨

この期の持越明細書を見るものが見れば、社外支払未済はリザーブであることがわかってしまうというのである。本店会計課は、もっともらしい摘要を考えよという指示を出し、SF店はそれに応じて「適当ノ名義見当リ不申候ニ付、今回ハ止ムヲ得ズ Oil Consignment 売上尻未払分ト云フコトニ致置候」と、苦し紛れの摘要をつけたのである。(29)

四一年下期の別口積立六七万ドルのうち、支出が「確定的」なものは一万四〇〇〇、「略確定的」なのが四万ドル、

「未発生的」が六一万ドルとなっている。バランスシート上では「支払未済」に五〇万、「商品勘定」に一二万、「取立手形」に四万五〇〇〇、「商品未払」に二〇〇〇ドルというように、分散してもぐりこませていたのである。

別口積立を多く使ったのは三一年上から三二年下、三八年上期以降である。前者は手持荷の価格切下げや麻・カニ缶詰などで多額の焦げ付きが発生したことによっており、また後者の時期も手持荷の価格を大幅に切り下げた。商内資金や開拓資金を使っていないわけではないが、多くはない。事業拡大のための経費は通常の経費の中から支出し、積立金を取り崩す必要はなかったのだろう。また自動車買い替えや・社宅修繕にも使われていない。

この資金は、店限雇員の退職手当積立、確実に予測される損失、不時の出費、損益の平準化の役割を果たし、事業拡大・新規事業の目的に使われなかったために金額が次第に増加していった。米国税法がＳＦ店にどのように税を課していたのか明らかにしえないが、結果的に相当の節税になったことも確かであろう。

三　在米店の金融とサンフランシスコ店

1　信用不安への対応

一九二〇年代、日本は相次ぐ恐慌・信用不安に見舞われる。その焦点は、外国貿易を営む商社とその活動を支えていた金融機関であった。外国銀行は物産を含む日本の商社・銀行に対する信用供与を厳しく制限し、そのため正金銀行などの在外支店も日本の商社支店に対する与信を制限せざるをえなくなるのである。ここでは、物産在米店の通常時の資金繰りを検討する前に、二〇年代の信用不安とはどのようなものであったのか、それにどのように対処したのかをまず検討しておこう。

一九一九年から二〇年初頭、米国の連邦中央準備銀行が引締めを強めていたさなかに、日本の戦後恐慌が勃発した。

物産NY店では「日本宛弗為替売却困難トナリ円貨為替モ或ル金額以上ハ之亦困難」となり、SF店においても三～五月にかけての日本向け鉄・機械類輸出一六〇万ドルに対し、正金銀行は三月分一二、三万ドル引き受ける以外に「弗為替買入レヲ拒ミ円貨為替振替ヲ主張致候」と、米国銀行だけでなく、正金銀行からもドル建て輸出為替手形の買入れを拒絶されるに至った。(30) 当初、米国の金融引締めが主因と考えられていたが、日本の恐慌が深化するに伴い、米国においては日本経済、日本の銀行・商社に対する不安・不信が急速に広まっていった。

NYの銀行が「日本商社及日本為替銀行ニ対シ不尠警戒ヲ加ヘ居ル」中、「取引高モ取引方面モ種々雑多ニシテ巨額」の物産NY店は、「銀行借入金ノ如キモ銀行ノ態度ニヨリ借入ヲ見合セ、又ハ既ニ借入タルモノモ一時返済ナシ或ハ預金ヲ増加スル等、当社取引銀行ヲシテ当社ガ日本財界恐慌ノ為メ打撃ヲ受ケ居ラザルコトヲ立証スルニ勉メ」ていたが、「当地市場ニテ相当知ラレ居ル」横浜の茂木合名が破綻したことを契機に、「俄然当地銀行家ハ日本商社ニ対シ一層ノ警戒ヲ加ヘ」るに至った。茂木商店は生糸・羽二重の輸出商として、古くから知られ、大戦中に業態を著しく拡大して総合商社化を図っていたのである。

物産も茂木破綻の影響を受け、「新タニ credit 又ハ loan ノ取極ハ勿論到底望ミナキノミナラズ、従来ノモノモ縮少又ハ余計ノ担保ヲ要求スル恐レ有之」と危惧されるようになり、事実ボストン・ファースト・ナショナルバンクからは生糸三五〇俵の倉荷証券を担保に一〇〇万ドルの信用を得ていたのに対し、七五万ドルのT／A（トレードアクセプタンス）担保差し入れを要求され、また倫敦向けT／T（電信為替）を売ろうとしたところ、「Subject to confirmation from London ニ非レバ当地ニテ支払ハズ」との通告を受けたのであった。(31)

NY店は、第2章三で述べたようにST店・SF店と連携して緊急の資金需要に対処し、また本店からの送金によって手元資金を充実させる。

此際出来ル限リ資金ノ充実ヲ図リ、銀行ヨリノ要求ノ如キ不当ナラザル限リハ之ニ応ズルト共ニ当社ノ立場ヲ充分ニ説明シ……他ノ二、三流ノ日本商社又ハ新設会社トハ全然其軌ヲ一ニセザル事ヲ画然ト示シ置度、是当社ノ

世界的地位ヲシテ益々向上発展セシメタク切望[32]

NY店は、日本の商社に対する信用不安が発生した際、米国銀行の要求に積極的に応えることによって、物産が他の日本商社とは異なることを米国市場に印象付けようとしたのであった。翌二一年六月にNY店で開催された各店打合会議において、前年の恐慌を踏まえ、米国銀行との付き合い方について次のようにまとめている。

銀行ノ態度ニハ常ニ周到ナル注意ヲ払ヒ、責任者ハ機会アル毎ニ銀行家ニ面談、其了解ヲ得ル様ニ努メ、商況ニヨリテ直チニ Credit ノ限度ニ増減ヲナスガ如キ銀行トハ成ルベク取引セザルノ方針ニ出デ、昨年屢々起リタルガ如キ当社ノ信用ニ重大ナル関係ヲ有スル風評等ノタメ、当社金融ニ不都合ヲ生ゼザラシムル様常ニ銀行家トノ連絡ヲ保チ[33]

平常時の取引によってではなく、商況が悪化した時の態度を重視して取引銀行を選択していくという姿勢を示している。会議や本店への報告に際して常に重視されるのは「各店ノ有スル金融力」、すなわち各銀行から引き出しうる最大の信用使用限度であった。たとえば二一年のNY店の本店許可銀行借越限度は一〇〇〇万円であったが、トレード・アクセプタンスを担保に入れる方法で米銀八行から合計四七五万ドル、手形引受けによって二行から計一五〇万ドルの与信枠を確保していると述べている。

震災後の輸入輻輳による信用不安も、日本の商社に影響を与えた。「本行〔横浜正金銀行〕在外資金ノ補充捗々シカラス、輸入為替取極メ続々殺到シテ応接ニ遑ナキ有様ニシテ営業自由ナラズ」と、正金が弱音を吐くほど輸入為替が増加し、二三年一二月に入って円相場が急速に低落し、二四年一月に成立した清浦内閣の勝田蔵相は、円相場維持を声明し、正金もそれに参与して「極力信用状制限ヲナス」こととなった[34]。

正金在米支店は「弗貨荷為替手形ノ買取リヲ拒ムニ至リ、続テ信用状取付ヲ強要シ信用状無シニハ弗貨、邦貨タルニ不拘当地ニテハ絶対ニ輸出手形ノ買取リヲ拒ムニ至リ、遂ニハ仝行信用状ノ発行サヘモ停止……当地輸出業者ニトリテハ尠カラザル不安ト脅威ヲ感ズルニ至レリ」（SF．二四年上）という事態に追い込まれたのであった。

二五年二月の有力商社高田商会の破綻も、日本の商社・銀行に対する、欧米経済界の不安を高めた。

高田破綻後外国市場ニ於テ本邦商店ニ対シ多少警戒ノ色見エシカ、高田ノ整理復興容易ニ実現セス……同時ニ鮮銀、台銀ノ整理問題等新聞ニ掲載セラレタルカ為、直チニ英米市場ニ反映シテ益々警戒ヲ濃厚ナラシメ、殊ニ英国方面ニ於テハ鈴木商店ニ関シ"May Collapse any moment"……等ノ噂伝ハリ、又同国商務省ハ鮮銀、台銀トノ取引ニ関シ、Strong Warning ヲ発シタルヤウニシテ(35)

震災後の信用不安と二五年の高田商会破綻に際して、物産在米店が大きな影響を受けた形跡は認められない。おそらく二〇年恐慌後に採り始めた信用不安への対処方針が実を結んでいたのであろう。しかし、鈴木商店の破綻と台銀の営業休止を引き起こした二七年三月からの金融恐慌は、物産にも大きな影響を与えた。

NY店は、恐慌を勃発当初から「日本丈ケニ止マ」るものであり、「〔日本の〕金融上ニ於テハ有史以来ノ出来事」として、深刻に捉えた。NY店は、①電信為替が効かなくなる場合、②輸入品への融資に担保増加を要求される場合、③輸出品に為替がつけられなくなる場合、④メーカーから買約品の保証を要求される場合、を想定したが、①③の不安は杞憂となった。残る問題は、「不幸ニシテ四月ハ当店支払ヒ甚ダ多ク五月モ支払手形金額六百二十万弗」といわれる、期日の迫った支払手形を処理することと、担保差入れを要求される可能性のある信用状付き支払手形が二七〇万ドルあったことである。こうした状況のもとでは、「用意ノ為メニモ早速三、四百万円ハ電送ヲ願ハネバ安心出来無カリシ」ところであるが、当時のNY店は、担保差入れ可能の現金・ボンド・倉荷証券合計六〇〇万ドルを有していた。その根拠は、一つは「第一、二、三種積立金、税金積立金等」一九〇万ドル、二つは九〇〇万～一〇〇〇万ドルにも達する生糸売掛前払金で、それを生糸支部からNY支店への貸出しとし、日本のドル貨公債を買い入れていたのである。これらを担保に銀行から借入したり、増担保として差し出したりして本店からの送金に頼らずに乗り切ることが出来たのであった(36)。

NY店は在米他店の金融状態を聴取し、SF店には「当店トシテハ生糸ビル等多額ノ金融ヲ致居候事故、此際出来ル丈貴店限リニテ御賄ヒ被下候様」と独自に乗り切ることを求め、[37] ST店に対しては同地正金支店が「一時輸出手形ヲ買ハヌト申出」たため、「用心ノ為」一〇万ドルを送金した。[38]

NY店を中心とする在米店は、この恐慌に際して、すでに緊急事態に対処できるような蓄積と安全網を形成していたのである。SF店の資金繰りを具体的に見る前に、同店の金融を大枠で規定したNY店の資金繰りを簡単に見ておこう。

一九二〇年から二七年にかけ、NY店の金融は「生糸代ノ入金順調ニシテ殊ニ同商品ガ現金売約多カリシ関係上寧ロ遊金ノ運用ニ苦シミ、常ニ手形ノ前払内払乃至日本政府公債ノ買入等」(NY、二六年下)と記しているごとく、生糸代の入金により大量の遊資を生じ、手形の前払いや公債に投資していた。二七年上期には、夏季に生糸の売行きが減退する一方、支払手形が輻輳して金融繁忙となり、本店貸越金の取寄せ、所有公債を担保に最高二六〇万ドルの銀行借入金を行なった。二八年下期には、毎月の支払手形決済が五〇〇万~八〇〇万ドル、季末支払手形残高二三〇〇万ドルという多額に達したが、生糸代金が順調に入金し、「各月支払ヲ取賄ヒタル上手許資金ニ余裕」を生じるほどであった。また「〔取引銀行との関係は〕益々親善ヲ加ヘ、一流ノBankersヨリImport Creditノ開始其他取引ヲ慫慂シ来ルモノ少カラズ」と、NY金融界からの信頼も極めて厚くなり、「当店輸入手形ガ独リ紐育割引市場ノミナラズ西部銀行ニヨリ割引セラル、ノ益々多キニ居レルモノ、如シ」のように、物産NT店振出手形は米国に広く流通するようになっていたのである(NY、二八年下)。

充実した資金と厚い信用に支えられて、恐慌下においても、NY店は三一年下期まで遊資の有利処分に腐心するのである。

2　桑港店の資金繰り

大戦後、SF店は「本店許可銀行借越限度」一〇〇万円、「本店借越限度」五〇万円に制限されていたが、一九二

表 4-18　サンフランシスコ店の金融力（1925 年）

（単位：万ドル）

	無担保貸	担保貸	信用状取付可能額	預　金要求額	預金額
カリフォルニア銀行	100		100	15%	3.5
アングロ銀行	50		50	10%	3.5
横浜正金銀行					3.5
住友銀行					
ウェルズファーゴ銀行		25		10%	
マーカンタイルトラスト銀行	50		75	10%	
ファーストナショナル銀行	50	50	50	10%	

出典：「在米三店金融為替統一ノ事」（1925 年 1 月，SF. BOX 1209）。

一年のＳＦの借入れ可能銀行・金額は、カリフォルニア銀行から五〇万～七〇万ドル（ＳＴ店と共同）、アングロ銀行から五〇万ドル、正金銀行から三〇万ドル、住友から二〇万～三〇万ドルとされている。

一九二五年初頭の同店の「金融力」を示すと表４-18のようになる。メーン・バンクと言うべきものは、カリフォルニアの有力銀行であり、当座預金口座を持つカリフォルニア銀行とアングロ銀行であった。ＳＦに支店を持つ正金と住友とは、種々の取引があったが、州法によって外国銀行は貸出しを禁止されており、通常の借入金は米銀から行なった。しかし「過去ノ経験ニヨル時ハ相当多数ノ融通ヲ両行ヨリ受ケタル事有之」とされ、三〇日か六〇日払いのＳＦ店クリーン・ビル（信用手形）を両行桑港支店に売却するという形式で借入し、利息は日本並、米銀より二分ほど高いとされる。「右様ノ形式ニヨル当方借入金ハ決シテ不用意ニ行ハルベキモノニ無之、余程ノ短期金融ノ逼迫セルニ非ザレバ行ハルモノニ非ズ」と記しているように、例外的な場合であった。[39]

「Ｌ／Ｃ取付可能額」には、ＳＦ店が輸入する商品に対するものと、ＮＹ店の依頼による「紐育宛Ａ／Ｃニテ当店信用ヲ以テ横浜支店宛信用状」[40]との二つがあった。カリフォルニア銀行とアングロ銀行はＳＦ店のものであり、マーカンタイルとファーストナショナル銀行はＮＹ店の生糸輸入に対するものである。おそらくＮＹ店信用状取付け金額が金額が大きくなりすぎた場合、桑港揚げオーバーランド生糸に対してＳＦ店が取り付けたのであろう。二六年には、「生糸信用状取付銀行ト好関係ヲ維持スル目的」から、ＮＹ店がＳＦ店に無利子で五万ドルを預けており、[41]それを銀行へのデポジットに用いている。この二行にウェルズファーゴ銀行を加えた三行から、数十万ドルの無担保貸・担保貸が可能とされているが、他の史料にはこれらの銀行からの借入枠は記されず、また実際に借入した形跡もうかがえない。

ＳＦ店の「金融力」はおおよそ以上のようなものであったが、具体的にどのように運用されていたかを見ておこう。二〇年代ＳＦ店の資金繰りは、麻布・袋の買入れ、すなわちカルカッタ店振出ロンドン支店宛社内為替の支払いによって強く左右された。二二年上期、一〇〇万円の銀行借越限度では「金融不可能」になり、年利七・三％の本社送金を得たが、為替リスク回避のために臨時借越限度二五万ドル増枠の許可を得て年利六％の銀行借入金によって本店借越を返済した。さらに二二年の資金繰りについて、以下のように述べている。

本季ハ甲谷他買付 Wheat Bags 代金電送ニヨリ巨額ノ梗塞ヲ見、相当困難ニ陥リタル事事実ナリ、即チ目下銀行借入金五五〇〇〇〇弗アリ、四月末ニ於テハ紐育借入金二〇〇〇〇〇弗ヲ銀行借入金ニヨリ返済スル時ハ合計七五〇〇〇〇弗トナリ、臨時借越限度額ニ達ス……一方甲谷他ヘノ送金ハ四、五月ヲ通ジ少クモ一五万弗ニ上ルベク、又麻袋売上代金回収ハ六、七両月中ナルヲ以テ……従テ五、六月ヲ通ジ二十万弗以上ノ金融不足ヲ生ズベキ虞アリ、或ハ本店ヨリノ送金ヲ乞ヒ、又ハ更ニ一時的ニ銀行借入金ヲ為シテソノ難関ヲ切り抜ケントスル予定ナリ(42)

二四年上期には期初本店貸越二九万円、紐育店借入金六〇万ドルであったが、その後の「麻布袋ノ売上代金ヲ以テ漸次償却」し、期末には本店貸越四九万円、紐育店借入金四〇万ドルとなった（ＳＦ、二四年上）。さらに二四年下期末には、「麻布袋代金ノ回収良好ニシテ之ヲ以テ金融ヲ取賄ヒ」、本店貸越五〇万円、銀行借入金二五万ドル、紐育店借入金五万ドルになったという（ＳＦ、二四年下）。

二四年上・下期、本店への貸越が巨額に達し、また銀行借入金が少なく、ＮＹ店からの借入が多いのは、震災後の金融収縮によるものである。この時期においても、ＳＦ店の資金繰りを左右したのは、カルカッタからの麻布・麻袋輸入に伴う支払と入金であったことがうかがえよう。

表 4-19　サンフランシスコ店貸借対照表主要勘定（1928～40 年）

（単位：ドル）

	負債						資産			
	商品関係未払勘定	支払手形	銀行引受手形	社内他店引受手形	本支店勘定	銀行借入金	商品勘定	社内受取手形等	本支店勘定	現預金
1928 年上	18,112	211,279		169,458	42,400	150,000	202,592	176,295	71,620	21,402
1928 年下	67,870	107,203		24,127		800,000	236,552	69,199	490,812	44,938
1929 年上	81,322	165,255	50,386	83,891		462,157	253,012	131,489	287,125	54,050
1929 年下	65,063	121,203	256,894	26,332	78,027	250,000	272,382	282,556	93,143	71,749
1930 年上	68,309	75,588	89,105	114,740	59,153	50,000	145,175	148,575	41,532	81,197
1930 年下	86,251	16,104	284,874	64,919	267	100,000	27,937	372,882	9,608	72,440
1931 年上	67,028	85,347	152,470	36,552	4,520		68,698	204,274	46,003	37,185
1931 年下	73,742	61,288	475,392	8,634		150,000	90,850	499,497	93,037	41,596
1932 年上	83,805	14,968		4,321	3,288		13,777		19,761	78,496
1932 年下	46,249	107,387	26,078	25,294	601		5,999	28,236	5,848	121,909
1933 年上	61,494	39,862	9,033	2,981	7,448		7,029	17,226	35,188	75,569
1933 年下	68,622	203,551	71,105	15,234			86,503	74,746	113,027	28,441
1934 年上	95,656	162,834	35,230	3,522	1,929		117,632	51,073	26,397	9,617
1934 年下	205,677	15,595		21,784		20,000	78,494	134,611	22,708	12,289
1935 年上	173,352	456,078		34,750	358		26,833	92,492	15,164	483,064
1935 年下	175,886	313,901		28,391			86,913	234,198	42,375	101,147
1936 年上	165,017	500,562		147,369	823		35,159	50,824	46,430	177,363
1936 年下	178,938	527,027		56,984			77,449	7,970	98,821	196,951
1937 年下	235,286	486,525		75,432	65,712		405,528	8,476	47,538	73,930
1938 年上	172,497	364,501	1,604	70,235	118,001	76,561	362,220	403	43,998	368,235
1940 年上	568,766	144,397					294,386		546,365	124,958

出典：　桑港出張所各期「貸借対照表」。

二六年九月八日の状況は次の通りであった。

借入金はアングロ銀行から麻袋倉荷証券を担保に年利五%で一〇万ドル、NY店から五・五%で一〇万ドルと無利息で五万ドル、合計二五万ドルである。この時期、SF店が地元から調達する資金は年利五〜五・五%と「大抵社内利子ヨリ低利」であり、NY店からの借入金も「Local Loan ノ率カ又ハ五分高見当」であり、本店借越による調達よりも地元銀行からの借入の方が有利であった。

取引先勘定は、麻布・麻袋の最大の取引先パシフィック・バッグ会社から一五通五万二〇〇〇ドル、カニ缶詰の取引先小野貿易から九通一九万七〇〇〇ドルなど合計二六万四〇〇〇ドルの受取手形金額に達した。前者は期日通りに支払われてきたが、信用限度を常に超過しており、「代金回収ニ付テハ特ニ注意ヲ払イ万々遺漏ナキヲ期スベシ」とされ[43]、小野貿易については何も記されていないが、この直後に整理を迫られ、SF店カニ缶詰だけで七万ドルの焦げ付きを生じることになる。

表4-19は一九二八年以降の桑港店主要勘定を示したものである。二八年以前の数値が不明であるが、前述した状況と同表を比べると最も大きな変化は、SF店が本支店勘定（本店・NY店・ST店からなる）から負債として資金を取り入れていたのに対し、この時期以降、例外的な年次を除き、資産の方が多くなり、社内受取手形も二九年から三一年にかけて顕著に増加している点である。本店やST店との本支店勘定における資産の増加、社内受取手形の増加は他支店に対するSF店の信用供与である。その活動を支えているのが銀行借入金と二九年下期から増加する銀行引受手形である。

SF店取扱品目の中で、社内為替を取り組んでいたのはカルカッタからの麻布・麻袋であり、SFから日本に輸出する商品は、電信為替送金の石油関係を除くと、日本向け利付手形であり、その多くを横浜正金桑港支店によっていた。米国国内金利の上昇に対応して、二八年一〇月から正金の主導により、日本向手形金利が年利七％に引き上げられた。物産SF店は金利引上げを「已ヲ得ザル次第」とする一方、金利の節約手段として日本向け輸出にも社内手形の導入を考える。

バンクアクセプタンス、あるいは通常のローンによって「当地ニ於テ当店勘定ニテ金融ヲ賄ヒ、社内間ハ社内手形ノ方法ニテ決済」すれば、少なくとも〇・五％程度は有利に手当できるというのである[44]。この提案は本店会計課から許可され、金物部が早速利用することとなり、カリフォルニア銀行との間に年利六％、限度二〇万ドルのバンクアクセプタンスの枠が設定される。SF店が積出しごとに同銀行宛手形を振り出し、同行が割り引いて桑港店当座勘定に振り込み、手形期日前日にSF店から銀行に支払う、という仕組みであった[45]。

SF店「期中為替取組高」によれば、二七年まで社内手形を取り組んでいないが、二八年上期の六万ドル以後急増し、三〇年下期には六〇万ドルまで達した。

三一年に至ると、「世界ヲ挙ゲテ低金利時代ト相成」という事態と、「米国ノ割引市場ハ聯銀ノ確立ト共ニソノ発達驚クベキ、今ヤ倫敦市場ヲ凌駕」するほどの金融市場の発達により、バンクアクセプタンスの利率が二％未満まで低下した。SF店は米国からの輸出品だけでなく、輸入品の決済にもそれを用いるため、「輸入品ニシテ相当金額ニ上ルベキ見込ノモノニ対シテハ、今後東洋各店ヨリ当店ヘノ offer ハ当分ノ間従来ノ usance 建ノ外ニ at sight 建ヲモ併用御電照ニ預リ度」との通知を、本店以下日本・東洋各店に発した。(46)

SF店は低金利の資金を確保することに努めるとともに、資金量の拡大にも努める。二九年六月、一〇〇万円の銀行借入金限度に加え五〇万円の臨時限度を申請するが、その理由として挙げているのは、①麻布・麻袋の在庫金融や支払手形に一〇万～二〇万ドルの金融を迫られ、②新商品である冷凍エビの金融にも新たに数万ドルの資金を投じねばならず、③加えて毎期のように数万ドルから数十万ドルを、「社内他店ノ為メニ当店自身ニ於テ金融」せねばならない、ということであった。(47)

二九年三月、本店の求めに応じて提出した報告書によれば、桑港店の金融力は次の通りであった。正金・カリフォルニア銀行・アングロ銀行・アメリカントラストの四銀行に当座口座を開設しており、前二行との関係は「他行ヨリモ一層頻繁」であった。「特ニ予メ借入金又ハ為替前借金等ノ打合ハセ」をしているわけではないが、借入可能金額は正金から三〇万ドル、カリフォルニア銀行から五〇万、アングロ銀行から五〇万、アメリカントラストから三〇～五〇万ドルであった。この四行以外では生糸信用状・為替売買で取引のあるイタリー銀行、三井銀行との関係から取引のあるウェルズファーゴ銀行、南洋・中国方面の為替・手形引受けで関係ある香港上海銀行、「平素殆ンド関係ナケレドモ余程以前ニ全行ヨリ Loan ヲナセシ」ことのある住友銀行の四行が取引銀行として挙げられている。(48)

正金銀行からの借入は、担保その他の証明書などが必要であり、「銀行検査官ノ検査ヲ受クルニ際シ色々ト面倒ナ手数ヲ要」するため、デマーンドローン（当座貸し）の形式を取っていた。正金支店との関係は次のようであった。

加州農民其他ノ故国送金相当額ニ上ル為メ、常ニ此ノ資金運用上当店ノ為メ他行ヨリモ多少有利ニ金融シ呉レル事モアリ、種々特別ノ便宜ヲ図リ呉レ申候ニ付、先方ノ迷惑トナラザル範囲内ニ於テ、普通ノ輸出資金以外ニ当店自身ノ金融ノ為メ短時日ノ借入金ヲナシ(49)

正金SF支店は、日本人・中国人移民労働者の故国送金のために豊富な資金を擁している場合が多く、その運用先を求めていたのである。SF店の借入金利率を見ると、一般的に正金は現地銀行よりも高いことが多いが、現地銀行よりも自由が利いたのだろう。

イタリー銀行（Bank of Italy）は二〇年代後半に合併を重ね、「当沿岸第一ノ大銀行タルハ申ス迄モ無之、全米ニ於テモ有数ノ銀行」になっていたが、二九年まで当座を開設していなかった。三〇年三月、以下の理由を挙げて同行への当座開設を申請する。(50) ①食料品関係得意先の多くが同行と取引しており、信用調査などに便利である、②州内に三〇〇の支店を有しているので代金取立てなどにすこぶる便利、③同行はロサンゼルス方面にも強い基盤を持ち、SF店の同地方の営業を助長する意味からも有意義。

イタリー銀行はその後バンクオブアメリカと改称し、カリフォルニア銀行と並ぶ桑港店のメーンバンクになる。

SF店は、「此ノ間当店ハ各店ノ便益ノ為メ専ラ社内手形ヲ利用シテ金融ヲナシ、Bank Acceptance ノ方法ニ依ッテ低利金融ヲ為スニ努メタリ」（SF、三一年上）と記しているように、日本・東洋各店との輸出入に、現地銀行から低利資金を取り入れて社内手形を取り組み、自店・他店の金利負担の軽減に努め、またST店・NY店・営業部のために現地銀行から資金を取り入れ、融通することに努めていたのであった。

3　国際的孤立化の中の金融

一九三一年九月に勃発した満洲事変は、桑港店・在米店の金融にも大きな影響を及ぼした。三二年一月の上海事変をきっかけに「対日米国輿論ハ頓ニ悪化」し、米国銀行は「日本ノ商社銀行ニ対シ信用程度ノ引締メヲ敢行シ、当店ノ如キモ各取引銀行ノ信用ヲ充分利用デキザルニ至リシヲ以テ、従来各店ノ為メニ低利金融ノ一方法タリシ Bank

Acceptanceノ如キモ引受ケ殆ンド困難」（SF、三二年上）となった。為替取組高の大部分を占めていた社内手形は激減して円貨手形に代り、支払引受手形もバンクアクセプタンス引受依頼高の減少によって総額が激減する。[51]

NY店も「漸次米国銀行ノ信用減縮ニ遭逢シ市場低資利用ノ途ヲ極度ニ狭メラレ、所用資金ハ主トシテ本店借越並ニ担保付銀行借入金ニ竢ツノ外ナク、前季来引続キ相当繁忙ナル金繰」（NY、三二年下）のように、利率の高い本店からの借越や銀行借入金に頼らざるをえなくなったのである。

しかしSF店は米銀が日本商社に対する金融を引き締めても、円貨手形の発行によって資金を調達することができた。それは「対日為替ノ暴落ト共ニ当地日本移民ノ故国送金頓ニ増加シ、是レガ引当トシテ当地正金ハ当方円売為替ニ対シ好率ヲquoteシタルヲ以テ当方輸出品代ノ決済ハ専ラ円為替利用」（SF、三二年上）と、円貨暴落が日系移民の故国送金を促し、正金桑港支店は豊富な移民送金資金を抱えていたのである。

三三年上期まで円貨手形が多く社内手形がほとんどないという状況が続いたが、同年下期から円貨手形が減少し、利付為替手形や社内手形による取引に復帰していく。

表4‐19によれば、三二年頃からSF店の金融は再び大きく変化している。銀行借入金・バンクアクセプタンスの季末在高が激減し、その代わりに、輸出品仕入のために振り出されたと思われる支払手形が増加する。特に三五年以降は激増している。この時期、銀行借入金や社内手形取組などがなくなったわけではないが、期末借入金は限りなく減少しており、また社内手形の取組高も多くはない。銀行引受を前提にした社内手形による金融よりも、支払手形は金利上不利だったと思われるが、その理由は明らかでない。

満洲事変に際して生じた日本の商社・銀行に対する警戒は、三三年にほぼ解消したと思われる。ところが三六年二月に発生した二・二六事件は、それを上回る深さの日本に対する信用不安を引き起こし、大幅な入超に伴う三七年一月からの為替管理の強化とあいまって、物産の金融は大きな困難に直面し、さらに七月の日中戦争勃発以後、決定的な転換を余儀なくされていく。

二・二六事件直後のニューヨークの状況について、物産取締役兼NY支店長石田禮助は「紐育銀行ハ日本商社銀行ニ対スル信用、並ニ之ニ関係アル手形ニ付神経過敏ニナリツ、アリ」と報じ、NYの懸念は「日本全体其モノ、安固ノ上ニ於テ重大ナル欠陥アルガ為」と、金融恐慌などの場合とは異なり、日本に対する不信が背景にあることを指摘し、NY店は五〇〇万ドルという十分な「金融余力」を有していたが、社内手形の発行を全廃するなど、金融逼迫に備えた。しかしNYにおいては、物産と取引のあるチェース銀行の幹部などが「一向気ニカケ居ラズ」と表明し、物産の懸念は杞憂に終わった(52)。

ロンドンからは二九日、「昨日頃ヨリ当社 House Bill ノミナラズ日本ノ銀行引受手形モ当市銀行ハ手許金融関係トノ口実ノ許ニ割引カズ」と、物産社内手形の流通が懸念される事態となった(53)。これを受け、シンガポール支店は大阪・神戸・金物部に対し、「磅建新規商内ニハ外国一流銀行ノ信用状ヲ御要求」した。しかし物産社内手形の流通が困難になる事態のもとでは、「巨額ノ外銀信用状ノ取付ケモ困難」であり、本店会計課は日本・満洲向け商内はしばらく円建てにするように求めた(54)。

三月三日、ロンドン支店長は正金銀行などから得た情報をもとに、同地の金融状況について、ミッドランド銀行は一分高なら社内手形を割り引く、チャータード銀行は物産の無担保融資枠減額を計画中、パリ銀行は担保いかんにかかわらず貸出拒絶、有力五行のうちミッドランド、ウエストミンスターを除く三行が「割引ニ応ゼヌ」という厳しい状況を報じた(55)。

本店会計課は、事件前の状態に完全に復帰しないなら、今後ロンドン市場におけるハウスビル流通額を減少させ、物産の信用を維持する必要があるとして、①ロンドン向け手形を期日前に関係店のリスクで前払いする、②「欧州向以外ノ積出品ニテ倫敦廻シ手形決済ヲ廃メ、仕向店宛ニ手形ヲ取組」などの手段が必要であるとする(56)。このような信用維持の手段を考慮したが、三月四日には「市場ノ警戒振ガ漸次緩和」するに至った(57)。

NYからも三月四日、次の電報がもたらされた。

当社ニ関スル限リ銀行態度特ニ変化ヲ認メズ……紐育市場ニテハ当社ハウスビルハ裏書銀行ニ依リ割引率違フガ、横浜正金銀行ハ当社手形ニ付市場ヲ作ル目的ニテ従来主トシテ田舎ノ銀行へ、ソノ懇請ニヨリ年三／八乃至七／一六％ニテ割引シツツアリ、事変後モ割引率変ナク相当需要アリト言フ、銀行ニシテ法外ノ率ニテ割引スルモノアラバ当方買向フ用意アリ(58)

物産社内手形は、銀行が裏書してNYに広く流通しており、特に正金は物産社内手形を「田舎」の銀行にも流通させる努力を払い、「田舎」の銀行も積極的に取引している様子がうかがえる。NY金融界の日本に対する不安・不信にもかかわらず、物産に対する信頼は揺るがず、またNY店の手元資金も豊富だった。NY支店長は、ハウスビルを売り崩すような動きに対しては、「買向フ用意アリ」とまで述べるほどの自信を披瀝している。

二・二六事件当時、ゴムや錫などの輸入・外国貿易のためにシンガポール支店が取り組む社内手形の多くがロンドン支店宛に振り出され、ロンドンには大量の物産ハウスビルが流通していた。NYも同様であった。NYは事件発生後若干の動揺があっただけで実際の影響は少なかったが、ロンドンでは社内手形割引率が上昇し、割引き自体を拒絶したり、融資枠を削減する有力銀行も出るなど、一時的には大きな影響が生じた。しかし、その動揺も数日間で収まった。

海外金融市場における二・二六事件の影響は短時日で収まったが、広田内閣のもとで展開された軍備拡充を中心とする積極財政と、国際収支対策・自給力増強を目的とした関税引上げのために輸入が激増した。為替管理強化だけでは輸入増加を抑えることが出来ず、三七年一月、輸入為替許可制を実施し、軍需品関係を除く物資の輸入は著しく円滑を欠くようになった。また一月末の広田内閣総辞職前後の政局混乱により、日本に対する欧米の不信はさらに高まっていった。

三七年二月二三日、物産シンガポール支店は、正金シンガポール支店から二三日よりゴム・錫の輸出に対する物産ハウスビルを買わないという通告を受けたと、物産ロンドン・NY支店に対し打電した。ロンドン支店はこの報に対し、「近来当地銀行rateニ拘ラズ日本手形ヲ忌避シ、当社House Bill既ニ飽和点ニ達シ居ルモ、為替許可ナキ為メ各店ヨリ送金後レ手形前払出来ヌ……万一新嘉坡トノ商売中止ノ已ムナキニ至リテハ当社信用ニモ係ル重大事」として、本店が正金本社にハウスビル買取りを継続するよう交渉すること求めた。NY支店の対応もほぼ同様であった。

本店会計課が正金幹部と懇談したところ、正金の態度は次の如くであった。

従来仝行ニテハ外資相当豊富ナリシ為メ、当社ハウスビルニテ日本又ハ満洲国ノ輸出入貿易ニ関係ナキモノ迄モ比較的好率ニテ買取リ、当社商内ヲ援助シ呉レオル次第ナルモ、最近仝行外資モ以前程潤沢デナク、然モ倫敦ニ於ケル当社ハウスビル引受残激増シ、其上当社ハウスビルノ買取銀行中割引率ヲ無視シテ売漁ル銀行モアル様子ニテ、倫敦市場ニオケル当社ハウスビルノ割引率悪化シ、仝行採算上又当社体面上ヨリスルモ割引出来ズ、仝行手持当社ハウスビル激増致シ困リ居リ、此上日本貿易殊ニ輸出ニ関係ナキ当社ハウスビルハ買ヘヌ

物産本店は正金の方針に対して、以下のような対応策を取るように指示した。

其主因ハ当社ハウスビルノ激増ト倫敦市場ニ於ケル日本商社銀行ノ信用悪化トニアル……従来ノ如ク当社ハウスビルヲ巨額ニ買取リ呉レタル事ガ寧ロ常態デハナカリシ……ハウスビル増加ノ主因ハ紐育支店勘定護謨、錫手形及倫敦支店勘定護謨手形ノ激増ヲ来タシタル事ニ有之……此等商品ハ極ク薄利ノ様ニテハウスビルヲL／C付率ト同率ニテ買取リ呉レ居リ候為メ、ヤット採算出合ヒ居ルノデハナイカト考ヘラレ居候……極ク薄利ノモノニテ倫敦廻シハウスビル決済条件ニテヤット引合フモノハ此ノ際ハ他ノ決済方法ヲ工夫セラレ、差当リ倫敦廻シハウスビルトセヌ事ニ願度、殊ニ紐育支店勘定護謨、錫ノ如キハ紐育銀行ノ信用状ヲ利用シ、紐育割引市場利用出来ルRefinanceノ方法ニヨリハウスビルトセヌ事ニスルカ、又ハ米弗建ニテ新嘉坡支店ト直接決済方法ヲ工夫セラル、カ等ニヨリ、至急ハウスビルノ減少方法ヲ御考究相願度……〔倫敦支店の〕信用状取付余力モ少キ様子ナルガ此際新タニ信用状獲得ハ困難、又今交渉ヲ始メラル、コトハ或ハ不得策ニテ全面的ニ口銭引上ゲノ如キ不利ヲ或ハ醸ス……倫敦市場ニ於テ当社ハウスビルノ割引率ヲ何銀行ガ崩スモノカ当方ニテハ相分リ兼ネ候得共……

斯ル傾向アル銀行ヘハ手形ヲ売ラヌ様関係店ヘ御注意被下度、殊ニ台湾銀行、朝鮮銀行、住友銀行、三菱銀行等に御注意相願度(59)

物産がハウスビルを用いてどのような営業を行なっていたか、それによってどのような問題が生じたのか明らかであろう。①ロンドン・NY店の大量の護謨・錫の外国貿易、また神戸など国内主要店の輸入は、シンガポール店が低利のロンドン・NY宛社内手形を取り組むことによって可能になっていた。②低利かつ大量の社内手形取組が可能だったのは、正金の手持外貨が豊富で同行が日本商社支援のために引き受けていたからである。③物産の信用、正金の援助に支えられてハウスビルはロンドン・NY市場に流通していた。④ところが、正金資金の減少、日本商社・銀行に対する不安の高まりによって流通が不円滑になり、正金が社内手形引受を大幅に削減しようとした。⑤正金以外の邦銀・外国銀行も物産社内手形を扱っていたが、それらは高利率でも売却するので利用は慎重にせよ。⑥社内手形利用を削減し、信用状による取引を多くする必要があるが、足元を見られる可能性があるので、薄利の外国貿易を中心に商内が減少しても仕方がない。

このような対応によって、三七年一、二月の輸入為替許可制による危機は乗り越えたのであろう。ところが、三七年七月には日中戦争が勃発し、再び危機が訪れる。

三七年八月一四日、本店会計課が「日支問題益悪化、事態ノ進展如何ニヨリテハ貴両市場ニ於ケル本邦銀行商社ノ信用ニモ重大ナル影響ヲ及ボス恐モアル」と、金融状況の報告を求めたのに対し、NY支店は金物関係を主に「為替許可未着ノ為メ資金固定セルモノ」が一六四万ドル、八月中積出予定の内「許可未着懸念アルモノ」一二七万ドルに達し、それらが「当方金融ヲ極度ニ圧迫シ居ル現状ニ付、許可取付特別ノ御配慮ヲ乞フ」と回答した。本店は大蔵省にNY店の「金融上ノ窮状」をしばしば訴えたが、「三井、三菱ノ如キ大手筋ハ多少許可ヲ遅ラストモ何トカ切リ抜ケ呉レ得ル……殊ニ紐育三井ノ如キハ六百余万弗ノ米国公債ヲ保有シ居リ、百万弗ヤ二百万弗ノ金物類許可遅延デ行キ詰ルガ如キ事ハ了解困難ノ様子(60)」のように、大蔵省は三井や三菱は何とかするだろうとして為替を割り当てず、N

Y店の資金は大量に固定していたのである。

こうした国際貸借からする金融逼迫に加え、一〇月になると英国系銀行を先頭に、日本の銀行・商社との取引を制限する動きが明らかになってくる。ロンドンの有力銀行中日本に最も好意的であったミッドランド銀行が、正金銀行引受手形の割引を拒否したことが明らかになった[61]。

ロンドン各行の日本の銀行・商社に対する態度が厳しくなってくると、物産各店は香港上海銀行や蘭印商業銀行への依存を強めようとする。しかし、香港上海銀行は、「神戸香上銀行内部ノ状況ヲ聞クニ、排日感情強ク対得意先態度急変殊ニ香港本店甚ダシク好意的態度ハ望マレヌ様子、当社限度モ表面取消サヌ迄ニテ事実上各地引締メニ依リノミナルトスル意向ノ如シ、斯ル際担保迄入レテ同行ニ泣キツク如ク見ヘルモ面白カラズ[62]」のように、物産との関係を大幅に見直そうとしていた。また蘭印商業銀行もスラバヤ店・パレンバン店の護謨手形の前払いを求め、貸越限度の撤廃を通告してきた[63]。

金融逼迫が最も激しくなったのは、南洋各店から日本あるいは欧米向けに積出される護謨・錫の手形が集中するロンドン支店であり、またロンドンの有力銀行のほうがニューヨークの銀行よりも、日本の政治的・対外的事件に際して敏感に反応し、日本の商社・銀行に対する差別的な取扱いを行なう程度が強かった。こうしてロンドン支店の金融は一〇月以降著しく逼迫するのである。

倫敦支店引受手形及仝店社内手形期日到来分ニ対スル金融増加シ、更ニ積出済貨物ニ対スル為替未許可ノ立替払等ヲモ加ヘテ仝店手許著シク繁忙状態ヲ続ケ……時局以来英国諸銀行ノ各地ニ於ケル急激ナル信用引締メハ、仝店従来ノ海外店ヘノ融資金回収ヲ困難ナラシメタルノミナラズ、倫敦店自身モ一部取引銀行ノ引締メ態度ト前途ノ見透難トニヨリ著シク手許窮屈トナリ、仝店ヨリ頻リニ前途ノ不安ヲ訴ヘ来リ[64]

本店は、為替管理のためにロンドン店に送金することができず、各地物産支店に対してロンドン店への協力を訴える位のことしか出来なかった。同店はこうした本店の態度に対し、「時局以来会計課並ニ内地各店ガ当店金融ニ対シ認識ヲ欠クモノ、如ク[65]」と不満を強めるが、本店としてもいかんともしがたかったのであろう。ロンドン店に援助出来る唯一の支店であるNY店に対し、本店は「当分貴店勘定タルト他店勘定タルトヲ問ハズ、極力資金ノ固定ヲ避ケ且止ムヲ得ザルモノ、外ハ立替払等モ引締メ、出来ル丈ケ手許ニ余力ヲ残ス様御取計被下、万一ノ場合倫敦援助ノ為御協力ニ預リ度[66]」と、資金の固定を避け、余力を残し、危急の際にはロンドン店を援助するよう求めるのである。

日中戦争が長期化してくると、SF店の金融業務は平時と大きく異なってきた。正金銀行との関係がますます強まり、米国銀行との関係が次第に希薄になってくる。三八年末の「事務引継[67]」によってSF店の金融業務を見ておこう。

正金とは、「国家的見地ヨリ遊金ヲ可及的正金ニ集中スルノ義務ヲ感ジ……大口支払ニ対シテ支払前仝行ヘ通知スル事打合ヲナス」と関係を強めつつも、「Check 一枚ニテ何時ニテモ拾萬弗位ハ融通シテ貰フコトノ諒解アリシガ、為替管理施行以来 Clean Credit ハ引上ゲラレタルタメ、担保ナシノ金融ノ道ハ時局進展ト共ニ絶ヘタリ」と、正金からの金融に依存する程度は著しく低下せざるをえなかった。

当座預金勘定を設定している現地銀行は六行あった。イタリー銀行の後身であるバンクオブアメリカは、加州一帯に四〇〇余の支店を持つ「沿岸切ッテノ大銀行……加州内ノ Collection ニハ同行利用ヲ最モ便利」とされ、メキシコでも同行の関連銀行（Banco de Comerico）を唯一の取引先銀行としていた。最も古くからの取引銀行であるカリフォルニア銀行はローカル信用状の開設とともに、「適当ナル担保アレバ十万弗位ハ借入出来得ル見込」であった。ウェルズ・ファーゴ銀行はNY店の信用状開設から取引の始まった銀行であるが、為替許可前積出し屑鉄に対する金融や在庫担保貸出しに応じた。これらの銀行はSF店に貸し出したが、かつて麻布・麻袋輸入の信用状を開設していたアメリカントラストとは「時局拡大後中止状態」に陥っており、アングロ銀行とも「当社勘定ハ常ニ少額ヲ残ス程度」と、関係が希薄になっていた。

金融機関と同様に日本向けの商品を供給している米国業者の間にも不安と不信が広がっていた。

米国ヨリノ輸出品ニ対シ供給者ヘL／C設定ノ要アルモノハ Consignment 及焚料油以外ノ石油約定ノ殆ンド全

部ニシテ、時局進展後 Suppliers 間ニL／C要求ノ事協定セラレ、現在ニ於テハ殆ンド例外ナク積取前一五日／三〇日L／Cを設定ス

ローカル信用状と称されるものは石油だけでなく屑鉄その他にも及び、それが大部分を占める信用状取付高は三八年上季の二九万ドルから一九二万ドル（三八年下）、三三二万ドル（三九年上）と激増していく。本店貸借限度三〇万円を持っていたが、為替管理のために本店との貸借は不便となった。一方NY店からはおおよそ一〇万ドルの借越枠を得ており、その枠すべてを使っていた。

日中戦争勃発後しばらくの間、「〔米国銀行からは〕Clean Credit ハ絶対ニ貰ヘヌコトニナリタル為メ金融ハ窮屈」になっていたが、在庫の減少やメキシコに固定していた資金の減少、現地銀行の姿勢の緩和、NY店からの借越などにより、石油・屑鉄に対する為替許可が順調に出されれば「金融上手違ヲ起ス憂ナキ見込」と述べるところまで回復した。

NY店は、日本の為替管理が強化されたため、在米店のみでなくロンドン店など円貨圏以外の物産各店に対して、円滑な金融を図る役割を与えられた。NY店には「本店ヨリ回金済」の米国公債一八〇万ドルの本店勘定があり、チェース銀行に全額担保として差し入れ、額面の九五％の借入金限度を得ていた。運用はNY店の裁量に任せられていたが、次第に本店が「積極的指図スル」ようになり、マニラ店へ五〇万ドル、ST店（木材組合所用金）へ三一万ドル、大使館立替金六四万ドルなどに使っていた。NY支店勘定の米国公債四二七万ドルは二行に担保として入れ、やはり九五％の融資限度を得ていた。この勘定は、大蔵省に対し、次のように説明していた。

全店輸入品代ノ其支払手形期日前ノ入金乃至銀行借入金デ買ッタモノデ、之レヲ担保トシテ米国銀行へ差入レ置ケバ、資金必要ナ時何時ニテモ低利借入レ出来テ金融操作上有利且便利ニテ、其上当社信用ノ向上維持ニモ非常ニ役立チ居リ、一石三鳥也

この四二七万ドルのうちには「別口勘定資金ガ相当アル」が、大蔵省には「絶対ニ打明ケ出来ヌ」としている。(68)

大蔵省は膨大な軍需品輸入を賄うため、民間の資金も総動員しようとし、三八年末には「当社海外店ノ資金内容ニ……相当関心ヲ持チ機会有ル毎ニ其説明ヲ当方ニ求メ……剰ッタ外資ハ本邦へ取寄セル様セラレ度モノナリトノ注文有之」と外貨提供を求められており、[69] また翌三九年一月の平沼内閣成立直後には「外資ノ欠乏愈々深刻トナル見込ニテ、内閣ノ更迭ヲ機ニ本邦人所有外資ノ集中動員ノ懸念ハ更ニ一段ト深マリ来リ」とも記していた。[70]

本店からNY店に回金した資金は公式のもので、大蔵省に容易に説明可能な資金として使用していた。大蔵省は「商社ガ所有スル在外資金ハ専ラ本邦貿易ノ為メニ使用スベク、第三国間貿易ニ使用スルコトハ国策ニ順応セズ外国貿易ニ使用スル資金アラバ本邦へ回収セヨ」[71] と要求していたのである。

NY店が貯えていた帳簿外の別口積立金は、現地金融機関から融資を制限され、日本からの送金も不可能になる中で、物産の商権を維持するための、最後のよりどころとなっていたのである。

小括

本章の一では一九二〇年から四一年に至るSF店の取扱高・利益率の推移により、戦間期の同店の状況を概観し、また「所長引継書」により三〇年代末期の同店の状況を詳述した。

SF店は大戦末期の取扱高激減に際し、砂糖・コーヒーなどの外国貿易に進出するが、それらは「根底ある商内」とはなりえず、二〇年代前半、店舗の存続自体が危ぶまれる状況に至った。SF店は取扱高・利益の減少に対応して経費を削減し、また石油・食料品・油脂など新たな分野に進出して若干の利益を出せる水準にまで回復する。一九三二年以降、円貨下落に支えられ、拡大する米国西海岸市場やメキシコへの雑貨・人絹糸輸出が増加し、加えて満洲事変・日中戦争開始後の日本の軍需に伴う屑鉄・石油輸入の増加により、SF店取扱高は著増していった。食料品の輸出は利益を生まなかったが、全社的、国家的な重点課題として取り組んだのであった。戦間期にはロサンゼルスを中心に飛行機・石油などの工業化が進み、SF店はこれらの輸入を担当し、日本の戦争経済構築に重要な役割を果たしていった。三八年にSF店は社員一五人、店限雇員二二人のそう大きくない店舗である。「所長引継書」により、具体的に店内部の人事構成、店長の人事政策などを検討した。

二では一九二八年以降の「決算帳」の分析により、SF店の損益がいかなるものであったのかを明らかにした。物産全体の損益は商品勘定・船舶勘定・雑勘定などからなり、支店の損益も同様な項目から構成される。SF店の、商売別・商品別粗損益の算出、またその商品勘定全体と代理業や雑損益を含めた店舗全体の純損益の算出も容易であった。しかし、支店レベルにおける部・商品ごとの純損益を出すには個別商品取引にかかわる直接的経費以外に、支店経費を割り当てる作業が必要であった。二八年からしばらくの間は、詳細な商内別・商品別純損益が出されていたが、次第に純損益算出の単位が大きくなっていった。ロットの小さな商品に、厳密に間接経費を割り当てることは現実的でなかったのであろう。各部門の負担能力と支店の経営方針などを勘案して、経費が課せられるのである。船舶等取扱利益は、特に取扱高が少なかった二〇年代、SF店の経営に大きな意義を持っていた。船舶部が店舗経費をかなり負担するとともに、船舶取扱利益が一定額に達しない場合は補填することによってSF店の経営を下支えしたのである。

各商品・商品グループごとの粗損益、純損益の推移を検討した。SF店の場合、利益率は総じて外国売買が低く、輸入が高かったが、高い利益率を上げた商品でも状況の変化により一挙に悪化する場合もあった。支店独立採算制をとっているなかでは、そうした変動に対応し、また新分野に進出するためにも内部留保が不可欠だった。この内部蓄積は利益の均等化の意味も持ち、米国税務当局に知られないように「極秘」に決算数値を改ざんして行なわれ、SF店・NY店とも多額の内部留保を蓄積した。

三ではNY店も含めた在米店の金融を検討した。大戦中に在米店は取扱高を激増させ、米国内における存在感を高めていたが、内容は決して充実していなかった。二〇年恐慌に際しては、物産に対する米国銀行の与信削減も行なわれ、横浜正金も頼れる存在ではなかった。在米店の連携と本店からの送金によって乗り切り、取引銀行の信用を高めた。二〇年代を通じて、SF店は本店借越によって信用を受ける立場から、米国の低利資金を受け入れ、本店やアジア各店に融通する窓口に変化していった。西海岸には正金と住友銀行支店があったが、州法によって日本の銀行支店は活動を制限されており、また貸出利率も米銀より高く、NY支店も含め、在米店は米銀からの種々の資金枠確保に努めた。特にNY店は生糸輸出による巨額の遊資と内部蓄積を債券・預金で運用して取引銀行からの信頼を得ることに努めた。在米店の膨大な外国売買は、物産社内手形を正金が引き受け、それがロンドン・ニューヨークにおいて流通したことによって成り立っていた。その基礎の一つは在米店が得ている低利資金であった。

しかし、二・二六事件や日中戦争の勃発によって英国系金融機関の日本に対する不信が高まり、英国・南洋各地において取引が削減され、さらに日本の為替管理の強化により、資金繰りは悪化していった。他方米国金融機関の対日不信は英国ほどでなく、またNY支店は豊富な資金を有していたため、本店やロンドン支店に代って、物産各店の資金需要に応えていった。

(1) これは円貨表示であり、ドル表示では後掲表4-7のように、激しい円貨の低下を反映して三一年下期に最低を記録するが、数量的には明らかに回復している。
(2) 桑港支店「大正九年拾月　支店長会議代用資料」(SF. BOX1476)。
(3) 「木材打合会議議事録」(一九二四年一月、SF. BOX386)。
(4) 桑港出張所長より武村常務取締役宛(在紐育)「木材取扱方法ニ就テ」(一九二四年二月六日、同前)。
(5) 桑港支店「大正十年　桑港支店業務一班」(一九二一年一〇月、SF. BOX1328) 本資料は『横浜市史II　資料編六――北米における総合商社――』に掲載されている。
(6) 前掲桑港支店「大正九年拾月　支店長会議報告代用資料」。
(7) 桑港支店「大正九年　桑港支店業務一班」(一九二〇年四月、SF. BOX1328)。

(8) 桑港支店長より本店業務課長宛「爪哇珈琲買越限度ノ事」(一九二〇年三月三〇日、同前)。
(9) 前掲「大正九年　桑港支店業務一班」。
(10) 前掲「大正十年　桑港支店業務一班」。
(11) 桑港支店「大正十一年　桑港支店業務一班」(一九二二年三月、SF. BOX1335)。
(12) 同前。
(13) 前掲「大正十年　桑港支店業務一班」。
(14) 池淵祥次郎「木材肥料穀物並雑貨商売引継ニ当リ今後引合上ノ希望」(一九二五年一〇月、SF. BOX1469)。
(15) 宮崎清「(桑港出張所長引継書)」(一九三八年末、SF. BOX1452)。本史料は冒頭の数頁が欠落しているが、内容的に相違ない。以下本史料からの引用は本文中に頁数を示す。宮崎はNY支店長の時に開戦を迎え、四二年に交換船で帰国し、四五年には三井物産社長となる(三井物産株式会社『三井の誇り　人間宮崎清追想録』一九七八年)。
(16) 桑港出張所長より本店業務課長宛「当店雑貨掛独立ノ事」(一九三八年九月二七日、SF. BOX547)。
(17) 桑港石炭船舶掛「石炭船舶掛業務一班」(一九二三年九月三〇日、SF. BOX1328)。
(18) 前掲、宮崎清「(桑港出張所長引継書)」八二頁。
(19) 桑港出張所長より船舶部長宛「船舶代理事務経費之事」(一九三五年一一月二二日、SF. 決算書類同封)。
(20) 桑港出張所長より石炭部長宛「十二/下決算ニ就テ」(一九三七年一二月二八日、SF. 決算書類同封)。
(21) 桑港出張所長より会計課長・調査課長宛「商品勘定損益説明」(一九三八年五月二日、SF. 決算書類同封)。
(22) 「昭和十四年十二月二十日現在　機械部共通計算損益分配表」(SF. BOX1476)。
(23) "Machinery Business December—1938" (SF. BOX1452)。
(24) 桑港出張所長より生糸部長宛「人造絹糸貴我共通計算尻ノ事」(一九三八年四月二六日、SF. 決算書類同封)。
(25) 桑港出張所長より会計課長宛「損失勘定及雑損益説明之事」(一九三六年四月七日、SF. 決算書類同封)。
(26) 「昭和三年下半期　決算書類」。
(27) 「昭和四年下半期　決算書類」。
(28) 鈴木邦夫氏の指摘によれば、一九〇四年一二月八日の台湾支店簿外資金の記事が早期のものとのことである。また一九二一年、二六年の支店長会議において業務課長・会計課長が関説しているが、実態は明らかでない(鈴木邦夫「戦前

(29) 三井物産の組織構造——独立採算性とリスク管理」横浜近代史研究会報告、一九九七年一二月二五日)。
(30) 桑港出張所長より本店会計課長宛「損失引当金之事」(一九三三年七月二八日、決算書類同封)。
(31) 桑港出張所勘定掛より本店機械部長宛「日本宛為替ノ事」(一九二〇年三月二六日、SF. BOX1185)。
(32) 紐育支店長より本店取締役宛「横浜茂木整理ニ伴フ当地銀行ノ態度ニ就キ」(一九二〇年五月二九日、同前)。
(33) 同前。
(34) 紐育支店「大正十年六月紐育支店ニ於テ開催セル米国各店代表者打合会議録」(SF. BOX1476)。
(35) 横浜正金銀行頭取児玉謙次より紐育支店長柏木秀茂宛書簡(一九二五年正月元旦、YSB. NY. BOX51)。
(36) 「頭取席内報　第三号　高田商会・英米ニ於ケル対本邦商店信用問題」(一九二五年五月一一日、同前)。
(37) 物産紐育支店長より本店取締役宛「日本恐慌ト当店」(一九二七年四月二九日、MBK. SF. BOX1209)。一九〇万ドルの積立金は、商品勘定(資産)を操作しているとの記述があり、桑港店の「別口積立金」と同様な勘定である。
(38) 紐育支店長より桑港出張所長代理宛「貴店金融状態ニ付テ」(一九二七年四月二三日、同前)。
(39) 前掲「日本恐慌ト当店」。
(40) 桑港出張所長より紐育支店長宛「在米三店金融為替統一ノ事」(一九二五年一二月二六日、SF. BOX1209)。
(41) 桑港支店「桑港支店勘定掛事務一班」(一九二二年三月、SF. BOX1335)。
(42) 桑港出張所「勘定掛事務引継書」(一九二六年九月八日、SF. BOX1474)。
(43) 前掲、桑港出張所「桑港支店勘定掛事務一班」。
(44) 前掲、桑港出張所「勘定掛事務引継書」。
(45) 桑港出張所長より本店会計課長宛「日本向利付手形金利引上ト為替手形取組之事」(一九二八年一〇月一日、SF. BOX1209)。
(46) 桑港出張所長より本店会計課長宛「当店輸出品代決済之事」(一九二八年一二月一八日、同前)。
(47) 桑港出張所長より本店業務課長宛「当店商内ト金融ニ就テ」(一九三一年三月二四日、SF. BOX1221)。
(48) 桑港出張所長より本店会計課長宛「当店対銀行借入金限度之事」(一九二九年六月一八日、SF. BOX1217)。
(49) 桑港出張所長より本店会計課長宛「当店取引銀行ニ就テ」(一九二九年三月一八日、SF. BOX1212)。
(50) 桑港出張所長より本店会計課長宛「横浜正金銀行ヨリノ借入金ニ就テ」(一九二九年四月二三日、SF. BOX1212)。

(50) 桑港出張所長より本店会計課長宛「Bank of Italyト当座勘定取引開始之事」(一九三〇年三月一〇日、SF. BOX1217)。
(51) 為替手形などの種類・取組高は各期考課状による。
(52) 本店会計課長より在紐育石田取締役宛「日本商社銀行ニ対スル紐育銀行家ノ態度ト貴方御方針ニ就テ」(一九三六年三月二日、SF. BOX1245)。
(53) 本店会計課長より倫敦支店長宛「帝都事変ガ貴市場ニ於ケル日本商社銀行ノ信用ニ及ボシタル影響ニ就テ」(一九三六年三月二日、同前)。
(54) 本店会計課長より新嘉坡支店長宛「貴方御積出磅建テ新規商内ニ外国銀行ノ信用状御要求ノ件」(一九三六年三月三日、同前)。
(55) 本店会計課長より在紐育石田取締役・倫敦支店長宛「倫敦市場ニ於ケル当社ハウスビルノ流通状態ニ就テ」(一九三六年三月四日、同前)。
(56) 本店会計課長より各店長宛「倫敦市場ニ於ケル当社ハウスビル流通不円滑ニ対スル対策ニ就テ」(一九三六年三月四日、同前)。
(57) 本店会計課長より倫敦支店長宛「貴市場ニ於ケル当社ハウスビルノ流通状態ニ就テ」(一九三六年三月五日、同前)。
(58) 本店会計課長より在紐育石田取締役宛「倫敦並紐育市場ニ於ケル当社ハウスビルノ流通状態ト紐育店手許状態ニ就テ」(一九三六年三月五日、同前)。
(59) 本店会計課長より倫敦・紐育・新嘉坡支店長宛「横浜正金銀行新嘉坡支店ニテ倫敦向当社ハウスビル買止メニ就テ」(一九三七年二月二五日、ST. BOX347)。この書簡は、他の多くの書簡と同様に、関係店間で交換した電報を確認しながら、包括的に今後の方針を述べたものである。
(60) 本店会計課長より紐育・倫敦支店長宛「貴店金融関係諸報告取急ギ御送付相願度」(一九三七年八月一七日、ST. BOX345)。
(61) 本店会計課長より倫敦支店長宛「貴地市場ニテ正金銀行経由手形ノ割引拒否ノ事」(一九三七年一〇月一四日、同前)。この情報は正金経由と同盟通信経由でもたらされたが、同盟は「此ノ種 News ハ同盟トシテハ国策上余リ発表セヌ事トシテ居ルカラ同盟カラ聞イタ等トハ云ハヌ事ニ頼ム」と、報道を押えていた。

第5章　仕入店としてのシアトル出張所

一九一六年五月、サンフランシスコ支店管轄出張員として開設されたシアトル店は、初代首席出張員石田禮助のもとで、積極的な活動を展開した。第一次大戦中、米国西海岸諸港は、アジア・オセアニアからヨーロッパ・米大陸への物資供給拠点となり、シアトル店は多くの船舶・港湾施設に加え、東部への輸送手段を確保することにより、アジア産品の取引に大きな地位を占めた。中国・インドなどからの植物性油脂・同種実、麻布・麻袋、錫を中心に、取扱高は一七年下期から急増して一九年には半期八〇〇〇万円前後にまで達した。

こうした商品の取扱いは一時的には大きな利益を生んだが、戦況・市況に左右されて莫大な滞貨となり、シアトル・ニューヨーク両店において巨額の損失をもたらした。一九年九月、二一年六月に行なわれた在米店の打合せにより、取扱商品・地域の明確化が図られ、植物油・同種実をはじめとするアジア産品の多くがニューヨークを取扱主店とすることになり、シアトル店の活動範囲も制限されることになった。

第3章に示したように、シアトル店は戦間期を通じて、輸入・外国売買の仕入店としての性格を持ち続けた。日本・中国向け米材・小麦・小麦粉・塩魚の仕入である。本章では二〇年代、三〇年代の取扱高・利益率の推移を概観したあと、主要商品の仕入・販売について検討する。

一　戦間期におけるシアトル店の動向

1　取扱高と損益

シアトル店の取扱高は一九一九年下季の八一六五万円から二〇年上期には一〇分の一以下、七八三万円にまで減少する。表5-1は二〇年以降の、主要商品の年間取扱高を示したものである。取扱高は、年間一〇〇〇万円前後から始まり、二九年には五七〇〇万円にまで増加するが、恐慌後激減し、四〇年まで二〇〇〇万円台を回復することはなかった。

商品構成は比較的単純である。二〇、二一年は大戦期の影響が残り、麻布・麻袋、ゴムなどが数%から一〇%を占めていたが、二二年以降、木材・小麦・小麦粉の三品で九〇%以上を占める。三品の構成比は種々の条件に左右されて大きく変動しながらも、全体としては二九年まで取扱高を増加させ、他の塩魚・屑金物・澱粉などは合計しても五%前後に過ぎない。三〇年以降、小麦・小麦粉は激減、木材も半減し、景気が回復する三三年以降も低下傾向はやまなかった。三五年から屑金物の増加、カナダへのミカン売り込み、魚類缶詰、綿製品など新しい商品の取扱いが始まるが、業容の改善はならなかった。

次の表5-2は二一年から二八年のST店の損益を示したものである。原史料には全商品の取扱高・利益金額が記されているが、主要商品と貨物取扱手数料、利子・為替利益、雑益を示した。商品利益金と貨物取扱手数料以下を併せた利益合計が同店の収入となる。経費はシアトル店負担分である。最右欄の船舶部負担経費は、船舶部によるST店経費の負担分である。同様なものとしてニューヨーク支店油脂受渡経費として二一年上期二万一〇〇〇、同下一万四〇〇〇ドルが計上されている。二二年以降、シアトル店はおおよそ半期八万ドルの経費を要し、内二万ドルを船舶部が負担していたということを示している。

利益金は二一年下期から二三年上期にかけての多額の雑益、半期一万ドルを越えるような利子・為替利益など、異例の期もあるが、基本的には主要三品の取扱利益と貨物取扱手数料によって構成されている。純益はおよそ二万ドルから七万ドル台で比較的安定的だったといえよう。

表 5-1　シアトル店品目別取扱高（1920～41年）　(単位：千円)

	総取扱高	木　材	小　麦	小麦粉	屑金物	塩　魚	澱　粉
1920年	14,303	8,765	98	270			
1921年	9,204	3,685	3,293	574			
1922年	22,563	4,669	10,030	7,117	6	69	37
1923年	23,042	5,366	12,304	4,508	22	242	2
1924年	34,805	10,313	15,979	6,749		527	
1925年	15,586	4,228	6,771	3,763	5		
1926年	32,853	7,068	20,845	3,191	358	565	187
1927年	29,696	7,252	15,054	5,185	789	75	524
1928年	41,431	10,536	27,245	3,414	224	38	438
1929年	57,530	10,086	30,612	12,011	231	466	602
1930年	29,643	4,846	15,359	7,894	0		
1931年	15,378	3,607	10,066	864	48	63	153
1932年	12,212	2,939	6,952	390	400	613	186
1933年	8,634	2,985	4,803	169	229	105	65
1934年	14,705	4,251	9,070	0	111	6	ミカン
1935年	10,675	4,452	3,149	54	1,154	99	481
1936年	12,807	4,127	5,456	94	394	214	999
1937年	14,795	4,756	3,670	61	3,985	392	988
1938年	9,777	6,323	0	0		747	
1939年	14,270	4,786	719	2,270	3,904		721
1940年	19,325	3,053	7,403		5,620		
1941年	11,984	1,146	5,370		2,139		

出典：沙都出張所各期「考課状」。

貨物取扱手数料は第4章二においてSF店の場合を見たように、詳細に取り決められていた。一九年二月、船舶部から派出員二人がST店に派遣され、同店受渡掛も兼務し、船舶部が同店経費の一部を負担するようになった。船舶部は、二三年上期以降、「店長其他非売買掛員給料手当」の三分の一、事務所などの諸経費も三分の一を負担していた。船舶部からすれば、その負担は「著敷船舶部ハ過重ノ負担ヲ強イラレ居ル」ものであった。二七年八月、ST店長が日本に出張した際、船舶部との間で負担割合の変更に合意し、船舶部が提案した内容は、船舶部の負担を各費目の実態に応じて一割

（1921～28 年）

（単位：ドル）

雑貨利益	貨物取扱手数料	利子・為替	雑益	利益合計	ST 店負担経費	純益		船舶部負担経費
						ドル	円換算	
28,405	3,551	10,348		90,713	64,176	26,536	54,856	10,009
3,506	6,553	5,012	5,078	89,125	52,543	36,582	76,212	8,203
3,405	6,553	5,450	27,114	141,214	69,940	71,273	150,446	13,720
862	6,427	7,126	20,859	119,751	58,555	61,196	126,503	15,665
197	6,426	14,346	7,771	112,114	57,942	54,171	110,273	21,680
118	10,700	9,554	616	85,725	61,548	24,176	49,215	20,462
562	10,444	555	122	120,000	70,886	49,144	122,403	25,251
2,105	4,918	4,885	71	90,309	57,156	33,152	85,005	21,452
1,540	2,693	10,859	267	67,980	55,730	12,249	29,165	24,051
773	5,749	5,697	420	65,079	47,164	17,914	42,654	20,457
2,370	4,893	20,602	0	129,358	51,056	78,301	166,599	25,039
屑金物	6,355	10,078	0	88,109	53,161	34,947	71,322	21,265
3,431	2,841	5,656	0	84,296	53,935	30,361	63,252	22,271
3,396	2,366	7,248	0	73,593	49,572	24,020	51,656	20,274
1,144	2,563	1,602	0	120,799	49,260	71,539	152,211	
1,498	2,661	8,407	0	86,646	47,081	39,564	85,085	

から二割五分、五〇〇〇ドル見当とし、船舶部直接雇用人件費を含めて総額一万三〇〇〇ドル程度、従来より一万ドル近く削減するというものであった。船舶部長も「〔シアトル店にとっては〕大打撃ニテ全店ニトリ重大問題ニ有之候間、承知サスニハ仲々骨折レ可申」と述べているように、ST店にとっては、船舶部による経費負担は極めて大きかったのである。他店の船舶部負担額は、大連三〇〇〇円、上海・香港各一二五〇円であるのと比べても、ST店負担額の大きさは際立っている(1)。

三品の取扱高に対する利益率を見ると、二〇年代中期まで木材は高い率を示し、小麦は二三年まで一%以上だったが、以後低下する。小麦粉の利益率は変動しつつも、相対的に高い。この三品の安定的な利益の源泉は、中国への売り込みであった。外国売買の利益率は一般的に低かったが、ST店の場合は異なっていた。二八年下期の予想利益率は日本向けが取扱高の〇・八%であるのに対し、中国向けは一・三%、二九年上期の総取扱高一七二〇万ドルのうち外国売買は三一%を占め、利益は外国向けが五五%を占めたという。「金額ニ於テモ外国売ハ当店商内ノ重要ナル地位ヲ占メ、殊ニ利益ヲ考慮ニ入ル、

表 5-2　シアトル店の損益構成

	総取扱高	木　材		小　麦		小麦粉		塩　魚	小麦袋
	千ドル	利　益	利益率	利　益	利益率	利　益	利益率	利　益	利　益
1921年上	851	48,347	8.37	1,220	2.54	73	0.34		536
1921年下	3,635	32,692	2.63	26,664	1.58	6,433	2.11	1,500	1,708
1922年上	5,824	36,909	2.51	31,354	1.12	26,453	1.78	3,379	592
1922年下	4,903	25,657	3.21	26,114	1.33	29,253	1.54	2,497	952
1923年上	5,543	28,554	2.73	40,069	1.24	9,959	0.88	5,054	265
1923年下	5,656	27,579	1.73	24,246	0.89	9,088	0.86	430	3,388
1924年上	10,921	39,482	1.23	26,017	0.50	40,896	1.79	1,918	
1924年下	2,926	39,992	3.85	7,984	0.70	25,108	6.20	2,988	2,253
1925年上	2,624	31,410	3.11	7,326	0.62	3,919	2.28	9,670	136
1925年下	3,922	15,636	2.03	6,820	0.41	29,464	2.09		342
1926年上	10,195	27,885	1.91	61,333	0.80	8,361	1.26	3,130	
1926年下	5,474	34,777	1.79	15,832	0.71	15,031	1.72	24	605
1927年上	7,775	16,526	1.16	29,440	0.65	16,018	1.38	6,245	
1927年下	6,277	25,103	1.26	13,484	0.51	18,616	1.45	594	59
1928年上	12,817	28,388	1.15	72,469	0.83	4,562	0.49	5,545	1,156
1928年下	6,586	23,902	0.97	26,849	0.88	16,626	2.51	488	799

出典：「(各期経費・損益明細)」(ST. BOX327)。

時ハ一層重要[2]」なのであった。

恐慌勃発前において、ST店店長は、同店の取扱品目が三品を中心とし、しかも対中国商内に頼っていることの不安定性を厳しく認識していた。

内地ノミニ頼リ居リ候テハ良ク行ッテ経費ヲ稼グ位ニ止マリ、利益ヲ出ス事ハ困難ト存ジ候、又支那向商内ニアリテモ排日等ノ関係上相当ノ困難モ予測致シ居リ、且ツ其成否ハ小麦麦粉商内ニアリテハ支那麦作ノ豊凶ニ左右セラレ、将来必ズシモ確実性アリトハ申シ難ク候[3]

三品の対日輸出はこれ以上増加する可能性は薄く、対中国輸出も小麦・麦粉は中国の豊凶に左右され、加えて頻発する排日運動によって大きな影響を受けざるをえず、ST店の将来は明るいものではなかったのである。

一九三〇年七月、SF・ST店を視察してNYに滞在している田島繁二取締役に対し、ST店長山中が提出した現状報告は次のように述べている。

小麦麦粉木材並ニ船舶関係ノ仕事ノ盛衰如何ニヨリテ当店ノ運命ガ左右セラル、事ハ止ムヲ得ザル儀ト存ジ候、然リトテ此等重要商品以外ノ新規商内ノ開

表 5-3　シアトル店成約高と損益（1929〜31年）

（単位：千ドル）

	1929年上	1929年下	1930年上	1930年下	1931年上
木　材	2,218	1,848	1,376	797	861
小　麦	8,872	3,448	4,571	1,937	1,888
麦　粉	2,243	4,486	922	1,216	126
雑　貨	435	298	343	146	128
焚料油・炭	100	30	55	150	56
成約高合計	13,868	10,110	7,267	4,246	3,062
うち外国向け	4,656	4,966	1,272	2,412	891
取扱利益	157.0	111.3	108.0	42.0	50.0
利息収入	4.8	5.0	5.7		7.2
貨物取扱口銭	2.5	1.5			1.5
店負担経費	49.9	37.3	43.6	39.0	34.9
差引純益	114.0	80.5			24.0

出典：本店取締役宛各月「当店業務実況報告ノ事」（ST. BOX470）。

拓ニ心掛ケザル意味ニハ無之

三品と船舶業務がST店の主要業務と捉えつつ、他商品の開発も課題としていた。ST方面への輸入については次のように述べている。

当地方ニハ輸入品ニ対スル Market 無之、Oregon, Washington, Idaho 及B・Cノ各州ヲ合セテ人口僅ニ三百五十万ソコ〳〵、加之所謂 Hinterland 誠ニ狭小ニテ然モ木材関係、製粉以外ノ工業ハ殆ンド無之

シアトル税関を通過する貨物も大部分が日本・中国からニューヨークに向かう生糸であった。かつて大量に輸入された麻袋も、現在では輸入麻布から麻袋を製造しており、その工場の原料は東部の本店において調達されていた。シアトルからの輸出品にはコーンスターチ・屑鉄・塩魚・製缶用機械・パルプ原料などもあったが、大きな取扱高に達する可能性はなかった。支店経営の安定のために「新規商品ノ開拓」は容易ではなかった。

ST店は「右三商品及船舶部ノ仕事ノ盛衰ト共ニ運命ヲ共ニスルモノ」であり、「右三商品取扱ガ今後衰フレバ当店経営ガ苦境ニ陥ル事」は火を見るより明らかであり、「右三商品ヨリ生ズル範囲内ニ於テ当店経費ヲ賄ヒ得ル程度ニ陣立ヲ按配スル要アリ」と、物件費・人件費の節約を課題とするのである。[4]

表5-3に二九年上期から三一年上期にかけての品目別成約高と利益構成を示した。店負担経費は二〇年代初頭の六万ドル前後から三〇年代初頭には四万ドル未満にまで低下する。ST店は、大戦中の一九一八年下期、社員二五人と店限り雇員六八人、計一〇〇人近い人員を擁していた。二〇年から急速に削減し、二五年には社員九人、店限り二〇人となり、その態勢が三〇年まで続き、さらに恐慌の中でもう一段の削減を行ない、三五年には社員六人店限り一四人となった。極めて厳しい人員削減を行なうのである。

表5-3によれば、二九年から三〇年上期までは、日本向けに加え中国向小麦・小麦粉の増加により半期一〇万ドルを越える商品取扱利益を挙げた。ところが三〇年下期から三品の成約高が減少し、半期四万ドル前後の経費の捻出さえおぼつかなくなった。その理由はいうまでもなく、「米国内ノ此ノ不景気ニ加ヘ当店得意市場タル日本支那亦コレ以上ノ悲観材料多ク、殊ニ支那ノ銀安ニ累セラレテ東洋向商内不振ヲ極ム」という所にあった（ST、三〇年下）。

表 5-4　シアトル店限りリザーブ（1932 年度初）

（単位：ドル）

	アカント	金額
雑貨	魚類	500
	屑鉄	2,400
	小麦	10,500
	31 年下期本店補助	778
木材	Bond 代	5,084
	米材	8,000
	31 年下期本店補助	987
勘定	為替	10,255
	利息	10,555
合計		49,005

出典：「(各期経費・損益明細)」(ST. BOX327)。

完全に採算が取れなくなったのは三二年上期だったと思われる。決算書作成前のメモを整理すると、表5-4・5が得られる。表5-4は「店限リレザーブa／c」と記されたメモを整理したもの、表5-5は、そのリザーブを組み入れて利益が出たように決算を組み直したものである。シアトルは三二年度初頭、大きく雑貨・木材・勘定の三項目に分類し、それをさらに九種類に分けた、合計四万九〇〇五ドルの「店限りレザーブ」を持っていた。三二年上期の決算は利益金が三万〇五六九ドルとなり経費に一七七〇ドル不足することが予測されたため、雑貨と木材勘定から一万二〇〇〇ドルを取り崩し、九二八六ドルの利益にする、というものである。最終決算がどのようになったのか確認できない。「店限りレザーブ」によって、本店提出用決算を組み替え

表 5-5　シアトル店損益構成（1932 年上期）　(単位：ドル)

	32 年上期利益	リザーブより繰入れ	本店へ報告利益	次期持越しリザーブ
雑貨関係	12,344	7,000	19,344	6,400
木材関係	7,282	5,000	12,282	8,084
勘定関係	10,000		10,000	19,357
受渡関係	943		943	
経　費	32,340		32,340	
差引合計	△1,770	12,000	9,286	33,842

出典：「(昭和七年上半期仮決算)」(ST. BOX327)。

ているという点から推測すると、この「レザーブ」はSF店の「別口積立」とは異なり、本店へは未報告のレザーブの可能性が高い。

不況のさなかの三〇年一〇月、ロンドン支店からST出張所長として赴任した石原宗助は、三三年一〇月本店業務課長に次のような書簡を出している。

小役赴任以来当店ノ全体ヲ熟々研究シテミルニ、小麦ニシロ木材ニシロ不景気ノ渦中ニ飛ビ込ンダトハ云ヘ、ドウモ大勢ニ於テ悲観セザルヲ得ズ、仮ニ景気ガ回復シテミタ処デ支那ガ今日ノ調子デハ僅カニ日本ノ買付ニ止ル、ソノ口銭デハ先ヅ喰ヘ相ニモ無之、仮ニ何トカナルニシテモ小役ノ胸算用ノ標準ニハトテモ到達シ相ニモ無之、実ノ処小役イヤニナリ申候

景気が回復しても日中関係を考えれば、利幅の大きい対中商内は回復するとは考えられず、対日商内だけでは「喰ヘナイ」と言うのである。しかし店長として「イヤニナリ申シ候」と言うのは本心だったととしても、営業課長に対する訴えの中心は、次のところにあった。「米国ノインフレーションハ最早確実」であり、シアトル近辺にも大きな勢力を有しているユダヤ系商人のドイツ商品ボイコットに乗じて、「従来独乙カラノミ仕入レタ彼等ガ一切 Boycott ヲヤッタ結果、ソノ代用品ヲ日本ニ求メル時期ガ参リ候」と、多様な商品を手持して景気回復が顕著になりつつある米国で、営業を積極化したいという点にあった[5]。

しかしこうした計画が実現した形跡はない。三五年頃からミカンや缶詰、綿製品などの日本からの輸出が増加するが、三品取扱高の低下を到底カバーできるものではなかった。表5-6に三六年上期から三九年上期の取扱高と純益金を示したが、三七年までかろうじて経費を負担しうる利益を生んでいる水準と言えよう。

三九年六月の所長交代に際して作成された引継書は、次のように状況を述べている。

昭和十二／下期マテハ内地向小麦商内アリシタメ取扱高嵩ミタルモ爾後小麦輸入商内途絶セリ、十三／下期以後内地向木材商内モ激減シ悪影響ヲ蒙リシガ北支満洲向増加ニ努メ旁々雑品及屑鉄商内増進ニ専念シ今日ニ及ベリ、当店商内ハ地勢上東洋向輸出商内ニ優勢ナルモ当地方ヘノ輸入商内ハ甚ダ困難ナルタメ当店業績ノ将来ハ甚ダ寒心ニ堪ヘサルモノアリ……今後商内ノ方針トシテハ木材商内ニ在リテハ内地向ハ数量萎縮、収益減殺ヲ覚悟シ満洲中北支向商内増加ニ努メ旁々鉄道枕木需要台頭ノ見込ニテ今ヨリコレガ有利仕入ノ方策ヲ立テ度ク、雑品商内ニ在リテハ収益率良キ屑鉄商内ノ増加ヲ計リ、傍ラ満洲北支向小麦麦粉商内有望ト思ハル、ニ付コレガ仕入整備ヲナシソノ上当地方ヘノ輸入小口商内ヲ小マメニ漁リ、大体雑貨掛関係商内ニテ店ノ経費ヲ賄ヒ度キ存念ニテ今日ニ及ベリ(6)

表 5-6　シアトル店取扱高と利益金（1936〜39年）

（単位：千円）

	総取扱高	内木材取扱高	純益金合計
1936年上	5,922	1,654	2
1936年下	6,692	2,452	20
1937年上	6,271	1,654	4
1937年下	8,511	3,102	45
1938年上	6,007	4,214	124
1938年下	3,770	2,119	147
1939年上	6,291	2,959	108

出典：「沙都出張所事務引継書」（ST. BOX321）。

後述するように、小麦・小麦粉の対日輸出は日本の小麦増産、米・加小麦の割高によって大きく減少し、米材の輸出も円貨下落、為替管理などによって減少する。そのなかで増加する見込みがあるのは、軍需景気に基づく屑鉄や勢力下に置いた満洲・北支における枕木、小麦・小麦粉の需要であった。こうした分野への努力と北米への小口の輸入品をこまめに扱う以外にないと言うのである。表5-1によれば、日本への屑金物の輸出は四〇年にかけて増加し、カナダ・北米向けのミカン・綿製品などがある程度の増加を示している。

2　シアトル店の金融業務

表5-2には半期数百ドルから二万ドルに達する「利子・為替」の項目がある。元の史料では区別されているが、合算して表出した。区切りの良い金額の期があ

るなど、操作されていることをうかがわせる。大戦末期以降のST・SF店の営業縮小以後、在米三店は金融について密接な連携を保つようになった。さらに二〇年三月の日本の恐慌に際して、米国銀行だけでなく横浜正金も物産NY支店のドル輸出手形買取りを拒否するなど、「手形取組ミ上甚シク支障」(ST、二〇年上)を生じたのに際し、東部と西部の金融情勢の相違を利用して切り抜けたことによって、三店間の金融上の連携は一層強まった。

ST店の資金の一端を見ておこう。まず、シアトルと物産ST店の特徴として次の二点が挙げられる。第一は、「東部地方ニ比シ西部ハ金利常ニ高ク特ニ当地方ハ桑港ニ比シ五厘方、東部地方ニ比シ壱分方高キヲ普通トセリ、是レ土地柄木材、魚類等ニ長期ノ資金需要多キニ依ルモノ、如シ」(ST、二一年下)とされるように、シアトルは米国の中でも最も金利の高い地方であった。第二は、「取引ハ殆ンド輸出ニ限ラレ居タレバ資金ノ固定ヲキタス事殆ンドナク」(ST、二三年上)と言われているように、日本・アジア向け輸出が中心だったため、代金取り立てなどに苦労する必要がなかった。

ST店の金融操作の一つは、NY支店の余裕資金の有利運用であった。「NY支店ト策応シテ仝店遊金ノ短期利用ヲ試ミタレバ同店ノ金融上ニモ相当ノ援助ヲ与ヘタルト共ニ当店ニモ割合ニ低利ノ資金ヲ運用スルノ便ヲ得」(ST、二二年上)、「NY支店ト策応シテ仝店遊金ノ運用ニ努メ其金融ニ資セシ事モ尠カラサリキ」(ST、二二年下)と記されているように、NY支店は生糸や植物性油脂・ゴムなどアジア特産品輸入が主な業務であり、その代金が一時的に大量に遊金として蓄積されるのである。ST店が何に運用していたかについては次の史料が若干示している。

右左ノ輸出商内ニ限ラレ、コレニ対スル金融モ亦特ニ借入金等ヲ必要トセザリシガ最近澱粉、塩魚、木材等ノ委託販売数量増加シタル為メソノ前貸金ヲ必要トスル事トナリ、当季中紐育支店ヨリ拾萬弗ノ借入金ヲナシ尚不足スル場合ハ当地正金支店又ハ住友ヨリ借入金ヲナシ(ST、二七年下)

ST店は資金需要が少なかったが、荷主に対する前貸金として低利のNY支店資金を利用したのである。

ST店は売上代金の取り立て不能という事態は恐れなくてもよかったが、為替相場の先行き見込みや手元資金の関係から現地金融機関が手形買取りを拒絶するという問題がしばしば生じた。関東大震災後の二四年上期、シアトルの現地銀行は日本の入超激増による円の先行き低下を懸念し、また正金支店は資金不足から、それぞれ「日本向輸出手形ノ買取ヲ制限」するに至った。しかし「住友銀行ハ内地向移民送金ニヨル資金ヲ見返リトシテ弗貨手形ノ買取ニ応ジ、又円手形モ高率ヲ以テ買取……尚又 Bank of Calif. ハ当店ト年来ノ好関係ニヨリ種々援助ヲ与ヘタルヲ以テ多額ノ輸出金融モ支障ナク手配」（ST、二四年上）と、住友銀行とカリフォルニア銀行の買取りによって乗り切ることが可能になった。

さらに二九年上期から社内手形の取組が本格化した。ST店のこの期の為替手形取組高一六六七万ドルのうち一三四万ドルが社内手形であった。「営業部ノタメ九十四万五千弗ノ銀行借入金ヲ行ヒ、全部為替手配ノ上援助ヲナス事ヲ得タリ」とされている。同年下期も九三七万ドルのうち一一五万ドルが社内手形、銀行借入金は九五万ドル、三〇年下期は四五二万ドルのうち社内手形が一九三万ドル、「紐育店ノ手ニテ円為替取組」が六九万ドルと銀行による為替手形取組高は五割を切ってしまう。ST店の社内為替手形取組は「上海天津等荷受店為替手配上ノ援助」（ST、三〇年下）を目的としたものであった。三一年上期には三五〇万ドルのうち社内為替が一二六万ドル、「無為替積出高」が一六〇万ドルと両者合せて八割に達した。無為替積出は「荷受店ニ於テ低金利ニヨル有利ナル円為替取組ヲ利用」（ST、三一年上）したものである。

社内手形は一九三六年まで増減しながらも継続したが、三七年に至って消滅する。

為替管理法ノ強化以来社内手形ニ依ル金融廃止、手形割引等ノ手段ニ依リ専ラ手許資金ノ充実ニ努メタルモ、内地向輸出商内多キ当店ハ為替許可ノ遅延ニ依リ常ニ為替取組不能商品代ノ金融ヲ余儀ナクセラレタルヲ以テ、桑港店ヨリ数回資金ノ融通ヲ受ケ手許資金ノ不足ヲ補ヒタリ（ST、三七年上）

このように三七年以降は為替管理の強化により、日本への輸出が次第に窮屈になっていくなかで、NYやSF店からの資金借入、あるいは船舶部ST支部からの運賃収入の借入などによって対応していった。

二　米材の取扱い

1　産地と輸出商

米松を主とする米材は日清戦争後から日本にも輸入され、木造大建築の構造材、築港などの土木用材として用いられていた。その輸入が一気に増えたのはやはり第一次大戦終了後であった。一九一九年の米材（米国とカナダ合計）輸入価額四七五万円が二〇年一五四一万円、二一年二七一三万円と激増していった。「弾力アリ、強靱ニシテ耐久性ニ富ミ凡ル目的ノ建築及構造ノ用材トシテ理想的ノ木材」と、米松の優れた特質が認識され、さらに米杉や米檜も輸入されるようになった(7)。

輸入増加のもう一つの大きな要因は海上運賃の低下であった。船賃が高い時には日本における米材卸価格の四七％、低い時には二七％が船賃と言われるほど、運賃が価格に占める割合が高かったため、大戦後の大量の余剰船腹、運賃の低下が米材輸入に大きな役割を果たしたのである。

一九一七、一八年頃の米材輸出は、英・欧州、豪州、南米、中・日の四地域にほぼ等分されていたが、二一年以降の対日輸出の増加により、二〇年代中期、日本向けは輸出の五割前後、米国内向けを合わせた太平洋岸全積出量の一五％前後を占めるまでになった。

一九二〇年代、米国の太平洋岸三州（ワシントン・オレゴン・カリフォルニア）には、約一五〇〇の製材工場があり、その約一割が港湾埠頭に位置する大工場で、カーゴミルといわれ、産出高の半分を占めていた。一九一三年、パナマ運河開通を控えて太平洋岸米材の市場価値が高まるなかで、当時のカーゴミルのほぼ半数を結集してタコマにダグラス・ファー社（Douglas Fir Exploitation and Export Co.）が組織された。同社は加盟製材工場の委託により、輸出商の注文を受け、傘下工場にそれを割り宛てる機関であった。翌一四年にはカナダにも同様なB・C木材輸出業者組合が組織され、B・C州の有力工場が加盟した。ダグラス社の組織率は当初半分ほどであったが、二〇年代初頭の最盛期には、輸出量の七〇%を支配したと言われる。もちろんほかに大小のインデペンデント・ミル、アウトサイダーがあった。

ダグラス・ファー社やB・C州の輸出組合は自ら輸出せず、輸出業者への製品の供給に当った。初期の東洋向け米材輸出を担ったのは、「米貿」といわれるAmerican Trading Co.やドッドウェル（Dodwell & Co., Ltd.）などの貿易商社であり、彼らを含めてシアトルには二十数社の加盟するPacific Lumber Exporters Associationが組織されていた。戦間期になると、多様な商品を扱う「米貿」など貿易商社の米材輸出に占める地位は低下し、代って大手輸出業者として地位を高めたのはロバート・ダラー社、ダント社、マクミラン社、ムーア社などであった。

ダラー社（The Robert Dollar Co.）は海運会社として著名であるとともに、「加奈陀ニ巨大ノ立木ヲ有シ最新式ノ工場ヲ晩香坡ニ所有シ自己ノ船舶ヲ以テ東洋方面ニ活躍[8]」していた。ダラー社は二二年にポートランドにおいても工場を買収し、自社の製品に加えダグラス社からも大量に購入し、「主トシテ思惑ニヨリ、其取扱ハ数量大ニシテ当社売込上一大脅威」（ST、二二年下）とされている。

ダント社（Dant & Rassell Co.）はもともと木材業者であり、ポートランドに本社を置き、コロンビア・パシフィック汽船会社、後にはステート・スチームシップ会社を大株主として支配し、自社工場に加え数か所の有力製材会社の輸出権を掌握して「自社系船舶ヲ利用シテ日支向輸出商内ニ活躍[9]」した。

バンクーバーに本社を持つマクミラン社（Macmillan Export Co.）は、シアトル・ポートランドに支店・出張所を置き、「やり口がダントと酷似」していると評され[10]、二六年下期には二二隻の傭船を擁して得意の豪州・英国だけでなく日本市場にも盛んに攻勢をかけ、二七年上期には「目下日本市場ニテ最モ活動シ居レリ、全社ノ方針ハ木材其ノ物ヨリモ運賃ニ主力ヲ置キ、Time Charter, Trip Charter 或ハ割安ト思エバ割積物モ先ニ取極メ置キ然ル後売ルト云フ遣リ方ニテ、時ニ応ジ売越ヲナス事勿論ナリ」（ST、二七年上）と、先売先買を積極的に展開し、神戸に出張員、東京に専属ブローカーを置いていた。ダグラス社が弱体化した後ではあるが「各地ニ支店、代理店ヲ有シ販売網ノ広キト取扱高ノ大ナル点ニ於テハ業者中第一位タル可ク、殊ニ英豪向商売ニ於テハ遥カニ頭角」（ST、三四年上）、「大工場ノ経営、山林ノ買入レ、数ケ所ニ於ケル輸出 boom ノ経営等仕入機関ハ他ノ何レノ同業者ヨリモ充実、加之多数ノ傭船ヲ以テ英、豪、アフリカ、南米其他全世界ニ積極的ノ活躍ヲナシ居レリ」（ST、三八年上）と言われている。ムーア社（J. J. Moore Co.）も傭船を運用して豪州・南米方面に大きな力を持っていた。

米国系商社のうち、長期にわたって有力輸出商として残りえたのは、自ら製材業を営むと同時に、配船・運賃などを操作できる、海運業に密接な関係を築いた商社だったのである。

製材業者の強力な輸出トラストが形成され、そのトラストが市場支配を強めようとするなかで、有力輸出商として生き残るには大きなハードルがあった。輸出業者が木材を購入しようとする場合、「所謂組合カ又ハ少数組合外工場ヨリ直接又ハ仲介者（Broker）若クハ他輸出業者ヨリ買付輸出スルモノニシテ、多クノ場合買付値段ニ於テ各自差シタル扞格無ク[11]」、「標準相場ハ同社〔ダグラス社〕ガ設立シ outsider 及ＢＣ州輸出組合之ニ追随致候[12]」のように、トラストが強力なため仕入価格は極めて接近していたのである。そのような環境のなかで、輸出業者が独自性を発揮しうる分野は消費地価格のかなりの部分を占める運賃であった。船舶を自由に操ることの出来る輸出業者の強みが出てくるのである。

米材の重要市場の一つであった中国市場は、トラストに自社工場を参加させ、ダグラス社からも多くを仕入れていたダラー社と、強力なアウトサイダーであったデント社が大きなシェアーを占めていた。ところが二四年下期、ダラー社がトラストからの離脱を宣言し、中国市場がアウトサイダーの手に落ちることを懸念したダグラス社の総支配人バクスターは次のような対抗策を取る。

〔ダグラー社・ダント社の〕支那市場殊ニ上海市場ニ於ケル鋭鋒ヲ挫カン事ヲ計画シ、彼等震災後ノ高値時代ニ積出シタル多量ノ在荷ヲ上海ニ擁セルニ乗ジテ期央直接又ハ当三井其他有力ナル取扱業者ヲ通ジ上海市場ニ格段ノ安値ヲ提供シテ競争ノ鉾先ヲ向ケタリ（ＳＴ、二四年下）

両社が高値在庫を擁しているのに対し、ダグラス社は物産などを通じて、あるいは自ら安値の米材を中国市場に供給することによってアウトサイダー潰しを図ったのである。ダラー社はトラスト離脱を撤回し、ダント社も中国向け輸出量の二五％をトラストから購入することを約束し、トラストの軍門に降った。

米材は戦後の運賃低下、二三年の震災などを契機に大量に輸出されたが、一時の需要を満たすと継続的に大量の需要があるものではなく、各地に過剰在庫を生じ、製材業者の採算も悪化した。製材業者の不満は輸出を委託しているダグラス社に向かい、同社はアウトサイダーを抑圧するために上記のような手段をとったのである。さらに二五年一一月、ダグラス社は「各工場ヨリノ圧迫ニ堪ヘズシテ遂ニ輸出商ヲ高圧セン事ヲ画シ」し、ＦＡＳ売り（船側渡し）を廃止し、すべてＣＩＦ売り（運賃・保険料込み）のみとすること、「輸出商ニ対シ其買付ノ大部分ヲ仝社ヨリスルニアラザレバ quote セズトノ意向ヲ通達」した（ＳＴ、二六年上）。ダグラス社は加盟業者の利益を増進するため、輸出代行機関にとどまるのではなく、運賃などの取り決めも行なって価格支配力を高め、シェアーを回復しようと図ったのである。

しかしながら、卸売価格だけでなく、米材取扱いの利益を引き出す有力な源泉である運賃込み価格も統制しようとするダグラス社の方針は、輸出商の反発を生んだ。有力輸出商はアウトサイダーと結びついてトラスト以外の供給源を持っており、彼らがダグラス社以外からの購入を積極化することにより、同社の支配力が次第に後退していったのである。

2　対日輸出の特色

中国や豪州、英・欧などの市場は、米国系輸出商が大きな力を持ち、比較的安定した市場であったため、物産は中国市場にさえ進出するのが困難であった。他方、日本市場は大きく異なっていた。日本への輸出が増加し始めた一九二二年頃から、米国・日本において米材を扱う邦人系商社が著しく増加する。物産ST店が、「前期以来同業者ノ活動愈々甚敷、名モ知レヌ小商人迄ガ最近米材ノ好況ニ伴ヒ産地ニ蔓リ、直接買付ヲ試ミ居ルタメ、時ニ買付上非常ノ邪魔」（ST、二二年上）と嘆くほど、輸入商が増加したのである。

一九三〇年代中頃の米材輸入の状況は次のように記されている。

六十余名ノ邦人輸入商並数軒ノ産地輸出業者ノ支店、出張所又ハ駐在員ニヨリ輸入セラレタリ、此等六十余名ノ輸入商ハ米材輸入ヲ専業トスル者極メテ少数ニテ各々問屋又ハ製材工場ヲ兼営スルヲ常トシ……大小様々ニシテ産地ニ支店又ハ出張所ヲ置キ買付ノ上輸入スル大手筋ハ三井、三菱、山長、田村、藤田等数軒ニ過ギザリキ、所謂自由輸入時代ニハ輸入商ガ市況ノ如何ニヨリ随時買付ケ、着荷前ニ問屋、仲買、工事用或ハ建築請負者、造船所、車両会社其他直接需要先ニ販売シ（先物取引）、或ハ一旦自己ノ置場ニ保管シ（輸入者ガ問屋ヲ兼営スル場合）、前記各筋へ販売（現物取引）シ居リタルガ、何レニシテモ大部分ハ輸入商—問屋—小売商—直接需要家……ニ売渡サル、ガ普通ナリキ(13)

関西の材木問屋は、「一流になると信用状を自ら発行して直輸入、これを中小問屋へ卸し、また仲間売り(14)」と記されているように、産地の輸出業者やトラストから輸入し、着荷以前に問屋や小売、実需筋に販売するのである。数十社に達する邦人輸入商のうち、産地に社員を派遣しているのはごく少数であり、「安宅、金剛、成興ノ如キ取扱居候者ニ於テハ産地ニ人ヲ置カズ、夫レデモ結構日本ニテ仕入出来居候次第ニテ、電信引合ニ於テモ電信料ガ半分デ済ム次第、之レ亦当社ニ取リテハ甚不利(15)」のように、国内から電信のみで遜色のない仕入ができるというのである。

山長木材株式会社は、神戸の材木問屋から日本を代表する米材輸入商に成長した。山長は子息を含む社員をシアトルに常駐させ、トラストから米材を購入するとともに、各地の山林・工場を視察し、有利な物件は自社品として買持ちし、三五年には「近来加奈陀品ニ最モ力ヲ入レ晩香坡島ノ Lady Smith ニ膨大ナル貯木場ヲ設ケ、造材業者ヨリノ直接筏買付ニ進出シ相当積極的」（ST、三五年下）と言われるように、シアトルに出張所を設置し、産地を巡回して材木を仕入れ、また「ブーム」と言われる貯木場を設け、筏買付けを行なっていた。

こうした産地における積極的な活動は、有力な販売網を築いていたことから可能になったのである。同社の二八年度米材販売高は一二〇〇万円に及び、うち東京が六割、大阪・神戸が二割、名古屋・中国地方で二割と全国に販売網を築いていた。本拠地の大阪・神戸では工場を直営し、現物入札・つけ売りによって仲買・小売や実需家を対象とし、東京やその他の地域では主に材木問屋を対象とする輸入商として活動していた。物産は山長を「依然本邦米材輸入商トシテ第一位ニ立チ居ル次第ニ有之、引続キ相当数量ノ取扱ヲ継続スル物」[16]と見ていた。

多数の米材輸入商の出現は、産地の日系輸出商の出現と符節を合わせるものであった。森林の伐採から運搬、製材工場、「ブーム」にまで、北米の木材業には多くの日系移民が携わり、また資産を蓄えた日系人が、日本向け米材輸出が盛んになると、相次いで米材取引に進出するに至った。二七年上期には、北米で「当地ニ日本人ニシテ直接日本問屋ト引合居ルモノ」として、田村・中川・三共・花月・中田など一三社が挙げられている（ST、二七上）。

バンクーバーに本拠を置く田村商会の田村眞吉は、桑港の牛島、ポートランドの伴、シアトルの古屋と並んで北米日系人の四傑と言われる有力者であり、日本人向けの金融、缶詰、小麦、金属など多様な事業を営み、米材ではいくつかのアウトサイダー工場の日本向輸出を委託されていた。三共は田村の社員が独立した米材専門商社、中田は木材業で成功して神戸にも支店を持ち、コロンビア川中流に「ブーム」を持ち、造材・直積を行なう米材貿易専門、花月はバンクーバー日本人会会長でバンクーバー島に広大な山林を所有し、丸太の工場販売を主業としていた。

丸太材の生産は、Logging Camp（造材所）近くの水面、あるいは本船積取り集散地となるコロンビア河など一地点の水面を所有・賃借し、筏を引き入れて囲い込むBooming Campを作り、切断機・寸検台などの設備を整えれば可能だった。製材所よりははるかに簡単な設備だったが、そのなかでも中田商会のBooming Campは本船繋留荷役設備を整え、日本人・白人を通じ、「如此徹底的設備ヲナセルモノ無之」と言われている。

設備と同時に必要なのは、「(イ) 日本ニオケル使用ノ道、及ビ (ロ) 日本材木屋間ノ商習慣就中寸検方法ヲ知悉シ居ルト同時ニ (ハ) 当沿岸産地別ニ依ル品質、時価等ヲ常ニ頭ニ入レ日本向ニ最モ有利ナル Lograft ヲ割安ニ手ニ入ル、事」であった。機械力や膨大な設備・組織はそう必要ではなく、「首脳者自身ノ腕前並骨身惜シマズ働クト云フ事ガ必要ニ候間、大資本家ガ不徹底ナル使用人任カセニ行ヒテモ甘ク行クモノニ無之……日本風俗習慣ヲ解セル日本人ニシテ東奔西走早出晩退能ク現場作業ト接触ヲ保チ、且ツ産地各地ニ亙リ事情ヲ詳ラカニセル活動的ナル人物ニヨラズンバアルベカラズ」といわれている。日本の事情、産地の事情に通暁した優れた経営者として、中田・花月・滝口を挙げ、彼等が丸太の対日輸出において米人同業者を圧倒していると述べている(17)。

日本においても、産地においても多くの商社が輩出し、「対日本市場競争益々激甚ニシテ輸出商ハ何レモ薄利ヲ忍ムデ店舗ノ維持商売ノ継続ヲ図ルニ過ギズ、従ツテ大部分ハ経費倒レノ窮状ニ在リ」(ST、二五年下)と言われる状況にあった。

3 物産の対応

一九二〇年代後半から三〇年代にかけて、物産と三菱商事は多くの分野で競合し、先行する物産を追撃する商事が、利益を無視して積極的な仕入・販売を行なうというのが米国市場における構図であった。しかし、米材はその逆であった。

三井は常に積極的、よろしと信ずれば、在米日本人にして資本の薄き人達に対しても、出来得る限りの援助を惜しまない。……三井の遣口は相手を選ばない。至る処に神出鬼没……会社のやり方は近来益々意表に出るものがあり……之に対して三菱は常に保守、買付先も吟味に吟味して、小さい処からは買はない(18)

米材取引を巡る、物産と三菱商事との最大の違いはトラストであるダグラス社との関係にあった。商事は二三年上期、「産地市場ノ精査ヲ終リ Douglas Co. ト深ク手ヲ握リ其ノ活動目覚マシキモノアリ」(ST、二三年上)と、ダグラス社と密接な関係を築くことにより米材商売を拡大する。前述したようにダグラス社は輸出商にCIF価格での購入や一定量以上の購入を強制するなど、市場支配の強化に努めていた。商事はその動きにのったのであろう。物産によれば、商事の積極的な営業はダグラス社からのリベートなしには不可能とされ、調査の結果五〇セントのリベート（千FBM当り）が出されていることをつきとめたという。五〇セントというのは当時の価格の約二・五％程度である。三菱商事の『立業貿易録』によれば、アウトサイダーから購入しないという条件で七五セントの割戻しを得ていたという。仕入価格にほとんど差がない中での割戻しは、商事の営業にとって大きな役割を果たした。商事が三菱地所などとならび、主要売込み先として鉄道省・満鉄を挙げているのは、官公需の入札に際してダグラス社から有利なオッファーを得ていたことによるのだろう。[19]

物産ST店は、ダグラス社に対する最も強力なアウトサイダーであったダント社と強い結びつきを持ち、二三年にダグラス社からの仕入れが約三割だったのに対し、ダント社から五割を仕入れていた。ダグラス社が市場支配を強めた二六年下期には、「当社〔物産ST店〕ハ極力cif政策転覆、三菱勢力蹴落シニ力ヲ尽シタリ」（ST、二六年下）と、日本市場におけるダグラス社と三菱の勢力打破に努めるのであった。

一九二〇年に「買付値段ニ於テ各自差シタル扞格無ク」と言われる事態が生じており、二九年においても「当社ガ買付致居ル Mac, DF, Dant 等モ当社ニ売ル値段ニテ市場ニテ売込候間、堂シテモ当社ノ口銭丈ハ高ク相成可申」[20]と変化がなかった。仕入れ価格に大差なく、日本市場にも多くの輸入商が乱立しているなかで、物産が米材取引を伸張するためには、販売市場において他を圧する地位を確立するか、あるいは仕入れ部門において差別化を図るか、の二つがあった。

販売部門における努力は二つの方法を通じて行なわれた。一つは最も正統的な手段である。

各販売店ニ於テモ必至努力、折角販路拡張ヲ期シ居リ、市内問屋筋ヲ相手ト致ス外ニ、地方進出販売及市中小口売ニモ力ヲ入レテ全国ニ販路網ヲ張ルコトニ工風スル様各店ニ申進メ相当効果顕レ来リ最もオーソドックスに、大口・小口を問わず、問屋を中心として販売網を全国的に築くことに努力するが、「何分競争激甚ノ為メ思フ様延ビ不申」とはかばかしい成果を得られなかった。[21]

販売市場におけるもう一つの手段は、「当社ト競争ノ地位ニアル山長、中川其他有力ナル輸入商及秋本、宮下、武知其他大手筋ヲ当社ノ参加ニ収ムル」、すなわち輸入商・大手筋を糾合して「連合買付団ト成シ専ラ当社ヨリ買付ケシムル」という方法であった。物産は産地に駐在員を置いている商社も、臨時に視察員を派遣する程度の商社も経費が嵩んでいると見、買付けシンジケートを組織し、その業務を物産が請け負うことをもくろみ、米材主店である大阪が中心になって有力六社から「了解ヲ得タル由」にまで話が進んだ。[22]

シンジケート組織化と併行してST店はダグラス社に対し、「多少修飾シテ三井ハ日本ノ大キナ買手ノ大部分ヲ網羅シテ買付ニ当ル事トシテD・F社ヨリ割戻ロ銭ヲ受クル」という交渉を行なった。[23] 中国向け輸出の八割を掌握しているダグラーとダントの両社に対して、ダグラス社は五%の割戻しを行なっていることが明らかであり、それに準じる割戻を持ちかけたのである。

しかし、責任買付け数量などの問題により進行せず、また買付けシンジケートも実現しなかった。買付けシンジケートが現実化するのは、厳しい為替管理により、米材輸入が窮屈になった三九年になってからである。

4　仕入れ地盤の充実

仕入れ地盤の充実には二つの方法があった。一つは品質の優れた米材を確保すること、二つは自ら製材業など林業そのものに進出することである。

一九二〇年代中頃、日本市場では「多少値段ガ高クトモ品質良キ物、所謂優良材ト銘打チタル材ノ大流行」といわれていた。[24] 米国・カナダ太平洋岸から積み出される米材は、PLIB（Pacific Lumber Inspection Bureau）に所属するインスペクターの検査を受けねばならなかった。輸出業者・米国内地専門の木材商もインスペクターを擁していた。ＳＴ店も、店限り社員米人・日本人各一人の検査員を雇い、「買付品ノ検査ニ当ラシメルト同時ニ各地ニ亙リweak spotヲ捕エル事及現物ニテ品質特ニ優良ト認ムルモノアル場合ニハ報告サセ、更ニ当方係員ヲ派遣買付交渉、都度各販売店ニ打電引合申上居候[25]」、「買付工場ヲシテ出来ル丈当社ニ良品ヲ当テガハシムル様仕向ケル[26]」ことを行なっていた。検査員は各地の製材工場を巡回して製品の検査に当ると同時に、優良な材木の調査・仕入れにも当っていた。自社の検査員が頻繁に訪れることにより、トラストを通じた仕入れであっても優良品をあてがわせることができたのである。

ＳＴ店限り雇員、米材検査員として一九二六年に雇用されたのは川崎末吉である。彼は一八九七年生まれ、神戸の育英商業学校を卒業し、一九二〇年に神戸の木材問屋藤田商会に入社してバンクーバーに渡り、翌年退社し、カレッジを卒業した後にＳＴ店に採用された。ＳＴ店では「木材検査其他現場ニ関スル事ノミナラズ、仕入先トノ事務的折衝等主トシテ当国内関係事務ニ携リ、歴代所長、主任者ノ許ニ在リテ相当ノ功労有之[27]」といわれる人物であった。物産ＳＴ店の仕入地盤の強化、すなわち林業そのものへの進出は、検査員として米材や地元に通じた現地雇員の役割が大きかったのであろう。

有力輸出商は船舶を自在に操るとともに、山林を所有するなど、強固な仕入地盤を有していた。物産も米材輸入を本格化した二〇年頃から、「現在ノ右左取次商内ノ域ヲ超エ、進ンデ森林ヲ所有シ、工場ヲ経営シ仕入ニ確固タル勢力ヲ扶植スル[28]」必要があることを認識していたが、容易には進まなかった。

二六年に初めて、「丸太輸出商ノ横暴」に対抗するという意味から、買越限度二三万円、売越限度七万五千円、運賃取極め限度七万円の限度許可により、丸太類の「筏買」を開始する（ＳＴ、二六年上）。日本向け丸太輸出は二四年から増加して二六年には日本向けの三割を越え、その後も日本国内における米材専門加工工場の増設、輸入製材品に対する関税引上げなどによってますます増える傾向にあった。

ＳＴ店長山中は、「将来当社ニテ更ラニ進ンデBooming Groundヲ経営スルトシテモ又仮ニ引続キ現在ノ如ク中田、花月、松山、滝口等ヲ利用スルニシテモ、当社自身何時ニテモ此仕事ヲ引受ケテヤル丈ケノ首脳者ニナルベキ人物ヲ養成ナシ置ク必要有之[29]」と、まず、米材専門社員の養成を第一とする。

ST店店長代理兼木材掛主任が大阪支店に転勤すると、その代理になるような「特別ノ高級者」を置くのではなく、「此ノ仕事ノ首脳者ヲ手ニ入レル事ガ最モ重要ナル事」として、二七年東京営業部から若手の山田聰治を引きぬく[30]。三一年上期までST店木材掛は、主任一、係員一（山田）、店限り日本人一、同米人三～四人という態勢で推移し、三一年下期に山田が大阪に転勤した後は、主任一、日本人一、米人一に縮小される。

二七年上期からバンクーバーに一二万ドルを投資して林業を行なっている花月商会と「密接ナル提携」関係に入り、さらに同年下期にはコロンビア河の一角に「一大貯木場ヲ有シ長年ノ経験ト地盤トヲ有シ類商中第一人者タル中田商会ト密接ナル提携」関係を結んだ（ST、二七年下）。また時期は不明だが、中田商会から独立してポートランドで丸太・坑木業を営み、「多年ノ経験ニ基キ漸次地盤ヲ築」いた加藤弥七と「他ノ Supplier ヨリ遥ニ密接ナル[31]」関係を築いた。「提携」の具体的な内容は不明だが、単なる丸太の購入だけでなく、融資を含んだものだったのだろう。彼らとの密接な関係の形成により、二〇年代後半には、ST店の取扱高は半期四〇〇万～五〇〇万円に達し、米国・カナダから日本に輸出される米材の十数%から二〇%近くを占めた。ST店米材取扱損益は表5-2に示したように、高い利益率を挙げ、米材主店である大阪支店の米材損益は、二八年下期と二九年上期の両期合計取扱高一〇八三万円、利益二六万六〇〇〇円、利益率二・四六%となっており、順調な成績であった[32]。

ところが三〇年上期以降、取扱高二〇〇万円台、一〇〇万円台と激減していく。恐慌の打撃と同時に、二九年三月、丸太を除く米材輸入関税が引き上げられたことも影響を与えた。三二年から三三年にかけては米国・カナダの製材企業の閉鎖が相次ぎ、浅野ST支店も閉鎖、「群小ノ輸出商モ極度ノ商内減ニ殆ド其存在ヲ認メラレザルニ至リタルモノモアリ」（ST、三三年上）と、恐慌の影響は一層深刻化していった。三五年になると、「漸次薄利トナルヲ免レズ仕入方法ニ於テ他商ヨリ有利ナル方策ヲ講ズルノ急務」（ST、三五年下）と、中田・花月・加藤などからの仕入れでは利益を挙げることが出来なくなっていった。

米材取引ノ行キ詰マリシ事ヲ云々サレシハ既ニ十数年前ヨリノ事ニ有之、現在ニテハ愈々行キ詰マリノ極ミニ達シタリト可申、此侭推移セバ当社ハ米材商内ヨリ手ヲ引カネバナラヌニ立至リ可申懸念ニ堪ヘ不申候、挽材ノ日本輸入ハ漸減シ現在三〇%検討トナリ、加之FAS一定致居リ甘味全ク無之、他方丸太ニ於イテハ産地boom operationト本邦販売地米材取扱商トノ関係ハ益々密接トナリ、当社ノ如キ仲間商ヲ経ザル直接取引増加致、加之仲間商ハ一向減少不致、売込競争愈々熾烈トナリmargin極度ニ低下(33)

ここでは一般的な不況以外に二点を指摘している。一つは船腹操作によって利益を生むことの出来る割積みに適した挽材が減少し、満船積みが一般的な丸太が多くなって物産の特色が生かせない、第二に産地の「ブーム」と日本の取扱商との関係が密接となって物産のような仲介業者が排除されつつあること、である。

この事態に対処するため、物産は二つの方法を取った。一つは加藤弥七と提携してブーム経営に進出することである。三六年一月、「筏買付operationニ進出計画ヲ立テboom設備費支出」の許可を本店から得、同年七月、加藤の地盤であるカリフォルニアに近いクーズベイにおいて、加藤との折半出資によって四〇〇〇ドルを投じてブームを建設する。ブームの運営、すなわち松丸太筏の仕入れや製材などは加藤が担当し、物産は筏仕入れ前に数量・条件などを打ち合わせて承認を与え、加藤が立て替えた後に物産が支払う、木材の所有権は物産にあり、筏はすべて共同所有のboomで保管するといったことを取り決め、七月二日以降、筏の購入を開始した(34)。

他の一つはバンクーバーにおいて花月栄吉と共同で山林を購入し、伐木事業に乗り出すことであった。花月はバンクーバーの一角でナナイモ鉄道会社所有の山林を逐次買付、木材搬出用鉄道を敷設しつつ二〇年にわたって伐採事業に携わり、その結果鉄道会社の山林課長とは「十数年来極メテ密接ナル往来」を保ち、また「花月ノ現operationニハ十年乃至二十年モ花月ノ為メニ働キ来リシモノ多ク」といわれる基盤を有しており、バンクーバーの「邦人トシテハ唯一ノ根底アル造材事業家、邦人中最モ異色アル成功者」とST店が認めている人物であった。カナダでは日本人が山林を所有し伐採事業に進出することが可能であったが、「所得税或ハ其他ノ不測ノ問題」が惹起することを恐れ、さらに花月に「相当ノinterestヲ持タシメ」るために、物産は出来るだけ表面に立たず、「彼レヲシテ伐採事業ニ当ラシメ、当社員一、二名ヲ現場ニ入レ花月ノ長年ノ造材上ノ経験」を生かすという方法を取ろうとした(35)。「沙都店ガ花月ニ頼ンデ見付ケテ貰」ったバンクーバーの山林一九九五町歩の購入費（一七万ドル）と設備費（一四・三万ドル）、流動資金（四万ドル）合計三五万ドルの所要資金を、物産七五％、花月二五％の割合で出資して現地企業を設立する計画であった。この山林買付は、採算が悪化していた対日輸出ではなく、「販売上最モ有利ナ地元売」を意図したものであり、所要資金はNY・ST店が調達して投資する外国間貿易、「出稼ギ商内」という位置付けであった(36)。三七年四月に資本金一〇万ドルのOcean Timber Co.を設立し、三八年一一月から出材を開始する。出材開始から約一年間に三四万ドルの販売量をみたが、欧州戦争の勃発、カナダ政府の価格統制などによる不況のため、三九年九月に伐採を中止し、休業を余儀なくされる。物産は出資金以外に米貨二二万五〇〇〇ドルを融資していたが、販売価額では出資金はいうまでもなく、融資も償える金額ではなかった。正確な採算は不明だが、オーシャン・ティンバーが操業中に次のように述べている。

バンクーバー山林ノ実績ニ於テ見ラルル通リ、米国人経営ノ山林ハ多年ノ経営ニテ償却済ミカ乃至ハ昔時殆ンド利権関係ニテ無代同様入手シタルモノ多ク、之等ノ広大ナル手持美林ヲ相手ニ多額ノ山代金ヲ支払ツテ迄当社ノ山林事業進出ニハ経済上カラモ多イニ再検討ヲ必要(37)

最終的には、四一年七月、山林・設備一式を一五万五〇〇〇ドルで購入しようという希望者が現れ、売却した(38)。

日本への米材輸入は、ST店の念願であった仕入地盤の強化、すなわち「ブーム」の建設や伐採事業そのものへの進出を開始した直後から、海上運賃の高騰、日中戦争勃発による為替管理の強化により、はなはだしく窮屈になっていった。さらに三八年二月、六三名の輸入商からなる日本米材輸入組合が組織されて輸入は割当制となり、同年一二月には組合が一元的に輸入し、産地に支店を有していた三井・三菱・山長・田村の四社のみを輸入受託者とすることになった。政府が物動計画に基づいて米材の輸入数量・金額を組合に指示し、組合は四社が組織する米材プールにその買付けを委任し、四社は四分の一ずつを輸入することになった。物産ST店は、日本向け輸出の減少・統制に対応して、中国向け、さらには南米・南アフリカ向けの開拓にも努力するが、取扱高は大きく減少していった。

三　小麦・小麦粉の取扱い

1　北米粉取扱いの再開

米国太平洋岸小麦粉の日本・アジア向け輸出は、一九世紀末期、特に日清戦争後から増加した。北米の製粉会社が日本や清国の穀肥商を代理店とし、製粉会社の商標によって小麦粉を輸出していたのである。その後日本では小麦・麦粉輸入の増加に伴い、増田・安部・湯浅など横浜・神戸の引取商から発展した穀肥系商社が産地から直接輸入するようになった。物産は穀肥系商社がすでに地盤を確立していたところに進出しなければならなかったため、日本への小麦粉輸出では大きな成果は得られなかった。しかし北支・満洲を主とする中国へは、従来と同様、製粉会社が輸出していたため、満洲・北支への小麦粉輸出と日本向け小麦輸出では一定のシェアーを占めることに成功した(39)。

第一次大戦の勃発により、北米小麦・小麦粉の東洋への輸出が不可能になるとともに、戦時統制によって輸出が禁止された。一九一九年一二月に解禁され、二〇年五月に小麦管理が撤廃されるが、「小麦麦粉ハ今期ヲ通ジテ盛ンニ欧州向輸出アリ、東洋方面ハ豪州小麦麦粉ノ安値ニ圧迫サレテ米国ヨリノ輸出微々振ルハズ」（ST、二〇年下）のごとく、豪州・南米品の進出のために、北米小麦・小麦粉の取扱いは、直ちには復活しなかった。

ポートランド・シアトルにおいて北米小麦・小麦粉の対東洋輸出を掌握していたのは、バルフォアー社（Balfour Guthrie & Co.）、ギフォード社（Kerr Gifford & Co.）など数社であった。一九二〇年代初頭、世界の小麦産額（ロシア・中国を除く）約三三億ブッシェルの三分の一以上を占める米国・カナダ小麦の輸出の七割から八割は欧州向けであり、北米の大手輸出商は「欧州輸出ヲ本筋トシ東洋商売ハ Side Business」としていた。

欧州向け輸出小麦は、農家→ローカル・グレイン・ディーラー→カントリー・エレベーター兼倉庫業者→セントラル・グレイン・ディーラーの段階を通って集荷されるが、太平洋岸東洋向け小麦の場合は、ローカルディーラーから直接ポートランドやシアトルの輸出業者に出荷されていた。(40) 米国小麦の輸出は、「米国麦は自設 Dock ヲ要スルヲ以テ駆出シ者ガ米国麦ノ輸出ニ染手スル能ハザル」といわれるように、新規参入が困難であった。カナダの場合はエレベーターなど政府施設が充実していたため、「何等私設 Dock 又ハ Cleaning Machine ヲ有セザルモノニテモ染手」することができた（ST、二三年上）。

日本の一九二〇年の小麦輸入は二八六万ピクル、うち朝鮮から一六八万、豪州からが一〇三万だった。ところが、二〇年産の日本・満洲小麦の減収と米国産小麦価格の崩落により、二一年春、東洋から北米小麦への需要が殺到する。日本の輸入四九二万ピクルのうち米国からが二五八万ピクルに達した。物産によれば、二一年下期（二一年五～一〇月）、日本の米国小麦輸入は二〇万トンに達し、物産はその三割約七万トンを扱った。二〇年下期、二一年上期の物産ST店小麦取扱額が六万円、一〇万円だったのが、二一年下期には一挙に三三八万円、小麦粉も二一年上期の五万円が六四万円に激増したのである。さらに二二年上期には日本・満洲・中国の小麦作が「偶然ニモ甚ダシキ不作」、日本の米作も不作となり、年度で米国四〇万トン、カナダ一二万トン、豪州一五万トンの輸入となった。ST店は小麦五九〇万円、麦粉三一三万円という記録的な取扱金額に達した。

物産取扱高の急増は、二〇年の戦後恐慌により、穀肥系商社から総合商社を目指した安部幸・増田・湯浅など、小麦・小麦粉に強固な地盤を有していた商社が再起不能の打撃を受けた後、「帰り新参」としてその間隙を埋めたからであった。物産ST店の小麦・小麦粉取引の唯一ともいうべき反対商は鈴木商店であった。鈴木はポートランド出張員を充実させ、その買付条件は「三井同様バルファー外三／四ノ第一流商人ニシテ買付荷渡条件等凡テ当社ト等シク」とされ、「ポートランド一流商人モ鈴木ニ対シテハ相当信用ヲ与ヘ居リ、其引合ニ際シ何等ノ懸念ヲナサザル模様故、今後共同店ノ行動ニ就テハ不絶注意ヲ払フ必要アル可シ」と、物産は最も警戒していた。湯浅商店もサンフランシスコからポートランドに出張して一流商人と商談に当っていたが、「鈴木ト異ナリL／Cヲ出サヾレバ買付ヲ出来ザル模様故引合ニ際シ機会ヲ逸スル事多カルベシ、左程恐ル、ニ足ラズ[41]」と、恐慌の打撃が癒えていなかった。

物産は二〇年代初頭、東洋向け小麦のうちほぼ三割以上、鈴木が一時的に「財政上ノ窮境」に陥っていた二三年上期には五〇％を越えるシェアーを占めた。しかしその三井の優位も一時的なものに過ぎなかった。二三年下期、北米太平洋岸は「前古未曾有ノ豊作」といわれながら、農家の売り惜しみにより現物が払底し、商社は先売の買い埋めに窮することになった。鈴木はこの事態に対し、次のような対策を採ったという。

自ラ奥地ニ人ヲ派シ直接農家ヨリ買入レ自ラCleaningヲ為シテ約定荷ノ積出……此レニ依リテ非常ナル好経験ヲ積ミ、今後引続キ奥地買付ヲ継続スルノ決心ヲ堅メタルガ如シ……鈴木ハ……先安見込ハ着々トシテ的中セシヲ以テ市俄古ウィニペックノ定期市場ノoperationニ於テ巨額ノ利益ヲ得タルガ如ク、又沿岸物ノ対東洋輸出商内ニ於テモ成績ハ概シテ良好……加奈陀麦ノ対欧輸出モ少クモ七／八隻……米人expertヲ着々殖シ着々怠リナキガ如ク（ST、二三年下）

鈴木は米国人の小麦専門家を雇用し、米国小麦商の反発を受けながらも、産地に社員を派して奥地買付けを行ない、定期市場を利用しつつヨーロッパ輸出にも進出した。

さらに穀肥系商社撤退の間隙を埋めたのは三菱商事であった。三菱は「此ノ間隙ニ乗ジ努力精励努メザルナク、殊ニ片口銭主義ヲ以テ肉薄シ来レルハ当社ノ最モ警戒セザル可ラザル所」（ST、二二年下）と低口銭によって取引を拡大し、ごく短期間の間に「加奈陀小麦ニハ其ノ主力ヲ注ギ居ル如ク、常ニ薄口銭ニ甘ンジテ商内ヲ進メ……兎角当店引合意ニ任カセザルモノアリ」（ST、二四年上）と、物産シアトル店が弱音を吐くまでに取引を拡大したのであった。物産の取扱いシェアーも二四年上期には東洋向けカナダ小麦は一四％、同米国小麦は二四％、小麦粉は一〇％、一五%と大幅に落ち込むのである。鈴木・三菱に加え、浅野・兼松・日本砂糖貿易も北米小麦・小麦粉の取扱いに参入し、再び激しい競争が展開されるようになった。

表5-2に示した商品ごとの損益によれば、シアトル店の小麦・小麦粉の利益率は二三年までほぼ一%台を保ってはいるが、決して高いとはいえない。物産は支店独立採算のもとで、仕入店と販売店の双方が口銭を課していたのに対し、三菱は「片口銭」によって販路を拡大してきたのである。北米小麦の需要者は機械製粉企業に限定されており、仕入先も前述したように港湾に積出し施設を有する少数の商社であった。このような市場では価格の優劣は一目瞭然になったのだろう。三菱に対抗するため、物産は二四年五月からカナダ小麦の内地販売については共通計算制度、すなわち「仕入店ノ裸買付値段ヲ基礎トシ、販売店ハ出来ル丈ケ値売ニ努メ其値鞘ヲ両店間ニテ折半」するというように、ST店は仕入値段そのままを提示し、二五年三月からは米国小麦にも同じ方法を適用することとした(42)。二四年以降、小麦の利益率が落ち込んでいる所にその影響を見ることができよう。

しかしなお、ST店の提示する「裸買付値段」について、本店営業部は不満を持っていた。二九年には向井営業部長から連続して「現行ノ乗合勘定ヲ全然正直ニ誠実ニ御続行願度候(43)」、「下駄ヲハク様ナ事ナキ様御取計被下度候(44)」との忠告を受けている。

物産が小麦・小麦粉輸入において有力反対商の退場による利益を享受していたころ、鈴木・三菱は日本の有力製粉企業に物産よりも低価格を提示することによって食い込みつつあったのである。

2 日本製粉への原料供給

第一次大戦中から戦後にかけて、小麦粉の需要増大に伴って製粉企業の新増設と合併が相次ぎ、業界の再編が進んだ。業界最大手の日本製粉社長に就任した岩崎清七は、より積極的な合併政策を推進し、一九一九年一〇月、東洋製粉や鈴木商店の経営する大里製粉も合併する。翌二〇年三月の恐慌により、日本製粉の原料購入や製品販売に大きな影響力を持っていた安部幸兵衛商店などが破綻したことにより、日本製粉に対する鈴木商店の影響力が次第に高まっていく。ただ、鈴木商店自体が金融機関から懸念を持たれていたことや、日本製粉の方針もあって鈴木の影響力は一挙には高まらなかった。

規模では劣るが、技術的・経営的にトップ企業と目されていた日清製粉は、原料購入で三井物産との関係が深かった。ところが二四年九月、鶴見工場建設のための増資に際して日清製粉は三菱商事に出資を要請し、商事との関係が一挙に強まる。三菱商事はこの「三井三菱の大振替り」を、「従来三井が外麦買付に高率の利潤を見て居た処へ、三菱が僅少の手数料で委託買付に応じたからとも言ふ」(45)と記している。前述した物産の対応から見て、商事の言う通りなのであろう。商事は、日清との提携以前にもカナダ小麦の東洋向け積出しに三〇%を占め、また中国向け米・加小麦の積出しにも強かったが、米国小麦の日本向け積出しには弱かった。それが日清製粉への出資を契機に同社への売り込みを拡大し、二七年三月から商事と日清との間で外国小麦の一手買付け、製品輸出の一手委託契約が実行に移された(46)。

二四年から二五年にかけての国際的な小麦・小麦粉価格の高騰と反落によって日本製粉が大きな打撃を受け、二六年一〇月、日清製粉による吸収合併の話が進んだが、不調に終わり、日粉の危機が深まった。二六年一一月、日本銀行が台湾銀行を通じて鈴木・日粉に各八〇〇万円の救済融資を行ない、一時的に危機を脱すると同時に、日粉に対する鈴木の影響力は一層強まった(47)。

二七年三月には、日本国内のこうした状況が仕入店に大きな影響を及ぼすようになった。物産ST店は、この新しい情勢の分析と、同社の取るべき対応について、次のような長文の書簡を本店に送付する。

「日本二大製粉会社ガ斯クテ小麦買付ニ当リ、夫々鈴木、三菱ヲ主トシテ頼ム事ト相成候、当社ガ此間ニ処シ商内獲得ヲ試ムル事容易ニアラズ」と認識し、日粉と鈴木、日清と三菱の関係がどの程度なのかを把握しようとした。日粉と鈴木との関係は、シアトルの鈴木社員に確認しても従来と変わらず、また「正金銀行ノ責任者カラ内密ニ聞キ込ナシ居タル会社ニ対シ、L／Cヲ発行セヌコトニ正金本店意向確定」したとの情報を得た。信用状なしで小麦輸出を行なえるのは物産と商事以外に存在せず、三菱が日清との関係を強化する中では、日粉が鈴木から従来同様三ないし四割を買い付けるとすれば、残りの六割から七割は物産に頼らざるをえないと推測する。日清と商事の関係について、ST店長は「何等カノ了解アルモノ」と見るが、三菱本部あるいは銀行さえ「第三者ヨリ見レバ兎角ノ世評アル」商事に対し、「数千万円ノ売掛ヲ致スガ如キ暴挙」はしないだろうし、商事の力量からすれば日清が必要とする外麦の半分程度を供給するのがせいぜいであろうと、楽観的な観測を下す。

ST店長は、日粉＝鈴木、日清＝三菱の関係が形成されるのに対し、「小麦売込上頗ル不利ノ立場」に至ったことを認めつつも、「中立ノ地位ヲ巧ニ利用スル事ニヨリ、当社ヲ漸次有利ナル立場」にすることを意図し、「極力係員ヲモ督励」していこうとしたのであった。店長は楽観的な観測を下しつつも、危機感は強かったと思われる。ST店は小麦買付け、船舶獲得について「他商ニ比シ好都合ノ立場」にあったが、それは日本・中国の販売店が「根底深キback ヲ有シ」ていたからであり、そのゆえに「割安出物アルカ或ハ処分ニ窮シタル船腹アル如キ場合ニハ売手乃至ハ船会社共先ヅ以テ当社ニ話ヲ持チカケ呉レル」というような関係が形成されていた。

日清・日粉に対する売込み量が減少して「日本行小麦商内ガ同業者ノ風下ニ立ツ」ような事態になれば、名古屋・神戸・上海向け小麦、大連向け小麦粉の「商内ニモ重大ナル悪影響ヲ及ボ」すこととなり、さらに「此商内ニテ他社ノ後塵ヲ拝スルト云フ事ハ直チニ、ヒイテハ木材其他ノ商内等当社ノ Prestige 全体ガ低下スル」ことになり、直接的な商内の喪失は軽微でも、「各店殊ニ上海、大連店ニ及ボス間接ノ影響ハ実ニ重大」であるので、「貴方特別ノ御努力以テ日清日粉ノ商内ヲ push シテ頂キ度」と、営業部に対し日清・日粉への食い込みを依頼したのであった。(48)

ST店長がこの長文の書簡をしたためた数日後、日本では鈴木商店の破綻に至る金融恐慌が勃発した。鈴木の破綻がすでに明らかになっていた四月九日、ST店長は日粉の将来に関して営業部長に再び長文の書簡を送った。この頃には日清の社員二人がＳＴの三菱商事支店に常駐し、両社の全面的な提携が明らかになっていた。日粉は鈴木商店・台湾銀行の力によって再起しようとしたが、不可能になった。他の一つの方法は日清との合併であるが、かつての経過から「好イ批評ハ受ケザルベク」、日清にとっては「日粉ヲ半死半生ノ侭ニ棄テ置ク事ガ結局日清ヲ強クスル所以」であるので日清は合併には動かない。浅野・兼松・日本砂糖貿易なども「其資力カラ見テモ外国原料引合諸機関カラ見テモ、三菱ニ対抗シテ日粉ヲ援助スル事」難しく、「援助ヲ求ムル相手ハ結局三井ヲ置イテ他ニナカルベク」と結論付けた(49)。

二七年四月から始まった日粉と物産との提携交渉は、五月に物産による原料小麦・製品の一手取扱い契約となり、さらに翌二八年三月、物産の安川常務が日粉の会長を兼務し、物産営業部長だった中村藤一が専務取締役となった。こうして日粉への原料供給に当ることになったＳＴ店は、長期的な観点から仕入能力の充実を計画する。「地方買」といわれる産地からの直接購入、「各種麦ノ品種ノ研究、割安品ノ発見買付」など、小麦買付能力の充実のために、さらに「行々産地事情ニ明ルキ人ヲ内地必要地位ニ供給シ得ル人物養成」を意図した。小麦担当者の増員は二八年六月、米国視察にやって来た営業部長向井の、「特ニ小麦々粉ニ経験ナクトモ多少雑貨其他ノ商内ノ経験アル人ヲ連レ来リ、コレニハ産地側ヲ振出シニ小麦商内ニ踏込マス事ニシテウント仕込ミ、適当ノ時ニ販売地ニ返ス」という意見により、人事課長に推薦を求めた(50)。

人員を増加するか否かは、店長にとって大きな問題であった。ＳＴを根拠にした買付では「最早出来得ル限リ安値買付ノ方策ヲ講ジ尽シ」ており、これ以上の有利買付のためには「地方ニ人ヲ出スカ店ヲ持ツカ」であるが、そのためには多額の経費が嵩むのである。「米国小麦ノ如キハ普通半年引合ッテ後ハ豪州、従ッテ残リ半年ノ経費ハ無駄ナ訳」と、小麦担当者を増加しても人件費が出るか否か確信が持てず、「或程度迄ノ犠牲」を覚悟して増員を計画しなければならないのである(51)。

安川をはじめ、物産は日粉の経営再建に全力を投入した。物産から日粉に転籍した一社員は、「日粉社ガ儲ラヌタ

表 5-7　シアトル店取扱い小麦・小麦粉（1928年5月～29年4月）

（単位：トン）

種　　類	取扱い量
日粉引受け小麦	293,800
其他内地店向け小麦	16,000
中国向け小麦	65,000
ロシア政府向け小麦	32,000
飼料小麦	34,600
合　計	441,400
小麦粉	70,600

出典：「四月分当店業務実況報告ノ事」（ST. BOX470）。

メ安川常務ハシメ幹部連随分細カキコトマデ目ヲ掛ケ候タメ、文字通リ心持ニ寸暇無ク」と述べている。さらに小麦買付に際しても安川は積極的な指示を出した。二七年末から二八年初頭にかけて、小麦価格の上伸力は乏しく、先物買付けは見送りというのが物産・日粉内部の相場観であつたが、安川はそれを「誰モガ入手出来ル材料カラ作リ上ゲタ意見」と否定し、「相場物商内ハ相場ノ足取カラ見ルガ捷径」として「方針ヲ一転先物マデモ手当スルコトヲ命セラレ」、予測が外れた場合のことも考慮して実物ではなく定期市場で一万トンの買い注文を行なった(52)。

二九年一月にも「安川氏ノ意見ニハ、小麦相場ハ最早持合ヲ離レテ上向キ或ハ爆発相場ヲ見ルヤモ知レズ」との見解により、実物で二万数千トン、定期で二万トンの買い注文を発した。小麦仕入に際しても「当社ノ仕入機関ニハ従来相場観念ノ必要ナカリシ為」と向井営業部長が述べているように、先物取引は限定的であったが、日粉を抱えることによって原料手当のために積極的に先物取引に進出していったことがうかがえる(53)。

表5-7は、日粉を傘下に収めた直後の一年間のST店小麦・小麦粉取扱高である。小麦取扱高約四四万トンの三分の二が日粉向け原料小麦であった。物産の小麦・小麦粉商売に占める日本製粉向け小麦取扱いの位置について、ST店長は次のように述べている。

当社ガ日粉引当原料トシテ多量小麦買付ニ当リ居ル事ガ商内助長ニ相資シ居リ候……日本製粉原料ノタメコレ丈ケ多量ノ買付ヲナシ居ル関係上、小麦々粉ノ供給者トノ連絡並ニ船会社ノ操縦ニ極メテ好都合ノ立場……支那向其他ノ小麦々粉商内ハ当社ガ日粉経営ノ間接ノ利益又ハ副産物トモ申スベキモノカト存候(54)

日粉向け小麦の取扱いは、日粉以外の国内製粉業者への供給、さらには中国向け小麦・麦粉の取扱いにも資し、ま

表 5-8　小麦・小麦粉の東洋向け積出に対する三井物産の割合（1924～35年）

（単位：トン）

	小麦			小麦粉		
	東洋向け全量	内物産	物産割合	東洋向け全量	内物産	物産割合
1924年下	157,695	27,901	17.7	115,915	7,712	6.7
1925年下	150,818	31,678	21.0			
1926年上		152,831		119,544	9,550	8.0
1926年下	229,000	47,000	20.5	57,304	13,775	24.0
1927年上	311,892	110,931	35.6	114,697	20,835	18.2
1927年下	136,942	52,060	38.0	123,064	22,185	18.0
1928年下	203,798	85,509	42.0	150,176	13,400	8.9
1929年上	817,593	307,382	37.6	335,219	50,030	14.9
1929年下	232,857	87,892	37.7	203,864	58,125	28.5
1930年上	308,641	128,296	41.6	141,176	37,902	26.8
1930年下	222,416	54,683	24.6	136,641	30,600	22.4
1931年上	387,929	106,367	27.4	138,305	7,175	5.2
1932年上	395,207	68,756	17.4	222,984	1,500	0.7
1932年下	199,595	30,616	15.3	89,197	2,037	2.3
1933年上	222,891	34,423	15.4	76,927	1,548	2.0
1933年下	69,314	34,572	49.9	71,411	137	0.2
1934年上	506,793	92,451	18.2	78,528	3,900	5.0
1934年下	149,295	51,305	34.4			
1935年上	49,746	18,958	38.1			

出典：沙都出張所各期「考課状」。

たＳＴ店の取扱高の増加のみでなく、中国市場における物産のプレスティッジの維持・向上にも役立っていたのである。

表５‐８に米国・カナダ小麦・小麦粉の東洋向け積出高（マニラ向けを除く）と物産のシェアーを示した。小麦は二六年下期まで物産のシェアーは二〇％前後だったが、二七年上期から明らかに回復し、三〇年上期まで四割前後を占める。日清製粉の原料一手取扱いを獲得した三菱商事の北米小麦取扱高は、物産とほぼ匹敵している。この時期、両社が北米産小麦の東洋向け積出しの八割以上を掌握し、増田製粉などの中小製粉は兼松・日商・湯浅などを通じて購入していたのである。三一、三二年から東洋向け積出し量そのものが低下するとともに、物産のシェアーも不安定になる。

二九年に組織された米国のファーム・ボード（Federal Farm Board）が二九年六月以降、断続的に小麦の買い支えに出動し始める。

三〇年下期においては、中国南部の小麦不作によって、三井・三菱と外商四社による「卍巴トナリテ激甚ナル競争ヲ現出シ結局米加ヲ合シ十六／七隻ノ成約」と、大量の中国向け輸出を実現する一方、「米国麦ハFarm Boardノ買支ニヨリテWorld Basisヲ無視シタル異常ノ高値ヲ見セ居リ、此ノ無理押シガ何時迄続キ得ルヤハ疑問ナレドモ、兎ニ角豪州ニ対スル米国物ノ競争ヲ先ズ至難ト見ル外無ク、勢ヒ今後ノ引合ハ主トシテカナダニ集注〔中〕」（ST、三〇年下）との事態を生じていた。

さらに三一年上期には「豪州大豊作ノ投物穀物市場ニ現ハル、ヤ日本支那ノ買気ハ全部豪州ニ向ケラレ、当地方ヨリノ引合トシテハ僅カニ配合用トシテ小量ノカナダ小麦ガ引合ル、程度」となったのである。カナダ小麦はグルテンの含有量の故に配合用として不可欠だったが、そのカナダ小麦も「加奈陀ハプールノ直接引合ニ祟ラレ、其取扱歩合二割五分ニ過ギザリシ」（ST、三一年上）のように、プールが政府の輸出補助金を得て、直接輸出市場に進出してきたのである。

日本国内においては、三二年から小麦増殖奨励規則が施行されて内需麦粉用小麦はほぼ充足され、中国向け小麦粉の原料としては品質上から豪州小麦が最適であり、また価格も米国・カナダに比べて安く、以後輸入は豪州小麦が中心になっていった。表5-8によれば米・加小麦の東洋向け輸出は、減少しながらも一定の量を保っているが、物産のシェアーは著しく低下している。他の日本商社が埋めたというのではない。

欧州諸国並ニ支那政府ニ対シ長期支払条件ノ下ニ高値売付クル方法ヲ講ズルニ至リタルタメ、一般商人ノ手ヲ経由スル小麦輸出商内ハ殆ド不可能……支那政府ニ積出当時ノ成行相場ト云フ事ニテ四十五万屯ノ売込……当地市場ハ他ノ輸出市場トハカケ離レタ馬鹿高値段ヲ現出(55)

このように、ファーム・ボードやプールの介入によって、外国商社が参入出来る状況ではなくなっていったのである。

3　中国北部・満洲への小麦粉輸出

中国北部・満洲への米国粉の輸出は第一次大戦前に相当の量に達し，物産ポートランド店がその業務を担当していた。物産は横浜・神戸の穀肥系商社が掌握する日本国内への米国粉の輸出には進出しえず，主に天津・青島などの中国北部や満洲向けに力を注ぎ，北米粉の東洋向け輸出の一割近くを占めた時もあった。大戦中に北米粉はアジア市場から撤退するが，一九二〇年から再び中国・日本市場に進出する。

中国の小麦粉市場は，海外粉に無縁な地域を除くと，①満洲，②天津・青島を中心とする中国北部，③上海を中心とする中国中部，それに④香港の四つに分かれていた。中国の小麦粉市場の中心は上海であり，一九一五年から二〇年の上海の年平均生産高一六六五万袋（四〇袋＝一トン）のうち，域内消費一八％，北部三三％，南部二二％，中部五％，欧州一二％，日本・南洋各五％というのが，大戦末期から直後の状況だった。天津を中心とする北部には大戦前に大量の米国粉と若干の日本粉が入っていたが，一六年頃は土粉四割，上海粉六割といわれ「北支那は上海粉に取りては大切なる華客にして各製粉会社は各自信用厚き特約店を天津に設置し，常に自家製品の委託販売にあたらしむる[56]」と，中国北部は上海製粉業の重要な市場であった。香港も同様，上海粉の重要な市場であったが，欧米系商社や米・加製粉企業の影響が強く，米・加粉，豪州粉が大きな比重を占めるようになる。

中国の小麦粉市場において，上海粉と並んで大きな影響を持っていたのは満洲粉であった。満洲は北満と南満に分かれ，南満には古くから米国粉・上海粉が輸入されており，小麦生産の中心であった北満では，二〇世紀初頭からロシア・中国・日本資本によって機械製粉業が勃興する。哈爾賓の製粉は極東ロシアに輸出されるとともに，東支鉄道の運賃政策が保護的な役割を果たし，大戦直前から大戦中にかけて，「上海並に米国粉と激烈なる競争を惹起……米国粉の衰退に乗じ大に活躍し年々その販路を拡張[57]」し，南満洲から中国北部にかけて進出していった。大戦中に北満の小麦・小麦粉生産は著しく発展し，一七年の満洲からの小麦粉移出一一万八〇〇〇トンが二〇年には大連へ三九万トン、シベリアへ一一万トン、計五〇万トンに達するとされている。北満は相当の小麦粉を移出するとともに、南満には大連を通じて大量の輸移入があったのである。

一九二〇年代末の満洲の小麦・小麦粉需給の大雑把な把握として、次のような数字が挙げられる。満洲全体を通じて小麦の平年作が一五〇万トン、その九割が北満産であり、このうち機械製粉によって市場に出回るのが一五〇〇万～一八〇〇万袋、満洲全体の消費量が二〇〇〇万から二五〇〇万袋、差引七〇〇万～八〇〇万袋が不足し、それが輸移入によって補われている。(58)

北米粉のアジアへの輸出は、二一年産小麦の不作を契機に戦前を上回る規模で復活した。二二年下期には東洋向け積出高一一万トンのうち物産は二八・五%を占め、物産の積出先は上海五一%、大連三四%、香港九%、日本国内八%と幅広い地域であった。しかしこの年は、不作による小麦粉輸出再開直後という特殊な状況であった。

中国市場は、「香港ハ元来米国麦粉第一ノ消費地タリシモ、米商支那問屋筋ノ地盤強固ニシテ当社ノ侵入ヲ許サズ」、「米国製粉会社が支那各地ニ特殊ノ干係先アリ、中ニハ自身大規模ニ積送」とシアトル店が述べているように、米国商社・中国商社、あるいは製粉会社の代理店の地盤が強固であった。物産はこうしたところに「口銭ヲ度外視」して売り込んでいくのである。しかしそれを継続するためには、安定的に低価格で製品を手に入れる以外にない。それには大戦前に行なっていたように「安値買付ノ一方法トシテ商標統一、即チ当社ノ商標ニテ随時売値売リ応ズル Mill ヨリ買イツクル」以外にないと言うのであった（ST、二三年上）。

「支那満洲共ニ大不作」となった二三年下期には、「大連店ト Red Mitsui Brand ニテシアトル、ポートランドニオケル数個ノ製粉会社製 Straight 級モノ、統一包装スル打合ヲナシ置キタル結果、此度ノ大口買付ニ当ツテモ随時安値ノモノヲ買ヒ集ムルコト出来、非常ノ便宜」を得た。当期の売約高一二二万袋（約三万トン、三三九万円）のうち、大連向け五二万袋、天津二八万袋、上海二四万袋という内訳であった（ST、二三年下）。二四年下期の北米からの対中国積出し高は一一万二〇〇〇トンと例年並だったが、物産は大連・天津などの満洲・中国北部向けのみ、シェアーも六％に過ぎなかった。上海は中国中部の小麦作が普通作の場合には輸出を期待できず、例年麦粉の輸出ができるのは南満・中国北部と香港であった。香港に関して、シアトル店は次のように述べている。

最モ永続性アル香港市場トノ引合兎角意ニ任セザルモノアリ、本季ノ如キ遂ニ一袋ノ引合ヲモ試ミ得ザリシ事頗ル遺憾、全地ハ北清地方ト異リ上海麦粉ニ影響サル、事比較的少ク、米、加ヨリ堅実ニ輸出出来ル市場ユヘ、香港、厦門、広東、汕頭ノ各店ト協力、数年来引続キ開拓方ニ勉メタルモ、長ク英、米人ニ占領セラレタル市場ノ事故、販売店トシテモ有数問屋筋ヘノ喰込ミ余程困難ノ模様ニテ、殊ニ当地製粉会社ガ代理店ヲ置キ或ハ直接仝地問屋ト引合ヲナスモノ多キヲ以テ、之ニ対抗シテ地盤ヲ築上ルニハ相当ノ犠牲ト時日ヲ要スベキモノ（ST、二四年下）

大戦直後から販売店の協力を得つつ、犠牲をしのんで香港市場への進出を図ったが、欧米系商人の地盤は物産の力をもってしても抜くことはできなかった。以後、香港市場に関する記述はほとんど出てこない。

二四、二五年になると日本における製粉業の急拡大により、日本向け小麦粉輸出は激減し、大部分が中国向けになる。また鈴木商店が破綻したことによって、邦商反対商は三菱のみになった。中国南部市場には三菱も物産も進出しえず、「北支ハ Connel, Dodwell, Union Trading 等相当ニ活動シ居レドモ主トシテ上海、天津、青島ヲ活動舞台トス」（ST、二七年上）と、欧米系商社との競合は北部を中心に展開され、満洲への米・加粉の輸出は物産と商事が掌握したが、商事は「日清製粉ノ対支売込ニ全力ヲ注ギ米加粉ニ対シ気乗リ薄」（ST、二八年下）であった。表５-８に見えるように、二六年下期以降、ST店の満洲を含む中国・日本向け積出し比率は二〇％近くから二五％を占めるのである。その積出し先は、二七年下期、二八年上期のように、不作や治安悪化によって上海麦粉の供給が不充分になったときには天津・青島・上海にも積み出されるが、そうした場合以外は八割、九割以上が大連であった。二〇年代前半から努力してきた独自の商標による売込みも、二八年下期には売約高二万七三三三トンのうち、物産専用商標が九七％に達し、残りの二・九％も製粉企業との共用商標であり、満洲・中国北部に強力な地盤を形成したのであった。

表 5-9　青島への小麦粉の輸移入（1930～31年）

（単位：袋）

	1930年上	1930年下	1931年上
日本粉	32,200	29,600	193,250
内物産	5,650	23,100	121,750
米加粉	155,990	70,000	223,988
内物産		20,000	
上海粉	418,982	288,138	606,700
内物産	11,982		2,000
その他共計	610,192	484,292	1,050,988
三井物産	17,582	43,100	143,750
三菱商事	18,600	3,000	68,500
華　商	407,000	386,392	635,750
外　商	155,990	66,000	182,988

出典：青島支店穀肥掛「昭和六年上半期　考課状」。

4　中国・満洲の小麦粉市場

販売店、すなわち物産の中国各店から小麦粉取引を見ればどのようになるかを見ておこう。

一九二一年下期、上海から海運で中国沿岸各地・南洋・欧州・日本に積み出された上海粉は三〇〇万袋（約七万五〇〇〇トン）であった。「日本ヲ風靡セル割安米国粉及豪州粉ハ更ニ余勢ヲ駆ッテ香港、大連方面ヘモ迫リ遂ニ全方面ヘノ上海粉売込モ全ク圧迫セラレ当地市況益々不振」と、大戦終了後北米・豪州粉の進出により、上海粉の市場は狭められていた。上海からの積出高の七割近くを中国沿岸向けが占めていたが、それらは「依然支商、広東班、天津班ノ勢力範囲ニテ当社ノ売込頗ル困難」であった。しかし上海店は「日本内地粉高騰、為替有利トニ依リ久方振リニ上海粉ノ需要ヲ喚起」と、日本への売り込みに努力し、日本向け積出し量四〇万袋のほぼ半分のシェアーを占めた[59]。

表5-9に青島への各種小麦粉の輸移入量を示した。同地には半期五〇万から一〇〇万袋の小麦粉が流入し、上海粉が最も多いが、北米粉・日本粉、さらに三〇年下期には大量の豪州粉も輸入された。日本粉はほとんどが三菱商事と物産によって輸入され、華商は上海粉を掌握しており、三〇年下期には華商は北米粉、豪州粉も大量に扱ったと思われる。物産青島支店は二三年下期、同地の小麦不作に際し、北米粉と内地粉の売込みに努力し、三〇年上期には為替の高騰から内地粉が輸入不可能になったため、「上海粉売込ニ努力、紡績筋ヲ始メ一般支那商ニ上海粉」[60]を売り込んだのであった。

シアトル店にとっての最大の市場、大連への各種麦粉の輸移入高を表5-10に示した。期によって総額も内訳も大きく異なる。二五年下期は、過去三年間にわたる北満小麦の作付け減少と不作によって南満の消費の多くを輸入粉に頼ることとなり、二五年上期に大部分を占めた上海粉は作柄不良と労働争議により輸出不能となり、日本粉が未曾有の輸入額となった。北米粉は在庫薄、為替関係によって割高だったが、新麦の豊作などにより一転して上海粉より割安となり、「米・加粉引合ノ全盛時代」[61]を現出したという。表5-11は二五年下期の商社別売約高である。物産がぬきんでてはいるが、商事・鈴木と南満の麦粉市場をめぐって激しく争っている様子がうかがえる。

表 5-10　大連への小麦粉の輸移入（1924〜25年）

（単位：千袋）

	1924年下	1925年上	1925年下
上海粉	147	3,123	917
内物産			151
日本粉	161	170	1,026
内物産			430
米加粉	1,555	306	563
内物産			243
合　計	1,864	3,600	2,506
内物産			824

出典：大連支店穀肥支部「大正十四年下半期　考課状」。

表 5-11　大連商社別小麦粉売約高（1925年下期）

（単位：千袋）

	上海粉	日本粉	米加粉	合　計	割合（%）
三井物産	150	420	930	1,500	42.7
三菱商事	120	280	710	1,110	31.6
鈴木商店	40	200	300	540	15.4
福　昌	—	50	310	360	10.3
合　計	310	950	2,250	3,510	100

出典：同前。

表5-12も同じく大連への麦粉輸移入である。二七年から北満小麦が豊作となり、「一等地粉……供給逐日増大シ漸次南満市場ヲ圧迫……天津、芝罘、青島方面ニマデ輸出、海外粉ト角逐スルニ至リ、茲ニ輸入粉ノ奥地売込ヲ生命トセル当市場ハ全ク昔日ノ面影ヲ失ヒ、地粉全盛時代ヲ現出セリ」[62]となった。二八年上期の大連への到着、売約とも満洲粉が五割から六割を占め、その流通を担っていたのは、表5-13に見られるように華商であった。

表5-14は海運によって大連港へもたらされた各種小麦粉の、二八年から三二年までの商社別取扱高である。三一年、三二年の上海

表 5-12　産地別大連到着小麦粉（1927～28年）

（単位：千袋）

	1927年上	1927年下	1928年上	内物産取扱高
上海粉	95	395	63	—
日本粉	928	180	270	92
米加粉	1,237	510	490	310
満洲粉	22	180	729	137
合　計	2,283	1,266	1,553	540

出典：大連支店穀肥商品「昭和三年上半期　考課状」。

表 5-13　大連商社別小麦粉売約高（1928年上期）

（単位：千袋）

	三　井	三　菱	福　昌	華　商	合　計
上海粉	—	—	—	63	63
日本粉	75	165	5	—	245
米加粉	171	30	20	—	221
満洲粉	134	—	—	589	724
合　計	382	195	25	653	1,256
	31%	15%	2%	52%	

出典：同期。

粉を除くと、大連港に陸揚げされる日本粉・米加粉の大部分は三井・三菱・福昌という邦商によって担われ、外商はほとんど手を出さなかったという。三一、三二年に大量に流入する上海粉は、「その他」が圧倒的であり、言うまでもなく華商であった。華商はこの上海粉と、同表には記されていない北満粉の陸路による南満への進出を掌握していたのである。

二九年から三〇年にかけ、物産によって北米粉が大量に輸入され、麦粉の大量需要があったかの感があるが、単純ではない。二九年下期から荷薄・先高を見込んだ華商問屋が、「先物思惑買止マズ」という投機に走り、買い注文に応じて物産などが大量の北米粉を輸入していた所、南下を制限されていた北満麦粉が大量に南下し、さらに北米粉価格も豊作によって暴落し滞貨を生じた。福昌など他の輸入商社は華商問屋の要求によって約定価格と時価の値鞘を折半で負担したが、物産大連店は北満麦粉の南下を見て直ちに問屋から買い戻し、天津・牛荘・奉天への転売・売込みを全力で行ない、輸入商と問屋との間で値引き交渉が行なわれた時には、手持の多くを売り逃げ、問屋との約定荷も現物で転売済みであったという(63)。

大連において輸入商から小麦粉を引き取る華商問屋は約四〇軒といわれ、各地の小売商は大連や主要都市に所在する問屋から小麦粉を仕入れるのである。三〇年上期の解合の影響によって、同年下期には北米粉の輸入は五分の一に

表 5-14　大連商社別小麦粉輸入高（1928～32年）

（単位：千袋）

		三　井	三　菱	福　昌	その他	合　計
1928年	日本粉	570	585			
	米・加粉	423	80			
	合　計	(44) 993	(30) 665		(26) 582	2,241
1929年	日本粉	995	2,009		61	3,065
	米・加粉	3,516	265	602	528	4,912
	上海粉	42			98	140
	合　計	(56) 4,553	(28) 2,275	(7) 602	(8) 687	8,118
1930年	日本粉	112	796	4	—	913
	米・加粉	2,007	256	642	319	3,224
	合　計	(51) 2,119	(25) 1,052	(16) 646	(8) 319	4,138
1931年	日本粉	788	575		9	1,372
	米・加粉	416	50		519	985
	上海粉	9	10		1,295	1,314
	合　計	(33) 1,213	(17) 635		(50) 1,824	3,672
1932年	日本粉	2,735	1,687	100	49	4,574
	米・加粉	102		30	100	232
	上海粉				1,393	1,393
	豪州粉	425	142	175	44	788
	合　計	(47) 3,263	(26) 1,830	(4) 306	(23) 1,588	6,989

注：カッコ内は％。
出典：横浜正金銀行頭取席調査課『大連メモ集』(1934年)。

まで減少する。三一、三二年と米・加粉の大連輸入は激減し、変わって日本・上海・豪州の小麦粉が南満洲に進出してくるのである。[64]

三〇年以降の、世界価格に比しての北米粉の高止まりと豪州粉・日本粉の輸出攻勢、満洲事変・満洲国建国などによって中国・満洲の小麦粉事情は激変する。三三年から三五年にかけて満洲の小麦粉輸入高は五〇万トン前後、うち日本粉が四五～六〇％、中国粉・豪州粉がそれぞれ一〇～三〇％であり、すでに北米粉はその他に一括されるほどに減少した。三六年の満洲においては、小麦粉輸入税新設により輸入は二一万トンに、さらに三七年の為替管理により八万トンに激減し、小麦粉供給量は大幅に落ち込んでいった。その減少は米の増産や高粱など雑穀によって補われたとされる。[65]

日中戦争が長期化してくると、中国北

部・満洲における食料確保が大きな問題になり、興亜院の統制のもとに三九年から物産と商事が小麦・小麦粉買付け代行者に指定される。物産はいち早く豪州の Wheat Board からクレジットを取りつけ、有利な買付けを行なった。[66]

米国・カナダ太平洋岸産の麦粉の市場は、日本・中国、フィリピン、欧州と三つに分かれており、物産が進出しえたのは日本・中国市場、そのなかでも満洲・中国北部に限定されていた。北米粉はその市場において北満粉、上海粉と厳しい競合を演じていた。青島店や大連店はST店と連携して北米粉の売込みに力を注ぐが、販売店にとっては必ずしも北米粉でなければならないという理由はなく、上海粉でも、豪州粉でもよかったのである。小麦粉はカナダの強力粉などを除けば代替性が極めて強く、世界各地で生産される。その生産高は自然条件によって大きく左右され、また激しい競合状態にあっただけに少しの為替変動が価格競争力に大きな影響を与えた。ST店の小麦粉輸出は、大連に集中するようになったが、しかしなお時期によっては天津・青島、上海などに大量に輸出することによって比較的安定を保っていたのである。他方、販売店にとっては、作柄・価格とも変動するだけに、複数の主要供給先を維持しておくことが不可欠だった。

四　その他の商品

ST店取扱品目の中で、米材・小麦・小麦粉以外に金額の大きいのは、大戦前から始まり、一九三七年頃まで継続する塩蔵魚、二六年から三二年頃までの澱粉（コーンスターチ）、三二年以降の屑鉄を中心とする屑金物、三五年から三九年までの生ミカンなどがある。屑鉄については第6章に述べる。澱粉は二七年にスタレー社（A. E. Staley）の東洋向け一手販売権を獲得し、在華紡などの工業用糊や食品の原料として安定した市場を持っていたが、円為替低下によって米国製品は競争力を失った。ここでは、魚類とミカンについて述べておく。

1　北米太平洋産漁業生産物

北米太平洋産漁業生産物には鮭缶詰と塩蔵魚があり、塩蔵魚がアジア市場向けであったのに対し、鮭缶詰は米材・小麦と並ぶ、北米太平洋岸の欧州・米国向け「大商品」であり、一九二一年頃からST店はこの取引に参入しようとする。二一年下期にロンドン店との間に八〇〇〇函の商談を成立させ、「本品ハ歴史アル商品ニテ産地ト仕向地（重ニ倫敦、シドニー）市場トハ特殊ノ商人ニヨリ特別ノ関係相結バレ居リ、新参ノ会社ガ危険ヲ踏ム事ナクシテ右左ノ商内ニテハ相当六ケ敷……大高ノ取扱ヲナスヲ得ザリシモ将来ノ商内ニ付テハ倫敦支店ト共ニ研究中ナレバ一角ノ商内ニナルベシト信ズ」（ST、二一年下）と、強固な取引関係が形成されている中に果敢に参入しようとしたのである。二二年上期にはロンドン店の取引先「缶詰商内仲買人ヲシアトルニ招待シ、パッカーニ『倫敦ニ於ケル三井ノ地位ヲ説明スル機会』」（ST、二二年上）をつくり、同年下期には有力パッカーであるHarris Packing Co.の対欧州輸出一手販売特約を締結し、またそれ以外のパッカーの鮭缶詰も買い付けたが、前期からの持ち越し在荷が多く、天候不順で消費も進まず、「売行思ハシカラズ……商内出来ズ」（ST、二二年下）という状況になった。ロンドン店との提携により、相当の力を入れて欧州商内を展開しようとしたが、欧米系商人が築き上げていたルートに参入することは出来なかった。

塩蔵魚の取扱いは二一年上期から復活する。大戦前と同様、バンクーバーの有力日系漁業者是永商店の委託荷として二二年上期に塩鮭七〇〇〇円、塩鰊六万三〇〇〇円を取り扱い、前貸金を一万ドル超過する手取金を得るという好成績を上げた。再開直後は鮭・鰊の双方を扱ったが、両者の取扱いは大きく異なっていた。

塩鮭の市場は日本に限定され、早くも二二年上期には「次第ニ同業者ノ数ヲ増シ製造家モ各地商人ト直接引合ヲ試ミルモノ大キヲ加ヘ来タリ居レバ、委託荷トシテノ商内継続ハコノ先余リ多キヲ期待スル事困難」（ST、二二年上）と記している。日本の塩魚問屋などの水産関係商社が日系漁業者・製造業者と直接に引き合い、委託ではなく「打切引合」によって進出してくるのである。打切りで輸入する商社に対抗することは出来ず、二三年以降塩鮭の取扱いをほぼ中断する。

塩鮭・冷凍鮭の対日輸出を再開したのは三一年下期からであった。シアトル店取扱魚類の大部分を占める中国向け塩鱒輸出が、排日運動によって不可能になったためなのであろう。日本における塩鮭価格の暴落にもかかわらず、以後輸出を積極化する。しかし同年に、日系人塩鮭生産業者が加奈陀塩鮭輸出販売会社をつくり、その販売会社と荷受け地の東京米鮭輸入問屋組合が直接引合を行ない、「当社割込ノ余地ナク、当社トシテハ白人物委託荷五千箱ノ打合ヲナシタルニ止ル」(ST、三二年下)のように、中心を占める日本人パッカーとの商談を行なえず、カナダ人パッカーから仕入れる以外になかった。

三六年上期においても「全業者トノ競争激甚、白人パッカーヨリノ仕入ヲ専ラトセル当社ハ、売込意ノ如クナラズ」(ST、三六年上)という状態が続いた。物産の仕入先は、白人パッカー以外では杉山岩吉(ハウ・サウンド漁業会社)だけであり、日中戦争開始後、為替統制が強化されると杉山だけになった。食料品輸入に対する為替はほぼすべて不許可となったが、北米の魚類については「加奈陀在留邦人漁業者生活擁護」のため、例外的に許可された。三八年にもST店は、ハウ・サウンド社の製造する塩鮭と筋子(市場価格四六〇〇ドル)に対し、一〇〇〇ドルを前貸しし、現品積出時に七五〇ドルを内払いとして支払い、ST店が受託店、積送先東京営業部食料品掛とし、取扱口銭はシアトルが一・五%、営業部が一%で合計二・五%、「危険ハ沙都、営業部乗合勘定」、「売抜期間ハ当社へ一任、但着荷後直チニ売抜ノ見込」であった。統制が強化された時期ではあるが、北米漁業者からの受託による日本への輸出は、このようなかたちで行なわれたのである。[67]

塩鮭の取扱いが縮小するのに対し、二〇年代の塩蔵魚の中心は塩鱒であった。二二年に取扱いを再開した際の取扱高は、漁獲量の一%強という少なさであった。仕向け先も朝鮮・台湾向けとなる神戸に限定され、古くからの取引先である是永商店の委託荷だけであった。しかし塩鱒の中心市場である中国向けは、状況が異なっていた。「支那各地ハ支那問屋筋ガ漁業家ト直接干係シ多年ノ経験ト思ヒ切ッタ商策ヲ以テ活動……毎年支那行直積ノ増加トナリ夫ノ大部分ガ思惑先物買ヒノ外商ノ手ニ入ル」といわれるように、大戦前には神戸市場を通じて大陸に輸出されていた塩鰊は、戦後カナダから直接中国に積み出されるようになり、取引も「安全な受託荷引合」ではなく、「思惑先物買」をしなければ参入できない状況になっていたのである（ST、二三年上）。

中国向け塩鰊取引に本格的に進出するため、二四年九月、本店の許可を得て先物引合を開始する。神戸向けは減少するが、上海・香港向けの増加により、二五年以降は産額の一割強をST店が産地で抑えるようになった。ST店が主要製造家として挙げているのは日系四社、カナダ系五社である。最大のものは年間五万～六万函を製造する松山商店で、同店は自己の漁場を持つとともに他の漁場の「売抜取次マタハ思惑買付」を行ない、物産ST店の打切り買付に応じるとともに、物産中国各店との取引を希望し、二七年には厦門に委託荷を送り、二八年には天津・台北に送荷する予定であつた。

カナダ系漁業者は「漁獲前ニ全 Pack ヲ Subject to Pack」で契約するものが多かった。「コレ等ノ漁業家又ハ商社ガ直接又ハ一、二ノ Broker ヲ経テ支那各地ニ引合ヒ（従前ハ上海、香港ニ限リ候モ最近ハ当地又ハ桑港ノ Broker ヲ経テ盛ンニ厦門、福州、天津、台湾ノ引合有之候）」。漁獲前に商社が買付け契約を結んで中国各地の商人に売り約定を締結したり、シアトルなどのブローカーが中国の購入者を漁業者に斡旋するというのである。もちろんこのようなブローカーと太平洋を間にはさんだ、Subject to Catch などといった先物取引は「契約ガ契約ニナラズトサエ云ハレ居候」といわれる場合もあった。しかしより取引を拡大するためには、委託荷や販売店からの指示に基づく買い切りだけでなく、「Subject to Catch Clause ニヨル先物引合ニ迄入ラネバ販売、仕入両地ニオケル当社勢力維持スル事困難」だったのである(68)。

塩鰊の取扱高を順調に拡大させていたが、二八年以降、排日や銀価低落によって次第に減少し、三二年には「支那各地ノ排日ニ累セラレ、値段ニ不拘買人ナキノ惨状ヲ極メ当社トシテモ手ヲ着クルノ余地ナシ」（ST、三二年上）、

「過去三ケ年間排日其他ノタメ本商内ヨリ遠ザカリ居ルヲ以テ商内再開スルモ売込相当ノ困難ヲ想像セラル」（ST、三四年下）と、中国市場からほぼ撤退し、台湾・朝鮮向けに限定していくことになる。

この間に塩鰊のアジア向け輸出はカナダ政府漁業局のほぼ完全な統制下に入り、神戸・上海・香港に数量が割り当てられ、三井も引き受けられないわけではなかったが、「売人加奈陀塩鰊会社ト上海永和トハ永年ノ特殊関係アリテ上海向商内ヲ壟断セラレ」(69)のように、実質的に取り扱うことはできなくなった。

バタビア出張員が述べているように、「Boycott ノ最初ノ槍玉ニ上ルモノハ食料品、最後マデ頑張ラル、モノモ食料品」であった(70)。塩魚はST店にとって米材・小麦・小麦粉に次ぐ重要な商品であったが、撤退を余儀なくされるのである。

2 ミカンの輸出

北米向けミカン輸出は、少量ながら日露戦争後に安定的に行なわれるようになり、第一次大戦後に急増した。一九二〇年代初頭、輸出総額約二〇〇万円のうち、おおよそ関東州・中国が一五〇万円、北米が五〇万円という割合であった。米国カリフォルニア州は同州産オレンジ保護のために日本ミカンの輸入を禁止していたが、ワシントン・オレゴンなど西北部ではカリフォルニア産オレンジと競合しつつ一定の市場を確保し、カナダはオーストラリア産オレンジ保護の見地からカリフォルニア産に高率関税を課していたため、日本ミカンが大量に輸出されるようになった。日本ミカンは一二月初旬から中旬までの短期間に限られ、「クリスマス・オレンジ」とも言われて贈答用などに普及したのであった(71)。

一二三年、関東大震災によって最大の市場である東京圏を失ったミカンが、北米に大量に輸出されて安定的に発展しつつあった北米市場を撹乱し、北米の日本ミカン取扱業者が在米日本領事などを通じて秩序ある輸出を求めてきた。農商務省や外務省の要請に応じたのは、日露戦争の前から北米輸出を開拓してきた横浜の地場輸出商新井清太郎商店や清水市の望月兄弟商会などのミカン輸出商であった。二四年、組合員二一人、出資口数五〇〇口の日本柑橘輸出組合（後、日本柑橘北米輸出組合と改称）と日本柑橘北米輸出同業組合が設立され、輸出組合に北米向け輸出の独占権が付与されるに至った。輸出組合の事務所は新井清太郎商店の中に設置され、販売事務所をバンクーバーに設け、販売員を派遣した。

組合は、米国ではラッセル（R. B. Russell Co.）、カナダのB・C州にはオッペンハイマー（Oppenheimer Bros.）、コロンビア州以外のカナダにはロバートソン（R. Robertson）をブローカーとし、ブローカーが有力卸商を掌握し、小売商に流していくという経路であった。ラッセルは「パシフィック・フルーツ其他各地ニオケル有力果実卸商ヲ背景トシ居ルモノニシテ、単ニパシフィック・フルーツノミニ於イテモ当方面本品市場ノ六割五分見当ヲ制シ居ルノミナラス、全米ニ亙リ百六十四ノ大卸商ト緊密ナル取引関係ヲ保持」といわれる有力ブローカーであった[72]。ロバートソンは「各地ニ支店ヲ有」する有力卸商二社とその他の独立卸商、オッペンハイマーはコロンビア州のすべての果物卸商と取引を行なっているといわれている。これらのブローカー・仲買商が市場を開拓し、販売網を確立して日本ミカンを売り込んだのである。

日本ミカンの流通を掌握している国内輸出商と海外ブローカーに対する生産者の不満が次第に昂じていった。

> 組合ハ誤レル伝統的崇拝ノ傾向ヨリ加奈陀人ブローカータル……ヲ過当ニ重要視シ結局取引ノ枢機ヲ彼等ニ握ラシメ、邦人ノ輸出組合関係者ニハ一定ノ給料ヲ与ヘルノミニテ……随而R、Oハ先ツ本邦生産者ノ利益ヨリハ自己ノ利益並加奈陀側取引者ニ最高利益率ヲ与ヘルコトヲ考フルカ自然ニシテ、由来蜜柑取引者ヲスポイルシ居ルコトナリ[73]

生産者の不満は、輸出商とブローカーが輸出量拡大を図れるにもかかわらず、八〇万から九〇万箱に意図的に押えて利益を壟断し、生産者に還元されていないという点にあった。内地向価格は一箱（四キログラム）六〇～七〇銭であったが、北米向けは二円九〇銭で、運賃・関税などを計算しても一箱四五銭ほど輸出が有利とされている。生産者の側からすれば、「彼等は過去十年、省令保護の下に眠りて公益増進の義務を怠り、販路の拡張を為さず私利私欲に熱中せる徒輩[74]」であった。

特に神奈川・静岡両県のミカン生産者の間に不満が高まり、彼らが中心になって三三年に大日本柑橘販売組合連合会（日柑連）を結成して激しく対立し、商工・農林両省の裁定によって三四年に輸出組合、日柑連が折半輸出することで妥協した。輸出組合は従来の輸出ルートを利用しえたが、日柑連は全く新たにルートを構築しなければならなかった。そこで選ばれたのが物産であった。日柑連あるいは農林省が「三井ニ委任セハ事足レリ」と考えたか否かは別にしても、現実的に見て、すでにブローカー—卸売商—小売商というルートが形成されているのに対抗して、異なるルートを構築するには三井の手を借りるよりほかになかったのであろう。物産本店がどのような観点から農林省・日柑連の求めに応じたのかは明らかでないが、実は売込みの最前線に当るシアトル店は、輸出組合に対抗することに強く反対していたのである。

ST店によれば、本店営業部は「農林商工両省々令にて半々販売と決したから売れと突然御指図を受けたのが既に時日迫った時……只漫然と売れ〳〵遠慮は要らぬとか努力しよとかの電信計には閉口仕り候」の如く、販売時期の直前になって現地の状況を考慮することなく指示してきた。日本ミカンは「輸出組合の買手以外には目星しき買手はなく」、「買手筋も需要も自ら限られ居る」とし、ST店は「更に当方分四十万を売る事は無理である……御命令に反し此方では何も致し度なしと御断り」と、輸出組合に対抗して日本ミカンを売り込むことを拒絶したのであった[75]。

同店が拒絶した理由は、新たな販売ルート・市場を立ち上げることに懸念を持ったと同時に、北米各地の日本領事が、三井が乗り出すことに反対しているという事情もあった。その背景には次のような経緯があった。

昔無統一に蜜柑を輸出した挙句誰も彼もが大損をして輸出商売が一頓挫を来したる当時、当業者間に介在して組合を組織せしめたのは領事の骨折によるものである、即ち今日此商売あるは一つに領事のお陰だ、それを一度の挨拶相談も無く政治家共の扇動に釣られて勝手に決めたのは怪しからぬ[76]

ＳＴ店はこのような経過と、北米各地の領事が全員反対していることを承知していたから本店の指示に強く反対したのである。しかし本店があくまで取り扱うことを要求すれば従わざるをえない。初年度（三四年一二月もの）、組合・日柑連各四〇万函の割当てで、カナダ経由英国向けに積み出されたミカンが、カナダの組合ルートで大量に販売されるという事態を生んだこともあったが、物産取扱高は四八万円に達し、「日柑連並ニ農林省側ノ満足ヲ贏チ得タル」（ＳＴ、三五年上）と成功を収め、二年目にはほぼ一〇〇万円にも達した。

物産が販売ルートとして確保したのは、戦間期に急速に拡大するチェーンストアであった。米国においてはセイフウェイ（Safeway Store Ltd.）、ピグリー・ウィグリー（Piggly Wiggly Ltd.）の購買部といわれるトライウェイ商会を代理店とし、カナダにおいてはブローカーであるパークス社のもとに「各地ニ支店ヲ有シ食料品及果物ノ取扱」を行なっている卸商マクドナルド社と「独立卸商」が小売商への卸を担当するとともに、マクドナルド社に別会社を組織させ、セイフウェイなどのチェーンストアに納品させたのである。(77)

卸・小売店のルートとチェーンストアの対立という面も含みながら、三四年産ミカンが豊作だったため割当量も多くなり、価格も大幅に低下した。値崩れによって「独占時代ニ暴利ヲ貪リタル為ニテ甘イ汁ガ吸ヘナクナツタ」組合側ブローカー・卸商が、「石井、岡本両領事ニ相当喰込ミ……小売商ヨリ再々陳情書ヲ提出セシメ」、チェーンストア側の安売りを攻撃し、シアトル・バンクーバー両領事が「日本蜜柑ノ将来ヲ考慮セバ本年度ヨリモ輸出販売共ニ輸出組合側ニ一手取扱ハシムル外良策ナシ(78)」とする報告書を、外務・農林・商工各省に送るといった事態も生じた。

日本ミカンの輸出は年間一〇〇万円から七〇万に達するという成果を挙げたが、三九年には「米加共排日貨気運濃厚」（ＳＴ、三九年上）となり、値下げによって売り抜け、同年を最後に北米から撤退する。

ST店は、大戦景気終了後、取扱商品の大幅な縮小を余儀なくされ、スタッフも激減した。しかし、二〇年代を通じて、米材・小麦・小麦粉の仕入店として、さらに北米半定航を皮切りにコモン・キャリヤー化を目指す船舶部の重要拠点としての役割により、安定的な店舗運営を続けた。三品の利益率は比較的高く、また船舶部もかなりの店舗経費を負担していたのである。

小括

太平洋岸の米材は、日本・中国、豪州、英・欧と世界各地に輸出され、供給地においては製材企業からなる輸出トラスト・組合が、また各地の市場においては海運会社と密接な関係を持つ米国製材企業・商社が強い力を有していた。ところが日本向けは事情が異なっていた。米・加において日系製材・輸出業者が輩出し、それと符節を併せて日本においても木材問屋をはじめ多くの業者が米材輸入に参入する。物産は有力な米国商社と多数邦商との激しい競争の中、店内にインスペクターを擁し、また花月・中田・加藤らの有力日系製材業者と提携して優良な米材仕入、安定的な仕入地盤確立に努めた。対日輸出が細ると、米国内販売を目指して伐木にも進出するが、大きな損失に終わった。

塩鮭・塩鰊も生産者に日系人が多く、生産者と結びついた多くの日本人輸入商が活動して激しい競争を展開するという意味において、米材と類似した面があった。物産が先鞭をつけた分野であったが、三〇年代に入って次第に減少していった。

小麦・小麦粉輸入は二〇年恐慌により、優勢な地位を占めていた穀肥系商社が破綻し、反対商として残ったのは鈴木商店と三菱商事のみとなった。物産は国内製粉企業向け小麦、満洲・中国北部向け小麦粉輸出において有力な地位を占めた。物産は販売店・仕入店が連携し、満洲・中国北部の小麦粉市場において、上海粉・日本粉なども激しい競合を展開しながら、独自のブランドによって進出した。国内大手製粉向け小麦輸入は、日清=三菱、日粉=鈴木の関係が形成され、物産が排除されようとした時、鈴木が破綻して物産は日粉を傘下に収め、二七年以降、安定的な小麦輸入が可能になった。この小麦輸入における優越的な地位が小麦粉・米材取引にもプラスに働いたのである。

しかし、国内麦作奨励による輸入減少、米・加小麦の価格高止まり、豪州小麦の進出によりST店の小麦・小麦粉取扱高は大きく減少し、さらに日中戦争後は米材輸入も減少し、同店の経営は苦しくなっていった。その中で、ミカン・雑貨などの輸出、屑鉄輸入など新たな分野への進出を開始するが、大きな成果を収めることは出来なかった。

（1）船舶部長より沙都派出員宛「責員負担経費ニ付キ」（一九二七年八月一三日、ST. BOX472）。
（2）沙都出張所長より本店取締役宛「前期中当店売約定中外国売買ノ事」（一九二八年一二月二六日、ST. BOX470）。
（3）沙都山中清三郎より東京安川雄之助宛「当店外国売買ニ付テ」（一九二九年六月一二日、同前）。
（4）山中清三郎より紐育田島取締役宛書簡（一九三〇年七月九日、同前）。
（5）沙都出張所長より本店営業課長宛書簡（一九三三年一〇月二五日、ST. BOX470）。
（6）「沙都出張所事務引継書」（昭和一四年下期、ST. BOX321）。
（7）「米材」（一九三九年二月一六日、SF、BOX1426）。「米松」は現地ではダグラス・ファーやオレゴン・パインなど種々の呼称があるが、「松」ではなく、日本の樹種で言えば、樅と栂の間の種類とされる。米材については、前掲「米材」、奥野道夫『米材産地事情』（一九三六年〈二九年初版〉、日本木材研究所）、日本米材協議会『米材百年史』（一九七六年）、東亜経済調査局『我国木材需給と米材、満洲材』（一九三二年）などによった。
（8）沙都出張員「支店長会議ニ代ヘル当店報告書」（一九二〇年一二月、ST. FNO2810）。
（9）「(沙都店木材掛引継書類)」（一九四一年、ST. BOX326）。
（10）前掲『米材産地事情』一二三頁。
（11）前掲「支店長会議ニ代ヘル当店報告書」。
（12）沙都出張所長山中清三郎より本店小林取締役宛「米材仕入方法ニ就テ」（一九二七年二月一四日、ST. BOX468）。
（13）前掲「(沙都店木材掛引継書類)」。
（14）前掲『米材百年史』一一四頁。

（15）大阪村瀬貫一より山中清三郎宛「米材商売発展策ニ就テ」（一九二九年一月二五日、ST. BOX468）。
（16）大阪米材主店より営業部その他宛「山長木材昭和三年度成績並ニ銀行関係ニ就テ」（一九二九年五月一六日、ST. BOX471）。
（17）沙都山中清三郎より小林常務取締役宛「日本向キ輸出丸太材ノ事」（一九二七年九月一二日、ST. BOX468）。
（18）前掲『米材産地事情』一三二～三三頁。
（19）三菱商事株式会社『立業貿易録』（一九五八年）七四一～三頁。
（20）前掲、大阪村瀬貫一より山中清三郎宛「米材商売発展策ニ就テ」。
（21）東京小林正直より山中清三郎宛書簡（一九二七年二月一五日、ST. BOX468）。
（22）同前。
（23）前掲、沙都出張所長山中清三郎より本店小林取締役宛「米材仕入方法ニ就テ」、同「米材商内ノ事」（一九二七年三月五日、ST. BOX468）。
（24）小林常務取締役より沙都出張所長宛「米材品質対策ニ就キ」（一九二七年九月二一日、ST. BOX468）。
（25）沙都出張所長山中清三郎より小林常務取締役宛「米材品質対策ニ付テ」（一九二七年一二月五日、ST. BOX468）。
（26）前掲、小林常務取締役より沙都出張所長宛「米材品質対策ニ就キ」。
（27）沙都出張所長より本店人事部長・木材部長宛「当店準職員川崎末吉ノ事」（一九四一年八月一一日、ST. BOX462）。
（28）前掲「支店長会議ニ代ヘル当店報告書」。
（29）前掲「日本向キ輸出丸太材ノ事」。
（30）沙都山中清三郎より東京中村藤一宛書簡（一九二七年九月二〇日、ST. BOX468）。
（31）前掲「(沙都店木材掛引継書類)」。
（32）大阪支店米材主店「昭和四年度上半季米材損益尻ニ就テ」（一九二九年五月一四日、ST. BOX471）。
（33）沙都出張所長より本店業務課長宛「米材商内ノ現状ト当社ノ取ルベキ今後ノ方針ニツキテ」（一九三六年七月一〇日、ST. BOX265）。
（34）沙都出張所長より本店調査課長・業務課長宛「加藤弥七ヘ筏代金融通ノ事」「Boom Operation ニ対スル設備費ノ事」（一九三二年七月二一日、ST. BOX265）。

(35) 「加奈陀晩香坡島ニテ山林買付及ビコレガ伐採事業並販売ニ関スル報告」(一九三六年、ST. BOX265)。
(36) 業務課長・木材部長「晩香坡島内山林買収経営ノ事」(一九三六年一二月一九日、三井文庫、物産二〇六〇)。
(37) 木材部長より沙都出張所長宛「木材取扱事情変革ト担当者交代ノ事」(一九三九年三月一二日、ST. BOX462)。
(38) 沙都出張所長より加奈陀駐箚特命全権公使宛「弊社経営ニ係ル晩香坡島所在 Ocean Timber Co. Ltd. 山林設備売却代金米国ヘ送金許可ノ事」(一九四一年七月二三日、ST. BOX462)。
(39) 拙稿「破綻した横浜の『総合商社』」(横浜近代史研究会編『横浜の近代——都市の形成と展開——』日本経済評論社、一九九七年)、および本書第1章参照。
(40) 営業部穀物掛伊藤秀雄「米国小麦並ニ麦粉ノ事」(一九二一年七月二七日、SF, BOX1449) および一般的な事情については、日清製粉株式会社調査課『小麦及小麦粉』(一九二六年)、日本製粉社史委員会『日本製粉株式会社七十年史』(一九六八年)。
(41) 前掲「米国小麦並ニ麦粉ノ事」。
(42) 「大正拾五年　支店長会議穀肥部報告」(一九二六年六月、三井文庫、川村一六‐三)。
(43) 営業部長より沙都出張所長宛「小麦仕入方針ニ就テ」(一九二九年一月七日、ST. BOX468)。
(44) 向井忠晴より山中清三郎宛「小麦買付」(一九二九年一月一九日、同前)。
(45) 『立業貿易録』三三九頁。
(46) 『日清製粉株式会社史』(一九五五年) 一七七〜八頁。
(47) この間の経緯は、前掲『日本製粉株式会社七十年史』二二七〜二四〇頁による。
(48) 沙都出張所長より営業部長宛「日清、日本両製粉会社小麦引合ニ就テ」(一九二七年三月一一日、ST. BOX468)。
(49) 沙都山中清三郎より営業部中村藤一宛書簡 (一九二七年四月九日、同前)。
(50) 山中清三郎より中村藤一・神村貫治宛「当店小麦担当者増員人選ニ就テ」(一九二八年六月一六日、同前)。
(51) 沙都出張所長より営業部長宛「小麦仕入方針ニ就テ」(一九二八年一二月五日、同前)。
(52) 福田清三より沙都山中清三郎宛書簡 (一九二八年一月一八日、同前)。
(53) 向井忠晴より沙都山中清三郎宛「小麦買付」(一九二九年一月一九日、同前)。
(54) 沙都出張所長より本店取締役宛「前期中当店売約定中外国売買ノ事」(一九二八年一二月二六日、ST. BOX470)。

(55) 沙都出張所長より本店取締役宛「米国小麦東洋向輸出引合現状ノ事」(一九三一年九月二七日、ST. BOX471)。
(56) 以上、三井物産業務課情報掛『支那之製粉業』(一九二一年五月調、SF. FNO2807)。本書は謄写版で一〇〇頁を超えるものであるが頁が打たれていない。中国の小麦・小麦粉に関する一般的な記述は、本資料と、多田勇『北満の小麦並に製粉業に就て』(横浜正金銀行頭取席調査課調査報告第一〇〇号、一九三六年八月)による。
(57) 前掲『支那之製粉業』。
(58) 横浜正金銀行頭取席調査課『大連メモ集』(一九三四年、米国議会図書館蔵)一二五〜一三七頁。
(59) 上海支店穀肥掛「大正十年下半期 考課状」。
(60) 青島支店穀肥掛「昭和五年上半期 考課状」。
(61) 大連支店穀肥掛「大正十四年下半期 考課状」。
(62) 大連支店穀肥掛「昭和三年上半期 考課状」
(63) 大連支店穀肥掛「昭和五年上・下半期 考課状」
(64) 前掲『大連メモ集』。
(65) 三井物産業務課穀肥掛「満洲国ニオケル米、麦粉、雑穀需給ニ就テ」(一九三八年四月、SF. FNO2798)。
(66) 営業部長よりシドニー支店長・沙都出張所長宛「クレジット小麦麦粉引合三井三菱分野協定覚書ノ事」(一九四〇年九月三〇日、ST. BOX321)。
(67) 食料品取扱主店より業務課長宛「一、塩鮭、筋子委託荷積出並ニ前貸許可申請ノ事」(一九三八年九月七日、ST. FNO2827)、本店営業部食料品掛高田房三より大蔵省為替局第一管理課菅村課長宛「加奈陀塩鮭為替許可申請ノ事」(一九三七年一二月一日、同前)。
(68) 沙都出張所長より業務課長宛「一、当店食料品商内ニ付」(一九二八年二月一四日、ST. BOX253)。
(69) 食料品主店「食料品会議延期ニ付、各店御提案ニ当方限リノ所見申述候」(一九三八年六月、ST. FNO2827)。
(70) 同前。
(71) 「米国西北部並ニ加奈陀地方ニ於ケル日本蜜柑ノ取引」(一九三一年一二月一八日付沙都内山領事報告抜粋、ST. BOX294)。ミカンの北米輸出に関する一般的な事実は、『株式会社 新井清太郎商店九十年史』(一九七九年)、神奈川県柑橘農業協同組合連合会『神奈川県柑橘史』(一九七四年)による。

(72) 在沙都岡本領事「日本蜜柑輸入状況ニ関スル調書」(一九三六年、ST. BOX294)。この調書と次の注(73)のバンクーバー領事の報告は、本店営業部食料品掛が農林省から内々に借覧して写しを作成したものである。
(73) 在晩香坡石井領事「日本蜜柑ノ対加輸出ニ関スル調査」(一九三六年、同前)。
(74) 前掲『神奈川県柑橘史』九三六頁。
(75) 沙都出張所長より本店営業部長宛「蜜柑委託荷の件」(一九三四年一一月二一日、ST. BOX470)。
(76) 同前「蜜柑の件」(一九三四年一一月二三日、同前)。
(77) 前掲「日本蜜柑輸入状況ニ関スル調書」、「日本蜜柑ノ対加輸出ニ関スル調査」による。
(78) 本店営業部食料品掛より沙都出張所長宛「輸出組合側ノ策動ニ就而」(一九三六年六月一八日、ST. BOX29)。

第6章　ニューヨーク支店の動向

序章に記したように、ニューヨーク支店のオリジナル資料は失われており、ここではサンフランシスコ店・シアトル店に残された資料から、NY店の動向を探らざるをえない。

すでにSF店、ST店を検討した各章において、金融などNY店に関係する項目のいくつかは論じた。また、ゴム・シェラック・麻・錫など外国間貿易の主要商品や、缶詰・植物性油脂・船舶業務などについては、NY店の動向を含めて以下の各章において明らかにする。他方、NY店にとって決定的に大きな比重を有している生糸・絹織物については、同店の考課状レベル以上に実態を示す資料が残されていないことと、別稿において、在NY日本商社の生糸・絹織物取引について論じているので[1]、ここでは必要な限りで論及するにとどめる。

在米店の中核であるNY店の、決算など支店の核心を明らかにできる資料が残されていないことは大きな欠陥であるが、考課状などにより、取扱商品の推移、資金繰りなど、全体にかかわる論点を明らかにした後、生糸に次ぐ重要商品であった機械、金物、部外商品、さらに恐慌期以降の中南米への進出について検討する。

一　営業の概観

一九一八年一一月の大戦終了後、一時的に激しい商品価格の下落が見られたが、一九年には大戦中にもまさる好景

表 6-1　ニューヨーク支店のスタッフ（1928年下期）

	社員	店限使用人		合計
		男	女	
支店長室	4	(1) 1	2	(1) 7
庶務掛	1	(1) 15	5	(1) 21
調査掛	2		1	3
麻ゴム掛	4	7	4	15
雑貨掛	7	9	8	24
金物掛	3	2	3	8
受渡掛	3	8	6	17
勘定掛	10	(1) 12	16	(1) 38
機械支部	11	4	9	24
生糸支部	19	(1) 21	12	(1) 52
未着任	1			1
合計	65	(4) 79	66	(4) 210

注：カッコ内は日本人内数。
出典：紐育支店「昭和三年下半期　考課状」。

気を現出した。物産NY店は、好景気のさなかにも生糸については「生糸相場ノ上昇余リニ激シキ為メ予想外ノ大崩落ヲ警戒スルタメ、常ニ売リタルモノ丈ヲ買ヒ、手持ハ之ヲ過大ニスルコトヲ避ケタリ」、絹織物についても「先物売約ハ絶対ニ手控ヘタルカ故ニ常ニ営業状態ハ消極的トナリ」のごとく、価格高騰にも惑わされず、着実な営業を続けていた（NY、一九年下）。

二〇年三月の戦後恐慌に際して、NY店は一部米国銀行から与信高の削減を迫られ、危機感を持った時もあったが、むしろ他の日本商社と異なることをニューヨーク経済界に知らしめる機会ともなった。

米国経済も日本の戦後恐慌に少し遅れ、二〇年中頃より「戦争ノ延長時代ハ茲ニ終息シ所謂転換時期ノ端緒ヲ開キ、市況一般一段ノ悪化ノ徴候」を示すに至った（NY、二〇年下）。しかしその景気後退は大きなものではなく、二一年半ば以降「人気持直シ」、「先行好望」を呈した（NY、二二年上）。以後米国経済は、長い拡大の時代を迎える。

一九一九年のNY店には社員一〇五名、店限り雇員二三六名、合計三四一名が働いていた。事業縮小により人員削減が進み、二〇年下期には社員八一名、店限り雇員一六三名、合計二四四名になった。その後も主に高給を支払わねばならない社員を中心に削減を進め、二八年には表6-1に示した数と組織になっている。女性は帳簿付けなどの補助業務を担当し、庶務掛・勘定掛の男性も補助的な業務に携わっていた。麻ゴム掛・雑貨掛・生糸支部など、社外販売となる日本からの輸出品や外国貿易品の売込みを担当する掛は、男性店限り雇員が日本人社員以上になっており、機械や金物など、日本向け輸出品の掛は日本人社員が多い。前者は市場開拓・維持のために、米国の業界や企業に通じたセールスマン・営業担当者を現地雇員という身分で採用する必要性が高かったことを意味し、また機械・金物などではその必要性が低かったことを示している。

大戦前・中・後のNY店品目別取扱高を示した表2-5によれば、一五～一九年平均に対し、二一～二五年は年二〇〇〇万ドルの増加を示している。「戦時中ハ紐育店ニ於テモ多種多様ノ商品ヲ扱ヒ、戦後ハ商品々種ハ大ニ減少」[2]とされているように、米・豆類・麻真田・綿花などの取扱がなくなる一方、生糸・機械・ゴムなどの取扱高が大幅に増加した。

表6-2は、NY店の円・ドル貨表示の取扱高の推移、部商品および主要部外商品の取扱高とその割合を示したものである。NY店の取扱高は二〇年下、二一年上期に大きく落ち込んで一億円を切った後、二一年下期から回復基調に乗り、二六年上期に二億円まで増加し、以後三〇年上期まで半期一億五〇〇〇万円前後の取扱高で安定的に推移する。恐慌によって三〇年下期に八七〇〇万円に急減した後、三三年上期まで一億円前後で停滞する。三三年下期以降回復基調となり、三六年下期まで一億円台後半から二億円に回復し、三七年下期には三億円に達した。三八年上・下期に低下するが、以後再び急増し、三億円台を維持する。

ドル貨表示は円・ドル相場の変動により、さらに激しい変動を示す。三〇年上期までの七〇〇〇万ドル前後から三三年上季には二二〇〇万ドルと三分の一にまで急減し、三三年下期のドル切下げと取扱高回復が重なり、同年下期にはドル表示で急激に回復する。以後順調な増加を示している。

取扱高から戦間期NY店の活動を時期区分すれば、大きくは三期、すなわち第一期は三〇年上期まで、第二期は三三年上期までの恐慌期、第三期は三三年下期以降の回復期に分けられる。二五年下、二六年上期に取扱高が著増しているのは麻布・麻袋、ゴムの増加である。三七年下期頃を画期に第三期を前後二つの時期に分けることもできる。

取扱高（1920～41年）

（単位：千円）

樟脳	茶	麻布・袋	ゴム（%）	薬品	シェラック	松脂	肥料	カニ缶	ドル換算
973	1,889	6,763	9,791 (5.3)	1,137	1,497	397	5,147	209	千ドル
799	743	9,497	6,997 (4.4)	504	3,092	151	7,045	374	
719	546	4,877	2,379 (2.4)	84	1,440		1,818		
35	233	827	1,256 (1.1)	412	422	125	36		
613	1,209	674	403 (0.3)	515	978	28	73		
562	451	1,741	357 (0.2)	167	691	127	204		
1,245	1,381	2,642	4,119 (3.2)	357	329	309	351		
2,145	945	3,308	4,149 (3.4)	302	928	84	266		
1,348	1,628	4,147	6,149 (4.0)	554	99	246	1,184		
850	1,516	6,121	4,493 (3.4)	650	428	325	281		
572	1,449	11,363	7,049 (4.7)	789	684	307	323		
1,353	1,404	11,887	23,616 (13.3)	632	540	424	1,061		
1,447	1,240	25,665	42,312 (20.9)	1,190	313	610	1,195		
1,118	1,138	10,457	16,812 (11.3)	1,410	294	1,060	1,716		
1,116	1,003	7,683	17,449 (11.5)	1,141	606	566	526		
1,091	1,380	6,011	14,263 (9.9)	940	1,060	375	1,583	378	
1,080	809	11,683	12,015 (8.1)	1,315	487		1,101	507	69,333
2,400	721	8,220	9,764 (6.4)	1,147	536	325	1,364	281	69,962
		11,083	12,990 (8.0)	1,036	18	679			72,711
2,013	721	5,898	17,751 (11.7)	1,151		414	466	804	72,819
1,149	559	5,621	21,820 (15.4)	862		341	893	319	70,081
674	630	2,633	17,279 (19.7)	887		212	553	688	43,524
862	573	2,244	19,153 (20.4)	726		361	524	319	46,252
963	486	2,117	19,075 (22.3)	1,510		346	505	650	27,847
1,591	647	2,903	13,222 (12.9)	922		547	1,498	475	33,402
1,888	691	3,598	15,601 (14.2)	2,625		409	1,421	351	23,471
1,029	335	4,670	10,915 (11.9)	1,495		732	1,327	207	22,059
		5,182	17,838 (15.3)	731					36,053
		6,069	35,743 (25.2)	1,261	綿・人絹製品				42,991
1,324	1,227	5,668	41,761 (25.0)	977	4,414	1,096	399	208	48,431
1,453	710	4,870	32,834 (18.9)	1,070	3,701	1,252	714	131	49,420
1,153	560	4,758	27,518 (15.8)		4,520	1,185	1,354	342	50,048
819	522	4,563	27,933 (18.6)		4,448	995	3,761	306	43,349
1,716	464	4,596	51,168 (24.9)		6,557	1,481	184	713	59,070
1,377	1,391	4,965	45,302 (18.9)		10,371	2,059	365	578	68,103
1,613	877	5,239	47,364 (14.8)		11,123	2,272	84	1,015	92,310
1,020	2,022	5,095	18,579 (8.6)		5,726	239		385	62,374
		4,855	10,297 (5.7)		2,771			1,638	51,035
		6,066	18,060 (7.4)		3,083			1,621	66,585
		4,355	29,682 (9.1)		5,021			3,549	76,367
		4,171	42,378 (11.3)		5,948	451		4,675	87,710
		4,653	42,111 (11.8)		4,363	702		5,225	83,431
		6,922	26,215 (8.2)		6,519	1,859		7,080	75,012

表 6-2　ニューヨーク支店部別・商品別

	総取扱高	生糸部（%）	機械部（%）	砂糖部	穀肥部	金物部（%）	部外商品
1920年上	183,414	106,2277 (57.9)					
1920年下	158,478	83,7167 (52.8)		2,249			
1921年上	98,287			2,324	2,537	6,174 (6.2)	
1921年下	105,639	75,399 (71.3)	16,945 (16.0)	1,165	625	7,299 (6.9)	3,877
1922年上	117,713	84,335 (71.6)	19,052 (16.1)	5	651	9,208 (7.8)	4,261
1922年下	135,462	105,688 (78.0)	12,066 (8.9)	3,509	2,629	6,142 (4.5)	5,151
1923年上	126,897	93,434 (73.6)	13,746 (10.8)		2,088	5,778 (4.5)	11,992
1923年下	119,363	81,252 (68.0)	12,509 (10.4)		7,420	4,805 (4.0)	13,338
1924年上	153,520	106,304 (69.2)	17,678 (11.5)		1,434	9,841 (6.4)	18,233
1924年下	131,414	87,778 (66.8)	13,448 (10.2)	67	2,170	11,503 (8.7)	16,447
1925年上	148,623	103,853 (69.8)	9,411 (6.3)	339	2,127	9,323 (6.2)	23,542
1925年下	176,882	107,742 (60.9)	11,528 (6.5)	1,102	2,531	11,717 (6.6)	42,218
1926年上	201,916	111,303 (55.1)	12,048 (5.9)	834	2,705	12,344 (6.1)	62,683
1926年下	147,957	87,339 (59.0)	8,734 (5.9)	1,499	4,239	11,432 (7.7)	34,714
1927年上	151,142	94,297 (62.3)	11,163 (7.3)		2,572	11,788 (7.8)	31,144
1927年下	143,589	94,217 (65.6)	7,323 (5.1)		3,063	10,397 (7.2)	28,427
1928年上	147,518	90,858 (61.5)	11,477 (7.7)		3,404	11,485 (7.7)	30,178
1928年下	150,456	104,171 (69.2)	7,302 (4.8)		1,605	11,209 (7.4)	26,045
1929年上	161,580	107,812 (66.7)	9,681 (5.9)	513	2,713	9,380 (5.8)	31,249
1929年下	151,707	103,487 (68.2)	8,033 (5.3)	302	1,852	7,549 (4.9)	30,168
1930年上	141,435	88,946 (62.8)	6,204 (4.3)		4,806	9,245 (6.5)	32,057
1930年下	87,573	49,663 (56.7)	3,522 (4.0)		2,819	7,172 (8.1)	24,213
1931年上	93,723	54,486 (58.1)	2,135 (2.2)		2,289	8,880 (9.4)	25,647
1931年下	85,289	42,612 (49.9)	2,279 (2.6)		2,528	11,216 (13.1)	26,481
1932年上	102,303	59,514 (58.1)	2,617 (2.5)		1,154	14,994 (14.6)	23,615
1932年下	109,169	64,165 (58.7)	2,957 (2.7)		899	14,030 (12.8)	26,665
1933年上	91,533	45,490 (49.7)	3,336 (3.6)		1,026	18,021 (19.6)	23,282
1933年下	116,300	47,476 (40.8)	3,875 (3.3)	216		29,771 (25.6)	
1934年上	141,419	43,722 (30.9)	3,290 (2.3)	510	4,026	37,273 (26.3)	
1934年下	167,005	40,997 (24.5)	5,773 (3.4)	772	1,646	59,521 (35.6)	57,790
1935年上	173,405	41,705 (24.0)	5,352 (3.0)		8,475	66,867 (38.5)	50,600
1935年下	174,079	42,008 (24.1)	4,992 (2.8)		7,797	73,043 (41.9)	45,834
1936年上	149,998	40,041 (26.6)	2,834 (1.8)	556	5,146	53,445 (35.6)	47,511
1936年下	204,750	39,034 (19.0)	3,817 (1.8)	562	4,719	83,656 (40.8)	72,208
1937年上	238,623	49,898 (20.9)	8,643 (3.6)		3,679	102,186 (42.8)	
1937年下	319,411	36,620 (11.4)	8,892 (2.7)	743	9,291	185,696 (58.1)	
1938年上	215,455	29,097 (13.5)	27,982 (12.9)		3,293	114,485 (53.1)	
1938年下	180,654	30,880 (17.0)	29,720 (16.4)	1,277	2,841	88,332 (48.9)	
1939年上	243,189	42,789 (17.5)	38,075 (15.6)	1,018	3,643	118,983 (48.9)	
1939年下	323,314	63,440 (19.6)	42,227 (13.0)	6,063	5,196	151,339 (46.8)	
1940年上	373,711	63,301 (16.9)	42,407 (11.3)		9,713	172,549 (46.1)	
1940年下	355,481	43,374 (12.2)	32,297 (9.0)	4,323	5,964	189,505 (53.3)	
1941年上	319,607	62,343 (19.5)	16,448 (5.1)	11,815	5,202	137,978 (43.1)	

出典：カッコ内は総取扱高に対する割合，対ドルレートは桑港店の決算書類による。
出典：『横浜市史Ⅱ　資料編6　北米における総合商社』巻末付表1，原史料は紐育支店各期「考課状」。

二一～二五年の取扱高のうち、生糸（六九％）、機械（一一・六％）、金物（六％）の三商品が八六％を占めていた（表2-5）。ところが生糸は停滞、機械は減少、金物のみが震災の影響もあって増加しているのに対し、二二年下期まで数百万円だった部外商品が激増し、二六年上期までの取扱高の回復は部外商品、とりわけ麻布・麻袋、ゴムの両品によっていることは一目瞭然である。二六年以降取扱高が停滞する中で、機械の減少は進み、金物も減少に転じる。部外商品は、茶・シェラックなどが減少する一方、樟脑・薬品・松脂・肥料などが増加し、全体として割合を著しく高めていく。

米国内においても、物産NY店の存在感は高まっていた。二五年下期の調査によれば米国への輸入の内、物産は生糸二四・六％、ゴム八・五％、麻布一三・六％、茶一三％を占め、総輸入高の三・二％を占めていた。対日貿易だけを取りだせば、日本向け輸出では一〇・二％、日本からの輸入では二一・八％のシェアーを占めていた（NY、二五年下）。

恐慌の影響は三〇年下期に顕著になる。円表示・ドル表示とも大幅に落ち込み、三二年上期から円表示は回復傾向を示す一方、ドル表示では三三年上期が最低を示している。恐慌期の落ち込みが著しいのは生糸・機械・穀肥関係、部外商品の中の樟脑・麻布・麻袋・ゴムなどである。他方、金物は恐慌期にも落ち込まず、また部外商品全体としては落ち込みが少ない。

恐慌期以降の一番の特色は生糸の激減である。半期一億円、取扱高の六割を占めていたのが、金額は半減し、三三年以降の回復期にも伸びず、取扱高の二割、一割台へと減少していった。三〇年下期から三一年下期にかけてのNY店取扱高の減少、三二年上・下期の若干の回復は生糸輸出の増減をそのまま反映している。ところが三三年上期以降、生糸が停滞・減少する中で取扱高は増加していく。それをもたらしたのは金物と穀肥、部外商品であった。金物は錫・屑鉄、穀肥は植物性油脂、部外は麻布・麻袋の回復、ゴムの顕著な増加、さらに綿・人絹製品や松脂・肥料・カニ缶詰などの増加も見られる。日米だけでなく、世界的な景気回復を反映し、外国貿易、両国間の輸出入とも盛んになっていることを示している。

生糸輸出のために設置され、生糸を最大の「喰扶持」として発展してきたNY店の性格は、三三年に決定的に変化したといえよう。三七、三八年から機械・金物が急増するのは日本の軍需によるものである。また三九年から生糸・カニ缶詰・砂糖も著しく増加する。前二者は円為替の低落もあるが、むしろ採算を度外視した輸出である。

全社の社内・社外販売高に対するNY店の割合は、二六年上期の一八・三％が最も高く、以後次第に低下し、恐慌期以降一一〜一三％で推移する。外地・外国店の社外販売高のうち、二二年から二九年までほぼ四〇〜四五％を占めていたが、三五年には三二％にまで低下する。これはNY店の役割が大きく変化していったことを意味している。NY店の社内・社外決済高のうち、社外は二三年から三四年上期までほぼ八五〜九三％を占めていた。生糸を主とする日本からの輸出品と、ゴム・麻・錫などの外国貿易品の社外販売がNY店の主な役割だったのである。その社外決済高が一挙に低下して三七年以降五〇％前後になり、社内と社外販売高がほぼ拮抗するようになった。

ここにおいて、物産NY店は日本の戦争経済を支えるために、米国からの軍需品輸入に努めることを大きな役割とするに至ったのである。

二　ニューヨーク支店の資金繰り

一九二〇年恐慌時、日本の商社・銀行に対する米国銀行界の不安・不信が高まった際、NY支店はSF店・ST店と連携を図りつつ、物産に対する米国金融界の不安を払拭するために早期に対処し、物産への評価を高めた。以後、震災や二五年の動揺、二七年の金融恐慌など、日本の商社・銀行に対する不安が高まったときにも、物産に対する米国金融界の与信削減は生じなかった。

の取引銀行（1923〜25年）

（単位：ドル）

1924年下期		1925年上期		1925年下期	
借入金	期末預金高	借入金	期末預金高	借入金	期末預金高
	51,491		50,365		36,516
	120,981	9,250,000	136,201	2,350,000	116,423
	58,507	3,250,000	53,730		24,349
	51,703		51,697		21,301
3,000,000	276,715	9,250,000	114,911	1,000,000	94,269
5,750,000	820,033	19,600,000	218,215	1,000,000	651,675
	5,313		5,844		20,441
	5,501		5,556		5,611
	51,307	15,300,000	51,088		42,647
	26,919		51,287		21,653
	53,717		30,265		19,760
	5,000		5,000		5,000
	5,711		8,647		8,819
	54,060		54,596		55,148
	7,598		10,300		10,300
	50,600		58,254		54,985
	1,644,263		905,962		1,188,902

さらに、満洲事変や日中戦争など、日本に対する不安・不信が高まり、日本の為替管理が強化されていく中で、本店やロンドン店の活動が制約されると、NY店は米国内だけでなく、物産海外店全体の資金繰りのアンカーとしての役割を強めていった。

こうした点については、第4章三に述べたので、ここでは、NY店の資金繰りを整理するにとどめる。一九二一年の本店からの借越限度は通常・特別・臨時合わせて一一五〇万円、横浜正金の信用使用限度は六〇〇〇万円であった。本店からの借越しは通常、少額にとどまり、逼迫した際に融通を受けた。横浜正金の与信枠は金額的には最大である。

二〇年代前半、NY店が預金している銀行は表6-3に示した一六行である。内六行は数千ドルから二万ドル程度、期中の預け入れ、引出しも少ない。シティバンクには常に数万ドルの預金口座を持ち、出し入れも年間数十万ドルに及ぶが、借入はない。残り九行とは与信限度額を有していた。借入の方法は「Trade Acceptanceヲ担保ヲ［ママ］差入レ調達スルモノ」が四七五万ドル、「倉荷証券其ノ他船積書類ヲ

表 6-3　ニューヨーク支店

	1923年下期		1924年上期	
	借入金	期末預金高	借入金	期末預金高
National City Bank		100,472		50,353
National Park Bank	4,000,000	269,021		197,800
Natl' Bank of Com.		119,614	5,000,000	61,971
Ame. Exch. Natl' Bank		103,622		53,246
Chase National Bank	1,000,000	583,988	1,750,000	207,546
Banker's Trust Co.	5,250,000	1,207,624	7,500,000	299,868
Irving National Bank		5,222		5,261
Gurranty Trust Co.		5,395		5,447
Equitable Trust Co.		301,169	5,250,000	50,467
Chemical National Bank		101,077		25632
NY. Trust Co.		51,979		55,321
Famer's Loan Trust Co.		5,000		5,000
National Shawmut Bank		5,634		5,634
1st National Bank		13,522	5,250,000	53,521
Cont' Com. Natl' Bank		27,598		7,598
Philadelphia Natl' Bank		105,957	5,250,000	50,600
合　計		3,005,900		1,135,271

注：借入金は期中累計である。
出典：紐育支店各期「考課状」。

担保トシテ手形ヲ引受ケシメ之ヲ割引融通スルモノ」が一五〇万ドル、合計六二五万ドルであった。前者の借入金にはタイムローンとされる定期貸金と要求次第返済のデマーンドローンの二種があった(3)。二三年下期から二五年上期までの間に借入した銀行は七行に及ぶが、NY店が「最モ多ク取引ヲ為」したのは、パーク銀行、チェースナショナル銀行、バンカーズトラストの三行であった（二三六頁）。これら三行との取引は、期中累計数百万ドルから数千万ドルを預け入れ、引き出しており、期末残高も数十万ドルに及ぶ。NY店の現地取引銀行は、①メーンとも言うべき三行と、②通常は信用状の発行を依頼するだけの関係であり、必要な場合にのみ借り入れることのできる準メーンとも言うべき六行、③さらに数千ドルの預金残高だけを持つ六行というように三ランクに分けられる。シティバンクは②と③のグループの間に入るが、別格なのであろう。

NY所在銀行は、一般に「小商人」が信用状取付けや借入れをする場合、荷為替手形などの担保以外に二割の預金を要求したが、物産の場合は一割の預金があればよいとされていた（二三七頁）。

期を追って、銀行との関係がどのようなものであったのかを見ていこう。

二三年下期には震災が発生するが、その影響はまだ及んでいない。

> 当期当店金融ハ極メテ平調ニシテ銀行ヨリ借入金ヲナシタル如キハ一時的タルニ止マリ、期ヲ通ジテ関係店ニ臨時貸金ヲナシ、或ハ本邦銀行当地支店ヘノ支払手形引当ニ一時的預金ヲナスノ状況（NY、二三年下）

NY店は米銀から借り入れなければならない状況ではなく、豊富な資金を、三井銀行に対しては期中を通じて五〇万から一〇〇万ドル、正金には一〇月に一〇〇万ドル貸付け、SF店に対しては一〇万～八〇万、ST店には二万～二七万、上海店には二五万～五〇万ドルの資金を融通していた。

震災は日本と日本企業に対する不安を高め、エクィタブル・トラストは「第一ニ紐育店ニ来リ、五十万弗ノ信用状ヲ与ヘアルガ早速抵当物ヲ差入レヨ」（二三七頁）と要求したという。紐育店は「米国取引銀行ニ対シ当社 Standing ヲ了解セシムルタメ」（NY、二四年上）、二三年一一月から翌二四年一月にかけて、通常より数十万ドル多くの預金を積んだ。しかし日本の状況が明らかになるに伴い、こうした不安は遠のき、通常に復していく。

二〇年代を通じて、NY店は例外的な年次を除くと豊富な遊資を擁していた。その根拠は、生糸の好調な売行きと期日前の入金であった。

> 生糸無為替及社内為替取組ヲナシテ生糸売掛金及受取手形前払金（割引率六分）ニヨル予想外ニ充溢セル資金（NY、二四年下）

> 当期掛金回収ハ甚ダ良好、期日前割引入金多ク（NY、二五年下）

> 本季ニ入リテハ生糸代ノ入金順調ニシテ殊ニ同商品ガ現金売約多カリシ関係上寧ロ遊金ノ運用ニ苦シミ、常ニ手形ノ前払内払乃至日本政府公債ノ買入（NY、二六年下）

二五年下期には九〇日払い手形の平均入金期日は三八日だった。この毎月数百万ドルから一〇〇〇万ドルに及ぶ期日前入金をNY生糸支部から支店への貸越とし、支店勘定掛が運用にあたった。またNY店もこの時期、順調な経営によって豊富な内部留保を貯えていた。これらの遊資を有利に運用することが支店勘定掛の課題であった。

遊資運用の一つは債券の蓄積である。一九二六年六月に開かれた第九回支店長会議において、NY支店長は「一朝事起ラバ電送ヲ乞フモ之ヲ送ラル、コト能ハザル場合」（二三七頁）が生じることを懸念し、本店からの援助を得られない場合に最も力を発揮する「抵当物」、すなわち公債などの債券をほとんど持っていないことを問題としてあげていた。NY店はそうした債券の蓄積に努めるのである。その他の運用方法はすでに記したように、本店・SF・ST・上海支店などへの貸越、社内手形への運用、支払手形の期日前支払い、などであった。

二七年三月に発生した日本の金融恐慌に際し、米国銀行は日本商社に対する警戒を強め、NY店も強い危機感を持ったが、第4章三に記したように何事もなく乗りきることができた。「当社財政状態ノ強固ナルト商売振ノ穏健ナルヲ知悉」と誇っているように、NYにおける物産の評価は極めて高くなっていたのである（NY、二七年上）。

しかし二〇年代末期から、人絹の進出による生糸需要の減退と価格低下が始まり、生糸輸出に支えられたNY店の資金回転にも陰りが見え始めてくる。二七年下期には生糸の売行き減退に伴って在庫が漸増する一方、満期に達する支払手形が増え、「当店ノ金融亦漸ク繁忙」となり、本店からの借越と公債担保の借入を行ない、期末に一五〇万ドルという多額の借入金を残した（NY、二七年下）。二八年上期も同様に推移し、一七五万ドルの銀行借入金を持ち越した。二八年下期は「生糸期近物取引高漸増ト共ニ手許資金ニ余裕ヲ生ジ」、借入金の返済に努めて期末には二五万ドルを残すにとどまった。この期の資金繰りを次のように述べている。

Silk其他入金ハ順調ヲ辿リ各月支払ヲ取賄ヒタル上尚手許資金ニ余裕ヲ残シタルヲ以テ、其消化ト次期ノ支払手形満期日輻輳ニ対スル用意ニ尽瘁セル訳ニテ、前述ノ如ク銀行借入金返済ニ努メタルト同時ニ、他方……米貨社内輸出為手約百万弗ヲ取組ミ内地関係店ノ希望ニ副ヒタルモ、猶一部資金ハ為替其他関係上一部本店ヘ送金シ或ハ本邦弗貨公債買入ニ充当セリ（NY、二八年下）

表 6-4　ニューヨーク支店の主要勘定（1935～38年）

（単位：千ドル）

	負債				資産		
	銀行借入金	支払引受手形	銀行引受手形	本店借越	現預金	取引先(売掛金)	受取手形
1935年下	3,790	6,510	970		700	2,340	1,300
1936年上	4,250	6,680	540		590	3,470	1,250
1936年下	2,900	4,960	1,490	610	660	3,700	1,220
1937年下	3,600	8,080	3,834	975	893	3,861	2,149
1938年上	4,650	4,202	4,314		408	2,003	1,427

出典：前表に同じ。

生糸の販売代金が順調に、大量に入金すると、手許資金が潤沢になって手形の支払いが容易になり、日本向け輸出への社内手形取組みや本店への貸越し、内地店の金融を援助したのである。

二九年恐慌勃発後も資金繰りに困難を感じることはなかったが、満州事変を機に変っていく。三二年下期には「日支事変勃発以来漸次米国銀行ノ信用減縮ニ遭逢シ、市場低資利用ノ途ヲ極度ニ狭メラレ」、資金調達の方法は本店借越と担保付銀行借入金以外になくなった（NY、三二年下）。満洲事変の衝撃は比較的早く薄れ、資金繰りも順調になっていくが、恐慌前と比べて異なるのは、遊資の源が生糸からゴム・錫に変わったことである。

店内金融ニアリテハ護謨錫等ノ商盛ニツレ入金多ク稍モスレバ遊資ノ消化ニ悩マサレ勝ナリシカバ、東棉社ヘ棉資金トシテ三百万弗融通シ店内金融ノ調節ヲ図リ（NY、三六年下）

表6-4は紐育店の主要勘定である。勘定全体を明らかにできないが、恐慌前と大きく異なるのは銀行借入金が多額になっていることであろう。恐慌前は多い期で一〇〇万ドル台だったが、三〇〇万、四〇〇万ドルに達しているのである。資産の項目におそらく一〇〇万ドルを優に超える債券があり、それを担保に銀行借入れを行なっていたのであろう。円滑に借入れが出来たという意味で、資金繰りは順調だった。

旧に復しつつあった状況を再び悪化させたのは三六年の二・二六事件であった。NYはロンドンほどではなかったが日本商社に対する警戒が高まり、物産は社内為替取組や信用状の使用を中止し、手許資金の充実に努めた。前述したように、三七年になると日本の為替管理が強化され、さらに七月に勃発した日中戦争によって一層厳しい資金繰りを続けていくことになる。

三　機械の取扱い

1　戦中・戦後の機械取引の変化

機械輸入は物産全体、NY店にとって最も重要な業務の一つであった。機械取扱高は第一次大戦開戦前、物産総取扱高の六～八％を占め、機械取扱高の約九割が輸入であり、NY店はロンドン店とともに機械仕入店としての役割を担っていた。本節では機械取引全体に論及しつつ、NY店の機械取引について述べる(4)。

まず、物産機械取引に対する大戦の影響を確認しておこう。

後述するように、物産は一九三〇年から中国・南洋などへの機械輸出を本格化させるが、その前提には大戦中の中国・南洋市場への機械輸出があった。大戦勃発後八か月を経た一九一五年四月中旬、機械部会議が開催された。欧米製品の中国市場からの後退と、日本の機械工業の発展とがあいまって、「当社ガ率先シテ紹介ノ労ヲ取リ漸次支那ニ輸出ノ道ヲ開イテヤルノハ聊カ当社ガ国家ニ貢献スル所以ノ途」と、中国市場への機械輸出に努めた(5)。日本陶器製碍子のように、「上海工部局カラ大変ニ好評ヲ博」し、「独逸品ニ代ッテ着々其販路ヲ広メ」（一二頁）ている商品もあったが、それは例外であった。

中国の機械市場は鉄道関係と急速に普及しつつある電気・電灯関係、やはり発展しつつある紡績関係の三部門からなっていた。鉄道関係は「材料購買ハ出資国ノ左右スル所トナリ、出資国以外ノモノニハ到底材料売込ノ望ミハマズ絶望」であり、物産が進出できるのは外国資本に支配されていないごく少数の鉄道にとどまった（六六～七頁）。

電気関係は、物産の扱えるGE社製発電機は限られており、主に芝浦製品によって進出しなければならなかった。しかし、「極力芝浦製品ノ売込ニ腐心シテ居ルケレトモ、芝浦ハ支那ニ於テハ新店デアルシ、其製品モマダ一般ニ知ラレズ其上値段モ高ク納期モ長イノデ何時モ失敗」していた。物産の態勢も「支那ニ一名ノ電気技師スラ滞在シテオラヌ有様デ到底注文ノ取レ様筈ガナイ」と自ら認めねばならなかった（七一頁）。芝浦だけでなくGE製品も総じて不振だった。電気関係市場の五割をドイツ、三割を英国が占め、残りをその他が分け合っていた。ドイツ系の中でも「支那ニ於ケル電気界ニ覇」を唱えていたのはシーメンスである。同社の営業振りは次のように記されている。

多数ノ技師ヲ置キ常ニ各地ヲ巡回シテ第一ニ顧客ト関係ヲ付ケル事ニ力メ、一方有力ナル買弁ヲ置キ広ク各方面ノ人ニ接セシメ、新事業ノ計画ニ対シテハ逸早ク報道ヲ得ル事ニ力メ、マルデ網ヲ張ッタ様ニ情報ヲ得ルニ便利ナル組織ヲ立テ、居リマス（八〇頁）

物産は芝浦製品によって中国市場に進出しようとするが、物産によれば「芝浦ノモノハ値段ガ高クテDeliveryガ長ク其為メ商売ガ六ケ敷」かった（一一四頁）。他方芝浦側からすると、「三井ニ一任スルヨリ自分デヤッタ方ガ便利……物産ハ無暗ニ口銭ヲ高ク掛ケル」（一五三頁）、「技術的説明ノ出来ル様ナ人ヲ販売ノ衝ニ当ラセテ貰ヒ度イ……物産ハ華客カラノ注文ニ対シテハ只mailノ取次ニ過ギナイト云フ様ナ事デハ困ル」（一八八頁）と、中国市場だけでなく、物産の機械取扱いに対する不備を厳しく指摘するのであった。

しかしながら、大戦期を通じて物産の機械取引の態勢や、芝浦をはじめ取り扱う製品の質は著しく改善されていった。一九年四月に開かれた第四回機械部打合会における議論においては、以下の四点が注目される。

会議を主宰した武村貞一郎取締役は、大倉・高田などの機械に強い商社に加え、三菱・古河・茂木・鈴木などの新興商社が、「未ダ十分ノ経験モナク専門的知識ニモ乏シク、又外国製造家トノ関係モ十分デナイ」なかで「当社ノ真似」をして営業を拡大していることに注目する。(6) 国内売買、欧米からの輸入、中国その他への輸出のすべてにわたって激しい競争が展開されるようになり、物産はこれらの新規参入者から目標とされるようになっていたのである。

表 6-5　東京機械部電気掛取扱品目（1914〜18年）　（単位：万円）

	取扱高合計	外国製品	内国製品	GE製品	芝浦製品	輸　出
1914年上	298	262	36	153	21	12
1914年下				19	30	2
1915年上				23	33	12
1915年下				12	51	15
1916年上	621	358	262	239	98	86
1916年下	522	270	251	143	127	73
1917年上	452	218	233	139	100	98
1917年下	927	467	460	362	211	115
1918年上	485	154	330	140	113	151
1918年下	407	81	326	42	191	112

出典：「第四回機械部打合会々議録　上」。

第二は物産取扱の中に占める輸入の低下である。一四年は機械取扱高のうち九割が輸入だったが、一五年上期に七割台になり、以後五割台に低下し、震災後に一時六割に上昇するが、二七年までほぼ五割台となった(7)。表6-5は東京機械部電気掛の取扱高である。この時期、GE・東芝・湯浅・藤倉などの主要メーカー製品は東京機械部が取り扱っているので、同表は電気関係全体の動向を示していると考えてよい。一九一四年下〜一五年下期、GE製品に見られるように取扱高は著減した。大戦前、輸入品取扱が大部分であったのに対し、一七年下期にほぼ拮抗し、一八年になると内国製品が主流となった。芝浦製品は一六年上から増加し、一八年にはGE製品の減少とあいまって下期にGEを圧倒する。輸出も一六年上期から著増する。報告者は「内地品商内高が増加致シマシタ事ハ非常ナモノ……此内地製品ノ大部分ハ芝浦製品」（二五頁）と述べている。同表によれば取扱高の約半分が芝浦製品であり、他は物産と緊密な関係にある湯浅蓄電池・藤倉電線などであった。

第三は国内機械製造業が発展してきたこと、なかでも外国からのパテント導入による製造販売、あるいはロイヤリティを支払って製法を使用するのが一般的になってきたことである。

全テニ亙ッテ内地製機械ノ種類ガ増加シタコト、著シキ現象ハ従来Complete Plantトシテ輸入シテ居リマシタモノ例エバCoke Ovenノ如キモノハPlantヲ輸入スルヨリモ其Knowledgeヲ買フ、即チ

Loyality ヲ払ッテDesign図面等ヲ買フト云フ事ニナッテ参リマシタ、此事ハ戦争前ニハ全ク見ナカッタ事（五一頁）

物産が仲介したものとして釜石鉱山向けコークス炉、新潟鉄鋼所向けディーゼルエンジン製造権、木曽電気製鉄向け電気製鉄炉、海軍省向け原油精製設備などが挙げられている。

第四は工作機械についてである。国内メーカーも池貝・唐津・新潟などが成長し、これらのメーカーは「誰デモ一番早イ者ニ見積」を出すといわれ、物産も含めて特定商社との結びつきは薄かった。しかし「精巧ナルモノ即チ……ノ如キハ茲五年ヤ六年デハ到底内地品ヲ以テシテハ駄目」であり、「当分ハ小資本デ運転シ得ル低級機械製作ニ満足シ高級品ハ輸入ニ依ルノ外ナカロウ、値段モ精巧品ハ寧ロ外国品ノ方ガ安カロウ……従ッテ斬新ノ機械ヲ逸早ク紹介スル事ガ最モ肝要」（五五頁）とする。一般工業用機械、工作機械の低レベルのものは国内で生産されるようになったが、精巧な工作機械の国産にはほど遠く、商機はその輸入にあるというのである。

一九二一年九月には第五回の打合会がもたれた。戦後恐慌によって前年四月には機械部受渡未済金額が一億七〇〇〇万円に達し「少ナカラズ不安ノ念ニ駆ラレ」、なお一億五〇〇〇万円の受渡未済を持っていた。最大のものは紡織機械の六三〇〇万円で、その大部分をプラット社製品が占めていた。同社の製品は「従来積出ガ不規則デアリマシテ且遅レ勝チデアリマスカラ、愈々受渡ノ期限ガ来タ場合ニ苦情ノ起リ易キ恐レガアル」と、円滑な受渡に懸念を抱えていた。(8) 物産は中国の紡機市場にプラット社製品を売り込んでおり、日系紡績はプラット社が強かったが、民族系紡績は価格・扱いやすさに加え、面倒見のよさによって米国サコ・ローエル製品を扱う米商アンダーセンが最有力となっていたのである。

鉄道関係では機関車・車両の内地工業の発達により、「吾々輸入業者ニトッテハ非常ナ打撃ヲ蒙ルノデアリマスガ、吾々ノ方針トシテハ日本ニテ生産デキナイ特殊ノモノニ全力ヲ尽スヨリ外ナカラウト思ヒマス」と、エアブレーキや自動信号機などに活路を見出そうとする（八〇～八一頁）。電気機械については一九一九年のGE・芝浦の契約改訂により、芝浦に「実権ガ移リマシテ、GEト得意先トノ間ニ立ツ三井ノ立場ガ甚ダ不味イコトニナリマシタ」としている。芝浦の成長に応じた「確然トシタ協約ヲ結ブコトガ出来ズ……実ニ焦燥ナ感ニ堪エナイノデアリマス」(一六五頁) と物産にとっては、自立化につながりかねない芝浦の成長は必ずしも喜ばしいものでもなかった。

一九二六年の第九回支店長会議において機械部長は、機械商売の問題点を、①国内工業の発展により、内地品の需要が増大していること、②需要者が中間の輸入業者を排除してメーカーから直接購入する動きが進んでいること、③住友・川崎・古河らの大メーカーが製品を自ら販売する動きが進んでいることなどを指摘し、コミッションマーチャントとしての機械取引の将来に強い危惧を表明した(9)。

物産の機械輸入は二一年の七八〇〇万円をピークに二〇年代を通じて減少を続けたが、二〇年代後半から内国売買、三〇年代から輸出が増加し、機械取扱高は減少しない。商売別においては輸入が二八年上期に五割を切り、二九年上期には内国売買が輸入を上回る。

日本製機械は電気関係を中心に、大戦中中国・南洋市場に進出したが、戦後欧米が復帰する中で減少していた。改めて輸出に力を注ぎ始めたのは三〇年からである。三〇年九月九日から一三日まで行なわれた「輸出雑品会議」において、電球・電線・自転車・ベルトなどの機械部雑品の中国・南洋市場への輸出拡大が討議された。その会議の直後には機械部長が内外各店に対し、「輓近内地工業家ハ事業ノ著シキ発達ト共ニ生産剰余力ヲ海外ニ向ケン傾向有之」として、「機械部扱商品輸出振興ノ事」と題する通牒を発し(10)、同一一月にも「先ヅ以テ東洋市場ニ向ッテ電池、電線、碍子、電球、紡織機用品、軌条、鋼管、鋳鉄管、ワイヤロープ、自転車ナドノ輸出ニ歩ヲ進メ始メタル処ニ御座候」との書簡を出している(11)。

輸出有望品と見ていたのは、代理権を持つ藤倉電線製品、湯浅の蓄電池・乾電池、代理権はないが好関係にある日本碍子製品、その他家庭用電球、対米向け装飾用電球、電話機、小型発動機、中国・インド向け紡織機・同付属品、八幡製レール、ガス・水道用鋳鋼管、自転車など極めて多様な品目であった。輸出を拡大するためには供給者の選択が重要であった。日本の製品は三一年以前、「値段ニ於テ打勝コトデキヌモノ多シ」と言われていたため、品質上信頼できる製品を供給するだけでなく、「犠牲的大奮発」、「輸出ニ熱心ナル製造家」を確保することが不可欠であった。

また物産内部の体制整備も不十分であった。専門的知識を有する掛員が必要であったが、輸出市場において支部・掛を置いていたのは大連と上海だけであった。三〇年に至ってボンベイに部員を常置させ、シンガポール・ジャワ・シャム各店には調査のために部員を派遣し、「其地ニ於ケル機械商中適当ノモノヲ物色シ代理店ヲ任ズル等」の手段を講じたのである。(12)

2　機械部商品の概況（一九三一年）

前述したように、機械部取扱高は二〇年代後半、輸入の割合が低下し、三〇年から輸入金額も著しく低下する。しかし内国売買と輸出が支えたことにより、恐慌の中でも減少率は低かった。輸入から内国売買・輸出への転換期にあった機械部の状況を、一九三一年七月に開催された第一〇回支店長会議に提出された「機械部商品概況(13)」をもとに見ておこう。

取扱商品は、①鉄道関係、②電気機械・器具、③雑種機械、④土木・鉱山機械、⑤紡織機械、⑥原動機類、⑦航空機・兵器、⑧自動車、⑨自動車タイヤ、⑩陳列所商品、の一〇項目に分けられる。

鉄道関係は、軌条・鋼材類、機関車・車両類、水道ガス用鋳鋼管、油井用鋼管、ガス管の五種からなっていた。軌条・鋼材類は政府や八幡製鉄所の輸入防遏・自給策により、特殊製品を除き国内自給が達成され、余力を輸出に振り向ける段階に至っていた。物産は他商社やメーカーとともに製品ごとのプールを組織し、「製鉄所中心主義」をとっていた。機関車・車両類は鉄道省・民間鉄道とも「専ラ内地製品ヲ使用シ輸入ハ全ク杜絶」（五頁）し、買い手とメーカーは直接折衝し、物産がコントロールしうるメーカーはなく、ただ日本車両の代理店として台湾・朝鮮に販売出来るだけだった。油井用大口径鋼管は輸入に頼っていたが、小口径の油井用鋼管、ガス管などは日本鋼管・住友などが製造し、やはりメーカーと需要者の直接折衝が行なわれていた。水道・ガス用鋳鋼管はドイツ製品を売り込んできたが、久保田・栗本などのメーカーの「必死ノ運動ト政府ノ内地品奨励ノ方針ノ為メ鋳鉄管ニ注文ヲ奪ハ」れており、「是非優秀ナル内地製鋼管」（三頁）を手持ちに加える必要があるとする。

電気機械・器具は、水力発電機その他電気機械、スチームタービン、電気鉄道用機械、蓄電池・乾電池、電線、電球の六種からなる。発電機・電気機械は、電力過剰のために新規着工の発電所はほとんどなく、「各電気機械製造家ハ仕事極メテ閑散ニシテ如何ニシテ工場ヲ維持スベキカ苦心惨憺タルモノアリ、其競争ノ激甚ナルコト言語ニ絶セリ」と、需要の大幅減の中で生き残りに懸命であった。大容量のスチームタービンはＧＥや英国のＢＴＨ製品を引き合い、中小型は三菱電気の「殆ド独占ノ観」であったが、石川島造船所が芝浦製発電機を製造し、その取扱いによって市場に参入する（八頁）。湯浅製蓄電池・乾電池は湯浅直営店とともに一手販売店として、ＧＭ・フォード工場をはじめ多くの売込先を持ち、輸出も「将来甚ダ有望」（一二頁）であった。電線・電球は藤倉・東京電気の外地・輸出向けの一手販売権を持ち、有望ではあったが、国内向けは両社が直接販売していた。

雑種機械の中では、製粉・製糖・セメント・化学工業用機械などはなお輸入が有力であったが、不況のために需要は見込まれず、付属品・部分品などは国産化されていた。印刷機械は国産メーカーが「当社輸入ノホー社品ヲ模倣シ相当ノ成績ヲ挙ゲ居レバ輸入品ノ商内困難」と、国産化が進んでいた。輸入が一定程度見込まれたのは缶詰製缶機械、研磨用人造砂、電気炉電気溶接機、木炭ガス発生器、パワーズ統計機械などであった。特にパワーズ統計機械は日本に紹介されて六、七年の間に売約四〇万円に達し、「独占的商品ニシテ利益率モ多ク当部重要商品……機構ノ精密、材料ノ精選ヲ要スル外特許関係モアレバ内地ニテ之レヲ製作スルコト」（二〇頁）の出来ない商品であった。これらの機械は当時の日本の技術レベルでは製造不可能であった。農業用機械はキャタピラー社一手販売代理店を解除されたことにより、「今後本商内ハ中止ノ外ナカルベシ」（一七頁）と記しているように、欧米有力メーカーの一手販売権を得ることによって売込みが可能な商品であった。

土木・鉱山機械は国産への動きが始まった分野である。パワーショベルはビュサイラス社の一手販売権を持ち毎期七〇万円ほどの売約があったが、「政府ノ国産奨励並ニ緊縮政策ニ弾圧セラレ、従来主要需要先タリシ内務省関係及ビ鉄道省ガ外国品購入ヲ止メ、内地製造家ヲシテスチームショベルヲ模造セシニ至レル為メ需要激減」（二二頁）した。ロードローラーは内務省土木局が大阪汽車・三菱内燃機・電業社などのメーカーを勧誘し、原動機・ギアーなどの主要部品を輸入して国産化を図っていた。半期二〇万〜四〇万円の成約があった米国サリバン社の空気圧縮機・削岩機も、一〇万円未満に減少した。その原因もやはり官庁の国産品採用のためであった。

紡織機械の綿紡績はプラット社製品が最も優勢であったが、豊田をはじめ国内・国外メーカーが品質・価格で激しい競争を展開するようになり、物産も豊田との提携なしには国内市場で太刀打ちできなくなると見ていた。

原動機は物産が代理権を持つバブコックが圧倒的であり、大型は英国からの輸入、中小型は横浜工場で製造していた。しかし汽車製造その他が台頭し、国産奨励により「東洋バ社ノ如キ外国系会社ハ非常ニ不利ノ立場」に至り、「其経営方針ヲ改メ日本人ヲ経営ノ首脳者トシ、純国産品ヲ作ルト同時ニ経費節減ヲ図リ以テ値段ニ於テモ国産者ニ対抗シ得ル」（三〇頁）ことが必要とする。

航空機の内軍用機はほぼ内地製品となり、見本用として少数輸入されるだけとなっていた。物産は中島飛行機の一手販売店となることにより、三〇年は陸海軍・民間へ七六〇万円を販売した。また物産が輸入し日本航空輸送に納入していたフォッカー社ユニバーサル機の製造権を中島が買収し、試作の結果成績優良だったため、その取扱いが増加することも期待された。スペリー社・サブマリーン社の飛行機用諸計器・水中方向探知機・ジャイロコンパス・探照灯の輸入も大きかった。それらの製造権を東京計器が取得・製造し、輸入はなくなったが、その後も物産の国内取引拡大には寄与した。

日本の自動車市場はフォードとシボレーが七割を占め、残りを一〇余種の自動車が、「信用薄弱ナル買人ニ対シテ迄モ延払ヲ唯々トシテ承諾スル」激しい受注競争を展開していた。物産も三昭自動車を設立して米国車（グラハムベージ）・英国車（モリスモータース）などを輸入したが、「売行面白カラズ」（四一頁）と成功するには至らなかった。電線・蓄電池・豊田製力織機などの輸出はすでに相当の金額に達し、それ以外にも家庭用電球・豆電球・碍子・電話機・電熱器・レール・橋梁・鋳物ロール・ホィールタイヤ・鋼管・鋳鉄管・舶用ディーゼル機関なども少額ながら輸出され、三一年中には、機械部員を市場調査のために南洋に派遣することや英文カタログを作成することも決まっており、「各店ノ御尽力ト相俟ッテ相当ノ注文アルベク」（八五頁）と、中国・南洋への機械部商品の輸出増加が期待されていた。

機械部輸出高は三〇年前後、通常半期三〇〇万～四〇〇万円台であったが、三三年下期、一挙に一〇〇〇万円を越え、輸入以上の金額に達し、三五年には機械部取扱高の二二％を越えた。輸出の激増は、「満州国ニ於ケル鉄道関係事業並ニ各種産業開発事業ノ進展ニ伴ヒ、当部取扱商品ノ需要逐年旺盛ヲ加ヘ、為メニ当部今期亦タ異常ナル繁忙」と述べているように、満洲・中国への鉄道関係品によるものであった（機械部、三四年下）。三四年下期の機械部輸出売約高二三〇〇万円の内、鉄道関係は六〇％に及んでいる。シャム（タイ）などへの武器輸出が多い年もあるが、鉄道関係・電気関係がまず増加し、続いて雑種機械も増えている。三四年の売約高の多い順に外地外国店を挙げると、大連（三一三五万円）、京城（三六〇万）、上海（三一七万）、台北（二四五万）、奉天（二三六万）、青島（二一四万円）となる。

機関車・車両輸出がどのように行なわれていたかを示しておこう。機関車・車両の有力メーカーは川崎・日本車両・汽車製造・日立・田中車両の五社であったが、「犠牲ヲ伴フ輸出商内ニハ積極的デナイ」メーカーや、日立のように自ら「海外進出ヲ企画シ各方面ニ技術者ヲ派遣シ其ノ販路開拓ニ努メ居」る企業もあった。物産は本格化し始めた機関車・車両・レールの輸出を、「国策的見地ヨリ積極的ニ援助ノ方針」を示していた鉄道省の援助・指導を得て、これらのメーカーの糾合に成功する。

五社ハ内地、満、鮮、台湾ノ車両供給ニ対シ大半ノ実力ヲ有シ居リ満鉄引合ニ対シテハ右五社ハ「弥生会」ナル一種ノ組合ヲ組織シ協定ヲ致シ居リ候処、近来支那各地ノ引合、引イテハ一般輸出商内ニ対シテモ「弥生会」ノ協定精神ヲ拡充シ連絡ヲ保チ協力引合ニ当ル方針ト相成居リ候、当社ハ嚢ニ進維国有鉄道ニ対シ右五社ヲ一団トシJapanese Car & Locomotive Maker's Association ノ名ニ於テ機関車及貨車ノ受注ニ成功シ引続キ目下大量ノ引合ニ尽力

物産がメーカーの集まりである弥生会を対中国輸出の商談に動員したこと、さらにこの商談には、機関車・車両製造に不可欠の部品・鋼材メーカー、住友金属工業・東京ガス電気工業・東京鋼材も組織した。物産はさまざまな思惑を持った多様な企業を組織し、鉄道省の援助を得て成約に成功したのであった。「三菱ヲ初メ同業商社モ亦虎視眈々」と狙っているなかで、関係メーカーに「『輸出ハ三井へ』ノ信頼ヲ厚クシ引合ヲ三井ニ一任サセル」努力を払ったのである。(14)

日中戦争開始後も、鉄道・電気・紡織・雑種機械など多様な分野にわたって、大連・奉天などの満洲、上海・青島などの中国、盤谷・ボンベイ店などへ、半期二〇〇〇万円台の輸出が行なわれた。

3 紐育店の機械輸入

NY店とならぶ物産の機械輸入の中心だったロンドン支店は、一九二一年、物価昂騰による割高、仕上がり・出荷期日の不安定などのために、「電気機械、工業用機械、機械工具類、各種鋼鉄材ノ類ニ至リテハ殆ド其ノ総ヲ米国ニ吸収セラル、ニ至レリ」と述べ、機械輸出国としての英国の将来について明るい見通しを持っていなかった。(15)

しかしNY店の機械取扱高は、ロンドン店が予想したようには増加しなかった。半期一〇〇〇万円台を保っていたNY店の機械取扱高は恐慌前に一〇〇〇万円台を割り込み、物産機械輸入高の四五%から五五%を占めるにとどまったのである。

NY店機械支部は、一九二九年頃まで、電気掛(発電機・軍用電気製品)、機械掛(一般機械・自動車)、鉄道・鉱

表 6-6　ニューヨーク支店機械種別売約高（1922～28年）

（単位：千円）

	総　計	電気掛	機械掛	鉄道掛
1922年上	17,440	7,786	4,346	4,715
1922年下	12,836	8,055	2,403	2,578
1923年上	11,060	2,635	4,586	3,839
1923年下	11,905	4,235	5,160	2,500
1924年上	18,655	8,917	5,340	4,458
1924年下	10,385	3,441	4,863	2,081
1925年上	12,143	7,872	3,078	1,193
1925年下	9,303	3,211	3,745	2,347
1926年上	8,842	2,877	4,324	1,641
1926年下	11,793	4,897	3,934	2,962
1927年上	9,736	2,564	4,180	2,992
1927年下	9,374	2,974	2,044	4,356
1928年上	6,392	545	1,622	1,555
1928年下	8,043	1,023	3,422	2,597

出典：紐育支店各期「考課状」。

山掛（鉄道関係・鉱山用機械・建築材料）の三掛に分かれ、二八年までは表6‐6のように各掛ごとの売約高が明らかになる。機械の売約・取扱高は恒常的な商売でなく単価も大きいため、期によって金額の増減が著しい。二五年上期までの一〇〇〇万円を越える売約は大戦中を大きく上回る金額である。戦争中は機械・鉄鋼などの輸入がそもそも困難だったことと、戦後における電機関係の輸入増加によっているのである。機械種類別では、二五年上期まで電気掛が大きな比重を占めている。米国からの発電機輸入により、この時期、日本の発電能力の大拡張が行なわれた。機械掛は二七年上期まで三〇〇万円から五〇〇万円という安定的な動きを示し、鉄道・鉱山掛は最も早く減少するが、その後底固く推移する。売約高は二〇年代後半から減少しつつも、二七年までは一〇〇〇万円近くを維持し、三〇年より大幅に減少する。

二二年上期から二三年下期までの四期間のみ、米国主要メーカーからの買約と主要売約先が記されており、買約先のみを表6‐7に示した。電気掛の買約先はGE社が大部分を占め、二二年上期の主要売約先は、京浜・大同・日本・台湾・東京などの電力会社、品目は発電機・変圧器・コンデンサーなどである。電気掛のもう一つの柱は、スペリー社やサブマリーン社のジャイロコンパスであった。スペリー社製品は戦艦・巡洋艦・潜水艦など主要艦艇にのみ装備されていたが、性能が優れていたため、一般の軍艦や補助艦・特務艦にも採用され、さらに「多年研究ノ結果特ニ商船用トシテ廉価ニテ構造取扱ニ簡単ナルモノヲ完成セリ、従而当社ハ目下此ノ商

表 6-7　ニューヨーク支店機械主要買約先（1922〜23年）（単位：ドル）

機械掛	1922年上	1922年下	1923年上	1923年下
Whitin Machine Works	346,470	48,678	30,813	
R. Hoe Co.	284,145	21,600	34,215	389,129
Bucyrus Co.	281,275	113,720	80,370	194,566
Sullivan Machine Co.	126,655	142,369	206,981	151,424
American Meter Co.	97,185	90,110	24,100	101,300
Tide Water Oil Co.	56,750	32,721	63,284	74,996
Wanenly Oil Co.	37,250		38,725	6,450
U. S. Radiator Co.	8,562	24,353	34,225	42,043
General Motor Export Corp.		127,027	240,569	669,838
電気掛				
I. General Electric Co.	3,095,134	3,165,004	997,820	1,842,673
M. W. Kellogg Co.	347,100	375,000	59,300	52,208
Submarine Sygnal Co.	152,533	45,570	15,000	164,257
Sperry Gyroscop Co.	329,825	486,432	275,338	164,394
鉄道掛				
U. S. Steel Products Co.	1,667,695	118,747	1,182,883	560,084
Union Swich Sygnal Co.	159,520	226,406	25,706	108,600
Bethlehem Steel Export Corp.	128,205	11,988	212,314	231,035
Am. Loco. Sale. Corp.	74,530	186,300	86,878	930
Westinghouse Airbreak Co.	136,059	8,030	15,655	28,218
E. G. Long. Co.	103,328	160,250	161,181	107,184

出典：紐育支店大正12年上・下半期「考課状」。

内発展ニ付キ鋭意尽力中」（NY、二二年上）と、有望な商品であった。

機械掛は紡織機械と雑種機械に分けられる。機械掛買約先は特定の社に集中していない。ホウ社は高速輪転機などの印刷機械、ビュサイラス社は土木機械、アメリカンメーター社は諸メーターである。ウィティン社、サリバン社は明らかでないが、多分紡織関係であろう。紡織は冨士瓦斯紡績・南勢紡績へ、高速輪転機は大阪朝日、土木機械は内務省向け浚渫船・同機械などである。紡織機械は「今後英国斯業界漸次回復スルニ従ヒ其ノ米国品ニ及ボス影響侮ルベカラズ」と、将来の見込みはよくなかったが、印刷機械は代理権を持つホウ社製品に競争力があり、また「橋梁道路ノ新設、所謂土木事業ノ不完全ナル爰ニ駄弁ヲ要セズ」と述べているごとく、土木機械需要の先行きは有望だった（NY、二二年上）。自動車は二二年上期不振だったが、二三年下期には震災の影響が現れて激増している。

鉄道掛の取扱品目は、機関車（含部分品）・軌条・鉄道用車両・鋼鉄材料からなっている。NY店の機械取扱いは、アメロコ社の機関車輸入によって発展したが、この時期には大きく減少している。USスチール、ベスレヘムはレールや鋼鉄材料の輸入であり、鉄道掛の金額が伸びた期にはUSスチールからの買約が多い。信号機やエァブレーキなど、鉄道付属品の取扱いも一定の比重を占めていた。この間、鉄道掛の売約高は半期二〇〇万から四〇〇万円に達しているが、NY店にとって満足出来る金額ではなかった。「鉄道省満鉄併セテ十口ノ大口入札施行セラレタルガ当社ハ僅ニ其ノ一口ヲ得タルニ不過、殆ド全部同業者ノ手ニ落チタル一事」（NY、二二年上）、「低廉ナル独乙品或ハ内地古物トノ競争ニ打破」「欧州製品殊ニ白耳義物、独乙物、法外ノ安値」（NY、二二年下）と記されているように、鉄道関係の輸入需要がなかったわけではない。

NY店が十分な成績を挙げられなかった理由の一つは、三菱・鈴木・高田・大倉などの有力反対商の活動であり、他の一つは欧州の世界市場への復帰であった。さらにもう一つの問題は、「近時本邦製造家ヨリ供給セル信号機相当ノ成績ヲ挙ゲ居ル由ニテ内地品ヲ採用セントスル向不尠」（NY、二二年下）とされるように、国内メーカーがますます成長してきたことである。

二三年上期は機械雑品の中で「簗瀬商会引合自動車売行良好」と、GMのシボレートラックを中心に対日輸出が拡大し、二三年上・下期ともGMからの買約が機械掛の中で最大になった。

震災の影響は二四年上期に現れる。土木機械や変圧器の注文が激増し、機械支部の総売約高は一八〇〇万円に達した。しかしその好況も一時的なものにとどまり、二四年下期には激減する。二五年上期は東京電燈発電所の新増設、ラジオ輸入などによる電気掛の増加が著しい。機械掛は芝浦製作所鶴見工場向け機械類の大量成約によって金額を維持したが、鉄道掛は大幅に減少した。「鉄道省ガ国産奨励ヲ主義トシテ内地製品採用ノ方針ヲ取リタル以来鉄道関係ノ内地工業発達見ルベキモノアリ、最近ニ至リテハ信号機管類車台類等値段ニ於テハ優ニ外国製品ヲ駆逐スルノ勢」

（NY、二五年上）と、国産化の動きが急速に進んだ。

輸入に不利な状況が進む中でも、機械掛では計算機・計器類・土木機械・自動車などを中心に金額を維持し、電気掛も電力会社などからの発注には「ウエスチングハウス社トノ激烈ナル競争ニ不拘注文ヲ引受」（NY、二五年下）のように、取扱高を維持し、地下鉄用モーターなど新しい需要も発生した。鉄道掛はガス管や耐火金庫なども含めた建築用材料の取扱を拡大する。とりわけ建築用材料は「日本ニ於ケル欧米風新建築ノ増加ニヨリ将来之等建築材料商内ノ前途ハ大ニ有望」（NY、二六年下）とされている。

二七年になると機械取引の将来に暗雲を投げかける二つの問題が明らかになる。GMがフォードにならって日本に子会社を設立し、シボレー車から順次簗瀬の代理権を回収し、二八年上期には関係が断絶した。また電気掛の有力商品であるジャイロコンパスや探照灯の製造権を東京計器が購入して製造を開始し、特殊な製品以外は国内で製造されるようになっていく。

二八年上期には、「電気機械ハ内地製品トノ競争激甚ナル為見ルベキ注文ナク、自動車商内亦ゼネラルモータース社トノ関係絶縁ノ為振ハズ……〔米国メーカーは不況の為〕輸出ニ対シテ意外ノ安値ヲ offer シタルモノモ不尠レドモ、本邦内地製品トノ競争ノ為纏リタル注文ヲ得ザリシハ遺憾ナリ」（NY、二八年上）と減少しながらも、三〇年上期までは六〇〇万円の決済高を確保した。しかし三〇年下期から三四年上期まで二〇〇万～三〇〇万円台と低迷を続け、NY店の決済高に占める機械の割合は二～三％にまで低下していった。「我国モ漸ク機械輸入国タル域ヲ脱シ、ヤガテ自給自足ノ気運ニ向ヒ居レル矢先ニ国産奨励ノ声ハ此不況ノ時期ト相俟ッテ一層ソノ効果ヲ顕著ナラシメ、輸入機械ノ急激ナル減少」（NY、三〇年下）となったのである。

表6-8は一九三〇年から三七年上期までの、機械部の国別買約高の合計である。機械部買約高のうち八三％が国内であり、米国六・五％、英国五・三％、ドイツ四・三％となっている。数字から見る限り、外国製機械の輸入を課題としていた物産機械取引の面影はない。英国からは三三年以降急激に減少する。物産はドイツ市場においては大倉

などの後塵を拝していたが、三三年以降、英国からの輸入減少に対応して、ドイツ製機械の輸入を急増させる。

機械部取扱品の大部分は国産品となり、米国からの輸入は六%台という少額となった。しかし数字のみでその重要性を計ることは出来ない。表6-9は米国の代理店・好関係先の内、金額の多い取引先を示したものである。日本の重化学工業化、軍需工業にとって決定的な品目を米国に頼っていたのである。

表 6-8　機械部主要国別買約高（1930～37年上期合計）

（単位：千ドル）

	代理店	好関係先	合　計
米　国	8,554	8,783	17,337
英　国	11,198	2,859	14,057
ドイツ	11,415		11,415
デンマーク	1,175		1,175
スイス		507	507
日　本	162,690	57,289	219,979
			264,470

出典：本店機械部調査課「機械部取扱内外主要製造家別商内実績調ノ事」（1937年12月28日）。

表 6-9　機械部主要製造家買約実績（1930～37年上期合計）

（単位：ドル）

代　理　店	金　額	機械種類
Kearney & Tracker Corp.	1,232,969	旋盤機械
National Supply Co. of Cal.	1,023,219	石油・油田用機械
Int. General Electric Co.	816,214	電気
Warner & Swasey Co.	677,200	
Norton Co.	642,294	研磨機械
Remington Rand Inc. Ltd.	527,946	タイプライター等
Sperry Gyroscope Co.	482,242	ジャイロコンパス等
Bucyrus Exie Co.	333,532	土木機械
United Aircraft Exports	327,777	飛行機
好　関　係　先		
United Engineering & Foundry Co.	1,391,517	鋳造機械等
U. S. Steel Products Export Co.	1,241,607	鉄鋼
Douglas Aircraft Corp.	892,095	飛行機
Bethlehem Steel Export Co.	647,485	鉄鋼
Monsanto Chemical Works	554,640	化学機械
N. W. Kellogg Co.	536,819	石油・油田関係
Andrews & Geroge Co.	331,553	
Northrop Corp.	312,944	飛行機

出典：前表に同じ。

三二年下期の米国経済は一部に明るさも見えたが、鉄鋼業・自動車工業などは前年を下回り、なお不況の只中にあった。しかし日本では「軍需品関係ノ商内頓ニ活気ヲ呈シ」、原油精製設備・ジャイロコンパス・飛行機工業用機械などの大口注文が見られ（NY、三二年下）、翌期以降も、原油精製設備・飛行機用エンジン・水陸両用飛行機・高度計・工作機械など、直接的・間接的軍需品関係、あるいは化学工業・レーヨン工業など新たに発展してきた工業用設備の需要が米国に向かった。また物産NY店は弱点であった工作機械取扱の強化に努め、三三年上期には旋盤機械のカーニー社、研磨機械・研磨用人造砂のトップメーカーであるノートン社の代理権を獲得し、巨額の成約を挙げる。物産の工作機械分野への進出に対し、「三菱ハ三菱重工業ト協力一意此ノ方面ニ有力製造家ノ代理販売権獲得ヲ策シツ、アリタルモ既ニ立後レ」（NY、三五年下）と、有力メーカーに食い込むことに成功したのである。

日中戦争が始まる前の三七年上期から機械輸入が激増し始める。三六年下期の成約高五五五万円から三七年上期には一三三四万円、三七年下期には二八二六万円に激増しているのである。もちろんNY店だけでなく、機械仕入店であるロンドン、ドイツ物産も同様であった[16]。その増加は、①国内重工業・飛行機工場設備の拡充に対応して「工作機械ノ需要引続キ増加」、②久しく不振であった鉄道関係も「満洲北支ニ於ケル急激ナル車両需要」、③飛行機需要に国内設備が対応できず、素材・部分品を米国に求めた、の三点によっていた（NY、三八年上）。

四〇年上期にNY店の機械成約高は七〇〇〇万円に達したが、四〇年一月の通商航海条約の失効、輸出許可制の実施、とりわけ「工作機械ハ輸出制限ノ第一目標」であったため、四〇年下季の売約は二四〇〇万円に激減する。物産を代理店あるいは好関係先としていたメーカーは、「輸出商売ヲ顧ミル暇ナク又軍部ノ干渉頗ル厳重ニテ恰モ軍管工場ノ観アルモノ尠カラズ、日本商社トノ接触ヲ忌避スル傾向スラ見ラル」（NY、四〇年下）のように、物産との商談そのものを拒絶する事態になっていった。

ここでSF店の機械取引についてもまとめておこう。二〇年代SF店の機械輸入は、代理店となっている油井用パイプと軍用・農業用トラクターだけが安定した商品であり、同店取扱高の数%に過ぎなかった。三一年にキャタピラートラックの代理権の喪失、油井用パイプへの欧州品の進出などによって取扱高が減少する一方、三〇年には代理権を獲得したオイルバーナーが三機工業の努力により急速な売行きを見せ、三三年には製造権を取得するに至った。また三五年下期には加州に所在するダグラス社の商用飛行機輸入契約が成立した。SF店が得た大きな成約は同期の一三八万円だけであるが、以後同社と物産の商談はNY支店が担当することになり、SF店は同社が加州所在であるため、「当店ニテ種々斡旋ヲナス場合尠カラサリシ為」、同社との取引で生ずる純利益の一〇%の配分を受け取る取り決めになっていた(17)。

日中戦争が始まり、SF店に対しても日本からの工作機械や油井用パイプの引合がなされるようになった。しかし西海岸ではロサンゼルスを中心に急速な工業化が進んでいたが、それに応じる供給力はなお形成されていなかった。四一年上期の取扱高の激増は、前期末に商工省から引合のあったオイルタンク二九台の商談である。東部にも引合に応じることのできるメーカーがない中で、同店買付先の一社が「手持材料ヲ挙ゲテ之ガ製作ヲ引キ受クル」こととなり、同店が「他商ヲ圧シテ」全量を受注したのである（SF、四一年上）。

四　金物の輸入

1　概　観

物産総取扱高の中で金物類取扱高は、第一次大戦期に七～九%を占めていたが、終了後、五～六%に低下する。震災復興資材の輸入もあって二四年に増加し、以後二〇年代を通じて年間一億円、八%前後の割合で推移する。そして三三年から急激な増加に転じ、生糸・機械を凌駕して首位に立ち、三七年には二〇%を超える。商内別取扱高は三〇～三二年にかけて、輸入・内国売買が金額・割合とも低下し、一〇%台であった外国売買が三一年に大幅に増加して二六％になり、三七年まで三割前後を占める。外国売買の大部分は錫である。輸入は三三年から急増し、三七年まで三割前後、三八年には四割前後を占めるに至る。

製品別では銑鉄・鋼類・屑鉄などの鉄類が四割から六割を占め、三〇年まで一〇％台だった錫が三一年以降急増し、三七年まで三割近くを占める。その他鉛・亜鉛・銅などの非鉄金属、鉱石類などからなっている(18)。

NY店の金物取扱いは、表6-2に見たように、大戦後、半期五〇〇万円前後に落ち込んだが、二四年上期以降一〇〇〇万円前後に回復し、NY店の中では七％前後を占めていた。恐慌の中でもあまり減少せず、三一年下期から増加に転じ三四年下期には生糸を凌駕して最大の取扱商品になり、五割を占めるようになる。

表 6-10　ニューヨーク支店金物品目別売約高（1919～20年）

（単位：千円）

	1919年下	1920年上	1920年下
鉄　鋼	4,634	2,876	209
銑　鉄	559	108	
ブリキ	1,289	1,396	94
その他とも計	8,610	5,257	427
錫	3,635	5,815	4,660
鉛	49		
亜　鉛	288		
銅	796	4,142	321
アンチモニー	218	109	
その他とも計	5,408	10,189	5,355
総　計	14,018	15,447	5,783

出典：金物部紐育支部「大正九年下半期　考課状」。

物産金物取扱の五割近くを内国売買が占めていた二〇年代には、NY店の金物取扱高は少なく、社内におけるNYの比重は高くなかった。しかし、三一年からの外国売買の増加は錫によっており、三三年からの輸入増加は屑鉄によっており、両品ともNY店が最大の取扱店であった。社内・社外を併せた金物部取扱高に占めるNY店の取扱高は、三三年上期の一五％から三四年には二〇％を超え、三八年上期には三二％にも達した(19)。

以下、NY店最大の業務となった金物取引の推移を検討する。錫は第7章で検討するので、ここではまずNY店金物取扱いの全体的な動向を記した後、SF・ST店も含めた米国からの屑鉄輸入が、どのように行なわれたのかを検討する。

表6-10に示したように、大戦終了直後、鉄鋼やブリキ板を主にした鉄類と、錫・銅などの非鉄金属により、半期

表 6-11　ニューヨーク支店金物品目別売約高（1923～33年）

（単位：千円）

	金物合計	薄鋼鈑	ブリキ板	屑　鉄	錫	銅	鉛
1923年上	6,582		1,457		2,517	1,090	
1924年上	8,361				1,496	5,489	
1926年下	11,977	1,222	1,616	0	3,357	2,542	1,499
1927年上	10,389	1,598	1,548	277	2,791	1,352	1,192
1927年下	11,779	1,690	1,979	277	3,943	1,432	1,561
1928年上	10,847	1,742	1,003	1,322	2,733	1,680	1,079
1928年下	10,788	1,056	1,689	912	2,075	2,509	1,341
1929年上							
1929年下	8,157	ブリキ屑	2,240	1,449	1,967	616	1,239
1930年上	8,869	398	1,639	2,369	2,191	122	1,687
1930年下	8,250	120	278	215	6,021	817	957
1931年上	9,694	350	235	44	7,639		834
1931年下	13,422	23	479	14	11,743		873
1932年上	8,617						
1932年下	16,640	506	125	1,628	13,114	45	932
1933年上	18,138	534	107	5,495	7,607	1,622	1,799

出典：紐育支店各期「考課状」。

一五〇〇万円程度の取扱高であったが、戦後恐慌により激減する。「日本市場ハ滞貨山積、投ゲ物続出、需要全ク減退……新規注文ハオロカ却而解約乃至積出延期ノ申込頻々到来シテ応接ニ遑ナキノ有様」[20]のように、金物の対日本向け輸出は大きな打撃を受けたのであった。特に鉄鋼への影響が大きかった、「〔棒鉄型物類〕米国内ハ建築鉄道筋其他需要繁盛、高値ヲ維持セシモ日本向輸出ハ欧州品及日本製品格安ノ為メ全然商内ナカリキ……〔薄鉄板〕英国製品漸次品質改善セラレ且割安ナルニ対シ米国品ハ国内需要激増セルタメ割高」（NY、二三年上）のように、英国をはじめとする欧州の復活、国内需要が旺盛で輸出に消極的だったこと、日本鉄鋼業の競争力の向上などにより、米国からの輸出が激減したのである。

断続的ながら、表6-11に二三年から三三年までの主要品目の売約高を示した。震災による需要もあまり大きかったようには見えない。二三年下期売約高八七五万円、二四年上期八三六万円と増加しているが、復興需要は二三年下期の数百万円の鋼鉄類輸出にとどまった。二四年上期には「復興材料注文ノ一段落」、「鋼鉄類売約ノ激減」となり、それに代わって銅の取扱いが増加している。

二〇年代中期に若干回復し、半期一〇〇〇万円の売約高を維持した。錫が最も多額を占め、鋼板・ブリキ板・銅・鉛も毎期一〇〇万円台の売約高を挙げ、停滞的ではあったが、比較的安定していた。しかし、輸入に際して競争が少なかったということではない。

石油缶や缶詰に用いられるブリキ板はこの時期、NY店金物取扱いの中で安定的な金額を維持している。日本においても生産が始まり、英国製品も国際市場に復帰するが、「米国品々質良好使ヒ馴レ居リシタメ」（NY、二二年下）と、米国製品の競争力が強い分野であった。日本の大口需要家は、日本石油や共同石油、東洋製罐などの大手であり、彼らは特定の商社と結ばず、一般的に入札によって購入する。また米国の供給者はU・S・スチールやベスレヘムなど三社の寡占状態にあった。

このような市場のため、ブリキ輸入に力を入れていた岩井商店・三菱商事などとの間で競争と協調を繰り返した。二三年上期に「東京本部ヲ経テ日本石油、共同石油販売所其他入札ノ大部分ヲ当社ノ手ニ収メ」、「近年ニナキ記録」（NY、二三年上）を達成したかと思えば、二四年上期には「共同石油ブリキ板引合ハ岩井商店ニ奪ハレ特記事情ナシ」（NY、二四年上）と、大幅に減少する。こうした激しい競争の後、二七年上期に「従来ノ猛烈ナル競争ヨリ転ジテ協力方針ニ出デ、今期落札分ニ対シテハ注文獲得後岩井商店ト協力シ製造家ニ当リ有利買付ニ成功」（NY、二七年上）した。さらに同年下期には米国メーカーがシンジケートを組織して同一価格を提案するようになり、「期末頃漸ク統制アル活動ニ移リ Competition ニ代フルニ Cooperation ヲ以テセル結果ハ従来殆ド無口銭ノ本商内ヲシテ漸ク蘇生ノ思アラシムルニ至レリ」（NY、二七年下）となっていった。しかしこの頃から英・独製品に加え、八幡製鉄所製のブリキ板の増産が進み、三〇年上期の一六四万円の売約を最後にブリキ板輸入は大幅に減少する。その後は缶詰工業用ブリキ屑の輸入が数十万円規模で続く。

米銅は大戦期に日本に大量に輸入されたが、戦後の日本の増産・関税引上げにより、輸入は次第に減少し、それに代って中国向けが増加してくる。日本向けは大阪支店、中国向けは上海支店が中心でほかに大連支店も見られる。

表 6-12　ニューヨーク支店金物品目別決済高（1936～41年）

（単位：千円）

	銑　鉄	屑　鉄	錫	鉛	銅	ニッケル	金物部合計
1936年下		19,028	47,123	5,496	8,712	1,714	83,656
1937年上	2,250	15,678	57,661	8,143	10,344	3,856	102,186
1937年下	17,690	18,259	55,404	5,308	20,457	7,861	185,695
1938年上	4,979	9,079	36,435	4,952	16,200	11,868	114,485
1938年下	6,639	20,259	23,875	4,792	15,587	441	88,332
1939年上	2,681	35,087	27,961	5,605	27,592	17,707	118,982
1939年下	89	21,231	49,908	6,290	31,559	24,538	151,339
1940年上	16	37,606	44,966	6,963	35,581	7,542	172,549
1940年下	16	48,228	44,127	5,686	35,400	2,434	189,505
1941年上	625	14,453	24,984	13,025	47,799	57	137,978

出典：『横浜市史Ⅱ　資料編6』。原史料は紐育支店各期「考課状」。

屑鉄輸入は二七年上期から再開され、二八年上期以降八幡製鉄所を中心に恐慌前まで一〇〇万円程度の取扱いに成功するが、なお安定的な品目ではなかった。

鉛の日本向輸出はカナダ産と競合しつつ、二六年頃からセルビー鉛の輸入によって安定した取引に成長してくる。二八年上期には「Am. S. & R. Co. a／cノ委託荷ハ依然継続シ三井トノ関係ハ益々良好ナリ」と記されているように、価格支配力を持つアメリカン・スメルティング社品の三井鉱山向け委託荷の取扱いにより安定的な取引が始まった。さらに同社の日本向け一手販売権を三菱と争って二九年に獲得し、表6-11のように、恐慌下においても鉛の取扱高はあまり減少しなかった。

鉛以外のブリキ板・屑鉄・銅の取扱高が恐慌下において急減する一方、三〇年下期から錫取扱高が急増し、三二年下期まで金物のうち八割を錫が占める。後述するように、数期にわたる、仕入店の新嘉坡・香港店との協調により、仕入原価の低減と実需筋への地盤開拓を達成し、記録的な成約を得たのであった。さらに三四年からは錫の一層の増加に加え、屑鉄・鉛・銅の取扱が増加し始め、いったん日本への輸出が中断したブリキ板の輸出も再開される。

売約高は三六年に上・下各期七〇〇〇万円を越え、三七年上期には一挙に一億七〇〇〇万円に達した。決済高を示した表6-12によれば、既存の取扱品に加え、ニッケル・銑鉄の取扱が数百万円単位で始まったことを示している。三七年上期から始まる軍備拡張のための大量輸入が、同年七月の日中戦争勃発によって拍車がかかるのである。銑鉄も不足して米国から輸入し、鋼材についても「北支事変ニ伴フ日本並ニ満洲向各鋼材ノ商内増加ニ相当ノ活況ヲ示シ、売約亦前期ニ比シ約三割ノ増加」と述べ、また銅については「為替管理ニ禍ヒサレタルモ軍部筋大口買付ニ際シテハ Suppliers 及船会社トノ好関係ニヨリ注文獲得ニ成功」（NY、三七年下）と記しているように、国内における軍需工業の増強、満洲建設投資のために大量の鉄鋼・非鉄金属を必要としたのであった。

しかし大量の軍需物資の輸入には二つの障害があった。機械のところですでに指摘したように、一つは外貨不足のために為替許可が容易におりないこと、二つは米国・英国の対日圧迫が始まり、輸出許可が求められるようになったことである。カナダが主要な供給地の一つであったニッケルについて、「期初陸軍向大量商内ヲ見タルモ英国政府ノ圧迫ニヨル加奈陀政府ノ輸出許可益々困難トナリ期末殆ド無商内」（NY、四〇年上）のように、軍需工業に直結する素材については対日輸出に強い制限が加えられた。為替許可が得にくくなる中で、NY店の資金繰りに大きな役割を果たした錫の外国間貿易も「当地銀行ノ当社ニ対スルL／C限度引締ノ為メ産地ノ仕入局限セラレ」（NY、四〇年下）のように、米国銀行の態度も活動に制限を与えてくる。

NY店は制約が強まる中でも、米国からの軍需資材輸入のために全力を尽くし、四〇年下期には二億三〇〇〇万円という巨額の金物輸入を行なったが、翌四一年上期には屑鉄輸出の禁止などもあって大幅に減少する。

2　屑鉄輸入

一九二五年まで年間四～五万トンだった日本の屑鉄輸入量は、二六年に八万トン、二七年には二二万トンに激増し、二〇年代後半は年間五〇万トン前後という量に達した。鋼鉄生産の増加に比して銑鉄生産が少なかったことから、民間製鋼業者が銑鉄よりも相対的に安価な屑鉄を使用して鋼鉄の増産、コスト引下げを図り、屑鉄輸入が増加したのである。

SF店の金物取扱いは一九二〇年代後半、表4-12によれば半期四〇万~五〇万ドルの扱い高に達し、屑鉄は半期数千トン、数万ドルから一八万ドルの間を推移していた。消費が増加している屑鉄の輸出に努めるが、「製鉄所需要依然旺盛ナルモガルフ積ハ船腹不足、太平洋岸ハ運賃高ニテ採算難」（SF、二七年下）のように、隘路は輸送問題にあった。銅・真鍮屑の取引は一〇〇トン単位であるのに対し屑鉄は一〇〇〇トン単位、価格も前者の一〇分の一以下であり、木材・綿花などの輸送と競合し、採算可能な船腹を確保するのが難しかったのである。

NY支店の屑鉄取扱いも二七年上期から復活し、三〇年下期まで数千トンから最高六万トン、金額は数十万円から二三七万円にまで増加した。しかし三〇年下期になると屑鉄需要は激減する。八幡製鉄所は屑鉄の膨大な滞貨を抱えて「跡買付中止声明」を出し、民間製鉄所の需要も内地出回り品で満たされ、「本品ノ需要ヲ杜絶」（NY、三〇年下）と見ざるをえないような状態に至った。

こうした状況を大きく変えたのは、日本の景気回復と三二年の銑鉄輸入関税の大幅な引上げ（トン当り一円六七銭から六円）である。こうして屑鉄輸入は三三年に一〇〇万トン、三七年には二〇〇万トンにまで激増する。三三年以降、日本は世界市場に投入される屑鉄の三分の一以上を輸入する最大の輸入国になり、また輸入量の七~八割を米国からの供給に頼った。(21)

関税引上げを見越して、鉄鋼メーカーも商社も屑鉄の手当に走った。引上げが実現すれば、「無税タル屑鉄ヲ購入増量ヲ誘引スル」のは確実であり、屑鉄の在庫が払底している折から八幡製鉄所のみで一五万トンの購入が見込まれた。しかもその購入先はインド・南洋方面の出まわりが払底しているため、「大量買付ニハ堂(ママ)シテモ米国物蒐貨ノ外」ない状況であった。民間製鋼所の屑鉄購入は「割安ノ印度、南洋及ビ豪州品ニ対シ First Preference ヲ与ヘ、所期ノ数量手当出来ザル場合始メテ米国品ヲ漁ル」のが通例だった。(22)他方八幡製鉄所は、「同業者増加セバ競争ヲ助長、自然高値ヲ払フコトトナルハ十分承知、永年ノ間自分ハ〔八幡製鉄所購買課長〕一地方ニオケル納入者ヲ極少数ニ限定スル」という方針を取っていたのである。(23)こうした日本の鉄鋼業界の状況に対応し、物産は競争の激しい印度・南洋からの屑鉄購入には力を注がず、高級品を求める八幡に米国屑鉄を売り込むという「(八幡)製鉄所中心主義」を取っていたのである。

屑鉄輸入は銑鉄輸入関税の引上げ、さらに「大連、支那、南洋方面ヘノ輸出商内ヲ促進、内地注文品ト相俟ッテ注文激増、生産増加ノ繁忙振リヲ示シ、自然屑鉄ノ需要増加」といわれる内外需の伸長によって屑鉄消費が増加し、その供給先は鉄鋼メーカーの操業度が著しく低く、屑鉄消費の落ち込んでいる米国に向かい、米国の屑鉄市場に多くの商社が入りこんでいった。岩井商店は八幡向けに「小口満船積一艘納入ニ味ヲ占メ盛ニ製鉄所侵入ヲ企テ」、浅野物産も「依然売込奔走」していた。三菱商事は「製鉄所売込熱望致シ居リ候共製鉄所態度強硬ナル為メ近付ケス」[24]と実績を挙げることができなかったが、三二年六月に「思ヒ切ッタ安値」を提示して「多年ノ宿望」を実現する。[25]

このように各商社が進出してきたが、物産は屑鉄の対日輸出には大きな力を有していた。国内と米国各店がどのような操作を行なっていたかをみよう。

3 屑鉄の仕入と売込み

三二年五月三一日、NY支店金物掛は八幡製鉄所への屑鉄納入を担当していた門司支店金物支部に対し、八幡製鉄所宛六～八月渡しトン当り二九円二〇銭で一万トンの売越しを提案した。その少し前、同様な条件で同所宛て、「先ロ一六〇〇〇ｔｏｎ売越シモ既ニ過半数ヲ貴方御尽力ニヨリ有利ニ買付出来申候間、跡商内ニ対シ先方当局者ニ不絶折衝chanceヲ獲得セント努力」と、「売越」を行なっていた。門司支店はNY支店の五月三一日付け提案に対し、「内地鋼鉄界ハ前途益々暗黒、相場ハ逐日下落」という状況のため申込通りの価格を実現できる状況にはないが、「製鉄所ノ懐具合カラ考慮シテ早晩跡買付スルモノト見当」をつけ、さらに銑鉄関税引上げが実現すれば屑鉄の需要増加は間違いないとした。こうして門司支店は「貴方提案ノShortハ此ノ際避ケ度、当方トシテハ寧ロLongヲ希望スル次第ニ候」とNY支店の提案に反対し、門司・NY支店を中心とする米国産屑鉄は買越（ロング）のポジションをとることになった[26]。

門司支店の予想は三か月も経たないうちに現実のものとなる。門司支店金物支部は、製鉄所の購買担当者と頻繁に接触し、同所の米国産屑鉄の予定購買数量・価格を聴取し、その内容をNY支店金物支部、SF・STに報告していた。その数量と価格を見て各店が門司店に応諾の電信を出し、それらを門司がNYの意向を重視しながら取捨する。

三二年七月二七日、門司支店は九～一〇月積二〇〇〇トンのオッファー依頼をNYに出し、それを見たSF店は門司に対しトン当り八ドルのオッファーを行なうが、門司は当時NYにおいて七・八〇から七・九〇ドルで買付け可能であり、また八幡の「買気モ今一ツパット致シ不申」だったため、SFのオッファーを見送った。ところが八月中旬に至り、八幡は二〇〇〇～四〇〇〇トンをトン当り二九円五〇銭にまで「奮発」する。門司支店はNYとのジョイント買持ち二〇〇〇トンを売り抜けると同時に、SF店に対してもオッファーを求め、SFは九～一〇月積一〇〇〇トンを二九円五〇銭で、九～一一月積三〇〇〇トンを七・七五ドルでオッファーした。門司は「此ノ安物ヲ当方ニテ買付紐育店トノLongニ充当、万一紐育店ノ御承諾ヲ得ザル場合、桑／門ノ買持ト致度」したくとSF・NY店に提案し、最終的に一〇〇〇トンをSF・門司乗合の八幡への社外販売、一〇〇〇トンはSFから門司へ、二〇〇〇トンはSFから門司・NY乗合勘定への社内販売とした。

こうした複雑なかたちを取ったのは、門司がSFに対し「為替暴落ノ際有利売抜モ懸念致サレ申候」と述べているように、SF店は激しく変動している為替相場の中で、買持するリスクを避けたためであろう[27]。

三二年一一月末、門司とNYは一万トンのジョイント買持ちを有していた。門司は「製鉄所ノ態度殊ニ米国以外ノ格安品出回リ国即チインド、南洋、豪州、南アフリカヘノ引合状態等ヲ刻々ニ取調べ有利売抜」を図っていた。八幡の翌年三月末までの屑鉄購入計画は、手持の二級レール一万六〇〇〇トンを屑鉄に格下げしたことにより、米国品より二～三円安い南ア品八〇〇〇トン、南米品一万五〇〇〇トン、ドイツ品五〇〇〇トンの計三万トンであることをつかんだ。ところが南ア品は「阪神、京浜ノ内地製造家ノ邪魔カ入リ値段ヲ吊上ゲ」、南米品は輸出許可が取れず、ドイツ品は価格が高騰した。こうした事情のために購入担当者に「焦慮ノ色」が出てきたため、門司は米国屑鉄をトン当り四二円から四二円五〇銭という高値で売却することをもくろみ、「売控ノ方針ニ変更」する。ところが円為替の一層の低下を機に岩井商店が「四一円ノofferヲ懇情」し、物産は岩井に対抗して四〇円五〇銭を出し、岩井も同値まで下げたがその価格で売約できるのは二〇〇〇~三〇〇〇トンにとどまり、「跡商内全部〔今年度中の〕当社ニ一任シ来リ、貴方協調ヲ得テ一気ニ二万五千屯ノ成約ヲ遂ゲ候事同慶ニ奉存候」(28)と、買持ちの売抜けとその後の売込みに成功するのである。

こうしたオペレーションにより、三三年上期には「門司店ノ努力ノ結果製鉄所売込ニ断然同業者ヲ圧シ優勢ヲ得」(NY、三三年上)、「当店ハ供給者及運賃ヲ統御シ同業者ノ侵入ヲ防ギ……約倍額ノ成約ヲ見タリ」(SF、三四年上)のように、東部・西部の屑鉄市場に強力な地盤を築くことに成功した。三四年の日本の屑鉄輸入一四一万トン(内米国品九六万トン)に対し、物産の社外売約高は六二万トン、社内売約高は六〇万トン、在米三店の仕入高は五六万トンに達している。日本の輸入量の約四四%、米国屑鉄に限れば六割近くのシェアーを占めている。

しかし三四年からの世界景気の回復に伴い、米国鉄鋼業の操業率が高まって屑鉄価格が高止まり、加えて荷動きの活発化に伴って船腹の確保も難しくなってきた。また三菱・浅野など米国に支店・出張所を構える商社だけでなく、兼松は米国商社を、神戸の長谷川商店は日系人が経営するSFの中島商店、STの高橋商店を代理店として活発な買付を開始し、SF所在のゲッツ社(Getz Brother Co.)は直接日本への輸出を行なうなど、競争も激しくなった。

4　屑鉄輸入の統制

八幡を含む屑鉄を使用する製鋼メーカーは、従来からゆるやかな共同購買会を組織し価格などを取り決めていた。世界的な消費の激増と価格騰貴に対し、改めて三七年四月「外国屑鉄ノ購入ヲ豊富且低廉ナラシムル」目的で、五社からなる外国屑鉄共同購買会を組織し、三井・三菱・浅野・岩井・日商・長谷川の六社を指定輸入商とした。同会の共同購買は当面米国に限定され、購買会は米国に駐在員を派遣し、加盟社は購買会を通じて指定輸入業者から買い付け、「互イニ協調シ競争的買付ヲ避ケシムル」ことを計画した。[29] 輸入商六社は購買会のサジェスチョンに基づき、「産地ニオケル相互間ノ不当ナル競争ヲ棄除シ、一致協調ノ精神ヲ以テ低廉且ツ豊富ナル屑鉄ノ供給ニ努力スル」という目的の六洋会と名づけた組織を作り、[30] 東京本部と神戸支部において共同購買会加盟社と定期的に懇談し、NY支部も共同購買会駐在員と定期的に懇談会を持ち、さらにSFに支店を持つ三井・三菱が中心になってSFにも支部を置いた。

購買会から駐在員がNYに派遣され、屑鉄輸入統制が軌道に乗り始めたちょうどその時に日中戦争が勃発し、為替許可が極めて厳しくなった。為替許可の取り付けに関連して、輸入業者は「自由ノ立場ヲ買手ニ掌握セラレテ製鋼業者ノ走狗トナル懸念極メテ多ク実ニ由々シキ問題」と強い不安を持ったが、[31] メーカーとの懇談会、支部の会合も為替許可獲得や屑鉄市況の情報交換的な役割を持つだけとなり、従来の取引関係は尊重され、実態はあまり変わらなかった。

日中戦争勃発に伴う膨大な軍需の発生により、各メーカーは「所要数量買付ニ当リ各需要者競争的ニ買付ケ」[32] に走った。メーカー・購買会は輸入業者に「共購会ノ裏書アレバ政府ハ必ズ順調ニ為替許可ヲ下付シ呉レルコトニ打合済故、安ンジテ買付ラレ度」と保証したため「各輸入業者ノ競争心ヲ煽リ為替思惑ヲ敢行セシメ資力無キモノノ盲動的買付」を引き起こした。特に浅野物産は五万トンの屑鉄を代金未払い、為替未許可のまま積み出して支払不能となり、「横浜正金銀行ニ救助ヲ申入レ拒絶セラレ……大蔵省ノ便宜的為替許可ニヨリ漸ク一時的ニ難関ヲ切リ抜ケ」たという。浅野・岩井・長谷川らは「当地ニ十分ナル逆転資金無キニ不拘、比較的大量ノ買付契約ヲ為シ……甚敷キ苦境」に陥った。「逆転資金」というのは日本からの輸出品売上金を意味しているのであろう。輸出を行なっていれば一時的にドル資金を使用することが出来るが、長谷川・岩井は鉄鋼に集中し、浅野も石油など米国からの輸入品が大部分だったのである。貿易のバランスがとれている場合は問題にならないが、どちらかに集中する場合や為替の統制が強化されると、こうした商社は活動を強く制限されることになる。専門商社・中小商社の活動は制約されたが、大蔵省において力を持っているのは「昭和二、三年頃ノ大学出身者ニテ思想上財閥ニ好感ヲ有セズ中小輸入業者ヲ庇護シ勝チ」な若手であり、彼らの「手心」によつて専門・中小商社に対する為替許可が優先され、営業を行なうことが可能となったのである。(33)

先売・先買、為替許可を見越した危険な営業を行なっていたのは中堅商社のみではなかった。三菱商事金属部長は、当時の三井物産の取引ぶりを次のように述べている。

三井ノ遣振ニ就テハ巨利ヲ博スル為ニハ相当思ヒ切ッタル思惑モナシ居ル……一昨々年〔三六、三七年〕ノ思惑品ハ製鋼業者ノ足許ヲ見透シテ一挙ニ巨利ヲ握(ママ)マントシ三井国賊ノ汚名ヲ受ケタルノミナラズ、遂ニ製鋼業者ノボイコットトナリ思惑品処分デキズ、折柄ノ貴地相場暴落ニ遇ヒ非常ナル痛手ヲ受ケ……其後三井金物部幹部大移動アリタルガ右ハ屑鉄思惑失敗ガ主タル原因トノ三井係員ノ話(34)

三七年には八幡偏重方針に基づく滞船のために六〇万円の損失をこうむり、為替許可が下りないために通関できずに仮揚げしているものもあり、加えてNYにおいて「思惑品ニテ処分出来ザリシモノ十万屯其損失五十万ドルヲ下ラザルベシ」と、莫大な損失を生じたと報じている。三菱商事NY支店長も、物産NY支店の状況を「三井ノ如キハ昨年思惑買付ノ高値品ヲ今後引取ラヌ等悪辣ナル手段ヲ弄シ居ル他、自家大量契約ノ金融ニ追ハル、……金融逼迫ヲ来スハ必至ノ勢ニテ四苦八苦ノ状態ハ外部ヨリモ認識セラル……益々三井ノ財政的状態ニ対シ多大ノ疑惑ヲ抱ク者続出」と述べている。(35)

三菱商事金属部は三七年から三八年にかけ、屑鉄営業方針を為替許可の範囲内、損失は供給者・買い手に転嫁するという「余リニ極端ナル消極方針」を採り、営業の最前線に立っていたNY支店から「本品取引ノ発展ヲ飽ク迄期待致度、他社ニ後ル、ガ如キハ耐へ難キ処ナリ」と方針の転換を強く求められていた。(36)このような突き上げに対する返書であるため、物産の思惑失敗についての誇張はあるだろうが、物産SF支店の考課状と表に示した金物部の損益を見ると、商事の指摘は当らずとも遠からずである。

SF支店三七年上期の考課状には、「(罷業や運賃高騰のため)約定荷ノ積出ニ容易ナラザル苦心……売手ノ損失莫大ニテ約定強要容易ナラズ、日本販売店トノ間ニ立チテ困難シ居レリ」と言った記述が続き、三七年下期は一八〇万円という画期的な取扱高を挙げる一方、粗利益は〇・三六%という低率で、経費を割り当てれば大幅な損失になる。NY店は三八年上期に二五万トンの大量売約に成功したが、為替許可を得たのは九万トンのみで一六万トンを「未許可ノ侭越期」した(NY、三八年上)。さらに「各店自由競争ヲ本来ノ制度」にしていた物産は、三八年春「両地間種々複雑ナル社内問題ヲ起シ社外ノ嘲笑ヲ買ヒタル程」といわれるように、NYとSF支店の間で競合関係を生じた。[37]

一つは三七年から三八年上期にかけての上述のような蹉跌、すなわち思惑の不成績による利益率の大幅な低下と支店間の競合、二つは米国屑鉄価格の急騰に対し、三井・三菱が共謀して価格を吊り上げたり商社の競合が価格の騰貴をもたらしたりしているのではないかという疑念が生まれたため、三八年後半から「自由取引ノ時代ヲ離レ極メテ厳格ナル統制……我社売込数量ノ如キモ割当制ニテ制限セラレ」と共同購買会の発注方法が大きく異なってきたことにより、仕入れ方法も変化してくる。[38]

物産では同年九月以降共同購買会からの発注をNY支店が一括して引き受け、それをNY七五%、SF二〇%、ST五%の割合で分割することとし、「此打合成立ノ結果従来ノ社内間ノ種々ノ紛争ハ一掃セラレ、取引頗ル円滑トナリ」と評価されている。物産SF支店の仕入れ先は、従来「方々ノsmall dealerヨリ買付」けていたが、三八年上期は「当地最大ノ古軌条及ビ屑鉄supplier」といわれるユナイテッド社(United Commercial Co.)、同年下期はシカゴに本店を持つ全米でもトップクラスのデイーラーであるハイマン社(Hyman Michael Co.)、SF支店とロサンゼルス地方ではフィンケルスティン社の二社というように、ディーラーを限定するようになる。[39] その理由は、屑鉄の供給は鉄道会社からの貨車やレール、西海岸の製鉄会社コロンビア・スチール(Columbia Steel Co.)からの払下げなどまとまったものもあるが、「全ジ小口買集メ蒐貨方法モアル故ニ、余リ多クノdealersヲ相手トスルコトハ自ラ競争ヲ助成スルコトトナリ、相場ヲ釣上ゲル危険アル故一、二ニ遺ラスコト賢策ナリ」というところにあった(40)。

三菱商事の在米各店も三八年には屑鉄仕入れを積極化し、「我社及三井ハ屑鉄取引ノ双璧トシテ全米屑鉄買付方針ノ進言機関」と自負するまでになった。同社NY支店も「我社一社主義ヲ採リ居ル当地有力供給者タル David Joseph, Harry Harris 等ノ地盤ハ是ヲ飽ク迄擁護伸長セシメザル可カラズ」と、親密なディラーを確保し、彼らの集荷力を高めることが三菱の集荷力に直結するという認識で活動していた。三菱においてもNY支店とSF支店との競合という問題が生じ、三八年一二月「北米屑鉄取引草案」を作成してカナダ・キューバを含む北米積出しの引合はすべてニューヨーク支店に集中したあと、三店の打合せにより必要数量をSF・ST店へ移牒することとした。加えて三菱の場合、「FAS或ハFOB Steamer 積出港条件ニテ供給者ヨリノ買付……原則トシテ右ニ係ル船腹、傭船契約ハ紐育ニ集中シテ行フ」と定めた。三菱が買付契約の中身、さらには輸送までNYに集中しようとしたのは、「傭船契約ニ依ル大規模ノ輸出ヲ組織的ニ行ヒタル結果、屑鉄取引ノ増大ニ資スル処大ナリシノミナラズ他種商品取扱ニ当リテモ寄与シタル処不尠、特殊運賃ノ提供ニ依リ成約ノ機会ヲ増加セシメタルハ特筆スベキ点」と、屑鉄輸送のために大量傭船を行ない、その豊富な船腹の空荷としてあるいは復航貨物として他商品の取扱い増大をもたらしたと評価しているのである。三菱商事NY支店は三七年から三八年にかけて屑鉄のみで一一〇隻を上回る傭船を行ない、「小汽船会社ノ及ブ処ニ非ルナリ」と誇るが、そうであるからこそ着港価格（CIF）ではなく、船側渡し価格（FAS）を求めるのである(41)。

表4-12によれば、物産SF支店の屑鉄取引は戦時体制が強化される中で増加し、特に利益率は三八、三九年に三%、四%という極めて高い水準を示している。日本の鉄鋼業界が価格を考慮することなく量の確保に走ったことを示しているとともに、物産内部でのオペレーションの統一、共同購買会の統制によって最大の輸入国である日本側の買い煽りが抑制されたことを反映しているのであろう。四〇年も大量の成約に成功するが、対日屑鉄輸出禁止が発表される四〇年九月の相当前から輸出禁止案は巷間に伝えられており、それを見越した駆け込み輸入的なものであった。

五　生糸・部外商品

1　生糸の取扱い

NY店の生糸取扱高は、三〇年上期までおおよそ半期一億円前後、総取扱高の七割から六割を占め（表6-2）、NY店の最大の「喰扶持」であった。生糸取扱高は、日本・上海・広東の各生糸と日本の絹織物からなっている。もちろん日本生糸が大部分を占めるが、恐慌前は上海・広東生糸もそれぞれ一〇〇万円以上から数百万円に達し、合わせると一〇〇〇万円に達する期もある。

明治末期以降、米国への生糸輸出は、物産・横浜生糸・原商店の三社が外国商人を次第に圧倒し、有力な地位を占めるようになったが、大戦末期以降、大きく変わってくる。まず一九一七～一九年に茂木・江商・鈴木・久原・小野など有力な生糸売込問屋・綿関係商社が参入し、さらに二四年から二八年にかけて多くの輸出商が族生する。これらの輸出商は、片倉・郡是・神栄といった有力製糸企業、神戸の売込商（旭シルク）から進出したものと、破綻した商社の従業員が独立した零細なものまで、極めて多様であった。二〇年代後半の生糸輸出は、物産・日本生糸（三菱商事系、横浜生糸の後身）・旭シルクの三社が鼎立し、それに原・日本棉花・江商が続いていた。三〇年代になると、物産が一頭ぬきんでると同時に、片倉・郡是が有力輸出商に匹敵する取扱高を示す。

物産が生糸輸出に圧倒的な地位を確保した理由として、融資や投資によって優良製糸家を掌握したことが有力原因として挙げられるが、米国における物産の活動も大きく預かっていたことは言うまでもない。

第一に物産の売込先は優良な業者がほとんどであった。「是等反対商全体ニ共通ナル点ハ当社ノ相手ニセザル信用程度高カラザル客先トモ盛ンニ取引シ居ル事」とされ、二〇年上期に米国絹織物業者の中に破綻するものがあった際も、「当社得意先中一モナシ」としている（NY、二〇年上）。二〇年代中期、全米の生糸需要者は約一七〇〇社とされ、そのうち物産が「常ニ取引スル得意先」は一五〇社、「此得意先ニハ同業者モ皆ナ売込ヲ為シタキ相手ノミ」と誇っている。[42] 物産はこれらの有力顧客、すなわち撚糸業者や織物業者、さらにはディーラーに対して、社員に加え現地雇用のセールスマンを使って販売していたのである。

第二は、需要地・消費地の動向を緻密に考慮しつつ、柔軟な売買方針を採っていたことである。

当社ハ売込ニ就テハ常ニ之等需給両地ノ趨勢ニ留意シテ売買方針ヲ定メ而モ競争者ニ機先ヲ制セラレザル様努力ヲ怠ラズ、此間横浜神戸両市場ニテ投売リ割安品ノ取リ入レニ勤メ、前期ヨリノ売越品ヲ持続シナガラ一方既ニ市価採算点以下彷徨ノ折柄トテ反発ノ急ニ備ヘ、端境期売物薄ノ当時ニ於テハ一時買越ニ転ジタリ（NY、二六年下）

生糸は日本糸だけでも用途に対応して多様な格付けがあり、価格・売行きは流行に伴って大きく変動する。加えて上海糸・広東糸も日本糸の生産量・価格によっては日本糸の市場に進出する。また消費地である紐育と、産地の横浜・上海・広東の生糸価格は、輸送費や金利その他を考慮すると消費地価格の方が産地価格より低いという逆鞘になることも稀ではなかった。

NY店は米国絹織物業の消費動向と日本・上海・広東の産地の動向を綿密に観察し、長期的・短期的な予測を立てる。その予測に基づき、産地の生産者から直接購入し、また紐育において実需筋への販売を行なうだけでなく、日本・中国・紐育の取引所において各種生糸の売越・買越を繰り返していたのである。

生糸は取扱高で圧倒的に大きかっただけでなく、本章二に記したように、生糸代の入金はNY店の資金繰りにも大きな役割を果たした。生糸手形の期限が六か月から三か月と長かったため、好景気の続いた二〇年代には多くの顧客が期日前に入金し、生糸支部は大量の遊金を抱えていた。半期数百万ドルから一〇〇〇万ドルを支店に貸し付け、支店勘定掛が東洋棉花を含む在米店や、上海・本店などNY店との結びつきの深い他店への貸付けや、社内手形を取り組み、他店の金融を援助し、また担保用としても利殖としても使える債券を購入したのである。

生糸は、NY店にとって決定的な意義を有していたが、二〇年代を通じて、人造絹糸の織物分野への進出が強まり、次第に靴下分野に局限されていった。その動きを決定的にしたのが、恐慌期の需要減少・価格低下であった。三菱商事系の日本生糸は恐慌期に積極的な拡大を遂げ、取扱高で物産を凌駕するようになったが、損失が続き、三四年三月には繰越損を加えて四九二万円の債務超過となり、三六年四月に清算し、三菱商事に引き継がれる(43)。物産NY店も「前期並ニ当期ニ亘リ白十四中高格品異常ノ値鞘狭少トナリテ著シキ痛手ヲ蒙リタリ」(NY、三六年下)と記しているように、大きな損失を生じ、この時期に生糸の衰退は決定的になった。

人絹ノ進出程度ハ靴下方面ニハ未ダ微々タルモ広幅下着方面ニ対シテハ著シキモノアリ、今後糸価余程低下セザレバ地盤回復困難ナルベク、従ッテ大勢上生糸ノ消費量減退ノ傾向ニアレドモ日本ニ於ケル生糸生産高ハ特ニ激減スルノ情勢ノ下ニアラズ（NY、三六年下）

人絹の進出により生糸消費が減少しているにもかかわらず、日本の生産高は減少せず、糸価の低下は避けられないと見ていた。こうして三八年上期にはNY店生糸取扱高は三〇〇〇万円を切り、同店総取扱高の一一%にまで低下したのであった。その後の戦争勃発に伴うインフレにより、生糸価格の回復、駆け込み輸入などにより取扱高は増加するが、かつての額・割合に復帰することはなかった。

物産NY店は、日本絹織物の有力輸入商でもあった。物産は最も古くからの絹織物専門商社である堀越商会や横浜の茂木合名の元社員たちが組織した同志貿易と並び、トップクラスの輸入商の地位を保った。二〇年代前半、取扱高は二〇〇〇万円から五〇〇〇万円に達していたが、同後半には一〇〇〇万円台、恐慌後には数十万円にまで減少した。

2　部外商品

部外商品というのは商品を単位に形成された「部」の中に入らない商品を指している。しかし「部」の形成と消滅の時期も商品によって異なり、便宜的な分け方であり、NY店で「部外商品合計」という項目があるのは、二一年下期から三六年下期までである。

NY店の部外商品取扱高は、生糸・機械が圧倒的な割合を占めていた二〇年代前半には数%から一〇%台に過ぎなかったが、二五年下期に二五%に達した後は二割から三割をほぼ維持する。部外商品の中で大きいのはゴムと麻類であり、これらは第7章で述べるので、ここではそれ以外の商品について述べる。

部外商品は商内別と同様、日本からの輸入品、日本への輸出品、外国間貿易の三種に分けられる

第一次大戦期、NY店の部外商品取扱品目は著しく増加していた。日本からの輸入品は樟脳・茶・カニ缶詰など単品で数十万円に達する品目以外に、歯ブラシ・マッチ・キャンバス・セルロイド・帽体原料・その他缶詰などがあった。試験中で少額のものもあったが、歯ブラシのように「漸次当店品物ニ対スル得意先ヲ拡メ本商内ノ地盤ヲ固メ来レリ」と、半期一九万円の取扱高を挙げるものも出ていた。

日本への輸出品は、二〇年上期の分類によれば、染料（七一万円）、医薬品（一八万円）、工業薬品（グリセリン・フォルマリン・醋酸・醋酸石灰・苛性ソーダなど、計一五七万円）、雑品（松脂三九万円、ガラス五万円など）など多種多量の商品を扱っていた。しかし大戦終了後、醋酸石灰は英国プラナモンド社に圧倒され、またガラス製品は旭硝子の進出やベルギー製品の復活によって米国製品輸出の先行きは危ぶまれた。

外国貿易の米国への輸入品は、麻類・ゴム・シェラック・油脂原料が大きく、それ以外も生皮・獣毛・羊毛・豚毛・カポックなどの中国・南洋の天産原料である。

部外商品取扱いは大戦中に大きく拡大したが、一九年九月に開催された米国各店打合会において、「相手先不良、苦情ノツキ易キ商品、小商人ノ取扱居リ人手ヲ要シ小口ノモノ、金額少ニシテ専門家ヲ要スルモノ」の取扱いを廃止する方針が決定される。[44] 例示されているのは、麦稈真田・麻真田・貝ボタン・靴紐・歯ブラシなど、日本から米国への輸出雑貨品である。帽体原料の取扱いについて、おおよそ次のように述べている。

麻真田が数年前に流行界から駆逐されて麦稈真田に移り、日本から大量に輸出したが、日本産の価格が高騰して中国産が進出し、「本年五月以来支那産麦稈真田ニ全力ヲ注セシト雖モ、本店ノ御訓示並ニ当掛過去ノ成績ニ鑑ミテ去七月以来断然廃業」（NY、一九年下）

取扱を中止した具体的な理由は不明だが、小口、相手先が零細、品質管理が難しい、流行の変遷が激しい、といった商品は損失を生じる場合が多く、また物産取扱品としてふさわしくないとされたのである。

主に日本からの零細な規模の輸出品取扱いが中止されたが、なおかなりの商品が残った。

①日本からの輸出品

樟脳・茶がほぼ全期間を通じて輸出され、マッチが二三年まで輸出された後中断し、三〇年代前半に復活する。カニ缶詰も二〇年に中断した後二七年に復活し、三九年以降激増する。綿・人絹製品は三三、三四年から輸出が始まり、中南米を含めて半期数百万円にまで急増する。円為替が低落した三三年以降、繊維製品に加え、薄荷や除虫菊、真珠貝・タイル・ぼろ布・諸缶詰も相当量輸出された。ここでは樟脳と茶を取り上げる。

樟脳はセルロイドなどの化学製品や薬品・爆薬などの原料として多様な用途があり、台湾・中国・日本の特産物であった。台湾の粗製樟脳は専売制によって鈴木商店と物産が独占的に取り扱い、精製樟脳は日本樟脳株式会社が独占し、同社からの入札販売による自由競争となっていた。NY店の取扱高は半期数十万円から一〇〇万円台、恐慌直前には二〇〇万円台に達した安定的な輸出品であった。

台湾製粗脳の販売は、鈴木と物産が季節的に委託買付を交代したり、販売先を相互に限定したりして協調が守られていた。しかし「日本精脳及支那粗脳比較的安値ニテ買付ヲ得タレバ買手トシテハ高値ノ専売局樟脳ヲ買付クル必要ナカリシナラン」（NY、二一年上）のように、精製樟脳・中国粗脳との競争があった。精脳の輸出をめぐっては藤沢薬品など日本の薬品会社とも激しく競合した。

今期売約……成績相当ナルモ同業者間ノ競争烈シク極メテ薄口銭ナリキ、仝業者中藤沢ノ態度甚ダ辛辣ニシテ殆ンド原価ヲ割ルノ安値ニテ直売ヲナセルハ慨嘆ニタヘズ、本邦特産物タル本品ノ販売統一機関ノ設置ハ最大急務ナリトス（NY、二五年上）

最大の問題は天然樟脳間の競争ではなく、ドイツで開発された合成樟脳との競合にあった。一九二〇年には「樟脳代理品ノセルロイド工業ニ応用セラル、モノ其ノ試験時代ヲ経過シ今ヤ実用時代ニ入」ったとされ（NY、二〇年下）、二五年には米国輸入樟脳のうち、三分の一をドイツ合成樟脳が占めるに至った。物産NY店は、「天然樟脳ヲ脅スコト盛ナレバ当方、台北支店ト相呼応シテ対応策ノ一日モ忽ニシ得ザル理由ヲ当局ニ力説シツ、アルモ未ダ何等具体的ノ展開ヲ見ズ」（NY、二四下）と、合成樟脳への対抗策、具体的には専売樟脳の値下げを求めるが、専売局の対応はなかった。

鈴木が破綻した後、専売粗脳の海外販売は物産一社となり、加えて物産は精製樟脳についても「海外販売ヲ当社ノ手ニ統一スルコト国家的見地ヨリスルモ是非必要ニテ神戸支店ト協力、日樟社関係者間ニ其気運ヲ醸成スルニ力メ」ていった（NY、二七年下）。専売局は物産などの求めにより粗製樟脳の値下げ、海外における手持ちを認めるなどの手段をとり、シェアーの維持を図るようになった。

合成樟脳や中国産との激しい競争があったが、恐慌後も以前とほぼ同じ取扱高を維持した。その理由は、「独伊合成品牽制ノ為メ為替安ヲ利用シテDu Pontノ誘致ニ努メ幸其需要ヲ完全ニ手中ニ収メタル外Kodack其他ヘノ売込モ順調ニ運ビタリ」（NY、三三年上）と述べているように、低価格を武器に大口取引先をひきつけたことによっている。

NY店の茶取扱額は大戦中半期平均一四〇万円に及び、二〇年上期も約一九〇万円に達していた。NY店の取扱種類は、時期によって異なるが、台湾茶と日本茶が大部分を占め、残りは支那茶とセイロン・インドなどの「雑茶」である。支那茶や雑茶は産地から仕入れるのではなく、紐育などにおける地買である。二〇年前半に茶の市況が悪化し、二一年下期に二三万円にまで急減したが、翌期以降回復して二七年までは一〇〇万円台、その後も数十万円台を維持する、安定的な商品であった。

反動恐慌は茶の業界にも大きな打撃を与えた。台湾茶を扱っていた浅野物産・野沢組が撤退し、また村井貿易商会も「日本茶商内ニテ手ヲ焼キ整理中ナリシガ三月末漸ク持荷一掃閉店」（NY、二一年上）し、外商の中にも致命的な打撃をこうむったものがあり、営業を継続しうるのは物産やジャーディン・マセソン商会など数社になるだろうとしている（NY、二〇年下）。物産は二〇年三月、富士合資会社から太平洋岸をのぞく北米の一手販売権を得、「市俄古店設置ヲ初メ大イニ画策スル所アリシモ、時利アラズ産地法外ノ高値ノタメ事志ニ反シ商内甚シキ少額ニ終リ」、茶売込みのために設置したシカゴ店も一年足らずで撤退した（NY、二一年上）。

米国における茶の消費量はコーヒーに押され、一九世紀末期から漸減傾向にあり、大戦中から戦後直後にかけて著しく減少した。一人当り消費量は一五年の〇・九一ポンドから二〇年には〇・八四、二一年には〇・六五にまで縮小する。そこで下げ止まり、以後回復するが、大戦前に首位を占めた日本茶は減少し、セイロン茶が首位になる。日本茶の衰退とセイロン茶の増加は、「宣伝不足」、「嗜好ガ自然錫蘭茶ニ移ル」とも記しているが[45]、日本茶の価格高騰も大きかったのである。

NY店はこの頃から台湾茶（ウーロン茶・紅茶）の売込みに力を注いでいく。二三年下期から二四年にかけては買付けのために鑑定人を派遣し、また三井合名会社製茶の対米売込みにも努めた。茶の販売は、セールスマンとパッキングも行なう卸商との特殊な結びつきが重要であり、有能なセールスマンを確保することが不可欠であった。NY店は茶の売込みを次のように行なっていた。

茶、珈琲業ノ中心地ナルフロント、ストリートニ店ヲ有シ、現在使用中ノ四人ノ売子ヲ紐育市内ノミナラズ常ニニュー・イングランド及米国中西部ニ派遣シ売込ニ努力セシメ居レリ[46]

また二八年上期には合名茶の売約が著増するが、その原因は「本期末ニ至リ多年ノ宿望タリシ紐育地方ノ Chain

Store へノ売込ニ成功シタルニ因ルモノニシテ、今後此方面売込ハ相当ノ期待ヲ繋ギ得ベシ」（NY、二八年上）と述べているように、チェーンストアへの売込みに成功したからであった。

台湾に鑑定人を派遣するなど、米国需要に適した茶の製造や仕入に努め、米国ではセールスマンを駆使して卸売業者やチェーンストアなどに売り込み、安定的な取扱高を維持した。

②米国からの輸出品

前述したように、NY店が取り扱った日本向け輸出には多くの種類があった。しかし大戦終了後、医薬品や工業薬品・染料の大部分は日本国内の生産増加、ドイツ・英国などの復活により、米国からの輸出はほぼなくなっていった。安定的に対日輸出を継続したのは硼酸（ホウ砂）・松脂・紙・燐鉱石・葉タバコなどである。

硼酸・硼砂（Borax）は化粧品・防腐剤・消毒剤の原料として優れ、二三年上期にトロナ社との間で年六〇〇トンの販売責任数量付きの日本向け一手販売契約を結び、主に大阪支店に積み出した。二〇年代前半以降、半期二〇万円前後に及ぶNY店取扱薬品の大部分は硼酸だったと思われる。

松脂（Rosin）は紙・石鹸製造原料の一つとして、またワニス・絶縁材料としても優れているなど、多様な用途があった。二〇年代前半は数万から二〇万円程度の取扱高だったが、二四年から増加し、二六年上期には日本向けに八六万、ジャワ向けに四万、合計九〇万円に達する。三五年上・下期の取扱高は一〇〇万円を越え、「当社ハ産地製造家ト連絡ヲ採リ社船ヲ利用シテ断然同業者ヲ圧倒シ、対日輸出ノ八割ヲ掌握セリ」（NY、三〇年下）と、圧倒的な割合を占めた。

表6-2の肥料の内容は、硫酸アンモニアなどの化学肥料と燐鉱石からなっている。化学肥料はヨーロッパ・日本・米国の価格変動が激しいため、安定的ではなかった。同表によれば、三五年下期から三六年上期にかけて肥料の取扱高が激増しているが、それは米国の市況軟調と日本の需要旺盛に基づくものであった。肥料の中でコンスタント

に対日輸出が行なわれたのは燐鉱石である。産地はアイダホとフロリダにあり、二二年下期、アイダホの鉱山が「初商内ヲ得ントシテ犠牲的値段」を出したが、山元から港湾までの鉄道運賃が高いために成立しなかった。フロリダ産は「Gulf ヨリノ棉花及雑貨ト割積トナシテ極力船運賃ノ切リ下ゲニ努力シ、漸ク屯十弗日本沖着ニテ大阪店ト成約」（NY、二二年下）と記しているように、安運賃の確保によってのみ商売が成立するものであった。物産に対抗したのは鈴木商店であった。鈴木は「K. line ヲ叩キ運賃引下他社ノ追従ヲ困難ナラシメ当社ハ之ガ競争ニハスクナカラズ苦心中ナリ」（NY、二四下）と記している。この競争は米国産燐鉱石の取扱いにおいてであり、燐鉱石は太平洋諸島やアフリカにも有力な産地があり、それらとの競合があったことは言うまでもない。

グラビア用紙・板紙などの高級紙を主にした紙の取扱高は、二一年上期から三三年頃まで一〇万～三〇万円に達し、三六年以降ほぼ消滅する。物産は二一年上期に American Paper Export Co. の対日一手販売権を獲得して取扱高を拡大した。その経過は次の如くである。

本年二月初旬仝社代表者ガ日本ニ於ケル Sales Agent 指定ノ全権ヲ帯ビテ日本ニ向ケ出発シタル事ヲ聞キ込ミタルヲ以テ当地仝社重役ト懇談ノ結果、仝重役ヲシテ渡日ノ途ニアル代表者ニ対シ最先キニ当社ト交渉ニ入ルベキ事ヲ電命セシメ、一方大阪店ニ出電シ委細打合ハセヲナシ……当店対ＡＰＥ社重役トノ交渉ヲナシ多数有力ナル反対商ノ運動アリタルニ不拘、契約進行シ右販売権ハ首尾ヨク当社ノ獲得（NY、二一年上）

物産は紙の対日輸出に強くはなかったが、有力輸出商がエージェントを物色しているという情報をいち早くつかみ、紐育本社において折衝し、販売権を獲得することに成功したのであった。年間二五万ドルの責任数量を定め、二・五％の手数料を受け取る契約であった。欧州製品の進出などにより、責任数量には達しなかったが、ＡＰＥ社上海駐在員が日本に出張し、物産各店と協力して売込みにあたるなど、両社の協調によって順調に推移した。

恐慌後も日本に輸出されたものは、松脂・硼酸・カーボンブラック・アスベストなど、工業製品というよりも、日本においては産しない、加工度の低い半製品的なものであった。これらの品目も三七年下期になると、日本の為替管理強化により、「商内殆ンド杜絶」するようになり、代ってベンゾールのような軍需品は「日支事変拡大ト共ニ爆薬原料トシテ需要増加相当多量売込」(NY、三七年下)んだ。「化学製品・薬品類」の売約高は、三九年下期の三四五万円から六六二万円、八八〇万円と激増を続ける。

③外国貿易品

第7章で見る品目と同様、中国・インド・南洋天産物が中心である。二〇年代は皮革・獣毛・羊毛・シェラックなどであり、二〇年代後半からマニラ麻・カポック・タピオカ粉などの南洋天産物となり、さらに漢口・天津などが日本の占領下に入った後、再び中国産獣毛・皮革などが増加する。

NY店が中国産皮革に進出したのは一七年上期、さらに一九年上期にインド産皮革にも進出し、同期の取扱高六〇万円から一九年下期には一九五万円、二〇年上期には二〇三万円と急増する。皮革は羊・山羊・鹿・牛皮など種類が多く、品質も多様であったため、NY店には米人の専門家「皮類拝見方」がおり、一九年下期には「根本的ニ在支那仕入店ヲ組織立ツル必要ヲ認メ」、「拝見方」を中国各店に派遣し、仕入店との意思の疎通を図った(NY、一九年下)。取扱い拡大を図るが、二〇年に皮革の卸・小売価格とも著しく低下し、それにもかかわらず消費が拡大しなかったため、NY店は「当期ヲ通ジ絶対ニ本品ノ引合ヲ中止シテ専ラ形勢ヲ観望」した。こうして皮革の取扱いは一九四〇年頃まで中断する。

オーストラリア・南アフリカ産羊毛の産地とロンドンからの輸入は、恒常的な営業ではなく、金額も多くない。獣毛には、ラクダ・山羊・豚毛などがあり、ラクダは天津店、豚毛は漢口店からの輸入が中心だった。豚毛は軍需用ブラシとして大戦中大量の需要があり、ラクダの毛は民需用として大戦直後流行した。二一年上期まで一〇万～三〇万円の取扱高を挙げるが、二二年以降消滅する。三六年下期に復活して五三万円を記録し、四〇年下期には三二九万円の取扱高となる。

シェラックの取扱いを始めたのも大戦中である。シェラックはレコードや塗料の原料として用いられ、主産地はインド、積出し地はカルカッタであった。重量ではなく容積で運賃価格が決められたため、カルカッタからの主要積出品である麻布と積み合わせられた。そのため、麻輸出商との兼業が多く、麻の最有力商だったラリー・ブラザースが一九、二〇年と積出量首位であった。物産は一九年四位、二〇年八位、二一年六位とトップグループではなく、中・下位の輸出商であった。NY店の取扱高は二〇年下期の三〇九万円を最高に次第に低下し、二八年下期まで数十万円で推移する。需要先はレコード向けが多く、二一年には小規模業者の破綻が続き、ビクター社の「独リ舞台」のような状況となり、その買付エージェントであるロジャーズ社がカルカッタに買付機関を設け、積出順位ではラリー社を凌駕して首位となる。同社は「大規模ニOperationヲナシ甲谷他紐育両市場ニ於テ他ノ同業者ヲ常ニ威圧シ、加フルニ倫敦市場ニ於テHedgeノ目的ヲ以テ先売リヲ為シ成績ノ如何ハ兎モ角、其ノ活動振ハ寧ロEpoch Makingトモ云フベク」（NY、二一年下）と記されているごとく、ゴムなどと同様、産地・欧米を結んだ取引が行なわれたのである。

NY店は二三年上期、ビクター社との取引を開始し、「本品商ノ為メ同慶ナリ」と喜んだが、取扱高はそう増えなかった。その理由の第一は、シェラックを加工するブリーチャーと言われる業者がカルカッタに買付機関を設けるようになり、物産のような「単純ナル輸入業者商内ハ益々困難」（NY、二四年上）となったこと、第二はレコード製造のためにシェラックに代わる代用品が開発されたことである。市況悪化を止めることはできず、二六年下期には甲谷他店が紐育店に対し引合中止を申し入れる。紐育店の希望でその後も継続するが、二八年下期に実質的に中止となる。

六　中南米市場

メキシコを除く中南米は、当初管轄店が決められていなかったと思われるが、円貨低落を梃子に新市場への進出を強めていた一九三三年、NY店も中南米への進出を本格化する。

中南米向ハ目星キ買人ハ日本ト直接取引ヲ為シ居リ当社介在ノ機会乏シク……引続キ生地綿布加工綿布新市場開拓ニ力ヲ注ギタルヲ以テ、来期相当ノ商内出来可得ト思ハル（NY、三三年下）

日本からの綿布・綿製品を中心とする集中豪雨的な輸出に対し、南米諸国は関税障壁や為替管理によって輸入防圧に努めるが、日本製品はそれらの障害を乗り越えて大量に輸出される。NY店はペルー・チリーに綿製品や毛糸・ベッチン・テーブルクロス・缶詰類などを相当量売り込んでおり、さらに三五年下期には鋼管やラバーベルトを売り込んだ。その売込みは、「中南米巡回員ノ活動ト Broker 網ノ完成ニ竢ッテ今後愈々活躍発展ヲ期シテ進ミ居レリ」（NY、三五年下）と記しているごとく、NY店からの巡回出張員がブローカー網を組織するという方法であった。

三〇年代前半、中南米市場の開拓が本格化した直後、物産は中南米市場を、①チリーなどの太平洋岸、②アルゼンチン・ウルグァイ・パラグァイ、③ヴェネズエラ・ブラジルなどの市場に三分し、①にはチリーに駐在員を、②にはブエノスアイレスに派出員を派遣して営業に当り、③は紐育支店が担当するというかたちをとった。

その中でもアルゼンチンを主たる市場とするブエノスアイレス派出員の取扱高が拡大したため、三七年一月、現地法人南米貿易株式会社を組織した。同社は社員八人、店限雇員二〇人という大きなスタッフであった。日本からの輸出品は「従来通リ内地店／先方売込先ノ Agent Business トシテ新会社口銭率ハ新会社使用ノブローカーニ対スルブローカーレージ込（即新会社負担）三歩ノ事、売上値鞘金ハ全額新会社ノ所得」、と記しているように、内地店のエージェントとしてブローカー料込み三％の口銭を得る仕組みである。ブローカーとしてアルゼンチンには三人が記されている。ロバート・ハーマン社は織物・薬品その他商品をブエノスアイレスに売り込み、小笹竹雄は織物・雑貨、デビッド・スコットは毛織物のように、商品と地域を限定してブローカーを使っていた。パラグァイ・ウルグァイも同様である。[47]

NY店管轄のヴェネズエラは、産油国のため購買力があり、日本の大幅な出超だった。日本からの輸出は繊維七割、雑貨三割であり、物産は首都のカラカス、産油地のマラカイボーに代理店を設置していた。カラカスの代理店は「繊維雑貨商内共ニ経験アリ、雑貨商内ハ同氏経験カラシテ収支償ハザル由ニテ従来積極的ニ手掛ケ居リ不申候、今日迄ハ繊維類専門ノ売子一人ダケ雇ヒ（外ニ事務所内勤務ノモノ二人）繊維類売込ニ専念」していたが、雑貨類売込強化の方針を受け、「現在デハ雑貨見本モ相当扱ヒ、新規商内開始ノ暁ハ雑貨専門ノ売子ヲ一人傭ヒ入レテ積極的ニ行フ胆」と記されている。この代理店は二十数年カラカスで営業しているユダヤ系商人とされ、同社が「当社大手得意先（従来ノ繊維得意先）」に売り込んでいたのである。繊維類については新規に顧客を開拓する段階でなかったため、売子も一人で済んでいたのである。板ガラス・紙類・陶磁器・ホーロー鉄器などの雑貨類見本を代理店にそろえ、売子も雇用して売込みを強化しようとしていた。[48]

NY店はブラジル・ペルー以北の中南米も担当した。その中ではブラジル市場が最も大きく、サンパウロに駐在員を常駐させた。三七年六月にはNY店に中南米掛を新設し、開拓に当った。ただ物産は雑貨を主とする日本商品の売込みに全力を挙げることはしなかった。中南米の購買力がさして大きくはなく、加えて日本品輸入防遏を図っていること、さらに可能性のある地域・分野では、すでに伊藤忠・三菱商事・加藤合名などの邦商が激しい競争を展開していたのである。NY店は、金物・機械・セメントなど「邦商ヨリノ競争余リ激甚ナラザル商品」に力を注ぎ、また織物類などは売込み先所有農園から産出するコーヒーなどとのバーター取引によって売込みを図った（NY、三七年下）。

しかし珈琲や錫など、特産物価格の低迷による中南米の購買力減退、日本製繊維製品の価格上昇などにより、取扱

表 6-13　南米貿易株式会社の取扱高（1937～39 年）

（単位：千円）

	1937 年下	1938 年上	1938 年下	1939 年上
総取扱高	6,543	7,058	7,278	8,335
輸　出	2,202	3,937	1,389	545
輸　入	3,181	1,500	1,649	235
外国売買	1,159	1,620	4,238	7,554
機械部	19	78	64	33
金物部	557	71	69	41
穀肥商品	144	526	798	295
薬　品	179	398	180	158
羊　毛	2,242	936	521	
織物類	1,529	3,333	1,084	360
麻布・麻袋	1,052	1,409	4,084	7,048

出典：南米貿易株式会社各期「考課状」。

高は低迷した。それが上向くのは三九年下期からである。前期一七八万円の取扱高から四一二万円、四〇年上期には六九九万円に増加する。言うまでもなく欧州戦争勃発の影響であり、中南米特産物が「欧州向輸出難」となり、南米産綿花などとセメント・織物などとのバーター貿易によって取扱いが増加していったのである。四一年上期には一〇〇〇万円を越える。綿花とのバーターもあったが、日本への輸出は大部分「鉱石油脂原料等軍需品」となった。しかし北米市場における活動を制約された日本商社が中南米に活動を移したため競争が激化したこと、「アキシス（枢軸）国ト中南米諸国トノ通商ニ対スル英米ノ妨害漸次露骨化」し、成約直前まで至った商談も破談に至ることが多くなった（NY、四一年上）。

表6-13は南米貿易株式会社の取扱高である。総決済高は順調に拡大しているが、取扱種別を見ると、内容は大きく変化している。三八年上期までは輸出入が中心だったのが、三八年下期以降、両者が激減し、外国売買が激増している。日本と南米との輸出入は、自転車を中心とする機械、ブリキ板を主とする金物、薬品、織物類の日本からの輸出と、南米産のトウモロコシ・亜麻仁・羊毛の日本への輸出が中心であった。しかし、日本製自転車・薬品は価格競争力を喪失する。最大の輸出品であった織物類も日本製品の価格が上昇し、さらに「亜国工業連盟ノダンピング防止（実ハ日本綿布排斥）運動台頭シ日／亜間ノ貿易ハ非常ナル障害ヲ来シ輸出入商内トモ激減」[49]したのであった。またブリキ板は三九年上期、アルゼンチン政府の入札で物産がバーター貿易を取り入れて最低価格で応札するが、「対日貿易ノ環境不利ナルト英国側ノ猛烈ナル圧迫運動ニヨリ」、英国商社が落札する（南米、

三九年上)。

トウモロコシなどの穀肥は日本の為替許可が下りず、北米向けに活路を見出していく。羊毛は軍需品として必要であったため、日本向けに相当量輸出される。

毎回スタウト社ヲ鞭撻利益ヲ度外視シ犠牲的安値ヲ出サシメ極力落札ニ努メシモ、開札ノ結果ハ兼松……何レモ当社ヨリ一割乃至二割安ノ全ク想像外ノ値段……日本カラノ情報ヲ逸早ク入手シ思惑ニテ予メ買集メシモノカ、或ハ将来ノ千住品割当ヲ考慮ニ入レテ損失ヲ覚悟シテ落札セシ向アルト見ラレ（南米、三九年上）

南米社は三七年上期に日本向けに大量の羊毛を積み出したが、次第に減少し、三九年上期には陸軍向けに大量の入札があったにもかかわらず、取扱高は皆無になってしまった。兼松・高島屋・岩井などの反対商は、千住の需要を予測して事前に手当てをし、あるいはその後の取引も考えて損失覚悟で応札し、南米社は圧倒されてしまったのである。

日本と南米との貿易が縮小する中で、南米社が力を入れたのはインド産麻布・麻袋の外国間貿易であった。物産カルカッタ店は以前にも麻布・麻袋を南米諸国に積み出しており、南米社の設立を契機に、その取引を強化しようとした。三八年上期、船舶部・カルカッタ店・NY店との協力により、七月から九月にかけて月一回の割合でカルカッタ・ブエノスアイレス間に一万トン級の社船を配船し、麻布・麻袋の取引に本格的に乗り出すと同時に、「今日迄殆ンド独占的地位ヲ占メタル当地同業者ノ地盤ニ食入リ強固ナル地歩ヲ築」いたのである（南米、三八年上）。翌三八年下期には紐育から船舶部派出員を派遣し、社船三隻を投入してカルカッタ・南米の定期航路開設の準備を進め、一層大量の取扱いに成功した。物産のこの進出に脅威を抱いたのは、同航路に就航している外国船会社や既存の麻関係商社であった。同航路の同盟船会社は大幅な値下によって対抗し、さらに外国銀行は、「当地英米系銀行ガ荷物英米保険会社ニ付属セラレザル場合信用状発行ニ応ゼザル事」（南米、三八年下）を決定するなどの対抗手段をとり、また麻布の四四%を押さえている最有力商社ロバート社は「社船配船ニ依ル当社ノ進出ニ驚キ」、急遽カルカッタに人を派遣して地盤の擁護に努めたという（南米、三九年上）。三九年下期、麻布・麻袋の取扱高は七〇四万円と記録的な金額に達したが、売約高は一転して一五〇万円へと減少している。

三八年一一月にはアルゼンチンが、一二月にはウルグァイが、日本品を狙い撃ちにする、輸入品に対する事前為替許可制を施行し、日本からの輸入は事実上不可能になった。

北米における活動の範囲が狭められる中、物産本店・NY店は中南米に商機を見出そうとするが、日本のインフレ、中南米諸国の購買力の限界などに制限されて順調には拡大せず、また米国・英国の強い影響下にあったため、日米関係の悪化に伴って活動を制限されていった。

小括

生糸輸出・機械輸入から始まったNY店は、金物の輸入も加え、三品を主要商品としていた。大戦期に拡大した商品群を引き継ぎ、その後も順調な経営を継続する。二〇年代には、穀肥商品やゴム・麻・錫など部外商品の外国貿易を主にした営業が、次第に比重を高めていた。NY店の変化を決定的にしたのは恐慌による生糸の落ち込みであった。しばらくの間は生糸を含む日本からの輸出、ゴム・錫などの外国貿易品の社外販売により、販売店としての性格が強かったが、屑鉄の輸入に加え、三七年以降の機械をはじめとする軍需品輸入により、仕入店としての性格を著しく強め、同店の性格は大きく変わった。

NY店は二〇年恐慌後、NY諸銀行からの信任を得、安定的に信用状の発行や融資を得るようになった。生糸、さらにはゴムや錫などの社外販売による豊富な遊資を、米国銀行への預金、関係支店への融資、社内手形、債券投資に運用していた。二・二六事件、日中戦争によって、物産在外店の資金繰りが逼迫するなかで、NY店は豊富な内部留保により、他店を援助するとともに、為替管理が強化されるなかでも順調な営業を続けることが可能であった。

機械輸入は生糸と並ぶNY店の主要事業であった。大戦期に減少したが、二〇年代前半には電気機械を中心に大戦期を上回る取扱高を挙げた。大戦期から指摘されていたごとく、機械の国産化が進み、有力メーカーが販売部門にも進出するなかで、輸入は傾向的に減少し、恐慌によってその動きは一段と進んだ。しかし、その間にも旋盤や鋳造・石油掘削機械、飛行機などの分野では米国依存を強め、三七年以降にはそれらも含め、NY店の機械輸入は激増するのである。

金物輸入もNY店取扱高の数%を占める主要業務であった。二〇年代には米国製品の割高、日本の生産増加などによって停滞するが、三〇年から錫、三三年から屑鉄の輸入が増加し、同年には金物が最大の取扱高になる。両品以外で、他商社と激しく競合しながらも、恒常的に取り扱っていたのはブリキ・ブリキ屑の輸入であった。

ゴム・麻を主要商品とする部外商品は二五年から急増し、生糸減少後のNY店を支える重要な分野となる。この二品以外には、米国からの輸出では硼酸や松脂などの半製品的原料、日本からの輸出品は樟脳・茶が恒常的にあり、恐慌後、缶詰や繊維製品などが大量に輸出される。外国貿易品は中国・南洋・インドの天産品が多いが、品質問題が頻発し、仕入組織の確立も難しく、中国各地を占領するまで安定的な品目にはならなかった。

新市場である中南米に物産が本格的に進出したのは三三年になってからであった。南米を三分割し、NY店は中南米掛を新設してブラジルなどを担当し、サンパウロに駐在員を派遣し、その駐在員が反対商と競合しながら各地に代理店を設け、代理店がセールスマンを駆使して販路を確保するというかたちで商権を作り上げていった。しかし三七年以降、日本と南米との貿易が減少する中で、重要商品の羊毛輸入に参入できず、インドからの麻輸入という外国貿易に活路を見出したのであった。

（1）『横浜市史II　第1巻上』（一九九三年）第2章「横浜港貿易と蚕糸業」において、米国国立公文書館所蔵の横浜正金銀行や中小商社、物産の資料により、シンエイ（神栄製糸の現地子会社）、ニューヨークアサヒ（旭シルク）について、また「両大戦間期における郡是製糸の販売政策」（『国史学』一四二号、一九九〇年）において郡是の現地子会社の活動について明らかにした。

(2) 三井物産株式会社「第九回（大正十五年）支店長会議議事録」（一九二六年六月、三井文庫蔵、物産一九八-九）二一八頁、以下本議事録からの引用は本文中に頁数のみを記す。

(3)「米国各店代表者打合会議録」（一九二一年六月、SF. BOX1476）。

(4) 序章に述べたように、麻島昭一氏が明治後期から昭和戦前期までの機械取引について包括的に明らかにしている。しかし、機械取引の基本的な特質、部・支部組織、売約先、反対商などについての叙述はなされているが、一つは仕入先の問題が欠如していること、二つは「機械取引の実態解明」がなされているとは必ずしもいえないことなどにより、改めて機械取引全体を論じておく必要はあるだろう。

(5) 機械部「第三回機械部会議議事録　其二」（一九一五年、SF. BOX1446）八五頁、以下この議事録からの引用は本文に頁数のみを記す。

(6) 機械部「第四回機械部打合会々議録　上」（一九一九年四月、SF. BOX1437）一〇頁、以下この会議録からの引用は本文中に頁数のみを記す。

(7) 麻島前掲書、表1-8、表2-4、表3-4による。以下、機械部全体の取扱高については同書によった。

(8) 機械部「第五回機械部打合会議事録　上」（一九二一年九月、SF. BOX1442）二一頁、以下この会議録からの引用は本文中に頁数のみを記す。

(9) 前掲「第九回支店長会議議事録」一二五～一二六頁。

(10) 本店機械部長より内外各店長宛「機械部扱商品輸出振興ノ事」（一九三〇年九月一六日、SF. FNO2827）。

(11) 機械部総務掛より紐育機械支部長宛「海外輸出商内ノ事」（一九三〇年一一月七日、同前）。

(12) 本店機械部「輸出商内ノ現状並ニ対策ニ就テ」（一九三〇年九月、同前）。

(13) 機械部「機械部商品概況」（一九三一年七月、同前）、以下この資料からの引用は本文中に頁数のみを記す。

(14) 機械部東京支部鉄道掛よりブエノスアイレス派出員宛「アルゼンチン国有鉄道引合貨車七〇〇輌ノ事」（一九三六年一〇月八日、SF. BOX1456）。

(15) 倫敦支店「大正十年度支店長会議報告及資料」（三井文庫、物産三五三）。

(16) 三井物産機械部各期「考課状」による。

(17) 桑港出張所「機械商内引継書類」(一九四〇年一一月一五日、SF. BOX516)。
(18) 物産全体の金物類のデータ、商品の特色については、春日豊「一九三〇年代における三井物産会社の展開過程　下」(『三井文庫論叢』第一八号、一九八四年)を参照した。
(19) 金物部各期「考課状」による。
(20) 金物部紐育支部「大正九年下半期　考課状」。
(21) 屑鉄の全体的輸入動向は、長島修『戦前日本鉄鋼業の構造分析』(ミネルヴァ書房、一九八七年)第8章第五節による。
(22) 金物部門司支部より紐育支店金物掛宛「買持屑鉄売抜ニ就テ」(一九三二年一〇月一〇日、SF. BOX595)。
(23) 金物部門司支部より紐育・桑港・沙都店宛「製鉄所屑鉄商内三菱侵入ノ事」(一九三二年七月一九日、同前)。
(24) 同前「製鉄所約定屑鉄ニ対スル注意事項其他ノ事」(一九三二年四月七日、同前)。
(25) 前掲「製鉄所屑鉄商内三菱侵入ノ事」。
(26) 金物部門司支部より紐育支店金物掛宛「屑鉄後商内ニ就テ」(一九三二年五月三一日、SF. BOX595)。
(27) 金物部門司支部より紐育・桑港店宛「屑鉄成約ニ就テ」(一九三二年八月二四日、同前)。
(28) 同前「買持屑鉄売抜ニ就テ」(一九三二年一二月一日、同前)。
(29) 三菱商事金属部長より同社沙都支店長宛「輸入屑鉄ニ係ル件」「外国屑鉄協同購買会要綱」(一九三七年四月二四日、MSK. ST. BOX283)。
(30) 三菱商事外四社より輸入屑鉄協同購買会宛「屑鉄輸入ニ就テ」(一九三七年四月二一日、同前)。
(31) 三菱商事神戸支店長より同社金属部製鉄課長宛「屑鉄協同購買会当地集会其他ニ係ル件」(一九三七年七月二四日、MSK. ST. BOX275)。
(32) 三菱商事紐育支店長より同社金属部長宛「屑鉄取引ニ係ル件」(一九三八年六月二九日、MSK. ST. BOX277)。
(33) 三菱商事金属部長より同社紐育支店長宛「Scrap Steel」(一九三八年五月一三日、MSK. ST. BOX283)。
(34) 同前。
(35) 前掲、三菱商事紐育支店長より同社金属部長宛「屑鉄取引ニ係ル件」。
(36) 三菱商事紐育支店長より同社金属部長宛「屑鉄取引ニ係ル件」(一九三八年四月一八日、MSK. ST. BOX280)。
(37) 三菱商事紐育支店長より同社金属部長宛「屑鉄取引ニ係ル件」(一九三八年一〇月三一日、MSK. ST. BOX277)。

(38) 三菱商事紐育支店長より同社桑港支店長宛「屑鉄取引ニ係ル件」(一九三八年一〇月二一日、同前)。
(39) 三井物産桑港出張所「金物商内ニ就テ」(一九三八年一二月、MBK. SF. BOX1452)。
(40) 三井物産桑港出張所長「(所長引継書類)」(一九三八年、同前)。
(41) 三菱商事紐育支店長より同社金属部長宛「屑鉄取引ニ係ル件」「北米屑鉄取引草案」(一九三八年一一月二〇日、MSK. ST. BOX277)。
(42) 前掲「第九回支店長会議議事録」二二二頁。
(43) 前掲「立業貿易録」六三三頁。
(44) 前掲「米国各店打合会議録」一一頁。
(45) 前掲「第九回支店長会議議事録」二三二頁。
(46) 同前二三二～三頁。
(47) 本店より紐育支店宛「南米貿易株式会社ノ事」(一九三七年九月一日、SF. FNO. 2817)。
(48) 紐育支店吉田駒三出張報告第四輯「ヴェネズエラ国当社商内事情ノ事」(一九四一年一月二一日、SF. FNO2820)。
(49) 南米貿易株式会社「昭和十三年下半期　考課状」。以下、本考課状からの引用は本文中に記す。

第7章　外国貿易の展開

本章では、輸出・輸入・内国売買と並び、物産取扱高の大きな割合を占めた外国売買を検討する。外国貿易は外国間貿易と同一外国内売買の二つを含むが、物産の場合は外国間が大部分を占める。

物産の外国売買は日清戦争後に始まり、日露戦争直後から急増した。さらに、第一次大戦開始後には、ヨーロッパ商社のアジアからの撤退、世界的な船腹不足、太平洋航路の重要性の高まりなどにより、日本商社の活動範囲が一挙に拡大し、世界的となった。かくして物産の商売別取扱高の中で、外国売買は一九一八年から二六年まで、二か年を除き、輸出・輸入・内国をしのぎ、首位の座を占める。以後、二〇年代後半から内国売買が増加するが、ほぼ二〇％台を維持した（付表1）。

ここでの課題は第一に物産にとっての外国売買の意義を明らかにすること、第二に外務省商務官・領事などの報告により、物産に続いて外国売買に参入していた日本商社全体の活動を明らかにすること、そして第三に、外国売買の主要商品であったゴム・錫・麻布・麻袋を取り上げ、物産がどのようにしてそれらの取引を拡大することに成功したかを明らかにすることにある。

一　日本商社の外国貿易

1　物産にとっての外国売買

物産は日清戦争直後まで、輸入商社的な面が強かったが、その頃からまず輸出を重視し、ついで日露戦後に外国売買にも力を注いだ。一九〇三年、一一年、一四年の海外店舗の特色を検討した際（第1章）、当初、販売店、仕入店など一面的な性格の強い店舗が多かったのが、次第に多様な機能を併せ持つようになっていく傾向を指摘した。輸出品販売、輸入品仕入といった単純な営業だけでは支店の安定的な経営は望めないのである。為替変動リスクの軽減、「遊金」の処理という資金運用の問題など、販売と仕入をできる限り平衡させることは支店経営安定のために必要だった。

しかし言うまでもなく、日本から輸出できる商品、あるいは日本に輸入できる商品の品目・量とも大きな制約が存在した。その制約を打破したのが外国貿易であった。さらにそれは、取扱商品の季節性のために無聊をかこっている人材のフル活用となり、取扱品目の多角化、取扱量の拡大をもたらすのである。

外国売買は、このような意味で物産の総合商社化、大規模化、安定化にとって不可欠な分野であった。加えて一九三〇年代になると新たな意味を持ってくる。世界恐慌からの回復過程において、日本商品は低価格を武器に旧市場・新市場に進出の度を強め、それが進出先との摩擦を生み、日本品の排斥、ボイコットを引き起こし、三一年九月の満洲事変勃発によってそれらの矛盾はさらに深まった。

三三年四月、本店業務課長は各部店長に対し、「外国売買増進ノ事」という通牒を発している。(1) そこでは、①為替低落に基づく輸出増加が顕著であるが、各国の為替管理・輸入制限によって妨害をこうむるであろう、②輸入は国産奨励方針により、漸次不振になるだろう、③内国売買の中心を占めた地方進出も自制しなければならなくなったと述べ、営業四形態のうち三種の発展が望めない中で、「外国売買ニ十二分ノ努力ヲ必要トスル時代ニ到達」していると、残された外国売買に力を注ぐ方針を示した。「当社ノ如キ販売網ヲ有スル以上ハ、其ノ連鎖利用ノ商内ニ充分ノ力ヲ致ス可キ」と、世界各地に展開している店舗網を活用し、各地で行なわれている外国売買を研究して「シラミ潰シニ取扱可否ヲ研究シ、可ナルモノハ即時取引開始ノ段取ト致度」と、即時の着手を指示した。ただ、取扱高が大きく、物産の営業に適した商品は「天産物」である場合が多く、それらを「相当ノ売買越ヲナシテ商売ヲ発展セシムル事ハ危険夥シ」と、「取扱者ノ力量ニ応ジ」て「危険ヲ避ケ得ル程度」の取引を求めてもいる。

こうした一般的指示を行なった後の翌五月、中国炭・南洋炭・マニラ糖・南洋材・機械・金物など、具体的商品と地域を指示し、外国売買の拡大を鞭撻する。[2] さらに六月に至ると指示は一層具体的になる。インドが日本商品に対するダンピング関税適用を決定したため、インド各店が窮地に陥ると予測された。本店はインドおよび関係各店に対し、「従来ヨリイッソウ充実シタル在外各店トノ商内ニ努力シテ行ク以外局面展開ノ道無之」と、扱い商品を日本商品から外国商品に広げ、マニラ支店で行なっている「地方巡回truck商内ノ如キ又ハ出張販売」や、「棉花直買員ト連絡ヲ取」るなど、「広ク深ク商売ヲ進メ」る以外に方法はないと述べるのである。[3]

時期が下るにしたがって、日本商品ボイコットの動きは高まり、それに対応して物産の「地盤」、すなわち商権を守る必要性がますます高まり、物産本店は以下のように海外各店に対し、同一外国内における取引、外国間取引の重視を求めるのである。

最近欧米ヲ始メ各国ニ於ケル本邦品輸入阻止運動着々益々露骨ニ実現セラレツツ有之、従而当社輸出商売ハ一段ト困難ヲ予想セラレ申候折柄、此際仝一外国内及ビ外国間商売地盤ノ確立ハ益々喫緊事ト被存申候ニ就テハ、各店共既得地盤ノ擁護拡張ハ勿論ノ事新規地盤ノ獲得方ニ就キ一段ノ工夫御尽力ニ預リ度[4]

このように、外国売買は一九三〇年代前半以降、それ以前とは異なる意義を持って、より重視されるようになった。

ただ、外国貿易は危険な営業でもあった。一九二一年に開催された支店長会議において調査課長は次のように報告している。

八年度上季ニ於テシアトル店ノ油類、馬耳塞ノシェラック、紐育ノ麻布等ハ非常ナル不成績ニシテ引続キ九年上季ニハ油類、外国米、下季ニハシェラック、皮革、油、木材、麻袋、護謨等ニ付キ紐育、甲谷他ニ於テ欠損ヲ出シ、八年度ヨリ利益激減シ、九年度ニハ外国売買ノ損失莫大ナルヲ見……〔外国売買は〕其経験乏シキト同時ニ不用意ノリスクニ走リ相手方ノ信用状態ノ如キハ精密ニ考慮セズ、所謂盲進シテ唯其ノ取扱高ノ増加ノミヲ以テ誇リトスル(5)

第一次大戦末期・直後という特殊な時期ではあるが、すでに北米三店の場合を見たように、外国貿易はリスクの高い取引でもあった。調査課長は過去一二年間の取引別利益率を示しているが、それによれば、輸出一・九九%、輸入二・二七%、内国売買一・五一%に対して外国売買は〇・三六%という極めて低い利益率であった。リスクも高く、利益率も低い分野ではあったが、日本商社はその拡大に努めるのである。

外国売買を最も積極的に展開していたのは言うまでもなく物産であったが、物産を追うようにして発展してきた他の商社も、大戦期以降、外国売買に力を入れていた。

2 日本商社の外国貿易

外務省・商工省は、このような日本商社の活動に着目し、一九二六年以降、商社の外国貿易、外国における活動の実態把握に努めるようになった。紐育駐在の商務書記官は第一次大戦前と戦後の米国の貿易を比較し、アジアとの貿易が格段に増えていることなどから、米国を基点とする次のような国際商業取引に日本商社が参入する機会が増えていると指摘している。

高級ノ機械製作品ハ……一般的商取引ノ目的物タリ難シ、主トシテ代替性ニ於テ勝リ製産ノ多量ナルノミナラズ需要一般的ニシテ取引経路商況等比較的一般ニ知ラレ得可キ商品ニシテ、始メテ国際間ノ移動ヲ目的トシテ商業ヲ営ムヲ得ル……之等ノ商品ハ……取引所等ノ組織亦国際的ニ発達シ其取扱者ノ多キ丈取引上ノ利益亦少ク一面又其需給ノ変化甚敷、従而大量ノ取引ヲ国際的ニ行フニ非レバ其ノ利益ノ上リ高及損益ノ平準ヲ得難シ、之ニ一面ニ於テ其取引ガ投機化スル嫌アル所以ナリ……如此キ大商社組織ハ之ヲ世界的ニ見テ有数ナル規模ト組織ヲ有スルノミナラズ、米国ノ如キニ於テハ現在殆ンド其例ヲ求メ難キモノニシテ[6]……

当時、国際商品として流通していた商品の特色を余す所なく記している。①高度な製作品ではなく代替性がある、②大量かつ一般的に需要される、③取引組織が発達し、利幅が薄い、④需給の変動が激しく投機的、といった特色を指摘する。米国にはこうした国際的商品の取引に適した組織の商社は存在せず、日本の物産や商事などの「大商社」が最も適していると述べているのである。

さらにその翌年、紐育商務書記官は物産など米国に拠点を持つ日本商社の取扱いに適した商品について、「ステープルノ商品〔原料〕ニシテ大量取引物タリ、又其取引市場ノ発達シ需給関係ノ周知セラレ居ルモノ」と指摘し、地域についても「已ニ久シク商権ヲ確立シ、又ハ其製産業ニモ投資ヲ行ヒ、且ツ人種気候其他ノ関係ヨリ取引上有利ノ地位ニアル東、南洋印度方面トノ取引」と述べている[7]。

物産をはじめとする日本商社は、中国・満洲に早くから進出し、日本との貿易だけでなく、同地の外国貿易にも進出し、南洋の貿易にも進出していった。シャム（タイ）からの報告は次のように述べている。

当国ノ外国貿易ノ実権ハ全ク外国人商社ノ手ニ在ル……例ヘバ米、材木ノ輸出乃至麻袋砂糖綿糸布ソノ他雑貨類ノ輸入ニ至ル迄支那人欧米人貿易商ノ取扱フ所ナリ、従テ盤谷ニ支店ヲ置ク白人商社モ単ニソノ本国トノ間ノ貿易ニ従事スルノミナラズ外国間貿易ニ迄手ヲ拡ゲ居ル[8]

英国・フランス・オランダなどの植民地になっていた地域では、本国籍商社が本国との通商において圧倒的に有利な地位を占め、それを背景に国際商品の市場においても優位を占めていた。シャムは植民地ではなかったが、ヨーロッパ商社や華商が本国だけでなく、世界各地との貿易に携わっていたのである。その代表例は物産も自社と同様な営業を展開している商社として、しばしば注目しているコペンハーゲンに本社を持つ東亜社（East Asiatic Co.）である。

日本の商社はアジア特産物の売込みを梃子に、米国を中心とする北・南米には進出することが出来たが、ヨーロッパへの進出は容易でなかった。日本の綿花商社は米国南部から綿花を直接買い入れ、それを日本だけでなく中国・ヨーロッパにまで輸出するという外国貿易に進出するが、リバプールの領事は次のように報告している。

邦商ニシテ更ニ一歩踏込ミ国内（ランカシャ）各紡績業者ト直接取引ニ携ハラントスル時ハ当地商人トノ間ニ直ニ利害関係ノ衝突ヲ生ジ人種的反感ヲ惹起スルノ惧アル(9)

大豆など、決定的な支配力を有している商品は日本商社も欧州市場に容易に進出することが出来たが、南洋特産物などは困難であった。その理由は、米国と異なり、英・仏・独・蘭などは植民地・アジアに活動の拠点を持つ有力商社を有していたことに加え、「人種的反感」も否めなかった。

日本商社の外国貿易に関する調査は、各地の領事が管内に所在する日本商社の支店・子会社から品目・仕入先・販売先・金額まで直接聴取するというかたちで行なわれ、それが外務・商工省に送付、集計されて毎年のように刊行された。表7-1はその調査から主要商品の外国間売買、すなわち外国貿易の中から同一外国内取引をのぞいた取扱額を示したものである。調査方法からみても、また後述する物産の史料によっても、この調査は精度が高く、総額・傾向とも全体の動向を示していると考えてよい。

綿花が二割以上を占め、それに続くのは大豆、大豆油を中心とする植物性油脂、ゴム原料、麻関係（麻袋・麻布・麻）、砂糖、小麦・小麦粉などである。これらのうち、綿花・大豆・麻袋の三商品は金額・比率とも比較的安定しているが、残りの商品は著しく変動している。二九年から始まる恐慌の影響も考えられるが、機械・金属・石炭を除くと、綿花や麻を含めて農産物であり、油脂・砂糖・小麦などの農産物は豊凶によって価格の変動、各地域の需給バラ

表 7-1　日本商社の品目別外国間貿易（1927～33年）

（単位：10万円）

	1927年		1928年		1929年		1931年		1932年		1933年	
綿　花	777	20.7	653	20.4	723	18.7	788	21.3	1,282	31.7	1,108	23.7
綿　糸	62	1.7	118	3.7	37	1.0	60	1.6	124	3.1	285	6.1
綿布・綿製品	89	2.4	102	3.2	56	1.5	37	1.0	95	2.3	88	1.9
大　豆	269	7.2	356	11.1	492	12.8	349	9.4	613	15.2	845	18.1
植物性油脂	431	11.5	195	6.1	152	3.9	164	4.4	93	2.3	107	2.3
ゴ　ム	334	8.9	254	7.9	377	9.8	528	14.2	130	3.2	457	9.8
麻　袋	227	6.1	167	5.2	162	4.2	218	5.9	248	6.1	293	6.3
麻・麻糸	82	2.2	37	1.2	156	4.0	39	1.1	75	1.9	277	5.9
麻　布	240	6.4	186	5.8	221	5.7	84	2.3	97	2.4	135	2.9
生　糸	133	3.6	59	1.8	192	5.0	92	2.5	50	1.2	35	0.8
砂　糖	332	8.9	411	12.8	182	4.7	75	2.0	34	0.8	62	1.3
金属製品	166	4.4	104	3.2	35	0.9	182	4.9	221	5.5	386	8.3
金　属					37	1.0	149	4.0	45	1.1	77	1.7
石　炭	37	1.0	28	0.9	39	1.0	187	5.0	125	3.1	101	2.2
機械器具船車	31	0.8	45	1.4	142	3.7	83	2.2	61	1.5	52	1.1
小　麦	90	2.4	89	2.8	181	4.7	288	7.8	23	0.6	43	0.9
小麦粉	70	1.9	52	1.6	135	3.5	30	0.8	18	0.4	38	0.8
取扱高総計	3,745		3,203		3,857		3,707		4,046		4,666	
対象商社数	19		14		24		12		20		20	

注：取扱高総計は他の品目も含んでいる。各年の右欄は総計に対する割合。
出典：商工省貿易局『昭和四年度ニ於ケル本邦人経営ニ係ル内外商社ノ出商業取引』，同『昭和八年度ニ於ケル本邦人商社ノ経営ニ係ル出商業取引』。

ンスが大きく変化した。取扱量の変化はなくとも価格変動によって取扱総価額が大きく変わることもあった。

商社自らも、また商工当局も商社が取り扱うのに適した商品は「ステイプルにしてバルキー」なものであるということを認識しており、そうした商品を開拓していった結果が表7-1の商品となっているのである。しかしそれらは自然条件に左右される度合いが強く、安定的ではなかった。商社は、このような不安定な商品に頼る度合いが高かったため、常に新商品の開拓を図らねばならなかったのである。

外国間取引の輸出（仕出し国・地域）、輸入（仕向け国・地域）を示した表7-2を見よう。表の見方は満洲を例に取れば、満洲から日本以外に輸出される商品を日本商社が一億七〇二万円取り扱い、その仕向先は欧州五七四〇万円など、さらに四四一八万円の満洲への輸入を取り扱っていることを示す。この

表 7-2　国別・地域別外国間貿易（1933 年）

（単位：万円）

	輸出	同仕向地		輸入	
中国	5,292	11.3	満洲 1,964，南洋 649，英印 635，米国 416	10,526	22.6
満洲	10,702	22.9	欧州 5,740，英国 2,620，支那 827，蘭印 492	4,418	9.5
フィリピン	2,649	5.7	米国 2,436	584	1.3
マレー半島	1,635	3.5	米国 1,098	71	0.2
英領インド	5,691	12.2	米国 1,050，満洲 849，支那 717，欧州 629	2,002	4.3
蘭領インド	3,499	7.5	米国 2,810，英印 530	729	1.6
香港	561	1.2	英・仏・独 559		0.0
海峡植民地	3,054	6.5	米国 3,050	22	0.0
南洋	15	0.0		678	1.5
アジア小計	33,563	71.9		19,451	41.7
米国	8,081	17.3	支那 6,477，欧州 1,094，満洲 254	11,249	24.1
カナダ	288	0.6	満洲 135，支那 119	136	0.3
南北米小計	8,374	17.9		11,674	25.0
英国	490	1.1	満洲 299，支那 77	2,863	6.1
欧州小計	1,222	2.6		12,033	25.8
豪州	754	1.6	満洲 624	849	1.8
総計	46,661	100		46,661	100

出典：商工省貿易局『昭和八年度ニ於ケル本邦人商社ノ経営ニ係ル出商業取引』。

輸入金額は仕向地の欄に満洲と記された金額と一致するはずである。輸出金額の多い順に示すと、満洲・米国・英領インド・中国・蘭領インド・海峡植民地・フィリピンと続き、アジア・米国が大部分を占めている。フィリピン・マレー・英印・蘭印・海峡植民地の仕向地は米国が圧倒的であるのに対し、満洲・中国は欧州・英国や満洲・中国間、アジア間に多い点が異なっている。

日本商社が担っていた外国間貿易は、主に南洋産品の米国向輸出、満洲・中国産品の欧州・米国・アジア域内向け輸出、米国産品の中国・満洲向け輸出であったといえよう。

表7-3は、商工省調査の「出商業取引」調査に占める物産の取扱高を示したものである。「出商業取引」とは外国間貿易だけでなく、同一外国内において日本商社が取引した金額を含んだものであり、表7-1の合計の二倍前後となり、傾向的に外国間貿易よりも出商業の増加率が高くなっていることがうかがえよう。物産は二六年には単独で五割に迫る割合を占めていたが、急激に低下し、三〇年代前半

表 7-3　日本商社の外国間貿易と物産のシェアー（1926～34年）

（単位：百万円）

	集計社数	合　計	物　産	割　合
1926年	17	676.8	328.1	48.5
1927年	19	742	295.1	39.8
1928年	14	714.8	266.3	37.3
1929年	24	759.2	267.0	35.2
1930年	19	659.6	247.4	37.5
1931年	12	644.3	206.4	32.0
1932年	20	848.7	200.7	23.6
1933年	20	1,032.9	237.9	23.0
1934年	20	1,338.5	334.4	25.0

出典：表7-1に同じ。

表 7-4　商社別外国売買（1933年）

（単位：万円）

	外国間取引		同一国内取引		合　計	
	金　額	割　合	金　額	割　合	金　額	割　合
三井物産	20,687	44.3	3,106	5.5	23,794	23.0
東洋棉花	6,583	14.1	5,978	10.6	12,561	12.2
小　計	27,270	58.4	9,085	16.0	36,355	35.2
三菱商事	5,050	10.8	3,146	5.6	8,197	7.9
伊藤忠	729	1.6	4,410	7.8	5,140	5.0
江　商	1,795	3.8	2,358	4.2	4,154	4.0
5社小計	34,982	75.0	18,864	33.3	53,847	52.1
他共合計	46,661	100	56,626	100	103,287	100

出典：本店業務課「昭和八年度出商業取引高比較増減ノ事」。

表 7-5　商品別・国別同一外国内売買（1933年）

（単位：万円）

商　品　別			国　　別		
	金　額	割　合		金　額	割　合
綿　糸	17,126	30.2	中国	40,192	71.0
綿布・綿製品	16,850	29.8	満洲	3,788	6.7
綿　花	5,708	10.1	英印	1,765	3.1
米・籾	1,126	2.0	アジア小計	47,622	84.1
飲食料品	1,043	1.8	米国	6,478	11.4
木　材	989	1.7	南北米小計	8,427	14.9
総　計	56,626	100.0		56,626	100.0

出典：前掲『昭和八年度ニ於ケル本邦人商社ノ経営ニ係ル出商業取引』。

には二割強にまで低下する。物産は三三年度の主要五社の外国間貿易と同一国内取引を別個に集計しており、それを示したのが表7-4である。東洋棉花の割合が物産に次いで高いことが注目される。綿花は米国から中国・欧州、印度から中国・欧州という外国間貿易の比重が高く、綿糸・綿布は中国内における国内取引が多く、これらを取り扱う東洋綿花が物産に次いでいるのである。

表7-5によって、同一外国内取引の商品とその地域がうかがえる。綿糸・綿布・綿花の三商品が七割を占め、中国・満洲が八割近くを占めている。

表 7-6　三井物産・三菱商事の品目別外国売買（1933年）

（単位：千円）

品　目	物産取引高	取　引　方　向	商事取引高
大　豆	56,893	満→欧・爪	24,203
大豆油	3,402	満→欧	2,675
大豆粕	117	満→欧・米	588
飼　料	1,552	満→欧	115
雑　穀	946	満→欧	1,788
採油用種子	2,191	満・支→欧・米	4,535
雑　油	287	支→米・欧	883
生　糸	2,539	支→米・欧	—
石　炭	8,560	満→支・マ	1,495
セメント	332	満・支→アジア各地	—
ゴム原料	28,065	新・爪→米	9
麻　袋	17,643	印→満・支・豪・マ・バ	1,736
麻　布	11,469	印→米・マ	—
麻　苧	1,646	印・マ→米・欧・支	—
米	1,899	インドシナ各地→アジア其他	—
砂　糖	5,948	爪→印・満	356
金　物	34,033	新・支→米欧，欧→満	10,149
小　麦	4,215	豪→支，米→支	175
小麦粉	3,455	豪・米→満・支	362
木　材	1,527	米→満	337

注　：満は満洲，支は中国，爪は蘭印，マはマニラ，新はシンガポール，豪は豪州，バはバンコクを示す。

出典：本店業務課「三井物産三菱商事両社昭和八年度出商業取引比較増減調査」。

物産は激しく追い上げていた商事の動向を注目し、商事の種々のデータを入手し、各店に報知している。三三年の品目ごとの両社の数値を示したのが表7-6である。商事が明らかに物産を圧倒しているのは、大豆・大豆油を除く満洲・中国の農産物、すなわち大豆粕・雑穀・採油用種実・雑油などである。しかし、ゴム・麻・米・砂糖などの欧米向き、アジア域内に流通する農産物や鉱産物、米・豪から中国・満洲向けの小麦・小麦粉・木材などは、追い上げている商品もあるが、なお遠く及んでいない。

表 7-7　三井物産と他商社の特産品積出しシェアー（1935 年）

（単位：%）

	三井物産	他商社	
大豆（大連積欧州向け）	22.2	東亜 35.8	三菱 14.6
大豆粕（大連積各国向け）	29.6	瓜谷 37.6	三菱 23.9
豆油（大連積各国向け）	33.3	三菱 34.0	華商 10.0
撫順炭（中国南洋向け）	61.9	三菱 27.2	
青島落花生（各国向け）	2.0	三菱 4.6	華商 47.2
同落花生油（各国向け）	18.0	三菱 20.9	峰村 17.5
ゴム（新嘉坡積各国向け）	8.6	グッドイアー 6.3	リーラバー 4.3
海峡錫（各国向け）	17.4	ウェスタン 23.5	
印度麻（甲谷他積各国向け）	2.7	ラリー 21.1	ザ・コットン 10.3
麻布（同上）	2.6	イスパハニー 17.0	モアー 11.7
麻袋（同上）	6.5	ラリー 10.3	
豪州羊毛（日本向け）	24.3	兼松 25.3	飯田 6.9
南米南阿羊毛（同上）	26.7	兼松 32.1	三菱 6.7
日本生糸（各国向け）	27.9	三菱 16.6	旭 15.6
上海生糸（同上）	4.3	永泰 11.0	仁記 5.7
広東生糸（同上）	6.0	時筌 13.1	新興隆 5.4

出典：本店業務課「海外重要特産品ノ当社，三菱並ニ他商積出高ノ事」(1936 年 12 月 17 日，SF. BOX1464)。

表7-7は、物産が外国間貿易の中心を占める「重要特産品」と認識していた商品の、各地向け積出しの各社シェアーである。撫順炭の積出しは圧倒的であるが、大豆ではデンマークの東亜社（East Asiatic & Co.）や三菱・瓜谷などの日本商社、中国産種実・油においても中国商人や日本商社と激しく競争している様子がうかがえる。ゴム・錫・麻などの世界各地への積出しにおいては、現地、あるいは欧米の有力商社・メーカーと激しい競争の渦中にあった。さらに豪州・南ア・南米羊毛の日本向け積出しも日本商社と競争を展開していた。

日本の商社が関係した外国間貿易を、主に地域を基準に分類すれば次のようになろう。第一は満洲・中国からの輸出である。大豆三品、植物性油脂・種実、雑穀、生糸などが主な取扱商品であり、その大部分は欧米、一部はアジア各地にも輸出される。こうした農産物およびそれに一定の加工を施した商品以外に、この時期には石炭・セメントなどの鉱産物・工業製品も次第に多くなり、それらはアジア地域内に輸出される。第二の南洋・印度から輸出されるのは綿花・麻関係品・胡麻・コプラ・砂糖・米・ゴム原料・錫などである。砂糖・米のように域内輸出が中心の商品もあるが、欧米・南米・アジアに広く輸出された。第三は、第一次大戦前にはあまり見られ

表 7-8　米国アジア貿易に占める日本商社の取扱高（1927年）

（単位：千ドル）

	米国輸入額	内邦商取扱高		米加輸出額	内邦商取扱高
ゴ　ム	505,817	12,000	綿　花　　欧支向け	677,500	35,000
中国生糸	50,000	5,500	小麦小麦粉　支向け	23,964	3,000
麻布・袋	82,000	8,200	木　材　　同	3,752	375
桐　油	9,093	900	鉄　板　　同	2,812	280
大豆油	2,150	2,000	鋼　　　　同	1,278	10
落花生油	637	600			
シェラック	10,515	300			
カポック	4,863	200			
錫	104,793	5,200			
マニラ麻	18,282	300			

出典：「米国ヲ中心トスル邦商ノ外国間貿易ニ関スル調査」（外務省記録『帝国対外経済発展策関係雑件　邦商外国間貿易ニ関スル調査関係』）。

なかった豪州からの輸出である。羊毛・小麦が世界商品となり、羊毛は日本や欧州に輸出され、小麦は米国小麦と競合しつつ欧州・アジアに進出する。第四は欧米からの輸出である。欧米からは機械や金属製品などの工業製品とともに、米国から小麦・小麦粉、木材、綿花などが輸出され、石油輸出も次第に増加してくる。

商工・外務が注目し始めた時期の、米国・カナダとアジアとの貿易に日本商社の占めるシェアーを示したのが表7-8である。米国向けアジア産品の内、満洲・中国産の大豆油・落花生油は日本商社がほぼ独占し、中国産の生糸・桐油、インドの麻布・麻袋なども一〇%を占め、ゴム・シェラック・錫・カポック・マニラ麻も数%を占める。日本商社が関与していない対米輸出品は、中国産皮革（二一〇〇万ドル）・豚毛（七六〇万ドル）とフィリピン産のコプラ・ココナツ油・同実などである。

米国・カナダから日本以外に積み出される物資の内、日本商社が関係しているのは同表の五品目だけである。米綿の輸出のうち、邦商は中国向けの約半額、欧州向けの三%を積み出していた。小麦・小麦粉、木材、鉄板類は一〇%前後、鋼は一%未満である。

この時期は日本商社による外国貿易拡大のさなかであった。大豆油・落花生油のようにほぼ掌握し、生糸・麻類・桐油なども一〇%に達しながら、ゴム・錫はなお数%にとどまっている。さらに北米からアジアに向けても大量の物資が供給されていた。綿花は在華紡績を有していたため、日本商社が半分を占めたが、その他は中国向けの一〇％前後を占めたに過ぎない[10]。

第一次大戦期から、物産を先頭に日本商社はアジア各地と日本との輸出入にたずさわるだけでなく、中国・南洋に進出して外国貿易にも従事するようになった。大豆油・落花生油では圧倒的なシェアーを占めることに成功したが、小麦・小麦粉や木材に見たように、欧米や中国・インド商人が強い地盤を有しているなかに進出するのは容易でなかった。

以下、アジアから米国に向かう第一位から三位の商品であるゴム・錫・麻類の外国貿易に物産がどのように取り組んだのかを検討する。

二　ゴムの対米売込み

1　第一次大戦直後のゴム市場

一九〇八年から一〇年は「ゴム大景気時代」といわれ、米国における自動車産業の発展を牽引車に、マレー半島・セイロン・蘭領インドのエステートゴム園、現地人・中国人による「土人」ゴム園が拡大を遂げていった。全栽培地の四分の三を英国資本が掌握していたため、ゴム取引の中心はロンドンにあったが、ゴム消費の過半は米国であった。大戦勃発後、ニューヨークの消費地としての重要性がますます高まり、米国ゴム輸入は一四年の輸入品中第六位（六万六〇〇〇トン、七六〇〇万ドル）から、一八年には砂糖に次いで第二位（一五万六〇〇〇トン、二億八〇〇〇万ドル）になり、世界ゴム産額の七割五分を占めるまでになった[11]。米国のゴム輸入商や実需筋はロンドンからだけでなく、シンガポールなどの産地からも直接購入するようになった。

こうした米国の動向に対応し、シンガポールにおいてもゴム取引市場が整備され、エステートゴムが取引される商業会議所ゴム協会によるオークション取引と、「土人」系ゴム園、蘭領インドからもたらされるゴムを取引する場外市場が次第に発展していった。シンガポールの取引は荷渡しに伴うゴムの損傷や、費用を節約するため、ゴム協会が発行する「証券」によって行なわれ、「各譲渡当事者間の決済は売買約定値段の差金の授受に依り行はる」とされる。証券はゴム協会の正・準会員や買付許可証を有するディーラーの間を転々と売買される。

物産も日露戦後には日本への輸入を開始し、一九一九年の支店長会議で、一昨年すなわち一七年からゴム専門家の養成に着手したと述べているように、日本への輸入と外国売買も始まったが、産地と最大の消費地米国との取引は大きくなかった。(12) 一九二〇年前後、外国売買のなかでゴムの占める割合は二%前後に過ぎなかった。ところが、二三年に六%、二五年には一二%と急増し、一九二〇年代中頃から、砂糖・大豆・麻類・機械などと並び、外国売買の有力商品に成長していく。(13)

シンガポールからゴムを積み出す業者の多くは、「製造家ニシテ紐育其他ニ於テ工場ヲ有シ或ハ製造家ト巧ニ気脈ヲ通シテ巨額ノ資本ヲ擁シテ大規模ノ運営ヲナスモノナリ」のように、タイヤメーカーでなければ実需筋と密接な関係を持つ商社であった。(14) シンガポールからの物産のゴム積出高は、一九年下期は一二位であったが、二一年上期には「最近ノ輸出ハ……製造家ヨリノ直接注文ニ係ルモノ大部分ヲ占ムルヲ以テ製造家ト密接ナル関係ヲ有セサル当社トシテハ売込ノ余地ナキ事」と、日本向けでは六位、日本を除く地域向けでは一九位と低下していった。同期のシンガポール店のゴム取扱高は輸出(五七五トン)と地売り(五五一トン)が拮抗するという状況であった。(15)

物産米国店の中で最初にゴム取引に進出したのはサンフランシスコ店であった。SF店は一六年下期、南洋・南米産をほぼ半分ずつ、ロンドン市場とシンガポール市場で仕入れ、二六万円の売約を果たし、「本品亜米利加市場ニ於テ当社ノ地盤ヲ確立シ一大重要品トシテ愈々取扱発展ヲ見ルコト蓋シ難事ニアラザルベシ」(SF、一六年下)と、米国へのゴム輸入の将来に期待した。SF店は「仲間商内ヲ避ケ直接消費者ヲ得意先トシテ選定シ着々売込ニ成功」(SF、一八年上)と、ディーラーやブローカーだけでなく、実需家の開拓により、半期一〇〇万円万前後の取扱高に増加する。

SF店にそう遅れず、ニューヨーク店もゴム取引に参入した。しかしSF店によれば、両店のゴム取引には次のような相違があった。

紐育支店ニ先立チ西部ヨリ東部ニ亘リ南方墨西哥ニ及ンテ主トシテ直接消費者ノ引合ニ於テ成功シ前述各地ノ直接消費者トノ関係ハ日ヲ逐フテ密ニナリツ、アリ、之ニ反シテ紐育支店ノ斯商内ハ主トシテBrokerヲ中心トシテJobberトノ引合ニ在ルカ如シ(16)

一八年下期にゴム取引全体に対する売買越限度七〇〇トン、一五六万円の許可が出され、そのうちNY店には三二〇トンが配当され、同店はそれを使って仕入店新嘉坡・ロンドンとの間で共通計算による営業の拡大を図った。一八年下期以降五九五万円、四四七万、六五六万と、SF店に数倍する決済高を示している。しかしNY店の取引相手は実需筋ではなかった。休戦条約成立前後の市場激変の中で、「当地ディーラー中ニハ有ユル手段ヲ講シテ高値買付契約ノ解除ヲ図ルモノヲ生ジ、当社モ新嘉坡支店ヨリ輸入セシ多量ノ貨物ニ対シ牽強付会ノ理由ヲ付シテ引取ヲ拒絶スルモノニ遭遇」(NY、一九年下)と記しているように、ディーラーやジョッバーなどの仲介業者を相手に取引を拡大していたのである。

NY支店がゴム取引に進出した際、主に流通業者を取引先としたのは、実需家を開拓できなかったという理由だけでなく、当時の米国の流通組織に規定されたものでもあった。

米国におけるゴム取引は、第一次大戦以前はディーラーが買い持ちし、実需家の注文に応じて販売するという「純然タル古イ問屋式商内ノ時代」であった。開戦後ロンドンが投機市場と化し、それがNYにも波及して「wildナ投機的商内」が行なわれるとともに、需要の増大に供給が追いつかず、またエステートゴム以上に土人ゴム園が増加したことにより、下級のゴムが大量に出回るようになり、「Dealerハ実需家ノ無知ヲ利用シテ盛ンニadvantageヲトッタ」、「正当ナラザル商内」がまん延する時代となった。(17)大戦末期から一九二〇年までのNY市場は、ディーラーやジョッバーなどの中間業者が投機的な取引を繰り返していたのである。

NY支店のゴム担当者は、一九二〇年当時のゴム市場を次のようにまとめている。

〔**消費者**〕消費の四分の三はタイヤ・チューブであり、その中でも五大メーカーがタイヤ生産の約五割を占め、最大の需要家である。その他は機械工業のベルト、靴などに消費される。米国へ輸入されるゴムの約三分の一が消費者、すなわち有力タイヤメーカーの直接輸入とされている。彼らはマレーや蘭印に広大なゴム園を所有し、シンガポールに支店を置くか有力商人を代理店として、「消費ゴムノ供給ヲ主トシテ産地ニ仰ギ只時々ノ必要ニ応ズル所要額、並ニ他市場ノ特ニ有利ナル場合ニ Dealer ヨリ買付ヲナスヲ常」と、産地直買付けを中心としていた。しかし大戦末期以降、産地直接買付けのコストが著しく高くなったため、NY市場からの購入が多くなり、「今後産地直買付ハ寧ロ減少」するだろうと予測されていた。

〔**輸入商**〕NYの輸入商は、産地に本支店関係にある店舗を持つものは「極メテ稀」といわれ、産地の密接な取引先との間で指値価格をやり取りして輸入するか、ロンドン市場において購入し、ゴムはロンドンを経ずに産地から直接NYにもたらされるという方法をとる。

〔**ディーラー**〕自己勘定で売買する業者をディーラーと言い、輸入商の多くもディーラーを兼ねていた。「常ニ消費者ニ接触ヲ計リ機会アル毎ニ売約セント努力……或ハ消費地ニ office ヲ常置シ又ハ Travelling Salesman ヲシテ各消費地ヲ巡回セシムル」と言われるような実需筋への売込みを第一にするものと、他方では「Dealer 間ニ転々売買セラル、事数回、十数回ノ多キニ達スル」と言われるような、ディーラー間売買を専らとするものとがいた。

〔**ブローカー**〕手数料によって営業するもので「ゴム売買ノ大部分ハ Broker ヲ通ジテ行ハル」とされ、「製造家ノ商売ニ従フモノ Dealer 間商売ヲ専門トスルモノトアリ、又 Broker 中ニハ一定製造家ト密接ノ関係ヲ有シ代理店ノ如キ任務ニ服スルモノアリ」と、ブローカーはあらゆるゴム取引の仲介者であった。

ゴム取引上の最大の問題とされたのはディーラーの営業ぶりであった。「消費者商売ハ対 Dealer ノ場合ニ比シ品質ニ関スル苦情少ナシ」、「消費者商売ハ対 Dealer 商売ニ比シ代金回収上ノ危険少シ」といわれ、消費者への直接販売は確実であったが、「Dealer ノ目的ハ寧ロ転々シテ利益ヲ挙ゲントスルニアルヲ以テ、品質ニ関スル軽度ノ mould〔カビ〕、積出ノ遅延其他アラユル理由ヲ利用シ高値約定ノ取消、値引ノ要求又ハ Default ニ対スル弁金ノ請求ヲナスヲ常トス」といわれている。(18)

ディーラー中心の取引市場が大きな打撃を受けたのは一九二〇年であった。休戦後の好景気により、米国のゴム製品製造工業は「旭日昇天ノ勢ヒ」を示し、前年比二五％増の生産となったが、一転して不況となり、ゴム価格もポンド当り五〇セントから二二セントにまで惨落する。こうして「金融難ト相俟ッテ早クヨリ強気ニ出デ多量ノ買持ヲナシタル Dealers ニ致命ノ打撃ヲ与ヘ、コロンボ、新嘉坡ノ原産地市場ニ於ケル護謨商人ノ破産続出シ、紐育ニ於テモ Dealers 何レモ百万$内外ノ損失ニテ破産セリ」となったのである。有力ディーラーで破産したのは一〇社を数え、残存した一流ディーラーは五、六社に過ぎないといわれた。(19)

2　物産ゴム取引の革新

物産NY店は、輸入商兼ディーラーであり、一九一九年の同店ゴム取扱高五三〇〇トン、うち輸入量二〇〇〇トンで、同年の米国輸入量一九万七〇〇〇トンの約一％を占めるに過ぎない。NY店はディーラーを兼ねていたが、実需筋への販売ルートは持っていなかった。物産はこの多数有力ディーラーの破綻を好機と捉え、「不健全ナル輸入業者及投機ヲ常トスル Dealer ノ総倒レハ、一方ヨリ見レバ堅実ナル市場再来ノタメニハ誠ニ慶賀スベキ事ニシテ当社ノ如キ大輸入商ガ実需筋ヨリ重キヲ置カル、ニ至ルベキ事疑ヲ容レザル」（NY、二〇年下）と期待したのである。

ゴムの需要拡大に応じて、物産は全社的にゴム取引の充実に乗りだし、新嘉坡支店でゴムを担当していた宮崎清が二〇年初頭、NYに転勤となり、さらに同年後半にはシンガポール店のゴム担当者がNYに派遣され、NY市場をつぶさに観察し、シンガポール・NY支店を中心にしたゴム取引の方針を定める。(20)

その方針は以下のごとくであった。

まず、ゴムは「当社ノ如ク国際的重要貿易品取扱ヲ以テ主眼トスル商社ニ取リテハ必須ノ好適品ニシテ、其重要ノ程度棉花綿糸布石炭等ニ劣ラズ」と、ゴムは物産にとって取扱いに適した商品であると捉える。

それを踏まえ、第一に「輸出入商内即国際貿易ヲ原則トシ地売買ハ補助ノ役ニ立ツベキ事」、すなわち実需筋への販路開拓を課題とする。ディーラーへの販売は容易だったが、市況悪化の場合は些細な品質のクレームを理由に解約される。従来の取引組織が大きな打撃を受けたこの時期に、輸入商兼ディーラーとして、一挙に実需筋への販売を図ろうとしたのである。

人格高潔ナル Highly Educated Man ヲＮＹ、ＡＫＲＯＮ方面製造中心地方ニ常置シ、少ナクトモ一日午前午後一回宛各工場ヲ巡回シ購買員ニ接近シ彼等ノ注文ヲ蒐集スルト同時ニ各種 Information ヲ獲得スルニ努メ、之等ハ細大トナク本部〈ＮＹ店〉ニ通信シ……必要ニ応ジテハ常ニ少量ノ Stock ヲ保持セシメ時々ノ製造家ヨリノ小注文ニ応ズ

後述するように、外国商社である物産がタイヤメーカーなど実需筋に食い込むには種々の障害があり、それを越えるために優れたセールスマンと需要にただちに応じることの出来る態勢が必要だというのである。

第二は、他のディーラー、輸入業者よりもいかにして実需筋を惹きつけうる価格を実現するかである。その方法は「時間的、場所的、種別的相場変動ニヨル値鞘ヲツクル事」とされ、「産地又ハ仕入店ヨリハ毎日正味市価ヲ打電セシメ、販売店ヲシテ常ニ最モ安値ナル市場ヨリ買付クルコトヲ得セシムル様」にすることであった。物産はゴムに関しては中規模商社にすぎないが、「他ノ反対商ニ優越セル大組織」、すなわち「仲介市場タル倫敦、原産地市場タル新嘉坡、ジャハ二店、ラングーン、又日本三店ヲ合シテ本品ノ重要市場ニハ全部支部ヲ有シ、手ニ取ル如ク世界ノ市場ヲ見ル事ヲ得ル点ニ於テ、当社ニ優ル反対商ナカルヘシ」と誇る組織を有していた。ゴム取引の重要な拠点すべてに支店を持つ強みを活用すれば、反対商以上の価格を需要者に提供できるとする。

しかしこうした支店網のシステマティックな運用は簡単ではない。一九一八年の売買越限度の設定以降、シンガポールとNYとの引合は共通計算を原則としていたが、正確な諸掛りの算定が困難、清算が遅れるといった事情により、実質的には行なわれていなかった。「輸出入商内ヲ助長センニハ販売仕入両店ニ於テ互ニFirm offerヲ交換スル事必要ナリ、然ルニ従来殆ド当店ト同数量ノ限度持分ヲ所有シ居リタル新嘉坡ノ如キハ、過去一年間当店ニ対シテFirm offerヲ寄サレタルコトナシ」のように、シンガポール店はNY店に対しほとんどオッファーをしなかったという。ロンドン店も「〔ニューヨーク所在の〕他店相手ノ商内ニ熱中シ、当方トノ直接米国売込ミニハ稍々冷淡」[21]と言われている。

NY店はシンガポール店・ロンドン店に対し、「多少ノ口銭」の確保を目的とする地売買や米国所在の他商社相手の取引ではなく、物産NY店の社外販売増加のために連携して活動することを求めるのである。シンガポール店との間では二〇年末に取り極めがなされた。両店の取引は原則として社内販売価格による「打切勘定」とし、引合価格で買付けや売り抜けが出来なかった場合の処理方法などは別に定めた。

第三は、主にどのようなゴムを取り扱うかであった。ゴムには産地・経営主・精製の程度に応じて種々の等級があり、それに応じて取引方法も異なっていた。NY市場では「Standard Qualityトシテ売約シタル場合、品質劣等ナルトキハ其程度ノ如何ニ不拘買手ハ引取リヲ拒絶ス、又売手ハ契約期間経過後十日以内迄ニ良品ヲ代納セザルベカラス」と、シンガポール市場などに比べて著しく買い手有利の規定だった。シンガポールからNYまでの輸送には二か月要し、ゴムは湿気に対する抵抗力が弱く、カビを生じることもたびたびあった。しかし、軽微なカビはゴムの性質を損じるものではなく、通常、タイヤメーカーなどは「黴其他多少ノ格落品ト雖、製造上効率ニ影響ナキモノハ当然受入レ」ていたが、「市況下向ノ際ハ買手ニ難癖ヲ付ケシムル誘因トナリ為ニ取引ニ紛議」を起こしたのである[22]。

物産は、格落品、すなわちNY市場において買い手優位の商習慣が形成されておらず、しかもスタンダード品と比較して加工する際にもそう劣らない等級に狙いを絞った。標準・高級品のエステイトゴムは欧米商社や大メーカーのシェアーが高く、物産の食いこむ余地が小さいという点ももちろんあった。大戦末期から急速に蘭領インドや海峡植民地の「土人」ゴム園が増加し、格落品が急増していたという事情もあった。その傾向は二〇年一一月から英領マレー・セイロン・ボルネオにおける価格維持を目的とする減産によってエステイトゴムの出荷が減る一方、減産に同意しなかった蘭領インドや土人ゴム園の産出高が維持されたため、一層進むのである。

前述の宮崎清は、一九二〇年以降のゴム商売を「Service本位ニBusiness Forecastingヲ加ヘテ極メテlegitimateナ商内ヲスルヨウニナッタ時代、薄利多売主義ニlegitimateナ思惑商内ヲ加ヘタルモノ」とし、一九二〇年以降「当店ガ実需家商内ヲ漸次築キ上ゲテ来ルコトガ出来タノハ、一ツニハ右ノ第三時代ノ末期ニ格落品ヲ格落品トシテ売ルコトヲ明ラカニシテ立チ、第四時代ノ始メカラService本位薄利多売主義ヲトッテ立ッタカラデアル」とまとめている。(23)

このような方針が成果をあげ始めたのは一九二三年頃からである。二〇年のゴム価格崩落に際し、価格を維持するために英領植民地は生産制限・輸出税賦課・スティーブン法などによって生産増加を抑制する。一方米国を中心とするゴム需要は根強く、二二年頃にはゴム価格は着実に回復していった。

NY支店の二三年のゴム取引は、"Arbitrary Business〈鞘取り商内〉"と実需筋の開拓の双方に力が注がれた。NY市場では二二年一一月から翌年一月まで「強気方針」であったが、「強気時代ト雖モ買持品ハ利ガ乗ルト直チニ売リ逃ゲ、一週間以上大量買持ヲ残シタル事ナシ」とされ、二月以降弱気に転じ「強気時代ト反対ニ売リヲ先ニシ後ヨリ買埋メシタルモ危険ハ両三日以上トラズ、常ニPositionをspaceニスル事ニ努メタリ」と、強気・弱気といっても極めて慎重な方針であった。

NY市場の先売り先買いによって鞘取りを行なうだけではなく、次第に消費地として存在感をましてきた大阪とNYとの相場格差を利用した鞘取りにも力を注いだ。日本のゴム相場がNY市場より一割~一割五分下鞘にあったので大阪支店と提携し、「全地ノ割安品ヲ買付ケ当地割高先物ニ売繋ギ、当地相場ノ推移ニヨリ或ハ之ヲ当地ニ積出シ又ハ大阪ニテ手仕舞」と、産地・消費地間だけでなく、消費地相互の相場格差を利用した先売り先買いを行なうのである（NY、二三年上）。

実需筋への食いこみは以下のように記されている。

九、十月頃ニハ今年末及ビ来年初メノ所要原料買付多少ナリトモ始マルベケレバ、其ノ際ニハ不透（スカサズ）各製造家ニ喰ヒ入ル考ニテ今ヨリ其ノ準備怠ラズ、幸ヒ昨秋以来大製造家トノ連絡モツキゴム商トシテ薄弱乍ラ当社ノ地位ヲ製造者間ニ築キタレバ（NY、二三年上）

格安品取扱ニツキテハ相当製造家ト好関係モ出来、売付先、及品質ニ対スル自信モ出来タルヲ以テ……当方ノ販売能力トシテハ現在ニテモ毎月三百屯乃至六百屯ノ消化ハサマデ困難ナラサルヲ以テ仕入店ノ協力ヲ得バ今後之ヲ千屯位迄増加スル事必ズシモ不可能ナラズ（NY、二三年下）

二六年の支店長会議において、NY支店長はゴム取引の成功原因を、①物産が「世界的ノ組織」を活用して情報を得るとともに、相場変動に際しては「一店ニテ買ヒ他店ニテ売リ利益ヲ得ル」のに対し、NYのゴム商でこのような組織を有しているものはなかったこと、②競争の激しいスタンダード物ではなく、「格落物ニM・Kノ名称ヲ付シテ売出シタルニ案外評判良ク、今日ニテハ紐育市場ニ於テ三井ノM・Kトシテ取引」の二点を挙げている(24)。

3　最有力輸入商への成長

表7-9にNY店の一九二一年から三〇年までのゴム取引の動向を示した。この間のNY店の充実ぶりには目を見張るものがある。二三年の売約量の激増は、なおディーラーへの売約が多かったが、二四年、二五年に製造家売約を激増させ、二五年から二八年までは輸入量を大きく上回って売約している。二八年以降、輸入量も顕著に増え、三〇年には米国へのゴム輸入量の一〇％前後を占める、最も有力な輸入商に成長するのである。

前述したNY店の営業方針が時宜にかなっていたのであろう。二〇年代中期頃から「製造家注文殺到シ来ルヤ、其

表 7-9　ニューヨーク支店ゴム取引の動向（1921～30 年）

	米国輸入量	NY 店輸入量	NY 店輸入割合	売約量	売約金額	ディラー売約	製造家売約
1921 年				1,435	1,094		
1922 年				1,275	1,124		
1923 年	299,858	2,690	0.90	7,106	9,991	4,360	1,495
1924 年	314,058	3,200	1.02	7,678	10,559	4,435	2,830
1925 年	384,837	7,660	1.99	15,822	53,629	5,723	10,295
1926 年	413,338	4,966	1.20	15,728	44,270	2,726	9,594
1927 年	426,258	6,876	1.61	15,249	27,521	3,561	10,293
1928 年	436,535	12,294	2.82	22,315	25,373	9,238	14,167
1929 年	561,458	22,984	4.09	40,730	37,439	6,895	20,471
1930 年	486,969	46,531	9.56	75,595	36,487	5,505	54,356

注：ゴムの量の単位は米トン，金額は千円。
出典：宮崎清「紐育支店護謨商内ニ付テ」。

ノ注文数ヶ月ノ先物ニ亘リ一日百屯以上ニ上ルコト珍シカラズ、到底産地各店ノ買付数量ニテ之ニ応ズル能ハズ」（NY、二五年下）、「製造家売込ノ増加発展ガ急速デアッタ為、社内仕入店ヨリノ買付丈デハ到底間ニ合ハズ、社内産地店デハ買付出来ヌ売物、品種ノ買付ガ必要[25]」と、実需筋の注文が激増して仕入店の能力を大きく越えたこと、NY店とメーカーとの結びつきが強くなるなかで、多様な品種のゴムの供給を求められるようになったことにより、NY店は産地輸出商やロンドンのゴム商社と直接取引するようになっていった。

NY店の販売量のうち、社内仕入は二九年には一一％に過ぎず、残り約九割はニューヨーク市場からの地買、ロンドン市場からの輸入、シンガポール所在のシッパーといわれる物産シンガポール店の反対商からの購入であった。本店業務課も、販売力増強に仕入力が伴わないことに危機感を持ち、シンガポール店に対し「仕入店取扱高ガ販売店取扱高ニ比シ著シキ遜色ヲ示シ居ル……Hedgeモ含ムガ其大半ハ仕入店値段不出合ノ為地買セシモノト見テ大過ナカルベク[26]」と、仕入能力の向上を求めるのである。またNY支店も「全店〔シンガポール店〕ノ発展ヲ助ケルタメニ品質苦情折半トイウ対社外店ニハナイ好条件[27]」などによって仕入店を援助した。

シンガポール店も「全ク薄口銭ニ甘ンジ大量商内ノ方針ヲ樹テシコト、地盤ノ開拓ニ努力中ノ販売店ニ対シテハ犠牲的成約ヲ計リシコト、売買

表 7-10　シンガポール支店各地向けゴム積出高（1929～31 年）

（単位：英トン）

	1929 年			1930 年			1931 年		
	マレー積出高	物産積出高	物産割合	マレー積出高	物産積出高	物産割合	マレー積出高	物産積出高	物産割合
米国向け	370,691	2,670	0.7	332,768	9,067	2.7	353,485	20,780	5.9
英国向け	106,561	—		118,565			74,945	215	0.3
日本向け	29,953	3,218	10.7	28,044	3,476	12.4	31,007	6,112	19.7
他共合計	581,167	5,959	1	557,210	12,754	2.3	527,998	28,987	5.5

出典：本店業務課長「護謨商内発展策ノ事」。

越限度ヲ極度ニ利用シ大量且迅速ナル turn over ヲ行ヒシコト」（新嘉坡、三一年上）などの方策により、三〇年から三一年上期にかけて、シンガポールだけでなく、ペナン・セイロン・蘭領インドを含む産地市場において、その地位を飛躍的に高めた。

三〇年から三一年にかけて、シンガポール店は同地所在の有力エステート・エージェントが物産に常に First Preference を出すような密接な関係を形成し、またペナン・マラッカ・メダンにおいては East Asiatic, General Rubber 社など有力なシッパーや地元の商社と買付協定を締結して仕入網を拡大していった。

> 当社取引先精選ノ所、対三井トノ取引ニ pride ヲ感ズル事、対三井取引関係ノ好調ナクシテ自身ノ商内伸張ノ望ミ薄キ事……紐育店 biggest dealer in N. York トシテ其ノ動静、新嘉坡市場ニ常ニ伝ヘラレ、新嘉坡店 biggest buyer and biggest shipper in Singapore トシテ其ノ動静市場ニ注目セラル、ノ現状（新嘉坡、三一年上）

表7-10は物産シンガポール店の各市場向け積出高を示したものである。三〇年、三一年に急増していることがうかがえよう。三一年上期のシンガポールからのゴム積出し順位は一位がグッドイヤー・オリエント、二、三位は「チャイニーズ・ファクトリー」といわれるリー・ラバー、アイク・ホーの中国系ゴム精製工場主が続き、物産は第四位に入り、以後三〇年代前半、同地積出高順位で上位を占め続ける。

表7-11はゴム取扱高がまさに激増した時期の、南洋店の仕入高、欧米各店と内地の販売高を示したものである。まず二九年にＮＹ店の販売高が急増し、それに応じて三〇、三一年にシンガポール、スラバヤ店の仕入高が急増し、メダンやサイゴン店も仕入を拡大し始めた様子が明らかである。販売店ではＳＦ・ロンドン・上海も増えてはいるが、ＮＹが

表 7-11　各店別ゴム取扱高（1928～32年）

	1928年	1929年	1930年	1931年	1932年
仕入店合計	11,179	10,821	16,987	38,029	35,157
シンガポール	9,979	9,530	13,921	31,475	24,577
スラバヤ	329	61	1,218	3,657	7,276
メダン	809	1,003	1,546	1,673	1,417
サイゴン	3	83	90	897	738
販売店合計	16,868	31,714	56,960	106,832	68,115
ニューヨーク	16,542	31,131	56,300	103,291	67,238
サンフランシスコ	100	300	185	259	7
ロンドン	122	209	390	2,150	15
上　海	13	5	15	1,010	830
内地各店合計	7,779	10,303	12,741	19,338	26,618
取扱高合計	35,828	52,838	86,688	164,169	129,890
同上金額	47,328	31,745	57,440	56,883	46,284

注：取扱高は英トン，金額は千円。
出典：本店業務課「原料護謨商内外国売買増加ニ就テ」(1933年6月)。

圧倒的である。ただ、内地販売量が三〇、三一年にNYの二割、三二年には四割近くを占めている点は注目される。ゴム産地の全域と最大の消費地NYと、消費を急増させつつある日本に拠点を持ち、物産はゴム取引を拡大していくのである。

物産がNY・シンガポールにおいて最有力商社として認められるようになった三一年、NY支店からの転勤を命じられた宮崎が後任の担当者のために記した記録により、当時のゴム商内の状況を見ておこう。[28]

〔NYの同業者・反対商〕 約一〇社の同業者がいるが、対実需家商内で競争力を持つのは四社のみ。Little John & Co. はNY市場第一のディーラーで、永年市場をリードし、物産の進出により勢力をそがれてきたが、なお月一万トン前後を取り扱い、「吾々ノ遣方ト略同様デ trading ヲ多クショウトスルガ position モトル、唯 position ノ取リ方ガ吾々ニ比シテ大分大キイ様子デアル」としている。こうしたNYの反対商が「買付機関ヲ産地ニ持ッテ居ル者ノナイ」なかで、産地に支店を持っているのは物産の大きな強味であった。

〔仲買人・ブローカー〕 仲買人には三種類ある。その一つは一九二六年に開設されたNYゴム取引所の売買に従事する Commission House で、「Cif. Business ノ仲買人トシテモ有力ナル活動……製造家ノ買注文、Cif Offer ノ Preference ヲ寄コスコトヲ〔物産が〕暗々裏ノ条件」としているもの、シンガポール市場で最有力の中国系ゴム製造家兼輸出商アイク・ホーの代理店を兼ね、「吾々ガ買イ度イ時ニ相当纏ッタ数量ヲ融通シテクレル力ノアル」仲買人など、ゴム取引市場で大きな力を有している仲買人である。

第二は、ディーラー間売買を仲介する仲買人で、ディーラー間取引には仲買人を介在させることが決まりとなっていたが、取引所開設後ディーラー間売買が減少し、それを専門にするブローカーの経営は困難になりつつあった。

第三は実需家への売込みを担当するブローカーである。「元来紐育 dealers ノ多クハ直接売込ミデ仲買人ヲ使用シナイ方針デアッタガ、当店トシテハ商内ノ拡張ハ計画シタモノ、到底地方ニ散在スル製造家ニ接近スル準備モナク、又多クノ製造家中ニハ当社ニ対シ偏見ヲ抱キ買ッテクレナイ者モ少ナクナカッタノデ、已ムヲ得ズ Broker ヲ利用シテ是等ノ困難ヲ overcome シ商内ヲ発展シテ行ク方針ヲトッタ」と述べているように、ディーラーの製造家への売込みは直接売込みが一般的であったが、物産の場合、後発であること、また外国商社であることなどのハンディを考慮し、仲買人を利用して製造家への売込みを図ったのである。

三一年頃、物産はブローカー五社を使用し、その内の一社はNY店がゴム実需筋販売を開拓し始めた一九二一年からの付き合いで、「当社モ漸次商内ヲ拡張シ、全社モ全国的ニ活動ヲ広ゲ、AKRONノミナラズ各地方ノ実需家ノ注文ヲ取ッテ来ル様ニナリ、全店ノ発展ハ当店ノ発展ト併行シテ来テ居ル……全店ノ紹介シテクル製造家ナラバ安心デアルト云フ印象ヲサヘ与フル程デアル」といった密接な信頼関係を築いていった。

〔シンガポール市場〕 シンガポール市場のシッパーには、①有力タイヤメーカーを主とするアメリカン・マニュファクチュアー、②チャイニーズ・ファクトリーと言われる中国系ゴム工場主兼輸出商、③ディーラーの三種があり、②のチャイニーズ・ファクトリーはNY市場に selling agent といわれる代理店を持ち、③も日本の有力ゴム商千田商会のようにNYに代理店を持つものや、ロンドンの有力ディーラーのコントロール下にあるものなど、NYやロンドン市場と何らかのつながりを有していた。

表 7-12　シンガポール支店各地向けゴム積出高（1935～40 年）

（単位：英トン）

	マレー積出高	物産比率	日本向積出高	物産比率	米国向積出高	物産比率
1935 年上期		6.9		35.4		8.3
1935 年下期		11.1		42.6		14.3
1936 年上期	198,807	16.6	13,798	54.7	116,072	20.7
1936 年下期		16.7		55.1		19.1
1937 年上期		13.8		45.0		15.6
1937 年下期	368,480	7.6	16,799	37.7	195,021	8.5
1938 年上期	320,042	5.1	17,231	35.0	155,650	5.0
1938 年下期	258,895	8.2	11,563	34.3	100,441	10.1
1939 年上期		10.8		34.1		13.6
1939 年下期	250,445	9.0	14,524	31.9	125,345	12.4
1940 年上期	332,136	8.1	16,842	23.2	197,683	9.0

出典：新嘉坡支店各期「護謨業務総誌資料」。

〔ロンドン市場〕「英国系多数ノゴム園ハ今日モ尚 Cif. USA 物ヲ倫敦市場ニ於テ売リ、又仝地 dealer ハ London landed 物トノ Hedge operation デ Cif. USA 物ヲ産地ニテ買ヒ、是ヲ当市場ニ転売スルカラ倫敦市場ヨリノ買付ハ仲々重要デアル」といわれるように、英国系ゴム園主の力を背景にしたロンドン市場との取引は、なお大きな位置を占めていた。

〔実需筋販売先〕全米のゴム消費の八〇～八五％がタイヤ類であり、タイヤメーカーはその数字以上の重みを持っているとされる。自社のゴム園をもち、シンガポールやロンドンに買付け機関を有しているグッドイヤー、グッドリッチ、ファイアーストーンなどの有力メーカーも大量のゴムをNYやアクロンで購入し、物産NY支店はそれら有力タイヤメーカーと仲買人を通じて、あるいは直接に納入するようになっていた。

物産は三〇年代初頭には米国ゴム市場において最有力のディーラー、輸入商としての評価を確立し、またシンガポール市場においても最有力シッパーとしての評価を獲得した。

さらに三五年上期には「総積出高ニオイテ多年優勢ナリシ Lee Rubber Co., Aik Hoe Co. 等ヲ断然引離シテ当社遂ニ第一位」（新嘉坡、三五年上）と、英領マレーからの積出高においてトップに立った。表7-12に三五年上期から四〇年上期までのマレーからの全積出高、日本向け・米国向け積出高と物産のシェアーを示した。三七年下期から三八年下期にかけて、中国系ゴム商の排日運動によりシェアーを低下させるが、日本向け、米国向けともほぼ第一位を維持し、英国向け・欧州大陸向けにおいても二〜三%前後を占めた。三五年一一月〜三六年三月（三六年上期）のマレーからの世界向け積出高は、物産が三三〇五六トンで一位、以下ファイアストーン（九六五三トン）、グッドイヤー（九二〇四）、リー・ラバー（七五一三）、弘栄（六八二二）、野村（四八六六）の順位になっている。

表7-12に三六年上期〜三七年上期までの物産の高いシェアーが示されているように、日本向け、米国向けで物産は他を圧するシェアーを保持したのである。六位に入っている野村はボルネオに広大なゴム園と加工工場を持ち、三五年にシンガポールに販売本部を移転しNYに販売エージェントを設けて、NY向け営業を積極化していた。他の日本商社では一二位に千田商会、一三位に加商、二〇位に三菱が入り、この時期、マレーゴムの取引に日本商社が顕著な進出を示した。

4　一九三〇年代のゴム取引

三〇年代中期にかけての物産ゴム取引増加の理由には次の三つが考えられる。第一は実需筋への販路拡大である。前述したNY支店の営業の成果とともに、従来実需筋売込のなかったロンドン・ハンブルク支店において、NY店と同様、ブローカーを使用して販路を拡大していったこと、さらに三〇年代前半の日本のゴム需要増加により、日本向けも急増したことなどがある。

第二は仕入網の拡充である。シンガポールの有力欧商アングロ・フレンチ社の buying agent を長く続けてきた中国商社が、三三年下期にフレンチ社を離れて物産と専属契約を締結したのを皮切りに、三五年には「彼南ノ Hin Gisp Trading Co. ヲ初メトシ馬拉加、吉隆坡、其他奥地各地ノ華商有力筋トノ提携ニヨリ仕入網ノ充実ニ成功」、「E. A. Barbour, Anglo French 等ハ奥地支店一部閉鎖……日本商社ノ活動及奥地支那人ノ積極的活躍ニヨリ欧商ノ介在、利益壟断困難ノ度ヲ加ヘ漸次旨味ナキニ至ル」（新嘉坡、三五年上・下）となった。物産を先頭とする日本商社の活動の積極化、さらに日本商社と集荷を担当する中国系商社との提携により、欧州系商社が次第に産地市場から排除されていったのである。

第三には、この時期に物産船舶部の南洋地域への配船が積極化したことも大きい。三三年のバンコク・インド航路開設計画は実を結ばなかったが、三五年には船舶部・国際汽船が連合してマレー・紐育航路を開設し、「之レガ利用ニヨリ一層 cost ノ引下ヲナシ得タ」としている。三四年上期にシンガポール店が支払った運賃は三七万二〇〇〇ドル、うち大阪商船二三%、ダラー汽船一三・五%、プリンスライン一〇・七%、オーシャン汽船九・三%であったが、三五年上期には運賃支払高一〇五万円のうち船舶部へ四四%、国際三二%、大阪五%となっている。さらに社船のシンガポールへの延長・寄港などにより、船舶代理業務も増加した。三四年下期の代理業務は五四隻、口銭収入一万九〇〇〇円だったのが三五年下期には九四隻一二万二〇〇〇円にまで増加する。口銭収入の増加は直接コスト低下に結びつくわけではないが、シンガポールの支店経営の安定をもたらし、積極的な仕入活動を展開することを可能にしたであろう。(29)

一九三八年六月付の、NY支店ゴム取引担当者の手になる紐育市場の状況、支店のゴム取引の様子を記した報告書がある。(30) 三一年に比べると、取引は「取引所商内トCIF物商内丈デ各 dealers ノ手許ガ賄エル事、各 dealers ガ現物ヲ各品種ニ亘リ充分ニ持ッテイル」ことを反映し、一層ディーラー間の地場取引が減少している。「産地積出CIF物商内」によってNYのディーラーは実物を手に入れることを主流にしていた。産地の輸出商やロンドン・アムステルダムのゴム商はNYに支店ではなく、〃selling agents〃を持ち、そこを通してNYのディーラーは現物を手に入れるのである。この報告書により、三〇年代末の、NYゴム市場、物産のゴム取引を見ておこう。

同書に記された「紐育市場ノ一日」は、次のごとくであった。午前一〇時の取引所寄付き前に「当店ヘノ入電情報、offer 以外ニ産地 agents、ロンドン、アムステルダム筋 agents ヲ出来ル丈多ク呼出シテ来テ居ル offer ノ数量、値段、売人、買人名、其ノ態度、其他情報等ヲ詰メル必要ガアル……一方実需筋売込関係ノ仲介人ハ寄付前ニ関係工場ト話ヲナシ工場ノ態度ヲ探ッテ来テ居ルカラソノ報告ヲ聞キ参考トスル事、取引所寄付ヲ目懸ケテdealersカラ工場筋カラCommission Houseカラコノ中ニハ投機家A／Cアリ海外カラノ指図ガアリ、出所ハ色々複雑デアルガ取引所仲買人ノ手ニ売買ノ指図ガ渡ルノデアル」のように、米国・世界のマクロの情報から、ゴム関係業者のさまざまなオッファーまでが集中され、それらを参考にして売買の方針を立てて寄付きを迎える。取引所の動向を見つつ、産地積出CIF物の購入、工場実需筋への販売などがなされるのである。

物産が大手筋ディーラーと認めていたのは、物産以外に七社、中流は五社、「疎ら筋」四社の一六社であった。米国の他のディーラーと物産との違いについて次のように述べている。

他ノDealerハ中小工場ノ大部分トハ当社仝様仲介人経由デアルガ（自身デ巡回売子ヲ抱エテ居タリ専属ノ売子ヲ利用スルモノナドアリ、仔細ニ見レバ諸種ノ場合ニ分レル）、大工場相手ニ於テハ直接ニ相手ヲスル方面、ソノ割合ハ当社ヨリモ多イ……サービス、接待ハ我々ノ手デハ充分ニ出来難イ、打解ケタ親密味ハ充分ニ得難イ、仲介人ガ居ルト当社ノ為ニ之等ノ不足分、欠点ハ彼等ノ発意デ充分補ッテ呉レル……仲買人ヲ経由スルトロ銭ヲ払ハネバナラヌカラソレ丈手取リガ少ナクナリ損ノ様ニ見エルガ口銭ヲ払ッテモ結局ソノ方ガ得策ト考ヘテ来タ

物産は外国商社であるため、特に大手筋との間に親密な関係を作ることが困難であった。そのマイナス面を補ってくれるのが仲買人・売子であり、大手実需者との取引は、その口銭を支払って実現できたのであった。しかし、なかにはファイヤーストーンのように「決シテ仲介人経由デハ買ハズ商内ハ直接デアル」メーカーもあった。NY店が仲介人を介さず、ダイレクトに取引しているメーカーは、ファイヤーストーン、フォード、Gateなど五社であった。「当社ゴム商内創業当時ヨリノ後援者」として記されているブローカーは三社あり、ハウディー社は「創業当時カラ売込方面ノ開拓（主トシテ工場ヘノ売込）、新規品種ノ制定、売込条件其ノ他一般ニ亘リ大イニ協調尽力シ当社ノ為ニ大量商内ヲ取扱ッタ」最大の功績のあるブローカーであったが、思惑の失敗、社内対立のため、沈滞を続けていた。オーディル社はグッドイヤー社の購買主任が創設したブローカーで、同社への売込みに大きな役割を果たし、現

在はフロアーブローカーを主にしている。ビルハード社は「シカゴ方面中小工場ノ堅実ナル向ノ売込ミ開拓ニ尽力援助ヲ与ヘタモノ、現在モ引続キ仝方面売込」に大きな役割を果たしていた。

NY店が使っているブローカーは一三社、その内四社は一つの実需先を持っているだけである。最大のブローカーはグッドイヤー、グッドリッチ、ジェネラルタイヤなどを売り込み先とするFrench & Co.で、同社はNYに本店、アクロンに支店を持ちアクロンの出張員は元グッドリッチのシンガポール買付員をしていた人物であり、同社は「工場引合ハ主トシテ当社ノミノ為ニ働ク方針」と、物産専属ともいえるブローカーであった。ビルハード社は前述したようにNY店ゴム取引創業以来のブローカー、Farr & Co.はダンロップ、グッドリッチ、U・S・Rを得意先とし「紐育ニテ一々電話ヲ以テ引合フ」とされている。

前述したように、満洲事変・日中戦争の開始と円為替低落による日本製品の進出への反発が重なり、三〇年代中期から日本製品の輸入にさまざまな差別が導入され、日本の商社は厳しい環境に置かれた。しかしそのなかで、ゴムは軍需・民需双方の重要な原料であり、その産地市場、消費市場の双方において、トップクラスの地位を保っていた物産の優位は最後まで動揺しなかった。

三　錫の外国貿易

第1章においても述べたように、第一次大戦前に、錫は国際商品として物産においても注目されていた。錫は自動車用鋼板の塗装やブリキ製造のために不可欠であり、近代工業の発展に伴って需要が増大した。ところが、その産地は限られ、大部分はマレー半島・蘭領インド・香港（雲南）から供給されたのである。

大戦前に物産は海峡錫の米国への輸出に注目していたが、外国間の錫取引に着手したのは大戦中であった。表7-13に示したように、一九一九年、二〇年には相当量の取引を行なっていた。錫の取引は、ゴム取引と同様な側面があ

表 7-13　ニューヨーク・シンガポール支店の錫取引（1919〜35年）

	ニューヨーク支店売約		シンガポール支店売約			
	量（トン）	金額（千円）	量（トン）	金額（千円）	NY向（トン）	内地向（トン）
1919年下	1,580	3,635				
1920年上	2,159	5,815				
1920年下	2,110	4,660				
1921年下	230					
1922年上	200					
1922年下	1,910					
1923年下	650					
1924年上	550					
1925年上	1,335	3,897				
1925年下	1,025	3,183				
1926年下	1,150	3,357				
1927年上	885	2,791				
1927年下	1,305	3,943	1,309	3,859		
1928年上			920	2,331		
1928年下			1,068	2,406	150	792
1929年上			711	1,677		
1929年下	940	1,967	730	1,526		
1930年上	1,280	2,191	1,279	2,181	525	513
1930年下	4,440	6,021	4,091	5,501	3,575	490
1931年上	6,475	7,639	6,089	7,104	5,290	554
1931年下	10,420	11,743	7,901	6,913	7,215	576
1932年上	3,315	4,938	3,543	5,327		
1932年下	5,444	11,729	3,615	7,758	2,945	660
1933年上	3,400	7,607	2,900	7,125	2,090	800
1933年下			4,180	15,338	3,725	370
1934年上	8,525	33,567	4,905	19,131	4,015	890
1934年下	5,875	23,622	5,588	21,786	4,400	1,131
1935年上			5,777	22,080	5,075	666
1935年下			5,179	19,644	3,973	1,195

出典：NY店売約は同店各期「考課状」および「金物部考課状」（1925年上・下，32年上・下，34年上・下），新嘉坡店は同店各期「考課状」による。

った。「倫敦ニ於ケル Recard 氏季央自ラ来紐、当地 American Metal 社ト共同策戦シ盛ニ買ヒアホリタルモ、其後 Barnard 社手持四千屯ニ上レル Standard Tin の liquidation ヲ強ユベク盛ニ売ニ出テ市場ヲ圧倒」などのごとく、ロンドン市場・商人の地位が大きく、ディーラーなどによる投機的な取引が盛んであった。[31] NY店は二二年、「従来ノ見込商内ヲ左右商内ニ変シ薄口銭ニテ多量ノ直積売込ニ応ジ将来機会アリ次第見込商内ノ土台ヲ作ル事ヲ努メ……少ナクトモ支那錫ニ於テ有力輸入者ノ一トナリ」（NY、二二年下）と述べている。

若干理解に苦しむ所もあるが、投機的な見込商内から、実物を伴う薄口銭の右左商内を重視し、それを基礎に見込商内も展開していこう、というのがNY店の錫取引の方針だったのだろう。

錫の実需家売込みが実現し始めたのは二七年頃からだった。

期中主トシテ dealer ヨリモ実需家本位ノ商内ニ努メ取扱数量減少セルモ鉱力板買付ノ関係ヲ利用シテ Jones & Langhlin Steel Corp., ……等に接近し其他 Allis Chalmers 外一流ノ実需家ニ相当ノ成約ヲ見タリ（NY、二七年上）

NY店の金物取扱いの大部分は鋼板・鉱力・屑鉄・銅・鉛などの対日、対中国への輸出であり、その取引先である鉱力メーカーへの錫の売込みというかたちで実需家への販売を開拓しているのである。しかし、先物取引の発達している商品に多く見られるのであるが、産地相場よりもNYの方が安いという逆鞘にあったため、「紐育地場買付数量ガ産地買付数量ニ比シ大」（NY、二七下）であった。表7-13に見られるように、シンガポール店社内売約の内、国内店が七五％を占め、NYは一五％に過ぎない。

仕入店・販売店のネットワークを通じたオペレーションの強味を発揮出来るようになったのは三〇年上期からである。同期末の三〇年四月、ペナン錫の対日一手販売権を獲得し、「反対商ヲ撃退日本向商内ノ基礎ヲ確立」と、仕入地における優位の確保と、「紐育向商内モ保険料ノ引下ゲ其他諸掛ノ切詰研究ニヨリ漸次着実ニ進展シ期末ニハ近来ニ無キ成約」と、対米向けでも成果を挙げた（新嘉坡、三〇年上）。

表7-13に示されているように、三〇年下期に至り、NY店売約高は一〇〇〇トン前後から一挙に数千トン規模へ、シンガポール店の売約高も一〇〇〇トン前後から五〇〇〇トン前後へ、そのうちNY店への売約は数百トンから数千トンへと激増するのである。その経過をNY店は次のように述べている。

従前当社仕入店（新嘉坡及香港）値段ガ紐育地場ノ同業者ノ値段ニ比シ割高ナリシ為メ、不得已当地ニテ之ガ買付ヲ為スコト多カリシモ、当社地盤拡張ノ見地ヨリShortノCoverニハ多少ノ犠牲ヲ忍ビ、社内仕入店ヨリ買付ヲ敢行シ以テ産地ニ於ケル当社勢力増進ニ努メタリ、其後新嘉坡及香港店不断ノ努力ニ因リ運賃保険料等切詰ニ成功……当社仕入原価ハ著シク低下シテ悠々同業者ト競争シ得ルニ至レリ（NY、三〇年下）

物産NY店は一九二五年の金物の輸入品仕入、すなわち社内売約高が一一六七万円、輸出・外国間販売、すなわち社外売約が七四五万円であり、錫の社外売約は七二三万円と金物関係の社外売約は錫がほとんどを占めている。物産NY店は北米東部市場から、大量の鋼材などの金物を日本・中国に輸出するために仕入れており、その購入者としての地位を行使してメーカーに錫を販売し、また錫仕入店の仕入能力向上のために一時的には割高であっても仕入れるのである。

シンガポール店もNY店の要請に応えたといえよう。三一年の英領マレーからの錫積出順位は、①BOUSTEAD Co. 九七〇〇トン　②三井物産七五五〇トン　③SLOT & Co. 七一八六トン　④STRAIT JAVA TRADING Co. 四四九〇トン　⑤EASTERN SMELTING Co. 三六七〇トンなどとなり、物産は常に上位三社の中に入っている（新嘉坡、三一年上・下）。米国の錫輸入量全体の中での地位は明らかでないが、マレーの比重を考えれば、世界の錫市場において物産はトップクラスの地位を占めていたことは疑いないだろう。

満洲事変・日中戦争勃発後のマレーや香港の中国商人のボイコットにより、取扱高が減少することはあったが、四一年まで、物産の地位は揺るがなかった。

四　麻布・麻袋の取扱い

1　麻取引市場の特色

物産全店の麻類社外販売高は、一九一四年の二六九万円から一五年に一七〇〇万、一六年に三五〇〇万と急増し、一九年には一億円の大台に達した。ところが二一年には三〇〇〇万円に急減する。大戦中および大戦後のSF店における麻袋の取扱いについてはすでに述べたので、ここでは仕入店やNYその他の販売店を含めた麻関係商品の動向について述べておこう。

麻にはラミーや台湾麻などもあったが、農産物や肥料・鉱物などの包装用として、ジュートを原料とするガンニー布やヘシアン布から製造する麻袋が最も優れていた。ジュートは英領インド・ベンガル州で栽培され、麻・麻布・麻袋三種の輸出を合計すると、一九一〇年代初頭に年間三億円に達し、綿花の輸出を越える規模であった。大部分はカルカッタの工場で麻布や麻袋に加工されるが、英国・ドイツ・米国などにジュートから加工する工場があり、ジュートとしても輸出された。

英国のアジア植民地における他の農産加工品と同様、麻加工工場もマネージング・エージェントが原料仕入れから製品販売まですべてを担当し、エージェントから輸出業者への販売には必ずブローカーが介在した。輸出品の取引は「既ニ出来上ガリタル組織アル商内……買手モ素人ハ少ク、従テ北米各地買手ノ如キハ甲谷他ニ於テ f.o.b. ニテ先約ヲ為スモノ少カラズ」と言われるように、安定した組織を形成していた。一方、インド内地も麻布・袋の巨大な市場であり、内地需要に応じるためにカルカッタには早くからバザールが形成され、輸出業者もその取引に参加し、大戦期にバザールは「相場変動ノ際其鞘ヲ得ルコトヲ以テ目的トス、純然タル投機ナルカ故空売或ハ見込買持チ等盛ニ行ハルル」、「一旦Bazarノ手ニ渡リタル約定ハ転々トシテ数人又ハ十数人ノ手ヲ渡リ歩クヲ常トスル」という、投機的な市場に成長していった[32]。

一九三五年から本格的にカルカッタの麻取引に参入した三菱商事の「取引要項」によれば、ジュート・ミルから直接買いつける場合も、バザールのディーラーやシッパー間を転々と売買される場合も、製品はミルの倉庫に保管されており、「何レノ取引モ船側迄契約品ヲ持来ルハJUTE MILL」であり、製品は一定で品質に対する苦情が発生する場合は極めて稀であった。ジュート・ミルは「概ネ巨額ノ資本ヲ以テ設立セラレ居ルノミナラズ、大体有力ナル英人商社ガManaging Agentsトシテ経営ノ実権ヲ握リ居リ、営業振リ極メテ堅実」と、業界に関係する業者は、三菱商事の関係するブローカーを含めて安定した存在であった。しかし、「元来、Hessian Gunny BusinessハVoluminous Tradeニ加へ、市場騰落甚敷ニ付一時的ノ取引ト云フヨリハ常ニ大局ヨリ見テ取引ノ安全ト云フ事ヲ考慮スル必要」がある、と述べているように、産額や需要の増減などによる激しい騰落があるという点で不安定な商品であった[33]。

物産NY店は、「戦時中当店ガ英船ノ撤退ニヨル船腹ノ欠乏ニ乗シ船ヲ廻シ他商ノ企及シ能ハサル優秀ナル地歩」を占め、麻布・麻袋を合わせて一八年下期に九七三万円、一九年上期は二五二一万円と莫大な取扱高を挙げ、二〇年下期まで半期一〇〇〇万円近い取扱高、麻布はNY港輸入高の約二〇％、麻袋はキューバ向けでは三〇％を占めたのである[34]。しかしその優位は短期間にとどまった。一九年下期には一時「天井知ラズ」の相場を見せた麻布価格もたちまちの内に大戦前の価格に低下するといった騰落を見せ、「需要者ガ直接甲谷他ノMill Agentタル荷主ト交渉ヲ始メタル結果、当店ノ如キ輸入業者ノ前途ハ楽観ヲ許ササルモノアリ」（NY、一九年下）、「本商売ハ全部見込商売ニシテ右左ノ商売ト称ス可キモノ殆ド無シ、加之相場ノ波瀾既述ノ如ク大ニシテ莫大ナル利益ヲ揚ゲ得ル代リ一歩蹟ケバ莫大ナル損失ノ虞多キ[35]」と、産地に基礎を持たない輸入業の将来に対する不安を述べている。

物産カルカッタ支店も大戦中、バザールを積極的に活用した。同店は世界各地の同社支店から「懸引無キ information」を得られるという強味を持ち、「人ヨリ一歩先ニ出テMillsヨリ買付ナガラ一方ニテハBazarニ売繋ギツツ……結構ナル商内ヲシテ了ル事珍シカラス」[36]と地場取引によって相応の利益を挙げ、またその取引は「元来 local business ノ方ガ export business ヨリモ手ッ取リ早ク片ガ付キ……積出其他ニ何等労力ヲ要セズ又積出後品質其他ニ苦情ガ起コルデハナシ、而モ一挙手一投足ノ労ヲ要セズシテ幾層倍ナル商売ガ出来ル」[37]と、輸出・外国売買に比べ、手間もかからず、安直な商売であった。しかしこうした甲谷他支店の地場取引重視の営業は、他支店にとっては望ましいものでなかった。

このような営業でも利益を上げておれば問題は生じない。二一年六月に開催された第八回支店長会議にカルカッタ支店長は欠席するが、スラバヤ支店長はカルカッタの状況を、「甲谷他辺ノ者ハ成績悪シキニ恐縮シ居リ、此際日本ニ返ヘサル、コトヲ好マス、其理由ハ日本ニ返リ（ママ）本店勤務トナルトキハ直チニ馘首セラル、ヲ恐ル、為」[38]と述べている。カルカッタ店は麻だけでなく、シェラックの取引でも莫大な損失を生じ、それが首を切られることを恐れるほどの金額に達していたのである。

2　麻取引の再建

莫大な損失を出した後、麻取引の中心を担うNY店とカルカッタ店は、次のような方針で再建に取り組んでいった。カルカッタは外国貿易・輸入麻類の仕入店であることを明確にし、現地ディーラーを相手とするローカルビジネスは、同店の輸出を「補助シ、擁護スル」範囲内において行なうこととし、NY店は大手麻袋製造業者やディーラーなど大口需要者相手の商売は利益薄く危険が多いので縮小し、「自家用袋製造家又ハ自家用袋需要者商売」、すなわち小口の麻布・麻袋売込みに集中するという方針を立てるのである。[39]

表6-2に見られるように、NY店の麻類取扱高は二一年下期に激減したあと、早くも二二年下期から回復する。麻布の販売先に「雑用需要家間ニ当方ノ地位ヲ築クベク尽力シ開拓シタモノ二十六軒」と新規の実需先の開拓に成功するが、その成功の一因は「甲谷他店ニ負フ処多ク殊ニ機敏ヲ要スル直積物商内仝店 offer ハ屢々仝業者ヲ凌ギ当方

活動ヲ容易ナラシメタリ」（ＮＹ、二三年下）とカルカッタ店の仕入力の高さを挙げている。

ＮＹ店の麻布取引は、輸送中の現物を手持しつつ、ヘッジで先売りをして全体としては若干の手持（ロング）となるようにポジションを取り、「雑用途開拓以来本期モ引続キコノ方面ニ商談ヲ進メタル上、更ニ本期ハ永ラク狙居タル大袋屋相手ノ fob 商内ニ努力」し、カルカッタ店の協力により、大きな売約を取ることができたと言う。「大袋屋相手ノ fob 商内ニ対シテハカルカッタ shipper ノ agent 活動仲々 active ニシテ競争激甚ナリ、又 Ralli 社ハ現物 afloat 類ノ引合ニ於テハ常ニ大量ノ各種 Size ノ手持ヲ擁シ、非常ニ活動ニ努メタリ」（ＮＹ、二四年上）と、反対商が活発に活動する中で努力を重ね、二四年下期、「循環 operation」と名づける、カルカッタからの直積み輸送途中の現物を抱えつつ、利食い先売りというヘッジ取引を継続し、一方「大口引合ニ努ムルト同時ニ手数労力ヲ不嫌、少量宛ナガラ手広ク各種最後消費者ニ喰ヒ込ムコトニ努力」し、「本商内地盤漸ク固リツ、アル」（ＮＹ、二四年下期）と、大戦後の麻取引の再建がほぼなったと認め、二五年上期から三〇年下期にかけ、半期数百万円から一〇〇〇万円の取扱高を挙げるのである。

ＮＹ店は大戦中から直後にかけて、「少数ノ得意先ニ多クヲ売込ム方針」、すなわち「袋製造家、肥料屋、ディーラー」に売り込んできたが、大口需要家はカルカッタのシッパーと密接な連絡を有し、利益の上がる取引先ではなかったため、パッカーなど袋製造を専業とするものではない業者を対象に麻布の売り込みを計画した。オッズ・サイズだったり、一件当りの数量が少ないなど、手数はかかったが、売込み先は以前の一二〇～二〇〇口から二五年には一〇〇〇口にも達し、全体の数量も著しく増加したのである。しかし二五年頃、ＮＹ店は麻取引の将来に関して、楽観的ではなかった。ＮＹの大手麻袋製造業者、英国の麻加工業者はカルカッタのシッパーと親密な関係を持ち、カルカッタのジュート・ミルはエージェントが押え、シッパーを兼ねるエージェントもいたのである。物産はカルカッタに製造所を持たず、ＮＹにおいても袋を製造せず、「唯従来ノ関係ヲ利用シ競争者ノ間ヲクヾル商売」であり、「三井トシテハ根拠ナキ商売」、「今後大ニ発展スベキ商売トハ言ヒ難」い商売であった(40)。

NY店や前述したSF店、さらには国内店、大連・南洋・豪州店などの努力により、カルカッタ店の麻布・麻袋の取扱高はこの時期に着実に増加していった。二四年上期の物産の積出高はカルカッタ全積出高に対し、麻は一%二三位だったが、麻布は三%一一位、袋は四%六位であった。シャムではバンコク店の「奮闘ニヨリ」麻袋需要高の七割五分を占め、キューバ向け砂糖袋もNY店との共同により大口売込みに成功、北米小麦・ジャワ砂糖向け袋も「相当ノ成績」を挙げた。麻布は前期比五割増、前々期比九割増となり、それは「紐育店御援助ノ結果ナリ、最近同店ハ実需家相手ノ引合ト同時ニ大手筋売込ニ尽力セラレツ、アリ、之レ当店ノ最モ希望スル所ナレバイッソウノ協力ヲ希フ」(甲谷他、二四年上)とNY店の努力の成果であった。

ジュートの需要は英国・欧州が多く、物産も消費地のブローカーを通じて売込みを図るが、ラリー商会などの英系商社やインド系商社、フランス系商社とは対抗しがたく、日本・中国・南米などに向けての販売を中心とし、輸出高の三%から五~六%を扱い、順位は五位から一〇位程度の所にあった。

麻布の需要は北米・南米・マニラが多く、最大の北米向けは大手袋屋の買付け代理業者と思惑商売をする業者に分かれ、彼らのうちの有力商社はミルのエージェントを兼ね、英国向け麻輸出においても有力な商社であった。ラリー(Rallie Bros.)、アンドリュー商会(Andrew Yule)、バーラ商会(Birla Bros.)、サスーン商会(E. D. Sassoon)などが常に上位を占めていた。物産もこれらの有力商社に次ぐ第二番手グループに位置し、一〇位以内には入っている。[41]

麻袋は主に中南米・アジア・豪州に輸出され、これらの地域では物産の販売網が強く、積出高の一〇%前後を占め、ラリー商会などと並んで常に上位数社の中に入るほどの取扱高を占める。豪州市場の開拓が最も遅れたが、「多大ノ危険ヲ踏ミ尠ナカラサル電信料ヲ忍ビテ毎日Firm offerヲ打電シテ商談成立ノ機会ヲ増進スル一方、更ニ割安ナル傭船運賃ヲ利用シテ満船積ノ研究」(甲谷他、三〇年上)を行ない、また物産メルボルン店は「地方筋ノ思惑買台頭シ当地方販売網ヲ利シ先売ニ終始」と記されているように、物産が小麦の輸入や綿製品・絹・人絹などの売込みで培った販売網を使って販路を拡張し(メルボルン、三六年上)、豪州向け積出高では第二位になった。メルボルン店の三六年上・下期の売約高総計三七〇〇万円の内、羊毛一四九三万、小麦・小麦粉九〇四万円と豪州から日本・満洲への輸出が六五％を占める中で、麻袋は三二〇万円と九％近い割合を占める。

東洋の麻袋需要は、大連・台湾・バンコク・ジャワなどが中心であり、物産は全体としては東洋向け麻袋積出しは首位にあった。「新嘉坡、盤谷向ハ各関係店ノ活動ニヨリ其積出高ニ於テ当社断然其首位ヲ占メ」と述べているように、サイゴン向け麻袋を取り扱うシンガポール支店に加え、各地域を販路とするバンコク、ジャワ各店は優位に立っていた。

しかし「支那向ハ大同貿易ト提携シタル千田商会、Anglo Oriental Bag 等ノ放漫激烈ナル競争ニ妨ゲラレテ千田商会ニ一籌ヲ輸シタルハ甚ダ遺憾」（甲谷他、三一年上）と述べているように、ゴムその他南洋特産品の有力商社であった千田商会が麻袋に関しても有力反対商として登場していた。千田商会はカルカッタ積出高では物産の下位にあったが、同社は三三年頃から三菱商事・大同貿易と提携した。「仝社（三菱商事）ハ千田商会ト結ビ千田ヨリ Firm offer ヲ貰ヒテ大連満洲豪州及マニラ方面ニ打電売込ニ努メツヽアル模様、未ダ open market ニ直接買付ハナサヾルモ今後ノ動静ニ付キテハ注目ノ要アリ」（甲谷他、三三年上）と、千田・三菱の提携に強い警戒を示していた。三三年上期に千田は麻布積出高で二一位、麻袋では五位に入った。その後も千田商会は「積極的思惑買」などを展開したが、三五年下期、相場暴落によって清算に追いこまれる。三菱商事は麻の仕入をすべて千田商会に頼り、販売のみを行なっており、同社の破綻を契機に、社員を引き受けて「自ラ仝商会ニ代リ麻製品ノ積極的商内開始ヲ決意セルモノヽ如ク、千田商会以上ノ強敵出現トイフベシ」（甲谷他、三五年下）と、南洋特産物に強力な仕入地盤を持つ千田の社員を引き継いだのであった。

三六年下期には、南米麻布市場への三菱の進出、麻袋では大連への三菱・大同、台湾への三菱・ラリーの進出などによって、物産カルカッタ店は「当社麻袋商内モ今ヤ未曾有ノ難局ニ直面シツヽアリ」（甲谷他、三六年下）という危機感を表明するような状態になった。

三菱商事は、カルカッタ市場においては「資産信用共堅実ナル Broker 兼 Dealer トシテ認メラレ居ル」ゴリ・サンカー商会を主要な供給者として進出する。ゴリ商会は、アンドリュー・エール商会などの「当地一流ノ英人商社ニシテ最モ多数ノ Jute Mill ノ Managing Agents トシテ其経営ノ実権ヲ握リ居ル」商社に、「Broker トシテ出入シ其製品販売ニ当リ居ル」ブローカーであった。三菱商事の麻類年間取扱高は三五年の二三四万円から以後、七六三万、九三〇万、三八年には一一八五万円と急増し、「極東諸港向輸出ニ於ケル吾社ノ進出ノ跡最モ目覚シク、就中大連、高雄、西貢ニ於ケル先進商社ヲ凌駕シ、市場ノ大半ヲ獲得」と述べている。しかし、北米・南米向き麻布は、「出会商売一本ノ吾社ノ如キハ成約極メテ困難ニシテ且ツ薄利」と、固定的な得意先を持たない地域では困難であったと記している。[42]

物産は千田や三菱などの日本商社、またカルカッタの有力シッパーと激しく競争しつつ、欧州を除く麻布・麻袋の需要地に張り巡らした支店網を持ち、麻袋の需要者から穀物・農産原料・鉱物などを購入していた。こうした利点を発揮して実需筋に売り込むことに成功し、それがカルカッタ店の仕入れ能力の充実に好影響をもたらし、さらに消費量を予測しつつ効果的な先売り先買いを行ない、投機的な市場においても敏速に行動したのであった。こうして麻類市場においても、世界有数の商社となったのである。

小　括

外国売買は物産が総合商社たりうるための、重要な営業形態であった。海外店は日本との輸出入を主とするが、どちらかへの偏りや取扱商品の限定を避けられなかった。外国貿易品というのは、海外店にとって販売・仕入を平衡させる最も有効な分野であった。その平衡は、為替だけでなく、遊資の運用や借入など現地金融機関との関係、支店スタッフの活用のためにも不可欠であった。

外国売買は他の三分野に比べ、一般的に利益率は最も薄く、リスクも高かった。しかし、三〇年代に至って外国貿易は新たな意義を持ってくる。生糸輸出が激減し、またその他の商品もボイコットなどのために拡大が図れないなか、外国貿易品が一層重要度を高めた。さらに内国売買の拡大も自制せざるをえないなか、外国売買に力を注いだ。

物産を先頭とする日本商社の積極的な外国売買の展開に、商工・外務両省が注目したのは二〇年代後半であった。出先領事館を動員し、連年にわたって日本商社の外国売買を包括的に調査した。日本商社が扱っている外国売買は、原料でかつ嵩高な商品、すなわち中国・満洲・南洋・インドからの農産物・天産物、北米の農産物・天産物であった。仕向先は中国・満洲産商品は欧州・米国に積み出されたが、南洋・インド産品は宗主国系商社と競合しない地域、すなわち北米向けが大部分であった。このように大規模に外国貿易を展開している商社は、北米には例がなかった。

二〇年代末、米国の輸入アジア産品の一位から三位を占めるゴム・錫・麻類の、米国市場への販売、産地における仕入を具体的に検討した。三品とも大戦期、米国市場に一定の進出を果たしていたが、その取引先はディーラーが多く、安定した取引先でなかったため、二〇年以降、再編を迫られた。アジアの外国商社である物産が、日本産品ではない商品を実需先に売り込むには大きな障害があった。物産は、他商社が扱っていない格落品の取扱いや、売子だけでなくブローカーを駆使して実需先に食い込んでいったのである。販売市場における努力とともに、仕入市場・輸送手段においても工夫を重ね、三品の北米への売り込みにおいてはトップクラスの取扱高に達した。南洋・中国産品の取扱いには欧州系商社や華商、さらには米国のメーカー系商社が大きな力を持ち、また日本商社のなかにも南洋・インド産品に強い専門商社が存在した。物産はこれら商社との厳しい競合のなかで有力商社としての地位を築いていったのである。

米・加の小麦・小麦粉や米材の対中輸出、中国・満洲農産物については、他の章に記した。

一九世紀末期から二〇世紀前半にかけて、太平洋を取り巻く南洋・インド・中国・北米・南米・豪州の開発が著しく進んだ。物産をはじめとする日本商社は、この動きのなかに商機を見つけ、またその動きを促進したのであった。

（1）本店業務課長より各部店長宛「外国売買増進ノ事」（一九三三年四月一九日、ST. BOX309）。
（2）同前「外国売買増進ノ事」（一九三三年五月一八日、同上）。
（3）本店業務課長より各部店長宛「印度奥地進出ト外国売買ノ事」（同上、ST. BOX300）。
（4）本店業務課長より海外各店長宛「三井物産・三菱商事、昭和八年度出商業取引高比較増減調査ノ事」（一九三六年六月二三日、SF. BOX1464）。
（5）「第八回支店長会議議事録」（三井文庫、物産一九八-八）二一～三頁。
（6）紐育商務書記官「紐育ヲ基点トスル国際商業取引ノ研究」（調書、一九二六年一〇月、外務省記録、E1.1.0.8-1、『帝国対外経済発展策関係雑件　邦商外国間貿易ニ関スル調査関係』）。
（7）紐育商務書記官「米国ヲ中心トスル邦商ノ外国間貿易ニ関スル調査」（同前）。
（8）在暹特命全権公使「在暹邦商外国間貿易ニ関スル件」（同前）。
（9）在リバプール領事「リバァプール市ニ於ケル邦商ノ外国間貿易ニ関スル調査」（同前）。
（10）前掲「米国ヲ中心トスル邦商ノ外国間貿易ニ関スル調査」。
（11）以下、護謨に関する一般的な事実は、横浜正金銀行頭取席調査課『重要商品の国際市場』（一九三一年）、東亜経済調査局『南洋叢書第三巻　英領マレー篇』（一九三八年）、大阪市役所産業部調査課『蘭領印度経済事情』（一九二九年）などを参照。
（12）「第七回支店長会議議事録」（三井文庫、物産一九八-七）二三六頁。
（13）表出はしなかったが、一九二四年までの数値は各期「営業報告書」、二五年以降は春日豊「一九三〇年代における三井物産会社の展開過程　上」（『三井文庫論叢』一六号、一九八二年）第九表による。
（14）新嘉坡支店「大正八年下半期　商況報告」。
（15）新嘉坡支店「大正十年上半期　商況報告」。
（16）桑港支店長「紐育支店トノ相関々係ヨリ見タル桑港支店取扱商品商内ニ就テ」（一九一九年八月一二日、SF. BOX1328）。
（17）宮崎清「紐育支店護謨商内ニ付テ」（一九三一年八月、SF. FNO2825）。宮崎清はシンガポール支店から一九二〇年初頭にNY支店に転勤となり、以後三一年八月まで一貫してNY支店でゴムを担当した。NY支店を去るに際し、従来のゴム取引の経過、現状を記したものが本資料である。

(18) 野村駿吉「紐育市場護謨取引市場」(一九二〇年初頭、SF. BOX1435)。

(19) 紐育支店長「支店長会議代用報告　護謨」(一九二〇年一〇月、SF. FNO2808)。

(20) 新嘉坡支店西永義文「米国ニ於ケル護謨取引視察報告書」(一九二〇年一二月、SF. BOX1435)。

(21) 前掲「支店長会議代用報告　護謨」。

(22) 前掲「米国ニ於ケル護謨取引視察報告書」。

(23) 前掲「紐育支店護謨商内ニ付テ」。

(24) 「第九回支店長会議議事録」(三井文庫、物産一九八-九、一九二六年六月)二三一～二頁。

(25) 前掲「紐育支店護謨商内ニ付テ」。

(26) 本店業務課長「護謨商内発展策ノ事」(一九三二年三月一五日、SF. BOX294)。

(27) 前掲「紐育支店護謨商内ニ付テ」。

(28) 同前。

(29) 以上の記述は新嘉坡支店各期「考課状」による。

(30) 松川省三「(紐育護謨市場事情)」(一九三八年六月、SF. FNO2825)。

(31) 紐育支店金物支部「大正十三年上半期　考課状」。

(32) 「第五回支店長会議議事録」(三井文庫、物産一九八-五)三九八～四〇〇頁。

(33) 三菱商事甲谷他支店「麻布及ヒ麻袋取引要項」(一九三九年一〇月、MSK. SF. BOX673)。

(34) 紐育支店長「支店長会議資料代用　麻類商売報告書」(一九二〇年一〇月、SF. FNO2808)。

(35) 前掲「麻布及ヒ麻袋取引要項」。

(36) 前掲「第五回支店長会議議事録」四〇二頁。

(37) 前掲「支店長会議資料代用　麻類商売報告書」。

(38) 前掲「第八回支店長会議議事録」五七〇頁。

(39) 同前。

(40) 「第九回支店長会議議事録」二二九-三〇頁。

(41) 三井物産甲谷他支店「考課状」一九三〇年上、同下、三一年下、三二年下、三三年上、同下、三五年下、三六年下によるる。

(42) 前掲「麻布及ヒ麻袋取引要項」。

第8章　植物性油脂・種実の取扱い

石油化学工業が発達する以前、植物性油脂は食料品やマーガリン原料、石鹼原料としての需要以外に、ペイント・ワニスなどの塗料、機械油・グリセリンなどの工業原料として広範かつ大量の需要があった。世界のあらゆる地域で生産され、中国（含満洲）・インド・南洋・北米・南米・アフリカは世界市場への供給地として、また欧州・米国・日本は消費地として登場する、世界的な流通網をもつ商品であった。

第2章においてみたように、第一次大戦中、物産は中国・日本産の多様な油脂・種実の米国への輸出取引に進出した。一九一九、二〇年に大きな損失をこうむったことや米国の輸入税のため、二〇年代に一時衰退したが、二〇年代末期から回復していった。

本章では、大戦後の世界の油脂市場と二〇年代の物産の取引を概観した後、中国・満洲の産地と仕入店の活動を明らかにし、三〇年代における取扱高の回復が米国・欧州・産地においてどのように進んだのかをみていく。

一　油脂市場と物産の油脂取引

油脂は器物に塗布して空気に触れさせると乾燥し、表面に皮膜を生じ、その乾燥の速度と皮膜の耐久性によって、乾燥油と不乾燥油、その間の半乾燥油の三種に分類される(1)。乾燥油が塗料やさび止めなどに適し、その最も優れたも

表 8-1　各国・地域の種実輸出力（1919年度）

（単位：千トン）

国・地域	輸出力	種　　類
アルゼンチン	950	亜麻仁
インド	1,050	亜麻仁・棉実・菜種・落花生・胡麻
中国	352	棉実・菜種・落花生・胡麻
満洲	550	大豆
カナダ	190	亜麻仁

出典：三井物産穀肥部「植物性油脂並種子事情」（1920年9月）。

表 8-2　英国種実輸入額

（単位：千トン）

品　目	輸入額
棉　実	461
亜麻仁	513
大　豆	61
コプラ	71
落花生	97
パーム	233
合　計	1,437

出典：前表に同じ。

のが中国から産出される桐油であり、それに次ぐとされるのがアルゼンチン・インド・米国などに生産される亜麻仁油であった。亜麻仁油の用途は七〜八割が塗料・ワニス、残りがインキや石鹸など、ほとんどが工業用である。また満洲から多く産出される蘇子（荏胡麻）、小麻子（大麻実）も塗料など工業用に多く用いられた。

不乾燥油はオリーブ油・茶油が典型的とされ、さらにヒマシ油・落花生油・棉実油・ごま油などもその範疇に属する。潤滑油・グリセリン・石鹸原料・マーガリン原料になるとともに、サラダオイルなどの食用油としても用いられる。

半乾燥油の典型が大豆である。大豆油は塗料原料としては亜麻仁油・蘇子油などに劣るが充分に代替可能であり、亜麻仁が不作の場合には大豆油の需要が急増した。調理用・人造バター用としても可能であったが、固有の臭気を持っていたため、オリーブ油・棉実油の代替として用いられるに過ぎず、石鹸原料としては落花生・パーム油・オリーブ油・棉実油などに劣り、「代替性が多いため、何等豆油でなければならないと云ふ特長がない」とされる[2]。

表8-1は第一次大戦直後の国・地域の種実輸出能力と代表的な種類である。アジア（インド・中国・満洲）、南米、カナダから年間三〇〇万トンを越える種実が世界市場に投入され、イギリス・ドイツなどの欧州と米国が多くを輸入し、搾油していた。表8-2はイギリスの種実輸入額である。亜麻仁・棉実・パームを多く輸入している。一方ドイツは一九二五年の種実輸入額一五〇万トンのうち大豆・落花生・亜麻仁がそれぞれ三〇万トン程度を占めていたが、その後価格の

表 8-3　欧州諸国の種実需要と大豆（1933～37年平均）

（単位：トン）

	種実需要額	大豆割合
ドイツ	1,834,267	40.2
英　国	1,479,584	9.3
デンマーク	434,428	57.9
フランス	1,348,316	1.7
オランダ	677,635	13.1
スウェーデン	169,754	59.6
イタリア	298,678	4.1
合　計	6,242,662	21.6

出典：満鉄新京支社『欧州戦乱と満洲大豆』（1939年）。

表 8-4　米国植物性油脂の需給

（単位：千トン）

国内産額	1,079
内棉実油	671
亜麻仁油	241
油脂輸入額	385
内椰子油	140
大豆油	98
落花生油	77
オリーブ油	25
パーム油	17
桐　油	12

注：産額は1917年，輸入額は19年。
出典：表8-1に同じ。

低下によって大豆消費量を高め、一九三二年には二四〇万トンの輸入額の半分を大豆が占める。表8-3は欧州諸国の三三年から三七年の五年間平均種実需要量とそのうちの大豆消費の割合である。大豆消費が多いのは、ドイツ以外ではデンマークとスウェーデンであり、EAC（東亜社、宝隆）の市場支配力によるのだろう。フランスは亜麻仁以外に落花生・コプラなどの輸入が多く、オランダはパーム・コプラ・落花生などの輸入が多い。英国に典型的に見られるように、欧州各国の油脂消費は植民地に生産される種実に規定される側面が強かったのである。

米国は最大の油脂消費国であり、国内で大量の種実を生産するとともに多くの種実を輸入し、また油脂も大量に輸入した。その一端を表8-4に示した。棉実は国内産であるが、亜麻仁はアルゼンチン・カナダからも大量に輸入し、国内で自給あるいは搾油されない多くの油脂が輸入されるとともに、棉実・亜麻仁の作柄によっても油脂輸入が左右された。椰子油・パーム油はフィリピンから輸入され、大豆油・落花生油は満洲・中国・インドから輸入された。落花生は油脂と種実で輸入されるものの双方があった。大豆と落花生は国内でも生産されていた。米国に満洲大豆が輸入されたのは一九一〇年といわれ、その直後から大豆の作付けが始まり、一九一五年から国産大豆の搾油が開始され、二〇年代前半に作付けが急増し、三一年から米国産大豆は欧州に輸出されるようになった(3)。国内搾油用種実の作付けの発展により、輸入種実・油脂に対する関税や消費税引上げがたび

表 8-5　ニューヨーク支店油脂類取扱高（1921～41年）

（単位：千円）

年　次	取扱高	年　次	取扱高	年　次	取扱高
1921年上	2,537	1928年上	3,403	1935年上	8,475
1921年下	625	1928年下	1,605	1935年下	7,797
1922年上	651	1929年上	2,713	1936年上	5,146
1922年下	2,629	1929年下	1,852	1936年下	4,719
1923年上	2,088	1930年上	4,806	1937年上	3,679
1923年下	7,420	1930年下	2,819	1937年下	9,291
1924年上	1,434	1931年上	2,289	1938年上	3,293
1924年下	2,170	1931年下	2,528	1938年下	2,841
1925年上	2,127	1932年上	1,154	1939年上	3,643
1925年下	2,531	1932年下	899	1939年下	5,196
1926年上	2,705	1933年上	1,026	1940年上	9,713
1926年下	4,239	1933年下		1940年下	5,964
1927年上	2,752	1934年上	4,026	1941年上	5,202
1927年下	3,063	1934年下	1,646		

出典：紐育支店各期「考課状」。

たび行なわれ、米国への輸入はそれによって大きな影響を受ける。

日本では菜種・胡麻・大豆・落花生などが作付されていたが、菜種を除けば搾油原料の大部分は満洲・中国・南洋からの輸入であった(4)。二六年の油脂生産高を多い順に挙げれば、大豆油（三万七〇〇〇トン）、菜種油（三万トン）、棉実油（七〇〇〇トン）、ごま油（四〇〇〇トン）、亜麻仁油（三〇〇〇トン）である。第一次大戦期には菜種油・大豆油を中心に年間一〇〇〇万円を越える油脂が輸出されたが、二〇年代前半には二〇〇万円程度に減少し、二五年以降回復して四〇〇万円から九〇〇万円に達し、世界的に需要が急増した三四年以降、日本の油脂輸出も増加し、三六年には三五〇〇万円に達した。

物産の油脂・種実取扱は、満洲・中国・フィリピンなどの産地と欧米との間の外国間貿易に加え、輸入原料から搾油した国産油脂の輸出も行なった。

油脂は魚油や肥料・穀物などとともに穀肥部商品であり、油脂・種実の種類が多いこともあって、それのみを取り出すことは難しい。表8-5は一九二一年以降のNY店の、「油脂」あるいは"Oil and Products"として記されている取扱高であるが、他の数値ほど正確でない。二三年下期の七四二万円を除くと、二〇〇万円台が多く、低迷していた様子がうかがえる。二〇年代後半に若干増加するが、再び恐慌期に低迷し、三四年、三五年から増減を示しながら半期数百

表 8-6　ニューヨーク支店油脂種類別取扱高（1921～26年）

（単位：千円）

	桐　油	大豆油	落花生油	荏胡麻油	菜種油	合　計
1921年上	119	532	1,631			2,282
1921年下	397	25	163			585
1922年上	445	158				603
1922年下	2,125	199	304			2,628
1923年上	185	1,103	718	81		2,087
1923年下	3,234	2,750	38	9		6,031
1924年上	872		1,646	22		2,540
1924年下	358	276	289	24		947
1925年上	382	2,405	747			3,534
1925年下	454	701	161	92	52	1,460
1926年上	495	948	1,064	98	485	3,090

出典：前表に同じ。

万円から九〇〇万円に達する。表4-1に示されているSF店の穀肥部取扱高は肥料をかなり含んでおり、それを除くと、三一年頃から半期数十万円の取扱高、三三、三四年頃から種類も金額も増加し、三五年以降半期一〇〇万円を越える。

在米店の油脂取扱高は、大戦期の反動を経た後、二〇年代後半から増加し、三五年以降大きな金額に達した。

表8-6は二〇年代前半のNY店の油脂種類別取扱高である。表8-5と表8-6の二四年上期以降の数値がかなり異なるが、傾向は確認できる。

二一年上期は、大連や中国各店の大豆油・落花生油委託荷を石鹼・ペイント・ワニスメーカーに「売抜ニ成功」し、大量の取扱高を示した。この時期の油脂取扱の大きな問題は輸送方法と関税の二つであった。大戦中までアジアからの油脂輸送は、主に箱詰めによって太平洋を横断し、シアトル陸揚げ後タンクカーに移し替えるという方法だった。大戦中に始まった荷積地からディープタンクによって輸送する方法（撒積）が戦後普及し、しかも「海洋運賃ノ低下ハ米大陸横断鉄道運賃ノ旧高率ヲ持スルト相俟ッテ撒積大西洋岸揚」が常態となってきた[5]。物産大連支店は大戦中から撒積を行なっており、他の積出港においてもそれが求められるようになってきたのである。

米国は大戦後の農業保護政策の一環として、輸入油脂に対しても高率の保護関税を課そうとした。物産は邦商や欧米系輸入商、米国の需要家とともにVegetable Oil Association of N. Yを組織し、「輸入油ニ対スル課税ハ東洋産油ノ欧州行ヲ促迫シ為ニ却テ米国油ノ欧州輸出ヲ阻ム」との理由を掲げて「各方面ニ至リ与論ノ喚起ニモ着々成功」と、課税反対運動を積極的に展開した。(6) しかし大豆油・落花生油など、国内産と直接競合する油脂に対しては高率の関税が課せられ、二一年下期には「輸入途絶同様」となった。輸入商だけでなく、石鹼業者らを中心とする需要者の全国団体も組織され、ワシントンに本部を常置して「宣伝運動ニ必死奔走ヲ続ケ」たが、「Farm Bloc ナル議員団ノ政治的勢力ニ克ツ不能」、二二年九月に緊急関税から恒久関税になった（NY、二二年下）。その税率は「禁止的高率」ではあったが、米国産大豆や棉実、落花生の作柄いかんによっては税金をカバーすることも可能であった。特に米国から油脂製品を輸入していたカナダに油脂を直接売り込むことにより、部分的ではあるが、取扱高の減少をカバーすることができた。

二三年に至ると、「自動車製造増加、建築業ノ旺盛ハ本油（亜麻仁油）ノ急需ヲ促シ……亜麻仁油ノ払底ト高値」によって、高率の輸入税にもかかわらず大豆油の需要が増加し、また落花生油も「棉実油ノ好値ニ乗ジ加奈陀市場ノ開拓ニ成功シ」、シアトル揚げカナダ向け五〇〇〇トンの売約に成功する（NY、二三年上）。

表8-6の大豆油と落花生油の取扱高が大きく変動しているのは、亜麻仁油・棉実油との代替性が強く、景気や作柄に強く左右されたためである。

塗料原料として最も優れている桐油は、「経済界ノ不振ニ不拘」急速に需要を拡大し、関税引上げの動きもなかった。漢口から輸送される桐油は、大戦中まですべて樽入であったが、二二年頃には大手需要者は撒積のタンク・カー入りを求め、物産は漢口・上海店の努力により、数百トン単位の撒積桐油を大量に売約することに成功した。桐油取扱業者大手の取扱振りは次のように述べられている。

有力ナル同業者ト組シテ多数ノ製造家ニ直接売込ヲ為ス、本商内ニ於テ殊ニL. C. Gillespie ノ如キ産地及当地ニ優秀ナル設備ヲ有シ其ノ優良ナル油ヲ以テ常ニ売買越ノ商策ヲ取リ、時ニ逆鞘ヲ見越シツ、モ、猶ヨリ長期ノ供給契約ニ応スルガ如ク、之ニ対シ当社ハ唯左右商内ヲ以テ何等策ノ施スベキ余地ナク……到底単ナル左右商内ノミニテハ当社商権ノ維持蓋シ期シ難キヲ恐ル（NY、二二年上）

漢口最大の輸出業者ギリスピーは、漢口・ニューヨークに充実した設備を持って積極的な先売先買を行なっているのに対し、物産は右左商内のみであり、それでも多くの取扱高を挙げることが出来たのは、「昇リ相場」であったからだという。しかし、桐油の需要がますます増加している中で、「当社経験地盤ヲ以テ」、売買越限度を設定して買付けと販売に当れば米国輸入高の二五％程度の取扱いは可能だとしている（NY、二二年上）。

物産の桐油売込先は、総じて「手堅」く「旧式」であり、「小資本ノモノ」が多く、そのため数百トンの撒積貨物を一手に買い付けうるものは少なかった。ディープタンク輸送が中心になると、小口に分けることが難しくなり、結果として少数の大消費者、すなわち「大口買付ケ、之ヲ小口ニ売出セル一種ノDealerヘノ売込ミヲ以テ主体ト為シ」のように、実需家よりもディーラーへの売込みが主になり、「余ヲ以テ一般需要家ニ向ノ策」をとっていた（NY、二二年下）。

SF店が大戦後に種実の取扱いを再開したのは二四年下期である。年間四万トンといわれる米国への落花生実輸入は、青島の大杉・吉沢・協和らの邦商「反対商ノ専ラ取扱フ所」だったが、「青島店援助ニヨリ初メテ売込」に成功する。しかしその後継続的に売り込んだ様子はうかがえない。おそらく充分な成功を収めず、また後述する品質問題の発生により、すぐに中断したのであろう。しかし二七年に再び着手する。「取引先考査表」によれば、SF店は落花生取扱いを禁止されていたが、同年に取扱いを再開したと記している。表４-14に見えるように、二八年上期に一九万ドルの取扱高に達した。この間のSF店の落花生売込み先は搾油業者ではなく、ナッツ類加工販売業者やチョコレート・キャンディー製造業者であった[7]。しかし急増する輸入に対して税率引上げ運動が起こり、二九年二月、五〇％の税率引上げが行なわれ、「輸入ノ余地無ク本商内ノ前途悲観ノ他無シ」（SF、二九年上）となり、三〇年下期に消滅する。二九年に多くの油脂・種実の税率が引き上げられたが、いくつかは無税品として残り、太平洋岸では中国

表 8-7 青島支店主要商品取扱高（1922〜31年） (単位：千円)

	総取扱高	穀肥商品	落花生油	落花生	麦　粉	小　麦
1922年上	2,716	1,750	889	810	4	
1922年下	4,377	2,108	957	1,114	1	
1923年上	4,124	2,571	1,432	810	99	
1923年下	2,487	1,056	638	327	84	
1924年下	5,308	2,630	1,928	233	462	
1925年上	7,393	4,841	2,276	2,042	208	
1925年下	3,165	1,179	642	63	217	
1926年上	3,941	2,378	515	1,264	349	
1926年下	5,044	3,476	2,228	981	110	
1927年上	3,202	1,424	253	798	102	
1929年上		2,309		798	1,097	288
1929年下		1,181	1	523	426	112
1930年上		1,613	498	700	84	
1930年下		1,752	1,520	26	46	
1931年上		1,650	1,013	86	180	257

出典：青島支店各期「考課状」。

産胡麻輸入が増加し、SF店もその輸入に携わった。

二　油脂産地と仕入店

中国の油脂・種実産地における物産の状況を見ておこう。表8-7に青島店の穀肥関係商品の取扱高を示した。同店取扱高の五割前後を穀肥関係が占め、またその大部分を落花生油と落花生実が占めている。青島は中国における落花生の最大の集散地であった。表8-8に示すように、殻付種実は主に中国、次いで欧州・米国・日本、殻なしは主に欧州、次いで米国・日本・中国に輸出された。落花生は菓子などの原料に使われるとともに、多くは搾油原料となり、殻付よりも殻なし種実のほうが上質油となった。各地域の用途、油脂市場の状況に応じて、種々の製品で輸移出されるのである。落花生油は米国・中国向けに輸移出された。

二三年上期は落花生の豊作と銀安を背景に、搾油原料として欧州、殊にフランス向けに大量に積出されるとともに、米国棉実の減収と需要増加により米国向け粒物も大量の成約を得た。ところが物産青島店の落花生取扱は「三菱欧州引合ニ活躍、期ヲ通ジテ鈴木出色、宝隆、東作、泰利、日清之ニ次ギ……倫敦店ノ援助浅カラサリシモ鈴木、三菱ニ一籌ヲ輸シ、米国向粒物ハ他商熾ンニ太平洋岸揚ニテ引合ヒツツアルニ引替ヘ、当店ハ船腹不便ナル東海岸揚ニ限ラレ」と、物産取扱高は二三年上期青島からの欧米向け積出高の一四%を占めたにとどまった（青島、二三年上）。粒物の輸出は、物産に加え、鈴木・大杉・三菱・吉沢・峯村・日清らの邦商と広東幇・墨幇と総称される華商、EACなどの欧州系商社が競合していた。欧州系商社はEACを除くとまだ大きな力を持っていなかったが、二〇年代後半になると、サスーン（David Sasson）やボーメ（Kurt Borme）、ドレフュスらがシェアーを伸ばしてくる。落花生油に関しては「欧州向ハ毎期当社最モ優位ヲ占ムルモ米国ハ峯村ニ一籌ヲ輸シ」と、二〇年代前半を通じて欧米向け積出高の過半前後を占めていた[8]。

表 8-8　青島からの落花生製品輸移出高（1925年下期）

（単位：トン）

	殻　付	殻なし	落花生油
日本向け	3,569	293	
中国向け	26,564	501	6,446
欧州向け	5,497	3,911	820
米国向け	4,328	893	1,812
合　計	39,958	5,598	9,078
三井物産	209	11	814
峯村洋行	913		1,812
大杉洋行	1,174	641	
吉沢洋行	1,152	1,279	
鈴木商店	270	115	
宝　隆	4,286		

出典：青島支店穀肥掛「大正十四年下半期　考課状」。

物産の落花生商品取扱いは、得意・不得意の地域・分野はあったが、二〇年代前半、青島からの積出しにおいて相当の勢力を有していた。ところが二七年上期、「乾燥手入ニ費用ト時間ヲ惜マズ苦心セシニ関ワラズ、少ナカラズ損傷ヲ生ジ多大ノ損失……何レモ品質苦情ノタメ巨額ノ弁金ヲ支払ヒ」と乾燥不充分の種実を出荷し、さらに落花生油に関しても「水分、不純物ノ混入多キタメ不透明ナルモノ甚ダ多ク、酸分次第ニ増加」と不良油を生じた（青島、二七年上）。表8-7は欠けている期があるので明らかではないが、種実・油とも大きな打撃を受け、「昭和元年乾燥不良ナル水豆積出以来打続テ動乱、出廻難、不作、相場逆鞘等ノ為欧州向積出全然ナカリシ」と、不振を続けた（青島、三〇年上）。

満洲からの大豆三品の輸出について記しておこう。表8-9は大連・ウラジオストック（浦塩）を合わせた積出高に占める物産の割合である。

大豆は欧州・日本・中国・南洋向けの順に多く、米国にはほとんど

表 8-9　大豆三品積出高と三井物産の割合（1923～25年）

（単位：トン）

	1923年			1924年			1925年		
大　豆	総積出高	物　産	割　合	総積出高	物　産	割　合	総積出高	物　産	割　合
日本向け	429,423	15,149	3.53	486,346	13,078	2.69	450,415	18,186	4.04
欧州向け	459,850	14,718	3.20	583,202	46,710	8.01	789,562	22,343	2.83
中国向け	270,917	4,060	1.50	117,099	583	0.50	196,094	4,936	2.52
南洋向け	109,778	17,497	15.94	84,438	39,884	47.23	76,769	24,708	32.18
他共合計	1,269,979	51,424	4.05	1,271,120	100,255	7.89	1,512,730	70,153	4.64
大豆油欧米向け									
大連積	128,722	54,531	42.36	82,288	38,125	46.33	102,570	36,549	35.63
浦塩積	18,853	0	0	29,259	0	0	48,481	0	0
合　計	147,575	54,531	36.95	111,547	38,125	34.18	151,051	36,549	24.20
豆　粕	1,826,825	176,498	9.66	1,561,429	135,812	8.70	1,477,400	179,870	12.17

出典：「大正拾五年　支店長会議穀肥部報告」。

輸出されない。欧州系商社が圧倒的に強い浦塩から積み出されるものも多く、物産は南洋向けではシェアーが高かったが、全体としては数%にとどまっていた。内地向けでは「豊年、日華ノ二大製油会社ハソレゾレ鈴木、日棉ノ傍系、割込困難、其他ノ信用アル油房乃至醸造家ノ如キ実需筋へ喰入ル事必要」とされ、欧州向けについては「外商ノ優勢ハ彼等ガ青田大豆買付其他大仕掛ノ思惑ヲ試ミル事、東亜ノ如キ欧州ニ於テ自家経営 Mill ヲ有シ且ツ所有船舶ヲ利用スル事等諸事情ニ依リ当社ノ企及スル事ヲ得ザル処」と記している(9)。日本国内に関連売込み先を持っていなかったため、日本向けは三～四%に過ぎず、欧州向けは青田買いを大々的に行なう商社や製油工場・船舶を持っている企業との競争に太刀打ちできないというのである。

大豆油は欧州・米国に積み出されたが、米国では関税引上げにより、また欧州では大豆搾油業の発展により、油の輸出は減少傾向をたどった。物産は大連に三泰油房を有していたこともあって、大連積出油の四割前後、浦塩を合わせても三割前後を占めていた。欧州において家畜飼料として使われた豆粕も大豆輸出が増加するに伴い、減少傾向をたどった。

桐油は二三年の漢口からの欧米向輸出高四万五〇〇〇トンのうち物産は五七八五トンと一五%を占めていたが、二四年には九〇〇トン（二一・一%）、二五年には一五〇〇トン（二一・六%）と激減した。穀肥部長によれば、漢口店が大きな失敗を犯したというのである。二二年暮頃からの米国の建築ラッシュにより桐油価格が暴騰し、漢口店はそれに対応して、「手持ヲ売ッテハ買ヒ替エ何処迄モ是ヲ追ヒタル為、暴騰ノ後ニ暴落アルヲ見落シ、最後ノ買持ガ非常ノ高値ニ付其値下リヲ受ケタルモノニシテ、或程度迄デ切上ゲレバ損ハ無カリシモノ[10]」と、高値を深追いして大きな損失をこうむったのであった。穀肥部自ら「今ヤ行詰リノ状態」と認識する事態になり、「同業者無謀ノ競争ノ結果ハ多クハ疲弊困憊……当社商売ノ振興策ハ同業者共倒レヲ待ツ外ナカルベキカ」と、打開策を見出せないほどであった[11]。

漢口は桐油だけでなく菜種・胡麻取引の中心でもあった。ところが、「同店〔漢口〕ノ欧米向『プロデュース』商売ハ何レモ萎靡不振ノ状態ニアルハ遺憾ナリ、支那ノ内争ガ対外輸出貿易衰頽ノ主要原因ト思ワレズ、仕入店ノミニ対シ彼此云フ事ハ能ハザルモ販売店ト協力本商売振興策ヲ究メラレン事ヲ切望ス」と述べているように、仕入能力に問題があると穀肥部本部は見ていた。

インド産種実の積出地であるボンベイも亜麻仁の対欧州輸出に取り組み、二四年からはボンベイ店が「直接欧州買人ト引合」うが、「甘ク行ッテPar、普通ニ行ケバ経費損、見込ミ違ヒヲスレバ大損失」という状況であった。おそらく大きな欠損を出したのであろう。二五年一〇月にボンベイ店穀肥支部は廃止され、中国・南米と並ぶ油脂用種実の供給地であるインドから撤退する。

この時期までに物産は中国各地に油脂取引のためにかなりの投資を行なっていた。大連の三泰油房以外に、大連寺児溝には九〇万円を投じ、引込み線、一五〇〇トン貯蔵タンク七基、パッキング工場からなる施設、青島には二一万円を投じた落花生油精製所、漢口には桐油製油工場と穀物精選工場などである。

しかしこうした投資にもかかわらず、この時期の油脂・種実取扱いは満洲大豆油を除けば順調でなかった。その原因は、最大の消費国である米国が関税を次々に引き上げていったこと、欧州における需要構造の変化への対応が遅れたことなどとともに、最も大きいのは、産地と需要地価格の恒常的な逆鞘のなかで、臨機の対応ができる態勢ではなかったことである。

二三年から二五年にかけていくつかの新たな取引方法が採用される。大豆粕では二三年に販売店に二万枚の「単独勘定見込販売」を許可するとともに、大連と販売店の共通計算に関しては損失が生じれば大連が全額負担、利益の場合は大連六割、販売店四割配分とし、前年の二・五倍の販売高に達した。大豆・大豆油のロンドン取引は、大連店の出す引合価格はロンドン店口銭とブローカー料計一・五％を含み、ロンドン店の出す引合価格は「其侭ノ値段」すなわちロンドンの諸手数料を含んだもの、というように、共通計算ではなく打ち切り計算に移行する。大豆三品の取引は販売店の利益を保証するように価格を設定し、損失を生じた場合は大連店が多くを負担するようにするなどの方法を採用したのである。

ところが桐油の場合は仕入店に利益を保証するという、逆の方法を採用した。漢口店の引合価格は実際の直接的経費に、店経費分としてその一〇％を加えたものとし、「紐育店ヲ主店トシ売買越限度ヲ主店ニ与ヘ、漢口店ハ主店善導ノ下ニ仕入ニ当ル」こととなり、利益が出た場合に約半分の配分にあずかるというかたちであった。

各商品の市場の特質、仕入店・販売店の能力を勘案して各商品の取扱い方法を個別に決めていったのである。

三　油脂取引の回復へ

1　中国・満洲産油脂

こうした社内間の取引方法の改革により、二〇年代後半から三〇年代にかけて油脂取引は回復していった。

表8-10は二〇年代後半の大豆油の商社別積出高である。物産は二八年上期、華商の中国南部向け移出増加のため取扱量・シェアーを大きく減少させるが、通常は積出高のほとんどない浦塩を合わせても五割近くを占めていた。米

国への大豆油輸出は、亜麻仁油と棉実油の動向にかかっていた。たとえば二六年上期には、亜麻仁油が安かったため塗料向け需要は少なかったが、棉実油が高かったため「石鹼屋ヘ一艘分其他Dealerヘ一艘分売約、当社ハDealerノ手持ヲ買取リ新シク紐育、南部ニ於ケル食料油Refiner売込新販路開拓ニ尽力中」のように、大きな取引が可能となった（NY、二六年上）。表8-11は大連・浦塩を合わせた、商社別大豆積出高である。二〇年代前半物産の大豆積出高は数%に過ぎなかったが（表8-9）、この時期には顕著に増加し、三〇年には首位のEACと完全に並んだ。

豆粕は二〇年代前半、一〇%前後の取扱高だったが、二〇年代後半に「従来ノ大連仕入ノミニ偏セズ奥地沿線各駅ニ亙リ仕入連絡ヲ執リ、更ニ北満牛荘ノ仕込ニ傾注[12]」と、奥地仕入れを開始し、取扱高は日清とならんでほぼ首位のレベルに達した。

表 8-10　商社別大豆油積出高（1927～28年）

（単位：トン）

大連積	1927年上	1927年下	1928年上
三　井	47,363	42,847	16,186
三　菱	4,366	4,196	6,276
日　清	12,223	13,741	3,024
豊　年	3,518	2,360	4,179
華商その他	13,801	5,424	32,916
合　計	81,673	68,568	62,581
浦塩積			
東　亜	10,518	17,409	8,239
シベリア商会	7,462	5,673	1,820
三　井	—	896	697
合　計	19,337	29,380	10,776

出典：大連支店穀肥商品「昭和三年上半期　考課状」。

大豆三品の中で弱体だった大豆・粕の取扱高が激増した根拠は、共通計算から販売店が独自性を発揮できる打ち切り計算への転換、損失の場合には大連店が多くを負担するといった、販売店の意欲を引き出すような改革が大きかったのだろう。さらには、大戦中に激増していた日本人商人の淘汰が進んだことも物産などには有利に作用した。「其他大連特産商ハ連年ノ損失ト前車ノ覆轍ニ鑑ミ、大体ニ於テ堅実ニ終始シタルガ哈爾賓特産商ニハ失敗ニ終レルモノアリ」として、「多年北満特産界ニ活躍シタル」協信洋行が二〇万円の不渡りを出して閉店したのをはじめ、藤井・岩尾商店、佐賀商店などの有力日本人商社が閉店、あるいは業務を縮小したとしている[13]。

大戦中から二〇年代前半、日本商社は青島の油脂・種実市場に大きな力を持っていたが、後半に至ると次第に衰退していった。物産

表 8-11　商社別大豆積出高（1929～31 年）

（単位：トン）

	1929 年		1930 年		1931 年	
三　井	432,254	16.6	510,100	24.4	578,192	23.4
三　菱	77,094	3.0	125,801	6.0	184,203	7.5
日　清	74,272	2.8	30,680	1.5	22,721	0.9
瓜　谷	110,311	4.2	74,494	3.6	78,832	3.2
豊　年	186,985	7.2	154,230	7.4	158,160	6.4
EAC	711,853	27.3	513,316	24.5	605,117	24.5
シベリスキー	361,635	13.9	151,445	7.2		
カバルキン	79,901	3.1	35,970	1.7	45,680	1.8
ドレフィス	74,347	2.9	114,064	5.5	170,308	6.9
その他	499,778	19.2	355,087	17.0	593,538	24.0
合　計	2,606,430	100	2,091,884	100	2,471,528	100

出典：1929 年は三井物産大連支店「満洲ニ於ケル主要輸出入品ニ就テ」(1930 年)，1930，31 年は「津久井・阿部事務引継参考事項」(1932 年)による。

も不良品の輸出以後、取扱高を激減させていたが、三〇年上期から積極化する。種実は五〇〇トンの臨時売越限度許可を得て欧州向け、落花生油も四〇〇トンの臨時売越限度を得て米国向け輸出を再開した。

表8-12に三〇年上から三一年上期合計の、青島からの落花生三品の仕向地、商社別積出高を示した。油は米国向けが多く、邦商が支配的な地位を占め、三菱・峯村・三井という順位である。峯村は中国・満洲の油脂市場に大きな勢力を持ち、青島にも搾油工場を有していた。峯村・三菱両社とも「大胆ナル思惑ト無謀ナル買付ニ引合ヲ進メ、殊ニ三菱ハ船腹獲得難ヨリSpace先極メ大量Stockノ抱込ミ」と、積極的な売買越しを行なっていた。種実は欧州向け、中国向けが多いが、「邦商同業者ニ至リテハ往時ノ俤モナク吉沢、大杉が米国向ニ少量積出[14]」となってしまった。邦商の後退を埋めたのはEACをはじめとする欧州系商社であった。同社の進出ぶりについて青島支店は次のように記している。

> 旧荷ノ輸出ヨリ引続キ新物モ圧倒的輸出振リヲ示シ、其取扱蓋然頭角ヲ現ワシ居レリ、毎月自己所有船ヲ一隻寄港セシメ三／四千屯宛積出シ……買付ニ当リテモ沿線済南泰安ト奥地各地ニ進出、当地ニテモ成行大量買付居レリシ為自由ニ相場ヲ左右シ市場ヲ牛耳リシ形アリ（青島、三〇年上）

青島からは中国各地に殻付落花生実と油が移出され、欧州・日本へは種実が、米国へは油脂が輸出された。米国では二九年に輸入税が引き上げられ、物産在米店は落花生実・油の輸入からほぼ撤退するが、青島はその後も欧米・日本へ多くの油脂・種実を輸出した。三一年の資料によれば、中国の落花生実・油は、青島・上海・芝罘から欧州向けに例年一〇万～一二万トン積み出され、「EAC、英商、独商、支那商、何レモ活発ニ取扱ヒ、当社品ハ常ニ値段出合ハズ市場ヨリ遠去カリガチナル遺憾ナリ、逆鞘ヲ常トシ競争激烈ナル商品ナルガ当社仕入店ニ於イテ一層積極的ニ思惑ヲ加味シ敏活行動スレバ多少トモ競争圏ニ入リ得ベシト思ハル[15]」と、取扱高低迷の原因を制度の不備、仕入能力の欠如に帰している。

表 8-12　青島からの落花生製品積出高（1930年上～31年上期合計）

（単位：トン）

	殻　付	殻なし	落花生油
日本向け	17,485	3,524	23
中国向け	124,354	194	18,977
欧州向け	96,950	26,633	3,840
米国向け	7,699	3,811	39,486
合　計	248,488	34,164	62,306
三井物産	3,745	327	11,599
峯村洋行	299	474	13,535
大杉洋行	18,310	1,390	371
吉沢洋行	3,478	660	3
小林洋行	4,441	494	0
三菱商事	952	20	16,941
宝　隆	49,669	4,392	0

出典：青島支店穀肥掛「昭和六年上半期　考課状」。

表 8-13　漢口からの主要油脂・種実積出高（1929年下期）

	総積出高	内物産	首位商社	同積出高
桐油　米屯	34,940	178	リー・ジュイ	10,444
茶油　担	13,376	7,529		
棉実　担	431,400	46,287	吉田洋行	158,797
菜種　袋	359,180	69,681	吉田洋行	97,588
胡麻　屯	21,704	1,920	EAC	6,081

出典：漢口支店「昭和四年下半期　考課状」。

表8-13は漢口から積み出される油脂関係品のうち、物産が取り扱っている主要品目の積出高である。粕も含めて多くの油脂関係商品が積み出されていた。漢口最大の商品であった桐油は、二四年に大きな失敗を経験した後、二六年に「紐育主店主義」を実行して取扱高増加を図った。しかし「当市場ハ著シク相場物化シ純然タル投機売買ニ等シキ商内盛トナリ」と、市場の様子が大きく変化し、ギレスピーなどの大手商がいずれも苦境に陥った（NY、二六年上）。

二七年下期には、「一九二一年以来本油商内投機化シ大小輸出入商 dealer 簇出セルガ、之等ノ中今年ノ相場乱調子ニ破産ニ陥リタルモノ三軒」（NY、二七年下）のように、大きく動揺していた。この頃の物産の取扱高やシェアーは明らかでないが、漢口に精製工場を有しており、ある程度のシェアーは占めていたと思われる。ところが、二六年から二七年前半にかけての内戦、日本軍と国民革命軍との衝突によって物産の精製工場も被害をこうむり、以後桐油の取扱いは大きく減少した。

棉実と菜種の多くは日本向けであったため、日本商社が強かった。物産は菜種は吉田洋行に次ぐ取扱高であるが、棉実は数%から一〇%程度であった。胡麻は欧州・日本に積み出され、日本向けは吉田が強く、欧州向けは、EAC、アーノルド、サスーンら欧商の取扱高が物産をはるかに凌いでいた。

2 欧州市場

三〇年代初頭のロンドンを中心にした欧州の油脂関係営業を見ておこう[16]。

満洲大豆はドイツが年間八〇万～一〇〇万トン、デンマーク・英・スウェーデンが各一〇万トン前後、その他イタリア・オランダ・フランスが数万トンを輸入していた。最大の輸入商はEAC（欧州輸入量の三五～四〇%）であるが、同社は各地の自社工場、関連工場で搾油する量が多く、欧州輸入量の三〇%前後を占める物産が、「市場ニ現ハル、売物トシテハ」最大であった。表8‐14は三菱商事の資料による欧州向け大豆積出量である。物産が自称する三〇%というのは少しオーバーであるが、シェアーは二〇年代前半よりはるかに高くなっており、EACに次ぐ地位であったことは間違いない。そして日中戦争以後、欧商を次第に排除し、商事と並んで満洲大豆の輸出に圧倒的な地位を築いていくのである。

大豆油はユニレバー社が輸入量の八割を購入するといわれ、物産は同社と「最モ親密ナル関係」を築いており、取扱高の四〇～五〇%をユニレバー社に売り込んでいた。その他豆粕や満洲雑穀の高粱・そば・小麻子などは、物産が

表 8-14　商社別欧州向け大豆積出高（1932～38年）

（単位：トン）

	合計	三井		三菱		EAC		ドレフィス		その他	
1932年	1,653,500	403,000	24.4	310,300	18.8	606,800	36.7	107,900	6.5	225,300	13.6
1933年	1,581,000	417,100	26.4	305,100	19.3	568,300	35.9	66,500	4.2	224,000	14.2
1934年	1,109,000	238,600	21.5	163,600	14.8	344,200	31.0	91,000	8.2	271,500	24.5
1935年	1,016,400	127,400	12.5	72,700	7.2	475,700	46.8	139,600	13.7	201,000	19.8
1936年	1,168,600	329,100	28.2	139,500	11.9	405,600	34.7	135,800	11.6	158,600	13.6
1937年	1,385,400	430,800	31.1	321,800	23.2	380,800	27.5	180,000	13.0	72,000	5.2
1938年	1,101,300	397,200	36.1	354,000	32.1	249,900	22.7	77,100	7.0	25,100	2.3

注：年度は10月から翌年の9月まで。
出典：三菱商事株式会社『立業貿易録』428頁。

「優勢」であった。優勢な根拠について次のように述べている。

> 当社取扱優勢ナル商品ハ産地側ニ於テモ当社絶大ナル地盤ト組織ヲ有シ、倫敦ニ於テモ実需、Dealers, Brokers 何レモ当社多年緊密ナル関係ヲ築キ、三菱ノ如キ遥カニ凌駕セリ、大陸所在ノ消費者モ本社、Agent, Representative ヲ倫敦ニ有シ、且ツ概ネ満船商内、又ハ Tank 商内ノ如キ特殊船腹引合ヲ必要トスル関係上、今後共多少ノ不便ハ忍ビテモ倫敦中心商売ハ継続セラルベシ

ロンドンに輸入される油脂の中で他に物産が扱っていたのは、青島落花生・菜種油・硬化魚油であった。しかし落花生は前述したように仕入能力が欠如し、菜種油は需要が減少しており、硬化魚油は合同油脂を傘下に持つ三菱が全欧輸出の八割を占めていた。

「当社取扱困難ナルモノ又ハ見込ナキモノ」としているのは、エジプト・インド産棉実、インド・アルゼンチン産亜麻仁、インド・アフリカ産落花生などである。インド落花生の有力取扱商であるラリー社は、「産地ノ田舎迄出張員、駐在員ヲ有シ大掛リノ仕入網ヲ擁セルコト宛モ当社ノ大豆買付ニ於ケルガ如ク」といわれ、またアフリカ落花生を取り扱うのはイギリスやフランスの殖民会社であり、それらは「雑貨類ト物々交換ニテ仕入レ、欧州ニ積出セル状況」であり、インドやアフリカにおいては植民地本国の商社と「太刀討チヲ容ササルヘシ」と競争不可能であった。

物産が油脂営業において今後執るべき方針としたのは、第一に満州特産物のよ

うに、すでに大きな勢力を有している商品の一層の発展を図ることと、第二に青島落花生・南洋コプラのように、一定の地盤を有する地域・商品の営業拡大を図ることであった。

仕入店ニ於イテ他商ニ劣ラヌ施設ト能力ヲ具備スルニ努メテ貰イ、仝業者競争ノ倫敦市場ニCompetitiveナ値段ヲ出シ得ル様仕入機構ヲ扶植スルコト肝要ナリ、仝業者ガ多年莫大ナル経費ヲ払ヒ産地ニ築ケル仕入施設ハ一朝一夕ノモノニ非ズ、此点ヲ考慮セズ単ニ右左的引合ヲ僥倖スルモ穀肥商品ニ於テハ発展ヲ望ムコト至難ナリ

従来、穀肥商品の取扱いには売買越取引の重要性が述べられるのが通例であったが、ここで述べている「施設ト能力」、「仕入レ施設」とは、売買越しによる臨機応変の仕入れとともに、奥地からの仕入れ、精製・選別施設、輸送施設なども含んでいる。こうした投資によってこそ、需要地において競争可能な価格と量をオッファーできるというのである。

3　在米店の油脂取引

三〇年代前半、NY店の油脂取引は概して停滞的であった。三二年下期の考課状によれば、菜種油は消費者手持多く売行き不振、大豆油は地場物に押され商機なし、桐油は産地における排日により買付け困難であり、蘇子油・ヒマシ・コプラの売約を見ただけであった。また三三年上期考課状には油脂の記述はない。

他方、SF店はこの時期から油脂取引を活発化させていく。三〇年下期以降、関税引上げの対象外となった中国産胡麻の輸入が始まり、「漢ロトSupplierトノ提携成リ米国太平洋沿岸本品総需要ヲ一手ニ納メントノ意気込」（SF、三二年下）を示すほどとなった。またスタンダード社への菜種油の売込み、マニラ店の援助によるコプラ取引への着手、「買手トノ関係、季ヲ追フ毎ニ密接ヲ加ヘ順調ニ進展」（SF、三四年上）した荏胡麻油（蘇子油）、さらに三三年下期に着手した桐油も次第に増加してくる。このようにSF店は三一年から油脂取引を拡大していった。

米国における油脂関係品の取扱いが大きく拡大したのは、三四年の綿花不作と景気回復、三五年の伊・エ紛争など

による軍需の増加であった。「昨夏ノ世界的旱害特ニ米棉凶作ニ端ヲ発セル米国油脂及飼料ノ需要物凄キモノアリ、欧州及日本モ其ノ影響ヲ受ケテ活況[17]」、「本年〔三五年〕夏ヨリハ米国買気甚ダ旺盛ナリシ為内地需要ハ殆ド顧ル隙ナク全能力ヲ挙ゲテ輸出引合ニ応ジ、然モ尚不足ヲ感ジ後カラ跡カラト続ク米国ノ買気ニ追ハレ通シ[18]」と、米国の油脂・飼料需要が各地に影響を及ぼしていった。

三二、三三年に半期一〇〇万円前後まで落ち込んだNY店の油脂関係取引は、三五年上期に八〇〇万円に達し、三七年までほぼ五〇〇万円以上を示す。SF店も三五年上期には胡麻五〇万、小麻子三七万、荏胡麻油六〇万など、取扱高が急増する。

NYやSF店など販売店にとっての最大の問題は、日本・中国における仕入れ能力の弱さであった。NY店は、国内油脂商内の中心である神戸店や漢口店にしばしば「仕入方法改善方」を申し込んだ。菜種油と荏胡麻油は中国・満洲からも輸出されたが、日本国内においても国産原料や輸入種実によって大量に搾油されていたのである。NY店の主張は以下のようであった。

Storage Tank 等ヲ設備シ常備 Stock ヲ持チ之ヲ引合ノ根幹トシテ不断ニ小油房ノモノヲモ買集メ仕入ヲ拡充スル事、更ニ又各仕入店ガ夫々ノ土地ニ於テ製油家ト資本的ニ提携或ハ自家製造ニ乗出セバ当社ノ活動力ヲ増大シ得[19]

こうした仕入れ方法は「理想的」であり、まさに「紐育店御意見ノ通リ」であるが、撒積可能な量を提供できる油房は、神戸店の取引先である国内最大の菜種油房吉原製油をはじめ五製油所のみであり、他は大部分ドラム缶単位でのみ供給できる油房であった。物産は「資本的ニ提携セル油房トテハ一ツモナク、只長年ノ好関係トカ原料商売ニテ好関係ヲ持続スルモノ」に過ぎなかったのである[20]。最大の油房吉原は自らも輸出し、三菱にも出荷するなど、「其ノ活動ガ自由ナル事他ニ比ヲ見ズ」と言われるほどであった。輸出商も三菱や日商、湯浅貿易などに加え、佐川商店・笠井商会など専門商社も強力であり、「各社競争猛烈、商内仲々六ケ敷」ものであった[21]。

漢口店に対してもNY店・SF店は「度々桐油、棉実油、皮油等ドシドシofferスル様御希望、御飛報」を出した。しかし漢口店は、取扱高増加に対して極めて慎重であった。

買付得ル問屋ハ相当限定サル、次第ニテ、常ニ比較的安全性ノアル問屋ヨリofferヲ握ルト云フ事ハ仲々困難……過去ノ苦キ経験ヨリ当方ハ当分右左商内ヲ趣旨トシテ行動致シ居ル関係上、他大口投機者ニ伍シテ此ノ点販売店ノ御不満ヲ招ク事……取扱量ヨリ確実性ヲ主トシ大怪我ヲ免レン[22]

信用ある問屋からの買付けが困難であること、過去の失敗に鑑み、取扱高の増加よりも安全性、確実性を重視すると述べている。投機的商品である油脂・種実に対するこうした慎重な姿勢が、取扱高の拡大を制約していたのである。NY店の穀肥商品取扱高は三七年下期に九〇〇万円に達した後、三八年上期は三〇〇万円に激減し、三九年下期から回復する。日中戦争により、油脂・種実の集散地・積出地が戦火に見舞われて激減したあと、占領地の拡大に伴い、油脂・種実の対米輸出も復活していった。

4 桐油の取引

油脂の中で軍需品として最も重視されたのは桐油であった。桐油は大戦後から二〇年代後半まで、物産や三菱商事、日華製油（日棉系）など漢口に拠点を置く日本商社も盛んに輸出していた。ところが、二〇年代後半の輸出桐油に対する地方課税の強化を免れるため、また良質な油を入手するために、油号―油行―輸出商という従来の流通ルートでなく、輸出商が産地に赴いて仕入れ、ライターといわれる河川通行用小型タンカーによって輸出商の精製所（漢口・上海）に輸送し、上海から輸出するというルートに変わっていた。

桐油の仕入から輸出に至る取引・流通経路の変化がまさに進んでいた二〇年代後半、漢口事件が発生し、漢口を中心とする桐油の集散地において排日の動きが活発化してきたのである。このために日本商社は流通ルートの変化への対応に遅れを取った。

三〇年代中期、横浜正金は桐油取引について、一〇年ほど前までは邦商が盛んに輸出していたが、品質管理の困難さや価格変動の激しさにもかかわらず、「多額の見越買付を要する関係上市価の予期せざる変動により不慮の大損失を招く危険性多く、余りに投機的色彩濃厚なる」取引であるため、「全く取引するもの無く」なってしまったと記している。[23] 前述したように物産は二四年に大きな損失を負い、三菱商事も二〇年代後半から三〇年代にかけて桐油取引を消極化させていた。

漢口「桐油精練廠」の最大規模はスタンダード社、二位はジャーデン・マセソン社であり、ＥＡＣやサスーン社も精製工場を有していた。欧州向け積出はアーノルド（安利）、ジャーデン（怡和）、シュナーベル（嘉利、独）、ＥＡＣの順、米国向けはワーナー（施美、米）、ヤング・ブラザー（中）、ボンガー（生利、米）、福中、アーノルドの順である。邦商は桐油取引からほぼ撤退していた。[24]

しかし邦商も油脂需要の激増の中で桐油取扱いを再開し、三七年にはギレスビーの輸出量九〇〇〇トンに対し、物産・商事は各々四四〇〇トン、全積出量の一一％に達し、二位、三位を占めた。[25] 米国は油脂輸入激増に対し、三六年八月、桐油・茶油・棉実油を除く油脂・種実に対する消費税（Excise Tax）引上げを行ない、物産在米店もその影響をうけ、また三七年下期以降、綿花の増産によって棉実油価格が低下し、油脂輸入そのものが減少していった。さらに日中戦争の勃発によって漢口支店が閉鎖され、桐油取引から再び撤退を余儀なくされるのである。

桐油輸出額は三五年に中国の輸出品のなかで生糸・茶を越えて首位となり、三六、三七年には輸出額の一〇％を越える。三七年末には漢口からの輸出が不可能になり、広東その他の西南諸港に移しつつ、香港などを経て米国・欧州に大量に輸出された。米国は桐樹の栽培を奨励して桐油の国産化、代用油や合成塗料の研究を進めるが、なお中国産桐油が不可欠であり、また対中支援の意味からも桐油の購入と備蓄に努めた。米国連邦輸出入銀行が桐油の輸出代金によって返済する「桐油クレジット」を中国対外貿易公司に供与するほどの重要性を有していたのである。[26]

漢口占領後、武漢軍需物産買付搬出連合会のもとに、桐油業組合が組織され、集荷と対日輸出に当るが、物産の内部文書においても「事変以来桐油が従来の出廻り経路を一変して我が占領地区より姿を没し、非占領地区に流れ流れて最後は主として香港に集まる」[27]と記されているように、桐油の集荷は容易でなかった。

日本は対中経済封鎖と米国への軍需品供給の制限を意図して、中国から米国への桐油輸出を途絶しようと努めた。日本軍によって広州方面から香港への出まわりを阻止され、ビルマルートに転換し、輸出は四〇年九月から著減していった。それは中国の抗戦力を弱めはしたが、もう一つの狙いである「米州経済ブロック、自給自足圏確立」に打撃を与えるものではなかった。物産NY店は、「某方面」から求められた米国の油脂需給に関する報告において、「当国〔米国〕ノ油脂業者ハ支那桐油ニ対スル不安定性ヲ疾ニ認識シ、殊ニ欧州戦争開始ト共ニ代用油ノ使用ヲ督励シ……鋭意研究」を継続しており、桐油の輸入途絶は業者にとって打撃とはなるが、「不遠品質価格共ニ桐油ニ匹敵スル優秀代用油ノ完成」を見るに至るだろうと記している。[28]

小　括

油脂と油脂原料は世界各地で産出され、流通する世界的商品であった。大消費地である欧州各国は植民地・勢力圏からの輸入が多く、また米国は国内産が多く、さらに作柄や関税によって需要は大きく変動し、安定的でなかった。物産を含む日本商社は、満洲・中国・南洋からの種実輸入による搾油、さらに種実・油脂の欧州・米国への輸出に携わった。物産NY店・SF店は、大戦期に続いて大豆油・落花生油・桐油などの米国への売り込みにあたった。しかし米国の関税引上げによる輸入減少だけでなく、需要先開拓、先売先買などの積極的な手段をとらず、取扱高は停滞的であった。

消極的な姿勢は中国・インドなどの仕入店にも共通していた。落花生を主とする青島店、桐油の漢口店、亜麻仁のボンベイ店など、一時は大きな取扱高を挙げつつも、種々の理由により継続しなかった。また、大豆三品のうち油の取扱高は大きかったが、欧州向けに拡大を続ける大豆のシェアーは著しく低かった。

それぞれの品目・地域において、三菱商事にとどまらず、油脂関係の邦商専門商社、欧米系商社、華商との激しい競争の中で、二〇年代の物産油脂取扱いは停滞的であった。

しかしその間に取引方法の改革がすすめられる。油脂・種実は先物取引を必須とする投機的な商品であり、その取引を発展させるためには、取引のノウハウとともに、不可避的に生ずる損失に耐えうる体力が不可欠だった。中小の仕入店には損益の有無にかかわらずNY店などが口銭を保証し、他方大連のような大規模な仕入店は販売店の損失も部分的に負担するのである。さらに需要の増大とともに、製造や取引方法、輸送手段の変革も進み、それに応じた仕入・積出しの新たな施設も必要とされる。

こうした努力が最も早く成果を挙げたのは大連からの大豆・大豆粕積出しであった。青島からの輸出は欧米系商社だけでなく邦商も有力であり、漢口からの輸出は欧米商社が掌握し、三〇年代に入っても物産の取扱高は増加しなかった。それが変わり始めるのは三四年の米国の需要増加以降である。しかしNY店が仕入店に仕入拡大を求めても、仕入店は過去の失敗に鑑み、必ずしもそれに応じず、順調には増加しなかった。

油脂の中で軍需品として重視され、中国からの輸出高が激増したのは桐油であった。物産・商事は消極化していた桐油取扱を三〇年代中期から積極化する。しかし、日中戦争により、邦商は漢口店を閉鎖して取扱いを中断した。桐油の対米輸出は、中国政府系商社が掌握し、中国の最大の外貨獲得源になり、一方漢口を占領した日本は、その桐油の掌握を目指すが、容易には進まなかった

NY店の油脂・種実取扱いが増加し始めるのは、三九年上、下期に至ってからであった。

（1）　各種植物性油脂の特徴については、大浦萬吉『改訂増補「黄金の花」日本植物油沿革略史』（新潮社、一九四八年）第三章、東亜研究所『国際商品としての桐油の生産と及び流通』（一九四二年）、「製油原料（大豆を除く）概説」（一九三

四年一月、横浜正金銀行頭取席調査課『「大連メモ」集』一九三四年刊所載。本書は三二年から三四年にかけて同銀行大連支店が作成頒布した「大連支店メモ」から選択して一書にまとめたものである）などによる。
（2）満洲重要物産同業組合『欧米市場に於ける我満洲特産』（一九二二年一二月、古沢丈作述）四～七頁。
（3）「米国産大豆に就て」（一九三三年三月、前掲『「大連メモ」集』）。
（4）一九三〇年菜種油製造量三万四〇〇〇トンの原料一一万三〇〇〇トンのうち、四万九〇〇〇トンが輸入とされている（三井物産本店営業部「国際搾油業会議報告材料ノ事」一九三一年四月六日、SF. BOX 370）。
（5）紐育穀肥支部「大正十年上半期　考課状」。
（6）同前。
（7）「桑港出張所取引先考査表」（一九二七年、SF. BOX 473）。
（8）三井物産穀肥部長「大正拾五年　支店長会議穀肥部報告」（三井文庫蔵、川村一六-三）。
（9）同前。
（10）穀肥部「上海・大連積出品打合会議録」（一九二四年七月、FNO 2809）。
（11）前掲「大正拾五年　支店長会議穀肥部報告」、以下の引用はこの報告による。
（12）大連支店穀肥支部「昭和三年上半期　考課状」。
（13）同前。
（14）青島支店穀肥掛「昭和五年上半期　考課状」。
（15）在倫敦喬木亀久次郎「倫敦穀肥商売ノ大勢ニ就テ」（一九三一年一二月三〇日、SF. BOX 294）。
（16）以下の引用は、同前「倫敦穀肥商売ノ大勢ニ就テ」による。また、記述では在漢堡喬木亀久次郎「漢堡店取扱穀肥商内ノ現況ト将来ニ就テ」（一九三二年一月二三日、同前）も参考にしている。
（17）漢口支店輸出雑貨掛「昭和十年上半期　考課状」。
（18）神戸支店肥料油脂掛より業務課穀肥掛宛「対米菜種油商売改善ニ就キテ」（一九三五年一〇月一八日、SF. BOX 345）。
（19）神戸支店長より本店業務課長宛「対米輸出油商売ノ事」（一九三五年一二月一一日、同前）。
（20）同前。
（21）神戸支店肥料油脂掛より紐育支店雑貨掛・桑港出張所宛「植物油輸出商内ノ事」（一九三五年八月二八日、同前）。

(22) 漢口支店輸出雑貨掛より紐育支店雑貨掛・桑港出張所宛「油類御引合ニ就テ」（一九三六年一二月一日、SF. BOX 365）。
(23) 横浜正金銀行頭取席調査課『北満の小麦並に製粉業に就て・長江流域に於ける桐油事情』（一九三六年八月二二日、調査報告第百号）八九頁。
(24) 同前。
(25) 三菱商事株式会社『立業貿易録』四四四頁。
(26) 前掲『国際商品としての桐油の生産及流通』九八頁。
(27) 三井物産上海支店「桐油事情」（一九四〇年四月三〇日）一四四頁。
(28) 紐育支店雑貨第一課より穀物油脂部総務課宛「アメリカ油脂輸出入ノ事」（一九四一年五月二三日、SF. BOX 538）。

第9章　缶詰の仕入れと販売

水産物を中心とする缶詰の生産と輸出は、一九二〇年代に急速に増加した。物産は第一次大戦前から、北海道・北洋のパッカーに仕込資金を供与し、製品の委託を受けて輸出に携わってきた。しかし二〇年代の拡大期に、水産缶詰の中心である鮭鱒とカニ缶詰の仕入地盤の確保に失敗した。この分野で圧倒的な地位を築いたのは、専門商社野崎商店と物産を急追していた三菱商事であった。物産は、缶詰が重要輸出品に成長していく三〇年代、仕入地盤においては三菱と激しく争い、また販売網の形成においては野崎の後を追い、三〇年代中期に三菱・野崎と並ぶに至った。

本章は、米国向けが大部分を占めたカニ缶詰、冷凍鮪・鮪缶詰の仕入地盤、販売網の形成と、欧州向けが多い鮭鱒缶詰、米国・メキシコにおけるエビ漁獲と輸入などについて明らかにすることを課題とする。

一　戦間期の缶詰市場

缶詰類の生産・消費は、第一次世界大戦とその後の一九二〇年代、食生活の変化や流通組織の整備などの影響を受けて激増する。一九三五年頃における世界の缶詰生産高は約二億七〇〇〇万函、内アメリカが二億、七五%を占め、日本はカナダ・ソ連・オランダなどと並んで七〇〇万～八〇〇万函約三%を占めていた。缶詰の内訳は蔬菜五割、畜産・果実各二割、水産一割だったが、日本は水産五割、果実二割、畜産・蔬菜各一割である。世界貿易に投入される

表 9-1　缶詰の種類別輸出先別数量（1935年）

（単位：千函）

	カ　ニ	鮭　鱒	鰮トマト漬	鮪油漬	煉　乳	ミカン	パイナップル	たけのこ
アメリカ	208	10		267		21.5	55.8	10.6
カナダ	1			28		1.5		0.5
イギリス	138	491	14			194	14.4	
フランス	7	120	0.4					0.2
ベルギー	14	95	43	37.3			3.3	
オーストラリア	6	7	22					
海峡植民地			95		56	1.3		1.9
シャム			54		96.2			0.4
フィリピン		7	155		46.2	0.2		1
蘭領インド			132		6.4	1.8		1.4
満洲	1		13		15.4	5	23.6	38.6
ハワイ	1							11
合　計	441	730	695	392	220	234	114	72

出典：野村康雄「食料品ニ関シ第二次欧米出張報告」（1936 年）。

割合は生産額と異なり、畜産三六％、果実二六％、水産二三％、蔬菜一四％という割合だった。

日本の缶詰輸出の内訳は水産類が五～六割、畜産一割強～二割強、果実が一・五割、蔬菜が一割前後である。缶詰輸出の過半を占める水産類のなかでは、三〇年代初頭まで鮭鱒とカニが大部分であったが、三二、三三年頃から鰮・鮪が急増する。表9-1はその頃の種類別輸出先である。カニは米・英、鮭鱒は英・仏・ベルギー、鰮・煉乳は南洋、鮪は米・加、蜜柑は英・米というように、各国・地域の特色、すなわち自然条件に基づく食料品生産のあり方や生活水準に規定されて明確な特色が形成されていた(1)。

日本の水産缶詰製造と輸出は、一九二〇年代中期からのカムチャッカにおける鮭鱒缶詰業の拡大と、母船式カニ缶詰製造業の開始により顕著に増加した。二四年の輸出高八〇〇万円、総輸出高に対する割合〇・四％から、三三年には四七〇〇万円、同二・五％、三九年には一億三二〇〇万円、同三・七％へと増加した。

物産は第一次大戦中における食料品の需要増加に対応し、一八年二月に水産缶詰を専門的に扱う食料品掛を営業部に設置するなど取組みは早かったが、二〇年代中期の北洋漁業拡大とその製品の輸出増加への対応に決定的に立ち遅れた。三菱商事が「水産に至っては其大宗たる鮭鱒及蟹缶詰輸出に於て本邦総額の六割乃至

表 9-2　三井物産食料品掛の主要商品売約高（1935～39 年）

（単位：千円）

	鮭鱒缶詰	カニ缶詰	鳳梨缶詰	鮪缶詰	鰯トマト缶詰	煉　乳	みかん缶詰	冷凍鮪	冷凍エビ
1935 年上	327	568		118	476	668			
1935 年下	321	654	98	64	396	256	106	416	256
1936 年上	1,098	1,301	254	178	304	352	58	228	410
1936 年下	2,433	1,965	1,093	414	356	397	42	23	342
1937 年上	8,745	1,473	88	402	878	120	45		113
1937 年下	4,977	1,882	1,016	582	998	72	124		252
1938 年上	7,553	805	518	148	467	146	357		
1938 年下	8,785	3,514	1,148	662	550	217	279	275	
1939 年上	6,144	3,604		639	853				
1939 年下	10,833	7,633		1,093	932				

出典：本店営業部食料品掛各期「業務総誌資料」。

七割を取扱ひ、他社の追随を許さゞる域に達した」[2]と誇り、野崎を先頭とする専門商社も欧米にとどまらず、アフリカ・中東各地にまで販売網を構築していた。

物産が水産缶詰輸出に立ち遅れた原因は、担当者が三五年に、「色々ノ関係デ内地仕入店ハ拾数年ノ間蟹、鮭其他何レモ仕入関係確実ニ到ラズ供給力ニ毎年移動ガ続イタ、三井ニハ気ノ利イタ力ノアルブローカー、代理店ガ付イテ来ナカッタ」[3]と述べているように、仕入の不安定と販売力の弱さであり、内部組織の問題としては、「仕入ト販売ニ全ク機関ノ無カッタ結果ト更ニ遡レバ会社ニ一定ノ方針ヲ授ケル責任者ノ無カッタニ依ルモノ」であった[4]。

こうした弱点は一九三〇年頃から急速に克服され、三〇年代中期には商事・野崎と並ぶに至る。表9-2は、包括的ではないが、取扱高を急増させていた三五年から三九年までの、食料品掛主要取扱品の売約高である。鮭鱒・カニ・鮪に加え、鰯トマト・パイナップルなどの売約高が急増するのである。

二　カニ缶詰事業

1　カニ缶詰取扱いの低迷

SF店は輸入したカニ缶詰をすべて北米貿易へ販売していた。この方法によれば、安定的なマージンは確保できたが、取扱高の増加に結びつかず、一九一八年から二〇年までの年間取扱高は一〇〇〇から一五〇〇函[5]、四万円から七万円程度を越えなかった。他方、「既ニ北米貿易会社、野崎商店等ニヨリ広ク且ツ根底深ク取扱ハレ来リタルヲ以テ、当店〔物産SF店〕が単ナル輸入業者トシテ此間ニ割込ムハ容易ノ業ニアラズ[6]」のように、北米貿易は〝NAMUKO〟、野崎は〝GEISHA〟ブランドによって米国市場に深く浸透していた。

SF店は、仕入が安定し始めた二〇年頃から、独自の商標による売込みを計画する。「今後ハ敏腕ノブローカーヲ操縦シテ広ク一般華主ノ吸収注文ニ努ムル他更ニ最モ有力ナル Whole Sale Grocer ニハ精々接近ニ努メテ直接売込ミニ成功」と、ブローカーを通じて問屋・卸商への販売を開始したのである[7]。

東部地方は西海岸よりもカニ缶詰の紹介は遅れたが、大戦中に需要が拡大する。西海岸と同様、北米貿易・野崎が勢力を有し、加えて太平洋貿易・岩上商会など在米日系商社や三菱・久原・鈴木などの有力商社も進出し、販売競争が激しくなっていた。NY店も一九年下期に「昨年頃ヨリ商売目鼻付キ」と述べ、年間取扱高一四〇〇函、七万円、SF店とほぼ同規模に達し、二〇年上期には三菱などの日本商社を「駆逐」し、「当方ノ販売地盤ハ逐年確固トナリ」（NY、二〇年上）と自負するほど、急速に拡大していった。

在米支店が取扱いを積極化していた頃、北洋漁業に携わる漁業会社は、ソ連の漁業政策への対応を迫られていた。革命前の露領漁業の最大手デンビー商会は、一八年に三菱との共同出資による北洋漁業株式会社を創立し、三菱商事がその販売権を掌握した。物産が出漁資金を貸与して鮭・カニ缶詰の委託販売にあたっていた旧日魯漁業は、デンビーと並ぶ最大手の堤商会（輸出食品株式会社）、中小漁業者を統合した勘察加漁業株式会社と二一年三月に合併し、新日魯漁業が誕生することになった。物産は二〇年の鮭鱒缶詰輸出において、セール・フレーザー商会の六七％、商事の一九％に次ぐ一四％の輸出高だった。物産の安川雄之助がこの三社合併構想に最初から加わり、合併を前提にして旧日魯に仕込み資金一五〇万円を貸与したことは、物産が北洋の鮭鱒・カニ缶詰業に積極的に取り組む考えであったことを示している。

新日魯を掌握した堤清六は、諸会社を併合する過程で英国銀行団などから莫大な借入金を負い、日銀・朝鮮銀行からの一〇〇〇万円の借入金と債権棚上げによって一時をしのぎ、二一年度の出漁資金を物産とセール商会に依頼してきた。物産は前年英国に輸出した約七万函の鮭缶詰が当初見込み価格函四ポンドを三ポンドまで下げても売り抜けずに滞貨となっていたため、前年と同額までの貸付は覚悟するが、「昨年度受託荷売抜渉取ラザル今日、新規前貸ヲ為ス事ハ貸出重複ヲ見ルヲ以テ暫ク形勢観望」という態度をとった。

二〇年のカニ缶詰は横浜の輸出商駒田商店への一〇万円の前貸しによって五〇〇〇函を確保し、「右左ニ売却シテ相当ノ成績」を収め、また日魯の委託品や市場からの拾い買いを加えて計一万二〇〇〇函、全輸出額の約二割を占めた。二一年も駒田から樺太合同産業製の一万函に対する仕込み資金一五万円の申し込みを受けたが、「先行特ニ不安見越ニ基キ全然前貸ノ関係ヲ避ケ」と駒田との関係を中断した。物産は「日魯漁業会社ノ製品ヲ委託引受クル筈ナレバ相当纏マリタル荷物ハ手ニ入レ得ル見込」と、供給を新日魯からの委託品に頼る計画であった(8)。

物産は戦後の欧米におけるカニ・鮭鱒缶詰の需要増加を十分に認識しており、その供給を北洋漁業の最大手になった新日魯に求める方針であった。ただ、戦後の需要減退・価格低下に際し、仕込み資金の貸出を大きく制限したのであり、またこの方針は戦後の物産の引締め政策とも一致していた。しかしこうした態度は、新日魯に「三井物産は、合併後の新日魯が堤系に握られると、さっさと北洋から手を引いてしまった」と映ったのである(9)。そして翌二二年には三菱系の北洋に日魯の資本が入り、二四年には日魯に吸収され、そこに三菱がセールとともに仕込み資金を供給し、三菱の圧倒的な優位が形成されていくことになる。

樺太・北海道のカニ缶詰は明治末期以降の「酷漁乱獲」のため不漁となったが、二一年から始まった工船により、輸出量は大正末期から一挙に増加する。二四年の輸出量一二万函が二六年に二七万、二八年には五〇万函と激増した。業者が乱立した工船も二七年に昭和工船と日本工船の二社に合同して昭和は三菱商事がおさえ、日本工船と日魯の陸上製品は共販組織を通じて売り渡され、その他各地の中小パッカーの製品は内外商社に売り渡されていた。

NY店のカニ缶詰取扱いは二〇年上期二八〇〇函三七万円、同下期五一〇〇函三七万円と順調に拡大したが、二一年上期は一〇〇〇函七万円、同下期一〇〇函、二二年上期一二一函と激減する。カニ缶詰の仕入れは、上記のようにパッカーに仕込み資金を貸与して委託品を確保する方法と、市場から現物を仕入れる方法の二つがあり、また販売も卸商・チェーンストアなどからの「買人先物約定」に応じるものと手持ちの現物を販売する方法との二つがあった。NY店は市況に応じて両者の販売を併用することが必要であるとしつつも、パッカーは、莫大な仕込み資金を製品を販売することによって返済するという特殊な業態であり、また物産は彼らに資金を供給する十分な資力を持っているため、「各販売店ニテ見込買持チヲ為スヨリモ、製造家ヲ説キ相当数量ヲ委託積送」（NY、二一年下）することを基本とすべきであると主張する。同店は「優秀品獲得ノタメニハ……仕込関係ヲツケソノ製品ヲ独占スルコト最モ捷径且ツ確実ナル方法タルヲ信ジ、東京店ノ考慮ヲ叫バントスルモノナリ」（NY、二二年下）と、本店に対し委託品の獲得を強く求めるのである。

物産は北洋漁業の再編に食い込むことに遅れ、有力パッカーは三菱とセール商会が掌握してしまった。しかし缶詰を確保する手段はほかにもあった。「北米、野崎等ハ例年ノ通リ産地ニテドシドシ思惑買付ケヲナシ当国ニテ現物トシテ売出サントスルモノノ如ク、買人亦之ヲ歓迎スル傾向」と、中小輸出商は産地・横浜市場において買い付けていたのである。NY店は委託品確保が不可能ななか、「対応セザレバ年来ノ地盤ヲ失ウ恐アレバ、東京店ト協議ノ結果乗合トシテ手持荷輸入ヲ提議」（NY、二三年上）したが、本店はこれにも応じず、同店単独で少量を買い付け、最低限の商権の維持を図るだけとなった。

2 カニ缶詰への再進出

物産がカニ缶詰取扱いを積極化させるのは、二五年二月に蟹缶詰共同販売株式会社が設立され、日本工船と日魯のカニ缶詰が市場で販売されるようになってからである。市場からの買入れが容易になり、さらに営業部は同年に工船一隻、二六年に四隻の委託荷を引き受けてSF・NY両店に送付し、その品質は市場において好評を博した。

営業部は取扱いを積極化するに際し、従来のように北米貿易など強固な販売網を持っている同業者に販売するのではなく、「当社商標ノ下ニ直接需要者ニ売込」む方針を指示した。NY店はニューヨーク・ボストン・シカゴに「販売網ヲ設ケ更ニ各地方ニ小口割込ノ案ヲ立テ極力Brandノ売拡ニ努メ」たが、大量に輸出されたために市価が低下し「売込困難」となった（NY、二六年下）。SF店も「当社商標ノ未ダ需要者ニ広ク知レ渡ラザルト多数需要者対手ノ販売設備ヲ有セザル当店トシテハ十分ナル販売成績ヲ得ザル」（SF、二五年下）と、期待した成果をあげるに至らず、二六年には横浜の生糸商小野商店が設立した小野貿易のSF出張所に全量販売する契約を結び、実需販売から撤退する。

小野商店がSFに出張所を開設した年次は詳らかにしえないが、二四年には野崎・堂本と並ぶ二万函のカニ缶詰を輸出している。小野のSF出張所は支配人立川直三郎が実質的に切り回し、立川が所有していたBlue Flagの商標でカニ缶詰を販売していた。立川は「亜米利加畑ノ男ニシテ対米人関係ニ於テモ相当認メラレ居レリ、切レ過ギル方ノ質」と評される人物であった。二六年に三三万ドルのカニ缶を小野に売却したが、大量に入荷する製品のために市価は漸落し、二七年三月には一四万ドルが回収不可能となった[10]。この滞貸しは、確保していた小野商店当主哲郎個人名義の保証状（五〇万円）を担保に、物産が横浜製材工場を建設する際の土地と相殺し、最終的には三三年七月に滞貸金残金七七〇〇ドルを抹消する[11]。

二七年下期には、小野が使用していたBlue Flagの商標を物産SF支店が買い取り、立川も物産のブローカーとなり、彼が掌握していた売込み先もそのまま物産SF店のものとなった。同商標は特にロサンゼルス方面において「根強キ地盤ヲ築キ居ル所ナリシヲ以テ相当纏リタル註文ヲ取付ケ得タリ」（SF、二七年下）と、実需筋への販売に見込みをつけることができた。表9-3には二七年のカニ缶詰の取引先として七社が記されている。大は一〇〇〇店の

表 9-3　サンフランシスコ店のカニ缶詰販売先（1927 年）

店　名	所在地	営業種類	取引高	資産・資本金	備　考
Sussman Wormer	サンフランシスコ	食料雑貨卸	3,500	資産 75〜100	当市 3 大卸商の 1，資力・信用とも絶大
Wieland Brothers	同	同	10,000	資本金 50	自己商標 W. B を付して卸売
Piggly Wiggly	サンディエゴ	チェーンストア	2,500	資産 7.5	市内に 10 店の店舗経営
E.A.Morrison	ロサンゼルス	食料雑貨小売	3,000	資本金 30	市内有力グローサリー
Safeway Stores	各地	チェーンストア	45,000	払込 300	西部各州にわたり 1000 店の店舗，信用絶大
Von' s Inc.	ロサンゼルス	同	3,000	資産 50	市内に 78 の店舗，信用評判良好
Ideal Grocers	サンディエゴ	食料雑貨卸	1,500	資本金 1	資力薄弱なるも田舎町のグローサーとしては堅実

注：取引高はドル，資産・資本金は万ドル，すべて株式会社である。
出典：「取引先考査表」(1927 年)。

店舗を持つチェーンストアのセーフウェイから、堅実ではあるが「資力薄弱」な田舎町の卸売グローサリーまで多様である。二八年に二万三〇〇〇ドルを販売したシカゴのサンボーン社は「過去数年間ニ亙リ小野貿易会社桑港出張所ノ手先トナリ蟹缶詰其他缶詰類ノ販売ニ従事」し、二八年からは「当方ブローカー立川経由ヲ以テ取扱要領申送リ」と立川経由で売買が行なわれている。[12] また二九年には「Blue Flag 商標ヲ第一線ニ立タシメ、一方遊撃ノ意味ヲ以テ従来ノ Broker ヲ二名ニ増シ他商標モ条件ノ如何ニヨリ是ヲ容認」（SF、二九年下）し、年間一万五〇〇〇函八四万円まで増加させた。

缶詰はブランドの浸透が決定的な意義をもち、北米・野崎・三菱に遅れをとった物産SF店はそれらには劣るが、西海岸において雑貨商を営み、小野貿易SF出張所の支配人になった立川とそのブランドを丸ごと抱え、ブローカーも増員して扱い高を拡大しようとした。前述のサンボーンとの取引は「何分ニモ小口現物商内トナル嫌ヒアリ、其取扱整理モ相当煩雑」なため、次年度は大口先物の契約に限定すると述べているように、SF店が計画していたのは卸商・チェーンストアへの大量販売であつた。

販売力の強化とともに供給量の確保も不可欠だった。二九年産の缶詰は四月末までにNY四万、SF七万、ロンドン一万七〇〇〇、その他を併せて一四万函のオーダーが本店に寄せられるが、同年に初めて仕込み資金を貸与して委託を受けることになった八木本店の工船二万函を含めて、営業部が確保出来る予定数量は五万一三〇〇函に過ぎず、それをNY・SF各二万、ロンドン七〇〇〇などと割

表 9-4　商社別カニ缶詰輸出割合（1924〜39年）

（単位：%）

	総計(函)	三井(函)	三　井	三　菱	野　崎	堂　本	駒　田	小　野
1924年	127,125	3,564	2.8	3.1	20.6	20.2	7.3	17.9
1925年	217,719	7,471	3.4	7.8	17.7	24.1	8.0	12.1
1926年	278,381	43,264	15.5	14.0	17.7	21.8	5.0	2.9
1927年	381,470	36,593	9.6	13.2	20.5	26.4	4.7	
1928年	508,912	45,602	9.0	24.1	24.1	4.9	5.0	
1929年	399,433	46,656	11.7	24.1	22.6	18.7	5.7	
1930年	390,100	21,921	5.6	31.6	23.9	19.9	4.1	
1931年	352,017	27,373	7.8	33.1	25.7	16.8	4.0	
1932年	311,057	16,708	5.4	38.0	25.1	11.8	2.9	
1933年	409,019	33,231	8.1	53.9	17.6	4.4	1.7	
1934年	313,971	21,946	7.0	48.4	18.5	4.9	2.4	
1935年	396,768	54,374	13.7	47.0	19.7	7.2	3.6	
1936年	325,823	34,753	10.7	50.2	20.8	5.9	4.0	
1937年	363,036	54,761	15.1	58.1	13.0	4.4	3.1	
1938年	236,621	79,521	33.6	49.2	12.4	7.2	3.4	
1939年	573,376	236,815	41.3	47.4	6.7	1.1	1.5	

出典：蟹缶詰発達史編纂委員会『蟹缶詰発達史』（霞ヶ関書房，1944年）1092〜3頁。

り振るのである[13]。

着実に拡大し始めたＳＦ店のカニ缶詰取扱いは、三〇年になると恐慌による消費減とロシア品進出の打撃を受け、三〇年上期の売約は三〇〇〇函一四万円と大幅に減少し、以後三五年まで皆無に近い状況になった。ＳＦ店は、小野貿易から商標とその所有者立川をブローカーとして引き受け、取引量を急拡大させた。しかしその立川が同店を去り(Blue Flag の商標は残る)、冷凍マグロの輸入に乗り出していったため、ＳＦ店には恐慌の中でカニ缶詰取扱いを継続する力はなかったのである。

表9-4に見るように、物産の取扱高はＳＦ店の壊滅により、総輸出高の一〇%から三〇年には五%と半減し、さらに三一年三月にはより衝撃的な事件が生じた。工船による日本の生産高の増加、ロシアの進出、恐慌という事態を打開するため、パッカーは農林省の強い要請もあり、生産制限とより強力な共販組織の結成を計画する。三一年二月、共販に参加していない中小パッカーの多い陸上蟹缶詰水産組合が、工船組合とともに日本蟹缶詰共同販売株式会社を組織し、全量を共販を通じて販売することを決定した。この日本蟹共販は三月一二日に農林省の認可を受け、「横浜

輸出屋ノ口銭ヲ払ッテ居ル事出来ズ、歴史ト情実モ刻下ノ製造家側窮状ヲ以ッテシテハ考慮シ居レヌ」という理由で、流通ルートの簡素化による生産者手取りの増加を狙い、同一四日に三菱商事と次のような契約を締結した。

①三菱は蟹缶詰の売買を止め、共販の代理として輸送・保管・荷渡し・受取の実務を担当し、一・五%の取扱口銭を受け取る。

②共販は米・英へ販売員を派遣し、三菱提供の事務所・事務員を使って自ら販売に当る。

③ナムコ（北米貿易）、ゲイシャ（野崎）、サクラ（三井）、アヤメ（駒田）などの商標は尊重し、現地あるいは横浜で商標を貼付販売する。

④三菱が販売を中止する代わりに一〇〇函以上の希望者に対し、共販が三菱の商標スリーダイヤを貼付して販売する。

カニ缶詰輸出の開拓者、大手の輸出業者である堂本・野崎・駒田は日本法人と米国法人を持ち、また米英に支店を持たない多くの零細輸出業者も存在した。パッカーは輸出業者の日本と外国における口銭の二重取り、委託販売であることによる販売業者の協定価格を無視した安売り競争に強い不満を持っていた。こうした不満が上記の販売方法を取るに至らせたのである。共販が販売員を派遣して直接現地の日本商社、あるいは希望者に売り渡すとしているが、三菱の影響力が決定的に高まる内容であることは明らかである。三菱は「今回ノ成功ヲ以テ有頂天ト相成リ居リ、愈々是カラ日本蟹缶詰ハ一〇〇%三菱ガ売ルト云フ様ナ宣伝」をし、物産は「三菱以外ノ扱者ハ除外セラル、日ノ来ル事モ遠カラザルベシ……結局吾々ハ負ケ戦ト相成申候(14)」と、深い敗北感を味わったのである。

しかし、かかる三菱の独占とも言うべき輸出方法は他の輸出商の強い反発を引き起こし、「輸出組合員ノ取扱ハ機会均等平等ナル事」という合意を取り交わし、共販が三菱を含む表9-4に示した五社に対して米英で販売し、加藤・伊藤・栗田の三社に対しては横浜で販売することに落ち着き、同表に見るように直ちに大きな変化にはつながらなかった(15)。

三三年になると、生産制限を巡って陸上組合側と工船側の対立が深まり、それに三一年以来の新共販を巡る三菱とその他輸出商社との対立が絡み、陸上側は共販から脱退して同年三月蟹缶詰協和会を組織し、新たな共同販売組織を結成した。物産はこの協和会共販に全面的な肩入れを行なっていく。

当社ハ同会ト密接ナル関係ヲ結ビ当社海外販売店ノ能フル限リ多量ニ取扱ヲナスベキ諒解ノ下ニ着々進ミ……同会成立後ノ金融ハ殆ンド当社ニテ賄ヘル有様ニアリ、且米国市場ニ於ケル宣伝ハ殆ンド当社ノミニテ当リ頗ル大ナル費用ヲ投ジ……協和会扱品ノ大部分ヲ一手ニ握リ三菱ニ対抗スルノ日近シト確信致シ居リ候[16]

しかしながら物産が協和会にここまで肩を入れても、取扱数量は期待したほど増加しなかった。野崎その他の輸出商は協和会との契約後直ちに売約して積み出すのに対し、物産は短くて一、二か月、長ければ半年を経過することもあり、さらに荷渡しを受けた三〇〇〇函を売行き不振という理由で物産だけが協和会に返上するといった事態も生じ、「結局販売能力ノ不足」と認めざるをえない状況だった[17]。

物産は三三年に取扱高を前年比倍増させたが（表9-4）、三四年に協和会は三井の融資に不満を持ち、また三井も協和会の誠意のなさを非難し、両社の関係は一時疎隔した。しかし三五年には修復し、物産は同年から本格的にカニ・鮭缶詰などの食料品取扱方法の改革に乗り出していく。

3　販売網の構築

長期にわたって物産の食料品担当を務めていた野村康雄は、カニ・鮭鱒缶詰の安定仕入が実現した三五年八月、販売網確立のため欧米出張を命じられ、三六年五月に帰国するまでの間、各地の缶詰事情を視察し、新にNY・SF・ロンドンに配属された食料品担当者とともに販売網の構築に努める。

販売網構築に際し、物産が注目したのは野崎のそれであった。野村は三五年一二月、カニ缶詰協和会共販専務の欧州缶詰事情の視察に合流し、野崎・東亜の代理店・販売網をつぶさに視察し、物産の営業に資そうとする。物産が代理店を置いていないロッテルダムでは、「日本ノ食料品缶詰ガ市中到ル処ニ散見サレル」のに驚き、数か月前に野崎の代理店になったアムステルダムの商店を訪問したときには大量の見本・陳列材料・パンフレットが短期間に送られ、「事務所ノ中ニハ置キ場ニ困ル程積ミ上ゲラレテ居ル」、十数年来野崎の代理店をしている商店には野崎社長や同社の写真が掲げられ、「此処デモ野崎トノ取引賛美ニ凹〔ヘコ〕マサレタ」と記し、「何処へ行ッテモ野崎ノ取引先ハ野崎トノ取引ニ満足シ野崎トノ取引ヲ喜ンデイル、野崎ノ遣リ口ハ日本デハ唾棄スル様ナモノガ往々デアルケレドモ、海外ノ取引先ニ対スルService ニ付テハ教エラレル所ガ甚ダ多」いとしている。

野村たちは欧州の代理店を回るとともに百数十軒の小売店店頭を観察したが、「唯ノ一個ノ缶詰サヘ三井ノ商標品ガ陳列販売サレテ居ルノニブツカラナカッタ……野崎ノ芸者、三菱ノ三菱印ガ多数並ベラレ……荻野専務モ三井ノ貧弱サヲ露骨ニ口ニシ、自分ニハ之ヲ否定スル言葉ガ無カッタ」と、物産の立ち遅れを強く認識するのである[18]。

三六年二月、野崎商店社長野崎末男が恒例の代理店廻りに出発するに際し、物産食料品掛は各店に野崎が来訪すれば接近・会談する機会を作り、同社の「販売方法ニ就キ当方ニテ判リ兼ヌル」内容を具体的に報告するよう通知を発した。その中で野崎の特色について次のように述べている。

第一は野崎の充実した代理店網である。全世界にわたって人口一〇万人を超えるような都市、あるいは有力なヒンターランドを持つ要地には「ソノ土地第一流ノ店」を選んで代理店としていた。

第二は設定した代理店に対する態度である。業界のあらゆる情報を刻々と報じるとともに、ポスター・カレンダー・パンフレット・料理の栞・宣伝用品等を「殆ンド買人モモテアマス位」送りつけ、「時ニハ小売ノ世話マデモスル」、「一ニモ二ニモ買人様々デ、買人ノ機嫌ヲ取リ利益ヲ擁護スル」と、徹底したサービスを展開するが、その一方年一度は幹部が代理店廻りをし、「悪イト思ッタ者ハ即座ニ解約」した。

第三は価格の安さとそれをもたらす仕入れのあり方である。野崎は「本邦同業者ノ何人ヨリモ安イ事ヲモットー」にしているが、それは「販売力ヲ頼ンデ内地製造家ニ過酷陋劣ナル手段ニヨリ同業者ノ及ビモツカヌ安値ニテ買付ケ」ることに支えられていた。

こうした商法により、野崎の代理店は「満足シ半永久的ニ密接ナル関係ヲ結ビ」、「本邦缶詰界ノ近年ニオケル著シキ発達ノ一半ノ原因ハ野崎商店ノ努力ニ負フ」とまで評価されるが、販売力を盾にした仕入れ価格の買い叩きは、製造家・輸出商の一部からは「極度ニ擯斥[19]」される場合もあった。

缶詰業界において野崎と対照的なのは三菱であった。三菱は資本力で業界を統制し、「黙ッテ居テモ一年三千万円以上ノ商売（而モ全部確実一定ノ口銭ヲ取レル商売）ニナル現状ニ満足ノ有様」と記されているように、カニは前述したように圧倒的な割合を占め、鮭鱒も日魯・林兼・太平洋などの有力漁業者の委託販売に携わり、全製造高の六〜七割を掌握していた。三八年の三井の調査によると、取扱金額の四〜五％の委託料により、ロンドン一三八万（内五〇万はセール商会へ分与）、NY一二万、その他一七万、国内一〇万、口銭合計は一九七万円に達していた。さらに二〇〇〇万から三〇〇〇万円に及ぶと推測される融資の利鞘も年間二〇万円に達していた。商事はその手数料収入を本店水産部に計上するのではなく、ロンドン・NY支店の経費に全額つぎ込んでいた。まさに水産缶詰は「三菱商事ノ弗箱」であった[20]。

このように「日本缶詰界ハ資本力ニヨル三菱ノ統制下ノ者ト、販売力ニヨル野崎ノ配下トニ二大別」されていた。物産は「野崎ノ此ノ販売方法ハ確カニ缶詰類売込ノ『コツ』ヲ摑ンダ名案ニ有之、之以外ニ販路開拓ノ途ナシ」と、「野崎流」販売方法の採用を決意するのである。協和会が物産の金融を受け、委託販売を行なうようになった背景には、業界首脳部が、資本力に基づく委託販売に安住している商事、「悪辣ナル手段ニヨリ製造家ヲ苦シメテ」いる野崎を、「三井化ノ利用」によって「牽制」しようとする意図があったのである[21]。

物産は、陸上物カニ缶詰の大量仕入が可能になった三五年春から拡販の準備に着手する。五月末に本店から指示があり、NY店は六月に東部地方の状況を報告している。それによれば、東部市場においては三菱・野崎・堂本が圧倒的な比重を占め、「品物ガ売レルカ売レヌカハ Brand ノ宣伝ト値段トニ掛居リ候、Three Diamond, Geisha, Namco

ハ非常ニ好ク宣伝セラレ且始終広告、当社ナドトハ比較ニナラヌ豪勢サニ御座候」、価格も各地の三井ブローカーからの報告によれば、「一寸想像出来不申」と驚くほどの低価格であった[22]。

三五年度は製造予想三六万函に対し在庫二一万函を抱えていたため、カニ缶詰業界は生産者から宣伝費を徴収し、米英において大規模な宣伝を展開して消費増進を計画する。総額二五万円の宣伝費のうち一五万円を業界全体として、一〇万円を輸出業者に取扱高に応じて配分する。宣伝費は米国に重点的に配分され、新聞・雑誌・ラジオ広告、バス広告、ポスター、料理の栞などであった。物産食料品掛はNY店に対し、「従来ハ兎角三菱ノ思フガ侭ニナリタル形モ有之候間、本年ハ是非逆ニリードセラルル様折角御工夫」と、積極的な活動を指示する[23]。NY店は協和会分として配分される金額は、新聞広告なら二、三回、ラジオなら一回の放送料に足りるかどうかという程度であり、「三井ガ足早ニ進出スル為ニハ相当ノ犠牲ガ必要」と本店に対して、広告費の持出しも求める[24]。

三五年夏以降、NY・SF店は販売網の拡充を図った。NY店の従来の販路はニューヨーク・ボストン・シカゴという需要の多い地域に限られていたが、八月一二日に本店から販路拡充用として二〇〇〇函の委託荷を送付するとの通知があり、NYは所属のブローカー、SFに滞在している野村とも相談の上、中西部はミネアポリス・カンザスシティー・デンバー、南部はニューオーリンズ、大西洋岸はフィラディルフィア・ワシントンDCの各都市へ二〇〇〜三〇〇函単位でストックを置き、販売に当ることを決定する。三六年四月における北米の代理店・ブローカーを表9-5に示した。支店直属の特約店・ブローカーとシカゴデービス傘下のそれとの二種類になっており、後者は明確にテリトリーや取扱品種が限定されている。ニューヨーク市内の特約店五社は、シーガルがブルーフラッグのみの取扱い、ケニー・バルフォアー・アッシェンフォルターは売込み店が特定され、コマダはナムコブランドで販売していた。

米国の食料品取引の中心地であるシカゴのデービスは、「過去三年ノ経験ヲ積ミ近来ノ働振リハ大イニ賞賛ニ値スル」と記されており、中西部のサブエージェントの組織化はデービスの努力によるものだった。デービスとならんで

表 9-5　三井物産食料品の北米における代理店・ブローカー（1936年）

国　名	都市名	ブローカー	備　考
米　国	ボストン	Cole & Peabody	
	シカゴ	Davis & Co.	
	リトルロック	Henry Leigh & Co.	デービスのサブブローカー
	デンバー	A. J. Evans Brok. Co.	同上
	ペオリア	Kingsinger Co.	同上
	インディアナポリス	Craig Brok. Co.	同上　＊
	デトロイト	Maurioe J. Elkin	同上　＊
	ダラス	L. S. Gordon Co.	同上
	セントポール	Helbert Brok. Co.	同上
	セントルイス	Scudder Brok. Co.	同上
	カンザスシティー	Russel Brokerage Co.	同上
	メンフィス	C. L. Roman	同上　＊
	ミルウォキー	E. F. Steitg Co.	同上
	ルイスビル	A. J. Seibert Co.	同上　＊
	ニューヨーク	James M. Kenny	
		George Segal Co.	ブルーフラッグ
		Ashenfolter & Balfe	
		Balfour Guthrie & Co.	
		T. Komada	
	フィラデルフィア	S. H. Levins Sons	
	セントルイス	Rosen Brok. Co.	
	サンフランシスコ	Frank F. Potts	パイナップル
		Union Sales Co.	
		Parrot & Co.	
	ホノルル	Union Trading Co.	
カナダ	バンクーバー	Birks Crawford Ltd.	
メキシコ	メキシコ	S. Nagabuchi	

注：＊印は1936年4月において未確定。
出典：野村康雄「食料品ニ関シ第二次欧米出張報告」。

物産食料品の拡販に功績のあったのはNYのケニーである。「少々老耄ノ様子ガ現レ出シテ来テ居ル」のが気かがりであったが、大手グローサリーや卸業者、チェーンストアのA&P, Seeman Brothersなどの大手顧客を掌握し、三六年度の販売予定は五万四〇〇〇函にも達していた。しかし、NYやシカゴに並ぶ有力市場のボストンには「全幅ノ信頼ヲ与ヘ満足ヲ勝チ得ル丈ケノ取組者ガ得ラレズ」、また同じく有力市場サンフランシスコのユニオン社も「決シテ満足ノ出来ル相手、内容デハナイガ当分之ヲ鞭撻改善、満足出来ル様ナ所迄推シ進メルヨリ外差当ッテ好案トテハ無イ」と、物産の「気紛レ的ナ」カニ缶詰取扱が禍して有力な特約店を確保することに失敗していた。(25)

SF店も三五年から本格的にカニ缶詰取扱いを再開する。「何分ニモ長ラク本商内ヨリ遠ザカリ居タル為メ本商内ノ満足ヲ得ルホドノ商内セントセバ、怎シテモ当地本商内事情ニ精通セルブローカーヲ得ル事ガ必要ニテ、当店ハ逸早ク国際水産ノ長氏ト打合セテ仝氏ヲシテ販売セシムルコトニ致」しと、冷凍鮪の取引などを通じて関係のあったロサンゼルスの国際水産をまずブローカーとし、さらに他のブローカーも物色する。しかし西海岸市場は東部市場以上に野崎・堂本・三菱のブランドが浸透していたため、国際水産は「好関係ヲ有スル東部市場進出ヲ承知セネバ当店ブローカートシテ立働ク事ヲ欲シ不申」と、物産在米店の管轄範囲取り決めにとらわれず、米国食料品取引の中心地シカゴとの取引を強く求めた。SF店に滞在していた野村とも相談の上、SF店は本店の要請に応えカニ缶詰取引を拡大するには国際の求めに応じざるをえないとし、NY店がブルーフラッグの商標で進出していたシカゴ市場に対し、「Unlabelled モノ又ハ Buying Label ニテ或ハ貴方ニテ御使用ナキ他ノ label ヲ以テ売込ム」として、シカゴ向け売込み承認をNY店に求めた。(26)

この申し出に対し、NY店はシカゴが両店の取り決めた中間地点ではあっても、「シカゴ、ボストン及其付近ノ市場ハ当方ニテ stock ヲ持チ特定ノ broker ヲ定メ今日マデ三井ノブランドノ開拓ニ努力シ来リタルモノニテ……異ナッタ broker ガ持チ回ル事ハ甚ダ面白カラズ」と一蹴する。(27) 続けてNY店がSF店に送った書簡には缶詰商内とブローカーの関係がよく示されている。

当方ハ Boston モ Chicago モ一ツノブランドニハ一人ノ Broker シカ置キ不申、茲数年来商内発展ニ努力シ来リ候、当方 Broker ハ三井ニ対スル信頼ト一ツノブランドノ代表者ト言フ責任ヲ感ジツツ献身的努力ヲ致居候……当方ノ Broker ハ何レモ当方ガ蟹商内ヲ開始シタ当時ヨリ使用致居候、事実上彼等ガ地盤ヲ作ッタモノニ付ソノ功績ニ鑑ミ彼等ヲ Protect スル責任有之候、亦或程度迄市場ヲ切廻シテ行ク全権ヲ一ブローカーニ与ヘネバシッ

クリト身ヲ入レタ商内ノ出来ルモノデハ無之候

ＳＦのブローカーを東部に入れれば少しは販売高も増加するだろうが、「当方ト当方Brokerトノ好関係ヲ破壊シ、引イテ当方ノ築キ上ゲタルSystemニ緩ミヲ生ゼシムル損失ノ方ガ大ニ御座候」としている[28]。

米国におけるカニ缶詰の輸入商と、その販売に当るブローカーとの関係は極めて密接であった。ＮＹの「有力ナル問屋」シーマンブラザーズは三六年五月、ブローカーのケニーに対しファンシー一函一八・二五ドルなら直ちに五〇〇函をオーダーするという意向を伝える。ブローカーにとっても物産にとってもシーマンブラザーズは「堂シテモ今後当社ノ手ニ納メネバナラヌ」顧客であったが、その価格は到底飲めるものではなかった。ケニーは三菱が同社に対し一八・三七ドルという価格で売った書類を見せられるが、その価格は「協和会ノ特別割戻ニ食込」むものであった。ＮＹ店は本店と調整を続けるが、そこまでブローカー渡し価格を引き下げることは出来ず、ケニーが「値差ハ自分ノbrokerageノ中ヨリ吐キ出スカラ是非十八＄三十七仙デ引受ケテクレト懇談」し、結局物産は一八・五五ドルで仕切り、函当り一八¢の差額はブローカーが負担して売り込むことに成功する[29]。

またニュージャージーのNational Grocerから「久シ振リ」に二〇〇函のオーダーがあり、先方の求めに応じて見本を提出したところ、「品質Three Diamondニ劣ル」として取り消された際には、ブローカーが同店で三菱製品を買い求め、ＮＹ店でブルーフラッグとスリーダイアモンドを開缶し、両社の製品を比較検討もしている[30]。

4　最有力商社へ

カニ缶詰販売店の利益配分は取扱高の一％という低さで、ＳＦ店の商品別利益を記した表4-13に見えるように、利益は生まなかったが、三五年には前年比取扱高を倍増し、シェアーも一〇％を越え、「最近三菱、野崎、北米社等ノ旧地盤ヲ擁スル連中ガ当店ノ進出ヲ頭痛ニ病ミ当社ニ対シ共同戦線ヲ張リ居ル噂モ耳ニ致居候」のように、顕著に存在感を増した[31]。

三七年のカニ缶詰製造高は陸上物が平年一八万函のところ一四万函に過ぎず、一方三菱が独占している工船物と日魯製品は平年以上の二八万函に達すると予想された。物産は「蟹缶詰全体トシテ需給関係上ノ順調ヲ害シ不合理極マル」と協和会・日魯の説得に努め、カムチャッカから直接英国に輸出されていた日魯製品三万函を横浜に回漕し、それを米国に振り向けることを画策した。三菱商事は「当社〔物産〕ガ日魯品ヲ扱フ事ニ対シ極端ニ神経ヲ尖ラシ、日魯ニ対シ契約ヲ楯ニ抗議ヲ申述べ」と強く抵抗するが、日魯製カニ缶詰品の取扱いに初めて成功した。「協和会ニシテモ日魯ニシテモ当社ノ手ニ販売ヲ任セ度キ希望ノ存スル事ハ拒ミ難ク……事毎ニ両社ハ当社ニ好意ヲ示シ居リ、全テノ計画ニモ当社ハ……完全ニ重要ナル役割ヲ演ズルニ至リ候」[32]と、カニ缶詰輸出における物産の地位は著しく上昇した。

三八年も物産は取扱高増加に全力を挙げる。朝鮮のカニ缶詰製造業者一行が委託先を決めるために米本土を訪れた際には、「当社ガ薄利ヲ忍ンデ海外市場拡売ニ努力シタルハ、畢竟打続キ今年モ当社ニ取扱ハシ貰フト云フ考エニテ進ミタルニ外ナラズ、是非トモ当社ニ継続スルヤウ願ヒタシ」と主張し、林兼・昭和水産などからなる朝鮮産カニ缶詰の全面的委託引受けに成功する。[33]

三八年一～四月の輸出高は三菱の約一万函に対し、物産は一万三〇〇〇函と初めて凌駕し、「本邦全生産ノ半数ニモ達シ業界ノ雄タル日モ遠カラズ」と伸長を喜び、一層の発展を図るため、販売店の取扱い手数料一％を二％に増加し、さらにそれでも効果がなければブローカーロ銭・宣伝費の増加支出を行なうことを各店に通知した。[34]

三八年は前年以来の滞貨と豊漁、日中戦争の激化に伴う排日貨の動きにより滞貨が積み重なる一方、入超の激増によって缶詰製品輸出による外貨獲得への期待が高まっていた。三八年六月、農林省は三井物産・三菱商事の取締役と食料品担当者を招致し、輸出振興・外貨獲得のためにカニ・鮭・鮪缶詰輸出を両社が全面的に統制する方策を考案し、当面、缶詰の在庫二〇〇〇万円を両社が買いとって同業者を活用しつつ「火急輸出外貨ニ換金ノ方途ヲ尽スベキ事」という指示を発した。三菱の工船・日魯に対する既得権益、野崎や堂本ら専門商社の処遇など困難な問題が多々あったが、この方針は「国策トシテ大臣ノ決裁ヲ経」たものであり、実現を迫られるのである(35)。

三八年末には滞貨四五万函を抱え、翌年の製造高五〇万函を加えると百万函に達し、そのうち四〇万函の早期処分が課題とされ、英国に一五万、米国に二〇万から二五万、その他で五万という方針を立て、物産は場合によれば米国向けの全額を引き受けるという計画の可能性を探った。蟹缶連と輸出業者が連合して三九年二月から三月にかけての春季特売、六月から九月にかけても夏季特売を多額の宣伝費を投じて実行しつつ、滞貨処分を図る。

この三九年において物産は一気に商事の取扱高に追いつくことに成功する。三八年に物産の輸出シェアーは三三％と大幅に増加していたが、なお米国中東部市場では三井の浸透度は弱かった。フィラデルフィアなどにおいては「蟹ト言ヘバ芸者ブランドデナクテハナラヌ事ニ相成居」り、その芸者ブランドは三菱から供給されていたため、三菱と三井の割合は四対一程度であった。NY店は本社が缶詰に関して「多売絶対必要」としばしば書き送ってくるのに対し、三菱が強固な地盤を持っている中で、「三菱同等又ハ夫レ以上ノ物ニスルニハ最早尋常ノ手段デナク、腹立チ割ッテノ手術デナクテハ効能無之候」とし、低価格を武器に「工船地盤ニ飽ク迄食ヒ込ムニ非ザレバ実績挙ガラザルハ当然」であり、「改メテ貴方ヨリ折返シ工船物ト競争シテモ多売セヨト御指図ニ預カリ度」いと全面的に対決することについての許可を求めた。三菱も三井が拡大してくる中で三井の地盤に攻勢をかけつつあり、三井が地盤を擁護し、三菱が確保しているところに進出するためには「同値ナラバ当然三菱ニ軍扇揚ガルハ明ラカ」であり、低価格を武器にする以外になかった。またそのためにはNY店の口銭を吐き出すだけでなく、食料品掛からの口銭吐き出しも必要であり、その許可を求めるのである(36)。

物産は三三年、三五年からブローカーを各地に設定して販売網の構築とブランドの浸透に努力を重ねてきたが、その方法は必ずしも大量販売には結びつかなかった。ゲイシャ・ナムコなどのブランドに対抗して、ブローカーがグローサリーなどの小売業者や中小の卸業者に浸透していくのは容易ではなかった。大量の在庫を三菱に対抗して消化し、統制が急速度で進行しつつある国内の仕入市場において三菱と肩を並べるにはそのような迂遠な方策に頼ることは出来ず、一度に大量の荷口を捌ける販売先に重点を移していった。

ブローカーは売買当事者間にあって手数料を得て仲介する業者であり、ディーラーは自己責任を有する卸・問屋であるが、実態はそう簡単ではない。在米店が三七、八年から大量販売を意図して重視した販売先には二種類あった。一つはA&P, National Grocery, NROG (National Retailers Owned Grocers) などである。前二社は中東部に展開する大規模チェーンストア、中でもA&Pは、年間カニ缶詰三万箱の販売力を持っていた。またNROGは加盟業者三〇〇〇といわれる全米規模の個人営業グローサリーの連合体である。

第二はSeeman Brothērs, Frazer, Quality Seafood, Biddle, Parrotなどのディラーといわれる商人である。フレーザー社 (Frazer & Co.) はかつて日本に出張所を持ち、輸出商としても登場していたが、「数十軒ノBrokerノ手下ヲ配下ニ有シテ拡売スル」商社であり、そのフレーザー社に十分な口銭を保証して大量の荷口を販売すれば「当社ノ手ノ届カヌトコロ、又ハ工船地盤ヘ当社ノ名前トレーベルヲ出サズニF社ノ名前デ総テヤレル」とされている。[37] クォリティシーフードはかつてナムコの代理店を務めていた卸商の後身であり、全米に八三のブローカーと卸売チャネルを通じて二〇〇軒の取引先を有し、ヨーロッパ産鰯缶詰などをアンバサダーブランドで販売しており、「対日感情悪化スルトモ本邦品タル事ヲカモフラージュスルニ都合ヨシ」として、野崎・フレーザーと同一条件による販売を認めた。[38] パロット (Parrot & Co.) は、従来のSF店の「下請販売店」M&S社が成績不良のため解約し、鮪・パイナップル缶詰で取引のあったパロットを説いて同店の「下請店」とした。パロットはM&S社と異なり「Brokerage Basis丈デハ無之、近時自社Brandヲ以テ買付ケoperationモ致居候」といわれ、他のブローカーの口銭が三%のところを四%に引き上げ、「地方売リ」の場合は五%の口銭を保証する。[39]

さらにブローカーにもさまざまなレベルがあった。前述したNYのケニーはシーマンブラザーズのような大手ディラー、NY地区のA&Pなどを顧客としていた。上記したようにディーラーも多くのブローカーを抱えていたが、そのレベルのブローカーの販売力は小さかった。当初物産が拡販しようとした際、人口一〇万、二〇万の都市にも代理店・ブローカーを設置しようとしたが、そのレベルは大手ディーラーに属するブローカーであった。「当社ノ如キレーベルノ地盤ナキ者ハ大手筋ヲネラヒ打チスルカ又ハ買手レーベルデ荷物ヲハメ込ムヨリ致方無之候」と、大量販売のためには独自のブランドを持つような大手ディラー・大手チェーンストアへの販売へと転換するのである(40)。

物産・商事・野崎は三八年、三九年から激しい販売競争を展開するが、物産は「オ互イニ極端ニ足ヲ切リ手ヲ切ル迄ニ競争」することを意図していたわけではない。カニ缶詰に関しては三菱を「全然 disappear サセル案即チ当社単独引受ケ一手輸出」は不可能であり、「アル程度ノ競走ヲ三菱ニ見セテ三菱ヲ手古ヅラセ、跡ハ政治的高等政策」によって統制の中に三菱と同等の地位を確保することにあった(41)。物産は春季特売期間中「当方侵略目標地ヲ当国最大ノ蟹市場タル、三菱ト野崎ノ最大地盤タル New England ニ定メ、工船地盤ヘドン〱割込ミ反対商ノ策動ニヨル非難ハアリ貴方ニハ御迷惑モカケ申候モ、兎モ角当社トシテハ空前ノ好成績」を挙げ、前年同期の二〇〇〇函から二万一〇〇〇函へと一〇倍以上に達した(42)。

大口販売の決め手の一つは野崎への食込みであった。滞貨二〇万函を単独で引き受けるためにはパロットやフレザーなど「蟹ノ新米丈デハ特有地盤ナク結局売却シ切レヌ」と、配下に多くのブローカーを有する有力ディーラーは強力な販売網はもっているが、カニ缶詰に関しては実績が不充分であった。「当社販売実績ヲ急激ニ獲得センガ為ニハ万難ヲ排シテ野崎ヲ当社配下ニ付ケル事最モ必要」と、消費者に浸透しているブランドを持つ野崎への供給が、大量売約には最大の捷径だと主張する。幸いなことに物産NY支店雑貨掛橋爪雄次は、野崎NY支店長松下文雄と旧知の間柄だったため、両者は内密に折衝を重ね、「三菱及野崎本店ヘハ絶対知レザル範囲内」、すなわち物産がフィラデイルフィア市場開拓のために同市にストックしていた「桜娘印」と、日本から買い手レーベルで積み出すものをレーベルを張り替え、野崎に三菱と同一条件で販売するという合意に達した。野崎の立場は次の如くである。

当社〔三井〕ガ工船地盤奪取ヲ目標トシテ暴レルニ於テハ野崎ハ三菱以上ニ窮地ニ陥ル事ヲ利用シテ、野崎トシテハ現在ノ三菱トノ Tie up ヲ改造シ少クトモ当社／三菱ト半々供給出来ル様相成ル迄ハ堂シテモ工船ト飽ク迄

対抗スベキ当方方針モ指摘仕リ……結局野崎トシテハ統制販売実現……三井／三菱競争解消スル事ヲ要望致居候[43]

野崎にとって三井の主張は脅迫に近い内容であり、物産と商事の対立のとばっちりとも言える。国内においては従来の比較的自主的な共販から国家の介入による統制に進み、大量の仕込資金と滞貨の処理には膨大な資金を必要とし、それに答えられるのは三井・三菱を除いてはいなかった。野崎などの専門商社は三井・三菱と直接対抗することなく、強力なブランド力に支えられて生き延びていく途を採るのである。

三九年六月、在庫三六万函をカニ缶詰販売会社が買い取り、それを物産と商事に一括販売し、米・英に輸出することになった。両社の比率は、商事が従来の実績によって八対二を主張するが、物産の急迫を反映して六対四となった。まさに三井にとっては「数十年来ノ歴史ヲ有スル蟹ニ於ケル三菱ヲシテ、斯ク三井ニ甘味アル条件ニテ三井ト折合セ……之ニ越シタル事無之」と、三菱の牙城を崩すことに成功したのである[44]。

三九年九月に欧州戦争が勃発し、カニ缶詰の対英売込みが不可能になり、大量の在庫はすべて米国において捌く以外に道がなくなった。三菱は物産の「輸出実績ニ驚キ十万以上共販委託ヲ積ミ……貴地両社共販売ハ第二トシ積出ノ数量ニ於テノミ対抗致シ居ル」と、消費地の現状を無視した大量積出しを継続する[45]。

米国では物産に侵食された商事が強力な巻き返しを展開する。物産の顧客であったNY地区のA&P社に対し、商事が特売建値を割り込む一七・五〇ドルで売り込んだことが明らかになると、物産は「此侭捨テ置イテハ当社桜娘印ノ地盤ヲ根底ヨリ奪取サルベク重大問題ナリ」と三菱に厳重抗議すると、三菱は物産が同値で売り込んでいるからだと言い、物産が対抗して一〇セント安値を提示すると三菱は一六・五〇ドルまで引き下げた。加えて「野崎多年ノ顧客First Nationalヲ三菱ガ突撃シタ情報ト相俟ッテ三菱ノ安売リ本格的トナリ、貴地市場ガ混乱ニ陥リ」と全面的な安売り競争に発展し、市場は混乱を極めていった[46]。

対米輸出の重要商品の一つになったカニ缶詰であったが、四〇年、四一年初頭になると、米国缶詰業者の間には「日本缶詰ハ幾ラヤッテモ儲カラヌ、日本缶詰ハ買ヘバ下ル更ニ買ヘバ又々下ルノミ……日本缶詰取扱ヒ居ルガ為メ一般需要者ヨリ投書（日本品不買方）モアル位ナリ」と、日本商社間における激しい安売り競争のため、取扱業者から忌避される状況を生み出し、また日本特産品として知られていたため、不買運動の恰好の標的になった[(47)]。また米国においてもカニ缶詰製造業が次第に盛んになり、日本からの供給に全面的に待つ必要もなくなっていた。

四一年一月にはダンピング提訴を受けて公聴会が開かれ、関税五〇％増課が避けられない状況となった。物産NY支店は商事の地盤を切り崩していった頃と大きく異なり、四一年一月には在庫一〇万函の売抜けに同年一杯必要、さらに新物が七、八万函送られれば来年一杯かかるだろうとし、「一カ年後デハ日本産ナルガ為メニ蟹ハ全然売レヌ事トナル懸念アルノミナラズ更ニ最悪ノ場合、両国断交ノ如キヲ想像」し、手持荷の早期処分に乗り出していったのである[(48)]。

三　冷凍鮪と鮪缶詰

1　冷凍鮪の輸出

鮪油漬け缶詰は欧州においてオリーブ油を原料にしていたが、米国カリフォルニア州では棉実油を原料に製造され、SF市所在のバン・キャンプ社（Van Camp Co.）がシーチキン（Chicken of the Sea）として売り出して消費を拡大し、加州が全米の製造をほぼ独占していた。

鮪缶詰の原料にはWhite meat, Yellow Fin, Blue Finの三種があり、アルバコア（日本名びんなが、とんぼ鮪）から製造するWhite meatが最高級だった。アルバコアは一九二五年に一万一〇〇〇トンの漁獲があったが、二六年には二〇〇〇トン、二九年には五〇トンに急減し、価格も急騰した。それを見た在米日本人が一九二六年、日本では下級刺身・鮪節に消費され、季節によっては捨て値同前で売買されているビンナガ、トンボ鮪を冷凍輸入し、大きな利益を挙げた。翌二七年には稲見弥一郎らの在米日本人が林兼・児玉等有力問屋と加州パッカーとを仲介し、一九〇〇トンの冷凍鮪を輸入した。二八年になると、問屋や在米日本人が争って冷凍船室や売込先の確保に走り出したため、有力問屋は輸出組合を組織し、その委託を受けた立川直三郎が米国における代表者になってパッカーへの売込みに当った。(49)

物産SF店は「米国側ノ取引ニ就テハ三井ガロヲ利ク事ガ一番確カデアリ、売人ト買人ノ中間ニ介在シテ旨ク舵ヲ取ッテ欲シイ」という意見が出ていたことや立川との関係から、当初から冷凍鮪輸入を巡る動きを熟知していた。(50) SF店が直ちに乗り出さなかったのは「過去三年ニ亙リ当社ハ是ニ一指モ染メル事出来得ズ経過致居リ、扱者間ノ歴史ハ相当紛糾致居リ候ニ付当社割込ニ就テハ余程上手ニ立廻ル事必要」と記しているように、荷主すなわち「供給者側ノ纏マリガ付カズ」という事情と、在米日本人の問題があった。(51)

メキシコからカナダ沿岸の太平洋岸漁業の発展には日本人が大きな役割を果たし、缶詰製造・塩蔵加工にも進出し、パッカーとそれぞれ親密な関係を築いていた。おそらく物産は混乱を呈している市場を眺めつつ、熟柿の落ちるように、取引に介在する機会をうかがっていたのだろう。しかし、物産を離れた立川の力が強まり、参入の機会が失われる可能性が出てきた二九年四月、本格的にこの市場への進出を図る。

日本の供給者の中から物産の誘いに応じたのは、「本商内ノ開祖」といわれる長崎の児玉商店だった。同社は室戸や清水で買い付け、室戸・下関・大阪において冷凍し、神戸から輸出していたが、三井との提携を機に冷凍船を傭船し、購入地において冷凍して神戸に回航するという体制を整える。(52) 米国においても「鮪商売ノ元祖」といわれる稲見・柴田信と提携する。彼らは「現在立川一派ガ盛ニ折衝致居候相手ハ全部稲見柴田ノ相手デアッタ……其後競争者ノ出現或ハ船腹ノ競争、組合ノ出現等ヨリ稲見柴田ハ遂ニ仲間入リ出来ズ除ケ者トナリ弱者ノ悲哀ヲ痛感シ来レル者」といわれている。特に柴田は十数年前に渡米して米国の学校を卒業し、漁船三隻を所有して缶詰製造も営み、輸入品の検査や売込みにも利用可能な人物であった。物産は日本・米国において冷凍鮪輸入の創始者といわれながら、本格的になるにしたがって排除されていた業者を取りこんだのである[53]。

物産と組合側の争いは冷凍船腹と売込先の確保を巡って展開される。横浜・神戸に保税冷蔵倉庫が建設されるのは一九二九年、外国航路の定期船に冷蔵船室が設備されるのもその前後であった。一九二〇年代の世界的な食生活の変化によって食料品の荷動きが盛んになり、それに伴って冷蔵倉庫・冷蔵船室が設備されていった[54]。

物産は二九年五月から船腹の確保に乗り出し、定航船の中で最大の船室を持つダラー社に交渉するが、同社は「従来ノ華客先ヨリスデニ本年二月頃ヨリ本年ノ申込ヲ受ケ居リ今直グ吾等へ offer ヲ出ス事躊躇……ウッカリ三井児玉側ニ船腹提供ノ約ヲシテ立川、Curtis, Coast fish 側ニ申訳立タズ」と物産の申込みに容易に応じなかった[55]。

物産食料品掛の調査によれば、二九年一二月から三〇年四月までの太平洋航路の利用可能冷蔵船室は、ダラー二三〇〇、郵船一三八〇、物産船舶部三〇〇の合計三九八〇トン、うち物産は七月末までに一八七五トンを押さえた[56]。SF店のパッカーへの売込交渉は順調に進み、より大量の船腹確保が必要になり、本店は横浜・上海のダラー支店に対し、船室割当増加を求める。ダラー社は「冷凍船腹ハ毎年ホトンド極ッタ荷主有之三井ニ此際振当ルトスレバ三井新商内援助ノ意味ナリト大イニ恩ヲキセ……尽力スル代リニ当地〔上海〕積出生糸ノ同社船腹希望ノ申出アリ」と、上海生糸の積み取りを交換条件に出してくるのである[57]。

物産は社船を充実させてはいたが、郵船も含めて日本船には冷蔵設備を備えた船腹が少なく、米国船に多くを頼らねばならなかった。船腹を確保する際に大きな力を発揮したのは、ライナーにとって魅力的な貨物を大量に確保しているという強みであった。ライナーは船腹提供の代わりに生糸など有利な貨物の積取りを求め、物産も「社船郵船ノ外先ズ silk ノ威力ヲ以テ Dollar 船腹ノ大半ヲ押ヘ」と、八月末段階で一二月から四月までの利用可能船腹五八六七トンのうち、三井は三四六七トン（郵船一二〇〇、船舶部七〇一、ダラー七〇一、バーバーライン一三四一）を確保したのに対し、組合側はダラーの二四〇〇トンを押さえただけであった[58]。

売込先の確保も両者間で激しい争いになった。物産は最大手のバン社への売込みを最優先するが、立川・組合側は

「三井Van Camp ノ引合ヲ飽ク迄妨害スト云ヒ最近ノ日本報道ニヨレバ新規ニ鮪組合ハ児玉商店ヲ除外シテ成立セリ、組合員ハ児玉商店ニ徹底的ニ対抗シテ児玉商店ニハ一匹ノ鮪買ハセヌト傲シツヽアリト、当社ヲ威シテ生鮪ヨリ手ヲ引カセントスル彼一流ノブラッフ」を展開し[59]、あるいは「児玉ノ荷物ヲ引当ニ商売シテ居ル三井ハ恐ラク約定ノ半分モ持テ来レヌダロウト悪罵ヲ放チ居候」[60]のように、米国・日本においてさまざまな動きがあった。

バン・キャンプ社への売込みは、七月に東京から野村康雄がSF・ロサンゼルスに出張して進めていた。バン社は供給者が乱立して価格競争に陥ることを恐れ、日本からの輸入を独占しようとするのである。物産は「本年ハ仮ニ駄目トシテモ明年迄ニハ実現確実」と応え、七月三〇日に三〇〇〇トンの売却に合意した。ところが、同社社長と野村が最後の条件を話し合っているさなか、同社のマネージャーが一通の書類を社長に示した。それにはNYのバン社ブローカーから「三井紐育支店ガ日本ノ鮪缶詰ヲ九・〇〇$ニテ引合中」との内容が記されていたという。この情報によってバン社への売込み交渉は暗転した。バン社は二九年から日本産鮪を本格的に使用する予定であったが、日本からの缶詰輸入や林兼などが鮪缶詰製造を準備しているという情報が次々に伝えられ、さらに同年以降メキシコ沿岸のイエローフィンの豊漁が続く中で、同社は「飽迄鮪缶詰ノ輸入防止ヲ保証セヨ」と日本製缶詰輸入の防止を最優先とし、その保証がなければ冷凍鮪を購入しないという態度を取った[61]。

物産が確保した売込み先は「南加所在十数社ノ缶詰製造会社中一流会社ニ伍シテ外見ヨリハ中身ニ重キヲ置キ……営業及ビ取引振リ良好ナル評アリ」といわれ、社長に極めて信頼の厚い原乙次郎という在米日本人が勤務するSouthern California Fish Corp. と「第二流所ノ缶詰会社ナルトモ堅実ニ経営セラレ居ル」というItalian Food Products Co. の二社に対する一〇〇〇トンだけとなった。大量に確保した冷蔵船室と鮪の処分に苦慮するが、船腹をキャンセルして「立川側ノ跳梁ニ任ス事ハ本意ナラズ」として、米国パッカーへの委託缶詰製造まで準備した[62]。

日本における鮪缶詰製造は二九年春から農林省・民間において進められるが、冷凍技術の進んでいた高知県を除くと芳しいものではなかった。良好な製品を製造した高知県水産会も国内消費がなくすべて米国向きとせざるをせず、「軽々着業スル能ハズ販売ノ可能性ニ付キ専ラ研究中」という段階だった。[63]試験製造品のうちの優良品が輸出に廻されたのだろう。二九年七月の“American Grocer”という業界誌に物産NY支店が鮪缶詰輸入に着手し、格安価格で注文を受けつつあるという記事が報じられ、米国業界に大きな波紋を投げかける。物産SF店も大阪支店から一〇〇〇函を買い入れ、「Wholesale Grocer へ右左ニ売約」する。[64]ところが九月以降もたらされた製品はほぼすべて品質上の問題を指摘されて積戻しとなってしまった。SF店によれば、「実ニ怪シカラヌ話……当局ト或ル連絡アル事ハ明白、驚クベキ事実ニ候」と、検査局と業界の連携により、輸入不許可になったというのである。[65]

物産は冷凍原料ではなく付加価値を高めて缶詰を輸出するのが望ましいとはしながらも、「本邦産品ガ米国市場ニ現レテ米国品ト競争ヲ始メ候暁、傍若無人ノ米人ガ果シテ現行輸入税（従価三割）ヲ据置ノ侭トシ自国産業ノ敗退ヲ黙視スベキヤ」と、関税引上げ、輸入阻止運動が起こることを恐れていたのである。本店は将来の動向が不明とし、マグロと缶詰を「平行シテ何レデモ有利ニ商売出来ル方ヲ遣ッテイク」方針を採り、[66]SF店もそれに同意しつつ、「鮪缶詰ヲ全部冷凍品売込先缶詰会社ニ買取ラセ米国ニ於ケル市場ヲ可及的 control サセ冷凍品ノ相場ヲ崩サセヌ様ニシ両者共倒レトナルヲ防」ぐという方針を採ろうとするが、それには日本のパッカー・商社の完全な統制が不可欠であり、早急には不可能だった。[67]

SF店は二九年下期の考課状に冷凍鮪を「将来ヲ期待スル所大ナリ」と記したが、同期と三〇年上期をあわせた二九年度産の売約高は五五五トン一三万三八〇〇ドルにとどまり、粗利益三五八ドル、純利益一〇ドルという結果に終わった。三〇年四月、SF店長は営業部長宛て次のような書簡を送っている。

今一年早ク一昨年ヨリ始メテイタラ貴我共ニ之迄ノ苦労ヲセズトモ相当ノ成果ヲ納メ得シモノト存候得共、已ニ立川ガスッカリ地盤ヲ拵エタ跡ヘ飛込ミ且立川モ本品ノ商内ハ死力ヲ尽シテ防戦致候ト、且缶詰市況ガ極度ニ不振ナル時ニ出発致候為メ本品ノ開拓ニハ貴我予想外ノ困難ヲ嘗メ……[68]

SF店・本店食料品掛の大きな力を投じた冷凍鮪輸出であったが、期待した成果は得られなかった。業界の混乱が米国の水産加工業界を巻き込み、鮪缶詰の輸出とあいまって外交問題に発展する危険を感じた業界首脳部と農林省は、三〇年四月、高﨑達之助をSFに派遣する。高﨑は米国業者との協調を図る一方、三井系と立川系が激しく争ったことが業界の混乱をもたらしたとして、両社の協調を求めた。高﨑が農林省水産課長に米国から提案した統制案は、①輸出組合を組織して組合員以外の輸出を禁止する、②組合員への金融と米国における代金回収には物産が当る、③売込みは立川が担当し、契約は物産名義とする、④売上の六%を口銭とし物産六、立川四とする、という内容であった。物産には不満だったが、林兼のような三菱系の業者もあり、「三菱其他新進ノ者侵入シテ来ル」可能性があるため、妥協することが得策というものだった[69]。

農林省の介入により、日本に冷凍鮪輸出会社が設立され、米国においては物産と立川系の国際水産が代理店となって売り込むことになった。しかし、これは「所期ノ統制ヲ達シ得ザルコト遥ニ遠」い状態だった（SF、三一年上）。こうした事態の改善は日米鮪会商が決裂し、農林当局の強力な指導によって鮪・缶詰輸出の自主規制が行なわれ、物産と三菱商事が代理店、国際水産がサブエージェントになる三五年下期まで待たねばならなかった。

2　鮪缶詰の輸出

二九年から鮪油漬け缶詰の試験製造が始まり、同年末には業界トップの清水食品が設立され、翌三〇年に同社は約一万函を生産し、同年以後静岡県をはじめ各地に工場が乱立する。三一年の全国製造高は二万八〇〇〇函、内対米輸出二万五〇〇〇函であったが、円為替が暴落した三二年初頭から急増し、三二年二六万函、三三年七〇万函となった。国内需要はほとんどなく、また輸出先も当初はほぼ米国に限定されており、年間消費量一五〇万函といわれる米国に大量の缶詰が輸出された。

三二年二月には早くも鮪缶詰輸入に対する不安が寄せられる。カリフォルニア・メキシコ沿岸の鮪漁は日本人・イタリア人によって行なわれ、中でもサンペドロには鮪漁に携わる数千人の日本人町が形成されていた。日本からの安価な冷凍鮪と鮪缶詰の輸入は、彼らに致命的な打撃を与えると予想されたのである[70]。

もちろん漁業者だけでなく、バン・キャンプ社をはじめとする米国パッカーは、日本産鮪缶詰の大量輸入が開始された直後から輸入制限運動を展開し、日米通商摩擦の一つになった。三二年一〇月には日本産鮪缶詰に関する関税委員会公聴会、三四年三月にはロサンゼルスにおいて日米民間鮪会商が開催され、冷凍鮪・缶詰の輸出を巡る協議が行なわれた。

鮪缶詰の場合、誕生間もない商品であったため、その乱脈・無統制ぶりは際立っていた。静岡県パッカーとの取引に当っている名古屋支店でさえ、「〔漁業者は〕鰹ノ如キ鮪ヲスラモ追ヒ廻ス有様」、「検査ヲpassセズシテ逐ヒ返サルル全業者ノ品物ハ万ヲ以テ算スル有様、穴勝チ米国ガ輸入制限ノ手心ヨリ排却スルトノミハ考ヘラレ申サズ[71]」と述べているほど、不良品も輸出されていたのである。

物産本店食料品掛とSF店は、創業期の混乱にある業界に対して積極的にアプローチをかける。三二年四月に日本鮪油漬缶詰業水産組合が設立されると、直ちに「共販機関設立促進ヲ組合幹部ニ慫慂シ、其ノ金融引受ト共ニ一手取扱差支ナキ旨内談的ニ申入レ」、三二年末に共販設立の機運が高まってくると、「製品受託ト同時ニ共販ヨリ製造家へ前払ス可キ貸付金……当方之ガ金融ヲ引受ケテ差支ナク、其ノ代リ輸出全部ノ取扱ニ当ル可シト再三懇談ヲ重ネ」た。鮪缶詰製造はまさに勃興期であったため、製造量の統制には新規参入者が強く反対し、物産・商事・野崎などの大手以外に統制の進展によってカニや鮭鱒缶詰輸出から排除されつつあった中小専門商社が鮪パッカーに群がる「自由競争時代」であり、三井一手扱いは断念せざるをえなかった。また農林省も「政府ガ出動シテ強ヒテ統一ヲ計リ得タリトスルモ鞏固ノモノタルヲ得ズ、故ニ一度ハ行詰ラセテ後組合員ノ自覚的統制ニ待ツ外ナシ」と静観する[72]。

三四年の輸出水産物取締法に基づく製造・輸出規制、米国の鮪漁の回復等が預かって米国への輸出は三七年の四〇万函を除くと年間二〇万函台で推移した。組合は取締法に基づいてパッカーに製造数量を割り当て、共販を組織して地域別最低販売価格・輸出数量を決めていた。カナダ向けは物産の運動が奏功し、三八年上期にシアトル店の下請パークス社に輸出を一元化し、三菱・野崎・古屋などの輸入商は同社から購入する体制になった。[73] しかし米国市場においては統制は容易に進まなかった。三七年の米国産の豊漁、日本からの輸出増加、他方における排日貨による日本品の売行き不振などが重なり、例年の持ち越しストック五〇万函に対し、三七年末は一〇〇万函を数えていた。組合は三八年五月、三井・三菱共同引受けによる販売統制を計画するが、「東亜、浅野ナドガ策動セルタメ共販決意鈍リ」と、野崎・浅野・東亜を加えた五社共同引受けに後退する。[74]

物産によればこのような方策では「販売統制実現ノ上ニ不安ナシトハ云ヒ難シ」であり、[75] 他方物産以上の販売力を持つ野崎などは「加奈陀向鮪缶詰ヲ当社〔物産〕ガ一手ニ引受タル事ニ野崎ガ不平ヲ抱キ」、鮪缶詰輸出商で組織していた懇話会員を語らって組合・共販幹部に対し対米鮪輸出方法に関しては懇話会に相談するよう「一々出状懇請」していたのである。[76]

米国向け鮪缶詰は他の商品のように物産や商事が狙ったような統制には至らず、次のような乱売が続いた。

東部市況……愈々悪化乱戦状態……一廉ノ商内タル鮪缶詰ガ今日ノ如キ無統制販売ヲ眼前ニ曝ケ出スニ立到リタルハ誰ガ見テモ此上ナキ醜態……斯ク輸入商オ互ニ後レテハ大変ト売焦リ一定ノ口銭ヲ取テ売ルト云フ常道ハ既ニ離レ、与ヘラレタ quota 丈ケハ keep good face ノ為メニモ如何ナル事ヲシテモ売捌ク[77]

こうした安値販売は「シカゴ Broker デービスヨリ浅野ハ鮪缶詰 openly ニ安売シ、夫レヲ日本向屑鉄買付資金ニ充当スル物ナリトノ業界専ラ噂ナル事ヲ指摘シ参リ」とあるごとく、[78] 為替統制のために活動を制限された商社が、数少ない外貨獲得手段として缶詰輸出に頼っていたからであった。

NYにおいては鮪缶詰輸入商が輸入会を組織して毎月一回の会合を催し、「商務官ヲシテ相談役トシ、Price Cutting 等起ラザル様連絡取リ毎月在庫表ヲ商務官ニ提出シテ各社ノ行動ヲ公平ニ知ラセテ市価崩落ヲ防グ」努力をしていた。[79] 物産は組合に対し、輸出商の制限を何度も要請するが、外貨獲得を鮪缶詰に頼っている中小商社の強い反対によって実現には至らなかった。

四　鮭鱒缶詰の輸出

1　仕入地盤の形成

物産は水産缶詰の中心である鮭鱒缶詰の輸出について、一九二〇年までセール商会、三菱商事に次ぐ一〇%強のシェアーを占めていたが、二〇年代初頭の北洋漁業の再編に食い込むことが出来ず、鮭鱒缶詰輸出から実質的に排除されていた。二九年に輸出商社とパッカーによって組織された鮭友会にも参加できず、三二年の輸出高二一〇〇万円の内、三井の輸出高は三〇万円と一・五%を占めるに過ぎなかった。

それが変わり始めたのは三三年からである。北千島沖合が鮭鱒の好漁場であることが明らかになり、同地に多数の缶詰工場が設置され、物産はそれら中小パッカーの掌握に乗出し、三四年には一四〇万円三・六%の輸出シェアーを確保する。(80)

北千島レッド（紅鮭）缶詰の進出に脅威を感じたのは北洋鮭鱒缶詰に圧倒的な地位を占め、英国向け日本産レッド缶詰を独占していた日魯漁業であった。同社は太平洋漁業・幌莚水産という子会社によって北千島に進出するとともに、同地の中小パッカーを糾合して三五年二月、北千島紅鮭缶詰共栄会（三八年には北千島水産株式会社に統合）を組織し、製品販売は物産・商事・セール・野崎四社が組織した販売組合に全量を委託する。販売組合の責任者に物産が就任して業務一切を担当し、共栄会への融資も物産の責任で行ない、物産は三五%の利益配当を受けることになった。さらに三五年一〇月にはピンク（鱒）缶詰を主に生産する青森以北の中小パッカーによる日本鮭鱒缶詰共同販売会（ピンク共販）も組織された。ピンクは通常一〇〇万函前後の製造高であるが、三五年は一八〇万函という記録的な豊漁となり、「若シ販売ヲ成行ニ放任シタ場合相場ノ奔落市場ノ混乱ガ思ヒヤラレル……三井三菱デ融資シテ在荷ヲ持チ堪ヘルヨリ外良策ガ無ク」という理由で、物産・商事が「元締」になって「販売権」を掌握し、野崎その他の輸出商は両社から購入するというかたちになった。[81]

三五年から鮭鱒缶詰は日魯製品、北千島共栄会、ピンク共販の三ルートで輸出されることになり、物産は共栄会ルートの代表者、ピンク共販では商事に並ぶという、三菱商事に肉薄する地位を確保した。物産は自ら称しているように、「帰り新参」として再登場したのである。中小パッカーの統合、あるいは共販組織の形成は、ロシア製品の台頭、鮭鱒資源の枯渇、アラスカ・カナダ沖資源を巡る米・加との外交問題、[82]フランスなどの輸入割当制など、水産物輸出が増加するに伴い発生してくる諸問題への対応として、農林省も政策的に推し進めた。

北千島共栄会・ピンク共販の代表者に、缶詰業界の「独裁者」といわれる日魯副社長平塚常次郎が就任した点に示されるように、水産業界においてこの統合を推進したのは日魯であった。統合・共販に伴って融資が巨額になり、[83]価格維持のためには販売地における統制が不可避になってくる。それに応じうる商社は三菱商事を除くと物産以外には考えられず、日魯や共販幹部は商事に対する牽制の意味からも物産を積極的に引き入れていくのである。

2 英米市場への進出

物産は仕入地盤は確保したが、「販売トナルト是迄ノ三井ハ遺憾乍ラ実績上余リ大キナロガ利ケナイ」と、以後は販路の確保に全力を傾注する。[84]鮭鱒缶詰輸出の中心地英国においては、日本商社は代理店（ブローカー）を通じてビッグスリーといわれる缶詰専門大手商社（バイヤー）に全量売り渡し、彼らから卸売商（distributors）、小売商に渡っていた。

物産は当初、英国においても新たな販売ルートを立ち上げようとする。倫敦支店は Powell Brothers を代理店とし、三五年から三六年にかけて「P・B社ヲ中心トシ共栄会品全数量ノ引合団ヲ組織セシメント努力」するが、実現に至らず、「当社ハ殆ンド何等見ルベキ成績ナク、従来三井ノ誠意ニ信頼シ来レル製造家連モ漸ク不平不満ノ声ヲ挙グルニ至リ引合不振ノ責任ハ三井ブローカーノ無力ニアリト迄露骨ナル批評[85]」を受けるに至った。大量のレッド缶詰を捌くにはアウトサイダーでは力不足なことがはっきりし、従来のビッグスリーといわれるルートに頼らざるをえなかった。

ピンクは三菱商事・セール商会が行なっていた年間数回に分けて市況を見ながら販売するブロックセールに三六年から三井も参加し、三七年からはシルバー（銀鮭）も同様なセールを行ない、英国市場に進出していった。

表9-2に示したように、物産の鮭鱒缶詰取扱高は三五年の半期三〇万円台から三六年に一〇〇万円台、三七年以降には四〇〇万～八〇〇万円台と激増する。物産を共販の指定商にすれば、こうした事態となることは当然予測された。資本・金融・販売を通じて日魯と密接な関係にあり、販売実績もある三菱が、三井の復帰・侵入を黙って見ていたわけではない。三四年から三菱・セールが開始した英国におけるピンクのブロックセールに三六年から物産も参加するが、物産の加入に対して「三菱ハ終始強硬反対意見ヲ述べ容易ニ纏ラザリシモ遂ニ不精不精承諾スルニ至レリ[86]」とか、三八年の北千島水産設立に伴う「一手契約締結ニ当リテハ三菱トノ間ニ激烈ナル抗争ヲ演ジ」といった状況を生み出しながら進んだのである。野崎やセールなどの輸出商は「三井三菱ノ独占強化ヲ最モ警戒シ居レリ[87]」と、物産の参入によって商権が侵害されることを警戒していたが、鮭鱒に関しては日魯の主導性が強く、またその方針が明確であったため、大きな問題を生むことなく商事・物産の「元締」化が進展した。

アラスカを中心とした米国の鮭鱒缶詰の生産は平年約八〇〇万函に達し、消費も七〇〇万函という巨大さであった。日本の三五年のピンク大増産に際し日魯・共販は大市場米国への進出を意図した。しかし「製造家ノ有力ナル代表者ガ上、下両院ニ多数アル由」と「政治問題化」することは必至と推測された。物産はアラスカパッカーが日本品輸入に反発することを見込み、それを契機に「製造家側ニ年々相当量ノ日本品ヲ買ワシムル」という「禍ヲ転ジテ福ト為ス」というきわどい方策を意図し、NY・SF両店から一四万函程度の販売は可能という報告を得た[88]。日魯・共販はこの物産の方針には乗らなかったが、三六年には物産の取引先ディラーのパロット社（Parrot & Co.）に全米一手販売権を与えた。同社はアラスカパッカーへの刺激を緩和するため、NYやボストンを避け、ヒューストン・ニューオーリンズなど中南部を中心に「本品売拡ノ為メ社員ヲ全米要地ニ出張セシメ、各地ヨリ注文取付ケ」、二万一〇〇〇函の契約にこぎつけ、さらに五万函のオッファーを行ない、年間二〇万函は可能であるとの報告を行なった(89)。

しかしパロット社を通じた米国への売りこみも成果をあげない。米国への鮭鱒缶詰輸出は、三五年一万二〇〇〇、三六年二万八〇〇〇、三七年一万四〇〇〇函と全く増加しなかった。米国に輸入される食料品は食料薬品検査局（U. S. Food and Drug Administration）の検査を受け、食用適格の認証を受けねば輸入できず、三六年に輸入しようとしたピンク缶詰の内七〇〇〇余函がその検査によって積戻しとなった。政治問題化する以前に食用不適格の烙印を押されたのである。この検査が検査局とパッカーとの阿吽の呼吸でなされたか否かは確認できないが、その可能性は極めて高いだろう。

こうした事態を打開するため、「某大会社本店」（日魯か）は桑港日本商品陳列所所長に「根本的方策」の検討を依頼する。それに応じて所長が考えたのは、桑港所在の西部食料薬品検査局長ビンセントを年俸一万五〇〇〇ドルで日本の大会社顧問として招致し、米国向け輸出品の検査に従事させるという方法だった。ビンセントは農務長官とも連絡を取り、原則的な許可を得、一方所長はSFを訪問していた東洋製缶の高﨑達之助・物産支店長・商事支店長などと連絡を取りつつ進めるが、実現には至らなかった(90)。

三五年以降も鱒漁獲は好調を続け、共販の滞貨は三八年に八〇万函にも及んだ。他方外貨獲得に対する要求はますます熾烈となってくる。三八年五月、共販の平塚代表は農林省に呼ばれ、「政府為替資金上ノ要求ヲ満タス」ため、「ピンク缶詰一般ノ売込増進策ヲ質サレ」た。平塚は「即急売込ニハ米国売リガ最上」と答申する。政府から販売価格の一～二割程度の輸出助成金を得て、六月末までに三〇万函と言う「対米大量輸出ノ即時実行」を三井に求め、「三井ノ交渉ガ不調ニ終ワレバ自身出馬シテ三井ノ手ハ一切通サズニ売ッテ見セル……三井ガ之ヲシソコナヘバ三井ニハ今後ピンクハ扱ハセナイト迄言ハル」という状況になった。物産営業部は「無理トハ重々判リ乍モ……国策上是ガ非デモ貫徹ヲ図ラネバナラヌ時期」と、相当の割引をして「製造家ノ手」に販売を委託すれば、米国パッカーの反発を招かずに、「日本品ノ三十万ヤ五十万ハ殆ンド問題ニナラヌ数字ニ有之」ではないかと、米国各店の努力を求めた。(91)

本店の申入れに対する米国店の反応は明らかでない。この頃には米国における排日貨は厳しいものになっており、こうした提案の実現可能性はほとんどなかったであろう。

五　その他の缶詰

1　イワシ缶詰

上記の代表的な四種の缶詰以外に、米国市場に輸出されたものには、貝柱・アサリ・パイナップル・みかんなどがあり、またSF支店は米国産トマトソース漬けイワシ缶詰を仕入れて南洋に売りこむという外国間貿易にも一時携わった。

カリフォルニア州におけるトマトソース漬けイワシ缶詰の製造は二〇世紀初頭から始まり、大戦中・戦後にかけて国内需要のみでなく印度・南洋市場に大量に進出した。日本においても一九二四年から製造が始まり、唯一のパッカーである内外食品の委託を受けた南洋の物産各支店が米国品の掌握する市場への進出を図った。しかし、原料の鰯・トマトとも米国加州のほうが安く、品質・価格の両面から米国品と競争して売りこむのは困難であった。かかる事情のため、SF店は二八年頃より加州において割安品を入手し、物産の商標を貼付して売りこんだ。加州の製造高は二三年一一三万函から二六年に二〇〇万函、二九年には三九四万函にも及び、「生産ハ逐年増加ノ趨勢ヲ示シ乍ラ南洋各地市場ヲ始メ世界的ニ其需要ハ増加ヲ示シ、本年ノ如キ製造期終了ト共ニ売切ヲ来セルガ如キ寔ニ目覚シキ発展振リ」（SF、二九年上）といわれるまでに達した。二九年下期にはSF店の取扱高は一四万円に及び、そのすべてを社船バンコク線の「特別運賃ノ便宜」により、バンコク・ラングーン・マニラに販売した。

ところが恐慌の中で、SF店のイワシ缶詰取扱は消滅し、日本の製造高が三一年の七万函が三二年には二五万函に拡大する一方、米国は一八〇万から八七万函へと激減した。さらにその後日本の製造高は三六年に一三四万函（内輸出一一一万函）へと激増した。米国製造高の減少は、為替低下によって米国品との対抗が可能になった日本や、漁業を重視し始めたソ連品の進出、産業復興法に基づく米国品の割高等によっていた。[92] 鰯缶詰輸出は物産が開拓したこともあって、水産物が弱い中にあって三割前後を占めた。

2 パイナップル缶詰

パイン缶詰はハワイ産が世界産額の約七割を占め、日本においては台湾の零細メーカーが台湾合同鳳梨株式会社に統合され、三二年頃から輸出を計画する。物産は「一歩他商ニ先ンジテ輸出増進ノ策ヲ講ジ」たが、目鼻がつき始めたのは三五年に至ってからであった。SF店は三五年下期、NY店は三六年上期に初めて売約を得た。パイン缶詰は満洲・中国にも輸出されるが、大量輸出が可能なのは米国であった。「値段サヘ布哇品ニ影響ヲ及バサヾレバ広漠ナル米国ノ事トテ台湾品ノ二〇万函位輸入シテモ之レガ急ニ輸入禁止又ハ輸入税引上ヲ見ルコトハ万無カルベシ」と、米国輸出を図った。[93]

しかし日本産パイン缶詰の輸入が始まると、ハワイのパッカーは直ちに日本品輸入妨害の行動を始め、それを知ったSF店は三五年一二月、"Hawaiian Manufacturers will appeal Washington to raise import Duty."との電信を寄せた。合同鳳梨は秩序ある輸出によってハワイパッカーの反発を軽減しようと、「内地輸出商ノ甚敷反対抗議ヲ一蹴」して物産と三菱商事の「両社ニノミ其ノ販売ヲ許」すという手段を採用する。[94] 物産は「当社ノ販売力ヲ見セテ当社並ニ三菱代行ノ打合ヲ確立スル事ハ此際百年ノ大計カト被存候」と、「Brokersヲ督励売拡メニ尽力」する。[95]こうした努力によってSF店は三六年下期には上期の売約高一〇万円を大幅に上回る九一万円の売約に成功する。

日米業界の対立が予測される中で、東洋製缶専務高﨑達之輔はこの問題においても調停に乗り出した。三六年一二月、ハワイパッカーとの協議を終えて来桑した彼は、ハワイ・フィリピンにおいてパイン缶詰事業を行なっているCalifornia Packing Co. の副社長レスターと会談する。レスターは「日本ノ缶詰ガ仮令一函デモ米国ヘハイル事ハ好マヌ……輸入税二仙ヲ倍値迄値上グル運動ヲシナケレバナラナイ」と、生食用の輸入を絶対認めないという強い態度を示しつつ、菓子用・料理用原料としての輸入なら認める方針を示した。[96]ところが三六年に大量に契約した缶詰が米国に到着し始めると、購入業者から品質に関する強い苦情が寄せられ、その多くを回収せざるをえない破目になった。考課状などには不良品としか記されていないが、パイナップルの品質に問題があった。試験輸出の段階だった三五年は改良種が輸出されたが、その量は少なく、三六年には在来種が大量に輸出され、その品質に購入者からの不満が集中したのである。

苦情処理に目鼻がつくと日中戦争による日貨ボイコットの打撃を受け、進出は容易でなかったが、三九年から東部地区を中心に販売網を整備していく。東部地区はフレーザー、シカゴはデービス、中南部はローゼンとカニ缶詰販売に際して密接な関係を結んでいたディーラークラスを代理店に指定し、彼らの持つブローカー網によって販売を図っていった。[97]

六　冷凍エビの輸入

缶詰輸出ではないが、SF店が一時大きな努力を払った北米産冷凍エビの輸入について記しておこう。

ニューオーリンズ・ガルベストンなどメキシコ湾岸の米国産冷凍エビの輸入は、一九二七年に始まった。物産が米国産エビ輸入に着手したのは、一九二九年下期からである。しかし、三一年以降三共水産・林兼・米国商社が進出し、エビの輸入を巡っても激しい競争が現出する。[98]

三四年頃まで、メキシコ湾岸諸港に寄港する船舶中、冷凍設備を有するのは大阪商船南米航路就航船と物産の社船だけであり、物産は大阪商船との好関係を利用して「牛肉用ノ外ハ全部当方仮取極メ」し、社船は「他社荷物積取ノ際ハ以前当方へ通知」する体制を整え、「斯クシテ同業者取引ヲ牽制致居候」のように、冷凍船室を押さえることにより、湾岸海老の日本への輸入に独占的な地位を占めることに成功した。[99]

物産は政府の船舶改善助成施設を利用して三二年以降社船の充実に努め、ニューヨーク航路就航を予定された阿蘇山丸・青葉山丸には復航の海老を主貨物とする予定で一隻約五万八〇〇〇円の費用をかけて冷凍室を設置するなど、冷凍貨物の増加に備えた。また他の海運会社も冷凍室の充実を行なっていた。日本郵船は三四年九月以降、一万トン級の優秀船六隻をニューヨーク航路に投入するが、それらはすべて一八〇トンの冷凍室を備え、「三菱ハ本航路ヲ利用シテ相当競争的態度ニ出可申事予想サレ」と、冷凍船室の増加に伴って他商社の進出が予測された。[100]

冷凍品輸送力の増強に支えられて三四年から米国産海老輸入の競争が激しくなり、三五年度の輸入は物産六八〇トン、日本食料工業（日産系、三菱に販売委託）六〇〇トン、A. T. Co. 三〇〇トン、林兼一六〇トンとされている。物産は児玉商店を通じて三四年頃から中央卸売市場の「海老商内ニテ生活シ居ル」場売り屋五十数名を糾合して海老組合、さらには日米冷凍海老株式会社を組織し、「其ノ扱品ヲ供給シテヤルベキ立場……荷物供給ノ責任」を負うようになっており、他の商社に入荷されて三井の量が少なくなったのでは「場売り屋」を「当社ニ抑ヘテ行ク事不可能ニナラム」と、販売ルート維持のために供給量を確保しなければならなかった。[101]

エビはガルベストンなど港湾に所在する米国のパッカーといわれる冷凍業者から購入する。パッカーの供給力は支配下の漁船の数に左右され、物産はパッカーと「予約買付」を行ない、あるいは「予約出来ズトシテモ之ヲ当社ノ手ニ押ヘオク事ハ是非必要……万一之レ等ガ三菱、林兼又ハ A. T. Co. 等ニ走ルコトアリテハ当社蒐貨上ニ受クル打撃ハ尠カラズ」と、産地におけるエビの確保が課題であった。物産は冷凍鮪においても提携した長崎の児玉商店や在米日本人柴田信・稲見弥一郎らを「当社ノ代理人」としてメキシコ湾岸の主要港に派遣し、パッカーの確保、冷凍倉庫の監督に当らせていた[102]。

米国産エビの輸入が始まると、日本人漁業者が多く、エビの産地でもあるカリフォルニア湾岸メキシコ領ガイマスエビの日本への輸入が計画される。しかし米国沿岸と異なり、漁船を統括するパッカーや冷凍・運搬設備が欠如していたため、多大の資本投下が必要であった。物産は三二年に至り、児玉商店へ三万ドルを貸し付け、児玉が柴田と組んで冷凍船を購入し、日本に輸出する事業を開始した。しかし、天候不順による不漁・船員のストライキなどのために予期の成果を挙げえず、いったん頓挫してしまった（SF、三三年上）。

米国産エビの売行きは順調だったが、次第に漁獲が減少し、三五、六年から再びガイマスエビに対する関心が強まった。日産系の共同漁業（後に日本水産）は三五年一〇月にトロール船湊丸をメキシコ近海に出漁させ、エビ等の漁獲物を米国市場に販売し、またその一部を日本に輸入するという事業を開始し、販売・輸入を三菱商事が担当した。物産も三六年から再び柴田との共同事業によりガイマスエビに進出する。柴田が約八〇〇〇ドル、物産が一万九〇〇〇ドルを出資し、漁船六隻をチャーターしてエビ漁を行ない、さらに物産は冷凍庫設備費として現地企業に一万二〇〇〇ドルを投資し、本格的に進出したのである。

日本企業がメキシコエビ漁を積極化させたのは日本への輸入だけでなく、米国産漁獲が減少し、「目下米国ハ蝦飢饉ノ状態ニ有之、冷凍セザル氷詰ノモノガ……羽ノ飛ブ様売リ捌カレ居リ」というように、米国市場への売却も可能だったからである[103]。

柴田は漁船をチャーターするとともに、漁業団体と売買契約を締結し、「柴田以外ハ同地産蝦ハ買付クルコト不能」という体制を築いた。一方共同漁業の行なう沿岸トロール漁業に対しては「沿岸漁夫等ノ生活ヲ脅カスコトト成ル」として「根強キ反対」があり、三井・柴田の進出に対応して「此際漁夫ノ一大脅威タル共同ノトロール船湊丸ヲ排撃スベシ」といった宣伝が行なわれるようになった。[104] 事業継続に危機感を持った共同漁業はメキシコ駐在公使館と海軍駐在武官を動かし、三井・柴田の事業を妨害する。

海軍駐在武官ニ於テハ右トロール船ト何カノ連絡アルモノノ如ク（之ハ外部ニ厳秘ニ願上度）若シトロール船ガメキシコ沿岸ノ仕事ヨリ撤退スル様ニデモナレバ同船利用ガ出来ナクナルトデモ考ヘテカ三井ヲシテ手ヲ引カシムル様ナ見解ヲ以テ本省ニ打電致候模様[105]

共同の湊丸と付属船、漁船員は日本から来たものであり、三井の推測によれば成績は芳しいものではない。それを押して操業を続け、また海軍武官を通じて三井を牽制していることを考えれば湊丸は特殊な任務を帯びていたのだろう。外務省や海軍省、さらには高﨑達之助らの斡旋により、三七年一月、物産本店と共同漁業本社との間で協議が整い、ガイマスエビ事業を共同・三井・柴田の共同経営とすることになった。三井・柴田の投下資金は出資金に振り替え、共同が五一％出資して管理経営権を持ち、漁獲物は共同と三井が折半し、柴田には二％の寝口銭を与えるという内容である。SF店はガイマスエビの資源が豊かであること、日本向け冷凍輸出・米国向け販売とも有望であることから「内外呼応、相当期シテ待ツベキ成績ヲ挙ゲ得ルモノト窃ニ考ヘ」ていた。[106]

ところが日中戦争の勃発後、外国為替管理の強化により海老輸入は実質的に不可能になった。物産にとっては輸入が不可能ならば「継続参加ハ全ク意味ヲナサヌ」ものになるが、日本水産は「公海ニテ自船漁獲物ノ日本ヘノ輸出ハ之ニ制限ヲ受ケズ自由ニ積出ガ出来」、また陸上で冷凍してもトロール船を有しているので「日本ヘノ積出便法」の可能性もあった。そこで物産は出資金二万六〇〇〇ドルの肩代わりを日本水産に求め、同時に米国販売の委託も求めるが、日水は出資金の肩代わりは認め、米国売り委託については五万ドルの融資を求めた。物産はそれに応じず、三菱が融資を行ない、米国販売権は三菱商事の掌中に帰することになった。[107]

七　缶詰輸出の奨励

三八年度予算において政府は、水産缶詰が輸出振興・外貨獲得という「目的ニ最モ叶ヘル品」として、輸出助成金一九〇万円を計上する。物産本店はこの方針に応じ、「此際国策的ニ乗出シ政府ノ協力ヲ求メ統制ノ完全ヲ計リ大々的ニ輸出促進策ヲ立案中」と、国家統制に掉さして商権の一層の拡大に乗出す。政府の助成だけでなく、物産本店は「アル程度ノ Risk ヲ踏ンデ現地ニ stock ヲ擁シ現物商内ニ精進スレバ……相当ナ荷物ヲ動カシ可得」と、独自に水産物輸出高の五％の輸出助成を行なうことを決定する。[108]

外貨獲得のために輸出奨励を図るが、日中戦争の激化に伴って欧米・南洋とも日貨排斥が強まり、折からの景気後退とあいまって輸出は増加しない。「Boycott ノ最初ノ槍玉ニ上ルモノハ食料品ニシテ而モ最後マデ頑張ラルルノモ食料品」と言われるように、ブランドが需要者に浸透し、また一般消費者を対象にするものだっただけにボイコットの恰好の対象になった。[109]

このような排日貨に抗して輸出増進、そのための統制強化を進めていかざるをえなかった。三九年春以降、鮭・鱒・カニ・鮪・鰮など一〇組合を組合員とする全国輸出缶詰業水産組合連合会が組織され、品目ごとに分かれていた共販組織も鮭鱒・カニ・其他水産缶詰の三者に統合される。統合は農林省の強力な指導によって進み、反対の姿勢を示す企業や組織には「入リタクナケレバ強イテ入ラナクテモヨイガ、ソノ代リ円ブロック向空缶ノ配給権ハ新共販ニ与フベキニヨリ、加入セザル者ハ第三国向輸出用空缶以外ハ先ズ入手デキヌモノト承知サレタシ」との意向が伝えられた。これは「円ブロック売ヨリハ相当ノ利益ヲ収メ之ヲ第三国輸出品ノ差損（乃至諸掛、宣伝費、調査等）ニ引当ノ事」とされているように、欧米には外貨獲得の為に採算を無視して輸出され、その損失は円ブロック向けの利益によって補塡されていたため、空缶の配給統制によって実現の保証が確保されるのである。前年から始まった政府補助金も拡大され、新会社にまとめて交付されることになり、「絶対外部へハ判ラヌ方法ヲ取ル事」とされる[110]。カニ・鱒・鮪缶詰のところでも見たが、この時期になると輸入が激増する米国への輸出は、「近時対米輸出品ハ輸出強行、外貨獲得ヲ叫バレ居リ一人食料品ノミニ非ラズ一般雑貨商品ハ殊ニ何ンデモ彼デモ『損ヲ覚悟デ』式輸出強行時代ニ候[111]」と、採算を度外視して行なわれた。

物産は外貨獲得のための統制強化が進む中で、商権を著しく拡張していった。すでに一定の地歩を確立している分野においては自動的に共販の受託者になり、シェアーが著しく少ない分野においては金融力・販売力を梃子に他の有力商社とならんで受託者になるのである。朝鮮産を主とするフィッシュミールの輸出も三二、三年以降拡大するが、その輸出の五割前後を三菱商事が占め、物産は三%前後に過ぎなかった。三六年以降米国市場の開拓に努め、一〇%近くに達するが、なお商事には大きく水をあけられていた。朝鮮油肥連が三九年から米国向けフィッシュミールの輸出を物産と商事に制限し、両社の割当量を決定するに際し、物産は原案を「国策的ニ見テ、三井ノ外貨獲得上役立チ得ベキ力ヲ故意ニ抑圧シテイル」として反対し、全体としての物産の力に応じた割当量・割当方法の見なおしを強く求めている[112]。

日米通商航海条約の廃棄通告がなされた後、米国で活動している日本商社は、米国の関連業界・業者に慫慂して国務省に条約廃棄反対の陳情活動を展開する。食料品・缶詰商品も第五部に組織され、その一翼を担うが、日本においてこそ缶詰は「輸出振興ノ最近ノ花形」として注目を浴びる商品であるが、輸入量は米国消費量に比べれば「比較ニナラヌ程微々タルモノ」であり、有力グローサリーにとって日本缶詰は「片手間式小商内」であり、その取扱い中止により「死活問題ヲ起ス丈ノ主要商品」でないため、「当国団体トシテハ日本缶詰ノ全面的駆逐ヲ歓迎」する状態だった。缶詰を購入する家庭主婦は「日本缶詰ト聞イタ丈ケデ値段ニ関係ナク嫌忌ノ念ヲ起ス」とまで反日的な雰囲気が進んでいた[113]。

物産は統制が進展する中で、三菱商事や野崎などに著しく立ち後れていた食料品・缶詰取扱いを拡大する機会を確保したが、十分にその果実を得る時間はなかった。

小括

日露戦争後、北洋漁場を獲得した日本の水産缶詰製造業は急成長し、大戦期にかけて、水産缶詰の輸出が増加する。缶詰の消費は、国・地域によって大きく異なり、日本から米国へはカニ缶詰、英・欧へは鮭鱒缶詰が圧倒的な割合を占めていた。二〇年頃まで、物産は仕入・販売両市場において、有力な地位を占めていた。しかし二〇年代、漁業の大規模化に伴って漁業資本の再編が進行し、その間、出資や融資によって北洋漁業・缶詰業に大きな勢力を築いたのは三菱商事であり、物産は仕入市場から実質的に排除されてしまった。

米国において日本製缶詰の市場を開拓したのは、北米貿易や野崎など、雑貨商から成長した在米日系商社であり、彼らはナムコ・ゲイシャなどのブランドを浸透させ、市場に確固たる地位を築いていた。特に野崎は、北米だけでなく欧州・アフリカなど世界各地に代理店網を築き、日本缶詰輸出の開拓者であった。

二〇年代を通じて、物産は販売・仕入市場においてカニ・鮭鱒缶詰取扱いへの進出に努めるが、成果を挙げられなかった。しかし、再進出のきっかけは三〇年代初頭に訪れる。工船対陸上パッカー、三菱対輸出商などの対立が表面化するなかで、資金・販売力両面において三菱に対抗できる商社は物産以外に存在せず、物産は仕入地盤を急速に大きくしていった。それと前後して、物産は野崎を見倣って販売網の整備に努めた。米国の主要都市にディーラー・ブローカーを代理店として設定し、そこに現品を備えて売り込みを図るとともに、小売店主の仕入団体やチェーンストアーへの販売に努めるのであった。

物産もいくつかのブランドによって小売市場への浸透を図るが、ゲイシャ・ナムコの域には達しなかった。三〇年代中期以降、数少ない外貨獲得産業として増産が図られ、売り崩しを避けるために統制が強化され、それらを一括して引き受けることのできる商事と物産の地位がますます高まってくる。物産は三菱に迫るほどを引き受るが、販売力はそれに伴わず、野崎や北米への販売によって量をこなすのであった。

冷凍鮪の輸出は一九二六年から始まり、物産も二九年に進出し、三〇年には鮪缶詰の輸出も始まった。この両品は輸出開始から数年のうちに急増し、カリフォルニア州の有力な産業であった漁業、缶詰製造業に打撃を与え、三二年には関税委員会の公聴会にかけられる。冷凍鮪・鮪缶詰の無秩序な輸出急増は、林兼など日本の問屋や中小パッカー、在米日本人漁業・缶詰業関係者、物産らの対立と離合集散によるところが大きかった。農林省・商工省は輸出規制などによって統制するが、無秩序な乱売は終わらなかった。

冷凍鮪の輸出や米国・メキシコ産エビの輸入は、一九二〇年代中期からの冷凍室を備えた遠洋航路船の就航によって可能になったのである。海運会社は物産に対し、冷凍船室提供の見返りに生糸の積荷を要求することもあった。

缶詰は三〇年代中期以降、有力な対米輸出品になった。ところが缶詰はもっともボイコットの対象になりやすい商品であり、競合商品も米国内に豊富に存在した。このボイコット・競合商品に対抗して輸出を続けるには低価格以外になかった。政府は直接的・間接的な補助によってよって輸出を奨励し、また物産も損失覚悟で販路の拡張に当った。缶詰は外貨を獲得できる有力な手段であり、厳しい為替管理のなかで、販売代金を運用できる数少ない有力商品であった。

（1） 三井物産本店営業部野村康雄「缶詰食料品ニ関シ第二次欧米出張報告」（一九三六年五月、SF. BOX 1471）。以下、缶詰に関する一般的な事項は、山中四郎『日本缶詰史』第二巻（日本缶詰協会、一九六二年）、蟹罐詰発達史編纂委員会『蟹罐詰発達史』（霞ヶ関書房、一九四四年）、日本鮭鱒罐詰共同販売会『日本鮭鱒罐詰共同販売会史』（一九四三年）、日魯漁業株式会社『日魯漁業経営史』第一巻（一九七一年）などによる。また、富永憲生「一九三〇年代の缶詰産業——飛躍とその要因——」（『社会経済史学』五三-四、一九八七年）は一九三〇年代の各種缶詰の生産、さらには漁業・輸出先について簡潔にまとめている。カニ缶詰については、前掲、川辺信雄『総合商社の研究――戦前三菱商事の在米活動――』が、第五章において国内パッカーの再編とそれに対する三菱商事の関与、北米西海岸における広告宣伝活動など、興味深い記述をしている。

(2) 三菱商事株式会社『立業貿易録』五三一頁。
(3) 三井物産本店営業部野村康雄「食料品商内ニ付欧州大陸視察旅行報告」（一九三五年一二月、SF. BOX 387）。
(4) 前掲野村康雄「缶詰食料品ニ関シ第二次欧米出張報告」。
(5) 一斤缶に換算し、四ダースが一函である。
(6) 桑港支店「桑港支店業務一班」（一九二〇年四月、SF. BOX 1328）。
(7) 桑港支店「支店長会議代用資料」（一九二〇年一〇月、SF. BOX 1476）。
(8) 本店営業部食料品掛「食料品ニ就テ」（一九二一年五月、SF. BOX 1448）。
(9) 前掲『日魯漁業経営史』第一巻一三六頁。
(10) 桑港出張所「取引先考査表」（一九二七年三月、SF. BOX 1342）。
(11) 桑港出張所「固定債権台帳」（SF. BOX 1340）。
(12) 桑港出張所長より本店調査課長宛「蟹缶詰販売ニ関シ在市俄古 Sanborn Holmes & Co. 信用保証ノ事」（一九二九年六月二五日、SF. BOX 418）。
(13) 本店食料品掛より紐育支店雑貨掛その他宛「蟹缶詰本年度オープニングプライスノ事」（一九二九年五月一八日、SF. BOX 252）。
(14) 本店食料品掛より紐育支店雑貨掛その他宛「蟹缶詰新共販ト三菱ノ事」（一九三一年三月二五日、SF. FNO 2827）。
(15) 本店食料品掛より紐育支店雑貨掛その他宛「蟹缶詰米国向ケ共販販売方針ノ事」（一九三二年六月一〇日、SF. BOX 295）。
(16) 本店食料品掛より紐育支店雑貨掛その他宛「蟹缶詰陸上物秋物扱ノ事」（一九三三年九月二七日、SF. BOX 315）。
(17) 同前。
(18) 前掲、野村康雄「食料品商内ニ付欧州大陸視察旅行報告」。
(19) 本店食料品掛より紐育店その他宛「缶詰類売込ニ野崎商店主出張ノ事」（一九三六年二月一〇日、SF. BOX 387）

(20) 本店食料品掛よりロンドン支店その他宛「三菱缶詰類販売利益ノ事」（一九三八年一一月二日、SF. BOX 438）。
(21) 前掲「缶詰類売込ニ野崎商店主出張ノ事」。
(22) 紐育支店雑貨掛より本店食料品掛宛「蟹商内ノ事」（一九三五年六月一四日、SF. BOX 350）。
(23) 本店食料品掛よりロンドン支店その他宛「蟹缶詰宣伝ノ事」（一九三五年二月一四日、SF. BOX 349）。
(24) 前掲「蟹商内ノ事」。
(25) 前掲「缶詰食料品ニ関シ第二次欧米出張報告」。この時期、欧州にもオーストリア（三）、ベルギー（一）、デンマーク（一）、イングランド（三）、フィンランド（一）、フランス（二）、ハンガリー（一）、オランダ（一）、アイルランド（二）、ノルウェー（一）、ポルトガル（一）、スェーデン（一）、東アフリカ（一）、カナリー諸島（一）、マルタ（一）と特約店網を大幅に拡充した。
(26) 桑港出張所より紐育支店宛「東部市場ニ於ケル蟹缶詰商内ノ事」（一九三五年九月二六日、SF. BOX 349）。
(27) 紐育支店より桑港出張所宛「東部市場蟹缶詰商内ノ事」（一九三五年一〇月二日、同前）。
(28) 紐育支店より桑港出張所宛「東部市場蟹缶詰商内ノ事」（一九三五年一一月一日、同前）。
(29) 紐育支店より本店営業部食料品掛宛「蟹缶詰 Seeman Brothers 売込ノ事」（一九三六年五月二二日、SF. BOX 373）。
(30) 紐育支店より本店営業部食料品掛宛「蟹缶詰商内ノ事」（一九三六年八月二一日、同前）。
(31) 紐育支店より本店営業部食料品掛宛「蟹缶詰建値変更ノ事」（一九三六年七月三〇日、同前）。
(32) 営業部長より業務課長宛「日魯漁業会社製品蟹缶詰買越及委託積送限度申請ノ事」（一九三七年七月二六日、SF. BOX 412）。
(33) 営業部食料品掛より京城支店宛「朝鮮蟹罐詰本年度契約ノ事」（一九三八年二月二日、SF. BOX 446）。
(34) 営業部長より業務課長宛「蟹缶詰買越限度及ビ委託荷積出許可申請ノ事」（一九三八年五月三一日、同前）。
(35) 営業部長より各店長宛「水産缶詰三種三井三菱統制輸出ノ事」（一九三八年六月一九日、同前）。
(36) 紐育支店より本店食料品掛宛「米国向蟹商内ノ事」（一九三九年二月三日、LA. BOX 1517）。
(37) 同前。
(38) 営業部食料品掛より紐育支店宛「Quality Seafood Packers Inc. ノ事」（一九四〇年八月二一日、SF. BOX 506）。
(39) 桑港出張所より営業部食料品掛宛「蟹缶詰下請販売店更改ノ事」（一九三九年八月二一日、LA. BOX 1518）。

(40) 前掲「米国向蟹商内ノ事」。
(41) 同前。
(42) 紐育支店より営業部食料品掛宛「蟹缶詰同業者安売ニ付」（一九三九年七月五日、SF. 461）。
(43) 紐育支店橋爪雄次より東京平田周一郎宛「蟹缶詰統制販売策ニ付」（一九三九年三月二〇日、SF. BOX 461）。
(44) 紐育支店より営業部食料品掛宛「対米蟹缶詰統制販売ノ事」（一九三九年五月一七日、SF. BOX 460）。
(45) 紐育支店より食品第一課宛「蟹共販委託荷ノ事」（一九二九年一二月一四日、SF. BOX 465）。
(46) 営業部食品第一課より紐育支店宛「蟹缶詰夏期特売ニ関スル打合」（一九四〇年九月一二日、SF. BOX 506）。
(47) 紐育支店より食品第一、二課宛「最近米国食料品市況ト日本缶詰不買気運ノ事」（一九四〇年一一月七日、SF. BOX 494）。
(48) 紐育支店より食品第一課宛「蟹公聴会ニヨル税金増率懸念ト新規委託荷積出案ニ付」（一九四一年一月二〇日、SF. BOX 484）。
(49) 桑港出張所より営業部食料品掛宛「南加及び墨国沿岸産鮪ノ事」（一九二九年八月二四日、SF. BOX 246）。
(50) 同前「冷凍鮪ノ事」（一九二九年二月一五日、同前）。
(51) 門司支店より桑港出張所宛「冷凍鮪ノ事」（一九二九年五月一六日、同前）。
(52) 営業部食料品掛柳田健「高知県下ビンチョウ鮪漁業視察報告ノ事」（一九二九年一〇月一四日、SF. BOX 245）。
(53) 桑港出張所より食料品掛宛「冷凍鮪扱ト柴田信ノ事」（一九二九年七月二八日、SF. BOX 260）。
(54) 横浜受渡掛より本店受渡掛宛「冷凍倉庫設立ノ事」（一九二九年四月一日、SF. BOX 245）。
(55) 桑港出張所より食料品掛宛「鮪ノ事」（一九二九年六月二七日、SF. BOX 246）。
(56) 食料品掛より桑港出張所宛「冷凍鮪ノ事」（一九二九年七月二五日、SF. BOX 245）。
(57) 上海支店より営業部長宛「ダラー社冷凍船腹ノ事」（一九二九年八月二日、同前）。
(58) 食料品掛より大阪支店宛「冷凍鮪ノ事」（一九二九年八月三一日、同前）。
(59) 桑港出張所より営業部宛「鮪 Van Camp 引合決裂始末ノ事」（一九二九年八月一一日、SF. BOX 246）。
(60) 桑港出張所長より営業部長宛書簡（一九二九年八月二三日、同前）。
(61) 前掲「鮪 Van Camp 引合決裂始末ノ事」。

(62) 桑港出張所より食料品掛宛「冷凍鮪契約成立ノ事」(一九二九年八月一九日、SF. BOX 246)。
(63) 前掲「高知県下ビンチョウ鮪漁業視察報告ノ事」。
(64) 桑港出張所より食料品掛宛「日本製鮪缶詰ト冷凍鮪ノ関係ニ付」(一九二九年八月二七日、SF. BOX 246)。
(65) 羅府より食料品掛宛「冷凍鮪 Curtis 其他引合ノ事」(一九二九年九月二四日、同前)。
(66) 食料品掛より桑港出張所宛「冷凍鮪ト鮪油漬缶詰ノ事」(一九二九年八月二二日、SF. BOX 245)。
(67) 前掲「日本製鮪缶詰ト冷凍鮪ノ関係ニ付」。
(68) 桑港出張所長より営業部長宛「冷凍鮪之事」(一九三〇年四月三日、SF. BOX 260)。
(69) 桑港出張所より食料品掛宛「冷凍鮪商内ニ付立川ト妥協之事」(一九三〇年四月二九日、同前)。
(70) 桑港出張所より営業部長宛「冷凍鮪並ニ缶詰ノ事」(一九三二年二月一九日、SF. BOX 294)。
(71) 名古屋支店より紐育支店宛「鮪油漬缶詰商内ノ事」(一九三三年八月四日、SF. BOX 306)。
(72) 営業部食料品主店より紐育支店宛「鮪缶詰三井一手取扱ニ就テ」(一九三三年三月二三日、SF. BOX315)。
(73) 食料品掛「昭和十三年上半期　業務総誌資料」(SF. BOX 438)。
(74) 食料品掛より紐育・桑港店宛「米国向鮪缶詰不振打開ノ為三井三菱共同引受談ノ事」(一九三八年六月七日、SF. BOX 439)。
(75) 同前「米国向鮪缶詰五社引受談ニ急展開ノ事」(一九三八年六月一四日、同前)。
(76) 同前「対米鮪缶詰商内ト懇話会態度ノ事」(一九三八年三月七日、同前)。
(77) 紐育支店より食料品掛宛「鮪缶詰販売統制ニ付」(一九三八年一一月二八日、SF. BOX 429)。
(78) 紐育支店より営業部食品第一課宛「鮪缶詰浅野東亜社安売ト屑鉄資金ノ事」(一九三九年五月五日、SF. BOX 460)。
(79) 紐育支店より桑港出張所宛「桑港店取扱東部揚ゲ鮪缶詰ナムコ売リ取扱方法ニ付」(一九三九年九月二七日、SF. BOX 461)。
(80) 物産がパッカーに仕込み資金を供給して委託契約を結んだ例を示しておこう。一九三五年五月物産は北千島合同漁業株式会社と次のような事業資金融通一手販売契約を締結する。北千島合同は流網沖取漁業者一七名の持つ流網漁船二四隻と延縄漁船九隻の漁獲から缶詰・塩蔵魚を製造し、その見込み価格一〇五万円に対し、物産・合同漁業が各二五万円、東洋製缶が空缶代として二五万円計七五万円を日歩二銭で前貸しし、輸出用缶詰は共販を通じて物産に販売を委託し、国内用は直接物産に委託する。建物・工場・有価証券を担保とし、返済は売却代金から順次なされる。委託に伴う口銭は輸出・国内とも七%とされ、三社で分配する(「北千島合同漁業株式会社事業資金融通並ニ一手販売契約締結方ノ件」三井文庫、物産二〇五七)。北海道紋別所在の大同水産株式会社と三五年一二月に締結した鮭鱒毛蟹缶詰一手販売契約は、一年の漁獲見込み一〇七万円に対し、原魚買付手金・機械設備改善費・女工前貸金として一二万円を日歩一銭五厘、返済は函館出荷時に内払い金を当てるとしている(「大同水産株式会社鮭缶詰事業資金融通並一手販売契約ノ件」三井文庫、物産二〇五八)。

(81)　営業部食料品掛「本年度鮭鱒缶詰事業ノ大要ニ就テ」(一九三五年九月一〇日、SF. BOX 349)。

(82)　アラスカ漁業資源をめぐる日米交渉については、マリーン・J・メィヨ「不均衡の是正――ユージン・ドゥーマンと日米貿易関係、一九三三～一九三九年」(前掲、上山和雄・阪田安雄編『対立と妥協――一九三〇年代の日米通商関係――』)に詳しい。

(83)　一九三八年に成立した北千島水産株式会社の場合、輸出用缶詰生産見込み七五〇万円と塩魚・筋子など副産物を合わせた予想生産額一一五〇万円に対し、二五〇万円を北海道拓殖銀行、四〇〇万円を物産が融資した。同社への融資はその後も引続き行われる(「北千島水産株式会社ト製品一手販売並ニ事業資金融資契約」三井文庫、物産二〇六二)。

(84)　前掲、野村康雄「食料品ニ関シ第二次欧米出張報告」。

(85)　食料品掛「昭和十一年下半期　業務総誌資料」。

(86)　同前。

(87)　食料品掛「昭和十三年上半期　業務総誌資料」。

(88)　食料品掛より紐育・桑港店宛「米国向ピンク鮭罐詰引合ノ事」(一九三五年一〇月二六日、SF. BOX 349)。

(89)　桑港出張所より食料品掛宛「Pink 鮭缶詰全米一手販売ノコト」(一九三六年四月二日、SF. BOX 385)。

(90)　桑港日本商品陳列所・日本商工会議所渡部久克より水産局長原辰二宛「米国西部食料薬品検査局長ビンセント氏雇入ニ関スル件」(一九三七年三月三日、SF. BOX387)。

(91)　食料品掛より紐育・桑港・沙都店宛「ピンク鮭缶詰北米向ケ大量売込ノ事」(一九三八年五月二七日、SF. BOX 439)。

(92)　日本商品陳列所「加州ニ於ケルトマトサーディーン缶詰業状態及ビ市況」(一九三三年一〇月、SF. BOX 301)。

(93)　前掲「食料品ニ関シ第二次欧米出張報告」。

(94) 台湾合同鳳梨石川民三より桑港出張所長宛書簡(一九三六年一〇月二九日、SF. BOX 414)。
(95) 紐育支店より食料品掛宛「鳳梨缶詰米国向ケ輸出ノ事」(一九三六年八月四日、SF. BOX 373)。
(96) 高﨑達之助より東洋製缶本社宛「パイン問題ニ付C・P・Uトノ会合」(一九三六年一二月二五日、SF. BOX 388)。
(97) 紐育支店より食料品掛宛「鳳梨缶詰販売ニ付」(一九三九年一月三日、LA. BOX 1517)。
(98) 三島康雄「水産会社と総合商社の協調と反発——カリフォルニア湾のエビ資源をめぐって——」(『経営史学』三八-二、二〇〇三年)は、日本水産株式会社の資料により、カリフォルニア湾産ガイマスエビの漁獲・輸入について詳細に明らかにしている。参照されたい。
(99) 食料品掛より桑港出張所宛「九/十年度ガルフ/日本冷凍海老船腹ノ事」(一九三四年八月一四日、SF. BOX 334)。
(100) 同前「日本郵船紐育航路新造船トガルフ産冷凍海老商内ノ事」(一九三四年五月二八日、同前)。
(101) 同前「冷凍海老蒐貨ノ事」(一九三六年九月七日、SF. BOX 385)。
(102) 同前。
(103) 桑港出張所より食料品掛宛「ガイマス蝦共同漁業妥協ト柴田ノコト」(一九三七年三月一六日、SF. BOX 550)。
(104) 同前「ガイマス海老ト共同漁業社ノコト」(一九三六年一一月一九日、SF. BOX 385)。
(105) 同前「墨西哥海老ト共同漁業社並ニ出先官憲ノ事」(一九三六年一二月二八日、同前)。
(106) 前掲「ガイマス蝦共同漁業妥協ト柴田ノコト」。
(107) 桑港出張所より食料品掛宛「ガイマス蝦事業ト現場打合ニ付」(一九三七年一〇月四日、SF. BOX 413)。
(108) 桑港出張所より営業部長宛「缶詰輸出振興策ニ付」(一九三八年五月四日、SF. BOX 442)。
(109) 食料品主店「社内食料品会議開催ニ対スル当方提案ノ事　バタビア出張員」(一九三八年六月七日、SF. FNO2827)。
(110) 食品第一課より海外各店宛「日本海産缶詰販売株式会社創立ノ事」(一九三九年八月一八日、ST. BOX 302)。
(111) 紐育支店より食料品掛宛「対米蜜柑缶詰商内トダンピング税ノ事」(一九三九年五月九日、SF. BOX 460)。
(112) 京城支店より営業部長宛「Fish Meal 油肥連交渉ノ事(第七信)」(一九三九年六月二八日、SF. BOX 468)。
(113) 紐育支店より営業部食品第一、二課宛「条約廃棄ト日本缶詰対策ノ事」(一九三九年一一月二四日、ST. BOX302)。

第10章　綿布・綿製品と綿ボロの輸出

本章では、綿布・綿製品と綿ボロ（コットンラグ）の米国への売込みを検討する。周知のように恐慌からの回復過程において、日本は新旧市場に繊維製品その他を大量に輸出し、各地で摩擦を引き起こした。物産は綿関係品の取扱いには相対的に弱く、また新市場においても強くなかった。しかし北米市場では、綿関係品輸出に高いシェアーを占めていた。ニューヨーク店、サンフランシスコ店がどのようにして市場を開拓したのか、また通商摩擦の発生に対しどのように対処したのかを検討する。

綿ボロは綿製品とはいえないが、短期間ながら、主にSF店向けに相当量輸出された。仕入店と販売店の連携によって仕入ルートが形成される過程や、また対立する両店の利害がどのように調整されたかの経過を明らかにできる商品である。

一　北米市場の開拓

綿布・綿製品の輸出は、一九二〇年代後半から増加していたが、物産と東棉の取扱高は、新市場といわれる地域と加工綿布の分野においてシェアーが低かった。その遅れを取り戻すため、両社は三〇年に輸出雑品会議、三三年には綿布打合会議を開き、両社の取扱品目と営業地域の調整を行ない、輸出増加を図った。

物産は中南米・中央アジアなどに社員を派遣して市場調査を行ないつつも、「実行ガ伴ハナイ為メ三菱其他ニシテヤラレ」ていた。三三年の会議において、「紐育ノ物産ヲ通シテヤル、何レ国松（東棉社員）ヲ倫敦カラ紐育ニ遣ハス予定ダ、其節打合モ研究モサセル」と、ロンドン駐在社員をNYに派遣し、中南米・北米市場を物産と東棉が連携して開拓することを決定した（1）。

物産在米店が綿布・綿製品取扱を本格化させたのは三三年上期からであった。NY店は中南米向け綿布・綿製品市場の開拓に努め、「来期相当ノ商内出来可得ト思ハル」との自信を表明している（NY、三三年上）。三四年の状況は明らかでないが、新市場の中南米よりも北米市場への輸出が急拡大する。日本の米国向け綿織物輸出高は、三三年の一三〇万円から三四年に二七六万、三五年には八一五万円に激増する。

日本の綿織物輸出に占める物産・東棉の割合は三五年上期五・六%、三六年下期五・三%、三六年上期六・五%と低かったが、北米市場では三五年上期の二七%から、下期には四五%に達し、以後その割合を維持する。中南米向けは九%から、一三%に上昇するなど、綿布・綿製品輸出のシェアーが低いなかで、北米市場では強く、中南米においても他の新市場よりは高いシェアーを占めた（2）。

北米・中南米を合わせたNY店の織物類（綿・人絹・毛などの製品も含む）取扱高は三四年下期四四一万円に達し、以後数百万円から多い時には一〇〇〇万円を越える。三菱・江商・日棉・伊藤忠などの商社と激しい競争を展開し、「結局売崩シ相場ヲ出現セシムルニ至リ各社共殆ンド無口銭ノ裸値段」となり、為替操作によって辛うじて採算が取れるという状態であった（NY、三五年下）。NY店は同業者間の激しい競争と米国綿業界の圧迫の中で、ベッチンやテーブルクロスなど新しい商品の売込みに努め、シェアーを維持しつつ取扱高を拡大した。

NY店の織物関係取扱高の内容がわかるのは、表10-1に示した三六年下期のみである。史料で“White Mull”と記されている白木綿は、日本から最も大量に輸出され、日米綿業摩擦の焦点になった晒木綿であろう。最大の人絹・綿製品は史料では“Rayon & Ct. Pc. Goods”と記されているが、テーブルクロス・靴下など単一で大量に輸出されたものは別記されており、それら以外の繊維製品である。

中南米各国のうち、日本からの綿布輸出が多いのはアルゼンチン（三六年上期六三九万円）、チリー（同二二三万円）エクアドル（同九七万円）、ベネズエラ（同九五万円）などである。第6章六に記したように、ベネズエラを除き、NY店管轄外であるが、物産は南米の綿布主要輸出国には食い込んでいない。

三六年一一月、NY店は米国市場に大量の綿関係品を輸出し得た理由を、米国景気の向上、綿花相場上昇による製品人気好転に加え、次の三点を挙げている。

表 10-1　ニューヨーク支店織物関係売約高（1936年下期）

（単位：ドル）

米国向品目	金　額	仕向先	金　額
染木綿	141,682	カナダ	68,249
白木綿	492,096	ホンジュラス	186,746
ベッチン	337,730	ドミニカ	121,636
綿・人絹製品	543,928	コスタリカ	41,675
テーブルクロス・ナプキン	295,777	ベネズエラ	72,107
綿・人絹靴下	81,952	ブラジル	47,280
ラッグ	120,092	プエルトリコ	37,418
他共合計	2,055,881	他共合計	624,003

出典：ニューヨーク支店「昭和十一年下半期　考課状」。

①米国綿業者、製造家ノ出遅レ……数年ノ不況ニ沈倫シテ極度ニ操業ヲ短縮シ原料製品共手薄ノ米国製造家ハ徒ラニ日本品ヲ恐レ嫌フノミニシテ、自ラ積極方針ヘ転向スルコトヲ怠リタル観アリ、今春ノ日本品ニ対スル関税引上ニ拘ラス日本品ノ輸入却テ増加

②当店ハ……夙クヨリ積極方針ヲ採リ優秀 Salesman ノ雇入レ手持限度ノ増額、中西部市場ヘノ直接進出、大口買手トノ関係密接化、全製品並ニ新規商品開拓努力トヲ敢行セルコト

③之ニ反シ同業者ノ商内振ハ積極化セズ寧ロ退嬰的……三菱ニテハ其ノ唯一ノ Textile expert トモ云フベキ或ル Salesman ガ退店シテ近時一層不活発トナリ、日棉江商ラハ頻発スル苦情訴訟問題ニ苦シミ手不足ヲ喞ツノミニテ目立チタル進展ヲ認メ難キ

日本綿業の強力な競争力とそれに対抗できない米国綿業、さらに米国綿業の消極的な方針がますます日本からの輸入を増加させていることを述べ、また日本の他商社も物産に脅威を与えるほど営業を活発化させえなかった。まさにN

Y店の織物営業は、「目下ノ当店機構ハ店内Forceノ手不足ハ解決ヲ他日ニ譲ルトシテ、Salesmanハ各品種ニ渡リ優秀ナル者ヲ揃ヘ販売能力ニ於テハマダマダ多種多量ノ取扱ニ堪ヘ可申……当方積極的取扱ヲ継続致度存居候」と、優秀なセールスマンを擁し、なお多くの取扱いが可能であるとしている(3)。

NY店が綿布・綿製品の米国内市場への売込み拡大に短期間のうちに成功したのは、卸問屋や生地屋・百貨店・連鎖店などと、絹織物取引によって織物・繊維製品の販売ルートを形成しており、それによって綿布・綿製品を販売しえたからであろう。

NY店が綿・人絹関係品を扱い始めて以来「意外ニ急速ナル発展」を示し、さらにSF店も米国西南部・メキシコ方面の市場に進出し、「今後ノ発展ハ多大ノ期待」を持たれるようになったのを見た本店は、シアトル店に対しても、米国北部・カナダ西部への「販路開拓方至急御研究」を求める(4)。

これに対し、ST店はシアトルなどの百貨店は東部本店に仕入機関を持ち、本店からあてがわれた商品を店頭に出すだけであり、また生地屋(Draper)も零細業者が多く信用できないとし、「大消費圏ヲ持チ居ル紐育や桑港ト比較サレルコトハ無理」と拒絶した(5)。

SF店が綿関係品の取扱いを開始したのは三六年上期からである。ST店が述べているように、東部地方との市場の違いは大きかった。

> 本品商内開始当時ハJobber即問屋大手筋ヲ物色シ売込ニ努メ候ヘドモ、ニウヨーク方面ト異ナリ大手Jobber少ナキタメ其ノ目的ヲ達セズ、百貨店、小売商及ビ地方相方(マヽ)ノ中小問屋方面ヘノ売込ヲヤラネバナラヌコトニ相成……是等買イ手ハ多ク従来ニウヨーク方面大問屋ヨリ現物又ハ期近物ヲ仕入居リ、日本積出ガ四／五ケ月先物ト云フ様ナ物ヲ持ツテイタノデハ全然商売ニナラズ、勢ヒ当方自身ガ問屋トナリニウヨーク方面ノJobberノ役割ヲ引受テ或程度ノ手配ヲナシ、現物期近物トシテ売込ム事ノ必要ニセマラレ候(6)

織物や織物製品は現物を手持して売り込まねばならなかったため、本店から買越限度の許可を得、三六年下期には

表 10-2　サンフランシスコ店の綿製品取引先（1937年）

取引先名称	所在地	営業種類	取引高	資産・資本金	備　考
Pink Supply	イリノイ	ラグ・綿製品卸	15,000	資本金 4,100	ラッグ取引先，西部諸州に得意先広し
Weinstein	SF	デパート	5,000	払込 60	ロス（当店ブローカー）を通じて取引，卸も行なう
L. Myers	SF	雑貨卸	6,000	資本金 6	ロスを通じて取引，順調なる進展
The H. Davis	ホノルル	雑貨卸	50,000	資本金 350	ロスを通じて取引，ハワイの有力企業，同社 SF 支店を通じて取引
U. F. Wiping	SF	ラッグディーラー	50,000	資産 10	当店ラッグ取引先，34年に破産・再建，各地に長年の取引先
J. J. Newbery	LA	チェーンストアー	20,000	資本金 1,000	ピアス（当店ブローカー）を通じて取引，米国大都市にストアー
E. R. Products	SF	アパレル製造・卸	15,000	資本金 5.6	ロスを通じて取引，10 数名の売子を使用し，太平洋岸諸州に販売
MC. Neal	LA	綿製品卸	10,000	資本金 3.7	ピアスを通じて取引，1924 年頃より加州で婦人用衣類商
The May Dept.	LA	デパート	15,000	資本金 1,200	ピアスを通じて取引，米国有数の百貨店，6 個所に支店，18 の傍系店
Edward Hyman	LA	看護婦服等製造	15,000	資本金11	ピアスを通じて取引，卸・小売向け販売，大きくないが経営宜し

注：取引高はドル，資産・資本金は万ドル。
出典：「取引先考査信用程度申請書」(1937 年，SF. BOX473)。

「有力 Dress Maker ヘノ売リ込ニ成功シタル為メ相当有望ナル将来ノ素地」を作ったという（SF、三六年下）。SF店が織物商内を定着させたのは有能なセールスマンを確保しえたからであった。

> 最モ必要ナルハ適当ナル仲買人ヲ物色スルコトニテ（当方掛員ガ直接話シタ位デハ仲々色好イ返事ヲセザリシ買手モ適当ナル仲買人ヲ使ッテ遣レバ物ニナッタ商内モ有之候）、当方昨年末ヨリ P. Pierce ナル者ヲ専属仲買人トシテ使用、漸ク商内ラシキモノ出来ル様相成申候、同人ハ長年本品商内ニ経験ヲ有シ

SF店は綿製品取引に経験のあるピアス（Paul Pierce）を「専属仲買人」にすることにより、営業が可能になったとしている。ST店の北西部市場開拓に関する消極的な姿勢を見たSF店は、ピアスによって市場開拓を図ることを計画する。東部に比較して太平洋岸は大きなハンディキャップを持っていることに同意しつつも、有能なセールスマンを投入すれば可能だというのである。商品見本はSF店持ち、旅費はSF店とピアスとの折半という取り決めで、ピアスのパートナーであるターナー

を北上させることに決定した。[7] ターナーはポートランドその他で若干の成約を得たが、恒常的な営業にまでは至らなかった。

表10-2はSF店の綿製品販売先である。新商品である綿製品の販売先は、ラッグの取引先のうち綿製品を扱っているものに売り込むという方法と、ピアス、ロス（Martin Ross）という二人の「当店ブローカー」を通じて開拓するという二つの方法があり、後者が多い。販売先は卸商が五、卸兼製造が二、デパート・チェーンストアが三となっている。数年前に一度破綻した企業も見られるが、備考に記したように、有力なデパート、チェーンストア、広い商圏を持つ卸商からなっている。また販売先の業態によって取引高の大小は見られない。綿製品など、川下の商品の場合も、有能なブローカー・仲買人を確保することが不可欠であった。

二　綿業摩擦への対応

日本の対米綿布輸出は三四年以降急増し、三六年には一三七八万円になり、三五年三月以降、米国通商当局・綿業関係者の間において問題視されるようになった。[8] 三五年四月に組織された対米綿織物輸出協調会をはじめ、日本の綿業関係者は米国市場に占める日本綿布の割合が低いことなどによってあまり危機感を持っていなかったが、NYに組織された日本綿布輸入会は強い危機感を抱き、交渉による数量割当を受け入れるべきであると考えていた。三五年末から三六年にかけて日米間の公式・非公式の接衝が行なわれ、米国は日本に自主的な数量規制を求める。しかし、「最近甚ダ鼻息荒キ日本ノ紡績会社ノ数量制限ト云ハズニ値段デ競争シテ見セルト云フ意見ニ左右サレ」、関税を引き上げられても競争可能であるとし、数量規制を拒否したのであった。[9]

交渉が決裂した翌日の五月二二日、綿織物輸入関税は四二％引き上げられたが、その引上げ分は着港価格の一一％程度に過ぎず、「米国製造家ハ税金引上ゲ不十分ト文句ヲ云ヒ居ル位」[10]、「国内品ノ値上ガリヲ見レバ本邦品ノ輸入再開モ容易」[11]と、米国・日本の綿業関係者とも、この程度の関税引上げでは事態は収まらないだろうと見ていた。

事実その後も米国への輸出は止まらず、米国綿業者の日本製綿布輸入抑制の動きは激しさを増した。米国側は国務省・関税委員会・綿織物協会、日本側は在米商務官・綿布輸入会・ロビイストたちによって精力的に調整が行なわれたあと、三七年一月、綿織物協会会長マーキソン（C. T. Marchison）を団長とする使節団が派遣され、三七、三八年の二年間の数量規制を主とする協定が成立した。

綿織物に関する日米の民間協定は、日本側にとって「極メテ満足ト云フベキ結末……御同慶ト可申候」という内容であったが[12]、物産のように大きなシェアーを占める個別企業にとっては、取扱高拡大の可能性を摘み取るものだった。NY店は、数量規制が必至と認識し始めた三六年前半から対応策を取り始める。その一つは新規商品の開拓とメーカーの系列化であった。

別珍織物・同製品は、NY店が三四年に「当市場ニ introduce シテカラ二年間、随分苦心致シ漸クモノニナリカケタラ三菱其他ガ現ハレ関税問題ガ台頭」してきた商品であった。NY店が「大手筋ヘノ売込ニ成功セルハ彼等ノ立場ヲ尊重シテ彼等ニモ儲ケサセル様シタルガ為」であり、過去一年間の輸入二五〇万ヤールの内物産は六〇％を占めていた。晒綿布などに比べると市場が限定されており、NY店の売込み先一二軒は「本品取扱者ノ殆ド全部」、輸入商も「三菱、江商ノ外少数ノ外商アルノミ」と言われ、「自然有力買手ハ品物ノ確実ナル当社ヘ集マル……彼等ハ常々輸入業者数ノ増加ヲ厭」っていた[13]。別珍の輸入量も増加し、数量規制が求められるなかで、NY店は「多数ノ日本商社ガ扱フニ至ラバ安売競争ガ目ニ立チ問題ヲ aggravate 可致、是非日本側主要製造家ヲ取リ摑ンデ被下度」[14]と、市場支配力を背景に、日本国内の供給者に対する支配力を高めて市場を統制することにより、摩擦の発生を押え、物産の取扱高・利益の増進を図った。

物産本店はNY店の申し出に対し、「内地製造家間ニ何等カノ協定……到底是ハ実現ノ望無之次第ニテ、然ル以上ハ当社各店ニテ内地有力製造家ヲ押ヘテ仕舞フヨリ方策モ無之」と有力メーカーを直接掌握することに努めた。本店営業部は埼玉県の中小メーカーに加え、「本邦第一ノ別珍生地製造家」といわれる浜松の寺田商事、名古屋店も浜松の有力メーカー片山、大阪店は加工品専門のエビス、というように「夫々一流筋ヲ押ヘ……漸次他商ノ跳梁ヲ防ギ得ル事ト存候」[15]という態勢を取ったのである。

別珍は市場が小さく、物産が日本製品を紹介し、圧倒的なシェアーを確保していたからこうした対応が可能であった。しかしこのような商品でも数量規制は免れなかった。

物産は数量規制に対し、「今後対米綿布輸出商内ハ大ニ活動ノ自由ヲ欠クニ至リ候処、屈セズ販路ノ開拓ニ当ルベキハ我々ノ責務ニ有之候、広イ米国熱意ヲ以テ探セバ未ダ未ダ落チテイル新商品ハ随所ニ可有之候」と、綿布輸出制限に対応して新商品を探すことを求めるのである。その一つはすでにSF店が開拓している、枕ケース・ディシュタオル・ベッドシーツ・テーブルクロスなどの加工品であった。大阪支店はSF店の注文により生地を東棉や市中から買入れ、「自己ノA／Cニテ晒加工ノ上更ニ之ヲ専属工場ニ於テ自家加工」していた。「統制ノ障害ヲ突破スベキ唯一ノ対策ハ綿布加工品ノ売込」だったのである[16]。しかし加工品に集中すれば、早晩米国業者からクレームが出ることは予測され、事実、米国は外務省を通じて三七年七月、ベッドシーツの輸出規制を要求してきた。

規制に対するもう一つの対応は、中国製綿布の輸入であった。「コントロール出来ル一流紡績会社へ内密ニ御交渉」し、日本資本系統の綿布を“Made in China”として輸入しようとしたのである。「相手が米国ノ事トテ理屈抜キニ文句ヲ云ハレル恐」れがあり、また大量になれば割当制も問題になるので「相当商内確立ノ見込立ツ迄ハ極ク内密」に行なおうとしたのであった[17]。

米国の輸入規制に対し、物産は販売市場・供給市場の統制によって対応しようとし、その行きつく先は輸出組合の代行機関に指名されることであった。綿布・綿製品においても同様な事態が進んでいった。輸出の加工品へのシフトは進んでいくが、後述するように中国製品の輸入が急増していくことになる。

三　日中戦争下の綿関係品

三七年八月の南京・広東渡洋爆撃以後、米国・英国における排日貨運動が急速に広まるが、日本は早晩収まるだろうと〝タカ〟を括っていた。(18)物産も「南京政府ト併セ華僑ヲモ此機ニ膺懲徹底的排除殲滅ヲ期スルノ要アリ、之レガ達成ノ聖戦ハ貿易第一戦ニ活動スル我々ノ重キ任務」と、勇ましい決意を披瀝し、南洋各店を叱咤激励した。(19)

しかし戦局の泥沼化に伴って日貨排斥運動はますます激しく、広範になっていった。「期末ニ至リテハ労働組合ノボイコット運動漸ク強化サレントシ、デパートノ販売員ガ故意ニ日本品ヲ排斥シ組合加入ノ受渡係員等ハ日本品ヲhandle セザル申合セヲナス」（SF、三七年下）ような事態となった。さらに加えて、綿布・綿製品の日米価格が逆転し、日本製品が二〜三割上回るという事態を生じた。その原因は、為替管理が強化され、綿花輸入のための為替許可が下りなくなって日本の原綿価格が高騰する一方、米国は豊作によって綿花価格が大幅に下落したことによる。

NY店の織物類売約高は、三七年上期一五一二万円だったのが下期には五五六万円に、SF店も人絹糸・人絹織物などを除く綿布・綿製品類の売約高が一一二万円から二〇万円に激減する。この急激な市場の縮小で打撃を負ったのは、NY店よりもはるかに取引高の少ないSF店であった。NY店は見本でジョッバーと契約するのが主であったのに対し、SF店は現物を手持して卸・小売商に販売するのが主であったため、SF店は大量の綿製品を抱えており、在庫価格切下げを行なわねばならなかったのである。

SF店が在庫処分のために採った方法は次の二つであった。一つは「日本製マーク」を「当地ニテ再加工シマーク無シトシテ販売スルカ、再加工出来ヌ製品ノ場合ニハ何等カノ方法ニヨリマーク無シ」にすることであった。物産自らは法に触れるために行なわず、ある種の商人に割安で卸して処分するという方法である。SF店の専属ブローカー、ロスの兄ハリー・ローゼンバーグ（Harry Rosenberg）は、「従来ヨリ織物商内ニ経験アリ……昨年末以来独立シテ小口卸売ヲ始メ同氏ニ対シテ引合開始仕リ候処、成績比較的良好ニテ苦情解約品トカ不良二等品トカノ処分ヲ含メテ今日迄ニ約八〇〇〇弗ノ手持荷ヲ処分」したという。ローゼンバーグは「財産的信用」はなかったが、「非常ニ活動的ナルセールスマン」で、「ホテル、アパートメント、ランドリー、レストラン等ヘノ小口商内ニハ最適ノ人物」であった。

要するに“Made in Japan”のマークを取るか、分からないように再加工し、価格を切り下げて販売するということである。すでにこのようにして処分していたのであるが、SF店限りの「小口信用限度」では足りなくなったので、五〇〇〇ドルの第一信用限度を申請したのである。[20]

第二は太平洋岸に居住する多くの日本人・日系人を対象にした販売であった。「沿岸日本人相手ニ各地ニ特売会ヲ開催」（SF、三八年上）したり、また従来着物や雑貨を扱っていた日本人美術雑貨商に信用限度を与えてテーブルクロスなどの綿製品販売を委託し、「今後日本製品ノ販売上ニモ新地盤ヲ築」いていくという計画を立てた。[21]

一九三七年に二二〇〇万円に達した対米綿布輸出は三八年には二四〇〇万円に激減し、三九年には一〇〇〇万円台を回復した。その九五％が晒綿布であり、輸入実績は協定量の範囲内であったが、苦境に陥った米国の業者は「晒綿布其モノヲ日本側ニテ輸出制限スルカ、或ハ quota ヲ品種別ニ分チ其一品種ヲ二五％以内ニ止メラレタシ」との要求を提出する。他の製品は高率関税を越えるほどの価格差がなく、また染色技術の未熟などにより色物の対米輸出は不可能であり、日本の輸出は晒綿布に集中せざるをえなかったのである。[22]

綿製品の輸出も回復の道をたどるが、加工度の低い製品は、中国製品に激しく追い上げられ始めた。日本製綿靴下の輸入量は三八年六〇万ダースから三九年七〇万へと若干の増加を示す一方、中国製は二万から三一万ダースへ激増し、四〇年上期には日本製三二万に対し中国製四六七万ダースと逆転してしまった。両者の競争力の違いは言うまでもなく価格である。日本製本船積価格がダース三一セントに対し、中国製は一九・五セントであった。[23]ディッシュタオルについても「昨年末以来、日本内地製品割高ノタメ支那製品ノ進出甚ダシク現状ヲ以テシテハ内地物引合ハホトンド不可能ノ実情ニ有之候、然ルニ当地本品ノ供給ハジャーデンガ一手ニ引受ケ居リ」といわれるように、上海からジャーデン商会が米国向けに大量に輸出していた(24)。

米国への綿布・綿製品の輸出は三九年から回復するが、日中戦争前の規模には復帰しなかった。一時の激しさはなくなった排日貨運動はその後も継続し、さらに日本の原綿輸入制限とインフレによって日米の価格差が著しく縮小しており、中国が低価格を武器に日本に代わって進出し始めていたのである。

SF店雑貨掛の奥村貞太郎が転勤に際して残した引継書によって、四一年初頭のSFの状況を見ておこう。

〔北米向綿布引合事情〕日本綿布ハ米国品ニ比シ強力劣ル事、shrinkage多キ事、織疵多キ事、仕上ゲ不整等種々ナル欠点アリ、殊ニ無地染物ノ場合fast colourガgurantee困難ニテ又捺染物ノ場合ニハ同一柄同一配色ナルベキガ捺染技術上ノ欠点ノタメ染ムラ多キ事、各反ニ濃淡ノ色相違多キ事等ノ欠点アル

〔売込方法〕太平洋岸ノ買人ハ東部問屋ヨリ現物買付ヲ慣習トシオル故、先物cif条件ニテ売ル事ハ殆ド見込ミナシ、原則トシテDuty Paidナリ……即チ当地ニ於ケル織物商内助長ノタメニハ当社ガ現物問屋トナリ絶ヘズ売行見込アル商品ヲ手持シ恒久的供給ヲ図リ、以テ東部ノ問屋ノ役割ヲ果ス事必要ナリ

〔売込先〕当地、LA、一流Depart, Chainstoreヲ初メ小売商等其ノ数一〇〇軒以上、現物売リノ客先ハホテル、ランドリーヲ初メデパート、小売商等ナルモ主トシテMr. Siluenニ桑港方面ヲ担当サセ、羅府方面ハMr. Pierceナリシモ同人自家工場設立トトモニ当社トノ関係ナクナリタレバ羅府ノ駐在員ニ売込一任ス(25)

日本は大量の綿織物・綿製品を輸出していたが、なお染色に技術的な問題があり、晒綿布を中心とせざるをえなかった。巨大な市場である東部と比較し、西海岸では有力な問屋が存在せず、桑港店が多くの綿製品を手持し、セールスマンを使ってデパート、チェーンストア、ホテルなどに売り込んでいたのである。

四　綿ボロの輸出

「襤褸」は一九二八年に初めて貿易統計に記され、以後木綿ボロからなる「襤褸」は、三七年の一七一三万円を最高に四〇年の四五五万円まで、短期間ではあるが、米国を中心に大量に輸出される。

コットンラグは、大きな木綿ボロを適当な長さに切断し、機械・器具類の清掃用として消費されるワイピングラグだけであったが、一九二〇年代に米国でワイピングラグにならない小さな木綿ボロを原料にルーフィングペーパーという建築材料向けの需要が急増し、日本から大量に輸出されるようになった。さらにルーフィングラグの精選されたものは、製紙用原料としても用いられた(26)。

集荷された木綿ボロは、二週間以上にわたる選分・煮沸・洗浄・乾燥・解布・手伸ばし等の工程を経て製品化され、神戸・横浜の輸出商に出荷される。木綿ボロの大手筋は神戸のユニバーサル商会やアンバーク商会、横浜の内山商店などであった。製紙や建材は米国西海岸においても発展した工業だったため、日本から大量の綿ボロが輸出された。

SF店は、ラグが「品質ニ関スル苦情多キ商品トシテ取扱ヲ見合ハセ」ていたが、米国の景気回復に伴って輸出量が増加する中で、三三年上期から本格的に着手する。ロスという「本品専門家」を専属ブローカーとし、日本の集散地である名古屋に派遣し、「〔ロス〕ノ指導ノ下ニ専属 Inspector ヲ養成シ根本的ニ Packing ヲ改善」し、本格的に輸出する態勢を整えたのであった。

三三年上期の成約・取扱高は少額にとどまったが、同年五月に至ると、「Roofing Rag ノ方ハ極度品薄ヲ来タシ居ルニ不拘貴地〔SF〕方面ヨリノ注文殺到、先約等アル為メ値段如何ニ不拘新規買入レ困難……Wiping Rag ハ……米国インフレ、物価高気構ニテ注文殺到、一方内地軍需方面ノ需要相当活発、値段頓ニ硬化シ搗テ原料出廻リ薄ノ為メ一層値段昂騰」と、米国だけでなく国内需要も旺盛となった。

仕入店となった名古屋支店は、名古屋のみでなく大阪・神戸・東京の有力工場・問屋を仕入先として組織していった。たとえば大阪の橋本商店と東京の多賀商店は提携して特殊な規格の商品を「他商へ売ラズ全部横浜ノ内山商店経由貴地へ積出サレ居候処、色々交渉ノ結果此ノ提携ヲ打毀サセ、漸ク割込買付ニ成功」したという[27]。大阪の上野晒工場はロスの指導により「他輸出商と比較にならぬ程上等」な製品を作るようになり、「上野工場は三井製品のみで我等の注文は受けずと云ふ宣伝する者あるため、自然他商よりの引合は皆無……当工場の生命とせるユニバーサル商会は全く従来の関係を裁断せし様にて、過日も仝商会の主なる者三人来訪せられ今日迄の状態等を述べて反省を強要せられ候」と、物産の規格を採用することにより、他商社との関係を断ち切らねばならなくなったと訴えるのである[28]。

ＳＦ店において専門家を専属ブローカーとし、日本においてはその指導によって仕入組織を整備したことにより、三三年下期以降着実な成果を挙げ、三五年下期には五三万円の売約高を記録する。三六年上期には、好景気による米国・カナダ・イギリスの需要増加、輸出国だったドイツ・イタリアが輸入国に転じるといった市場の変化に加え、国内需要も増加し、「本品相場ハ稀有ノ昂騰ヲ演ジ、商内頗ル困難」となった[29]。

綿ボロの取引は名古屋を仕入店、ＳＦを販売店として「打切商内」で行なわれており、それが仕入価格の高騰によって問題を生じることになった。

三六年四月以降、米国の市況軟化により「貴我商内頓ニ不振」となり、名古屋がオッファーの電信を打ってもＳＦ店は「余リ御返事モ無之或ハ……too high トノミ御返事相成リ counter offer モ無之、貴地市況皆目不明」と、著しく消極的となったのである[30]。名古屋店はＳＦ店販売力の充実に伴って仕入地盤を強化し、その中でも製造業者との関係は「通リ一遍ノモノトハ違ヒ特殊関係ヲ生ジ、勢ヒ不即不離ノモノ」となっていた[31]。名古屋店は「当地製造家ハ挙ゲテ当方へ販売ヲ委ネ居候間、之等ノ製品ハ堂シテモ出来タ丈ハ買ッテヤラネバナラズ」と苦境を訴える[32]。しかしＳＦ店の姿勢は変わらず、「恰モ他人事ノ如ク何程電信ニ又手紙ニ御照会申シ上グルモ数ヶ月間全ク No News ニテ放置セラレ」[33]という状況であった。

名古屋店は他輸出商と製造業者・問屋の関係を断ち切って物産の傘下に彼らを組み込んだのであり、それを維持するためには無理をしてでも製品を受け入れ、販売しなければならない。しかしSF店は販売先を確保しておく必要はなく、利益を生まない取引をする必要もなかった。名古屋店はこのような齟齬を生む原因は打切商内にあるとし、「百尺竿頭一歩ヲ進メ総テ乗合勘定トシ貴我一元ノ方針ニ定メ、商内ノ進展ヲ図ル」ことを提案する。[34]この提案に基づき、三六年から乗合勘定が開始され、三七年にはほぼすべての取引が乗合、共通計算となった。

その共通計算は、①名古屋店は同店の口銭を見込んで着港価格をSF店にオッファーし、SFはそれにカウンターオッファーをする、②損益分配はSF七割、名古屋三割とし、③名古屋店の口銭は「書状ヲ以テ追信ノ事、右口銭ガ乗合勘定ニテ清算セラル、事勿論ナリ」と、最終的には損益の中に組み込まれる仕組みである。[35]

三六年下期にはこのような問題が生じたが、乗合勘定とすることによって乗り切り、三七年も半期四〇万から五〇万円の取扱高を挙げた。しかし三七年下期から日本においても製紙用パルプの代用として綿ボロが広く用いられるようになって国内価格が上昇し、輸出は大幅に減少する。

小括

物産は他地域と異なり、米国の綿布・綿製品市場において高いシェアーを占めた。NY店は優秀なセールスマンを擁し、大口取引先や中西部市場を開拓した。物産が他商社を圧倒しえたのは、すでに絹織物などによって織物などの流通経路を熟知し、販売ルートを有していたからであろう。他方、SF店の場合は異なっていた。有力な問屋・卸商は存在せず、SF店自らが現物を手持し、セールスマンを使って生地屋や加工業者を開拓していった。

綿布・綿製品に関する日米民間協定は日本に有利だったと評価されるが、最大のシェアーを占める物産にとっては満足できるものではなく、取扱高増加のためには打開策が必要であった。新商品の開拓に努め、また取扱いルートを限定するために、国内生産者の掌握に努めるのであった。日中戦争後の日貨排斥は、在米店の綿関係品取扱にも大きな打撃を与えた。特にSF店は日貨排斥の中で大量の手持在庫の処分を迫られた。日本製品の価格上昇の間隙をついて中国製品が米国市場に流入し、一方日本製品は米国製品に対抗できるほどの品質を有せず、価格・品質において競争力を喪失していった。

綿ボロは短期間ながら、米国西海岸に大量に輸出された。物産は中小貿易商が開拓したラッグ輸出に遅れて参入したが、SF店から専門家を派遣して技術指導を行ないつつ有力工場を系列下に組み込み、集荷ルートを形成する。ところが市況が悪化すると、SF店はその取扱いに冷淡になり、名古屋店は傘下に組み入れた工場を抱えて困惑するのであった。仕入店と販売店の熱意の相違は、本品の場合、打切り勘定から販売店のモチベーションを高めるような共通計算、すなわち利益が出た場合、販売店により多くの取り分を保証する乗合勘定とすることによって解消する。

（1）業務課雑品掛「東棉物産綿布打合会議議事録」（一九三三年八月、SF. BOX316）。
（2）本店業務課織物掛「昭和十一年上半期当社東棉仕入店ノ当社販売店ニ対スル輸出売約高ノ事」（一九三六年六月九日、SF. BOX380）。
（3）紐育支店長より東棉取締役・本店業務課長その他宛「当店綿布綿製品取扱近況将来ノ見込並ニ頻々タル積遅レ、品質苦情ニ就テ」（一九三六年一一月一九日、SF. BOX373）。
（4）本店業務課より沙都出張所長他宛「織物類商内ニ就テ」（一九三六年二月一日、SF. BOX379）。
（5）沙都雑貨掛より業務課織物掛宛「織物商内ノ事」（一九三六年二月二一日、SF. BOX377）。
（6）桑港出張所長より本店業務課長宛「綿布綿製品商内事情ト買越限度ノ事」（一九三七年六月一日、SF. BOX536）。
（7）桑港出張所より沙都出張所宛「織物商内ノ事」（一九三六年三月二三日、SF. BOX377）。
（8）綿布を巡る日米交渉とその後については、高村直助「日米綿業協定とその延長」、拙稿「通商摩擦を巡る対立と妥協」

（上山和雄・阪田安雄編『対立と妥協――一九三〇年代の日米通商摩擦――』（第一法規出版、一九九四年）を参照。
(9) 紐育支店雑貨掛より業務課織物掛宛「米国政府日本綿布ニ対シ輸入税引上ノ事」（一九三六年五月二五日、SF. BOX374）。
(10) 本店業務課織物掛より物産・東棉各店宛「北米綿布輸入税引上対策ノ事」（一九三六年五月二七日、SF. BOX379）。
(11) 在紐育増永文夫より本店営業部長宛「米国綿布輸入税引上ノ事」（一九三六年五月二六日、SF. BOX373）。
(12) 東洋棉花本店綿布掛より三井物産取扱各店・東洋棉花各店宛「日米綿布協定ト生金巾商内ノ事」（一九三七年一月二六日、SF. BOX414）。
(13) 紐育橋本忠司より桑港宮崎清宛「別珍商内ノ事」（一九三六年六月三日、SF. BOX373）。
(14) 紐育支店雑貨掛より名古屋・大阪支店各レーヨン掛宛「北米向別珍コール天商内ノ事」（一九三六年五月二二日、SF. BOX373）。
(15) 本店営業部レーヨン掛より紐育支店雑貨掛宛「別珍初商内ノ事」（一九三六年四月二四日、SF. BOX382）。
(16) 大阪支店レーヨン・綿布掛より紐育・桑港・羅府・シアトル各店宛「対米綿布輸出統制ト綿布加工品御売込願度キ事」（一九三七年二月二三日、SF. BOX404）。
(17) 桑港出張所より上海・香港支店宛「北米向支那製綿布御引合ノ事」（一九三七年二月二日、SF. BOX407）。
(18) 米国その他における排日貨運動については拙稿「日米通商航海条約の廃棄」（前掲『対立と妥協――一九三〇年代の日米通商関係――』）。
(19) 大阪支店レーヨン・綿布掛より新嘉坡・盤谷他店宛「日貨排斥ト綿布綿製品商内並ニ華僑膺懲ノ事」（一九三七年一一月一二日、SF. BOX405）。
(20) 桑港出張所より業務課長・調査課長宛「綿布綿製品信用限度申請ノ事」（一九三八年九月二一日、SF. BOX438）。
(21) 桑港出張所より業務課長・調査課長宛「綿製品委託荷限度許可申請ノ事」（一九三八年九月一四日、同前）。
(22) 紐育支店長より業務部長宛「米国側綿業共同委員ヨリ晒綿布輸出緩和方申出ノ事」（一九四〇年二月三日、SF. BOX494）。
(23) 紐育支店長より神戸支店長宛「米国向綿靴下統制案ノ事」（一九四〇年九月五日、SF. BOX494）。
(24) 上海支店繊維課より業務部東亜課・繊維部総務課宛「北米向 Dish towel 商内ニツキ Jarden Matheson & Co. Ltd. ト

販売協定並ニ本品ノ先物引合許可願度事」（一九四一年七月四日、SF. BOX534）。

(25) 桑港出張所雑貨掛奥村貞太郎「繊維商品引継書」（一九四一年三月二一日、SF. BOX1427）。

(26) 横浜正金銀行頭取席調査課『輸出関係の Rags 及び Wastes に就て』（一九三四年五月）。

(27) 名古屋支店雑貨掛より桑港出張所宛「Cotton Rags 貴地 Joint A/C 商内ト買付並ニ市況」（一九三三年五月二九日、SF. BOX306）。

(28) 上野晒工場より物産名古屋支店宛「後荷御買付に関する件」（一九三三年五月二五日、同前）。

(29) 名古屋支店雑貨掛より桑港出張所宛「Cotton Rag ノ事」（一九三六年二月一四日、SF. BOX372）。

(30) 同前「Cotton Rag 商内ノ事」（一九三六年四月二〇日、同前）。

(31) 同前「Rag 商内ノ事」（一九三六年八月一五日、SF. BOX373）。

(32) 前掲「Cotton Rag 商内ノ事」。

(33) 前掲「Rag 商内ノ事」。

(34) 名古屋支店雑貨掛より桑港出張所宛「Rag 商内ノ事」（一九三六年九月二九日、SF. Box373）。

(35) 同前「Wiping Rag 乗合勘定ノ事」（一九三七年一一月一日、同前）。

第11章　石油輸入とサンフランシスコ出張所

物産が石油取扱を本格化したのは、一九二三年二月、カリフォルニア州に本拠を置くゼネラル石油の代理店となり、石炭部に石油掛を設置してからである。重油を中心に取扱高を増加させるが、同社がニューヨーク・スタンダード（ソコニー）の支配下に入ったことにより、物産の石油類取扱は大きな困難に見まわれる。それを打開するため、SF店はゼネラル石油・スタンダード石油との契約改訂を行ない、物産にとって満足のできるものにすることに成功する。さらに、石油業法の制定や軍需の増大によって大きく転換する日本の石油需要に対応していった。

本章の課題は、第一に加州石油業界の状況を踏まえつつ、二三年から日中戦争開始後までの物産とゼネラル石油・ソコニーとの交渉の経過を明らかにすること、第二に両社を含む米国石油業者からSF店がどのようにして石油類を調達したのかを明らかにすることである。(1)

一　石油輸入事業への進出

SF店が石油類取引に参入したのは、一九一〇年、バボライン石油会社（Vavoline Oil Co.）の代理店となって機械油を輸入し、簗瀬商会に販売し始めてからであった。しかし同社との関係は、一九一五年に機械部がテキサコ（Texas Co.）の代理店となって中国に石油を売り込み、機械油もテキサコから輸入するようになったため希薄になり、代理権も一八年に消滅した。テキサコとの関係も一九年八月に契約期限が到来し、更新されなかった。

大戦中から戦後にかけて、重油・ガソリンの需要は激増していた。米国を主に世界の産出額も増加するが、将来の石油供給に対する不安もあり、石油資源の獲得は国際的な問題を引き起こしつつあった。重油専焼、ディーゼル機関の有利さが明らかになると、日本海軍の艦艇や汽船の多くは石炭・重油の混焼式機関を採用し、さらに新造の艦船・商船・漁船のほとんどが船用ディーゼル機関を採用するようになった。また自動車の普及によるガソリン需要の増加に加え、一般工場においても重油燃焼機関が増加し、重油・軽油・ガソリンの需要が日本国内において増加していた。

SF店はこうした趨勢を認識し、石油取引への再参入を図るが、「本店重役ニ於テハ機械部扱機械油ノ外ハ石油ノ取扱ヲ一時見合ス方針ヲ立テラレタル為、其後 Tide Water Oil Co.、及ビ Union Oil Co. of California ト総代理店契約ノ交渉アリタルモ、全テ之ヲ見送ルコトトナレリ」と、物産は機械油を除き、石油取引から撤退するのである(2)。物産がなぜ石油取引から撤退したのか明らかでない。しかしSF店は本店の方針に対し、二一年一〇月「既ニ過去三年間東京本店ニ対シ加州油ノ輸出取扱ヲ献策シ海軍ヘノ重油売込ミヲ慫慂」と述べているように、重油取引への進出をたびたび求めた(3)。

最大の消費者であった日本海軍は、二〇年に江田島に大タンク群を建設して重油を貯蔵し、翌二一年には徳山燃料廠を設置する。日本海軍は貯油用重油をアジア石油を通じてSFのカリフォルニア・シェル石油から購入する契約を結び、二〇年夏、海軍のタンカーを派遣する。当時、米国において石油資源の枯渇が憂慮されて価格が急騰していたところに、英蘭系のシェル石油が日本海軍へ石油を販売するということが大きな問題になり、シェルは四万トンの契約を破棄するという事態が生じていた。SFでは日本海軍とシェルを仲介したのは三井物産であると報じられていた。この海軍の重油輸入をきっかけに、鈴木商店・浅野商事らは外国石油資本と提携し、海軍への石油納入を計画したのである(4)。欧米の大手石油資本は製品輸出を原則としていたが、日本の石油会社は国内の原油産出量の少なさと価格の高さを考慮して輸入原油による精製に踏出し、二四年には日本石油が鶴見に大規模な製油所を建設して本格的な原油輸入も始まった。

当時米国は世界産油額の七割を産し、加州は全米の三割を占めていた。加州産油の多くはパナマ経由で東部へ輸送されていたが、ニューヨークよりも横浜のほうが輸送費は安く、加州の石油会社はアジア市場の開拓を望んでいた。加州の有力石油会社には、カリフォルニア・スタンダード（Standard Oil Co. of CA.）、シェル石油（Shell Co. of CA.）、ユニオン石油（Union Oil Co. of CA.）、アソシエイテッド石油（Associated Oil Co. of SF）、ゼネラル石油（General Petroleum Corp.）の五社があったが、シェルはライジングサンの姉妹会社であり、カリフォルニアも小規模ながら日本に拠点を持ち、ユニオン石油は日本市場に関心を示していなかった。

物産も他商社と同様、海軍が大量の重・原油を購入することが明らかになってから、本格的に石油に進出することを決定したと思われる。残された二社のうち、アソシエィテッドの供給量に懸念があったため、二一年春からゼネラル石油との関係を深め、同年九月半年間の総代理店契約を締結した。同社は加州産油の約四%を占める油田とワイオミング、メキシコにも油田を持ち、サンペドロに巨大な給油所、サンフランシスコ・シアトル・ポートランドに給油設備、五隻三万五千トンの社有タンカー、七隻五万トンの長期傭船を有し、卸売り専門の産油・精製会社であった。物産は当初海軍向けだけを考え、二二年上期、同下期と大量の重油・原油の納入に成功した。こうした活動を経て、「〔ゼネラル石油は〕Standing モ大丈夫ナル上産油力モ豊富且ツ全社ノ態度ハ誠実信頼スルニ足レバ、先ズG社ノミノ供給ニ依頼シ商売ヲ開始スルヲ適当トス」と、二二年九月にゼネラル石油の日本における「永久ノ代理権」を獲得し、同時に急増しつつある民需用重油・ディーゼル油への進出を決定した(5)。

国産重油は量も少なく、価格面でも外油に対抗できなかった。日本市場において大きな勢力を持つ外油のうち、ニューヨーク・スタンダード（Standard Oil Co. of NY. 以下ソコニーと略称）は、重油を大西洋岸から輸送しなければならないために価格は高く、ライジングサンの重油（ボルネオ原油）は、高品質であったが価格も高かった。国内の重油価格が高いため、米国航路・欧州航路の船舶は米国諸港やシンガポール・コロンボにおいてできるだけ多くの燃料を積み込み、国内渡しのバンカーオイルは少量だった。物産は二二年一〇月、ライジングサンの日本渡し売値は一英トン三〇円程度であるが、加州油を輸入すれば横浜渡価格二四〜二五円で可能と見ていた。ゼネラル石油の代理権を得ると同時に、石炭部に重油掛を新設し、鶴見の埋立地に一万トンタンク二基、二〇〇〇トンタンク一基の貯油所、一万トンタンカー係留施設、沿岸海上輸送用タンカーなどの投資を行なった。(6)

ゼネラル石油との最初の正式な契約は二三年二月二八日に結ばれ、さらに同年一〇月、一〇か年の契約が締結された。ゼネラル石油のタンカーで鶴見の貯油所に輸送した石油類を販売するものと、数千トンに達する海軍や日石など大口原油・重油の商談は物産がゼネラル石油のオッファーを得て応札するという二つの方法であった。物産にとっては完全な委託販売であり、基本的に価格・為替変動のリスクはゼネラル石油が負った。同社の負担で鶴見（後、大阪・長崎も）に送られた石油は、一か月間の販売額から物産の委託手数料を差し引いた金額を、翌月一〇日に電信為替で物産SF出張所に送付し、同店がゼネラル石油に支払うというかたちをとった。当初物産の手数料は日本着価格の五%とトン当り三円、分配率はSF店が一%、本部・国内支店が四%であった。ガソリンの手数料は二八年に引き下げられて四%になり、SF店の分配率は〇・五%に減少する。(7)物産が日本における設備投資を負担したため、ゼネラル石油の都合によって契約を解消する場合は、投資額の一割を補償するという規定も加えられている。

二三年下期には重油に加え、原油・ガソリンも取り扱うようになった。原油は鶴見貯油所と同じ埋立地に立地する日石製油所に一手供給権を確保し、二四年上期には「ガソリン市場ニモ抜ク可ラザル地盤ヲ築キ上ゲ、当社ノ石油商売ハ漸ク根底アルモノト認メラレタル次第」と、短期間のうちに半期四〇〇万円台の取扱高に達した。しかし物産を急追しつつあった三菱商事は、二三年一二月、加州においてゼネラル石油と並ぶ有力石油会社のアソシエイテッド社と代理店契約を締結し、重油・原油市場に進出し、早くも二四年には海軍納入原油九〇〇〇トンを落札して強力な競争力を持っていることが明らかになった（SF、二四年上）。

二　ソコニー社との協定交渉

二六年二月に、原油納入に関する日石と物産との「特殊関係」が断絶し、「仝社ノ石油購買入札ニ関シテハ極メテ激烈ナル自由競争ヲ見ルコト、ナリ、仝業三菱、RS社ノ活動最モ盛ン」と、有力な販売先を失った（SF、二四年上）。さらに同年五月にはゼネラル石油がソコニーの傘下に入ることが確定した。ゼネラル石油と物産の契約は継続されるが、ソコニーは日本国内において大きな力を持っていたため、物産にとっては石油事業の存否に関わる問題が生じる。ゼネラル石油のタンカーがソコニーの所有に帰したことにより、二六年後半には日本向輸送が不自由となり、「〔ソコニーの〕統一政策ニ基キ掣肘ヲ受クル所トナリ当社ヨリ商談従来ノ如ク容易ナラザルモノアリ、偶々石油商売将来ノ発展ノ為メ一時的犠牲ヲ忍ンデモ当社トシテハ最善ノ努力ヲ尽シテ対者ノ協力後援ヲ得ルニ勉メツ、アリ」と（SF、二六年下）、石油事業を継続するにはソコニーの協力を得なければならなかった。

表4-3に示したように、SF店の年間石油取扱高は二四年の八〇〇万円台から二八年に三〇〇万円台へと減少する。この減少は、世界規模で展開された欧米系メジャーの激しい競争と、日本においても三菱商事や日商・浅野等の同業他社との競争が繰り広げられるなかで、ゼネラル石油・ソコニーから価格・量ともに競争可能なオッファーを得られなかったためであった。

二七年下期の売約は日石へのディーゼル油、横浜・大阪渡しのバンカーオイルを除けば、漁船・一般工場への重油など小口の売込みが主になり、大きく減少する。(8) 海軍向けの原油は二回とも三菱が落札、重油も三菱・日石が落札し、「昨年来当社ハ海軍契約圏外ニ出タルノ観アル……毎度 Associated 社ノ競争ニ勝ツ能ハス」という状況になった。明治製糖の重油入札に対し、ライジングサンがトン当り二九円の価格で応札したのに対し、物産は四〇円五〇銭の価格を提示したところにうかがえるように、「R社ノ競争全国ニ及ビ且当社ニ対シ徹底的ニ対抗ノ策ヲ樹テタルモノ、如ク」と、物産のシェアーが高い重油・ディーゼル油で同業他社が激しい競争を挑んでいた。それに対し、物産は「前期末来G社ガ重油ディーゼル油ノ値上ゲヲ強要シ、終ニ七月中旬マデ高値 Offer ノ止ムナキニ至リシハ引合上支障大ナリシ」と、ゼネラル石油が対抗的な価格戦略を取らなかったため、シェアーの低下を余儀なくされるのである。

ガソリンも同様であった。二七年五月以降激しい価格競争が展開されると、物産は「既得地盤ノ維持ト特約販売店ノ擁護ノ為メ超然トシテ独リ割高販売ノ続行ヲ許サザルハ言ヲ俟タズ、即チ当社ハ前期以来G社ニ対シ再三再四内地市場ノ状況ヲ説明シテ其仕切値ノ低下ヲ求メタルモ何等ノ効ナク、当社ノ負担ニ帰セル値下額ト為替ノ暴落トニ依リ蒙ル損失ヲ忍ビテ尚売上ノ減額ヲ免レザリキ」と、特約店の存続とシェアー維持のために、損失を出しながら価格競争に乗り出さざるをえなかったのである。

物産はソコニー・ゼネラル石油と石油類の供給、提示価格、国内市場の分割などについて幾度も交渉を行ない、石油商売のたて直しを図った。

まず物産とソコニーが競合する自動車用揮発油の供給と価格について、二七年七月、SFにおいてソコニー・ゼネラル・物産の協議が行なわれる。①米国からのゼネラル印揮発油の輸送を中止し、ソコニーの日本国内貯蔵所から供給を受けてゼネラル印として物産が販売する、②価格はソコニー最低売り値段を基準とし、手数料は五%とするということで合意した。しかし物産が当初から「従来競争者ノ立場ニアリタルS社トノ協調ニハ困難ノ点尠カラズ」と見ていたように、その他の点では両社の調整に困難が予想された。[9] 二七年九月、ソコニー社日本支店支配人グールド(Goold)が日本市場におけるゼネラル印揮発油の一手販売に関する契約案を物産本社に提案し、二八年一月から本格的な交渉が開始される。

交渉を行う一方、ソコニー社は従来ほとんど取扱っていなかった漁船用重油の売込みを静岡・関西方面において積極化した。物産の理解では、ソコニーはゼネラル石油と物産の重油に関する契約を尊重し、物産の重油商売を援助するというものであった。しかしソコニーは、海軍の入札とバンカーオイルに関しては物産にまかせるが、漁船用はそうではないとして進出しようとしたのである。物産は、「ス社ガ本気ニ乗出スニ於テハサラヌダニR社日石ノ競争益々激甚ナラントスル市場ニ対シ、愈々混乱ヲ来シG社油ノ蒙ル打撃甚大……当社ハ結局ス社ニ対抗出来ザル結果トナリ」と強い危機感を抱いた[10]。また原油についても、S社支配人は「G社ノ原油ハ一屯モ輸出出来ヌ故引合モ電信代丈無益ナリト申居候」と述べ、「愈々以テ当社重油掛商売モ此侭ニテハ発展ノ希望少ク、折角御互ニココ迄奮闘シ来リタルモノヲ挫折サセル事ハ残念ニ堪エズ」と展望が見えない状況になった[11]。

揮発油の販売については、①ス社はゼネラル印の販売地域、すなわち物産の活動地域を出来るだけ限定しようとし、②物産が揮発油販売から撤退する地域、あるいは全面的に撤退する場合のサービスステーションのス社による優先的買取権をどのように規定するかというところで対立が生じた。ソコニーは揮発油の販売について両者が協調するとしても、「ス社品ヲG社ノマークニテ売リ相互ニ競争スルコトハ……其煩ニ堪ヘ難シ」、「互ニ地盤獲得上諸問題ヲ増加スルコトハ真ニ其煩ニ堪エザル」ので、物産の販売地域を東京・大阪に限定しようとする。物産は東京・大阪以外の販売量が二五%を占めていることを挙げつつ、そのような制限には「当社ノ体面上ヨリ見ルモ」到底容認できないと反対する。また物産がステーションを処分するに際して、ス社に優先権を与えることには同意するが、その価格には三井の「のれん料」(Good Will)を付加することを求めて対立した。

交渉はニューヨークのソコニー本社、ロサンゼルスのゼネラル石油、日本のソコニー支店、物産石炭部、物産SF出張所の、五者それぞれの思惑の中で進んでいく。

中国その他アジア市場の視察と物産との協定を結ぶために、ソコニー東洋市場担当副社長コール(Cole)が六月下旬、「紐育最後案」なるものを携えて東京に派遣される。内容は不明だが、この案はグールド案よりも物産の主張を入れた案であった。ところが七月三〇日にコールが物産に提示したものは、「予テス社Goold氏ガ当社ノ発展ヲ恐レテ兎角協調的精神ニ欠ケル態度ニ出テタルヲ、Cole氏来朝ニ際シ自己ノ立場ヨリ恐ラク種々三井ニ難癖ヲツケテ排斥セルニ外ナラズ」と、グールドの意見を入れ、紐育最終案よりも物産に厳しい案であった。

石炭部は、ソコニー本社よりも在日スタッフに問題があると見ていたが、「ス社ガ根本方針ニ於テ永久的協調ノ精神ヲ有セザル以上、何時ニテモ解約ヲ敢テス可ク……断然縁ヲ絶チテ別個ノ独立供給会社ト自由ニ一手販売契約ヲ締結スルニ若カズ」と、ソコニーとの提携断絶を見越し、SF店に対して揮発油、さらに将来的には重油についてもス社に代わる供給先を物色するよう求めたのである。(12)

この東京からの打診に対し、SF店長は直ちにUnion社とRichfield社の二社を挙げ、前者は日本との取引に嫌気がさしているので見込みがないが、後者は可能性があると述べた上で、米国の主要な石油会社は三井とゼネラル・ソコニーとの関係を承知しているので「当社ノ腹が極マッテノ上ナラデハ本当ノ話ハ出来ズ」とする。そして「Coleニ対シテモ御遠慮決シテ無用openlyニfight」し、それで決裂すれば「正々堂々ト他社ト交渉ニ入ル……代理契約デキヌ場合ハ市場ニテ買付ケヲ為シテモ一年ヤ二年ノ継ギハ取レル」と回答する。(13)

両社の交渉が膠着状態に陥った八月初旬から、SF店長はゼネラル石油のリッチと会見し、ソコニーとの提携交渉が不調に終わったとしても物産とゼネラル石油との契約は有効であるとの言質を取り、責任者から「三井ノ立場ハ十分ニ了解シ呉レ申候」の感触を得、ソコニーとの提携が断絶した場合にはテキサコとの提携をサジェスションされた。さらにリッチと相談の上、東京における交渉の経緯を要約してソコニー社長メイヤー（C. F. Meyer）に送付し、その裁断を求めることにした。(14)

SF店長はソコニー社長の介入による交渉の好転を期待しつつ、他方で提携断絶も覚悟していた。その場合には「差シ当リハG社Specialニ近キ品ヲopen marketニ需メcaseニテ輸出」、「ス社ト干係ヲ断ッタ後、策略上当分市場ニ自由ニ買付ヲナシ日本ノミナラズ支那ニモ、其揮発油ノミナラズ燈油ニ於テモ相当ニ暴レ回ッタ上ニテ相手方ヲ求メルガ宜布」と、日本・中国市場における物産の力を存分に示した上で新たな提携先を求めようとするのである。(15)

ゼネラル石油・物産SF店から裁断を求められたソコニー本社は、日本支店・副社長と連絡をとり、一〇月五日社長がサンフランシスコを訪れた機会を捉え、ゼネラル石油のリッチ同席のもとで物産店長および担当者内田尭と会見する。そこにおけるソコニー社長の発言は次の通りであった。

ス社紐育本店ハ三度モ Cole ニ出電シ三井ト協調ヲ保ツ様勧メタリ、自分トシテハ三井トノ干係ヲ断絶スルコト殊ニ面白カラヌ感情ヲ以テ物別レスルコトハ最モ好マヌ所ニテ、其意ハ Cole ニモ通ジアル故三井側ニテモ今少シ我慢シテ居テ成行見ルガ宜布カルベシ……在日本「ス」社トシテハ米人社員ノミナラズ日本人社員モアルコトトテ簡単ニ行カヌトコロモアルベシ

SF店長の感触によれば、以前に会見した時と同様、メイヤー社長の「親三井的態度」に変化はなく、最終的には妥結に至るだろうというものであった[16]。副社長のコールは中国市場視察のために中国にいたため、物産上海支店長がコールと会見し、了解を得た後の一〇月一一日、グールドとの間で合意に達した。その内容は、①初年度物産揮発油取扱高を三〇万函とする、②東京・大阪以外の地方販売を三割以内とする、③物産の委託料を従来の五％から四％とする、④物産系スタンドの買取に際してはス社に優先権を与える、というものであった[17]。

ゼネラル石油との委託代理契約は、参入に遅れつつあった物産が遅れを取り戻すのに大きな役割を果たした。バンカーオイル・陸上用重油の売込みには石炭売込み以来培った営業網をフルに活用して最大手の一角に入り、また海軍・日石納入原油も同様であった。外油二社・国内精油メーカー・三菱などが入り乱れて激しい販売戦を展開しているガソリン市場にも、系列卸会社・スタンドを設置してゼネラル印揮発油の委託販売によって進出した。鶴見貯油所などの初期投資は多額だったが、価格・為替変動のリスクはゼネラル石油が負い、販売した金額を翌月に送付すればよく、五％の委託料を確保することが出来た。

しかしこの営業は、ゼネラル石油が競争可能な価格を提示することを前提にしている。その前提は同社がソコニーの子会社になることによって崩れていったのである。しかも同社は揮発油市場において物産と対抗していた。ソコニー本社は物産との円滑な関係を求めるが、同社日本支店は物産の石油事業を出来る限り限定しようとしたのである。米国本社との交渉によって最悪の事態は避けることが出来たが、物産は重・原油からガソリンまで、ソコニーの掌の

上で営業せざるをえないことも明らかになったのである。

三　契約改訂と調達先の多様化

一九二八年一〇月のソコニーとの協定以後、揮発油の取扱高がＳＦ店の取扱高に計上されなくなったこともあるが、ＳＦ店の石油取扱いは二九年以後も低迷を続ける。物産全体の取扱高は二八年の四四〇万円から一挙に回復して二九年には七一四万円になったが、二四年の八九二万円にはなお及ばなかった。[18]この間のＳＦ店の考課状には毎期のように「毎年必死ノ努力ヲナセルモ常ニ三菱及Ｒ・Ｓ社ノ為メニ敗レ……浅野、最近日商―リッチフィールド社ノ活動盛ナリ」と言った記述で埋められている（ＳＦ、二七年下）。

加州においてメジャーと称され、豊かな油田とパイプライン・貯油・精油施設を持つ石油会社は六社あったが、その一角を占めるゼネラル石油はソコニーの西海岸における拠点会社であり、三井の要求に応じて原油や製品を供給する必要もなく、また出来なかった。そこで物産はまず第一に、ゼネラルとの交渉によって横浜港着価格の引き下げにつながる間接経費の引き下げに努力する。ＳＦ店長はゼネラル石油のリッチに対し、「Associated……ノ何レヨリモ高イト云フコトハ畢竟Genpetノ三井ニ対スル援助ガ足ラヌト見ルノ外無シ、此ノ点デ俺ハ毎日ノ様ニ重役ノ石炭部長カラ電信デイヂメラレテ困ッテ居ルノダ、何トカシテ呉レ」と幾度も頼み込み、オッファー価格を従来の日本着価格からサンペドロ港船積価格に変更することに成功した。[19]この価格決定の変更は一九二〇年代後半に形成されたと言われる「ガルフ・プラス」価格の枠内であるが、[20]フライト・保険・金利などの巧拙が直接日本着価格に反映されるようになり、物産の蓄積したノウハウによりディーゼル油の日本着価格は三一年上期一トン当り一一・五〇ドルが、一〇・七七～八・九二ドルにまで低下することになった。

ゼネラル石油との契約は日本市場における重油・ディーゼル油・揮発油に限定されており、原油輸入や日本渡し以外のバンカーオイルについては物産の活動を制限するものではなかった。そこで物産は三〇年上期にゼネラル石油の了解を得て、独立系石油会社から日石へ原油二隻分、さらに物産船舶部の焚料油もリッチフィールド社と購入契約を結んだ。東京石炭部はソコニーとの関係を考慮して積極的ではなかったが、ＳＦ店は他社からの購入を増加させる方向に進んでいく。恐慌の中で石油価格が低下するなか、スタンダード系のゼネラル社は「当地ノ一流ノ船会社、鉄道会社等ニ高値ノ契約残多量ニ持」っていたのに対し、カリフォルニアのメジャーではあってもユニオンやアソシエイテッド社は「長期ノ注文取レズ自然高値約定品ハ僅少、金融上ヨリ言ッテモ時価ニテ注文ヲ取ッテ行ク必要アリ」と言われ、これらの石油会社が下値オッファーを出していくのである。こうした事情があったため、ＳＦ店はゼネラル石油から米国渡し焚料油に限定して他社から購入することについての「快諾」を得、ユニオン社、ハンコック社から「exclusive ニ offer 貰ウコト」の約束を取りつけるのである。(21) 三一年下期にはユニオン社などの原油を日石一艘荷、小倉二艘荷売込みに成功し、三二年上期には郵船・大阪商船へのシアトル・サンフランシスコ・ホノルル渡し五万一〇〇〇トンを「三菱ト激烈ナル競争」を展開しつつ獲得した（ＳＦ、三二年上）。

表4-2に示したように、ＳＦ店の営業成績は三〇年下期以後悪化し、経費を大幅に切り詰めていった。重要商品に成長した石油からの取り分を増加するため、ＳＦ店は石炭本部に対し、この時期何度か配分率の増加を求めている。ＳＦ店の努力によってゼネラル製品の利益率が改善したことを強調したあと、「当店モ最近経営益々苦シク相成リ前期ノ如キハ経費ヲ一割方節減セシニ不拘、当店全体トシテノ実績ハ前期ノ三分ノ一ニ過ギ不申」と苦境を訴え、「石油丈ハ何ダカ本部ガ無暗ニ取込主義ナ様ナ風ニ感ゼラレ、実際第一線ニ立チ悪戦苦闘致居候吾人トシテハ忌憚ナキ処誠ニ心持悪シク候」と、「当方口銭割合ニ就イテ今尠シク寛大ノ御考慮」を要求した。(22)

石炭本部はＳＦ店からの「御不満ノ趣ニテ繰返シ御書面」に対し、石油類の採算について詳細な書面を送付している。三一年一〇月、石油掛関係の設備投資、石炭部勘定からの借入金の償却残が合わせて一二〇万円ほどあり、その償却・設備維持費・利息・受渡費用を薄い利幅によって賄わねばならない苦しい状況を述べ、ＳＦ店の理解を求める。(23)

揮発油の手数料配分に関してもＳＦ店は本部に対して不満を述べる。本部はＳＦ店に対し、本部が全国六〇か所のスタンドの利息・償却費を引き受け、広告・宣伝費も支出し、それでもなお「〔下請店は〕値鞘僅少ノ為メ著シキ苦境ニアリ、放任シテハ破産ノ外ナキ有様ニ付キ、各店共取得口銭ノ大部分ヲソノ侭下請店ニ交付」して事業が成り立っている苦境を述べ、「東京ガ利己的立場ヲ以テ勝手ニ口銭ヲ極メル様ニ御考ヘ相成リ居リ候得共事実ハ然ラズ」と理解を求めている[24]。

ガソリンは各社が激しい販売競争を演じ、ゼネラル印を販売する三井は、競争相手であったソコニーからガソリンの供給を受けねばならなかったため、著しく不利であった。「屢々親会社タルソコニーバキューム会社ノ方針ノ為ニ禍イサレ、高値或ハ売込先ノ制限ヲ受クルコト等アリ……後進三菱ノ躍進ニ比シ当社ノ販売比率ハ全国需要増ニ対シ後退ノ傾向ニアリ」と、シェアー低下と供給元からの援助を受けられず、採算的にも苦境にあった[25]。

しかし三一年一二月、三菱石油が川崎精油所を完成してガソリンを主とする製品市場に積極的に進出してシェアー争いが激化し、ガソリン価格が値崩れを起こし始めた頃から、ソコニーの日本市場政策、対三井政策に変化が出てくる。三二年に至って乱売戦が激化してくると、当初価格維持の姿勢を保っていたソコニーも、三二年四月頃から「常ニ率先シテ値段ヲ引下ケ猛烈ニ他社ノ地盤ヲ蚕食シテ終ニ二十三％余リノshareヲ確立」するなど販売価格を引き下げ、自社の販売量を拡大する方針を採ったのである[26]。そして三二年八月にガソリンの販売量と価格に関する六社協定が成立すると、ソコニーは同社に与えられた割当数量を割き、物産の割当て数量を一六％増しにする。物産の揮発油のシェアーは関東・近畿地区で三％、全国では二％に過ぎなかったが、ソコニーの援助と六社協定によって「当社販売ハ著シク好転」した。「Ｓ社側ヨリノ希望モ有之此機ニ際シ適当ナルガソリンスタンド増設ヲ計リ販売数量ノ確保ヲ期シ[27]」、「ソ社ヨリモ当社ガサラニ都市部以外ニ於ケル石炭其他商品ノ取引先ヲ活用シテ逐次数量増加ヲ切望致サレ居申候[28]」のように、ソコニーは物産の販路を制限する方針を変え、物産をソコニー揮発油販路拡大の別働隊として活用する方向に転じたのである。三一年一一月以降、ソコニーは物産系スタンドの「経費」をすべて補助することになり、三三年には「各地配給所ノ家賃ハ勿論給料、電灯料其他諸経費マデ全部S社負担……現在ノ処当社ノガソリン商売ハS社ノ完全ナル庇護」のもとに入ったのである。[29]

表11-1は一九三二年の石油各種類の輸入者ごとの輸入量、供給元を示したものである。物産は重油・ディーゼル油においてはライジングサンに次ぐ輸入高となり、ほぼ満足のいくものであったが、原油はなし、米国太平洋岸積みバンカーオイルは三菱商事・日商の後塵を拝し、船舶用石炭において物産がかつて占めていた地位を考えれば、著しい低下である。[30]

一九三三年一〇月にゼネラル石油との契約期限が到来する予定だったので、物産はその一年ほど前から継続の可否について検討を重ねていた。契約を更新するか否かは、ゼネラル石油が「ドノ程度マデ当社ノ要求ヲ容レテ呉レルカ、又Genpet. ノ値段ガ他社ニ比シテ如何程高イカ、ソレデ商売ガ続イテ行カレルカ堂カ見テカラニシテト云フ事」のように、他社と競争可能な価格をゼネラル石油が提示しうるか否かにあるとした。ゼネラル石油のオッファー価格は概して高く、同社から低い価格を引き出すためには「G社ノ指値ガ他ノ競争者ノOfferスル値段ヨリモ著シク高値ノ場合ニハ三井ハ一手販売契約継続期間中ト雖モ他社ヨリ買付ノ自由」を持つという条件を挿入することであった。[31]その他の細かな条件の改定は合意に達したが、この点は一手販売契約の原則にかかわるものであったため、ゼネラル石油も容易に認めなかった。

ゼネラル石油との関係をどうするかについてSF店と東京との見解は異なった。SF店は、ゼネラル石油はソコニーの方針に制約されて他の会社より高値のオッファーを出す傾向があるため、「此際G社ト絶縁シ自由ナ立場ニ於テ広ク安値ヲ漁リタル方有利」とし、そのために日本におけるガソリン販売事業を失ったとしても、バンカーオイル、原油の売込みが有利になるとする。他方東京は①ユニオン、リッチフィールド、カリフォルニアなどの有力原油供給業者はすでに日商・浅野などと「好関係」を結んでおり、当社がG社と絶縁しても好意を寄せてくれるとは思われない、②浅野・日商は日石・小倉などと「普通以上ノ縁故」を形成しており、またバンカーオイルも荷主関係から容易

表 11-1　石油輸入元と供給先（1932 年）

(単位：千トン)

	輸入者	総輸入量	石油会社別内訳								
			サハリン	ユニオン	アソシエイテッド	リオグランデ	リッチフィールド	ソーカル	シェル系	ゼネラル	テキサコ
原油	海軍	323	271	45			6				
	日石	249	12	66		130	16	23			
	小倉	204	4	138	19	41					
	三菱	64			64						
	早山	25	10	2		12					
	その他共計	878	310	253	84	184	16	29			
重油	海軍	91		38					53		
	ライジングサン	149							149		
	三井	80			3					77	
	日石	55		19		2	2		5		12
	大阪商船	17			15						
	三菱	9			9						
	その他共計	413		59	27	2	2		207	77	17
ディーゼル油	ライジングサン	296							296		
	三井物産	93								93	
	日石	82		6			10		58		7
	三菱	75		2	70				1		1
	旭	62		41					4		14
	その他共計	627		60	70		13		370	93	28
日本船向け太平洋岸バンカーオイル	日本郵船	178	三菱-ア社（143），三井-ユニオン（35）								
	大阪商船	100	三菱-ア社（100）								
	川崎	40	日商-ユニオン（40）								
	国際	30	ライジングサン-シェル（30）								
	山下	20	日商-ユニオン（20）								
	三井	20	三井-ハンコック（20）								
	三菱	20	三菱-ア社（20）								
	日本タンカー	15	三井-ハンコック（7.5），ハンコック直接（7.5）								
	その他共計	453									

出典：Manager SF Branch "Proposal for handling crude oil business"（SF. BOX691），Asst. Manager SF Branch "Importation of Fuel, Diesel, Crude oil to Japan"（SF. BOX696）.

に進出できるというわけではない、③ソコニーは日本に重油営業を展開する充分な施設を有しているが、当社との関係を考慮して手控えており、もしソコニーが重油市場に進出すれば「現在ノ重油協定ハ直チニ崩壊シ市価ノ崩落ハ止マル所ヲ知ラズ」となるだろう、④ガソリン事業を失うことの大きさ、などを指摘し、ゼネラル石油の姿勢に不満はあるが、再契約を締結する方向に進んだ[32]。契約内容は、ゼネラル石油からの重油・ディーゼル油の供給増加、太平洋岸焚料油・海軍納入重原油を他社から購入する権利、ゼネラル石油の指値が高く物産が事業を展開できない場合は六か月の予告で解約可能など、三井の条件がかなり受け入れられたものとなった[33]。

三二年上期と三四年上期から石油の外国売買が大きく増加し（表4-14）、三三年下期まで低迷を続けた石油輸入も三四年上期から増加に転じた。こうした増加は世界的な景気回復も預かっているが、ゼネラル石油との契約改訂によって他石油会社からの購入を積極化し、またそれを梃子にしてゼネラル石油の指値を低下させていったことによっている。

物産は太平洋岸バンカーオイルの売込みを強化しようとするが、国際・山下・川崎などの不定期船各社は物産船舶部との競争関係から焚料油の獲得は見込み薄であり、日本郵船も大量の獲得は見込めず、最も可能性の高かったのは大阪商船であった。従来大阪商船の焚料油をほぼ掌握していたのは三菱商事であった。三四年度のバンカーオイル入札に際し、三菱が一バーレル五六セントを出したのに対して物産は六〇セントと大きな格差があり、「常ニ三菱ノ全数獲得スルトコロト相成候ハ全社側値段ノ低安ニヨルモノ」と認めざるをえなかった[34]。物産は大阪商船の三五年度ロサンゼルス渡し焚料油一一万トンの獲得に全力を傾ける。商船との商談を担当する大阪支店は、支店長が引合開始以前に同社社長を訪問し「当社ガ商船会社ニ対スル最大荷主トシテノ長年ノ彼我関係ノ持続ニ鑑ミ、少クトモ如此契約ノ大半ヲ当社ニ頒ツコトノ妥当ナルコトヲ力説」して商船に圧力をかけ、さらに三菱の提出条件を探る一方、「桑港必死ノ御尽力ヲ以テ御取付被下候値段」から大阪支店の「口銭ノ大部分ヲ吐出」して応札する[35]。こうした努力によって三万トンの落札を見たのである。

四　石油業法の制定と原油輸入

石油の重要性がますます高まってくる中で、政府は石油政策の検討を本格化し、三三年六月臨時燃料調査会を組織し、九月に「石油国策実施要項」を発布する。これに基づき三四年三月に石油業法が公布され、同年七月から施行される。個別産業を対象とする初めての統制法であるこの法律の狙いは、第一に外資の圧迫と過当競争を排除して石油精製業の確立を図るために、精製・輸入業を許可制とし、輸入・販売は割当制にしたこと、第二に軍需用石油を確保しておくために、輸入・精製業者に年間輸入量の半年分の保有を義務付けたことである。

この石油業法によって物産の事業も大きな影響を受けることが予測された。政府が「揮発油工場拡張又ハ新設ニハ助長ノ方針ヲ採ルベク、之ニ反シ輸入業者ニ対シテハ手続法其他ニヨリ出来得ル限リ種々ノ制限ヲ加フルコトハ明」らかであり、物産のように精製工場を持たず、揮発油をすべて輸入に頼る業者の「将来性ハ甚ダ少ナキコト亦見易キ道理」だった。半年分の備蓄義務により、物産は新に六万一〇〇〇トン強のタンクを建設せねばならず、その建造費は一〇五万円に及ぶとされた(36)。日本市場に大きなシェアーを持つライジング・サンとスタンダード社は、特に六か月の貯油義務に激しく抵抗し、物産による両社備蓄の肩代わり案なども出るが、三か月以上を備蓄しようとはしなかった。

昭和初年より増加していた原油輸入が、この石油業法によって一層増加することは明らかだった。原油輸入は物産がソコニーの「原油不売方針ニ禍サレ」ている間に、「浅野物産会社ハ加州 Standard 社ト結ビ、内地製油家ノ最モ好ム加州ケトルマン原油ニ優越セル地歩ヲ占メ猶一昨年来全ジク加州 Standard 社ガペルシャ湾内バーライン島ニ得タル新原油ノ販路ヲモ開拓シ一ヵ年百万トン近キ数量ヲ売込ミ、三菱亦三菱石油並ニ海軍方面希望原油輸入ニ付キ Associated Oil Co. ト結ビ優位ニ在ル」と、大きく立ち遅れていた(37)。原油輸入の少ない物産は早急な対応を迫られる。

三五年九月、石炭部長は桑港店長宛、「石油業法施行ノ結果内地原油需要ハ今後大ニ増加可致、日石小倉ニ於テモ近頃ハ買付数量ノ増加……殊ニ満石ヲ始メ日本海軍ノ原油需要ハ著シク増加可致候間、此際特ニ原油商売ニ対シ一層ノ御尽力[38]」を求めるのである。

石炭部石油掛は原油状況調査のために、係員を三五年三月SFに派遣し、SF店店長代理とともに石油取引の中心になりつつあったロサンゼルスの状況を調査する。その人物はそのまま同市に駐在し、ロサンゼルスに本社を置く独立系各社やブローカーと親密な関係を結び、重油や原油の調達に当った[39]。表11-2は加州の製油会社とそれに密接な関係を持つ日本商社を示したものである。原油輸出能力の高い六社のうち、シェルは日本に関連会社、アソシエイテッド社は三菱、ユニオンも日商と一年ごとの契約ではあるが一手販売契約を結び、割り込むことは不可能であった。ソーカルは最大の産油量と設備を有し、物産とも焚料油の取引で密接な関係を築いていたので「拝ミ倒シヲ試ミタリ、可ナリ手ヲ尽シ」たが、「浅野ガ日本売込ミヲ開拓シクレ今日迄何等ノ故障モ無ク満足ナル成績ヲ挙ゲ居リ、此ノ関係ニ変更ヲ加フベキ理由ヲ認メズ」と、浅野と親密な関係を築いていたため、割り込むことはできなかった。テキサコも加州メジャーの一角を占めるが、日本向け同州最大の油田であるケトルマン油田にパイプラインを持たず、また日商やセール商会との関係が深かった。

ゼネラル社は物産からの原油引合に対し、「供給余力無シ、自家用ヲ賄フ丈ケデ精々ナリトノ理由ニテ断ルヲ常例ト致居リ候処、是ハ全ク表面的ノ理由ニテ実ハ親会社タルN. Y. Standardノ東洋市

表 11-2　加州石油会社と日本商社

	原油輸出能力	日本商社との関係
Standard Oil Co. of Calif.	有	浅野・三井
Shell Oil Co.	有	ライジングサン
Union Oil Co.	有	日商
Associated Oil Co.	有	三菱
General Petroleum Co.	有	三井
Texas Co.	有	日商・日石・セール
Richfield Oil Co.	僅少	浅野
Hancock Oil Co.	無	野村・三井
Rio Grande Oil Co.	僅少	浅野
Sunset Pacific Co.	無	大同海運
Western Oil Refining Co.	無	日商・三井
Petrol Corp.	僅少	野村・三井

出典：桑港出張所長より石炭部長宛「原油商内ノ事」(1936年1月20日，SF. BOX705)。

場ヘハ原油ヲ出サヌ方針ヲ follow シ居ルモノ」と、原油輸出は原則的に行なわなかった。中規模の独立系石油業者とは、引き合いを出すことによってひきつけることが出来るが、ゼネラル石油との関係をそのままにしたかたちでは「彼等ガ本気ニ提携ニ乗ッテコヌコト自然」という限界があった。中小産油業者はパイプラインを持たず、メジャーに長期売約している者が多く、産油高だけで販売能力を測ることもできず、「能力モ少ナク in or out ノ商売振リ故大キナ目カラ見テ夫レ程力ヲ入ル、ヘキモノナルヤ否ヤニ付テハ疑問」といわれるように、供給力に限界があったのである。(40)

以上のように、物産が原油を獲得するのは容易でなかったが、東京から原油輸入への進出をしばしば督促されたSF店は、次の三つの方法を考える。第一は「極力G・Pノ尻ヲ叩ク」ことであり、SF店は同社の副社長に対して、原油供給に関して何らかの対応策を採らない限り、「当社トシテモ根本的ノ arrangement ニ付テ考慮セザルベカラザル時期ガ近イ将来ニ来ルゾ」と、代理店関係の見なおしをも匂わせながらゼネラル石油、ソコニーの政策転換を求める。第二は「Independents ヲ相手ニ引合ヲ継続」すること。第三にはゼネラル石油との関係を破棄して他の有力石油会社の代理権を獲得することも考えられ、中東で豊富な油田を掘削し、石油輸出に積極的になっていたソーカル、さらにかつて物産との契約に「十分色気」を見せていたユニオンも候補として挙げられた。(41)

こうした報告を得た東京石炭本部は、ゼネラル石油との契約改訂の際と同様、同社およびソコニーとの提携を断絶し、それに変わる提携先を模索するのはリスクが大きいとして反対し、「姑息的」ではあるが、第一に「Genpet. ヲ督励シテS社ヲ動カシ積極的ニ原油販売方針ヲ採ラシムルコト」を図り、第二に「其他ノ Independent ヲ物色シテ Spot Cargo ノ offer ヲ取付ケルコト」の二つの方法以外にないと結論した。(42)

三六年に入ってSF店はゼネラル石油に対して原油供給をしばしば督促し、またソーカルなどのメジャーを含む加州産油業者との接触を深め、原油供給の可否を探った。同年二月には加州石油業の視察にやってきた海軍士官の示唆により、輸入原油の中心だったガソリン分の多いケトルマン石油ではなく、オクタン価の高いミッドウェイ原油の調達を課題とし、海軍用、民間用とに明確に原油の種類を変え、それに適した調達先を模索した[43]。海軍用原油としては「当社絶対信頼ノ態度ヲ示シ居リ、今後共当社ニ第一 preference ヲ呉ル事ト思フ」と密接な関係を結びつつあるペトロール社、ハンチントン社からの供給と、ゼネラル石油・ソコニーからの供給を期待する。日石などの民間精油業者用原油は、取扱関係が固定的で進出はかなり困難であったが、リオグランデ社からの供給の可能性が高く、それ以外にも石油仲買商との関係を深め、供給力を高めようとしていた[44]。

この頃になるとゼネラル石油・ソコニーの態度も次第に変わってきた。三六年七月には渇望していたミッドウェイ原油五万トンのオッファーをゼネラル石油が行ない、同社副社長に対し、石炭部首脳・SF店よりの「満腔ノ謝意」を伝えるとともに、さらに少なくとも五万トンの捻出を依頼する。副社長から「事情ヲ了承同社各掛ト相談ノ上極力早メ返事スル」との回答を得[45]、また同副社長は「Standard 社本店ヲ説キ当社ニ対スル原油販売上稍々手心ヲ加フル」ことに成功した[46]。ゼネラル石油は「四囲ノ情勢変化ト当社取扱高ノ激増トニヨリG社ハ其供給手当ノ為メ新規ニ巨額ノ投資」を行なって供給力を拡大し、物産の要求に答えたのである。さらにゼネラル社は、三七年七月には従来の物産への年間契約供給量二四万トンを六五万トンに増加する契約を締結した[47]。加えて物産はゼネラル社だけでなく、ペトロール社、リオグランデ社からも原油の供給を受け、次第に原油輸入を拡大する。

物産が原油輸入を拡大することが出来た理由は、SF店・ロサンゼルス店の努力のみでなく、三六年に石油を取り巻く状況が大きく変化していたことも大きい。日本に進出しているメジャーと石油備蓄をめぐって厳しい対立を続けていた商工省・海軍は、自前の油田を開発することを意図して三六年六月、三井・三菱・住友三社出資による協和鉱業株式会社を組織させた。協和鉱業は当面利益を挙げる手段がなかったため、海軍省は入札によって購入していた原油の一部を同社から随意契約によって調達し、協和に利便を図ることとした[48]。「海軍、陸軍等へノ御奉公」が強調されるが、協和鉱業の存在は物産にとって大きなメリットがあった。海軍省の入札に失敗した場合でも「協和社ヲ通ジ海軍当局ト随意契約ノ途有之候事ニ付、極力折衝全部調達ノ事ニ御高配被下度候……重ネテG社ニ交渉増量懇情可致候」[49]のように、随意契約によって納入可能となったため、従来ほど他社の条件を考慮することなく、量を確保することに全力を尽くせば良くなったのである。

原油輸入という新たな方向を開拓し始めた直後、三七年七月に日中戦争が勃発する。陸軍省燃料局は七月二一日、三井・三菱・浅野・日商四社を召集し、八月三日の第一便を最初に大量の航空機用揮発油の輸入を命令した。[50]各商社は全力で購入と輸送に努めるが、彼らの胸中には石油が戦時禁制品になるのではないかという不安が当初からあった。開戦直後から物産本社とSF・NY店、さらにはゼネラル石油も含めて石油類が中立法に規定する二次的戦時禁制品に当るか否かが検討されていた。禁制品には当らないと結論されたが、日本軍機の渡洋爆撃が行なわれると、ゼネラル石油の社長はSF店長に対し、大統領が中立法の改正に依らず裏面より石油の日本積出を差し止めた場合の諒解を求めてきた。[51]

なお石油禁輸に至るには時間があったが、これ以後の米国からの石油輸入は日中戦争の戦局と米国の対日感情に強く左右されるようになり、米国に全面的に依存しつつも、米国以外からの輸入を模索することになるのである。

小括

第一次大戦後の日本の石油市場は、豊富な供給力を持つライジングサン、ソコニーの外油二社が価格決定力を持ち、重油などは割高であった。そこに物産・商事などが米国石油会社と提携して輸入を始めたことにより、競争的な市場になっていった。ゼネラル石油の代理店になって物産の石油取扱高は順調に増加し、SF店の石油取扱高も同店取扱高の四～五割を占め、まさに「喰扶持」になった。

ところがゼネラル石油がソコニー傘下に入ることにより、物産全体、SF店の取扱高は減少する。重油・ガソリンのみならず、この時期から増加する原油もゼネラル石油の提示価格では、海軍・民間の入札を落札することはできなかった。提携断絶を覚悟しつつ、一年にわたる交渉により、ほぼ物産に満足のいく協定が締結された。以後、物産の石油取扱高は増加するが、ガソリンがSF店取扱高に計上されなくなったことにより、SF店の取扱高増加には結びつかなかった。恐慌のなかで、SF店は石炭部本部に利益配分の増加を求めつつ、ゼネラル社との協定改訂を行ない、同社以外からの原油輸入、米国におけるバンカーオイルの売り込みに力を注ぎ、三二年以降、同店の石油取扱高は顕著に増加していく。

三四年の石油業法により、原油輸入の増加は必至となったが、ゼネラル社・ソコニーは製品輸出を原則としていた。物産は独立系石油会社から購入する一方、豊富な供給力を持つ両社との交渉により、原油の供給を得られるようになった。提携先の両社に加え、独立系石油会社とも良好な関係を築いた頃、日中戦争が勃発し、あらゆる種類の石油の大量輸入が始まった。対日輸出制限を恐れながらであったが、SF店の取扱高は急増し、また米国からの対日石油輸出のうち、物産は四〇年下期、重油・ガソリン・機械油・ディーゼル油などの分野において三割を占め、四一年上期には五割、原油を含めても石油関係輸出の三割に達した（SF、四〇年下、四一年上）。石油類の対日輸出は許可制になったが、米国加州の石油業界は大量の在庫を抱えており、調達は比較的容易であった。

（1）　石油に関する全体的動向は主に、井口東輔『現代日本産業発達史II　石油』（交詢社、一九六三年）、A・サンプソン『セブン・シスターズ——不死身の国際石油資本——』（大原・青木共訳、日本経済新聞社、一九七六年）、モービル石油株式会社広報部『石油ものがたり——モービル石油小史——』（一九八六年）、石油業法以後については橘川武郎「一九三四年の日本の石油業法とスタンダード・ヴァキューム・オイル・カンパニー（一）（二）（三）（四）」（『青山経営論集』二三巻四号、二四巻二～四号、）などによる。一九二三年一二月に締結される三菱商事とアソシエイテッド社との交渉については川辺信雄『総合商社の研究』第2章を参照。また三輪宗弘「三井物産とソコニーの揮発油販売契約の交渉過程」（松本貴典編『戦前期日本の貿易と組織間関係』新評論、一九九六年）は、物産とソコニーとの間で二七年秋から二八年一〇月まで行なわれた揮発油販売契約交渉を克明に追い、SF店を物産の「対境担当者」として位置付け、重要な役割を果たしたとしている。本章は、三輪氏が分析対象とした期間については部分的に重なるが、より長期にわたり、SF店が米国石油の輸入にどのような役割を果たしたかを明らかにする。

(2) 桑港支店「支店長会議代用資料」(一九二〇年一〇月、SF. BOX1476)。
(3) 前掲、一九二一年「桑港支店業務一班」。
(4) 同前。
(5) 石炭部長「焚料重油商売事情ト当社取扱ニ付キ」(一九二二年一〇月三日、SF. BOX1439)。
(6) 以上の記述は、同前「焚料重油商売事情ト当社取扱ニ付キ」と、石炭部重油掛「重油商売ニ就テ」(一九二三年六月七日、SF. BOX1432) による。
(7) "Agreement on General Gasoline" (一九二八年八月二日、SF. BOX684)、"Petroleum Section" (一九三八年、SF. BOX1452)、桑港出張所長より石炭部長宛「Gen Pet 社委託燃料油ニ対スル金融ニ就テ」(一九三一年四月一日、SF. BOX1221)。
(8) 以下の引用・記述は、石炭部重油掛「昭和二年下半期　考課状」(SF. BOX681) による。
(9) 同前。
(10) 石炭部長より桑港出張所長宛「対ス社漁船油商売問題ニ付」(一九二八年一月一三日、SF. BOX681)。
(11) 東京山田より桑港堤汀宛書簡 (一九二八年八月四日、SF. BOX684)。
(12) 以上の引用・記述は、石炭部長より桑港出張所長宛「ゼネラル揮発油一手販売契約ニ対スルス社ノ態度ト善後策ニ付」(一九二八年八月二日、SF. BOX684) による。
(13) 桑港出張所長より石炭部長宛「ス社揮発油取引ニ付」(一九二八年八月二日、SF. BOX682)。
(14) 桑港出張所長より石炭部長宛「ス社揮発油契約ニ付 (第二状)」(一九二八年八月二二日、同前)。
(15) 同前、「第五状」(一九二八年九月一日、同前)。
(16) 同前、「第八状」(一九二八年一〇月九日、同前)。
(17) 石炭部長より取締役宛「スタンダード会社揮発油契約」(一九二八年一〇月一三日、同前)。
(18) 春日豊前掲「一九三〇年代における三井物産会社の展開過程　中」第25表による。
(19) 小林虎之助より東京渡辺四郎宛書簡 (一九三一年一月一七日、SF. BOX685)。

(20) ガルフ・プラスについては前掲『現代日本産業発達史II　石油』二〇九～二一一頁参照。
(21) 桑港出張所長より石炭部長宛「太平洋沿岸渡焚料油之事」(一九三一年五月一二日、SF. BOX685)。
(22) 前掲、小林虎之助より東京渡辺四郎宛書簡。
(23) 石炭部長より桑港出張所長宛「CPS及ビAOL焚料油契約口銭」(一九三一年一〇月二七日、SF. BOX686)。
(24) 同前「石油商内口銭分配率ノ事」(一九三一年九月五日、同前)。
(25) 石炭部重油掛「ゼネラル揮発油販売ニ付」(一九三三年五月一日、SF. BOX721)。
(26) 東京山本彦太郎より桑港小林虎之助宛書簡(一九三三年三月二日、SF. BOX698)。
(27) 石炭部長より取締役宛「General Petroleum Corporation 重油契約更改ノ事」(一九三三年七月一七日、SF. BOX692)。
(28) 前掲「ゼネラル揮発油販売ニ付」。
(29) 石炭部長より取締役宛「Genpt. Co. トノ重油一手販売契約更改ノ事」(一九三三年五月一日、SF. BOX698)。
(30) 三一年の原油、三二年のバンカーオイルの売約が表出されていないのは、売約と取扱期の相違によると考えられる。
(31) 前掲、東京山本彦太郎より桑港小林虎之助宛書簡。
(32) 前掲「Genpt. Co. トノ重油一手販売契約更改ノ事」。
(33) 石炭部長より取締役宛「Genpet. 重油契約更改ノ事」(一九三三年七月一七日、SF. BOX692)。
(34) 大阪重油掛より東京重油掛宛「大阪商船昭和十年度北米渡焚料油引合」(一九三四年五月二二日、SF. BOX698)。
(35) 大阪支店長より石炭部長・桑港出張所長宛「大阪商船来年度燃料油引合ノ事」(一九三四年九月三日、同前)。
(36) 重油掛主任より石炭部長宛「石油業法ト当方立場」(一九三四年七月一二日、同前)。
(37) 石炭部長より紐育支店長宛「Standard Vacuum Oil Company ト石油商内ノ事」(一九三六年七月二五日、SF. BOX709)。
(38) 石炭部長より桑港出張所長宛「原油商売ノ事」(一九三五年九月一二日、SF. BOX705)。
(39) 石井隆介「羅府出張報告」(一九三六年三月一四日、同前)。
(40) 桑港出張所長より石炭部長宛「原油商内ノ事」(一九三六年一月二〇日、同前)。
(41) 同前。

(42) 石炭部長より桑港出張所長宛「原油商内ノ事」(一九三六年二月二二日、SF. BOX 705)。
(43) 桑港出張所長より石炭部長・紐育支店長宛「海軍機関中佐中尾貞雄氏動静」(一九三六年二月二六日、SF. BOX707)。
(44) 桑港出張所長より石炭部長宛「原油獲得ニ対スル当方其ノ後ノ交渉経過」(一九三六年四月二九日、同前)。
(45) 羅府石井隆介より宮崎桑港出張所長宛書簡(一九三六年七月二二日、SF. BOX709)。
(46) 前掲「Standard Vacuum Oil Company ト石油商内ノ事」。
(47) 石炭部長より業務課長宛「General Petroleum Corporation of California ト重油委託契約更改ノ事」(一九三七年七月二九日、SF. BOX714)。
(48) 重油掛より桑港出張所長宛「カリフォルニア・テキサスオイル社其他ニ付」(一九三六年八月四日、SF. BOX709)。
(49) 桑港出張所長より石炭部長宛「日本海軍航空原油引合ニ対シ Genpet. 一〇〇〇〇〇屯提供決定」(一九三六年八月一九日、同前)。
(50) 石炭部重油掛「スタナボ航空揮発油積出ニ付」(一九三七年八月九日、SF. BOX715)。
(51) 石炭部長より桑港出張所長宛「米国石油類対日輸出制限ノ事」(一九三七年九月二八日、同前)。

第12章　メキシコ市場の開拓

中南米と日本との貿易は、在留日本人商人による雑貨や日本人向け商品の輸入に限定され、物産においても内地支店が個別に対応していた。それが変わるのは一九三二年以降である。

中南米地域は第6章六に述べたように、本店営業部とNY店が管轄するが、メキシコは地理的・歴史的関係から、SF店の営業範囲に入った。SF店は、メキシコ最大の輸入品人絹糸から始め、他商品の輸入にも着手し、大きなシェアーを占めた。

ところが油田の国有化によってメキシコ石油が注目されるようになると、駐在武官・出先外交官だけでなく、多くの関係者が利権を求めて暗躍し、その中で物産のメキシコ営業も翻弄されることになった。

ここでは、中南米に共通する、在留日本人有力商人が存在する地域において、物産がどのようにして市場を開拓していったのか、圧倒的なシェアーを築いた物産に対し、他の商社はどのようにして割り込みを図ったのか、さらには物産を含む日本商社が現地政府とどのような関係を結んでいたのか、などを明らかにすることを課題とする。

一　メキシコ市場への進出

メキシコでは一九二九年頃より米国・イタリア・フランス・スイスから人絹糸を輸入し、人絹織物業や織物加工業が発展し、日本との関係もその人絹糸を通じて深まっていく。

三五年の人絹糸輸入額一一七五万ペソの内、イタリアが三六%、米国が一八%を占め、日本はオランダ・フランスに次いで八%を占めるに過ぎなかった。しかし三六年五月、撚糸輸入関税が大幅に引上げられて輸入人絹糸の構成が大きく変わったことにより、日本からの輸出が激増し、三七年には日本が二九%を占めて最大の輸出国となった。ところが三八年三月、メキシコは外国人所有石油会社を国有化し、英・米がその報復として原油や銀の購入を拒絶したために外貨が逼迫し、三八年から三九年にかけて、ドイツ・イタリアと原油を引当とするバーター協定を締結し、イタリアが再び人絹糸の最大の輸出国となった。

中南米諸国のほとんどが三〇年代早くから対日差別政策を採用する中で、メキシコは一貫して日本に対して開放的であったため、人絹糸・雑貨の輸出が増加し、また四〇年以後、原油・水銀など軍需物資の輸入も増加した(1)。物産SF店による人絹糸のメキシコ向け販売は三三年上期の一〇万円売約が最初であり、「メキシコ向ケ雑品商内中ノ白眉……引続キ相当数量売込可能ナラン」(SF、三三年上)と、当初から大きな期待をかけ、三四年になると期待通りの増加を示す。

メキシコ市場ハ最近各方面関係業者ノ注目ノ的ニ有之候ヘバ内地他商ノ侵出ハ漸次熾烈ト相成ル可、乍遺憾此傾向ハ阻止出来ザル事カト存候(2)

東洋社品ノメキシコ向ケ進出ハ本年ニ入リ各生産会社、輸出業者ノ注目ノ的トナリ、一方墨国ノ買手モ色々ノ手筋ヲ通ジテ内地へ照会ヲ寄セ来リ(3)

大阪の蝶理・伊藤忠などが、東洋レーヨンの国内向け人絹糸を輸出向けに積み出したり、帝人・倉敷・昭和などの人絹糸をメキシコに輸出し始めたのである。このような反対商の動きに対し、物産は「先手ヲ打ッテ従来通リ独占ノ地歩ヲ維持シ尚一層ノ拡張」を図るため、一つはメキシコ向け東洋レーヨン製品にのみ「マダム・バタフライ」の商標を付し、「消極的ナガラモ最モ効果的ニ他商ノ侵出ヲ防止(4)」し、二つには専属エージェント長淵商店に依存するだけではなく、「好関係アル大手トハ十分気持ノ分ル様アラユル方法ニテ断ヘズ接触ヲ保タレ……大口引合ハ漏レ無ク当社手ニ収メル」ことのできるように、SF店からメキシコ駐在員を派遣することであった[5]。

マダム・バタフライ商標は三五年上期以降メキシコ市場に浸透し、日本製人絹糸の代名詞としての地位を確立し、また三六年五月にSFから鈴木勝がメキシコ出張員として派遣される。メキシコへの人絹糸の販売は、三三年上期から三六年上期までの三年以上にわたって長淵商店を通じて行なっていた。その後も同店は「専属ブローカー」として物産のメキシコにおける活動を担い、「同氏ナクシテハ今日迄当社ハ商内出来ザリシヲ考フル時、同氏今日迄ノ功績ハ十分認メテヤル必要有之候」と記されている通り、長淵商店なくして物産のメキシコにおける活動はなかった[6]。

長淵鐘六はメキシコ市に店舗を構え、陶磁器などの雑貨輸入を手広く手がけ、在メキシコ日本人会副会長でもあった。SF店は同店について次のように述べている。

①メキシコにおける有力商店であること。

②SF店との取引開始以前も以後も「内地ノ多数輸出業者ガ同店ヲ代理店ト定メ利用且ツ Service ニ努メ居ル」。

③名古屋中南米輸出組合の理事として「同組合トノ関係ハ極メテ密接」。

④「人絹糸以外ノ所謂全店年来ノ本業タル雑貨類ニ関スル限リ、寧ロ他商又ハ輸出組合ヨリ買付ケ居ル方圧倒的ニ大[7]」。

物産の代理店になる以前に、すでに長淵商店は日本製雑貨輸入商として確固とした地位を築いていたのである。中南米の日系商人を相手にする雑貨商売は、「面倒デモ絶ヘズ後カラ後カラ見計ッテ新見本ヲ送ッテ貰ワヌ限リ商内ノ進展困難也、従来内地ノ小輸出商ハ毎日ノ如ク東京、大阪、名古屋ト馳セ回リ何カ新シイ見本ハ無イカ探シ歩イテ居ル」のように、大規模商社ではなしえないこまめさが必要であるとしている[8]。

物産は長淵を専属ブローカーとし、メキシコにおける人絹・雑貨などの取引は同店を通して行ない、長淵とSF店を合わせた手数料は、取扱高の三%から七%の範囲内にあり、その分配率はおおよそ長淵七、SF店三の割合とされ

表 12-1　メキシコとの取引（1933～41年）

（単位：千円）

	総売約高	人絹糸売約高	同取扱高
1933年上		99	
1933年下		135	112
1934年上		1,048	211
1934年下		249	632
1935年上		750	612
1935年下		469	603
1936年上		1,200	1,000
1936年下	458	192	478
1937年上	1,413	787	1,033
1937年下	1,411	1,266	1,096
1938年上	773	652	356
1938年下	814	260	
1939年上	1,513	594	
1939年下	1,317	838	
1940年上	2,111	1,437	
1940年下	3,101	1,064	
1941年上	6,300	1,141	

出典：桑港出張所各期「考課状」。

ている。長淵商店は専属ブローカーと位置づけられながら、物産と無関係の自店の営業も行なっていたが、物産のメキシコ駐在員（当初一人、後二人）は長淵商店内に事務所を置き、同店のスタッフ・設備を自由に使っていた。長淵商店は日本人使用人三人、タイピスト二人、運転手一人を使い、長淵個人の生活費も含めると月二〇〇〇ペソ必要であり、物産の仕事が増えるに伴い、手数料だけでは維持できなくなり、三九年一月から五〇〇ペソを物産SF店が「店費補助」として支出するようになった[9]。

表12-1はメキシコ取引の総売約高と人絹糸の売約高である。駐在員を設置する以前の全体は明らかでないが、ほとんどが人絹糸であった。総額のわかる三六年下期以降、期によってかなり異なるが、取引の過半が人絹糸である。三七年上期は薬品や機械が多く、三八年下期から三九年上期にかけてはメキシコの主食の一つである豆類の不作により日本から大量の豆が輸出された。また三八年下期以降、石油・水銀・屑鉄などの輸入が増加して人絹糸の割合は低下するが、貿易関係が途切れるまでメキシコは日本からの人絹糸の供給に頼った。

二　人絹糸輸出の拡大

1　競争の激化とSF店の対応

物産が市場開拓者としての利益を享受できたのは三六年上期頃までであった。同年三月、伊藤忠や大阪の加藤物産が帝人・倉敷製品を「値段及ビ支払条件ヲ勉強」して進出し、蝶理・江商も代理店を設置して積極的な活動を展開し始めた。物産のマダム・バタフライ商標はプレミアムをなお確保していたが、SF店は危機感を強め、以下のような対策を採り始めた。

①レーナード社（Reynaud）とサントス・コイ（Santos Coy）の「二大口買手ハ絶対ニ放サナイ様努力スルコト、一度ニ千箱二千箱ト買約スル買手ハ他ニ無之、此ノ二者ヲ当方ニ抱キ込ミ置クコトハ絶対必要条件」と、メキシコで最大の購入者を確保しつづけること。

②物産が「現物、期近物ヲ用意シ売リ応ジテ遣ル」ことによって、「買手ノ先物買約ヲ discourage」すれば、「同業者ノ活動ハ夫レ丈ケ封スルコト」ができる。

③「各得意先へ各種ノ Service 呈供……長淵ヲシテ無料ニテ各買手ノ過剰荷ノ転売、不足品ノ買付ヲ遣ラセ居候[10]」。

このような努力にもかかわらず、三六年夏以降、物産の優位は低下していった。帝人などのメーカーと伊藤忠・蝶理などの商社は、「日本市価ヨリモ安値ニテ引合ニ応ジ居ル処ヨリ推セバ、製造家ノ share 獲得ノタメノ犠牲的商内」のように、提携して進出したのである。メキシコの機業家が他社製人絹糸の使用に慣れ、「日本糸ナラバドノ社ノ製品デモ同程度ニ使ヘル」ようになり、「東洋社品蝶美人ノ商標価値ハ下落シ、他社品ノ安値ニハ太刀打デキズ漸ク得意先ヲ他社品ニ奪ハルル」となった。さらに従来メキシコ市場において、高級糸・撚糸・加工糸を主とし、日本糸とは一五%以上の値開きを示していたイタリア糸が、撚糸輸入関税の引上げによって日本糸が占めていた普通糸の分野に参入し、価格も五%前後の開きに過ぎなくなった。「日本糸ノ将来ニトリ油断ナラザル強敵……スケーン〔糸長〕短カク能率上ラザル日本品ヲ買付クル者漸減シ、伊太利品ニ転換セントスル気運ニ有之」と、イタリア糸が進出してきたのである。こうした市況の変化への対応は、一つはイタリア糸並みに糸長を長くし、「品質上伊太利品ト互角ノ立場ヲ得ル」こと、二つは売込み方法を先物約定から「伊太利等外国品ノ遣方」にならって現物商内に転換することにより、サービスにおいてもイタリア品と同格にして「日本他社品ニ一歩ヲ進メタ販売方法」を採用することであった。(11)

SF店は三六年秋から、一流デパートを経営し、二〇〇〇台の織機を有する織物工場を傘下に持ち、人絹販売能力においてメキシコ第一といわれるレーナード社と「提携スルコトガ最モ有利ニテ良キ機会」と判断し、同社に着後九〇日払いの委託荷を積み出し、販売に関する一切の費用を同社が負担し、同社の口銭を五%とする「当方ノ販売指定値ニテ売上品ハ打切決済サレル」委託販売契約を締結する。(12) 三七年一二月の同社の「取引先信用限度申請書」によれば、「現物販売ノタメ委託荷ノ形式ニテ商内開始以来商内調子好ク発展シ、現物地盤ヲ確定シ得タリ……商品ノ売抜モ比較的好調ナリ、尚売上代金ハ一回ノ支障モナク支払ワレ居レリ……当社メキシコ向人絹商内ガ発展スルヲ得タルハレ社ノ力ニヨル所大ナリ」と、順調に発展していった。(13)

三七年一〇月にはもう一つの大口得意先であるビスコタイル・メキシカーナ社の子会社、サントス・コイ社に対しても委託荷積出しを開始する。ビスコタイル社はイタリア系企業でメキシコ最大の撚糸工場・糊付け加工場を所有し、三年ほど前から「日本糸使用ガ有利ナルタメ」、別会社を作って物産から購入していた。(14)

「本春〔一九三七年〕三四月頃ノ品不足ニヨル相場高」による思惑買い、メキシコ政府の輸入申告制度を輸入割当制の前段階と見て大量買付けが行なわれ、さらに伊藤忠・蝶理が「当社現物商内ヲ真似テ手持荷トシテ積出」したことなどにより、三七年末から三八年にかけてメキシコ市場に大量の滞貨が生じた。SF店はこの事態に対し、より積極的な方法で対処しようとする。

> 今日ノ市況悪化ハ予想ナシオリシモ敢テ積極的ニ持荷ヲ増加シ、反対商ノ処分売的進出ニ対シ実弾ヲ以テ対抗スル以外方法ナカリシモノニ御座候、目下ノ情勢ハ伊藤忠、蝶理ヲ初メ反対商モ高値手持荷ノ処分ニ苦心シオル実情ニ候ヘバ、反対商ヨリ一歩先ンシテ処分ヲ図リ安値先物ニ乗換ヘツツ実力ヲ以テ競争スルヨリ他途無之候……非常時局ニ際シ将来必ズ各生産部門毎ニ統制ガ実行サレ、所謂過去ノ実績数量ガ物ヲ云フ時代ニ候ヘバ、今ノ内ニ risk ヲフンデモ商権ノ拡張ヲ図リ度キ次第ニ候……当方ノ抱懐スル意図ハ実力的ニメキシコ人絹商内ヲ独占セントスルモノニ候(15)

市場に滞貨が積み上がり、価格が低下している中にあって、SF店は先んじて安値売却を敢行し、反対商を圧倒しようとするのである。「実弾」とは安値乗換えの商品を指すとともに割戻金をも意味していた。価格低下によって人絹糸を手持していた撚糸業者は大きな損失をこうむるが、物産はレーナード社の得意先一〇〇軒に対して三四〇〇ドルの割戻金を用意した。

三七年末から三八年前半にかけての、日本商社の販売競争は激烈であった。SF店はメキシコ駐在員に対し、「三井ノ big loss ヲ局限スル為メニ値段ヲ上ゲル様ニR社ニ交渉セヨ、或ハ口銭ヲ四%位ニ減ラス事ハ出来ヌモノカ」と要求するが、レーナード社は、三井が大きな利益を挙げた時に口銭を上げてくれたことがあるか、といって拒絶し、物産が損失をかぶらざるをえなかった(16)。

次の史料は、物産・長淵もシェアーを維持するために相当の安売りを行なっていたことを示している。

> 機屋ハ三井ヘ行ケバ安ク買ヘルトノ共通観念ニテ絶対ニ高クハ買ハズ、売レルニ任セテ安売リシタ事ト存候、長淵ハ Broker 根性抜ケズ売レルニ任セテ安値ニ機屋ヲ喜バセ居リ、安売リサヘスレバ機屋ノ喜ブハ当リ前ニテ easy going ナリシハ事実ニ候(17)

メキシコ向け人絹糸の損益計算は他の新しい商品と同様、打切り・乗合の双方を併用していたが、三七年四月から

表 12-2　メキシコ取扱商品と損益（1937～38 年）

（単位：ドル）

	1937 年上		1937 年下		1938 年上		1938 年下	
	取扱高	損　益	取扱高	損　益	取扱高	損　益	取扱高	損　益
機械部	17,282	1,674	6,952	△ 145	3,663	887	3,037	216
金物部	8,722	217	15,245	495	4,620	20		
穀肥			6,300	102	226	7	30,553	633
人絹糸	124,593	5,955	288,817	18,554	317,458	0	97,170	△ 9737
同リザーブ				15,699		6,637		7,000
人絹織物	8,812	459	646	△ 73	13,446	778	3,154	△ 946
薬品	40,630	2,165	109,945	2,267	16,716	368	3,727	468
生糸・絹製品	4,890	△ 173	1,413	2	3,461	40	4,602	80
石炭部							35,602	175
その他共計	211,217	9,329	431,352	36,996	363,854	8,927	179,478	△ 2647
経費		2,376		3,548		3,339		1,418
純損益		6,953		33,448		5,588		△ 4065

注：本来だと 37 年下期の人絹糸リザーブは損益合計・純損益から引かれるはずであるが，最終的なものではないためなされていない。
出典：「昭和十二／三年度メキシコ商内四期成績表」（SF. BOX1452）。

生糸部とSF店の完全な乗合計算となる。乗合計算に組み入れる経費はメキシコにおける宣伝費、船積諸費、SFの電信料・売込口銭など諸掛一切であり、それによって粗損益（Gross Profit & Loss）を算出し、利益の場合はSFと生糸部が八対二、損失の場合は四対六に分けるというように、利益はSFに厚く、損失は生糸部が多く負担するというかたちである。この計算をSF店が行い、両店は分配された粗損益からさらに「各自経費ヲ控除シテNet Profit & Loss ヲ算出シ各自之ヲ本店へ報告スル」とされている[18]。レーナード社や長淵商店に対する口銭はもちろん最初の経費の中に含まれ、両店で分割する粗損益といっても、大部分の経費を含んだものであった。

表12-2は三七、三八年の商品ごとの取扱高・損益を示したものである。自転車・紡織用雑品からなる機械部や薬品がある程度の取扱高に達し、利益にも貢献しているが、人絹糸の動向に決定的に左右されている。三七年下期（三七年四～九月）に人絹糸商内で三万四〇〇〇ドルの粗利益を挙げ、うち一五六九九ドルをリザーブとして積み立てた。前述したように三八年上・下期は激しい競争となり、上期には粗利益ゼロとなったためにリザーブから六六三七ドルを充当して利益を出し、同下期には九七三七ドルの損失を計上し、七〇〇〇ドルを充当したが

なお四〇六五ドルの損失となった。三七年下期に積んだリザーブの九割近くをすぐに吐き出しているのである。

2　統制の進展

三七年末から三八年前半にかけ、日本商社・メーカーは、安売り・支払条件緩和などによって激しい売り込み競争を行い、「〔物産の〕反対商中ニハ貸売ノタメ巨額ノ回収難ニ陥リシモノ有之」といわれ、その安売りに巻き込まれたイタリア企業も「日本糸ノ乱売振リニ対抗スルタメイタリー会社ガ徹底的安値競争ヲナシ、メキシコ市場ヨリ日本糸ヲ駆逐スル計画」を立てているとも言われた[19]。

一九三四年に大統領に就任したガルデナスは、工業のメキシコ化運動、あらゆる分野の組合化を進め、その象徴は三八年三月に実施された外国人所有石油会社の国有化であった。こうした政策のもとで混乱していた人絹糸市場にも、統制・組合化の動きが及んでくる。輸入統制の主眼は、「第一ニ財力トカ斯界ニ於ケル活動力、人絹糸ヲ引続キ何時デモ豊富ニ在庫シ得ル能力アル者丈ヲシテ輸入者組合ヲ作ラシメル、此ノ組合ノミヲシテ輸入ニ当タラシメ、工場ニハ直接輸入ヲ不可能ニサセル」というものであり、組合員として候補に上がっていたのはアメリカ糸・オランダ糸各一人、イタリア糸・日本糸各三人であった。出張員の報告によれば、組合の構想や候補者をピックアップする作業は「長淵氏ト協議ノ結果」とされており、日本糸は長淵とレーナードの二社だけでもよいのであるが、「日本糸ヲ独占スル意思アリト見ラレテハ面白カラズ取敢エズ組合員トシテ」他の一人をリストアップしたという[20]。一二月から開始される輸入統制会社は「多少ノ制限ハアルベキモ根本方針ハヤハリ従来通リ自由ニ各会員ヲシテ競争セシムル」[21]と、当初の構想よりは自由な取引が保障されたが、次第に統制が強化されていく。

統制会社案の原案を作成し、人絹糸輸入に関して権限を持っていたのは経済省工業局であった。長淵は工業局次長ドーメンサインとその部下デルガドと密接な関係を築いていた。「人絹輸入税引上内報ニ対スル成功報酬トシテ」両人に五〇〇〇～七〇〇〇ペソを月賦で支払う約束をしていたが、時期が正確でなかったため、駐在員は二〇〇〇ペソに値切ろうとし、二五〇〇ペソで妥協する。その後もデルガドに一〇〇、ドーメンサインに二〇〇、さらに統制会社関係に二〇〇、合計毎月五〇〇ペソ（一ドル＝約五ペソ）を長淵名義で請求し、出張員鈴木の監督下で配分することとした。物産が毎月の「心付け」によって期待した内容は次の通りである。

> 最近ノ人絹商内ハ統制会社ナカナカ手続キウルサク……ヤヤコシク相成リ候ハバ、此処当分ハ統制会社掛員ノミナラズ経済省役人トモ好関係ヲツケオク事是非必要ト被存（現ニ当方得意先ノガリバーヤマヌエル、コンデ氏等ニ対シテハ輸入許可ヲ長淵氏ガトリツケテヤッタタメ非常ニヨロコバレ、後者ヨリ一〇〇c/sノ注文有之候）……其ノ代償トシテ今後如何ナル事アルモ長淵関係、レ社関係ノ問題ハ大目ニ見ル事、又融通ヲキカセル事、殊ニ輸入許可等ニツキテハ優先的ニ便宜ヲ与ヘクレル事ヲ約束仕候[22]

物産の「心付け」は、四一年一月、月三〇〇ペソに減額されたが、なお支給されていた[23]。

日本・イタリア人絹糸の乱売、メキシコ側の輸入統制、メキシコの石油とイタリアの人絹糸などを対象とするバーター貿易協定の締結などに促され、日本側でも統制の動きが進展する。三八年六月二二日、メキシコで日本人絹糸の販売に携わっていた物産・伊藤忠・蝶理・加藤商店（横浜）、加藤物産（大阪）、日本棉花、三菱商事七社の社員・代理店が会合して日本人絹糸輸入商組合を組織する。具体的な目的は以下の三つであった。

①「不利ナ競争ヲサケル為メニデニール各種類ニ依リ其公定値段ヲ決定シ市場ノ状況ニ従ッテ其度毎ニ集合シテ値段ヲ決定ス」。
②「販売条件ヲ決定ス」。
③「他ノ外国商社ノ代理人ト協力シテa項ノ目的（価格安定）ヲ達ス[24]」。

駐メキシコ総領事や日本の対墨人絹糸輸出組合などの強い慫慂によって組織されたのであるが、機能しなかった。しかしこれを機にメキシコ市場において活動する人絹糸関係の日本商社が集まる機会を持つことになった。

三　石油輸入と求償貿易

1　石油の開発輸入計画

石油の対米・英輸出が不可能になったメキシコは、他国とのバーター貿易によって活路を開こうとする。メキシコ原油は硫黄分が多いという品質上の問題、積出港の水深が浅く、大型タンカーの接岸が難しい、パナマ運河経由のため輸送費が割高などの問題はあったが、「〔メキシコ政府が〕手持荷換金ノ為メ焦慮シツツアル実情」を見た物産は直ちに対応する。海軍が重油の入札を行なった際、「外務省トモ連絡ヲトリ、外務省又積極的ニ海軍当局ニ働キカケ」、「政策的ニ」二万四〇〇〇トンの重油落札に成功したのであった[25]。

SF店はメキシコに社員を派遣し、人絹糸などとのバーターを提案するが、外務省は「既ニ輸出地盤ノ出来テイル商品……ハ希望セズ、成ルベクBarterニヨリ新規輸出ヲ見ル事トナル商品ヲ希望ス、ソレモ……純国産品ヲ以テスル事[26]」との希望条件を公使館に指示し、人絹糸を主な見返品とする物産の構想は中断する。

日本とメキシコは、種々のチャネルを通じて、船舶・苛性曹達工場・冷蔵設備・農業用機械や武器・弾薬、さらに人絹糸についてもバーター交渉を進めた。駐メキシコ越田公使は三八年一〇月外務省宛、「墨国ハバーター或ヒハ月払ヒ（銀行保証）デモ売ル意思アリ……〔人絹糸〕バーターノ場合三井ブローカー長淵ハ政府方面ニ連絡アル故利用スルヲ便宜ト思フ」との内容を報告し、物産の駐在員も「経済省ノ内部ハ十分ニ連絡ヲツケ居ルツモリニ候、従ッテ貴方ニテ石油買付ノ腹サヘキマレバ万事好都合ニ話ガ進メラレル様準備中」との報告を送っている[27]。

日本は、前述のような問題はあったが、メキシコからの原油・石油製品輸入拡大を図った。それに応じてメキシコで積極的な活動を展開したのは、雑貨輸入に携わる国際商事、石油鉱区を持つラグーナ石油会社などを経営する都留競という人物であった。ラグーナ社は三八年七月に試掘中とされているので、国有化前に鉱区を取得していたのだろう。[28] 都留は日本との間を年に一、二度往復し、日本にも知己が多く、藤原銀次郎や東洋拓殖の中島清一郎、横浜興信銀行の井坂孝らを担ぎ出しつつ、三井・三菱・住友の三財閥によって設立された協和鉱業からも出資金を引き出し、メキシコにおける油田開発と石油輸入を目的とする太平洋石油会社を三九年一月に設立し、メキシコには同社の関連会社として油田開発にあたるベラクルナサ石油会社も設立した。[29]

都留が協和鉱業からの出資を得て太平洋石油を設立し、「ヘラクルナサ社ヲ通ジ積極的ニ事業ニ乗出スト云フnews ハ、メキシコ政府筋ヲ始メ旧英米石油会社関係筋ニ殆ド全部伝ハリ居ル様子」[30]と、広く知られていた。都留は日本から五〇万ドルの資金を持参したと称していたが、メキシコ石油の輸入は価格的に不利であり、油田の開発にも膨大な資金を要した。その資金不足を都留は、「人絹糸、雑貨類、硬化油ヲ太平洋〔石油会社〕ガ当国ニ輸入シテ之ヲ売却、一部ノ事業資金ニ充当スルノ話専ラ当地方ニ流布セラレ居候」のように、バーターに類するようなかたちで石油の開発輸入を計画したのであった。[31]

太平洋石油会社によるメキシコ石油の開発・輸入は、日本海軍が強く推していた。特にメキシコ駐在武官は都留の事業を露骨に支援していた。

最近駐在武官ハ公使館ニ於テ今後人絹輸入会ノ会合ニ列席、人絹販売上ノ問題ニ付キ干与スル積リデアルト意向ヲ洩シ居候……国際商事ノ利害ニ反スル様ナ事ガアレバ自分ハドシドシ関係者ヲ詰問スルト言明……狂人沙汰、手ガ付ケラレズ候[32]

武官ハ直接商人ノヤル事ニハ関与シナイガ商人ノヤル事殊ニ財閥ノヤル事ハ注意シテ、帰朝シテカラ海外ノ財閥ノヤリ方ヲ書イタモノデ部内ノ青年将校ニ配布認識サセル、弊員等ハ其ノ積リデ善処セヨ[33]

海軍駐在武官は石油・人絹のバーター問題だけでなく、ガイマスエビ事業に対しても介入し、林兼の出張員に対して種々の注文をつけていた。駐在武官の個性によるのであろうが、パナマ運河という重要地帯を抱えてナーバスにもなっていたのだろう。

2　バーター貿易の開始

ドイツは早い時期に人絹糸を含むバーター協定を締結したが、日本とイタリアは「日伊出先官憲側ニテ墨国政府ノ右バーター交渉ニハ応ゼザル事ノ了解」が成立していた。[34] 両国は市場を掌握している人絹糸を除いてバーターを行なおうとしたのである。ところが三九年四月一七日にイタリアとの間に年間三万ケースのバーター契約を締結したという情報が、物産が付け届けをしているデルガドからもたらされた。公使館を通じて確認したところ事実と判明し、「全然伊太利ニシテヤラレ候」と嘆くが、メキシコの年間消費量は四万ケースであり、残り一万ケースも日本がバーターに応じれば日本に割り当てるが、応じない場合は「メキシコ市場ハ伊太利ニ全然独占セラル、……日本糸ノ輸入ヲ阻止スル方法ヲ採ル故気ヲ付ケネバナラヌ」との情報ももたらされた。[35]

日本側もバーターが不可避と考え、中南米雑貨輸出組合のメキシコ向け人絹輸出業者が懇談会を持ち、商工省に対し、原油・重油とも割高であるので差額の一部を組合が保証する用意があることを添えて、「此ノ際メキシコ石油ヲ〇〇〔原文〕ニ購入シテ貰フ様極力斡旋方依頼」していた。[36] しかしその検討はなかなか進まず、ようやく一二月になり、「当局デハ目下対米関係ナドヲ考慮シテカ品質、値段ノ如何ニ拘ラズメキシコ石油ヲ買フコトニ腹ヲ決メタラシキ様子」[37]と大幅に遅れたのである。

早期のバーターが出来ないなかで、物産は駐メキシコ公使にも依頼しつつ、三九年四月まで、日本に対して月一二〇〇ケースほどの割当てを確保し、五社が日本人絹糸輸入統制会を組織し、実績に応じて各社に割り当てて輸入を行なっていた。[38]

その間に進出してきたのは、メキシコに曹達工場プラントを売り込んだ日本曹達の後援を得て設立された中南米開発会社であった。同社も太平洋石油と同様、メキシコの石油採掘権を確保していた。同社は満洲国政府から大豆七〇

○○トンの提供を受け、ガソリン四万ドラム缶の納入を約束した。その背後には「関東軍アタリモ一役買ッテ居ル由、関東軍当リハ採算等ハ頭ニ入レズ大豆ヲ輸出シ、欲シイドラム入ガソリンガ手ニ入レバ中南米社ガ幾何損ヲシテモdon't care」といわれるように、陸軍の強い要請があった[39]。

このバーターを最も恐れたのは太平洋石油であった。外務・商工両省は国策会社としての位置づけを与えている太平洋石油の事業に悪影響が出ることを恐れ、バーターを一回限りとし、また日本曹達社長中野有礼がニューヨークからメキシコに入ろうとしたのに対し、「中野氏来墨実現セバ……石油事業ニ積極的ニ乗出シ、太平洋石油社ノ向コフヲ張ル事ト相成可申」と危惧し、「日本外務省及海軍当局ハ同氏ノ来墨ヲ阻止センモノト目下当地公使館ヲ通ジ運動中」であった[40]。中南米開発会社のバーターは、大豆の売込みにも長期間要し、油田開発に着手したという情報も記されていない[41]。

ドイツ・イタリアのバーター協定により、三九年の人絹糸輸入の六四%をイタリアが占め、日本は前年の三一七万ペソから一一一万ペソ、輸入高の八%に減少してしまった。前述したように日本の官民ともバーター貿易を検討したが、実現に至らなかった。その理由は日本側の遅々とした対応によるだけでなく、メキシコ原油・石油の持つ問題もあった。

前述した品質の問題に加え、供給力にも問題があった。原・重油生産能力のほぼすべてを国内用と独・伊向けに振り向けており、「将来一年間クライハ輸出能力無シ」、航空用ガソリンは米国から輸入しており、自動車用ガソリンも満洲向けを「ヤットノ事デ拵エタモノデ将来ハ難シト申居」り、ディーゼル油だけが相当数量供給可能とされていた[42]。メキシコの経済大臣も「墨国ノ全石油産出額ハ内地向ノ必要額ヲ除キ、輸出向ニ売約済ニテ当分ノ間一滴ノ油モ新規ニ売ル事ハ出来ヌ」と述べ、また日本が相当数量を長期間にわたって買い入れるという契約を行なうならば、「新規ニ油井ヲ穿掘、供給スル」という姿勢であった[43]。

メキシコ政府は太平洋岸からの積出しを可能にするため、パイプラインや港の建設を急いだが、順調に進まず、また四〇年においても品質上の問題は克服できていなかった。

墨西哥油ハ地理的関係ニ於テ加州油ニ対抗デキヌ事ハ現在ニ於テモ従来ト変ナシ、殊ニ昨今ノ如くTanker極度ニ逼迫ノ折柄其ノ度合益々多シ、墨西哥油ハ品質上本邦製油ニ不適ナル事ハ硫黄分多キ事ガ大ナル次第ニテ今デモ其ノ通リナリ(44)

メキシコ石油にはこのような問題があったために、最も強く石油を欲していた海軍でさえ、「日本ガ墨国石油ヲ買ウ事ニ付キテハ肝心ノ海軍当局ガ乗気デナイト海軍武官ハ申居候、此ハ本日初メテ聞イタ事(45)」のように、購入意欲はあまり強くなく、バーター交渉も進展しなかったのである。

このような限界はあったが、四〇年初頭、太平洋石油は五万トンの原油を輸入することに合意する。一万トンを越えるタンカーの接岸設備のない港からの積み出しであったため、陸上から五〇〇メートルのパイプラインを敷設するという計画であった。同社は「所謂国策会社」とされ、この輸入契約により、「墨西哥油ノ日本、関東州及満洲国への一手輸入権」を与えられ、物産も同社に対して間接的に投資していることもあり、「太平洋石油ヲ除外シテ当社ニテ墨西哥油輸入不叶」という立場にあった。しかしこのような契約はなされたが、「船腹其他ノ事情ニ依リ実際積取リハ極メテ僅少」とされている(46)。

メキシコ政府は石油とのバーターによって必要物資を輸入する方針をとっており、その時点で物産は危機感を抱くべきだったのだろうが、その形跡はうかがえない。四〇年三月三〇日、メキシコの統制会社である輸入配給会社の重役会において、日本人絹糸の輸入割当をそれまでの五分の一に当る月二五〇ケースとし、それとは別にラグーナ社に、一万ケースの輸入許可を与えるという決定がなされた。

太平洋石油のメキシコにおける実質的な責任者は都留競であり、同社はラグーナ石油を代理店としており、ラグーナ社を通じて石油輸出契約が行なわれた。ラグーナ社の経営者は都留であった。「ラグナ社ハ石油会社ト大蔵大臣ヲ動カシ」、一万ケースの輸入許可を取得したのである。人絹糸輸入配給会社の首脳によれば、「石油買ヒ入レ成立シシカモ将来大量ニ購入スル事ニナリシ故……三井ニハ気ノ毒デアルガ至急日本ノ方デ右ノ一万箱ノ輸出割当ヲ決メヨ、ラグナ社へ許可ハ与ヘテアルモラグナ社ガ文句ヲイワヌ限リラグナ社ノ了解ノ下ニ入レル事ハ差シ支ヘナイ」と言うことであった。(47)

メキシコの担当者は石油輸出の見返りに人絹糸輸入に実績のないラグーナ社に許可したのであり、それを日本の輸入業者で分割すればよいと考えていたのである。しかしこれは物産のメキシコ向け人絹糸売込みを壊滅させる事態であった。年四万ケースの市場のうち三万がイタリア糸に与えられ、残りが一万というなかで、そのすべてが都留に与えられた。人絹糸輸入に携わっている五社で月二五〇ケースしか輸入できないのに対し、ラグーナ社は一挙に一万ケースの輸入が可能であった。メキシコへの人絹糸輸入には、一時多くの商社が参入したが、三菱・日棉が撤退し、物産と伊藤忠を除くと蝶理・加藤商事・加藤物産の小規模商社であった。長淵商店を代理店としてメキシコ市場を掌握した物産に対抗するため、伊藤忠は都留の国際商事を実質的な代理店として、「都留氏即チ国際＝伊藤忠」と見なされていた。伊藤忠にとってもシェアーを拡大する絶好の機会が到来したのである。

物産のメキシコ商売にとっては大きな危機となった。SF店は桑港から雑貨掛主任の奥村を派遣し、都留・伊藤忠に対して全力で巻き返しを図る。一つの打開方法は太平洋石油会社を通じて圧力をかけ、ラグーナ社に与えられた輸入枠をシェアーに応じて輸入商社に開放させることであったが、もちろん都留も伊藤忠も応じなかった。奥村は「ドウ考エテモ都留氏一派ノ今回ノ行動タルヤ許スベカラザルモノ有之、如何ニ商工省、海軍省ガマルメコマレオルトテ此ノママ引去ルハ不甲斐ナシ」として、メキシコ政府に対し一万ケースとは別に、従来通り物産を含む五社に対して月一〇〇〇～一五〇〇ケースの許可を得る運動を開始する。都留もメキシコ政府も正式には石油購入に対する対価として割り当てを行なったとは言えず、全く輸入実績のないラグーナ社に対する多額の割当ては説明不可能であった。奥村はそうした点を指摘しつつ、安定的に人絹糸を供給してきた五社に対する割当てを要求する文書をメキシコ政府関係者・日本の関係者に配布するとともに、「尋常手段デハ目的達成困難」であるとし、統制会社主任に物産が割当て増加となれば増加分に対して一ケース一ドルの「成功報酬」を支払うとして割当てを増加するよう求めた。さらに「同時ニ統制会社ノ政府監督官カミロ氏並ニ大蔵省コルテーナ氏、経済省デルガデヨ氏ドーメンサイン氏等ニモアラカジメ了解ヲ求メ、成功セシ場合ハ相当礼ヲナス旨ホノメカシオキ候」という手段をとったのである。(48)

四　統制の完成と現地子会社構想

メキシコの人絹糸市場は、四〇年六月にイタリアが大戦に参戦したため、日本にほぼ全面的に依存せねばならなくなった。メキシコでは輸入配給会社が撚糸・加工業者に対する原料の確保、円滑な供給を目的に輸入税割戻しの特権を与えられて大きな力を持っており、日本側もそれに対応して安定的に人絹糸を供給する統制組織を求められた。口火を切ったのは今回も都留であった。九月に帰国した都留は、三井を除く六社が合意している案として、日本からの輸入を一手に引き受けるメキシコ人絹株式会社を組織し、資本金三〇万ペソを内地・メキシコに割り当て、実質的に伊藤忠・都留が支配できるかたちにしようとした。(49)

物産はその構想を国際商事＝ラグーナ社の損失の肩代わり案だとして拒絶し、損益は各社が負担し、価格協定を主眼とする輸入共販組合を提案する。

伊藤忠・加藤商事・加藤物産は三井物産の圧倒的なシェアー（五割強）を破る機会と捉え、蝶理・日棉は「此際現地ニ会社ガ出来レバ代理店任セヨリモ遥カニ安心出来確実ニ利益分配ニ預リ得ルト云フ考ガアリ、同時ニ都留ノ現地ニ於ケル勢力ヲ信ジ此会社ハ必ズ儲カル」というところから現地会社案に賛成したという。しかし、三回にわたって都留も参加した日本における輸出会の会合において、物産の生糸・レーヨン課は、「幹部ノ承認ヲ得タル上飽ク迄当社ノ立場ヲ鮮明ニスルト共ニ……現地事情ヲ正シク認識セシムル為メ都留ト一戦ヲ辞セザル覚悟ニテ強硬ナル態度……数時間ニ亙リ論戦」を行なった。物産がそこまで強硬に反対すれば、業者間ではまとまらず、また都留案に好意的だった商工省・外務省も強行できなかった[50]。このプール案が破綻したことと、伊藤忠が多額の債務を抱えていた国際商事を代理店からはずしたことによって、人絹糸輸入における都留の影響力は著しく低下した。

四一年になって、メキシコ政府は駐メキシコ公使に日本人絹糸の安定的供給のための協定締結を求め、それへの対応策が日本・メキシコで協議された。メキシコでは物産の駐在員と伊藤忠が、「何等節操ナク又販売能力モ有セズ利ニヨリテ表裏常ナキ連中」という「便乗五社組」に対し、「内地Shareノ口銭ヲヤルカラソノ代ワリ販売ハ当社及伊藤忠ニ一任セヨトノ案」を提案して「猛烈ナル反対ニヨリ沙汰止ミ」になるといった両社独占案も登場した[51]。しかし四一年三月二日、公使館において公使・書記官・陸海軍武官と七社の代表・代理人が集まり、対墨人絹輸出会を組織することを決定した。輸出会は本部を日本に置き、支部をメキシコ市に置き、既定の輸出比率、決定される取引条件にしたがってメキシコの代理人宛に荷物を積み出し、代理人は支部を通して配給会社に引き渡すという仕組みであった。また「対墨人絹供給ニ関スル原則的取極ハ両国政府間ノ交渉ニ依ルモノトシ、右交渉後行ハル、売買契約ハ輸出会ト配給会社トノ間ニ締結セラル、モノトス」とされ、大枠は政府間、その他の条件は配給会社と輸出会の間で協定されることになり[52]、三月一四日に両国人絹協定が締結される。

物産の人絹糸を中心にしたメキシコ営業は、石油輸入が問題になって以降、都留に翻弄されたかの観がある。都留はラグーナ社を通じて原油採掘権を持ち、太平洋石油を通じて協和鉱業と関係を結び、それによって日本においても地歩を得たのである。SF店長は、都留について長淵と比較しつつ次のように述べている。

都留ノ人物ハ……山師肌ノ人物ニテ経営振リ杜撰放漫商売ノ実務ニ暗ク経験モ豊ナラザルヤニ見受ケラレ此点長淵トハ比較問題ニナリ不申候、然シ自カラ任ズルニ国士ヲ以テシ常ニ国策ヲ口ニシテ実商売ニ経験無キ連中ヲ煙ニ巻ク手腕ヲ所有致シ居候、従ッテ仝人ガ政府筋ノ一／二有力者ニ喰ヒ込ム能力ハ買フ必要アルモ同時ニ過大評価ハ危険[53]

SF店は長淵の実務能力を高く評価するとともに、「メキシコ政府関係銀行関係其ノ他精通シ居ル故、都留氏ノ仕組ム芝居ノ裏ガスグ判リ……〔都留にとっては〕長淵氏ガ目ノ上ノコブトイッタ邪魔者」とメキシコ政財界に通じていることも高く評価し、長淵と都留の関係をこのように見ていた。駐メキシコ公使も、日本人会の副会長であり物産の代理店である長淵から多くの情報を得ており、「公使ノ御言葉ヨリ推察スルニ都留氏ノヤッテ居ラレル事ニハ初メカラ無理ガアリ現在デモ疑問ノ節アルラシク」と、「国策」の位置づけを与えられている太平洋石油会社、その関係会社であるラグーナ社の経営に一抹の不安を抱いていた。しかし都留のメキシコ政府への食い込み方はやはり大きなものであった。「現在ニテハ公使モ直接メキシコ当局者ニ打トケ会談セラレル機会少ク、陸海軍武官ハ大体都留氏ノ報告ヲ其ノママ受ケオラレル」といわれている。(54)

そのイメージは、日本において「全氏ガ内地側各官庁方面ニ植付ケタル印象即チ政治的手腕ヲ有シ現在メキシコニ於ケル第一人者ニシテ全地政府ノ高官連ト自由ニ交際ノ出来ル点ニ於テハ公使ト雖モ遥カニ及バズトノ声価」とのように、もっと増幅して伝えられていたのである。(55) 都留がメキシコ政府内部に有力なコネクションを持っていたことは確かであろう。油田採掘権の獲得、原油・重油輸入の成約や人絹糸一万ケースの輸入許可などは政府内部に有力な後援者を持っていなければ不可能である。

一時は太平洋をまたぎ、石油と人絹糸を材料にメキシコ・日本両国で活躍した都留であったが、最後には物産出張員から「都留ヲ日本人ト見ルハ大キナ誤リニテ彼ハ完全ニ悪イ方面ノメキシコ人ニナリ切リ居リ候、従ッテ日本ニ弓ヲ引ク位ノ事ハ朝飯前ノ仕事位ニシカ考ヘ居リ不申候、国際製薬、太平洋石油、都留鉱業等一ツトシテ物ニナッタモノ無之、何レモ日本ヨリ貴重ナ金ヲ巻キ上ゲ私腹ヲ肥ヤス以外何等目的ナキモノニ御座候」とまで評されるのである。(56)

四〇年六月、SF店がメキシコ駐在員事務所の拡充を本店業務部長に申請したところ、業務部は単なる拡充ではなく「最初ヨリ独立セル別働会社」案を作成せよとの方針を示した。フランスやドイツでは古くから支店ではなく現地子会社を設立しており、この時期にも南阿物産や南米物産などの現地子会社が組織されている。メキシコも駐在員事務所を出張所などに格上げするのではなく、別会社にする計画が進展する。現地会社を設置する一番の理由は通常、支店・出張所に対する課税問題である。メキシコの場合は、「税務官吏ニ依リテ勝手ナ解釈ヲ下サレ任意課税サレル危険ナシト申サレズ」という税金問題もあったが、それよりも「別働会社トシテ最初ヨリ整然タル機構ヲ整ヘ置ク……強力ナル発言権ヲ得置ク」[57]と、「同地在留邦人間ノ……誤解ヲ受クルヨリハ日本ノ代表商社タル三井ガ独立ノ資本ニヨッテ運用スル別働会社ナルコトヲ公表シ、当社ノ信用ト資本ヲ背景トシテ同社ノ地盤開拓ニ資スル」[58]ことを目的としたのであった。都留に振り回された経験に基づいているのであろう。

長淵商店に置かれていた駐在員事務所が、経費を賄うことが出来るようになったのは三九年上期以降とされ、別会社を組織すると多くのスタッフと事務所経費などにより、半期一万八六〇〇ドルの支出に対し、一万六二〇〇ドルの収入、差引二四〇〇ドルの赤字と予想された。メキシコへの輸出は、人絹糸が予想取扱高半期一五万ドル、利益七五〇〇ドル、雑品が同一〇万ドルと二五〇〇ドルである。輸入については「喧伝」されている原料品について「普ク研究ヲ重ネ」たが、「運賃負担能力ナキモノ多ク、同国内運輸荷役設備ノ不完全ノタメ世界市場ニ進出スル機会乏シク、唯本邦ガ資源確保ノ見地ヨリ政策的ニ高値ヲ甘受スル場合」のみ可能である。高値を甘受しつつも輸入しているのは水銀と屑鉄であつた。水銀はほとんどが米国資本の掌中にあり、「当店ガ目下買付ニ奔走」しており、屑鉄はメキシコ在庫二〇万トンのうち一〇万トンを押さえ、二年間にわたって出荷の予定であった。[59]

物産側やメキシコ人の役員も決め、長淵鐘六を継続して専属ブローカーとし、同商店の社員もそのまま新会社に雇用することを決めるなど、設立の直前まで準備が進んだ。しかし油田国有化により悪化していた米墨関係が世界大戦の勃発や日独伊枢軸の形成に伴って好転し、それに反比例するように日墨関係が冷え込んでいくのである。

米国ハメキシコヲ動カシ突然墨国重要生産品ノ対日禁輸ヲ断行セシメントシ、ソノ手始メニ屑鉄ヲ挙ゲ水銀ヲ仮差押致候、又ベラクルナサ石油採掘権ヲ取消シ尚石油ノ禁輸ヲ実行スル所迄進ミ申候……残サレタル中南米市場モ日本ニ取ツテハ最早多クヲ期待出来ヌ事カト存候[60]

メキシコも人絹や軽機械など日本からの安価な民生品に対する期待は高く、また対米交渉用のカードとしての役割を持っていたため、一挙に関係悪化に進むわけではないが、拡大は期待できなくなっていった。そして四一年七月の米墨経済協定締結により、メキシコは日本との貿易関係を断つことになった。

小　括

SF店はメキシコ在住の有力日本人商人長淵鐘六を代理店として、イタリアなどが掌握していた人絹糸市場に進出し、撚糸業者でありディーラーでもある大口・小口の販売先を獲得し、日本人絹糸輸出の開拓者となった。このメキシコ市場に大小の日本商社が参入して激しい競争となるが、物産は圧倒的な優位を守るため、種々の対抗手段を採った。

一九三八年の外国人石油会社の国有化により、石油とのバーター、さらには石油資源の獲得自体が現実問題となり、両国の通商関係は一挙に複雑化する。日本人社会において長淵と並び称された有力者都留競がメキシコ政府に食い込み、油田採掘権を獲得し、日本への石油輸出の見返りとして大量の人絹糸輸入割当を得たのである。採掘権を持つ都留に対する駐在武官や出先外交官、日本の関係者の評価は高く、しかも人絹糸において都留と伊藤忠が提携し、物産の人絹糸営業は危機的な状況に陥った。

物産はこの事態を、正面から突破する努力とともに、他方ではメキシコ政府内部に一層食い込み、また日本の担当官庁・公使館と親密な関係を築くことにより打開していった。そして日米関係が悪化するなかで、メキシコからの軍需物資輸入を本格化させた。

両国の統制の進展により、安定的な人絹糸輸出の組織が出来、メキシコ営業をSF店から切り離して現地子会社を立ち上げようとしていた頃、米国はメキシコに圧力をかけ、輸出入において日本の期待する市場とはならなくなった。

（1）メキシコの一般的な記述は、日本貿易振興協会『メキシコの貿易』（一九四三年五月）による。一九三八年三月までは一ドル約三・六ペソ、以後低下して五ペソになる。
（2）生糸部レーヨン糸掛より桑港出張所宛「蝶理商店メキシコへ東洋レーヨン売約ノ事」（一九三四年七月二五日、SF. BOX302）。
（3）同前「墨国向輸出人絹糸商内ノ事」（一九三四年八月六日、同前）。
（4）前掲「蝶理商店メキシコへ東洋レーヨン売約ノ事」。
（5）前掲「墨国向輸出人絹糸商内ノ事」。
（6）メキシコ駐在員首席より桑港出張所長宛「新会社設立案ノ事」（一九四〇年一〇月一八日、SF. BOX541）。
（7）桑港雑貨掛より業務部その他各店宛「墨西哥長淵商店ト中南米輸出組合トノ関係ノ事」（一九四〇年八月二六日、SF. BOX486）。
（8）同前「墨西哥雑貨商内ニ関シ更ニ積極的御支援願度キ事」（一九四〇年八月三〇日、同前）。
（9）墨国駐在員より桑港出張所長宛「長淵氏店費補助申請ノ事」（一九三八年一二月一五日、SF. BOX748）。
（10）桑港出張所より生糸部レーヨン糸掛宛「墨国向人絹糸商内ノ近情ト今後商内対策ニ付テ」（一九三六年三月一四日、SF. BOX364）。
（11）桑港出張所長より業務課長・生糸部長宛「メキシコ向人絹糸商内ノ変化ト対策ニ就テ」（一九三六年一〇月一〇日、SF. BOX384）。
（12）桑港出張所長より業務課長宛「人絹糸社外店へノ委託荷積出許可願並ニ買越限度増額申請ノ事」（同前、同前）。
（13）「1937 Torihikisaki Kosa Shinyo Teido Shinseisho」（SF. BOX547）。
（14）桑港出張所長より業務課長宛「Viscotextile Mexicana 社宛人絹委託荷積出許可申請ノ事」（一九三八年三月一八日、SF. BOX438）。
（15）桑港出張所より横浜支店生糸部レーヨン糸掛宛「メキシコ向人絹糸商内ノ近況ト当社地盤確保対策ニ就テ」（一九三七年一二月四日、SF. BOX467）。
（16）メキシコ駐在員より桑港売買掛宛「R社委託荷販売ニ付キ」（一九三八年三月二日、SF. BOX437）。
（17）メキシコ駐在員より桑港雑貨掛宛「人絹糸商内ノ事」（一九四一年二月一三日、SF. BOX536）。

(18) 生糸部レーヨン糸掛より桑港出張所宛「メキシコ向人絹糸乗合勘定ト諸事打合ノ事」（一九三七年四月三〇日、SF. BOX417）。
(19) 桑港出張所より横浜支店生糸部レーヨン糸掛宛「メキシコ人絹糸商内ノ事」（一九三八年六月二一日、SF. BOX438）。
(20) 桑港出張所長より業務課長・生糸部長宛「メキシコ経済省立案ノ人絹輸入統制ノ事」（一九三八年五月二一日、SF. BOX438）。
(21) 桑港雑貨掛より横浜支店生糸部レーヨン糸掛宛「メキシコ産石油ト人絹トノバーター商内ノ事」（一九三八年一一月八日、SF. BOX438）。
(22) 墨国奥村貞太郎より桑港雑貨掛宛「経済省役人並ニ統制会社掛員ヘノ心付ノ事」（一九三八年一二月一三日、SF. BOX464）。
(23) 墨西哥駐在員より桑港雑貨掛宛「経済省役人ニ対スル本年度心付ケ」（一九四一年一月一五日、SF. BOX536）。
(24) 墨国駐在員より桑港売買掛宛「当地ニ於ケル七社出先間ニテ日本人絹輸入会成立ノ事」（一九三八年六月二三日、SF. BOX437）。
(25) 石炭部長より桑港出張所長宛「メキシコ重油ト日本海軍契約成立ノ事」（一九三八年六月二二日、SF. BOX721）。
(26) 石井隆介より宮崎所長・内田代理宛「メキシコ出張報告（第一報）」（一九三八年七月一七日、SF. BOX705）。
(27) 前掲「メキシコ産石油ト人絹トノバーター商内ノ事」（一九三八年一一月八日、SF. BOX438）。
(28) 前掲「メキシコ出張報告（第一報）」。
(29) 石油部長より桑港出張所長宛「太平洋石油都留氏活躍ノ事ト題スル四月六日付貴状拝見仕り候」（一九四〇年五月一日、SF. BOX740）。
(30) 墨国駐在員より桑港石油掛宛「メキシコ油田ト当社関係」（一九三九年二月二三日、SF. BOX728）。
(31) 墨国駐在員より桑港雑貨掛・石油掛宛「太平洋石油会社が当地ニテ事業資金獲得ノ為〆将来人絹、雑貨類ヲ輸入販売スルトノ噂ニ付キ」（一九三九年三月一五日、SF. BOX464）。
(32) 墨国駐在員より桑港雑貨掛宛「人絹販売ト海軍武官ノ事」（一九三九年三月一六日、SF. BOX464）。
(33) 墨国駐在員より桑港出張所長宛「海軍武官トノ関係ノ事」（一九三八年一〇月一五日、SF. BOX748）。
(34) 同前「墨国ト独伊両国間ノ Barter 其ノ后ノ消息ニ付キ」（一九三九年二月二八日、SF. BOX728）。

(35) 墨国駐在員より桑港雑貨掛宛「伊太利人絹／石油 Barter 正式調印ト墨国輸入日伊糸割当率ニ付キ」（一九三九年四月一八日、同前）。
(36) 生糸部レーヨン糸掛より本店業務課宛「メキシコ石油売込ニ関シ輸聯側ヨリ商工省へ陳情ノ件」（一九三九年四月二〇日、SF. BOX471）、同「墨国石油、日本人絹糸バーター問題ニ関スル懇談会ノ件」（一九三九年四月二七日、SF. BOX731）。
(37) 生糸部レーヨン糸掛より桑港雑貨掛宛「石油人絹糸バーターノ事」（一九三九年一二月八日、SF. BOX470）。
(38) 桑港雑貨掛より生糸部レーヨン糸掛宛「メキシコ向人絹糸商内ノ事並ニ日本人絹輸入統制会設立ノ事」（一九三九年六月三日、SF. BOX731）。
(39) 墨国駐在員より桑港石油支部宛「満洲大豆ト墨国ガソリン Barter ニ付キ」（一九三九年六月二三日、SF. BOX728）。
(40) 墨国駐在員より桑港出張所長宛「日本曹達社長中野有礼氏来墨ト太平洋石油社関係ノ事」（一九三九年一〇月一三日、同前）。
(41) このバーターは複雑な方法をとっている。中南米社がメキシコまで運んだ大豆をコンチネンタル・グレイン社に委託して欧州に輸送してオランダで売却し、コンチネンタル社は委託時に大豆代金の半額をアメリカン・エキスポート社に前払いし、エキスポート社がドラム缶入りガソリンを集荷するという計画であった。計画では前払い金だけで満洲国納入のガソリンは調達可能であり、大豆販売後の残金で中南米社は石油井戸を掘る計画だった。メキシコ石油局が供給できたガソリンは六〇〇〇缶だけで、残りは米国やグアマテラから購入した（墨国駐在員より桑港石油支部宛「Ann Stathato 積来満洲大豆七千屯及 American Export Co. ノガソリン買付ニ付キ」一九三九年八月一九日、SF. BOX731）。
(42) 前掲「Ann Stathato 積来満洲大豆七千屯及 American Export Co. ノガソリン買付ニ付キ」。
(43) 墨国駐在員より桑港石油支部宛「墨国石油ノ輸出能力ニ付キ」（一九三九年八月三一日、SF. BOX728）。
(44) 石油部総務課より倫敦支店石炭課宛「墨西哥石油ニ就而」（一九四〇年六月三日、SF. BOX740）。
(45) 前掲「伊太利人絹／石油 Barter 正式調印ト墨国輸入日伊糸割当率ニ付キ」。
(46) 前掲「墨西哥石油ニ就而」。
(47) 墨国駐在員より桑港雑貨掛宛「人絹糸割当ノ件」（一九四〇年四月二日、SF. BOX550）。
(48) 在墨奥村貞太郎より桑港雑貨掛宛「人絹輸入割当ニツキ」（一九四〇年四月二〇日、同前）。

(49)　生糸部レーヨン糸課より桑港雑貨掛宛「墨国向人絹糸統制問題ト商工省貿易局意向ノ事」（一九四〇年一一月一日、SF. BOX509）。一旦メキシコ市場から撤退していた三菱・日棉もイタリアの撤退を見て再参入した。
(50)　同前「墨国向人絹糸現地統制問題ノ事」（一九四〇年一〇月二四日、SF. BOX509）。
(51)　墨国駐在員より桑港雑貨掛宛「人絹糸商内ノ事」（一九四一年二月一三日、SF. BOX536）。
(52)　墨国駐在員より桑港出張所長宛「人絹糸統制ノ事」（一九四一年三月二日、同前）。
(53)　桑港出張所長より本店業務部長宛「墨西哥出張報告」（一九四一年五月二七日、SF. BOX1428）。
(54)　雑貨掛奥村貞太郎より桑港出張所長宛「都留競氏ト長淵鐘六氏ノ事」（一九四〇年五月一〇日、SF. BOX504）。
(55)　本店業務部長より桑港出張所長宛「ラグーナ社都留氏ノ日本側ニ於ケル評判ト之ガ対処策ノ事」（一九四〇年八月一二日、同前）。
(56)　墨国駐在員より桑港雑貨掛宛「伊藤忠統制違反ノ事」（一九四一年五月二七日、SF. BOX536）。
(57)　本店業務部長より桑港出張所長宛「メキシコ店機構ニ就テ」（一九四〇年八月六日、SF. BOX541）。
(58)　桑港出張所長より業務部長宛「メキシコ別働会社案ニ就キ」（一九四〇年一〇月一八日、同前）。
(59)　同前「メキシコ別働会社案ニ就キ、付対当社干係、新会社ノ収支予想」（一九四〇年一〇月一八日、同前）。
(60)　墨国駐在員より桑港出張所長宛「当地一般状勢ノ事」（一九四〇年一〇月二四日、同前）。

第13章　北米航路と在米店の活動

序章で記したように、海運業務は物産の付帯業務のなかで最も研究蓄積の厚い分野である。それらの研究によれば、第一次大戦後、大量の古船を抱えた日本海運業が、三〇年代に急速に立ち直ったのは、物産船舶部が中小オーナーと密接に結びついて傭船し、半定航・定航を組み合わせて巧妙な配船を行なったからであり、その根拠は、物産船舶部が世界海運市場の情報を日常業務的に掌握していたこと、すなわち「英国海運業発展の基礎となったボルティック海運取引所の機能と同じ機能を同社内部に開発していた」ところにあったとする。(1) この指摘に続いて、ディーゼル船の導入、社船循環補充計画など優秀船隊の建設が強調されるが、「商社系オペレーターなるが故の有利性」の中味は、「船舶需要の発生時期と規模に関する情報を日常業務的に得」ていたとされるのみで、有利性の内容は見えてこない。(2)

一方、近年大島久幸氏は、船舶部の統括機能を限定しつつ、大戦中に急増した仲立業者が戦後定着し、荷主・運航業者・船主間を効率的に結びつけることにより傭船市場を外部化・一般化したため、他の大規模オペレーターの発達を促し、それを内部化していた船舶部の強味の一端を崩したことを明らかにした。(3)

本章は、第一にシアトル・サンフランシスコに至る北米太平洋航路およびニューヨーク定航の開設とその経営を明らかにすること、第二に、船舶部から支店に派遣された派出員（出張員）や支店・代理店の役割を明らかにすることを直接的な課題としつつ、マーチャントキャリヤーからコモンキャリアーへの成長がどのように進んでいったのか、また海運業と商社業務の補完性がどのようなものであったのかも明らかにしたい。

一　北米太平洋航路の発展

1　北米定航の開始

物産の海運事業は石炭輸送から始まり、一九〇三年に船舶部が設置された後、社外荷の取扱いを開始する。日清戦後にNY支店が再置され、北米貿易品の海陸運輸の円滑化を図るためにSF店が設置された。北米太平洋岸とアジア・オーストラリアの開発に伴い、バルクカーゴを中心とする、太平洋を横断する物資が増加し、それらは帆船を含む不定期船によって輸送されていた。

第一次大戦は物資の供給地としてのアジアの地位を一挙に高め、太平洋は重要な流通ルートとなった。物産SF店、ST店は、この動きの中心的な推進者、すなわち大量の船舶を傭船し、日本を含むアジアと北米との物資の輸送に携わるのである。

第一次大戦時の経験を踏まえ、一九一九年一〇月に開催された第一回船舶部打合会議において、船舶部首脳はコモンキャリアー化を目指すことを明言する。「物産会社ノ一機関」から「世界ヲ相手」にする「三井ノ一ノ事業」になることを目指すと言うのである。各地の海運同盟や日本郵船・大阪商船などとの関係、集荷上の問題などから完全な定期ではなく、航路だけは定め、時日は正確に定めない「定期船ニ似タ様ナモノ」としての半定期航路の開設を決定する。その第一着は「Seattle 行ノ米航デアリマス、六千屯位ノ船ヲ月一回デヤリタイ、今ノ処引合マセヌガ長イ間ノ商売トシテヤッテ見タイ」との計画であった。この計画に対して、大連支店は往航に大豆油、復航に満鉄用枕木が見込まれるとし、棉花部も「社船定期船ガデキレバ棉花部トシテハ非常ニ都合ガヨロシイ」と歓迎する。(4)

北米定航の第一船剣山丸は、二〇年一月、大連で大豆油、神戸・横浜で雑貨を積み、二月二〇日にシアトルに入港し、三月四日に鉄材・綿花を積載して出港した。三月一二日には萬田山丸、同二六日に海安丸がシアトルに入港する。第一船は往復とも満船であったが、第二船の往航は大豆油・雑貨三〇〇〇トン、第三船は同五〇〇トンしか積載できなかった。しかし「日本、大連向鉄材、棉花、材木等ノ荷物多ク、復航ハ常ニ満船出来タルニヨリ辛フジテ採算」がとれた。なんとか出航にこぎつけた北米定航ではあったが、二〇年三月からの戦後恐慌により、「復航荷物ノCancel続出、加ヘテ本航路往航ノ土台荷物タル豆油ハ米国市況不振ノ為メ買気更ニナク……往復航共荷物激減シ船費スラ償フ能ハザル苦痛ニアル(5)」と嘆く状況に陥ったのであった。

二一年も事態は改善しなかった。二一年上期の入港船は定航の五隻だけだったが、シアトル港揚げ荷物は一四六七トンにすぎず、「東洋／北米荷物減少の為入港船の揚高異常の減退」（ST、二一年上）となった。復航は小麦に加えて綿花・鉄材によって満船となる。

二一年下期も好転しなかったが、北米太平洋岸と欧州を結ぶ小麦輸送に初めて参入する。鈴木商店ロンドン支店は、国際汽船、川崎汽船などによってKラインを組織し、五〇万総トンに及ぶと言われる船舶を大西洋で運営しており、物産船舶部にとって、大西洋は「当社船の久しく侵入を企図して未だ果さざりし」ものであった。大西洋への社船の回漕は、太平洋の荷動き減少に対応する一時的な「出稼ぎ」であると同時に、将来的な「地盤建設」という意味も有していた。この後も欧州への小麦・米材輸送、南米との米材・鉱石輸送、欧州／南米間の硝石などの輸送に従事し、継続的とはならなかったが、二〇年代から三〇年代初頭にかけて、「大型社船は欧州大西洋南米方面に出稼ぎせしむる等、配船計画宜しきを得て、相当の成績を挙げた(6)」。

表13-1は、シアトル店受渡掛が取り扱った船舶に関するデータである。同店受渡掛の重要な業務の一つは、同表最右欄に示されている他店貨物の受渡しである。大部分がNY支店であり、日本・中国・アジア各地との輸出入貨物の取扱いであった。太平洋岸から積み出されるバルクカーゴには東部・南部の鉄類と綿花があり、西海岸、東海岸、あるいはガルフ積みとするかは、鉄道運賃や海上運賃によって大きく動いた。大戦直後まで西海岸諸港から綿花・鉄

表 13-1　シアトル店取扱船舶・貨物・運賃収入（1918～35年）

	取扱船舶（出港のみ）			取扱積荷	運賃収入	角材賃率	他店貨物
	定期	不定期	合計	千トン	千ドル	ドル	千ドル
1918年下			54	416			
1919年上			39	275			
1919年下			12	134			
1920年上			4				4,702
1920年下			6	35	519		3,190
1921年上	6		6				1,107
1921年下						14.50	2,201
1922年上			25			16.00	2,115
1922年下			16		701	10.00	1,880
1923年上	6	11	17	131	728	11.50	1,856
1923年下	6	14	20	138	972	14.00	4,794
1924年上	5	32	37		2,108	14.00	5,910
1924年下	9	14	23	210	887	7.00	2,736
1926年上			31	204	1,149	12.75	4,104
1926年下	9	6	15	97	534	10.50	4,042
1927年上	9	15	24		948		1,933
1927年下	11	4	15		573		1,710
1928年上							1,783
1928年下	13	4	17		566	7.50	1,971
1929年上	19	18	37		1,350	10.25	1,018
1929年下	21	9	30			6.25	564
1930年上	14	4	18		493		441
1930年下	18	4	22		598	4.50	332
1931年上	12	3	15		482	6.50	193
1931年下							131
1932年上	15	4	19		435	5.00	50
1932年下	14	1	15		250	3.25	15
1933年上	14	2	16		350	5.00	
1933年下	20	1	21		438	5.50	
1934年上	13	7	20		521	6.00	
1934年下	11	4	15		353	5.75	
1935年上	9	21	30		910	6.75	
1935年下			4		101	5.50	

出典：沙都出張所各期「考課状」。

類の積出しがかなり見られたが、この時期以降減少していく（ST、二一年下）。二三年上期にST店が取り扱ったNY店勘定貨物一八五万六〇〇〇ドルの内訳は、機械掛六〇万四〇〇〇、油掛五九万六〇〇〇、金物掛四一万九〇〇〇、雑貨掛一八万六〇〇〇ドルとなっている。二七年に増加しているが、傾向的には減少していった。

2　北米定航の定着

表13-1の取扱船数・運賃率に見えるように、北米定期航路は一九二二年頃から軌道に乗り始めた。二三年上期の定航入港船は六隻で揚荷八〇八四トン、積荷は雑貨（含小麦・麦粉）二万〇八四四トン、木材一万八八三六トン、運賃収入二二万四七七八ドルであり、不定期船は一一隻、雑貨四万〇四一七トン、木材四万三〇三二トン、運賃収入五〇万三八五八ドルである。定航船はすべて雑貨と木材を積み合わせており、不定期船は一隻が木材満船、三隻が小麦満船積みである。

二四年上期の多額の運賃収入に見られるように、震災によって一時的に盛況を見せたが、「日本向貨物ノ荷動キ極度ニ減退シ太平洋運賃ハ益々悲観ノ状態」となり、太平洋に「出稼中ノ欧州船腹ハ四散シ」、米国船舶院も多くの船舶を転航、繋留した。それでも運賃低下は止まず、海運同盟は木材の運賃協定を撤廃し、「競争愈々激甚」となった（ST、二四年下）。激しい競争を展開しつつも、例外的な期を除くと、二〇年代は半期数十万円から一〇〇万円を挙げ、比較的安定していた。ST店の重要な仕事であったNY店取扱荷物の受渡しは、二三年下期から二六年下期までほぼ四〇〇万ドル台を続けた後、二七年上期以降激減していく。

一九二六年八月に開催された船舶部打合会議において、遠洋掛主任は北米定期航路について以下のように述べている。

本邦大型船消化ノ大宗ハ北洋、北米ノ木材ト豪州、北米ノ小麦ノ二者ニ外ナラナイ……北米材ハ四季ヲ通ジテ本邦大型船ヲ消化シ去リ、加フルニ季節的ニ北米小麦ノ積出……太平洋航路ハ実ニ本邦大型船消化ノ基本航路、此

太平洋航路ニ一大勢力ヲ扶植シテ置ク事ハ本邦海運界ニ於テ常ニ一大権威タルノ所以デアルト信ズル

七〇〇〇〜八〇〇〇トンクラスの当時の大型船を就航させることのできる航路は、北米航路だけであり、海運業者として存続していくためにはそこに勢力を維持しておくことが不可欠だというのである。このような航路であるだけに競争も激烈であった。川崎汽船は二五年の冬にバラストを積んで太平洋を横断し、月一、二航から始めて八月には月三航海に増加した。

〔川崎は〕ベラ棒ニ安イ運賃デ荷物ヲカキ集メテユク……〔同盟側は〕青筒及CPS当社ヲ勧誘シテ共同一致川崎撲滅運動ヲ開始、盟外船同士ノ強敵ガ出現シタ訳デ即チ当部ハConferenceト川崎ノ中間ニ立ッテ常ニ御得意先ノ争奪戦ヲ演ジ、特ニ川崎カラハ当方ノ常得意ヲ蚕食セラル、立場

川崎の投入した船舶は、速力・船型・船齢などを比較すると全体として物産よりも優れており、運賃も安かった。物産が北米航路に参入したように、また川崎が現在行なっているように、「三菱、鈴木、山下等第二、第三ノ川崎が次カラ次ニ出現スルモノト覚悟」せねばならなかった。その不安をたち切るにはどのように対処すべきか。

定航ヲ維持シテ一方ニ同盟船ヲ脅カシ、他面ニ盟外船ヲ圧シテ益々活躍シテユクニハ、今日ノ如キ即カズ離レズノ姑息的態度デ競争者ニ接シ、応急的急場凌ギノ頓服政策デハ此ノ後トモ始終弱小ノ船会社ニ引キヅラレテ殆ンド共倒レノ境目ニ彷徨スルノ外ナク……一歩進ンデ積極的ニ時代ノ要求スル優秀船ヲ建造シテ運賃競争ノ戦闘力ヲ大ニシ、配船内容ヲ充実スルノガ最大急務(7)

物産船舶部はアジア各地に定期航路を開設した一九三九年においても、自らの性格を「先ズ自家自船デモナク又Common Carrierデモナク、所謂『鵺』的存在デアリマス、強ヒテ申セバ之ハ何レカ判ラナイ所ニ船舶部ノ特徴ガアル」と述べていた。(8)船舶部が「ぬえ」的存在として生きていくためには有力ライナーを脅かし、新規参入者を圧していかなければならない、従来のような「頓服政策」では中小船会社と共倒れに陥る、それを回避するのは中小が追随することができないような船隊を建設することであった。

多くの船主は「資金難に阻止せらる、の余り、只廉価一点に釣られて転航性も余命も少なき落伍船を輸入し、採算度外運賃を以て尚近海付近を彷徨せしめ益々市況不味を来さしむ」という自縄自縛の状況にあった。こうしたなかにあって、物産が二四年七月に竣工したディーゼル船赤木山丸の優秀性は明らかであった。「財力豊富なる当社が有利なるディーゼル船を採用して此間に処するは云ふまでもなく最良当然の自衛手段」であった[9]。

物産船舶部は二七年に八〇〇〇トンのディーゼル船信貴山丸を購入し、二八、二九年には九八〇〇トンの白馬山丸・箱根山丸を建造し、島谷汽船の太平丸とあわせて最新鋭の大型ディーゼル船を北米航路に投入したのである。一九二〇年代前半から後半にかけて、運賃率は傾向的に低下していったが（表13-1）、ST店の運賃収入は半期ほぼ五〇万ドルを保った。その努力を船舶部ST派出員は次のように述べている。

当派出員ハ可及的一地域積ヲ計リ又揚地港数モ可及的少数トシ、以テ費用ノ軽減及早荷役方ヲ実行シタルヲ以テ、運賃収入ノ不足ヲ補ウ処少ナカラザリキ、尚当社米材商内ノタメニハ金華山丸ノ余船腹ヲ提供シ、第一航ハ北陸揚トシテ好成績ヲ収メ、第二航ハ日本太平洋岸港揚満船荷（ST、二八年下）

今期中ハ島谷汽船所有太平丸ヲ引キツヾキ運転取扱ヒ、快速社船白馬山丸、箱根山丸ノ二隻ト共ニ当太平洋岸／内地定航路ニ配船セラレタレバ、当地派出員ハ木材、小麦ノ外ニ有利ナル雑貨蒐集ニ勉メシノミナラズ、益々積地減数及積バース数ノ減少ヲ計リ以テ早荷役ヲ励行シ、更ニ一般船内人夫賃ノ値下ヲ実行シタルヲ以テ運賃収入ノ低下ヲ補フ（ST、三〇年上）

積み地、揚げ地港数の減少、早荷役、船内人夫の削減、また需要地に近い港への臨機応変の入港などによって運賃低下に対応していくのである。加えて「快速社船」の投入と集荷力もST店船舶担当の強さの重要な根拠であった。

定航数は二七年下期から月二回、二九年上期から月三回に増加した後（表13-1）、三一年上期には月二回に減少する。二九年上期は運賃が回復し、米材・小麦・小麦粉の荷動きもかつてない盛況を示し、不定期船を増加して対応し、運賃収入が一三五万ドルにも達した。二九年下期の運賃は低下したが、なお荷動きは盛んであった。三〇年上期以降、

表 13-2　シアトル店取扱船舶の積荷（1928～29年）

		1928年下	1929年上	1929年下
輸　入	雑貨　トン	26,858	33,431	31,907
	生糸　俵	24,369	21,999	37,773
輸　出	木材・丸太トン	90,343	166,195	141,640
	小麦・麦粉トン	17,618	87,823	35,195
	重油　トン	4,049	4,122	809
	雑貨　トン	2,704	3,418	5,589
南米輸入	銅鉱			8,577
南米輸出	木材・丸太トン			12,302

出典：前表に同じ。

定航は月二回から二・五回を維持しつつ、不定期は減少する。

輸送貨物の内容を表13-2に示した。定航を開始してからの不定期船は、往航はほぼ空船、復航に米材や小麦・小麦粉を積載する。定航は往航に数百トンから数千トンの雑貨とともに、多くの場合生糸も積載する。物産上海支店は上海生糸の有力荷主であり、同店がニューヨークに輸出する上海生糸は郵船・商船に積載していたが、船舶部のディーゼル船投入により、二八年下期から神戸積み替えによって船舶部定航船を利用するようになり、「今後益々増量ノ傾向アリ、嘱目ニ値スベシ」と期待された[10]。定期船の数（表13-1）と雑貨トン数（表13-2）を比べると、三一年上期を除き、平均して一船当り一〇〇〇トン強から一五〇〇トン程度である。生糸の半期輸送量二万五〇〇〇俵は重量に換算すると約一五〇〇トンになり、重量では大きな比重を占めないが、太平洋航路に投じられる船舶にはシルクルームが設けられ、往航の重要な貨物であった。三井の定航船がほぼ生糸を積載することが可能だったことは、採算に大きな役割を果したであろう。

表13-2によれば、二九年下期まで一〇万トン、二〇万トンに及ぶ復航荷の大部分は木材と小麦・小麦粉であった。次第に雑貨、重油が増加し、さらに曹達灰などのバルクカーゴが出現し、木材、小麦・小麦粉の減少もあって他の貨物が二割程度を占めるようになる。二九年下期からは南米・欧州への「出稼ぎ」が大きな割合を占める。鉱物や木材・小麦にほぼ限られているが、三〇年上・下は二割から二・五割に及んでいる。

二九年下期は荷主も明らかになる。荷主別によれば、社内荷物は木材が一七％、雑貨が二七％となり、運賃では三割が社内、七割が社外荷主となっている。木材の社外荷主は中田、山長という有力日本人材木商とともに米国・カナダの有力米材輸出商が並んでいる。雑貨は東洋棉花の子会社サザンコットン、重油の輸入先ゼネラル石油などに加え、ミルクやレーヨン・自動車などを輸出する米国企業の名前もうかがわれる。

ST店にとっては、船舶部の取扱手数料収入と部の経費負担が大きく、北米太平洋航路の発展は、船舶部と利害をともにしていた。同時に、ST店にとっては運賃が価格の多くを占める米材や小麦の取扱いを拡大するためには、他商社よりいかに安い運賃を得るかも重要であった。ST店は船舶部が中国北部への配船を喜ばないので、川崎汽船から「格安ノ運賃ヲ quote セシメ」、「当地 Mill ノ直接引合ヲ相手ニ廻シ尚且従来優勢ナル当社北清地盤維持ニ成功」していた。ところが三〇年に郵船・大阪商船などを構成員とする西航同盟以外に、川崎・三井船舶部・山下・国際など社外船八社からなる Pacific Flight Conference が組織され、協定運賃が成立したため運賃割引を得られなくなり、「実ニ由々敷大事」となった。割引を維持するため、川崎と話し合い、「極秘ノ内ニ」協定運賃から割戻しを行なうことになった。(11)

3　ニューヨーク直航荷の増加

恐慌のなかで運賃も低下し、貨物量も減少するが、その前から米国とアジアを結ぶ輸送ルートに大きな変化が生じていた。パナマ運河を経由する極東・NY航路は一九一六年に日本郵船が定航を開始し、次第に直航荷物が増加していた。二七、八年頃から欧米の海運会社が西航に優秀な新造船を投入し、さらに三〇年六月、大阪商船が畿内丸型によって横浜・ロサンゼルスを一一日、横浜・NYを二五日で結ぶ紐育急航線を開設してから、アジアと北米を結ぶ航路が大きく変わってくる。(12) 北米太平洋航路の意義は、米材や小麦など太平洋岸物資のアジア向け輸送と同時に、西海岸諸港がオーバーランドカーゴと言われる東部からの貨物、東部を目指す貨物の集散地となったことによる。表13-1にもうかがえるように、NYからの貨物が二七年上期以降大きく減少し、その意義が薄れていくのである。

新型船の大量投入によるNY直航線開設は、物産船舶部の弱点を露呈することになる。ST店とSF店の船舶部派出員は三一年一一月、北米太平洋定航に関する問題点を船舶部に提出し、船舶部はそれに対して次のように答えている。

当方Schedule不正確ノ為メ対荷主関係上御困リノ趣……当方ニテモ出来得ル限リ之レガ正確ヲ期シ度色々苦慮罷在候ヘ共、之レガ実現ハ難事中ノ難事……定航船ノSpeedハゴ承知ノ通リマチマチナルノミナラズ常ニfull speedニテ航走シ、各港荷役ハ早出第一主義ニシテ無為滞船ヲ厳禁スル一方、好荷物アラバ採算次第ニテ滞船亦敢テ辞セズ(13)

最高スピードを心掛け、荷役も早出第一としていたが、厳密な定航ではなかったため、荷物の状況によって滞船もあり、そもそも船舶のスピードが異なっており"close sailing"といわれる、接近した運行になる場合も稀ではなかった。こうした点は半定航の利点でもあったのだが、弱点として強く認識されるようになったのである。直航船の開始、オーバーランドカーゴの減少に対応するため、船舶部はSFで米国の沿岸定期航路と接続していたが、正確に接続出来るか否かは「蒐荷ニ至大ノ影響」があったのである。

一九一九年二月、STに船舶部米国派出員が赴任し、二〇年八月にNYに船舶部米国支部が設置され、二二年に支部が廃止されてNY派出員となり、二五年にはNY派出員は廃止され、船舶部直属の社員はSTと二七年に設置されたSF派出員だけとなった。NYは受渡掛が同店取扱い貨物の輸送事務を取り扱っているだけであった。アジア・北米間貨物の輸送ルートが変貌するなかで、物産船舶部の航路も再編を迫られるのである。

二　ニューヨーク航路の開設と経営

1　紐育定航の開始

太平洋を横断するライナーやトランパーに大きな衝撃を与えたのは大阪商船の紐育急航線の開設であった。大阪商船は「他社優秀快速船ノ圧迫ト盟外船ノ賃率切崩〔により〕、……非常ナル苦境ニ陥リ蒐貨困難」となり、一九二七年以後四年間連続の損失を生じた。そこで、同社は欧米船会社の船舶よりも速く、ディープタンク・シルクルーム・冷蔵貨物室・危険物室を備えた畿内丸型を建造し、三〇年七月から紐育航路に投入した。第一便は従来三五日前後要していた所を、二五日で紐育に到着するという記録を達成した。(14) 大阪商船の成功の原因は優秀船の投入だけではない。

同社は急航線の開始直後、大荷主である三井物産に積極的な営業攻勢をかける。三〇年九月、大阪商船は同社の外国航路への物産積荷に対し、各部店が支払う正味運賃、すなわち特約割戻などを控除した現状の運賃から五％の割戻を行ない、それによっても「尚商売ヲ成立セシメ得ザル場合ニハ」さらに五％を割り戻し、加えて大口貨物の場合には尚五％の割戻をするという提案を行なった。割戻が始まった当初は五％割戻しが多かったが、一〇％の割戻も「大商社〔大阪商船〕ノ態度ヨリ見テ一般ニ御利用差支無之」であり、一五％割戻も同社の手取総額が協定取り決め以前よりも多くなれば「異存ナキ筈」であり、この割戻は「Cif 買付商売ヲ Fob ニ変更スル等最有効ナ手段」であるとし、業務課は各店に積極的に活用することを勧めた。(15)

物産船舶部はパナマ経由輸送の増大に、米国の沿岸海運会社 PP Line (Panama Pacific Line) やＡＨ社 (American Hawaiian SS Co.) との接続によって対応していた。船舶部内部においては三〇年頃から内地／北米大西洋岸航路の検討を行ない、三一年七月ＮＹ航路の開設を具申したが、幹部の認める所とならなかったと言う。(16)

一九三一年初頭、ST出張員は船舶部に出した書簡において次のようにニューヨーク航路の必要性を述べている。

優秀船ノ増加並ニ其speed化ニ連レ航海日数ハ著敷短縮ヲ見、一方企業経営ノ合理化ハ運賃原価ノ逓下ヲ必要トスルニ至リシカバ、両者互ニ因トナリ果トナリOverland Cargoノ減少ヲ来セルニ反シ、Via Panama Cargoノ増加トナリ、特ニVia Panama Silk近来ノ増加ノ如キ其最モ顕著ナル一例ト見ルヲ得ベシ

ガルフ諸港への寄港については、以下のように述べる。

現在ニ於テハ各荷主トモSpeedヲ第一ノ条件トシ、揚地到着ノ一日モ速カナル船舶ヲ選ブ傾向アルノミナラズ、Gulf諸港積出シ貨物ガ主トシテBulky Cargo乃至不定期船的貨物ニシテTrampノ割込ミ容易ナル為運賃ハ常ニ安定ヲ欠クノ現状ナルガ故ニ、此両者ハ互イニ切放シ別個ノ航路トシテ研究(17)

運賃低下への強い要請、船舶能力の改善を前提に、パナマ経由貨物が増加し、それに対応するニューヨーク航路の開設、しかもそれは大量のアジア向け貨物が確実なガルフ諸港を経由するのではなく、スピードを第一条件とする直航船でなければならないとする。

アジアとニューヨークを結ぶ航路には、郵船や大阪商船・国際汽船などの日本の船会社に加え、米国・英国・デンマーク・ノルウェーの有力船会社がひしめいており、そこに定航を確立するには周到な準備が必要であった。船舶部が先ず着目したのはフィリピン、さらにはジャワ・海峡植民地からの米国向け物資の積出しであった。大阪商船の紐育航路は香港起点であり、南洋特産物は主に欧米の海運会社が太平洋パナマ回り、あるいはスエズ回りで輸送していたのである。

物産マニラ支店は第一次大戦前、石炭やマッチなど日本からの輸出を主に扱っていたが、一九二〇年代後半には、フィリピンと日本との貿易のうち、物産は二割から三割を占め、各々年間四〇〇万円前後、輸出は石炭・マッチ、輸入は木材・麻類・砂糖などであった。二九年からフィリピン航路を開設し、三一年末には定期配船を実現する。日比貿易とともに本店が着目したのは米比貿易への進出であった。三一年、本店はマニラ支店に対し、「比島ヲ中心トス

ル当社ノ商売ハ、対米商売ヲ始終頭ニ入レテ進退セザレバ其大ヲ期スル事能ハザルハ云フ迄モナキ処ニテ、馬尼刺店ノ現状ハ此点ニ付遺憾ナシトセズ」と、フィリピン経済に圧倒的な比重を占めている対米貿易への進出を強く求めた。[18]

船舶部遠洋掛は紐育定航に不可欠な貨物として、比島砂糖と生糸を考えていた。遠洋掛はマニラ支店に対し「其地適当荷物獲得ノ見込十分有之様ナラバ月一回ノ割合ニテ配船出来ル見込ニ御座候」と書き送り、ベースカーゴとして砂糖を毎船五〇〇〇トンから六五〇〇トン欲しい所だが、「定期ニ配船スルトスレバ当方希望通リニモ参ル間敷、最少四千屯ハ御蒐荷願度候」とし、またダバオに寄港するにはマニラ麻一千俵が必要だとする。さらに「生糸ヲ積取ルト否トハ採算ニ至大ノ影響有之」の如く、採算上生糸が不可欠であり、寄港地は比島／神戸（あるいは名古屋）／横浜／ロサンゼルス（羅府）と考えていた。[19]

紐育定航の成否は比島のベースカーゴ確保いかんにかかっていた。本店業務課や船舶部の求めに応じ、「来年一／二月積オルモック社粗糖二〇〇〇屯ノ小口物成約致居次第ニ候、加之大口物引合ニ付テハ御承知ノ通リ馬尼刺店ニテ常ニ必死御尽力願居リ、必ズヤ成約致ス事ト確信罷在候」[20]と、砂糖の米国向け輸送契約の獲得に努めた。「必死御尽力」が功を奏したのか、一九三三／三四年度産砂糖の大西洋岸揚げ対米輸出量一一三万八〇〇〇トンのうち、物産は一割に当る一一万四〇〇〇トンを輸送し、船会社一二社中第三位となった。また、「天城山丸及吾妻山丸共毎航当地積椰子油 full of tank ノ盛況ニテ好成績ヲ示セリ」と、砂糖・椰子油・コプラミールなどの獲得に成功したのである（マニラ、三四年下）。

紐育定航を開始した三二年六月、遠洋掛は国内外支店受渡掛、船舶部派出員に対し、定航に関して各方面からの問合せがあるので、現在の状況と配船計画を報告するとして、以下のように知らせている。[21]

第一船　信貴山丸　五月中旬比島廻船　内地で生糸・雑貨積載、紐育向け航行中
第二船　赤城山丸　六月中旬比島廻船　内地積雑貨既に満載、比島向け航行中
第三船　岩手山丸　七月上旬比島廻船　内地にて生糸・雑貨積取り予定

第四船　箱根山丸　七月中下旬比島廻船予定　同上
第五船　白馬山丸　八月中旬比島廻船予定

船名が確定しているのはここまでであり、一〇月以降は砂糖の積取り季節に入るため月一回以上を計画し、寄港地も集荷状況によって臨機に変更するので「各店御商売ノ為精々御利用被下度」と記している。当初の寄港地はフィリピンと内地だけであったが、香港・上海は排日が終息すれば生糸・雑貨、台湾の基隆も茶や樟脳の積取りが有望であった。大連・青島は「荷物次第」とされ、内地の神戸・名古屋・清水・横浜は必ず寄港させる予定であった。SFへは「ナルベク寄港セシメ度キ」とされているが、北米太平洋航路との関係で寄港しない場合があり、LAは焚料油補給のために必ず寄港し、中米諸港への寄港は「余リ好マシカラズ」とされている。

復航のベースカーゴはガルフ諸港の綿花・燐鉱石を予定し、「荷物次第ニテ」フィラデルフィア・ボルチモアその他に寄港し、「復航集荷ハ積地側ニ依頼致居候間、積地店側ト space 御打合」とされていた

遠洋掛は紐育定航をまさに開始したこの書簡において、さらに次のように述べている。比島／大西洋岸の荷動きは年間砂糖五〇万トン、ヤシ油一三万トン、コプラ四万五〇〇〇トン、その他麻など大量の荷物があり、同航路に就航している郵船・商船・国際・辰馬など邦船すべてを合せてもその半分に達せず、またガルフからの東棉綿花の七割、社内燐鉱石の三割を外国船が積んでいる状況であり、物産が定期船を配船しても「日本船トシテハ左程気ニスルニ及バサルヤニ存ジ候」（傍点原文）と述べている。また紐育定航といっても、従来桑港において「外国接続船ニヨリシモノヲ今後社船デ向フ迄運ブト云フコトニ相成ル丈ケ」であり、比島／大西洋岸の直航も「Tramp ハ従来モ屢々試ミタルコト有之、別ニ新規ナ試ミニテハ無之」と、紐育定航が従来の船舶部の社船・航路運営と大きく異なるものではなく、日本の海運業界に大きな影響を与えるものでもないことをことさら強調している。

遠洋掛がこのように述べているのは、紐育定航開始の反響の大きさを示すものでもあった。NY店受渡掛は、定航船が順調にNYに到着しはじめた三二年八月二四日、船舶部ST派出員に対し、「三井ラインが今年の末には紐育定

航を中断するか、二か月に一回に削減するという動きがあるという電報を顧客から受け取った」との電信（原文英文）を発し、確認を求めてきた。船舶部の見解は「何者カノ逆宣伝」というものだったが、社内にも定航を不安視する向があった。

NY店は、三井定航船に貨物の大半を委ねれば「他船会社関係、殊ニ国際汽船トノ間ニ結バレタル商売上ノ好関係」が破壊され、船舶部の配船が廃止されれば「awkwardナ立場」に陥ることを「非常ニ懸念」し、「当部船ニfavorヲ与ヘル事ニ付キ多大ノ不安ヲ抱」いていた。NY店は、定航船のベースカーゴである比島砂糖の積取りが出来なくなれば、紐育航路から撤退するのではないかと懸念していたのである。このような危惧に対し、船舶部は「紐育航路ハ全ク当部幹事多年ノ宿望ニ有之、近ク完成セントスル新造優秀船ヲ控ヘ、殊ニ世界的海運不況ノ今日当社全体ノ機構ニ依拠シ其生命線トシテ万難ヲ排シテモ配船ヲ継続シ、一ハ以テ当部ノ活路ヲ求ムルトトモニ、他ハ以テ当部本来ノ使命ヲ果ス」と、いかなる事態が生じても定航を維持する決意を披瀝し、不安を打ち消すのであった[22]。

まさに紐育定航は、恐慌の中で船舶部が「活路」を求めて行なった「生命線」とも言うべき新規航路だったのである。

2　貨物の確保――名古屋積陶磁器――

北米や中国・南洋と日本を結ぶ航路の定航化に乗りだした船舶部の考え方は、「Linerニ於テハ貨物ガ船ヲ惹キツケルニ非ズシテ船ガ貨物ヲ惹キツケル[23]」として、「fast, regular and dependable serviceヲ提供スル[24]」ことを第一の課題としていた。しかしそれが一般的に通用するのは、黙っていても貨物が集まるような状況のときであろう。船舶部は多くの場合、後発参入者として定航化を図らねばならなかったので、他船会社やすでに形成されている同盟との間で厳しい競争を展開する。

三一年上期に北米太平洋航路の配船削減を余儀なくされたが、その原因は生糸をベースカーゴとし、日本の雑貨、中国・満洲の植物油を積み合わせていた往航荷の少なさであった。船舶部が注目していたのは名古屋から輸出される陶磁器である。三〇年五月から三一年四月までの一年間に、名古屋港から北米向けに積み出される陶磁器は七万三〇〇〇トンに達し、「北米往航荷物トシテハ決シテ軽視スベカラザルモノ」であった。その積載は、シアトル線五万五〇〇〇トン、サンフランシスコ線一万六〇〇〇トン、大西洋直航線一〇〇〇トンと、なおオーバーランドや桑港積替え貨物が多かった。船会社別の積取り割合は郵船三六%、商船三五%、国際一〇%、外国船会社二社一五%という割合だった。船舶部はそこへの割込みを図ったのである。

物産名古屋支店は社船積載を図っていたが、太平洋往航同盟が名古屋積み陶磁器に割引運賃を提供して、「盟外船ノ侵入ニ備ヘ居ル為メ、当社船ガ多少ノ運賃値引ヲ以テ割込ミテモ群小荷主ハ conference ニ対スル気兼」によって見込みが立たず、名古屋へは寄港していなかった。そうした状況のところに、陶磁器の最大の荷主である森村組（日本陶器）が「当社ガ相当運賃値引スルナラ従来ノ沙府揚ヲ桑港揚ニ変更、当社一手積出ノ契約シテモ宜敷ノ口吻」をしているとの情報がもたらされた。名古屋支店と森村を仲介したのは、数か月前まで郵船名古屋支店の副店長を務め、陶磁器業界に充分通じた人物であった。しかし森村の内部にも同盟と断絶することには異論があり、それを「納得セシムルニハ当社船利用ニヨリ、少ナクトモ年間一万円位ノ利益アル事ヲ示ス必要」があった。年間一万円というのは同盟の運賃率一トン（四〇cft）当り三ドルを半額の一・五ドルまで切り下げねば出せない金額であった。船舶部としては「全然採算外レニシテ問題ニナラヌ」レートであったが、名古屋店は「森村が当社船利用ノ先棒ヲ担グ事ニナレバ、他ノ群小荷主ハ tariff ノ一割引位ニテ当方ニ引付ケ得ル見込ニ付、所謂蒐貨上ノ一手段」と、森村の要求を聞き入れ、陶磁器貨物を獲得するよう強く求めてきた。

船舶部はその賃率でも「幾分手取残ル様ニスル」には、SFにおける荷役などの間接費用の削減以外にないとし、SF店に荷役業者との折衝を求める。(25)

SF店派出員は船舶部の経費削減の指示に対し、「名古屋寄港実現ニ至レバ社内商内、特ニ Fish Meal ノ如キ社船ノ援助ヲ受ケ得ルニ至ルベク、其他例ノ新商品開拓上社船利用社内商内モ有利ニ導カル、事トモ可相成」と捉え、折衝を開始する。荷役などを委託しているAT社とは「値引ハ大犠牲ナランモ之ヲ原動力トシテ取扱数量ノ増加ヲ期待」出来るとして、月約三〇〇トンの森村積出品に限り大幅な値引を飲ませ、SF・NY間の輸送を委託している船会社に対しても「直航船ト競争上困難」なる旨を強く訴え、「破格ノ大値引ニ成功」したのであった。[26]

森村組と船舶部との交渉は順調に進み、他の荷主に対しても物産が同盟運賃よりトン当り一ドルの値引きを提示したため、「当社ニ来リ投ズルモノ漸ク増加ノ傾向」を示した。社船箱根山丸が名古屋に入港しようとしている時、同盟外のマースク社（Maersk Line）も名古屋に入港し、物産とマースク社の二社が陶磁器の積取りを開始した。これに対し同盟は「盟外船ノ陶器積ミ防止ニ努メタル為メ」、マースク社は少量の荷物を積んだだけだったが、物産は名古屋支店の尽力により予定通り積み取ることが出来たのであった。

同盟との争いになりかけたが、三〇年春頃より同盟は船舶部に対して加入を強く要請しており、物産も同盟と全面的に事を構える気もなかった。[27]

恐慌によって貨物量が激減し、減少した貨物をめぐって盟外船の活動が活発になり、太平洋東航同盟（Trance-Pacific Fright Conference of Japan）は盟外船の雄である物産船舶部に対して同盟への加盟、協調を求めていた。「Maersk Line ノ如キ盟外船ノ飛入等有之、同盟トシテモ之等ノ盟外船ノ跋扈ヲ押エ付ケルニハ当社ヲ協調セシムル外方法ナキヲ悟リ」、物産の提出条件、すなわち自社貨物の自社船積みの自由、いくつかの貨物に対する同盟賃率以下の運賃適用を認め、三一年一一月一日からアソシエイト・メンバーとして加盟した。[28] 船舶部が日本大西洋同盟、日本太平洋往航同盟に正式に加入するのは三四年五月になってからであるが、トライアルの期間が終わった三二年一〇月には次のように、両同盟に加入する方針を固めていた。

〔船舶部の〕太平洋同盟加入以来 Blue Funnel, Maersk Line 等尚多少跳梁スルモノアリシト雖モ、同盟ハ大体落着ヲ見セ漸次其鞏固ノ度ヲ加エツ、有之、此際百尺竿頭更ニ一歩ヲ進メ両同盟ニ full member トシテ加入セバ、聽テB・F及Maers等ヲモ加入セシメ得ルニ至ルベク斯クテ同盟ハ其ノ基礎愈々鞏固トナリ運賃モ自然高率維持サルベク、社外荷ニ対シテハ余リ期待デキザルモ社内荷ヲ主トスル当方トシテハ従来ト異リ社内商内援助ニ貢献シ得ル[29]

日本大西洋、日本太平洋同盟にとって、船舶部加入のいかんは未加盟の外国船会社の動向を左右し、同盟の強弱に大きな影響を与えるものであった。船舶部は同盟を強固にすることによって運賃の高値安定がもたらされ、他方社内荷は特別低率運賃を認めさせることにより、社内商内援助もできるというのである。

名古屋積み陶磁器の集荷は当初の思惑通りには進まなかったが、「対日陶契約ノ如キ今後同盟加入ノ場合ト雖モ秘密契約ハ遵守スル事ニ相成居ルニ於テオヤ」と記されているように、運賃割戻しの秘密協定を結んでおり[30]、その後船舶部は名古屋寄航を実現し、陶磁器だけでなく北米向けコットン・ラッグなど新商品の開拓にも成功する。

3 航路延長と優秀船の建造

紐育航路の他の有力貨物は、英領マレー・蘭領インドのゴム・錫などであった。一部は神戸積替えによって集荷することができたが、シンガポール支店積出しの大量のゴムや錫は、大阪商船・ダラーラインなどによらざるをえなかった（第7章）。比島／大西洋航路を海峡植民地にまで延長できるようになったのは、船舶改善助成施設による新型船の就航が始まった三四年一〇月以降のことである。助成施設による新造第三船阿蘇山丸の船長に出された処女航海のスケジュールは、次のようなものであった。

玉造船所を三四年一二月一二日に出発し、門司を経てペナンに向かう。門司では「シンガポール揚樽入セメント約二〇〇〇屯ノ見込ナルモ引合中ニ付キ未定」であり、その引き合いが成立しなければ玉からペナンに直行する。ペナンとシンガポールにおいて日本向けゴム・錫五〇〇トン、紐育向け同二五〇〇トンを積みフィリピンに向かう。フィリピンでは紐育・ボストン揚げココナッツ油一一〇トン、コプラミール二〇〇トンの確約があり、なお「砂糖引合中ナルモ只今ノ処不明、比島積荷数量ニヨリ」比島寄港地移動。さらに「香港寄航スルヤモ不知、追而御通知可申上候」とされた。神戸には一月一二日に入港予定で生糸・雑貨を積み、名古屋は陶器・雑貨、清水は茶・雑貨、横浜で生糸・雑貨を積み、同一九日に横浜を出航し、LAに一月三一日到着、NYには二月一四日到着予定であった[31]。

一九三五年、船舶部NY派出員は赴任する直前、本部との打合せのために紐育定航と派出員の業務に関する報告書を提出している。NYを中心とする地域には、機械類・自動車・雑貨・銅などの高級貨物関係の荷主が集中し、彼らは「紐育／横浜間ノ所要日数ニ最大関心」を持っていた。このような高級貨物を持つ顧客を獲得するためには「優秀船ヲ配船シテ其ノ能力ヲ発揮セシメ」、「fast, regular and dependable service ヲ提供」しなければならない。そのために、A型船吾妻山丸級四隻（最高速力一八ノット以上）を投入して寄港地をできる限り削減し、日数の短縮と定時運航を維持するエクスプレスサービスを行なう。しかしA型船四隻だけでは月一回配船が困難であり、積載量は変わらないが速力の落ちる洋型船をエキストラボートとして使用する。速力一五ノット程度の洋型船箱根山丸クラスは、NYから南下してガルフ諸港に寄航し、主に綿花・燐鉱石・鉱石・屑鉄などの低運賃貨物に運用する、としている[32]。

A型船のガルフ寄航廃止が実現したのは三六年六月である。ライナーとしての理想は、A型船の月一回配船であった。しかし船舶部には優秀船が不足し、またNY近辺で高級貨物も集荷し切れなかったのであろう。優秀船の不足を速力の劣る船舶で補い、船脚の劣る洋型船はガルフに寄港し、低運賃貨物を積み取ったのである。

船舶部が紐育航路を海峡植民地まで延長したことは、同地域のゴム・錫の取引関係に大きな影響を与えた。シンガポールのゴム市場における物産のシェアーは、三五年下期に一四％を占め、第一位となった。船舶部が社内向けに作成した書類には、「紐育航路に青葉山丸級の優秀船を配船しまして……同店の護謨及錫の商売は異常な発展を示しました」と述べている。さらに物産を先頭とする日本商社のゴム取引への進出、同社船舶部だけでなく大阪商船・国際汽船など日本の海運会社の積取り増加により、「スエズ経由の英国船の護謨及錫の積取高は激減しました為め、昨秋英国船主の主唱の下に Central Booking Office を開設し、新嘉坡積護謨及錫の積荷割当制を実施せんとする案が同地の紐育航路同盟に提議されました」のように、スエズ経由で輸送していた英国系海運会社は貨物量の確保を図ろうとさまざまな画策を行なった。(33)

往航は当初から十分な成績を挙げたが、復航は「荷動キ極度ニ不振定期船々腹ノ過剰甚敷、加フルニ当航路ニ進出後日浅ク見ルベキ地盤ヲ有セザル」と苦戦を強いられ、大西洋岸・ガルフで満船に至らず、「過渡期運航策トシテSF・LAの雑貨や木材によって「余積ヲ埋」めざるをえなかった（ST、三二年下）。翌三三年上期には紐育定航船八隻のうち四隻は大西洋・ガルフで満船となり、翌期以降は紐育定航船の貨物積取りのための太平洋岸寄航は見られない。

紐育航路は最も激烈な競争が展開されていた。三七年初頭の頃、大阪商船は八隻の同型同速力船をそろえ、月二回のスケジュールを厳守して「荷主の好評と信用を博し」、日本郵船は同型船六隻によって三週一回を実行して「地盤快復」に努めており、さらにKラインは三七年四月に四隻の優秀船を投入してまさに進出しようとしていた。川崎・山下・大同海運も定航確立を狙い、優秀船を逐次配船していた。

こうした状況の中で、船舶部NY派出員は態勢の一層の充実を求める。三七年末までにはA型船七隻となる予定であったが、それをすべて紐育航路に投じるとともに、補充船として洋型船二隻を加えて月二回配船の確立を訴え、さらに直ちに二隻のA型船建造を開始して、九隻のA型船によって「本航路ヲ本式ニ維持発展セシムル」、すなわち「毎月二隻ヲ配船スル時ハ社内荷ヲ第一トシ、Ford ノ如キ Non Conf. 荷主ノミナラズ、現在 Conf. 荷主ト雖モ当社ト契約スルモノ多数アルハ疑イナキ処ナリ、是等荷主就中自動車会社、石油会社、製鉄会社等ノ大荷主ヲ獲得スル事ハ本航路ノ為ニ絶対必要ナリ」とするのである。(34)

表13-3は紐育定航が最も盛んであった頃、一九三六年の往航の積地と積荷である。半期五回の定期配船に加え、不定期で上期に四隻、下期には六隻を配船する。往航では定期と不定期で積荷にほとんど差はない。マレーのゴム・錫、比島の砂糖を最大のベースカーゴとし、香港へは三六年上期から月一回寄航するが、定期と言うわけではなかっ

た。貨物量で見ると、定期・不定期とも内地以外のマレー・比島・香港・大連が多く、特に輸送量の多い三六年下期は七割が外国・外地であり、マレー・比島が圧倒的である。運賃収入は貨物量と比例するわけではないが、紐育定航にとってのマレー・比島の重要性は決定的であった。

　世界的な船腹不足ではあったが、そのなかでも、「一般荷動キ激増ニ伴ヒ紐育航路ハ各社共一段ト船腹不足ヲ告ゲ新ニスペースノ争奪戦ヲ現出スルニ至リタリ……各船何レモ超満船ノ景況」（船舶部、三六年上）と言われるほどであった。しかし、相次いで投入される新造船の効率を高めるためには、新造船に適した貨物の集貨と量自体の増加にも努めなければならなかった。

表 13-3　紐育航路の積地と積荷（1936年）

（単位：トン）

	積　地	品　目	1936年上	1936年下
定期配船 10航海	マレー	ゴム・錫他	17,504	20,943
	比島	砂糖・椰子油	6,577	4,006
	香港	雑貨・錫	3,636	3,718
	内地	雑貨	21,240	14,487
	同	生糸	3,424	2,416
	合計		53,281	55,570
臨時配船 10航海	マレー	錫・ゴム	0	7,490
	比島	砂糖他	12,249	30,784
	香港	雑貨・錫	2,616	861
	大連・青島	植物油	0	2,980
	内地	雑貨	6,120	15,022
	同	生糸	954	2,071
	合計		21,939	59,208

出典：船舶部昭和11年上・下半期「考課状」。

　三七年に相次いで就航する予定のA型船の集貨について、遠洋掛は次のようにマニラ支店に書き送っている。従来のフィリピン製油業者との積取り契約以外に、新造船のディープタンクは二二〇〇トン、内一二〇〇トンは内地積み撤油の予定であり、一船約一〇〇〇トンの「追加予メ御交渉願上候」、さらにまた内地産油が積取り不可能な場合、「貴地積椰子油増積致度」と、椰子油の積荷の確保、「砂糖季節中ハ格別案ズル事無之、砂糖季節外ノ集貨ニ腐心ヲ要スルカト存候」と、集貨の努力を「切望」しているのである。[35]

　米国の不況と日中戦争による排日、各社の新造船投入により、状況が変化してくる。「昨秋以来北米向ケ雑貨積出シ漸減ノ一途ヲ辿リ御尽力ニモ不拘、各船何レモ蒐荷不振ノ苦悩ヲ続ケ来候処、更ニ今後比糖 off season ト夏枯期ヲ控ヘ目先寒心ニ不耐」と、特に往航荷物の不足に備え、中南米向け貨物の集貨を指示し、またNY着が一日遅れとなってもSF揚げ貨物の集貨可能性如何を調べるよう、関係店に指示するのであった。[36] こうした事態になると、マレー積みゴム・錫の重要性は、一層増してくる。雑貨輸出不振と船舶数増加による集貨競争により、「各船積荷半減」という状況の中で、「貴地〔シンガポール〕積ゴム及錫ハ運賃安定性ニ富ミ且ツ外貨獲得上当部トシテハ極メテ重視ノ要有之」とし、シンガポールまで延航する費用を考えれば、「一船一〇〇〇屯前後ノ現状」は「犠牲的配船」であるので、一船当り二五〇〇トンから三〇〇〇トンを「目標ニ今一段ノ増量」を求める。[37]

紐育航路に配船している各社は同じような状況にあり、スケジュール調整や過剰船腹の削減が話題に登ったが、実現には至らなかった。三八年一〇月、七隻のA型船と三隻の洋型船によって維持している月二回の定航をすべてA型船によって運航するため、優秀社船三隻を建造中であった。しかし同航路の現状は、「各社相競ッテノ優秀配船ニ拠ル船腹増加ト、為替管理、本邦ノ輸出不振並ニ一部ニ於ケル日本船忌避等ニヨル積荷減少ノ為メ、成績漸次悪化ノ傾向ニアリ」と、芳しいものではなくなりつつあった。[38]

4　北米太平洋航路のその後

STの船舶部派出員兼受渡掛は、紐育定航の必要性と優秀船隊の確立を強く主張してきたが、北米太平洋航路を担ってきた優秀な船舶を紐育定航に引き抜かれることが明らかになると、「北米定航ヲ維持スルタメ毎月弐船ノ配船ヲ絶対必要トスル、然ラザレバ定航船地盤ヲ維持スルコト難シ」と、箱根山丸・白馬山丸の引き抜きに反対し、月二回の配船維持を本部に訴えた。それに対し遠洋掛は次のように回答する。

曾テ華ナリシ北米定航ナレバコソ当方トシテハ出来得ル限リノ苦痛ニ堪ヘテ配船……昨今ノ太平洋岸市況ト当部業績ノ著シキ悪化ヲ顧フ時ハミス〳〵莫大ナル損失ヲ敢テシテ、市況快復ニ何等望ミ無キ北米定航ノミニ配船ヲ〔する〕……余裕ハ絶対ニ無之候……Pacific Coast 地盤ハ従来ハ主トシテ木材並ニ小麦ニテ、小麦輸送著減ノ最

近ノ実情ニテハ殆ド木材一本ニ懸ルモノニテ、tramp船配船トシテモ別ニ非常ナル不便ハ無之[39]
日本・アジアから米国東海岸への輸送がパナマ経由となり、太平洋岸の重要貨物のうち小麦もなくなれば、無理をして定航を維持する必要はなくなったのである。
月二回定航が拒否されると、SF派出員・ST派出員は桑港・羅府／内地直航船の開設を要請する。その内容は次の通りである。

川崎汽船が同盟加入を機に代理店を山下汽船から米国船会社に変更した機会を捉え、川崎汽船の集貨を担当していた山下汽船の米人を雇用し、月一隻の定航により「米国人荷主ニモ進出セシメ将来羅府ニ進出地盤拡張」と、川崎が握っていた同盟外の、主として米国系の荷主を獲得しようという目論見であつた。一隻平均社内荷七五〇トン、社外荷二二五〇トンという予定で経費・収入を積算し、採算可能とした。しかし遠洋掛は「筆者過般桑港ニテ及聞候処」を根拠に、内地向けのSF・LA積み雑貨は月平均一万三〇〇〇トン程度、そこから船舶部が三〇〇〇トンを割き取ることは不可能であると、これも拒絶したのであった[40]。

三五年上期まで北米太平洋航路への定期配船は維持されたが、三五年下期には廃止される。三五年上期の不定期船の配船が二一隻に達しているように、荷動きが盛んになってくると、船舶部は不定期船の配船で太平洋岸の需要にこたえるのである。三七年にもSF派出員は桑羅線（SF・LA／内地）の開設を提案した。それへの回答において、遠洋掛は以下のように述べている。往航の最低採算は生糸八〇〇俵、雑貨二五〇〇トンであるが、その集貨は難しい。復航貨物は重油・塩化カリ・屑鉄・綿花などがあるが、毎船満船とするのは困難だという。北米太平洋航路から撤退した時期よりも明らかに貨物量は増加していたが、「傭船料昂騰ノ現在ニアリテハ問題ナク採算取レ不申」だった。月一～二隻の配船を行なっている米材積取り船は、往航はバラストで復航は社内米材をベースにほぼ確実に満船が可能であり、また綿花などとの「積合出来ザル等ノ諸条件」のためにSF・LA／内地の定航化は不可能というものであった[41]。

三　在米店の船舶業務

1　紐育定航開始前

シアトル店は第一次大戦中に膨大な傭船により、アジアから米国への輸入の窓口になり、また戦後は北米太平洋航路の定航化により、船舶取扱業務を主要業務の一つとすることになった。

一九一九年二月、ST店に二人の船舶部米国派出員が赴任する。船舶部から海外支店に駐在員が派遣されたのは一八年二月の香港が最初で、STはそれに次ぐものだった。もちろん派出員の設置は北米定航開始に備えたものである。二一年上期には二名の派出員に加え、二名の店限り事務員がいた。

派出員は二一年からST店の受渡掛も兼務し、定航船揚げ荷の受入れと荷捌き、復航船のための集貨・積荷、さらに東部からの貨物の積み込みなどを行なった。貨物の積み卸しには税関・倉庫・運輸など、多くの業務を伴い、復航船を満船にするためには社外荷を集めねばならなかった。日本の海運会社の海外支店は、自らが主要な業務を行なって荷役などの補助的業務を現地企業に任す場合と、現地企業を総代理店とし、日本からの派遣員は監督のみを行なう場合、あるいは物産などの日本商社が日本の船会社の代理店となる場合もあった。

ST店の場合は、グリフィス社を代理店とし、派出員とグリフィス社の関係は「当店取扱船ノ運賃契約ノ取極メ並ニ船積書類ノ作成ヲ依頼シ来リタルモノニシテ、通常ノ意味ニ於ケル船舶代理店ナリ、恰モ神戸船舶部対神戸輸出入掛ノ関係ノ如シ」であった。輸出荷物は運賃の二・五%、輸入貨物は〇・五%の取り分を与え、荷役はグリフィス社の子会社が当った。物産本店の調査課長が訪れ、「何故ニ戦時中自店ニ於テ船舶ヲ取扱ハザリシヤトノ詰問」をされたという。それに対し、船舶掛は「人数不足ノ折柄、殊ニ船舶事務ニ特殊ノ智識ナキモノ、集マリガ果シテ単独ニ取扱得テ以上ノ成績ヲ挙ゲ得タルカハ疑問」[42]と述べている。

船舶部は自社炭を自社船で運ぶことによって始まり、その後も「自社荷自社船」を標榜して拡大を図っていた。社外荷が増加しているとはいえ、代理店への多額のマージン支払いは船舶部の存在意義と矛盾するものであろう。

二五年にはST店代理店として、ポートランドとバンクーバーに二社存在していると記されるが、それらには「当社ノ代理店トシテ何等ノ権限ヲモ与ヘ居ラズ、スベテシアトルヨリ直接指揮命令ヲナセリ」となり、代理店の仕事は貨物の出揃い模様の報告、書類の取次ぎ、官庁事務などに限定されるようになった。ポートランドのカルマールズ社の代表者は、かつてグリフィス社の支配人としてST店の船舶事務一切を取り扱っており、代理店廃止後独立してポートランドに商社を起こし、派出員が月額三〇〇ドルの報酬を支払い、「準使用人」として遇している。バンクーバーのジョン・ガルトはカスタム・ブローカーとして使用し、「漸次他ノ仕事ヲ手伝ハスニ至」った人物であったが、「今少シ活動力ニ富ム晩香坡ノ商社ト連絡ノ道ヲツケ置ク必要」があると述べている。

ST店船舶取扱いからは、グリフィス社のような代理店は消滅している。その最大の理由はST店の船舶事務が大戦中よりも少なくなり、かつ単純化していったためであろう。自社荷が多く、社外荷も雑貨は少なく、米材・小麦・小麦粉が中心で大荷主が多かった。オーバーランドカーゴの積み下ろしも単純な業務である。シアトルは北米航路の拠点であり、内外の多くの海運会社が配船し、物産と競争関係にある三菱・鈴木・浅野やドッドウェル・ダント・ダラーなどの内外有力商社は、「当社ト商品売買ニ於テ競争ノ立場ニアルヲ以テ、可成当社船ヲ避ケントスルノ傾向」があり、しかも有力商社の多くは、親密な海運会社をそれぞれ有していた。荷主と船会社やその代理店との間にブローカーが介在することもあるが、シアトルでは通常両者が直接取引をしていた。物産も直接競合する反対商との引合いにだけはブローカーを介在させていたという[43]。

NYには二〇年八月に派出員が発令され、船舶部NY支部が設置されたが、二五年七月に閉鎖、三四年四月に出張員として再置される。船舶部直轄の社員がいない時期が長かったが、それによって支店の受渡・船舶業務が大きく異なるということでもなかった。

一九二〇年頃、NY支店が日本に向けて積み出す貨物の大部分は、日本郵船との直接契約であり、大西洋／日本間の太平洋西航同盟の運賃が雑貨二三ドル（トン当り）であったとき、物産は割戻しによって二〇ドルの特別運賃の提供を受けていた。戦後の船腹過剰と不景気の中で、海運会社の競争が激化して運賃が値崩れし、NY支店も他海運会社への積荷を増加させ、郵船への運送契約は二四年下期に五五％（重量）へと低下した。

大正末期から昭和初年にかけて、紐育航路では激しい競争が展開される。個別商品の輸送の取り決めは支店の各商品掛が行ない、燐鉱石対日輸出やチリー・米国間の硝酸曹達の傭船はNY店勘定と船舶部に属すると思われる社船勘定の双方があった。派出員は部員としての仕事と、NY支店受渡掛として支店勘定の傭船を担当するとともに、各商品掛の輸送契約にも一定の影響力は持っていたのであろう。

大正末期から昭和初年のアジアと北米を結ぶ輸送を、NYから見ると次のようになる。

Overland Shipment ハ依然荷動少ナク小口物雑貨ハ全テアドミラル、C・P・Rノ如キ快速船独占ノ姿ニテ、太平洋岸積荷ハ麦粉材木ハ集貨左程困難ナラザリシガ如キモ、其他荷物ハ社外船競争激シク……大西洋岸ハプリンスライン、シルバーラインノ如キ快速船ノタメニ雑貨ヲ独占セラレ、他社ハ一般ニ集貨難ニ陥リ主トシテ肥料鉄物松脂及ガルフ積出ノ綿並ニ燐鉱石ニヨリ辛ジテ船腹ヲ消化（NY、二七年下）

北米太平洋・紐育航路とも雑貨輸送は快速船が掌握し、それを持たない物産を含む海運会社は、両岸においてバルクカーゴによって辛うじて船腹を満たしているという状況だった。

SF店は大戦中から直後にかけ、ST店とともに積極的に傭船活動を展開した。一九一九年上期、SF店は青葉山丸を船舶部から傭船し、香港で米を積む予定であったが米国の輸入禁止のために果たせず、神戸で雑貨六〇〇トンを積んだだけで回航し、SFで鉄材・綿花その他を満載して横浜・神戸に向かった。この期にSF店が代理店として取り扱った船舶は一一隻である（表13-4）。傭船者は塩を満載した宝山丸のみが東京食品掛、ほかはすべて船舶部である。ＳＦ店は「船舶部ノ依頼ニヨリ各満船乃至、棉花詰合ノ重量貨物ヲ蒐集」（ＳＦ、一九年上）したのである。

定航が開始されると、ＳＦ店取扱船から不定期船は消え、ほとんど定航船のみになり、しかも数百トンから二〇〇〇～三〇〇〇トンの雑貨の揚げ荷だけとなる。「当沿岸ニ於ケル積荷ハ全部北部諸港ニ於テナサレタリ、コレ当港ニ於ケル蒐荷難ヲ意味スルモノニ非ズシテ寧ロ北部諸港ニ於テ木材、小麦ヲ主トスル出荷異常ニ旺盛ナリシニ起因」（ＳＦ、二一年下）と述べているが、太平洋を横断する貨物の全体的な減少と船腹の増加の中で、物産船舶部が集貨できるのはシアトルを中心にした木材・小麦・小麦粉などに限定されていったことを示している。

表 13-4　サンフランシスコ店の取扱船舶（1918年11月～19年4月）

	入港日	揚　荷	出航日	積　荷
天拝山丸	11月18日	椰子油・麻他	12月13日	鉄材・綿花・曹達灰他
宝永山丸	11月27日		同日	焚料炭積取り
喜美丸	1月24日	空船	同日	鉄材綿花他
福丸	2月12日	空船	2月18日	鉄材・綿花
宝永山丸	2月15日		2月16日	焚料炭積取り
天拝山丸	2月18日	雑貨約150t	2月25日	鉄材・綿花他
宝山丸	2月22日	空船	4月 5日	塩満載
剣山丸	4月 3日		4月 8日	対米提供船
妙義山丸	4月 5日		4月12日	対米提供船
喜美丸	4月10日	雑貨1200t	4月20日	鉄材・綿花他
運賃合計		452,141		1,913,282
手数料合計				67,115

注：金額の単位はドル。
出典：桑港支店「大正八年上半期　考課状」。

　一九二四年からＳＦ、二七年からＬＡでも積荷が開始されるが、定航船半期十数隻をあわせても数千トンに過ぎなかった。ところが二七年一〇月、船舶部からＳＦ駐在員が派遣される。ＳＦ店社員が六人に過ぎないなかで、船舶部駐在員兼出張所員として派遣されたのである。ＮＹ直航船が比重を増している中で、ＳＦを重視しようという船舶部の方針の現れであろう。その成果は南米や日本向け木材満船不定期船の獲得や、ＳＦ・ＬＡにおける積荷の増加などに結果してくる。

　三井の定航船でＳＦ・ＬＡにもたらされる貨物のうち、東部に向かう量を知ることが出来るのは三一年下期のみである。両港揚げ約三万七〇〇〇トン（含生糸）のうち米国の船会社に積み替えパナマ経由東部行きは一九・五％、鉄道によって東部に向かうのは三・六％、ほぼ四分の一が東部に向かう貨物であった。オーバーランドカーゴはもはや意味を持たなくなっている。

船舶部と支店との間には、部成立当初から緊張関係が存在した。一九二六年の船舶部打合会に対しても、大連支店長は厳しい意見を寄せている。

当店関係商品ノ運賃引合ニ於テハ、船舶部ハ……殆ド全部ヲ全部ト引合フヨウシタシトノ事ナルモ、実際船舶部ニテ引受ケ得ルモノハ殆ドナク、偶々アリトスルモ運賃高率到底競争激甚ナル特産商売ヲ助長スルニ足ラズ……結局派出員ハ Broker トシテ仲介スルニ過ギズ、商売ガ主ニシテ船舶部ノ仕事ハ従ナリ……自己ノ克ク為シ能ハザル引合ハ潔ク之ヲ各店へ一任(44)

大連支店にとって船舶部の出す運賃は高くて利用できず、派出員はブローカーと同様であり、海運事業を通じて「各店商売ノ助長機関」たるべき活動をしていないと批判するのである。

支店の受渡掛としては低運賃によって商売を成立させる必要があり、船舶部派出員としては自店荷物であっても採算割れになるような運賃は出せないのである。船舶部が最も重視する北米太平洋航路の拠点であり、数少ない派出員の派遣されているSTとSFが、定航を利用せずに他社の船舶を利用していると本部から非難されることもあった。

沙府店から社内委託荷として御積出の Salt へリングも十／四月頃にかけて相当多量にNYKその他の space で積取られ居り、又……Corn Starch の如き其他略々同様のものも有之やうに聞及居候(45)

こうした問題は散発的に発生する。三二年三月、SF店がアルミニューム屑を前月の社船信貴山丸より安い運賃でKラインと契約した、とSTの派出員に報告した。ST派出員はSFに対し、「最近社内各店中兎角船舶部ヲ踏台ニシテ社外運賃ヲ叩クトイフ失[ママ]マレル措置ヲ致ス店有之」という書簡を送り、SFが前月の社内運賃を梃子にKラインを叩いて安い運賃を獲得したのではないかと言ってきたのである。SF店担当者は、「左様ノ事ハ概シテ大店ニ有之」と大規模店舗では行なわれているだろうが、SFのような小店では商品担当者と駐在員が「相互ニ同情シタ立場デ仕事」をしており、そのようなことはありえないという。さらにSF店の運賃引き合いをすべてコントロールできないかという照会に対しては、「相当大店トナレバ受渡掛ノ人員ヲ充実シ、運賃引合ヲ之ニ統括セシメ経費モ償ヒ得ル次第ナガラ、当店ノ如キ小店ニ於テハ矢張リ従来運賃ハ各商品担当者ニ於テ引合フ事ガ経費ノ上ニ於テモ、亦引合上ノ便利カラ申シテモ有利」と述べる。

ＳＦ店の弁解は説得的でない。小規模店舗だから運送契約を受渡掛がコントロールすることはコストがかかるからできないといい、大規模店舗はできる余裕があるがそれをせず、社内運賃を踏み台にして低運賃を獲得しているのではないかというのである。

担当者が述べているように、ＳＦ店の対日輸出品はアルミ屑や函入り油など運賃負担力の低い商品が多く、一方Ｋラインは「同盟船ニ随分イジメラレ居リ、自社船ノ死活問題ニ直面」しており、「競争上随分ナcutヲ辞セザル」状況であった。Ｋラインが物産の荷物を獲得しようとすれば社内運賃以下の賃率を出さなければ獲得できなかったのである[46]。

社内運賃を梃子に、より低い社外運賃の獲得を目指す動きと同時に、社内運賃のより一層の低下を要求する動きも当然あった。船舶部による紐育定航が順調に始まった直後、泗水支店はカポック・ゴム・タピオカなど神戸積替え貨物運賃の一層の低下を求めてきた。その理由は石原産業などが低運賃を出していること、北米航路の運賃が米ドル建てで「運賃収入ハ為替低落ノ為メ莫大ナル増収」となっているのではないか、という点にあった。

この要求に対し、船舶部は泗水支店の対米商内の発展と紐育定航確立のために、神戸積替え運賃を「特ニギリ〳〵ノ処迄勉強仕リ」、その結果「本品ノ貴店御商内ハ著敷進展」したと述べ、泗水支店の要求は「自己ノ採算ノミヨリ割出サレタル桁外レノ低率運賃ヲ其ノ侭当方ニ御強要相成」としたものであり、同店の要求は「当社全体ノ利益ヨリ見テ甚ダ感心セザル要求」と断じ、拒絶するのである[47]。

2 紐育定航確立後

船舶部NY支部が二五年に廃止された後、NYには船舶部から派遣されず、ST店の派出員がNYの代理店との連絡・監督を担当し、また三四年にNYに船舶部駐在員が設置された後も、本部からNY駐在員への電信・手紙などはST派出員を経由して出され、駐在員は「補助的」な存在であった。

それが変わるのは三五年五月に派出員に格上げされてからであった。このときに派出員となった部員は、前述した定航充実案と在米三店の海運業務のあり方に関する提案を行ない、赴任途中の三五年七月、シアトルにおいて三店打合会を開催する。復航荷のブッキングは八月以降NY店が担当し、太平洋岸に関してはST・SFが協力することなどを決定した。

船舶部はニューオーリンズ以北の総代理店としてNYにラウントリー（Rountree & Co.）、ガルフ・メキシコ地方総代理店としてSquitcovich & Co.を置き、各地にいくつかのサブエージェントを設置しており、代理店をどうするかが大きな問題であった。

ガルフ地方は物産の店舗がないだけに存続させるのは当然であるが、NYの代理店は、従来どおり継続して派出員が「連絡監督ニ当ル」という方法と、「派出員ニ於テ全部直接取扱」方法、その中間、の三者が考えられた。派出員の結論は、「直接取扱ハ理想トスル処ナレド、対荷主関係、能率、経費等ノ諸点ヲ十分考慮セザレバ返ツテ主義倒レトナルヤモ不知、要ハ最モ現地ノ事情ニ即シ実績ヲ挙グル最適ノ方法ヲ講ズルヲ要諦」と、現状維持とした。具体的には、派出員は午前にNY支店に出勤し、正午前に代理店に赴き、午後五時頃支店に戻るという勤務形態であった。(48)

NY派出員派遣の打合せにおいて、遠洋掛は「代理店手数料ガ……甚ダ割高ノ口銭ヲ支払フ結果ニナルヲ以テ取極メロ銭率引下ゲタシ」との提案を行なったが、派出員は「口銭引下ゲニヨル支出軽減ト、他方口銭ハ現率ノ侭トシ営業上ノ成績向上ヲ激励スルト何レガ終局的ニ有利ナルヤハ別ニ深ク考慮スベキ事柄(49)」と主張する。相当遅れて紐育航路に参入したために自力で荷主を集める自信を持てず、代理店に高率の口銭を支払っても船腹が埋まればそのほうが良いという考えであった。

在米店船舶業務と代理店の関係については、SF派出員が三八年九月に行なったニューヨーク・ガルフ方面出張報告に具体的に記されている。

NY派出員は社員二名と店限り女性社員一名からなり、その管轄範囲は、米国大西洋岸からガルフ・メキシコ・パナマ・南米という地域にわたっており、NYの代理店は三五年当時と同じラウントリー社であり、同社のスタッフは男子七人が実質的な仕事をし、六人の女子が勘定や書記など補助的な仕事を担当していた。ガルフ地方の代理店はガルベストンに本社を置くトーマス・ライス社に変わっている。同社はヒューストンに支店、ダラスに駐在員を置き、それらすべてをあわせ男女一二名の社員によって運営されていた。

ST派出員は社員一名、店限り男子二名、女子二名の計五人からなり、バンクーバーとポートランドに代理店を置いていた。STには代理店を置かず、取扱荷物量に比して少人数なのは、「liner ノ所謂小口雑貨ト嵬荷手数異ル」とされているように、主要貨物が手数もかからず荷主も少ないバルクカーゴだったためである。

SF派出員もサンペドロ港にドックエージェントは持っていたが、代理店はおかず、派出員一名、店限り男一名、同女二名の体制だった。SF地域の問題は、荷主の多くが急速に発展しつつあるLAにいるにもかかわらず、「荷主トノ連絡ハ桑港ニテナシ居ルガ距離的ニ見テ gap 甚シ」と、LA地域をどのようにカバーするかであった。

SF派出員は、この報告の中で紐育定航の船舶の質や量などは一切述べず、全米をカバーする態勢、拠点の質などを問題にしている。カリフォルニア州に限ると断りつつ各社の代理店を挙げ、郵船はSF・LAに社員が駐在し、直営していて別格、大阪商船・川崎・山下・国際・大同のどれも「有力米国商社 Agency Co. or Operating Co. ヲ代理店ニ任命、桑港羅府両市ニ堂々ノ看板ヲ掲ゲ居リ」と有力代理店であるのに対し、船舶部はST・SFは言うまでもなく、NY・ガルベストンの代理店も「個人商店ノミ」であり、他船会社に比べてその規模が劣っていた。

全米の拠点配置は「大体ニ於テ全部ノ荷主トノ連絡ハ取レル」態勢になってはいるが、最大の問題はLAであった。派出員がSFからLAに移転することも考えられるが、STなどとは異なる貨物の種類などを考慮すれば、代理店を設置する必要は「疑問ノ余地ナキ」ものであった。その代理店の質・条件が問題になるのである。まず、「個人ニ非ズ会社」を代理店にすべきだとし、ポートランドのように定額補助をするのは「代理店ガ温情ニ堕スル嫌」があるので排除し、純粋に「働キニ応ジテ給与スル方法」を取るべきだとする。ただ国内と外国において決定的に異なる点があった。

内地ニ於ケル「三井ノ代理店ヲ行フ事ハ其店ノ対外信用モ増ス訳デアルカラ、三井ノ代理店ヲ引受ケテ少々損スルトモカマワヌ」式ノ気分ハ当地デハ全然無キコトヲ指摘シタシ……成績ヲ挙ゲテ貰フ為メニハ常ニ相応ノ仕事ヲ与ヘ、代理店ニモ儲ケサセテヤリ、又当方ヨリ代理店ヘ無理ノキク様平素カラ仕向ケ置ク事必要ナリ

将来的にはこのような代理店を設けるべきだが、LA・SFにおいて集貨の実績がない中で、有力な代理店を設置することは不可能であった。集貨できなかった一番の理由は、定航船の割当スペースを持っていないことであるという。まずSF派出員に定航のスペースを確保し、「微温的手段カラ初メ〔ママ〕棉花以外ノ小口雑貨荷主ニ連絡ヲ計リ、地盤ノ出来タ適当ノ折ヲ見テ今一段ノ飛躍ヲナス為メ代理店ヲ新設」するというのである。(50)

以上のように、SF出張員は、三八年にSF・LA船舶業務の大幅な拡張を計画した。この要求に応じ、三九年上期には、紐育定航船復航荷にLA積み五〇〇トンのスペースが割り当られた。しかし、SFにもLAにも有力な代理店は設けられず、LAに貨物船、タンカー各一社のサブエージェントがもうけられただけであった。

小括

船舶部は、昭和初期から建造に努力を重ねてきた豊富な優秀船隊を擁し、既存の海運同盟や盟外船と激しい競争を

展開してきた。そして北米太平洋、ＮＹ、インド、イラン、バンコク、フィリピン、大連などに定航を開設した。三〇年代末期には、船舶部遠洋掛の基本的業務は、「船腹ニ対スル適当荷物ノ獲得……space long ヲ常態トスル……手持船腹消化ノタメ常ニ有利荷物ノ獲得ニ努ムル……他商ノ企及シ得ザル『船ヲ武器トスル』新販路ヘノ進出ニ貢献スル」ことにあるとしているのである。(51)

船舶部の遠洋海運は、日本・アジアと北米太平洋・ガルフ沿岸・南米間のバルクカーゴを不定期船によって運ぶことから始まったが、三〇年代末期船舶部は自らの課題を、第一に定期航路の豊富な船腹をいかに埋めるか、第二に新航路を開発して物産、引いては日本の新市場進出に道を開くことであるとしている。

一九三〇年代、北米太平洋・ＮＹに続き、次々に定期航路を開設していく物産船舶部の競争力の根拠は、世界各地の営業網を通じて貨物と船腹の所在を知悉し、英国の海運取引所の機能を代位したところにあるとされてきた。

本章において具体的に見た在米三店の船舶業務は、そう円滑なものではなく、運賃やスペースを巡って支店と船舶部はしばしば対立した。ＮＹ店やＳＴ店においては代理店が大きな比重を占めるなど、支店内部に船舶業務のノウハウが順調に蓄積されてきたとも思えない。しかしＳＦ・ＳＴ店にとって、船舶取扱業務は店舗の存続にとって大きな意義を有していた。四一年のＳＦ店の場合、代理店料、集貨口銭・荷捌き口銭などが細かく決められ、本部負担経費と取扱口銭の合計が五〇〇〇ドルに達しない場合は船舶部が不足分を補充することになっていた。(52) ＳＴ店も同様であった。

船舶部の強味は、やはり第一に膨大な社内荷物を有していることである。卓越した販売力・集荷力により、米材・小麦・小麦粉などの満船荷を可能にし、それが傭船料・運賃低減の梃子となるのである。物産は日本・中国から北米向け生糸の最大の荷主であり、またおそらくＮＹから日本・中国向け機械・雑貨などの最大の荷主でもあった。運賃の高い生糸は三井の船舶にとっても、他の海運会社にとっても垂涎の的であった。第二に船舶部の強みとして挙げるべきなのは、豊富な資金に支えられた優秀な船隊の形成であった。

陳腐な結論ではあるが、膨大な社内荷と優秀な船隊との組み合わせが船舶部の強みであり、それが物産各店の営業拡大の梃子ともなった。物産は二〇年代後半、日比貿易の二〜三割を掌握し、船舶部は日比間に木材・麻・砂糖輸入のために二九年から配船していたが、本店業務課はそのマニラ店の業態に飽き足らず、三一年六月、米比貿易に進出するよう求めたのである。それが実現するのは三二年五月の紐育定航開始によってであった。当初は単なる砂糖の積取りだったが、三三年下期から数十万円規模でNY店の砂糖社外販売が始まり、三八年以降、数百万円に達する外国間貿易になった。

船舶部は高速・安定的な定航を心がけるが、内輪の会議において自らを、自家自船のマーチャントキャリアーでもなく、コモンキャリアーでもない「ぬえ」的な存在としている。紐育定航においても中国各港の寄港地は集貨状況によっていたのであった。これが第三の強味でもあった。豊富な自社荷物を有することに加え、船舶の量・質と運航能力においてライナーに対抗し、個別的利便性においてトランパーの性格を維持していくことにより、物産船舶部の強味が発揮されたのであった。

ヨーロッパにおける戦争が激化してくると、太平洋航路から欧州船舶はすべて撤退し、米国海事委員会の支援を受けたアメリカンメイル社と日本船舶が太平洋の輸送を独占する。しかし、排日運動は船舶にも及び、中国向け物資の輸送から日本船は排除されていった。四一年になると、日本の船舶は「相当利用可能ナリシモ外商荷主ハ何レモ日本船積ヲ忌避セシ為メ、船質優秀ナルニモ拘ラズ日本船運賃老朽米、パナマ船ニ比シ著シク弱含ミナリキ」[53]と、太平洋航路は開戦気構えに入っていった。

(1) 中川敬一郎「両大戦間の日本海運——社外船主の躍進と組織化——」(中村隆英『戦間期の日本経済分析』山川出版社、一九八一年)。

(2) 後藤伸「両大戦間期日本不定期船業経営の一特質——三井物産会社船舶部の定航問題——」(『経営史学』一八巻四号、

一九八四年）。

（3）大島久幸「三井物産会社船舶部の役割――コモンキャリアー化の事情――」（『専修社会科学論集』一一号、一九九三年）、同「昭和初期における三井物産の取扱商品輸送」（『専修経営研究年報』二四号、二〇〇〇年）、同「第一次大戦期における傭船市場」（『高千穂論叢』三五巻四号、二〇〇一年）。また、小風秀雅「戦間期における海運競争と大阪商船――『郵商協調』後の遠洋航路を中心に――」（『市史研究　よこはま』四号、一九九〇年）は、三〇年代の大手社外船オペレーターの遠洋航路進出に、大阪商船が経営権掌握や傭船によって対抗していく様子を明らかにしている。

（4）三井物産株式会社船舶部「第一回船舶部打合会議議事録」（一九一九年一〇月、SF. BOX1435）三六、一一四、一一五頁。

（5）同「第二回船舶部会議議事要録」（一九二〇年九月、同前）二二頁。

（6）船舶部調査課「関東大震災より昭和六年頃に至る三井船舶部」（一九三〇年か、三井文庫、物産四八五）一六丁。

（7）船舶部「船舶部打合会議議事録」（一九二六年八月、SF. BOX1435）四八～五〇、五一～五四頁。

（8）船舶部「船舶代理事務打合会議議事録」（一九三九年七月六日、SF. BOX312）三〇頁。

（9）業務課「社船方針に関する参考案」（一九二九年一〇月三一日、SF. BOX1435）。

（10）船舶部上海派出員「昭和三年下半期　営業報告」（一九二八年一〇月三一日、SF. BOX118）。

（11）沙都出張所長より業務課長宛「北清向ケ麦粉引合ト之ガ運賃率ノ事」（一九三〇年九月一六日、ST. BOX466）。この川崎からの割引運賃の提供は物産ＳＴ店も川崎側もごく少数の社員以外には知らせず、割戻は一か月ごとに現金で行ない、所長の個人名義で業務部長個人宛に送金手形で送り、「期末御取リ纏メ小麦ノ利益分賦金トイフ名目ニテ当店へＣｒ御付替」するという手段を取った。このように複雑な方法を取ったのは、もちろん同盟に知られることを恐れたからであった。しかし他の海運会社が川崎とＳＴ店との関係を「多少臭クハナイカト思ッテモ」同盟加盟社の三分の二をまとめることは出来ず、また郵船・商船も「〔物産が〕時々ハ非常ナ薄口銭トナッテモ Policy 上、ＮＹＫ、ＯＳＫニモ小ロノ荷物ヲヤル事ニ為シ居リ……当社ニ彼是因縁ヲ付ケル事ハ不得策ナル立場」にあると述べている。運賃割引を気付かれないように注意はするが、決定的な証拠をつかまれない限り、大丈夫だとしている。

（12）『創業百年史　大阪商船三井船舶株式会社』（一九八五年）、『日本郵船株式会社百年史』（一九八八年）による。

（13）遠洋掛より沙都・桑港派出員宛書簡「社船定航 Schedule ノ事」（一九三一年一二月一六日、SF. BOX96）。

（14）前掲「紐育線沿革史」四五～六二頁。

（15）業務課長より各部店長宛「輸出入海上運賃補助ノ事」（一九三〇年九月一六日、ST. BOX466）。業務課長より沙都店長宛「海上運賃補助ノ事」（一九三〇年一〇月一三日、同前）など。運賃割戻は特定の地域・商品に限って行なわれる場合が多かったが、この場合は地域・商品を限定していない。その故か、本店業務課でこの事務を取り扱うのは一人、支店においても全体を知るのは店長のみに限定し、秘密保持を強く求めている。また、三一年に併行線運賃合同計算などを定めた日本郵船との協定成立後もこの秘密割戻は継続された。

（16）前掲『三井船舶株式会社創業八十年史』一八四頁。

（17）「（ニューヨーク航路開設ニツイテ）」（一九三一年初頭、ST. BOX299）。

（18）本店業務課より馬尼剌支店宛「馬尼剌店ニ対スル希望」（一九三二年六月、SF. FNO2804）。

（19）船舶部遠洋掛より馬尼剌支店受渡掛宛「比島／北米大西洋岸配船ニ付テ」（一九三二年五月二日、SF. BOX. 97）。

（20）前掲「当部大西洋岸定航配船ノ事」。

（21）船舶部遠洋掛より各店受渡掛・派出員宛「比島・内地／北米大西洋岸航路ノ事」（一九三二年六月一四日、SF. BOX97）。

（22）船舶部遠洋掛より沙府出張員宛「当部大西洋岸定航配船ノ事」（一九三二年八月三一日、同前）。

（23）横尾巌「紐育定航研究」（一九三六年一〇月、ST. BOX307）。

（24）紐育派出員「紐育派出員事務ニツキ」（一九三五年五月一五日、SF. BOX104）。

（25）遠洋掛より桑港派出員宛「名古屋／北米陶器引合ト桑港ニ於ケル Steve, Wharf facility ノ事」（一九三一年六月二六日、SF. BOX96）。

（26）桑港船舶代理より神戸船舶部遠洋掛宛「名古屋／北米陶器引合ノ事」（一九三一年七月二〇日、SF. BOX95）。

（27）遠洋掛より桑港派出員宛「箱根山丸積大西洋岸送リ陶器ニ付テ」（一九三一年八月二一日、同前）。

（28）遠洋掛より沙都派出員・桑港船舶代理宛「当部ト北米太平洋東航同盟協調問題」（一九三一年八月一四日、SF. BOX96）。

（29）遠洋掛より業務課受渡掛・横浜受渡係宛「太平洋、大西洋両同盟加入ノ件」（一九三一年一〇月三日、SF. BOX97）。

（30）前掲「箱根山丸積大西洋岸送リ陶器ニ付テ」。

(31) 遠洋掛より阿蘇山丸船長宛「初航新嘉坡／比島／大西洋定航決定ノ事」(一九三四年一一月一四日、SF. BOX100)。
(32) 紐育派出員勝守陸太郎「紐育派出員事務ニツキ」(一九三五年五月一五日、SF. BOX104)。紐育に赴任前に船舶部本部のある神戸で作成したものである。
(33) 物産船舶部「船舶部の機能と使命」(一九三六年四月、ST. BOX90)。
(34) 紐育派出員より遠洋掛主任宛「紐育航路経営ノ事」(一九三七年三月一日、ST. BOX76)。
(35) 遠洋掛よりマニラ派出員宛「紐育航路新造船ノ事」(一九三七年三月一六日、SF. BOX102)。
(36) 遠洋掛より各店船舶係・受渡係宛「紐育定航蒐荷対策ノ事」(一九三八年六月二〇日、SF. BOX103)。
(37) 船舶部長より新嘉坡支店長宛「当社船馬来／北米航路ノ事」(一九三九年六月一日、SF. BOX107)。
(38) 遠洋掛「本店検査員へ提出資料　当掛所管業務ノ概要」(一九三八年四月一三日、ST.BOX76)。
(39) 遠洋掛より沙都派出員宛「比島／北米大西洋岸箱根山丸及白馬山丸配船ノ事」(一九三二年六月一三日、ST. BOX97)。
(40) 遠洋掛より沙都・桑港派出員宛「桑港・羅府／内地直航船開始ノ件」(一九三七年九月二七日、同前)。
(41) 遠洋掛より紐育・桑港派出員宛「桑羅線定航化ニ就而」(一九三七年四月三〇日、SF. BOX102)。
(42) 沙都船舶掛より塩田首席宛「当店船舶事務引継覚書」(一九一九年一一月三〇日、ST. BOX299)。
(43) 佐々木周一「船舶部シアトル派出員業務概要」(一九二五年七月、同前)。
(44) 前掲、船舶部「船舶部打合会議議事録」。
(45) 遠洋掛より沙都派出員・桑港出張所宛「桑港羅府沙府等より東洋向雑貨を社船に蒐荷御願の事」(一九二九年八月二一日、SF. BOX93)。
(46) 桑港山田萬喜男より沙都小西竹蔵宛書簡(一九三二年七月二七日、SF. BOX100)。
(47) 遠洋掛より泗水輸出雑貨掛宛「北米送リゴム運賃ノ事」(一九三二年一一月九日、SF. BOX97)。
(48) 前掲「紐育派出員事務ニツキ」、「船舶部在米三店打合事項」(一九三五年七月一七日、SF. BOX104)。
(49) 在神戸紐育派出員より各掛主任宛「事務打合ノ事」(一九三五年六月六日、ST. BOX67)。
(50) 船舶部桑港派出員「紐育、Gulf 方面出張報告ノ事」(一九三八年九月一四日、ST. BOX308)。
(51) 遠洋掛「本店検査員へ提出資料　当掛所管業務ノ概要」(一九三八年四月一三日、ST. BOX103)。

(52) 平川正一「引継書ノ事」(一九四一年七月一日、SF. BOX110)。

(53) 沙都船舶部出張員「昭和十六年上半期　考課状」(一九四一年四月三〇日、ST. BOX321)。

在米各店取扱高は、一九三二年、三三年から回復を見せる。満洲事変後の軍需と金本位制離脱に伴う円為替の低落により、日本の景気回復が始まったのである。在米店は軍需のための輸入、円為替低落を梃子にした部外商品の輸出によって回復傾向を示し始めた。さらに、三三年になると米国の景気回復が顕著になり、外国間貿易も大幅な増加を示す。

NY店は恐慌期に金物を除く生糸・機械・穀肥・部外商品など、ほぼすべての分野において顕著な減少を示した。恐慌からの回復過程において、生糸は停滞を続けたが、金物・穀肥・部外商品が大幅な増加を示す。生糸に代って缶詰や綿布・綿製品などの輸出、ゴム・錫などの外国間貿易社外販売も増加し、店舗の性格を変えながら拡大を続けるのである。

SF店は二〇年代、石油取引に進出したが、その取扱高も頭打ちとなり、新たな分野への進出も成果を挙げえず、低迷を続けていた。SF店の発展が始まったのは三二年以後の石油輸入の増加であった。ゼネラル石油・ソコニーとの厳しい交渉を経つつ、石油が同店の「喰扶持」となってきたのである。屑鉄の輸入も増加し、仕入店としての性格を強める。しかし同時に、缶詰・綿布綿製品などの雑貨、メキシコへの人絹糸輸出も増加していた。

ST店は二〇年代、小麦・小麦粉・米材の対日・対中積出しにより、発展の可能性はあまりないが、安定的な経営を続けていた。NY・SF店がはっきりと回復傾向を示していた三三年においても、店長は本店業務課長に弱音を吐くほどだった。ST店を支えていた商品はその後も回復せず、屑鉄輸入やミカン・綿製品の輸出に力を注ぐが、市場自体が狭小であった。

恐慌後の市場に対応する営業態勢を築きつつあった在米店に、大きな影響を与えたのは日中戦争の勃発であった。衝突が本格化する兆しを見せていた八月一九日、物産本店はNY店長に対し、米国から中国向けに積み出される軍需品を「費用ハ惜マズ取調ベラレタシ、奉公ノ為メ極力尽力サレタシ」との電報を発した。NYの三菱商事・大倉商事・正金銀行支店も東京から同様な指示を受けていた。そうして八月二三日、NYに陸海軍の駐在武官・総領事・三井・三菱・大倉・正金が会合し、各社が分担して全米から中国向けに積み出される軍需品の調査に当ることを決定した。(1)

商社はこうした情報収集にもあたったが、もちろん戦時体制構築のための資材調達が最大の仕事であった。日本経済の軍事化は三六年後半から拍車がかけられ、重化学工業関連の輸入が三六年末、三七年から増加する。第6章三において見たように、NYの機械輸入は三七年上期から激増を始める。三七年下期のNY店は「本邦軍備充実方針ニ重工業並ニ軍需関係商内ハ為替管理ノ掣肘ニモ不拘異常ナル躍進」、「日鉄買付委託ヲ受ケ三菱ト協力米国銑鉄安値買付」(NY、三七年下)と記し、SF店も「当店重油商内ニ於テ最モ絢爛タル記録ヲ貽セリ……支那時局発展ニ伴ヒ海軍関係原油需要大口購入」(SF、三七年下)と軍需関係品の大量買付けに努めるのである。

軍需関係は石油類や屑鉄・銅・鉄鋼などばかりではなく、原油精製工場、自動車・飛行機製造工場用主要機械など、広範な分野に及んだことは言うまでもない。中古の機械までまさに手当たり次第、輸入に努めるのである。

衝突が拡大するなか、東部・西部の主要都市では九月頃から日貨不買運動が始まる。在米商社・銀行は不安感を持ちながらも、「激シヤスイ米人ノ事故、最初ハ無茶ヲヤルケレドモ曾ツテ永続シタ事ガナイ」と、〝たか〟を括っている所があった。(2) しかし三七年一二月、日本海軍航空機が揚子江で米海軍砲艦を爆沈させたパネー号事件、中国都市部への日本軍の爆撃などを契機に、日貨排斥はより深く、広範になっていった。三八年から三九年にかけて、日本の九カ国条約侵犯、在華米国権益の侵害に対する制裁が米国政府・議会において検討されるが、具体的な対策は採られなかった。

日貨排斥は、アメリカの国民性から長続きしないだろう、事態が沈静すればおさまるだろうと見ていた在米商社・銀行員たちも、戦争が泥沼化し、日貨排斥が広範になるに伴い、事態を深刻に捉えるようになった。この間の米国政府・世論の動向を克明に本社に報じている三菱商事NY支店は、三九年初頭、次のように述べている。

現在ノ米国人一般ノ感情ハ徹底的ニ支那側ニ同情シ、日本ニ対シテハ侵略国トシテ有ユル方法ヲ以テ膺懲スベシトシ各種平和団体ノ活動モ引続キ熱度ヲ加ヘツヽアル……対日感情ハ甚敷悪化シ居リ、支那トノ平和ヲ見ザル限リ到底緩和ノ見込ナク、貿易業者トシテハ邦家ノ為メ等シク憂慮ニ耐ヘザル所ナリ(3)

楽観論は消え去り、事態を厳しく見るようになった。戦争経済の構築・維持のために、日本は米国への依存を強めていかざるをえなかったが、その支払い手段にますます窮することになる。日中戦争開始以前に輸入為替許可制が導入され、第6章に見たように、戦争開始後は屑鉄などの軍需物資の為替許可さえ円滑に出ない状況になっていた。缶詰・玩具・綿布・綿製品・人絹製品など、生糸に代る対米輸出品の増加に努めるが、その金額は限られていた。またゴム・錫・麻類などの外国間貿易は、商社の支店単位でみれば、資金回転を容易にする役割を果したが、日本、あるいは円ブロックの外貨運用に役立つものではなかった。そこに重要な意義を持ってきたのが占領地からの第三国向け輸出であった。

中国の欧米向輸出品は奥地からさまざまなルートをたどって香港に達し、同地にある国民政府系機関から輸出されていた。宋子文の設立した中国植物油料廠は、奥地からの積出用貨車を自由に入手できるため、「右商品〔桐油〕ヲ独占セルト同様」と言われており、ほかにも茶・絹織物・アンチモニーなどを輸出する孔祥熙が設立した富華貿易公司、桐油・錫・アンチモニー・重石などを輸出する広西省入出口貨貿易処などの国民政府系企業が貿易を支配していたのである(4)。

香港や中国南部の掌握はなお先のことであるが、三八年には天津・上海など中国北部・中部からの輸出品の掌握に努めた。天津支店は八月「北支必需資材ノ輸入ハ愈々急務、当局ヨリモ当社ニ対シ犠牲的行動ヲ要望シ来リ」と、羊毛や豚毛などの米英向け輸出によって必需物資を輸入することを求められた。[5] 一〇月には上海において特務部から三井・三菱・大倉・岩井・吉田の五社代表者が召集され、外国人勢力の駆逐・米貨獲得・通貨工作の円滑な進展を図るために、桐油・豚毛・茶・植物油・禽毛・卵製品など「奥地ニ豊富ナル輸出土産ヲ我方ノ手ニ収メ、之ヲ輸出シ以テ国際貸借ノ改善ニ資スルト共ニ長江流域並ニ海外ニ於ケル此種商権ノ拡張ヲ図ル」ために、中支物産輸出連合会を設立することを話し合った。[6]

NY支店からも関係支店に対し、「日満支ヨリノ輸出振興及ビ当社商勢伸長ノ為ニ将来性アル新商品並ニ旧商品ニテモ当社地盤拡張見込充分ニアルモノニ対シ、目先相当額ノ損失覚悟デ捨石的輸出商内シタシト思フ」と、上記した商品を損失覚悟で取り扱う旨の電報を発した。[7] また物産全体として、輸出奨励のために社内助成金制度も設けた。

このような要請と努力にもかかわらず、本店幹部の期待したようには、物産の輸出は増加しなかった。新市場新商品に向かって進出している反対商の活動は著しく積極的となっていた。

彼等実力内容ノ充実ト共ニ近年頓ニ積極的トナリ徒ニ右左ノ楽ナ商売ノミ望ミ居ル者ナク自力ヲ以テ犠牲輸出、無理商内ヲ敢行スル者多々アリ、皆地盤ヲ造リ実績ヲ残シ他日ノ雄飛ニ備ヘ併セテ国策ニ貢献シ政府当局ノ認識ヲ博シ後日ノShareト発言権ノ確保ヲ目指シテ敢テリスクヲ犯シ

反対商がこのように積極的に輸出を拡大しているのに対し、物産は「同業者ノ苦心開拓シタル市場ヲ侵害スル等ノ悪評ヲ、而モ出先外務官憲ノ定評ナリト聞ク」と、出先外交官からも物産の消極性を非難される状況だった。本店幹部は、物産各店が「比較的安易且有利ナル輸入、国内商売ニ甘ンジ自然薄利困難ナル輸出商売ニ冷淡ナリシ一般的傾向亦否定シ難ク候」と認めざるをえず、その原因は販売店・仕入れ店の双方が取引価格に口銭を加える制度にあるとし、内地仕入店は販売店に利益を上げさせるような大乗的姿勢で輸出に取り組むことを求める。[8] 続いて業務部長は

「社内取引上駈引、不当口銭秘密取得ノ陋習打破ノ事」と題し、「会社全体ノ利益ヲ忘レ或ハ極端ナル場合其レヲ犠牲ニ供シテ迄自店ノ利益ヲ計」る傾向を厳しく戒めるのである。[9]

物産をはじめ各商社は先行きに懸念を持ちつつ、軍需物資の輸入、外貨獲得の国策に邁進していた。その状況をさらに悪化させたのは三九年七月六、七日の日本軍による重慶爆撃であった。この事件を契機に、七月二六日、米国はすでにシミュレーションを終えていた日米通商航海条約の廃棄を通告してきた。日本にとってこの通告は予測外のことであり、日本国内、在米の官民とも、廃棄期限の四〇年一月までさまざまな動きを展開する。

八月八日にはワシントン大使館にNY総領事・財務官・日銀駐在員に加え、正金・三井・三菱・森村・郵船の在米主要企業の支店長が召集され、大使・館員・駐在武官らが出席して廃棄通告に対する大使館の見解説明、対応についての協議会が開催された。本省も含めて、米国の意図についての認識、日本の対応策については二転三転し、民間に大きな不安を与えないという意図もあったのだろうが、廃棄通告を米国内政治から出た「政治的ジェスチャー」とし、廃棄までに何らかの協約は可能というのが外務省の公式見解であった。[10]

一方、商社や銀行の海外駐在員たちは、この廃棄通告により、両国関係を極めて深刻に捉えるようになった。正金銀行NY支店は「要スルニ日本ハ驀進カ廻転カ余程ノ決心ト覚悟ヲ要ス」と決定的な岐路にあると認識し、その認識は在米日本企業社員が共有していると報じている。[11] こうした認識は米国事情に通じている商社が共有するものであった。物産本店も八月一〇日、在米店に対し「最悪ニ備ヘ研究スルハ元ヨリ必要ナルモ此ノ際外部ニ対シテハ冷静慎重ノ態度ヲ持シ、万一ニモ三井弱気トカ悲観論ヲ放送スルトカノ謗ヲ招カヌ様各員ヘ注意アリ度シ」との電報を発し、NY店は「万一ノ場合ニハ当社財産権益擁護ノ義務有之事申ス迄モ無之、依而斯ル場合ニ処スル研究ヲ重ネ居ル」と、最悪の事態を想定し、対処手段の研究を始めていた。[12]

大使館に主要企業代表者が集まった翌日の九日、三菱商事NY支店長は単独で陸海軍武官と会見し、「軍需必需品ハ出来ル丈多量条約期間内ニ市場ヲ刺激セザル様私ニ買付ニ当ル事ノ得策」を進言する。[13] 以後、以前にも勝る規模で軍需物資の買付けが行なわれ、またその一方、外務省の慫慂により、各社が持つチャネルによる米国の対日世論の好転、強硬姿勢の緩和に努めるのであった。

四〇年一月、日米通商航海条約が失効し、両国は無条約状態に陥った。米国は飛行機関係品・ガソリン精製装置などのモラールエンバーゴに加え、屑鉄や・銅などの禁輸も行なう可能性が取沙汰されていたが、急激には悪化しなかった。

三八年以降、対米貿易は統制が強化される一方であった。輸出は「近時対米輸出品ハ輸出強行、外貨獲得ヲ叫バレ居リ一人食料品ノミニ非ラズ、一般雑貨商内ハ殊ニ何ンデモ彼デモ『損ヲ覚悟デ』式輸出強行時代ニ候[14]」と述べているように、公式・非公式の補助金をあてにし、さらに輸出自体は損失となっても他の分野で取りかえすことが可能だった。三九年八月、農林省水産局は乱立している共販機関の整理を計画し、鮭・カニを除く鮪・イワシ・鯖・魚介の四共販を一つにまとめようとした。

入リタクナケレバ強ヒテ入ラナクテモヨイガ、ソノ代リ円ブロック向空缶ノ配給権ハ新共販ニ与フベキニヨリ、加入セザル者ハ第三国向輸出用空缶以外ハ先ヅ入手デキヌモノト承知サレタシ……円ブロック売ヨリハ相当ノ利益ヲ収メ之ヲ第三国輸出品の差損（乃至諸掛、宣伝費、調査費等）ニ引当ノ事……政府助成金モ新会社へ交付ノ事、但シ之ハ絶対外部ヘハ判ラヌ方法ヲ取ル事[15]

渋る各共販・水産会社に対し、水産局は共販に加盟しないものには第三国向（欧米向け）輸出用空缶以外は配給しないというのである。水産会社は日・満・支などの円ブロック向け輸出によって利益を挙げ、欧米向け輸出の損失をカバーしていたのである。

物産は統制が強化されるなかで、積極的に統制会社に参加していく方針を採っていた。統制会社設立計画には進んで参加し、業務執行役員に出来るだけ人を出し、貿易局と緊密な連絡を保つことを心がけたのであった[16]。欧米向け缶詰輸出に典型的に見られるように、統制の進展は三井・三菱に決定的に有利に進展し、野崎・駒田・北米など、中小専門商社には著しく不利であり、特に対米貿易においては両社の寡占化が進んでいった。

一九四一年四月、物産本店は各店に対し、三菱商事との競争状態を調査することを指示し、それに応じたNYとST店からの報告書が残されている。STにおける三菱の活動は目立たなかったが、NY店においては、日米貿易のほぼあらゆる分野で競合していた。屑鉄・化学薬品は両社以外の商社も有力であり、ゴム・錫・砂糖・麻類などの外国間貿易品は三菱が弱かったが、生糸・機械・鉄鋼・銅・鉛・穀肥・缶詰・茶はほぼ両社が独占していた。三菱進出の最大の武器は「片口銭制度」、「損失ヲ度外視セル割込運動」にあるとして次のように述べている。

> 当社ノ域ニ迫ラントノ意識甚ダ激烈ニシテ三井ノ取扱居ル商品ハ何デモ割込ヲ策スル傾向顕著ニシテ、全然損失ヲ度外視シ時ニハ無鉄砲ナ割込ヲ画シツ、アリ……新商品獲得、割込ノ為ニハ全社本店本部ニ別勘定ノ積立金ノ如キモノヲ有シ居リ本部A／Cヲ以テ莫大ナル犠牲損失ヲ敢テ払ヒ居ル由[17]

三菱だけでなく、三井をはじめすべての商社が米貨獲得のために「損を覚悟」で輸出にあたったのである。

四一年一月には、日本・ドイツ・イタリアなどを対象とする資産凍結法案が完成し、「何時ニテモ発令シ得」る状況になっていたが、米政府内部の意見の相違により発令できなくなったと「一般ニ予想セラレ居ル」という状況であったという[18]。物産業務部長は在米店宛、資金凍結、日米関係の一層の悪化に備えるよう電報を発する。その基本方針は、「債権債務資産等ヲ出来ル丈減少」することにあり、具体的には①倉荷証券などによって出来る限り借入金を増加すること、②売掛金・在荷の早期回収・処分、③保有公債の処分、などであった[19]。

業務部長からの指示に対し、NY店は、すでに可能な資産の減少は行なっており、無為替輸出の主なものは一三〇万ドルに及ぶカニ缶詰であり、それを担保とする借入金は困難、長期売掛金も中南米関係で削減困難、保有公債はゴム・錫商内のために不可欠であり、業務部長の指示は「先ズ第一ニ商売ノ整理ヨリ始メネバ満足ナル成果得ラレズ……日米関係最悪ノ場合ヲ御考慮セラレ居リヤ否ヤ承知シタシ」との返電を出す[20]。

SF店も資産減少を求める本店に対し、「石油ノ為替許可遅延勝ナルガ為メ常ニ約三〇万弗金融シ居リ、右ノ外売掛、在荷、約定荷、引取未済約二五万弗アリ、従ッテ石油商売ヲ続ケル以上ハ従来通リノ資金ヲ手許ニ保留スル必要アリ」との返電を出す[21]。

本店は在米店資産の急減を求めるのであるが、NY店もSF店も営業を継続するためには、現金や公債などの資産保有が不可欠であること、また商品や証券を担保に米国銀行から借入することも不可能な状況を述べている。四一年上期の取扱高は、NY店が三億二〇〇〇万円と前期・前々期より減少するがなお多額であり、SF店は八〇〇〇万という記録的な金額であった。両店は厳しい制限のなかで、軍需物資の輸入、そのための外貨獲得に努めており、資産減少に努めよという指示は、実質的に撤退準備を行なえ、という意味を持っていると捉え、確認を求めたのである。この確認に対する直接的な返電は見当らない。しかし緊迫の度を増す国際関係のなかで、在米店は最終局面を予測し、資産の減少に努めていった。

六月一四日にドイツ・イタリアの在米資産が凍結され、七月二五日に日本資産も凍結される。まさに同日付けで本店から在米店宛一三項目の資産凍結対策の電信が出されるが、在米店はすでに取るべき対策を取り終えており、この日を冷静に迎えた。二五日の時点でSF店は資産六六万ドル、負債二二万ドルと、四四万ドルの資産超過となるが、その多くは凍結対策としてNY店、正金銀行に集中していた預金であった[22]。NY店はST店の預金なども含め、資産・負債を平衡させる手立てを採っていたのであろう。

開戦時、NY支店には約二〇人の職員が在籍しており、支店長宮崎清らはエリス島の収容所に抑留され、いくつかのキャンプを経て四二年六月交換船で帰国の途についた[23]。

序章・終章を含めれば15章にわたり、三井物産が太平洋をはさんでどのような活動を展開してきたのかを検討してきた。日清戦後から日米開戦直前という長期間に及び、また物産の活動を反映し、分析の対象は多方面にわたった。こうした分析の内容は、各章の末尾に「小括」しており、ここであらためてまとめることはしないが、本書を終えるに当り、三点について記しておく。

第一は、太平洋をはさみ、ほぼ五〇年にわたって物産がどのような事業を展開したかという点である。言うまでもないが、一つは日本と米国を中心とする南北米間の貿易、二つは中国・インド・南洋地域特産物の米国・世界市場への投入と、それら地域への米国産品の投入という外国間貿易であった。この二つの事業は、時期によって取り扱う商品も方法も大きく異なり、それに応じて取扱店の営業内容が変わり、そのために物産内部での各店舗の位置づけも変化するのである。

その時期は、①日清戦後から日露戦後まで、②第一次大戦期、③一九二〇年代、④世界恐慌期、⑤恐慌回復期以降、の五期に分けられた。

日露戦後までの時期、物産が従事した営業は比較的単純であった。日本から米国向けに硫黄・北海道材・樟脳も輸出したが、生糸が大部分であり、輸入は機械・米綿・米材・小麦・小麦粉などであった。米国とアジア・豪州との間では石炭・油脂・錫などと米材・小麦粉など両岸の天産物の交易が行なわれていた。バルクカーゴはなお帆船で運ばれたり、綿花も大西洋廻りとされるなど、太平洋を効率的に横断することの重要性はあまり高まっていなかった。しかし日露戦後、新たな工業の発展や船腹の増加にも促され、両岸の交易量が増加し、物産もそこに積極的に進出する。

状況が大きく変わったのが第一次大戦であった。アジアが世界への食料や原材料の供給地としての役割を顕著に高め、それら物資の集貨・運送を担当していた独・英などの商社が後退した。パナマ運河が開設され、米大陸・欧州へのアジア産品の輸送ルートとして太平洋の位置が一挙に高まったのである。三井物産は二〇世紀初頭から北米太平洋岸に店舗網を築き、社船・傭船によって太平洋を往復する物資の輸送も含めた交易を展開しつつあった。物産各店はこの好機に乗じ、一挙に事業を拡大した。

一時的には大きな利益を挙げたが、在米各店は早くも戦後恐慌以前に大きな打撃を蒙むり、事業を縮小した。そのため、恐慌の打撃は比較的軽微であり、二〇年代前半、在米店の取扱高は低迷するが、中期以降着実に回復する。日本と北米との貿易は機械・金物が減少して石油輸入が増加し、輸出では生糸の重要性が一層増した。アジアと北米との関係は、多種多量のアジア産品が需要された大戦期とは異なるが、二〇年代にはアジアからはゴム・麻・錫・油脂が、北米からは米材・小麦・小麦粉・綿花などの食料・原材料に加え、機械・金属などの工業製品が輸出された。さらに日本とアジア各国・地域との間には、日本からの機械・雑貨などからなる工業製品の輸出とゴム・錫・油脂の輸入という関係が定着する。

アジア産品に支えられて米国・日本の工業が発展し、米国・日本への輸出によってアジア地域の開発が進み、開発がアジアの消費需要の増大をもたらし、北米・豪州の小麦増産を誘引する、といった状況が生まれたのである。これらの物資流通の中心にいたのが三井物産であった。物産は中南米を除く、太平洋岸の要地に支店を設け、欧米系商社・華商・インド商人・日本商社と競合しつつこの交易を担い、促進していったのである。

この動きを一時的に押しとどめ、さらにその方向を転換させたのは世界恐慌であった。日本から米国への最大の輸出品であった生糸輸出が激減したことにより、他の商品によってその減少を補わねばならなかった。日本全体としては、米国への生糸輸出減少を新市場への新商品の輸出によって補填し、日米貿易に関しても円貨低落による繊維・食料品などの輸出を増大させるが、到底補えなかった。物産NY店は生糸にかわる社外販売品として、ゴム・錫・麻などの南洋特産物に一層注力するとともに、油脂などの中国特産品販売にも力を注ぎ、仕入と販売の一定の均衡を保ったのであった。

しかしながら、日中戦争が勃発すると、こうした恐慌後の世界経済への対応も再び変更を迫られる。米国に支店を持つ商社・銀行は、軍需物資の調達と戦争経済建設のための資材輸入に全力を注ぐことを求められる。日中戦争開始後しばらくは余裕があったが、戦争が長引き、日米が無条約状態になり、日米開戦が現実問題になってくると駐在員たちの苦悩も深まった。

このように見てくると、在米店の営業は、直接的にはアジア・日本と米国の変貌、すなわち開発と工業化の進展、大きく言えば世界経済の変貌、に応じて自らを変えていったといえるだろう。開発と工業化の進展は、取扱品目だけでなく輸送・金融手段の革新も伴い、もちろん支店立地の変動ももたらした。いうまでもなくこの革新・変動は、物産だけでなく、物産が「反対商」として認識している商社やメーカーによっても担われたものであり、このような活動が開発と工業化、世界経済の変貌をもたらしたのである。

第二に指摘しておきたいのは支店経営の問題である。物産のように支店独立採算制に比重を置いた商社と、三菱商事のように本社・本部の力が強い商社の場合では、支店経営は相当異なる。商業行為の利潤は仕入と販売によって生じ、外国貿易を行なう商社の場合、同一支店で同じ商品を仕入・販売することは稀であり、また商社の規模が大きくなるに伴い、支店の取り扱う商品は商社全体よりも少なくなり、支店の機能は限定される。その故に商品ごとの詳細な経費負担・利益配分の取り決めが必要となる。しかしどの店舗をも満足させる取り決めは不可能であり、支店は支店経営の発展と安定のためにさまざまな努力を重ねる。

支店も仕入・販売を均衡させつつ発展させることが必要であり、仕入店として位置づけられる店舗も社外販売に努力し、また逆もあるのである。天産品の多くはリスクをとることが不可欠であったが、それをとることのできない仕入・販売店に対しては、他の店舗がリスクを負担し、あるいはモチベーションを高める手段を講じた。予期される、あるいは予期できないリスクに備えるために、さらには新規事業開拓のために、支店に多額の簿外リザーブが蓄えられた。

支店独立採算制のもとでは、利益の多寡が支店長以下の評価基準に直結していることは言うまでもなかろう。一九三〇年代末期のSF店長の引継書に見たように、人事を含む店長の店舗運営の責任と力は重くかつ大きかった。総合商社としての物産の支店経営は、総合商社のミニサイズともいえるものであったのである。

第三に、商社支店、商社の本質的機能というべき仕入・販売について若干まとめておこう。言うまでもなく、仕入・販売の双方が強力でなければ商売として成り立たないが、しかしどちらかの能力が優れておれば他者を援助して強化し、継続的な商売とすることが可能であった。さらに仕入・販売を結びつける金融・輸送・保険などの付帯業務も大きかった。物産が携わった貿易は遠隔地間であり、また物産自ら業態に最も適していると認識していた商品は、ステイプル、バルキーなものであっただけに、その仕入・販売を結びつける業務の巧拙が商売を左右したのである。このようにして、物産在米店は商社の本質的機能である仕入と販売活動を充実していったのである。

在米店が仕入れたのは、綿花・米材・小麦・小麦粉・金属・屑鉄・機械・石油・紙・古新聞紙・松脂・硼砂など多種多様にのぼり、大部分は日本及び満洲・中国・南洋に輸出された。綿花・小麦・石油などは安定的な販売先を確保することによって大量の取扱いが可能となり、米材・屑鉄・小麦粉などは価格・品質・販売政策などの厳しい競争のなかで地盤を確保していった。

在米店が販売したのは日本産品と外国間貿易品であった。日本産品は北海道材・硫黄・樟脳などの原料品と生糸・綿製品・食料品・雑貨類などの半製品・最終消費品に分けられる。前者は反対商との競合もあったが、物産がパイオニア的で、仕入力もあったため、販売市場において有力だった。後者のうちの生糸は日本・中国の特産物、半製品で需要者が限定的ということが預かり、輸入商である物産がディーラーも兼ね、社員に加えセールスマンを擁して実需筋に売込むとともに、ディーラー向けにも販売することにより、米国市場において最有力の輸入商・ディーラーとなった。

消費者に近い商品ほど販売は難しかった。SF店の綿織物・綿製品、NY・SF店の缶詰売込みに見たように、卸商・チェーンストア・デパート・小売商仕入団体への売込みを図った。缶詰のようにブランド名を浸透させ広範な販売ルートを形成しなければならない商品の場合は、全米主要都市に代理店・副代理店を設定し、そこに在庫を置き、販売に当った。こうした商品の販売ルート形成には社員も当ったが、主には専属ブローカー・セールスマンなど、各業界に通じた米国人が担当した。

外国貿易品の米国内市場への売込みも困難な仕事であった。大豆油など、一部の満洲・中国特産物を除けば、すでに形成されている市場への新規参入であり、アジア系外国商社としてのハンディを負って参入するのである。当初は輸入商としてディーラー筋へ売り込み、次第に実需先を開拓する。この販売に当ったのもセールスマン・ブローカーであった。さらにゴム・麻に典型的に見られたように、格落品・オッズ品などに商機を見出し、そこからスタンダードものに広げたことも大きかった。アジア特産品の取扱に在米店が大きなシェアーを確保していった根拠として、主要産地・積出地に支店を有していたことも大きかった。在米店の資料によったため、仕入店の貢献が低く評価される傾向は否めない。麻取引に関してNY店はカルカッタ店が地元市場での鞘取り売買に熱中していると非難したことがあったが、しかしこうした行為が産地における物産支店のプレゼンスを高め、仕入能力を強化していったのである。加えて、利鞘の薄いバルクカーゴの取引には、自社船や大荷主としての割引運賃の獲得、低利資金の運用などが大きな役割を果たしたのである。

(1) 紐育支店長より本店宛「支那向輸出武器ノ事」(一九三七年八月二五日、ST. BOX311)。日中戦争から通商航海条約廃棄に至る経過については、拙稿「日米通商航海条約の廃棄」(上山和雄・阪田安雄編『対立と妥協――一九三〇年代の日米通商関係――』)において詳述した。この間の米国政府・議会・世論の動向、日本関係者の対応については、三菱商事紐育支店が綿密にフォローし、多くの報告を同社本店に送り、その写しがRG131に残されている。

(2) 横浜正金銀行紐育支店「ボイコットニ就テ」(一九三七年一〇月一四日、YSB. NY. BOX9)。

(3) 三菱商事紐育支店長より本店宛「米国ノ対日感情其他ニ係ル件」(一九三九年二月一日、MSK. ST. BOX422)。

(4) 香港支店長より本店宛「香港ニ在ル貿易関係ノ支那政府機関ニ就而」(一九三八年八月一五日、MBK. SF. BOX1062)。

(5) 天津支店長より紐育・ロンドン支店長宛書簡(一九三八年八月三日、ST. BOX293)。

(6) 上海支店長より本店宛「中支物産輸出暫定処理要領案ニ就テ」(一九三八年一〇月一七日、SF. BOX437)。

(7) 天津支店長より本店・紐育支店宛「対米輸出商内振興策ニ就キ」(一九三九年一月一六日、SF. BOX1467)。

(8) 本店業務部長より各部店長宛「当社第三国向輸出商売不振ト其対策」(一九三九年七月二六日、ST. BOX298)。

（9）同前「社内取引上駆引、不当口銭秘密取得ノ陋習打破ノ事」（一九三九年八月一九日、同前）。
（10）三菱商事紐育支店「日米通商条約ニ関スル華府会議ノ件」（一九三九年八月一二日、MSK. SF. BOX630）。
（11）横浜正金銀行倫敦支店「倫敦支店要録」（一九三九年八月二日、YSB. NY. BOX153）。
（12）紐育支店長より業務部長宛「日米通商条約失効ニ付堀内大使ト意見交換ノ事」（一九三九年八月一一日、MBK. ST. BOX294）。
（13）前掲「日米通商条約ニ関スル華府会議ノ件」。
（14）紐育支店より本店宛「対米蜜柑缶詰商内」（一九三九年五月九日、SF. BOX460）。
（15）営業部食品第一課より各店宛「日本海産缶詰販売株式会社創立ノ事」（一九三九年八月一八日、ST. BOX302）。
（16）業務部長より各部店長宛「輸出一元統制会社設立ト当社方針ノ事」（一九四〇年七月一九日、ST. BOX298）。
（17）紐育支店長より業務部長宛「三菱トノ競争状態ニ就テ」（一九四一年四月二九日、ST. BOX321）。三菱商事の活動について触れることはできなかったが、物産在米店は商事を最有力反対商として常に認識しており、その台頭の最大の根拠が口銭の掛け方にあるとしている。物産は支店独立採算のために関係店すべてが手数料を見込むのに対し、商事は一九二一年以降、販売店に利益を集中し、損失が出た場合は本店が負担する制度とした（川辺信雄前掲書、九二頁）。
（18）桑港出張所長より業務部長宛「米国資金凍結懸念ト当店資金状態ノ事」（一九四一年二月一〇日、SF. BOX1376）。
（19）紐育支店より桑港出張所宛電信（一九四一年二月一日、同前）。
（20）紐育支店より桑港出張所宛電信（一九四一年二月四日、同前）。
（21）桑港出張所長より業務部長宛「米国資金凍結懸念ト当店資金状態ノ事」（一九四一年二月一〇日、同前）。
（22）同前「資産凍結対策ニ就テ」（一九四一年七月三〇日、SF. BOX. 1366）。
（23）前掲平田弘「大いなる昼行灯」一五三〜一六五頁、『三井事業史　本編第三巻下』五五一頁。

付表 1　商売別社外販売高と割合（1897～1941 年）

（単位：千円）

	輸　出	輸　入	内国売買	外国売買	合　計	輸　出（%）	輸　入（%）	内国売買（%）	外国売買（%）
1897 年	10,432	33,540	9,579	179	53,730	19.4	62.4	17.8	0.3
1898 年	13,404	38,788	9,670	761	62,563	21.4	62.0	15.5	1.2
1899 年	25,439	40,016	10,043	732	76,230	33.4	52.5	13.2	1.0
1900 年	22,093	45,248	18,856	2,073	88,268	25.0	51.3	21.4	2.3
1901 年	20,952	37,218	14,252	1,876	74,298	28.2	50.1	19.2	2.5
1902 年	24,625	44,076	14,346	2,488	85,535	28.8	51.5	16.8	2.9
1903 年	33,044	47,955	13,212	2,003	96,215	34.3	49.8	13.7	2.1
1904 年	43,764	55,285	25,501	3,071	127,621	34.3	43.3	20.0	2.4
1905 年	51,604	84,769	31,298	13,224	180,895	28.5	46.9	17.3	7.3
1906 年	71,409	74,417	37,983	15,692	199,502	35.8	37.3	19.0	7.9
1907 年	82,107	104,450	33,417	15,191	235,164	34.9	44.4	14.2	6.5
1908 年	71,232	102,407	30,855	38,277	242,771	29.3	42.2	12.7	15.8
1909 年	85,241	76,282	33,280	28,939	223,743	38.1	34.1	14.9	12.9
1910 年	103,285	87,070	45,337	42,345	278,038	37.1	31.3	16.3	5.2
1911 年	111,044	113,335	56,643	35,479	317,102	35.0	35.7	17.9	11.2
1912 年	124,463	118,894	60,330	55,649	359,336	34.6	33.1	16.8	15.5
1913 年	153,089	134,781	59,377	54,793	402,040	38.1	33.5	14.8	13.6
1914 年	168,623	153,001	67,538	63,225	452,387	37.3	33.8	14.9	14.0
1915 年	152,180	109,401	76,105	100,483	438,169	34.7	25.0	17.4	22.9
1916 年	242,364	167,659	117,901	193,859	721,784	33.6	23.2	16.3	26.9
1917 年	334,360	200,896	245,825	313,962	1,095,038	30.5	18.3	22.4	28.7
1918 年	398,273	322,930	401,904	479,613	1,602,721	24.8	20.1	25.1	29.9
1919 年	403,909	490,854	521,527	713,981	2,130,270	19.0	23.0	24.5	33.5
1920 年	383,752	430,647	465,060	640,551	1,921,010	20.0	22.4	24.2	33.3
1921 年	209,422	179,565	192,705	232,278	813,970	25.7	22.1	23.7	28.5
1922 年	261,568	222,072	201,328	180,194	865,162	30.2	25.7	23.3	20.8
1923 年	233,333	202,132	223,110	224,357	882,932	26.4	22.9	25.3	25.4
1924 年	263,868	253,018	249,679	268,944	1,035,509	25.5	24.4	24.1	26.0
1925 年	285,621	265,072	282,646	308,390	1,141,729	25.0	23.2	24.8	27.0
1926 年	280,267	280,478	293,003	328,076	1,181,823	23.7	23.7	24.8	27.8
1927 年	275,373	269,676	327,363	295,108	1,167,520	23.6	23.1	28.0	25.3
1928 年	294,063	282,791	421,852	266,339	1,265,045	23.2	22.4	33.3	21.1
1929 年	308,221	281,919	466,875	266,965	1,323,980	23.3	21.3	35.3	20.2
1930 年	223,911	222,282	387,003	247,350	1,080,546	20.7	20.6	35.8	22.9
1931 年	173,537	138,982	322,854	206,359	841,732	20.6	16.5	38.4	24.5
1932 年	232,957	155,357	359,232	200,659	948,205	24.6	16.4	37.9	21.2
1933 年	261,494	239,215	494,911	237,940	1,233,561	21.2	19.4	40.1	19.3
1934 年	306,152	269,139	589,811	334,429	1,499,530	20.4	17.9	39.3	22.3
1935 年	375,779	349,864	666,233	381,673	1,773,548	21.2	19.7	37.6	21.5
1936 年	372,696	349,120	695,368	380,207	1,797,396	20.7	19.4	38.7	21.2
1937 年	413,432	487,742	890,081	553,585	2,345,843	17.6	20.8	37.9	23.6
1938 年	366,975	511,601	1,083,139	431,849	2,393,566	15.3	21.4	45.3	18.0
1939 年	488,467	521,714	1,273,581	630,595	2,914,359	16.8	17.9	43.7	21.6
1940 年	551,499	674,864	1,189,278	1,030,399	3,446,039	16.0	19.6	34.5	29.9
1941 年	508,349	740,395	1,201,416	1,407,811	3,857,971	13.2	19.2	31.1	36.5

出典：『沿革史』、各期「事業報告書」。

付表 2　商品販売益・利益金の推移（1897～1939年）

（単位：千円）

	社外販売高 (A)	商品販売益 (B)	利益金 (C)	B／A (%)	C／A (%)
1897年	53,729		1,123		2.09
1898年	62,562		1,718		2.75
1899年	76,229		1,868		2.45
1900年	88,267		1,354		1.53
1901年	74,298		1,685		2.27
1902年	85,534		1,532		1.79
1903年	96,214		1,668		1.73
1904年	127,626		2,209		1.73
1905年	180,894		2,346		1.30
1906年	199,501		2,187		1.10
1907年	235,164		2,051		0.87
1908年	242,771		1,284		0.53
1909年	223,742		1,971		0.88
1910年	278,037	6,421	4,504	2.31	1.62
1911年	317,101	8,088	6,014	2.55	1.90
1912年	359,336	7,931	5,020	2.21	1.40
1913年	402,040	4,386	5,218	1.09	1.30
1914年	452,387	5,455	3,958	1.21	0.87
1915年	438,168	8,903	7,053	2.03	1.61
1916年	721,784	20,493	19,181	2.84	2.66
1917年	1,095,038	28,652	32,185	2.62	2.94
1918年	1,602,721	38,135	36,463	2.38	2.28
1919年	2,130,270	40,409	19,863	1.90	0.93
1920年	1,921,010	26,237	16,895	1.37	0.88
1921年	813,969	19,782	6,716	2.43	0.83
1922年	865,162	27,174	11,119	3.14	1.29
1923年	882,932	31,585	10,164	3.58	1.15
1924年	1,035,509	28,800	14,176	2.78	1.37
1925年	1,141,729	28,850	16,079	2.53	1.41
1926年	1,181,823	28,262	16,767	2.39	1.42
1927年	1,167,520	27,027	15,572	2.31	1.33
1928年	1,265,044	29,895	17,650	2.36	1.40
1929年	1,323,980	27,654	17,557	2.09	1.33
1930年	1,080,546	24,494	13,574	2.27	1.26
1931年	841,732	19,952	11,634	2.37	1.38
1932年	948,205	24,004	11,899	2.53	1.25
1933年	1,233,560	31,279	20,784	2.54	1.68
1934年	1,499,530	32,328	13,949	2.16	0.93
1935年	1,773,548	32,711	14,435	1.84	0.81
1936年	1,797,396	30,195	28,488	1.68	1.58
1937年	2,345,843	42,894	22,062	1.83	0.94
1938年	2,393,566	46,647	18,462	1.95	0.77
1939年	2,914,359	69,861	15,189	2.40	0.52

注：利益金は配当・利子などを含んだもの。
出典：付表1に同じ。

あとがき

ようやく手を離すことができた、というのが現在の思いである。

初めてパスポートを取得して出国し、アメリカ合衆国国立公文書館所蔵の、日系企業押収文書を閲覧したのは一九八六年の夏であった。それから一八年を経過したことになる。

研究の重心を蚕糸業史に移しつつあった頃、高村直助先生が「昭和横浜市史」の代表編集委員を引き受けられ、貿易と商業部門を担当するようにとのお話しがあった。筆者が城西大学から國學院大学に移った翌年、一九八五年の春のことであった。貿易を担当することにいささかのためらいがあったが、以前からつながりのある横浜の仕事ができ、また新しい分野を開拓できる可能性とを考え、喜んでお引き受けした。

横浜市史は、八六年から米国を中心とする海外資料の調査・収集を本格化し、筆者も最初からそれに参加することになった。出発に際しては、周到に準備を重ねた。カリフォルニア州立大学ロサンゼルス校所蔵の新井領一郎文書中の横浜生糸株式会社関係資料、商務省・国務省資料中の在日本商務官・横浜領事館の資料、それに押収文書の三つに課題を絞った。押収文書については、早稲田大学の川辺信雄氏（当時広島大学）から懇切な助言を頂いた。

プラザ合意の後、円が激しく上昇していた時であったが、かなりの貧乏旅行であった。米国国立公文書館スートランド分館では、国会図書館の事業としてSCAP資料の整理・撮影をされていた、藤代慎二・鈴木廣司氏らの知遇をえ、現在に至るまで種々の便宜を図って頂いている。筆者はワシントンD・Cからロサンゼルスに行き、阪田安雄、ユージ・イチオカ両氏のご好意により、UCLAにおいて新井文書を調査する機会を得た。阪田氏からは、押収文書の廃棄や保存についての経緯をうかがい、詳細なメモの写を頂戴した。

当時、米国は双子の赤字に苦しむ一方、日本は記録的な貿易黒字を生み、急騰する円の力を背景にした日本人観光客・日本人商社マンの活動が顰蹙を買い始めた頃であった。ロサンゼルス郊外の日本風居酒屋において、今はなきイチオカ氏が熱情溢れる口振で、日系人の歴史、日本・日本人のあるべき姿、将来の日米関係を語っていたのが懐かしく思い出される。

その後の対外経済関係に関する筆者の基本的モチーフは、この時期に形成された。一ドル三六〇円の固定相場により、日本製品は大量に輸出されたが、日本人の海外発展は戦前よりもはるかに制約されていた。ところが急激な円貨の上昇に伴い、日本人・日本企業が奔流のように海外に進出し、国際社会の中で急速にプレゼンスを高め、通商摩擦が文化摩擦としても捉えられるようになっていた。

このような事態と相似した様相が一九三〇年代にも出現していたのである。米国国務省・商務省の公文書、あるいは日系企業押収文書のなかに、同様な事態を見出すことができるのである。貿易統計の数字的な処理や外交交渉のみによって跡付けるのではない、日本人・日本企業の海外における具体的な活動を明らかにすることを課題の一つと考えて取り組むようになった。

翌八七年も横浜市史から、八九年には大学からと連年のように、夏になると資料の調査・収集にワシントンに出かけた。そうした経緯を踏まえ、九〇・九一年には高村先生を代表者とする科学研究費補助金（国際学術研究）（課題名「両大戦間期における日米経済摩擦の研究」）を得、参加者による共同調査を行った。さらに九一年には、國學院大学から在外研究の機会を与えられ、前記共同研究者のひとりであるマリーン・J・メィヨの所属するメリーランド州立大学に留学した。

この一年は充実した期間であった。押収文書の日系企業関係資料にほぼ目を通すことができ、また米国議会図書館アジア部日本課書庫内での調査を許可された。こうした調査を行う時間を得たこととともに、大きかったのは資料収集費の存在である。近いうちに必要と思われる資料やマイクロ化が難しそうな資料はコピーで収集する一方、大部なものはマイクロフィルム・オーダーに拠った。そのフィルムの多くは横浜市史編集室に収められている。編さん事業も終了したので、遠くないうちに公開されるであろう。科研の共同研究者であり横浜市史編集委員でもある小風秀雅・大豆生田稔氏、故曽根妙子氏をはじめとする横浜市史や茅ケ崎市史関係者、多くの友人が、資料調査を兼ねてワシントンを訪問された。老川慶喜氏とのデトロイト、フォード・ミュージアムまでのドライブも懐かしい思い出である。

一年間の留学を終えて引き上げる時には、一〇を越える大きなダンボールを送ったが、その多くは三井物産・三菱商事・横浜正金などの資料であった。こうした資料調査・収集の成果は、横浜市史II通史編や同資料編6の編集に生かした。また、共同研究の成果は『対立と妥協――一九三〇年代の日米通商関係――』として公刊した。持ちかえった資料のメモは作成していたが、軍隊と地域、渋谷学といった他の課題の研究に追われ、本格的に着手する機会がなかった。そうこうしているうちに、押収文書を使った研究が出されるようになり、また押収文書に関心を持つ若い友人からも、持ちかえった資料に基づく成果の公刊を求められるようになった。ようやく本格的に着手することを決意し、二〇〇二年三月に、本書の序章、第一章のもととなる論文（「総合商社史研究の近年の動向」〈國學院大学大学院文学研究科『伝統と創造の人文科学』〉、「第一次大戦前、三井物産の海外店舗網と米国店」〈『市史研究　よこはま』第一四号〉）を発表した。そうして二〇〇三年度には大学から国内研究の機会を与えられ、第二章以下の執筆に当った。

当初からこのようなかたちになることを予測していたわけではない。すでに活字化している明治初期の横浜正金銀行や破綻した茂木商店などの論文、三菱商事・堀越商会なども組み込み、もっと幅広いものにすることも考えていた。しかし、三井物産の資料はあまりにも膨大で具体的であり、それらを捨象することができず、結果としてこのようなかたちになった。総合商社であるだけに、取扱商品・業務の種類・地域など、取り扱わねばならなかった範囲は極めて広かった。個別商品・業務・個別企業に関する研究もできる限りフォローしたつもりではあるが、手落ちがあるのではないかと懸念している。

ほぼ原稿を仕上げたころ、大学の出版助成が制度化されることとなった。本制度は故阿部美哉前学長のご遺志でもあるという。本制度による助成の第一号として認められたことに感謝申し上げる。

縷述したように、本書は筆者が横浜市史の編さんに従事していなければありえなかったものでもある。米国調査の機会を与えられ、その後も資料の収集に便宜を頂いた。編集室スタッフや編集委員と、楽しくかつ厳しく仕事をさせていただいたことが何よりの喜びであった。

出版助成が確定する以前から相談に乗っていただいた、日本経済評論社の栗原哲也社長、出版部の谷口京延氏に深く感謝申し上げる。

お名前は記さなかったが、米国や日本において、本当に多くの方々にお世話になった。

掲載図表一覧

〔表〕

【著者略歴】

上山和雄（うえやま・かずお）

1946年　兵庫県に生まれる
1978年　東京大学大学院博士課程退学
　　　　城西大学助教授を経て
現　在　國學院大学文学部教授
著　書　『陣笠代議士の研究』（日本経済評論社，1989年）
編著書　『対立と妥協——1930年代の日米通商関係——』（第一法規，1994年）
　　　　『帝都と軍隊——地域と民衆の視点から——』（日本経済評論社，2002年）

北米における総合商社の活動
——1896～1941年の三井物産——

2005年5月20日　第1刷発行　定価（本体7,500円＋税）

著者　上　山　和　雄
発行者　栗　原　哲　也

発行所　株式会社　日本経済評論社

〒101-0051　東京都千代田区神田神保町3-2
電話 03-3230-1661　FAX 03-3265-2993
E-mail : nikkeihy@js7.so-net.ne.jp
URL : http://www/nikkeihyo.co.jp/
印刷＊中央印刷・製本＊山本製本所
装幀＊渡辺美知子

乱丁落丁はお取替えいたします。　Printed in Japan

ISBN4-8188-1758-9

郵政選挙と国民投票

五十嵐敬喜

二〇〇五年八月、小泉内閣は衆議院の「解散」を行った。そのきっかけとなったのが「郵政民営化の是非」である。この解散については当初、解散の結果自民党の分裂選挙となり、最悪の場合は自民党が政権を失う事態になるなどとして、当の自民党すら及び腰であった。しかし、蓋を開けてみると、「刺客」などの話題も重なって日本国中、連日朝から夏の夜のミステリー劇場を見せ付けられることになった。結果は周知の通り、小泉の大勝利である。当初、多くの疑問が突きつけられていた解散が、なぜこのように国民を巻き込み、自民党の勝利に結びついていったのか。

マスコミはほとんど注目しないが、この選挙には憲法にかかわる一大争点が含まれており、それが小泉に有効に機能したからである。それは、解散直後の自民党武部幹事長の、今回の解散は「郵政民営化賛成か反対か」の「国民投票」である、という断言から始まった。従来の選挙、とりわけ小選挙区制導入後のそれは「二大政党制」を強め、今後の選挙は「政権選択」、つまりは小泉か岡田か、そのどちらを総理大臣にするかの選挙になると予測されていた。しかし、小泉はそのような主張や予測を無視し、「郵政民営化の是非」という一点に絞って、その当否を国民に問うたのである。自民党の一部と民主党（その理由は同じではないとしても）の「反対」に対して、小泉はこれを無策の「守旧派」（亀井と岡田が一緒になる）としてなで斬りにした。この論理からすれば、自民党が反対派のところに刺客を送り込むことも、「賛成か反対か」の選択肢を与える、

評論 No.151
2005. 10

日本経済評論社

という意味からきわめて単純に正当化される。

こういうやり方は義理人情にそむくなどという旧来型の自民党の論理や雰囲気をガラリとかえたのである。

このような「国民投票」という位置づけは、これまでの選挙のイメージを一新したということにまず着目しておきたい。しかし、論点はそれだけにとどまらない。注目すべきことは、「この法案が国会で否決されたので国民に信を問うた」ということである。

周知の通り、日本国憲法では「国会は……最高機関で唯一の立法機関である」（憲法四一条）とされている。これは「間接民主主義」と言われるものであるが、この制度の下では、それこそ「国会が最高の機関」なので、ここで否決されたら、内閣は総辞職するというのが定説であった。

アテネの時代、そこでは直接民主主議が行われていた。中世期、ジョン・ロックが議会を、モンテスキューが三権分立を、そしてルソーが国民主権を提起し、爾来近代は「議会」中心の統治機構すなわち「間接民主主義」のシステムを確立した。しかし二一世紀にはいって、世界中がこの「不動の議会」に疑問を持つようになっている。

議会は必ずしも国民の意見を代表しない。アメリカでは州レベルではいまや国民による投票は当たり前になっている。納税や公共施設の建設などから始まって、今ではクローンや同性愛者の結婚の当否などなど、議会の議決ではなく住民の投票によってことが決定されていく。この波はヨーロッパにも押し寄せている。EU憲法ではヨーロッパ市民一〇〇万人の署名があれば、議会に法案を提出できるとしている。

日本でも徐々に直接民主主義が浸透し始めた。

自治体では、首長の直接選挙だけでなく、原発、ダム、産廃処分場、基地といった具体的なテーマについて住民投票が行われるようになったのである。この住民投票は当初、首長や議会の決定を無視するものとして大変評判の悪いものであった。しかし、ことが合併の問題になるや、住民投票で決めないほうがおかしいというように逆転するようになった。

なぜ世界各国で住民投票が流行するようになったか。議会の無力、議員の能力の低下などいくつもその理由をあげることができる。しかし最大のポイントは、世界中で、各国民が自分自身の運命を人に任せないで自分で決めたい、すなわち「自己決定権」を要求するようになったからだと見ることがで

きるだろう。

ところが、日本を見ると、自治体はともかく、国民は国会に対して「請願・陳情」ができるとされているだけで何の権利も持っていない。「国民主権」といいながら、それは選挙のときだけであとは「奴隷」にされてしまっているのである。

そこで私たちは、二一世紀の憲法は、九条や天皇あるいは環境権などのテーマよりももっと重要で本質的な論点として、この「直接民主主義の導入」（具体的には先ほどの四一条の改正）を提案したのである（『市民の憲法』早川書房、二〇〇二年）。しかし周知のように、衆参両議院、自民党や民主党などの政党、その他さまざまな改正案では、この論点はほとんどふれられていない。その意味で、今回の小泉の手法は国会と、従来の憲法改正論の限界を、初めてくっきりと気づかせたという意味で画期的なのである。国民は国会を超えて自らの一票で政治を変えることができる。この可能性が、今回の選挙を活気付けたのである。

もちろん問題もある。それはこの国民投票は現憲法のもとでは今回のように「議員の選挙」というやや変則的な方法でしか行えない、ということである。もうひとつは、この国民投票の結果だけでは国会の否決の意思（特に今回は参議院の意思）を変えられない、ということである。アメリカやヨーロッパでは国民投票は議会の選挙とは切り離して、つまり議会はそのまま維持した上で行われ、かつその結果に対しては議会の意思を超えるものとして「法的効果」を与えている。

今回の「国民投票」では小泉が勝ったが、参議院があくまで反対すれば法案は通らない（今回は与党が三分の二以上を占めたので衆議院が再議決すれば法案は成立することになるが）。その後の推移をみると、どうも参議院の反対派は腰くだけになりそうである。しかし、これはあくまで政治的効果であって法的効果ではない。

今年は自民党結党五〇周年であり、自民党はこれにあわせて一一月には自民党憲法改正案を決定する。今後いつまで小泉内閣が続くかは不明だが、憲法改正論が日本の最大テーマになるのは不可避であり、この国民投票の論点は不可避となる。私たちは主権者として一票を投じるだけでなく、自ら「憲法」をつくるというところまで発展させなければならないのである。

［いがらし たかよし／法政大学法学部教授］

経済学と食料・農業市場

三島　徳三

農業市場論あるいは農業市場学と呼ばれる学問分野がある。一九五〇年代から日本でも商業的農業が発展し、農産物の販売市場の状態や農民の市場対応（マーケティング）を研究する必要性が高まった。それを先駆的に行ったのが、北海道大学の川村琢や協同組合短大の美土路達雄ら（所属はいずれも当時のもの）であり、彼らの研究は農産物市場論と名づけられた。爾来、農産物市場論の研究者が徐々に増加していき、その中心メンバーによって一九七七年、『農産物市場論』全三巻（農山漁村文化協会発行）が刊行された。また、一九六四年に北大農学部農業経済学科に日本で初めて農業市場論講座が設置されたことを契機に、農業市場論の研究が大きく進展していった。農業市場論は農産物市場にとどまらず、農家購買品市場、農村労働市場、農村金融市場、土地市場など「農業を取り巻く諸市場」を研究対象とするものである。その最初の研究成果は一九七六年、川村琢・湯沢誠編『現代農業と市場問題』（北大図書刊行会発行）として刊行された。

学会関係では一九七四年に農産物市場研究会が創設され、これは九二年に日本農業市場学会へと発展していった。そして、同学会の企画として『講座今日の食料・農業市場』全五巻（筑波書房発行）が編まれ、二〇〇〇～〇一年に相次いで刊行された。

このように、農業市場論（学）の研究は一見華々しい。だが、これに関わる研究者の問題意識、対象、方法は必ずしも一致していない。また、一九九四年に日本フードシステム学会が多様な研究者・実務家を含めて創設されたことによって、農業市場論（学）の独自性が問われることになった。

フードシステム学は、「川上の農漁業から、川中の食品製造業、食品卸売業、川下の食品小売業、外食産業を経て、最終消費である食生活に至る一連の流れ」を一つのシステム（「フードシステム」）としてとらえ、「それを構成する主体間の関係を明らかにする」ことを主な課題にしている。方法論的には産業組織論、近代経済学、計量経

済学に依拠しているように思われる。

これに対し、農業市場論（学）の研究対象は「フードシステム」を含むが、前述のように幅広い。どちらかと言うと生産者サイドから農業諸市場を研究しようとしてきたが、近年では消費者サイドから食料問題に接近しようとする者も増加している。そのため、農業市場学会の研究対象も「食料・農業市場」に拡大している。前述の『講座』全五巻は、問題領域拡大の最初の鳥瞰図である。

また、農業市場学の研究者には、方法論的にはマルクス経済学に精通した者が多い。周知のようにマルクス経済学は、価値と価格、賃金と利潤、再生産と蓄積、商業資本、競争と独占、国家独占資本主義など、ひとことで言うと「資本の論理」を科学的に明らかにしている。そうしたマルクス経済学の視点は、社会主義が「崩壊」することによって資本主義がグローバル化し、その矛盾が激しく表出している現段階ではますます重要になってきている。とくに食料・農業市場の問題を社会科学的に分析するうえで、マルクス経済学はきわめて有効な方法であると私は思う。

われわれはよく「農の論理」とか「食の論理」という言葉を使う。「農や食は自然と生物（あるいは風土）に規定された生活上の営為であり、人間の生命と健康に深く関わるものだから、市場原理や利潤原理になじまない」というのが、その含意である。「資本の論理」はそうした「農」や「食」の論理とぶつかり、本来の農業と食生活を破壊している。そうした現象が多国籍企業と一部帝国主義国によってグローバル化している現在、マルクス経済学を基礎においた農業市場論（学）の必要性・重要性がますます高まってきている。

この度私は、自身の三〇数年にわたる農業市場論研究を総括した『農業市場論の継承』と題する書物を日本経済評論社から出版した。同書が、経済学、農業経済学、生活経済学を志す多くの若い学徒に読まれ、二〇〇一年に著した『規制緩和と農業・食料市場』（日本経済評論社発行）とともに、食料・農業市場の諸問題を考えるきっかけになることを願っている。

［みしま とくぞう／北海道大学教授］

エンデの「遺産」考

――「パン屋でパンを買うお金」から「環境創造通貨」へ――

山本　孝則

一説によると、世界には五〇〇〇の地域通貨があり、うち一六%、八〇〇を日本一国が占めているという。なぜかくも日本人は地域通貨に魅せられたのか。少子高齢化、長引くデフレ、財政破綻、商店街の疲弊、自然破壊など、日本の抱える課題の多様性と深刻さを見ると、わかるような気がする。だが、そうした「課題」を地域通貨へ結びつける何かがなければ、一六%という数字は出てこないだろう。いろいろな理由が考えられるが、「エンデの遺言」が日本の地域通貨運動に火をつけた事実は否定できないだろう。

「私が考えるのは、もう一度貨幣を実際になされた労働や物的価値の等価代償として位置づけるべきだということです。そのためには現在の貨幣システムの何が問題で、何を変えなければならないかを皆が真剣に考えなければならないでしょう。……重要なポイントは、例えば、パン屋でパンを買う購入代金としてのお金と株式取引所で扱われる資本としてのお金は、二つの全く異なった種類のお金であるという認識です」（NHK・BS1「エンデの遺言」一九九九年五月四日放送より）。

いまや世界を席巻している貨幣は、様々なデリバティブと結びついた債権、株式、債券、為替取引など、それ自体は実物価値の裏付けにとぼしい架空資本、「資本としてのお金」の取引である。架空の資本価値を演出しているのは利子だ。人間に利子願望がある限り、「資本としてのお金」は投機の対象を何にでも広げ、無限に増殖としようとする。バブルとその崩壊、マネーの乱舞が勤労者の人生を蹂躙する。

他方「実際になされた労働や物的価値の等価代償」としての貨幣は、世界の貨幣取引の一割にも満たない。にもかかわらず、働く市民にとって不可欠な「等価代償」としての貨幣、「パンを買うお金」が潤沢に供給されたためしはない。「パンを買うお金」を市民の手に取り戻すにはどうしたらいいのか。「マイナスの利子を伴う地域通貨」という答えは、遺言に託された「エンデの遺産」と言っていいだろう。

では、「遺産」の現実性をどう見る

べきか。一つの見方は、彼の利子排撃論が経済学的には初歩的な誤りであるがゆえに、「遺産」を作家の幻想として葬り去る専門家の見方だ。

事実、利子を生む資本を抹消しようとすれば、数字が一人歩きする架空資本ばかりか、利潤を生む産業資本も否定されなければならない。なぜなら、利子は単なる架空の数字ではなく、現実の生産過程で生み出される産業利潤の控除項目でもあるからだ。かかる利子は、産業構造が変化し、資本の産業部門（企業）間移動がある限り、必然的だ。それゆえ、利子一般が否定されれば、資本移動の形態である銀行の資本配分機能も、産業構造の転換も、ひいては歴史の展開も否定されてしまう。問題は、利子一般ではなく、合法・非合法を問わず高利金融だ。

もう一つの見方は、「パン屋でパンを買うお金」を貨幣の基本として位置づけ直そうという「遺産」を高く評価する立場だ。

この立場に立てば、パンを買うには、それに先立ちパンを買うための「等価代償」としてのお金、貨幣所得が必要だ。何らの特権なしに恒常的に貨幣所得を得るには、人は働くほかない。図示すれば、A（労働力）―G（貨幣賃金）・G（購入代金）―W（パン）だ。A―G・G―Wという流通経路では、「労働力の自由な処分者たる市民」、即ち生きた人間が流通の出発点になる。そして、「労働する市民のお金」が流通の中心点になる。しかも、流通の中心点は、労働する市民の数だけ無数に存在する。ゆえにその影響力は絶大だ。エンデは、「資本としてのお金」中心の社会から、「パンを買うお金」がお金の基本となる社会への変革を展望した。変革の条件は、二種類のお金の峻別と、資本に汚染されていない地域通貨の発行だ。

では、以上いずれの見方が正しいのか。実は、いずれも真実だ。つまり、エンデの「遺産」とは、相対立する見方がぶつかり合い、具体的なプログラムに結実できない構造になっていたのだ。「遺産」の混乱を乗り越えるポイントは、「流通の中心点としての市民のお金」だ。

まず、エンデがあるべき貨幣の在り方だとした「労働の等価対象としてのお金」だが、そのお金は一体どこから来るのか。ほとんどの勤労市民は、所得を得るには企業に雇われるほかない。つまり、最大の出所は、産業資本としてのお金で、これも紛れもない「資本としてのお金」なのだ。

先に見たように、エンデは、二種類

のお金のあるべき関係を継起的な関係と見ている。だが、二種類のお金は「資本主義」と「市民社会」という二つの社会像とともに、一個同一の近代社会の二つの顔だ。両者の関係は時間的な継起性ではなく、常に「同時的な両面性」だ。物象化された経済価値が自らの極大化を競うのが「資本主義の論理」、生きた諸個人が市民生活の質(時間、空間)的向上を競うのが「市民社会の論理」だ。この二つの論理の衝突と関係の仕方が、世界各国・地域の「環境」、即ち「モノ(物質的自然)と人間関係からなる生活世界」の水準を規定している。

流通とは、商品・貨幣の移動である。だが、それは、二つの論理が関係を取り結ぶ場でもある。

「パン屋でパンを買うお金」の前身は、労働する生身の市民自身であった。いまや勤労市民は自分の仕事をお金に変えている。市民自身が自由にできるという意味で、それは「市民社会のお金」である。そのお金が市民生活の発展にふさわしい使われ方をすれば、「市民社会の論理」が実感できる、質の高い生活時間・空間に結実する。そういう生活の質を底辺で支える労働が、自然環境保全、地域福祉、地域教育、街のイベント(例えば音楽祭・マーケット)などのコミュニティー・ボランティア(CV)だ。CV労働は、世界市場でしのぎを削るトヨタやベンツの労働需給がどう変わろうと、常に「コミュニティーに必要な労働」である。後者の労働も持続可能であろうとすれば、やはり報酬は必要だが、それは、世界で流通する《国際通貨》である必要は全くないのだ!

いま一つここで重要なことは、「コミュニティーに必要な労働」から始まる貨幣の流れA―G・G―Wは、市民社会の論理が未成熟で、資本主義の論理が一人歩きする風土からは決して生まれない、ということだ。《地域通貨》がCVへの報酬として日本で広まるには、必然性があったのだ。

しかし、問題は、この必然性が現実の場で定着できるどうかだ。そのためには先ず、地域通貨を受け取ったボランティア市民は、それを市場でも使えなければならない。次にパン屋は、受領した地域通貨を専ら市場セクターの内部で使えなければならない。彼は仕入代としてそれを使えれば一番だが、実際には難しい。円環的な取引が例外に過ぎない企業間取引では、受領が定かではない通貨は避けたいからだ。

では、地域通貨を定着させる活路はどこにあるのか。答えはすでに出てい

る。パン屋で働く市民自らが、「労働の代価の一部」を地域通貨で受け取ればいいのだ。労基法は、邦貨以外の支払い手段の使用を制限してはいるが、排除はしていない。

思えば、二一世紀の初頭、時代はやり場のない閉塞感に満ちている。環境問題の水準は全く違うが、八方ふさがりなのは、日本もEUの環境先進国も同じだ。閉塞感の正体は、コスト極小化を急ぐグローバル企業が雇用者数の圧縮を競わざるをえない、という事情だ。他方、自治体が財政逼迫で「コミュニティーに必要な労働」を満足に提供できないのは、世界共通だ。かかる時代を見通してか、「パンを買うお金」の地域通貨による代替可能性を見抜き、コミュニティーに必要な「持続可能な労働」に道を開いたエンデは、さすがだった。

そこで、彼の資本—利子認識を正しつつ、地域通貨を組み入れた「パンを買うお金」(市民)が流通の中心に座る、《環境創造的な社会経済システム》を創れないだろうか。それが可能なら、市場セクターとCVセクターが地域通貨を介として緊密に繋がり、若者・女性・意欲ある高齢者に、充実した仕事を十分提供できるだろう。彼らは生きることの幸せと意義を実感できるだろう。そして、世界を覆う閉塞感に一点の風穴が開き、二一世紀は真の幕開けを迎えるだろう。そういう展望のもとに構想されたのが「環境創造通貨」であり、これを運営する環境創造カンパニーであった。(在・独ハノーバー)

[やまもと たかのり/大東文化大学教授]

山本孝則ほか
環境創造通貨
四六判 一九六頁 本体二〇〇〇円

市民社会と法学教育

道野　真弘

『守る！　企業法学』が、「15歳からの大学入門」シリーズの第三作として完成した。法学入門テキストは数々出版されているが、今までにない新しいスタイルのテキストに仕上がったと自負している。

法学に法律の専門家以外の人々がなじみにくい理由に、言葉の難解さがある。原稿をモニタリングしてもらった高校生からの指摘でも、こんな言葉は聞いたことがない、というのが多かった。そこで一般に用いられている語句だと思われるものでも法律用語は徹底して解説しつつ、文章が冗長にはならないようにした。ごく短時間で読み切ってしまえる文体は、シリーズ全体のコンセプトでもある。全編を通じてストーリー形式にしたのも、そういったコンセプトによる。高校生だけではなく、学部学生や社会人にも、例えば法学の講義のテキストとしてや、電車の中で気軽に読んでもらえるものになったのではないかと思う。

ところで先日、本書のモニタリングでお世話になった札幌手稲高校で、五日間連続講義を開催した。最終的には携帯電話の売上げを伸ばすにはどうすればいいかを考えるというもので、グループに分かれてプレゼンテーションしてもらった。そのヒントになるよう、シリーズ執筆者の内五名がそれぞれの書で述べたことを敷衍しつつ解説した。私は商法（会社法）の立場から、企業の社会的責任について講義し、会社の存在意義である「営利」目的は、儲け一辺倒主義とは異なるものである、環境問題など利益以上にコストがかかることであっても、それが長期的には会社の利益となることもあるのだという点を強調した。

本書の「守る！」というタイトルは、法令遵守いわゆるコンプライアンスとも関連し、法は守るべきである、という趣旨である。とともに、法は、自分の身を〝守る〟道具である、という趣旨も含んでいる。法律を知らなければ、ルール違反を犯していてもそのことに気づかず損をするかもしれない。また、法を悪用したり、法に反することを知りながら人に損害を与えることを厭わ

ない輩がいる。自分の身を守るために、善良な市民こそが、法をよく理解し、無用な損害を被らないよう、法による武装をすべきなのである。いうまでもなく企業は従来からそのことに気づいているし、法の制定・改正によって、営業に大きな影響が出ることもある。法は悪用もできるが、本来よりよく活用し身を守る〝武器〟なのである。

先の高校での講義や、本学の一年生対象の講義を通じて、高校までに人間社会のルールを対象とする学問＝法学に（関心はあるけれども）触れていない学生・生徒が多いことを実感する。また、高校で学んだ知識が、有機的に活用できるだけの知恵にまで消化されていないとも感じる。高校までの勉強がともすれば受験勉強という特化した目標のためのものとなっていることが原因であろう。私自身も、法学部に進んで、高校までの勉強の仕方との違いに大いに戸惑った思い出がある。そこで本書では、高校までの勉強が、大学での法学の勉強とどう関連するのか、させることができるのかという点についても、ごく簡潔に言及した。

法学教育は、高大連携の一環としてだけではなく、高校生以外の市民に対しても行わなければならない。大学には地域貢献という役割も求められているが、大学が法学に対する一般市民の敷居を低くし、なじみ深いものにする必要があるのではないかと感じるのである。法を悪用するのではなく、善良な市民が善良な目的でもって法律を守り活用する。マナーや道徳といった、従来なら空気のように感じられたものが薄れている現代社会において、法を正しく理解した市民による市民のための社会こそが、真の意味での「市民社会」ではなかろうか。昨今、法律を扱うTV番組が人気を博し、また敵対的買収のような一見ゲーム感覚の法律事例が出てきているからであろうか、広く法律への関心は高まっているように思われる。本書は企業法を主に扱っているが、目標は「法学の扉を開く縁（よすが）」である。多くの市民が企業と関係を持ちながら生活しているのであって、企業法学への関心を契機として、法学全般への関心が高まることを期待したい。

［みちの まさひろ／小樽商科大学商学部企業法学科助教授］

〈15歳からの大学入門〉

わかる経営学　一二〇〇円

美しい経済学　一三〇〇円

守る！企業法学　一五〇〇円

小樽商科大学・高大連携チーム編　A5変型判

バルセロナ　パティオを開く

阿部　大輔

ピカソとも親交の深かった画家、ラモン・カサスによって描かれた一枚の絵画がある。「シエスタ」（午睡）と名付けられたその絵は、静かなパティオ（中庭）を舞台に、紳士と婦人がコーヒーを楽しみながら、うたた寝する様子を描いている。

街区を形成する際にパティオを設けるやり方は、もとを辿ればイスラム文化圏の影響を色濃く受けたスペイン南部のアンダルシア地方の伝統であるが、北部のバルセロナにおいてもパティオの生み出す空間的価値は注目されてきた。

バルセロナの都市風景は、都市形態的には単調な一一三メートル四方の住宅ブロックの反復と、建築形態的にはじつに多様な各建造物と、用途の混在が生み出す街路の賑わいとによって、おおよそ規定されている。風景の構成は直線が支配的であり、路地裏の感覚はあまり存在しない。こうした独自の都市形態は十九世紀の半ばに土木技師イルデフォンソ・セルダが提出した拡張計画案に基づいてつくりあげられてきたものであるが、彼の原案では、建造物がL型もしくはU型に配され、そこで囲まれた空間が街路に対して開かれた公園緑地となるはずだった。様々な経緯からやがて彼が夢想したユートピアは路線の変更を余儀なくされ、結果、建造物の建て詰まりが進行し、ロ型の囲み型ブロックを形成することになった。

セルダは都市のアメニティの成否をこのパティオの実現に託した感があった。しかし、建設の開始直後からの相次ぐ増築により、街区の建築容積は最終的に当初の約四・五倍にまで膨れ上がったという。こうした街区の超過密化は、住環境の質を左右するオープン・スペースを侵食し、やがてその大半を消失させてしまう。つい近年まで、バルセロナのまちなかは、公園緑地の乏しい空間という評価が一般的だったようだ。

都市再生へ向けたバルセロナの取り組みは、まずは環境悪化が誰の目にも明らかだった旧市街の再整備から始まり、その後、同じく都心部の拡張地区

へと向かう。拡張地区は旧市街と異なり廃屋や空き家がほとんどなく大規模な取り壊しによるオープン・スペースの創出や住宅街区の新たな建設が望めない。そうした都心部において、よりよい住まい空間を実現するために、街区の空間的中心にありながらもその意義を失い低利用の状態にあったパティオ空間の再利用が着目されたのだ。

パティオの再整備は、一九八六年から大々的に展開されたファサードの改修を目的とする一大キャンペーン

「パティオが新たに生まれ変わった」

（「バルセロナよ、綺麗になろう」と名付けられた）と併行するように、一九八八年から本格的に着手された。街区の建て替えの際にパティオの再整備を義務付ける条例が制定され、セミ・パブリックな性格を持つ緑豊かな小空間がまちなかにぽつぽつと出現することになった。一九九六年には、建造物の修復の促進とパティオの再整備、公共施設の再配置などを主目的とした「拡張地区振興公社」が創設され、現在までに拡張地区約六〇〇の街区のうち二七箇所合計約六万平米のパティオが整備完了している。

パティオの再獲得は、近代以降のバルセロナが喪失してきた都市計画的理念のひとつを回復する試みである。路地裏のないグリッド市街地のなかに、新たな路地裏感覚が芽生える。こうして、地中海都市特有の、騒がしいけれど都市的な雰囲気を楽しむ空間と、そうした喧騒から離れてひとときの静寂をもたらす落ち着いた空間の、二重の快適性がまちなかに布置されるのだ。

ラモン・カサスが描いた午睡を送るような生活は、現在のバルセロナ都心部ではもはや一種のお伽噺なのかもしれない。そして、すでに建て詰まった街区の中央部の空間をパティオへと再整備していく道のりは、言うまでもなく長く困難なものだろう。まだまだ再整備するべきパティオ空間は多い。しかし、市民の日常生活の中に、徐々にではあるが心地よい小空間が増えてきている。日差しの強い午後に、ふと迷い込んだパティオのベンチに座り、ぼんやりと時の流れに身を委ねるのも、バルセロナにおける新たな日常風景のひとつになりつつあるのかもしれない。

［あべ だいすけ／東京大学大学院博士課程］

神保町の窓から

▼六〇年前の八月六日、広島の部隊に配属を命ぜられ、原爆投下直後の広島で次々に死んでいく市民をつぶさに見たと言う老学者T先生とその後輩にあたるK先生を誘いだし、敗戦記念日の八月一五日に靖国神社へ行ってみた。小泉首相の公式参拝を願う人や、ただのアベック、親子づれなどごったな感じはするものの大勢の老若が押しかけていた。

われわれは拝殿を素通りして軍事博物館・遊就館へ直行した。そこには戊辰戦争から大東亜戦争までの戦史画と戦死者のブロマイドが展示されている。戊辰戦争は内乱であるが、天皇がこの国の形を決める戦いであったので、それを顕彰しているのだろう。ヤスクニ問題も賑やかに議論されている昨今、満州事変だの日中戦争だのに関心が集まっているのだろうと思っていたが、さにあらず、最も人だかりしていたのは日露戦争のコーナーであった。軍神広瀬中佐は映画まで作ってあり、「杉野はいずこ、杉野は居ずや」と鳴り響いていた。乃木大将の人気もすごく、会場を巡りながら知らずのうちに「水師営の会見」を口ずさんでいる自分に気がついた。

丁寧に観れば三、四時間は優にかかるであろう展覧を二〇分程で突っ走ったのはK先生、遅れること一時間くらいで出てきたらK先生はもう欠伸をしながら待っていた。それからさらに一時間、T先生が顔を曇らせて出てきた。脇には図録が抱えられていた。

軍隊を体験した者と、体験どころか兵隊だった人の気持も考えようともせず、戦争は反対だなんて叫んでいた者との違いであろうか。ていねいに観たつもりで出てきた自分に気が引けた。T先生は涙ぐんでいるようにも見えた。その後飲みにいったのだが、先生は一晩中、軍隊や戦争のことを口にしなかった。数日後、ハガキをもらった。それには「本当に思い出にのこる一日でした」とだけ書かれていた。どういうことなのか、胸のうちは推し量れなかった。

▼靖国にはもちろん特攻兵を讃美激賞する出し物もあった。それと、少し前に吉田満の『戦艦大和の最期』『提督伊藤整一の生涯』などを読み直していたこともあってちょっぴり特攻づいていた。猛暑を押して前進座まででかけ、『今日われ生きてあり』を観てきた。

大戦末期、敗色濃い日本軍の肉弾作戦・神風特別攻撃隊は作戦などと気の利いたことは言えない、死ぬことが前提になっている殺人作戦であり、自殺作戦であった。鹿児島知覧飛

行場近くにあり、少年飛行兵たちに慕われていた食堂のおばさんを軸に兵士たちの生きる思いが語られていく。特攻機で飛び立つ者、それを見送る者、悲しむことさえ許されない状況の中で、彼らはみな笑顔をみせているのだ。しかし命令は「死」だ。何が祖国だ、何が天皇だという思いはあったろうが、彼らは残される者すべてに「生きてください」「育ててくれて有り難う」と言うのだ。生命という重さを考えさせる実話であった。作者は怒りをこめてこう結ぶ。「青春が美しいなんて絶対言わせないぞ」と。

彼らの死のあと、六〇年も経った。貧乏でも死を強制されない有り難さにわれわれはやっぱり感謝しなければならない。そう思い、実は若いフレンドを同伴したのであったが、芝居の間は涙もこぼさず、小屋を出たら「何かおいしいもの食べようよ」とあっけらかんとせがむのであった。戦後六〇年の夏はかくして終わった。

▼六月に「不治の病にかかり、病院に隔離された」というニュースが広がり、心ある幾人かの人に心配をかけました。こういうニュースは退院した後も遅れて聞く人があるらしく、秋風が吹き始めたいまでも「大丈夫か」と聞かれている。夏風邪を引いて咳が止まらず、そのうえ高熱も出て近所の医者に行ってレントゲンを撮った。黒点が映っていて、その医者「結核かも知んねえ」と呟いた。こちらもそう聞くと放っておけず、本郷の大学病院へいった。少年みたいな医者、先入観もあったのか、聴診器もあてず触診もせず、たちまち佐倉の病院に手配してしまった。こちらもその気になって病人になったという次第。

心電図だのMRIだの検査をしているうちに技手の手元が狂って胆嚢の影なんか見つけたものだから、騒ぎはまた大きく広がって「あいつはおしまいだ」みたいになったのです。人は（みんなじゃないと思いたいけど）人の不幸を喜ぶふしがある。死んでたまるか。今じゃ酒もなにも平気となっています。お騒がせしました。

▼日本を襲った台風一四号の被害も大きかったが、アメリカに吹き荒れたハリケーンもすごかった。イラクへは手際よく出動したブッシュだったが、この手のことは苦手らしい。相当もたもたしていた。ただ一人の婦人が「黒人はアメリカ国民ではないのか。アメリカではないのか」と叫ぶのは、聞くものの胸を打った。一緒に観ていた坊主が「なぜ早く行ってあげないの」と聞いてきた。「ブッシュって人はねえ……」と言いかけたがうまく続かなかった。

（吟）

新刊案内

価格は税別

シュラクサイの誘惑——現代思想にみる無謀な精神

マーク・リラ著／佐藤貴史・高田宏史・中金聡訳

四六判　二八〇〇円

装幀＊奥定泰之

哲学者はなぜかくも政治に惹かれるのか。ハイデガーやアーレント、ベンヤミン、フーコー、デリダら現代思想のスターたちの〈失敗〉から解き明かすユニークな政治哲学入門。

ある技術家の回想——明治草創期の日本機械工業界と小野正作

鈴木淳編

A5判　五八〇〇円

横須賀造船所、八幡製鉄所など明治期の造船・機械工業の代表的職場を渡り歩いた技術者が自らの失敗談を交えて生産の現場から経営事情まで幅広く語る。

アクセス　安全保障論

山本吉宣・河野勝編

A5判　二八〇〇円

秩序と紛争の理論的基礎、そのシステムと行為を提示する。

公的年金の経済学

今泉佳久著

A5判　五〇〇〇円

将来の公的年金制度のあるべき姿を提言する。

環境創造通貨——社会形成型地域通貨が開く《持続的循環》の世界

山本孝則他著

四六判　二〇〇〇円

日本初の「循環できる地域通貨」の誕生。

近代日本の地域開発——地方政治史の視点から

中里裕司・山村一成著

A5判　四〇〇〇円

地方の近代化・工業化はどう準備されたか。

アメリカ資本主義とニューディール

楠井敏朗著

A5判　四〇〇〇円

合衆国最大の構造転換期の歴史的意義を問う。

現代ドイツ地方税改革論

関野満夫著

A5判　四六〇〇円

分権化社会を支える地方税体系のあり方を考察する。

経済地理学年報　Vol. 51 No. 3

経済地理学会編

B5判　二五〇〇円

評論　第151号 2005年10月1日発行　発行所 日本経済評論社
〒101-0051 東京都千代田区神田神保町3-2　電話 03(3230)1661
E-mail:nikkeihy@js7.so-net.ne.jp　FAX 03(3265)2993
http://www.nikkeihyo.co.jp　〔送料80円〕